Organisationsentwicklung in den Einrichtungen der stationären Altenpflege

Empirische Untersuchung von OE-Prozessen im Modell der „gepoolten Organisationsberatung"

Dissertation
zur Erlangung des akademischen Grades Dr. phil.

Universität Bremen
Fachbereich Human- und Gesundheitswissenschaften

vorgelegt von Ursula Dürr

Erstgutachter: Herr Prof. Dr. Stefan Görres
Zweitgutachterin: Frau Prof. Dr. Helga Krüger

Tag des Kolloquiums: 18.12.2003

Organisationsentwicklung in den Einrichtungen der stationären Altenpflege

Empirische Untersuchung von OE-Prozessen im Modell der „gepoolten Organisationsberatung"

von

Ursula Dürr

Tectum Verlag
Marburg 2004

Dürr, Ursula:
Organisationsentwicklung in den
Einrichtungen der stationären Altenpflege.
Empirische Untersuchung von OE-Prozessen
im Modell der „gepoolten Organisationsberatung".
/ von Ursula Dürr
- Marburg : Tectum Verlag, 2004
Zugl.: Bremen, Univ. Diss. 2003
ISBN 978-3-8288-8647-6

Tectum Verlag
Marburg 2004

Inhalt

Vorwort 9

Kapitel 1
Einleitung. Den Wandel verstehen und gestalten 11

1.1.   Relevanz der Themenstellung: Ausgangssituation und
Problemlage 11
1.2.   Forschungsanliegen und Forschungsstand 15
1.3.   Aufbau der Arbeit 19

Kapitel 2
Ausgangssituation und empirische Hintergründe 22

2.1.   Stationäre Altenpflege im Kontext externer Rahmenbedingungen 22
2.1.1.   Die sozio-demografische Herausforderung 23
2.1.2.   Die ökonomische Herausforderung 25
2.1.3.   Die Pflegeversicherung: Rahmenbedingungen und
Perspektiven 31
2.1.3.1.   Qualitätssicherung in der stationären Altenpflege 32
2.1.3.2.   Die Herausforderungen einer wirtschaftlichen Betriebsführung 38
2.1.3.3.   Die Herausforderungen einer zeitgemäßen Pflege- und
Versorgungssituation 43
2.1.3.4.   Die Arbeitsbedingungen in der stationären Altenpflege 50
2.2.   Zusammenfassung und Schlussfolgerung – Handlungsbedarf
in den Einrichtungen der stationären Altenpflege 57

Kapitel 3
Theoretische Grundlagen der Organisationsveränderung 61

3.1. Begriffsbestimmung:
Was ist Organisationsentwicklung? 61
3.1.1. Organisationen als soziale Systeme 61
3.1.2. Forschungsgeschichtlicher Abriss der OE 65
3.1.3. Zur Theorieentwicklung 66
3.1.4. Definitionen von OE 70
3.1.5. Ziele der Organisationsentwicklung 73
3.2. Wissenschaftstheoretische Grundlagen der Organisationsentwicklung 80
3.2.1. Skizzierung des wissenschaftlichen Standortes von OE 80
3.2.2. Organisationstheoretische Grundlagen der OE 82
3.2.2.1. Die klassischen Organisations- und Managementtheorien 82
3.2.2.2. Die neoklassischen Organisations- und Führungstheorien 83
3.2.2.3. Die modernen Organisationstheorien 84
3.2.2.4. Systemtheoretische Grundlagen der OE 87
3.3. Konzepte der Organisationsentwicklung und der „Lernenden
Organisation" 89
3.3.1. Formen geplanter Organisationsveränderung 89
3.3.2. Das Konzept „Change Management" 94
3.3.3. Das Konzept der „Dynamischen Unternehmensentwicklung" ... 98
3.3.4. Die „Lernende Organisation" 107
3.4. Organisationsentwicklung in der Praxis –
Ausgewählte Aspekte 117
3.4.1. Organisations- und Personalentwicklung 117
3.4.2. Lernprozesse im Rahmen von OE 121
3.4.3. Träger der OE-Prozesse – Ihre Rollen und Aufgaben 127
3.4.3.1. Rolle der Führungskräfte 127
3.4.3.2. Rolle der Mitarbeiter/innen 131
3.4.3.3. Rolle der Berater/innen 134
3.4.4. Management der Veränderung 138
3.4.4.1. Strategien der Veränderung 139
3.4.4.2. Interventionsebenen 144
3.4.4.3. Interventionsformen und Instrumente der OE 148
3.4.5. Typische Phasen im OE-Prozess 152
3.4.5.1. Einstiegs- und Diagnosephase 154

3.4.5.2. Zielbildungs- und Planungsphase 157
3.4.5.3. Aktions- und Realisierungsphase 160
3.4.5.4. Evaluationsphase 162
3.4.6. Erfolgsfaktoren der OE 164
3.5. Zusammenfassung: Aufgaben und Chancen der OE.
Formulierung des Forschungsinteresses 167

Kapitel 4
Die Untersuchung der OE-Prozesse in drei stationären Altenpflegeheimen: Forschungsdesign 172

4.1. Forschungsziele und Forschungsansatz 172
4.1.1. Darstellung und Begründung des Forschungsansatzes 172
4.1.2. Forschungsziele und methodisches Vorgehen 176
4.1.3. Datenerhebung und Datenerhebungsinstrumente 180
4.1.3.1. Auswahlkriterien für die untersuchten stationären Altenpflegeheime 180
4.1.3.2. Auswahlkriterien für die interviewten Expertinnen und
Experten 182
4.1.3.3. Datenerhebungsinstrumente 184
4.1.3.3.1. Das Experteninterview 184
4.1.3.3.2. Die Dokumentenanalyse 188
4.1.3.3.3. Die Gruppenbefragung 190
4.2. Forschungsinteraktion 194

Kapitel 5
Das Pilotprojekt „Optimierung der Arbeitslogostik in der Altenpflege" als „gepoolte Organisationsberatung" 196

5.1. Zur empirischen Untersuchung 196
5.2. Darstellung und Analyse des Handlungsmodells
„Optimierung der Arbeitslogistik" 197
5.2.1. Das Pilotprojekt als OE-Beratungsmodell 197
5.2.2. Diagnose der Ausgangslage 201
5.2.3. Das Management der Veränderung 210
5.2.3.1. Die Ziele des Pilotprojekts 210
5.2.3.2. Projektmanagement und Beratungsmethoden 214

5.2.3.3.   Beratungskonzept und Beratungsansatz 219
5.2.3.4.   Geplante Lernprozesse 228
5.3.   Zusammenfassende Diskussion des Beratungs- und
           Handlungsmodells 230

Kapitel 6
Darstellung der Forschungsergebnisse für die Altenpflegeheime
APE 1, APE 2 und APE 3 235

6.1.   Analyse der internen Bedingungsfaktoren 235
6.1.1.   Ergebnisse der Dokumentenanalyse: Interne Rahmen-
           bedingungen der Einrichtungen *APE 1, APE 2* und *APE 3* 235
6.1.1.1.   Beschreibung der Untersuchungseinheiten 235
6.1.1.2.   Ziele der Altenpflegeeinrichtungen 237
6.1.1.3.   Träger- und Leitungssysteme der Einrichtungen 242
6.1.1.4.   Bewohnersysteme 248
6.1.1.5.   Quantitative und qualitative Personalsituation 253
6.1.1.6.   Arbeitszeit- und Dienstplanmodelle 258
6.1.1.7.   Zusammenfassung der Ergebnisse 262
6.1.2.   Ergebnisse der Experteninterviews: Interne Ausgangslage 264
6.1.2.1.   Zur empirischen Datenerfassung und -auswertung 264
6.1.2.2.   Interne Ausgangssituation aus Sicht der OE-Akteure 267
6.1.2.3.   Zielvorstellungen und Veränderungsimpulse der OE-Akteure 287
6.1.2.4.   Veränderungsbereitschaft der OE-Akteure 291
6.1.2.5.   Zusammenfassende Diskussion der Interviewergebnisse 300
6.2.   Evaluation der OE-Prozesse 304
6.2.1.   Erhebungsziele und -verlauf 305
6.2.2.   Die Untersuchungsergebnisse von Altenpflegeheim APE 1 310
6.2.2.1.   Evaluationsergebnisse der ersten Projektphase 310
6.2.2.1.1. Ergebnisanalyse 310
6.2.2.1.2. Prozessanalyse 317
6.2.2.1.3. Erfolg des OE-Projektes 325
6.2.2.1.4. Individuelle Ergebnis- und Erfolgsbewertung 329
6.2.2.1.5. Evaluationsergebnisse von IGES 331
6.2.2.2.   Zusammenfassende Diskussion der Ergebnisse der
           Gruppendiskussion – unter Berücksichtigung anderer
           Evaluationsergebnisse 332

6.2.2.3. Evaluationsergebnisse der zweiten Projektphase 337
6.2.2.4. Resümee 346
6.2.3. Die Untersuchungsergebnisse von Altenpflegeheim APE 2 352
6.2.3.1. Evaluationsergebnisse der ersten Projektphase 352
6.2.3.1.1. Ergebnisanalyse 352
6.2.3.1.2. Prozessanalyse 360
6.2.3.1.3. Erfolg des OE-Projektes 366
6.2.3.1.4. Individuelle Ergebnis- und Erfolgsbewertung 371
6.2.3.1.5. Evaluationsergebnisse von IGES 373
6.2.3.2. Zusammenfassende Diskussion der Ergebnisse der
Gruppendiskussion – unter Berücksichtigung anderer
Evaluationsergebnisse 375
6.2.3.3. Evaluationsergebnisse der zweiten Projektphase 378
6.2.3.4. Resümee 390
6.2.4. Die Untersuchungsergebnisse von Altenpflegeheim APE 3 396
6.2.4.1. Evaluationsergebnisse der ersten Projektphase 396
6.2.4.1.1. Ergebnisanalyse 396
6.2.4.1.2. Prozessanalyse 404
6.2.4.1.3. Erfolg des OE-Projektes 410
6.2.4.1.4. Individuelle Ergebnis- und Erfolgsbewertung 414
6.2.4.1.5. Evaluationsergebnisse von IGES 415
6.2.4.2. Zusammenfassende Diskussion der Ergebnisse der
Gruppendiskussion– unter Berücksichtigung anderer
Evaluationsergebnisse 417
6.2.4.3. Evaluationsergebnisse der zweiten Projektphase 421
6.2.4.4. Resümee 434
6.3. Zusammenfassende Diskussion der Forschungsergebnisse 441
6.4. Fazit 453

Kapitel 7
Schlussfolgerungen und Gestaltungsempfehlungen für zukünftige
OE-Prozesse – abstrahiert von den konkreten Untersuchungs-
ergebnissen 460

Literaturverzeichnis 469

Anhang
Anhang A 485
Anhang B 491
Anhang C/1 493
Anhang C/2 494
Anhang C/3 495
Anhang C/4 496
Anhang D 497
Anhang E/0 499
Anhang E/1 500
Anhang F/0 504
Anhang F/1 505
Anhang G/0 510
Anhang G/1 511

Abbildungsverzeichnis 516

Tabellenverzeichnis 518

Vorwort

Zum Gelingen der vorliegenden Dissertationsarbeit haben viele Menschen auf unterschiedlichen Weise beigetragen. Ihnen möchte ich an dieser Stelle herzlich danken.

Mein Dank gilt:

Herrn Prof. Dr. Stefan Görres für die Begleitung und Betreuung meiner Arbeit, für den mir gewährten inhaltlichen Freiraum und die Diskussion meiner Arbeitsfortschritte. Frau Prof. Dr. Helga Krüger für die Übernahme des Zweitgutachtens und ihre Beratung. Frau Dr. Martha Meyer für ihre wegweisenden Anregungen. Frau Dr. Wallisch- Prinz für die methodische Beratung und ihr engagiertes Interesse an meiner Arbeit.

Der Hochschule Bremen, die mir so viele Jahre nach meinem letzten Diplom den Rahmen bot, eine Dissertation zu erstellen. Erwähnen möchte ich Herrn Jürgen Peter Henckel, Herrn Prof. Wolfgang Reichel und Frau Prof. Dr. Johanna Taubert.

Frau Sigrid Küfner, Projektleiterin der BGW und Herrn Detlef Friedrich, Geschäftsführer der Beratungsfirma, für die konstruktive Zusammenarbeit und Informationen. Den untersuchten Altenpflegeeinrichtungen, auf deren namentlichen Erwähnung aus Gründen der Anonymität verzichtet wird, für die Einblicke in das vielfältige Praxisfeld des organisatorischen Wandels. Den befragten Führungs- und Pflegekräften für ihre vertrauensvolle Kooperations-, Informations- und Diskussionsbereitschaft und Inspirationen – ohne sie wäre diese Arbeit nie zustande gekommen.

Herzlich bedanken möchte ich mich bei Frau Heide Peper- Ludwig für die typografische Gestaltung des Textes, die Drucklegung des Manuskripts und ihre Unterstützung.

Mein ganz besonderer Dank gilt der Sozialwissenschaftlerin Angelika Rockel, die mich durch die kritische Durchsicht meiner Manuskripte, durch wertvolle Dialoge und Impulse zur nachhaltigen Reflexion angeregt hat und mich auch auf mancher Durststrecke unterstützt und bestärkt hat.

Kapitel 1
Einleitung. Den Wandel verstehen und gestalten

„Wer verändern will, muss den Ausgangspunkt kennen"
(K. Doppler)

1.1. Relevanz der Themenstellung: Ausgangssituation und Problemlage

„Altenpflege in Not", „Problematische Arbeitsbedingungen in der Altenpflege", „Pflege im Spannungsfeld von Qualität, Humanität und Ökonomie", „Modernisierungsnotstand der Altenpflege" und „Pflegemanagement im Wandel" – bekannte Schlagzeilen aus den Medien, deren Inhalte in Wissenschaft und Praxis gleichermaßen diskutiert werden. Eines wird in den Diskussionen deutlich: Die Altenpflegeeinrichtungen müssen sich neu organisieren, da sie in ihren gegenwärtigen, historisch gewachsenen Strukturen den externen und internen Anforderungen nicht mehr gerecht werden. Über die Veränderungsnotwendigkeiten herrscht in der Fachwelt Konsens, wogegen die Vorschläge zur Systemgestaltung ein breit gefächertes Spektrum an Veränderungsparametern und -wegen umfasst.

Ausgangspunkt der vorliegenden empirischen Untersuchung „Organisationsentwicklung in den Einrichtungen der stationären Altenpflege" bilden die Fragen nach dem Bezugsrahmen: Warum muss sich etwas verändern? Was muss sich verändern? Und wie kann sinnvoll verändert werden?

Durch die demografischen und ökonomischen Entwicklungen und die Strukturveränderungen (GSG, PflegeVG) sind die Einrichtungen der stationären Altenpflege und ihre Akteure mit neuen und komplexen Anforderungen konfrontiert, die sie zu weitreichenden Restrukturierungs- und Modernisierungsprozessen drängen.

Die Altenpflegeorganisationen müssen sich – seit Einführung der Pflegeversicherung verstärkt – den Leitmaximen Wirtschaftlichkeit, Leistungs-, Qualitäts-, Kunden- und Wettbewerbsorientierung stellen. Der Gesetzgeber fordert von den Pflegeeinrichtungen ein professionelles Verständnis von Qualität und Wirtschaftlichkeit und drängt zu Recht auf Verfahren, die gleichzeitig Qualitätsentwicklung und Wirtschaftlichkeit realisieren.

Folgende Veränderungsnotwendigkeiten sind erkennbar:

▦ Durch die Ökonomisierung der Pflege und durch das neue Qualitätsverständnis wird der Dienstleistungsaspekt der Pflegeleistung stärker als bisher hervorgehoben. Es gilt, den Transformationsprozess der traditionellen Pflegeorganisationen zu modernen Dienstleistungsunternehmen zu vollziehen und unternehmerisches Denken und Handeln im Sinne von Effizienz, Effektivität und Humanität für alle Beteiligten zu entwickeln.

▦ Um gegenüber den Umweltbedingungen auch in Zukunft handlungs-, steuerungs- und lernfähig zu bleiben, sind neue Managementkonzepte und -instrumente erforderlich, denn die Ressourcen sind zunehmend schwieriger zu kalkulieren und die Zeitkorridore für notwendige Entscheidungs- und Anpassungsprozesse werden immer kürzer.

▦ Der Wegfall der dominierenden Rolle des Staates als Versorgungsinstitution und der zunehmend restriktive Finanzierungsrahmen verlangen eine betriebswirtschaftliche Neuorientierung und Neupositionierung, die gesellschaftlich-demografische und marktwirtschaftliche Entwicklung eine bedarfs- und bedürfnisgerechte Ausweitung bzw. Differenzierung der Leistungsangebote, die Pflegeversicherung eine Sicherstellung der Struktur-, Prozess- und Ergebnisqualität, der sozial-kulturelle Wertewandel eine Neugestaltung der Arbeits- und Kommunikationsstrukturen und die Professionalisierungsnotwendigkeiten eine Weiterentwicklung der Ressourcen „Mensch" und „Wissen".

Viele der bisherigen Veränderungsansätze in den Einrichtungen der stationären Altenpflege wurden mit Hilfe von klassischen Qualitätssicherungsmaßnahmen oder durch Reorganisation realisiert. Die Erfolge – bezogen auf die komplexen Veränderungsanforderungen – erscheinen zweifelhaft.

Je komplexer die Anforderungen, desto notwendiger sind Konzepte, welche die Wandlungsfähigkeit gestalten; je dynamischer der Wandel, desto wichtiger werden die Fähigkeiten zu Flexibilität und zu permanenter Systemveränderung. Der enorme Anpassungsdruck, auf die Veränderungen zeitnah und umfassend reagieren zu müssen, lässt fragen: Welche Management- und Steuerungskonzepte erweisen sich für die stationären Altenpflegeorganisationen und ihre Akteure als geeignet, den externen und internen Realitäten in adäquater Form zu begegnen?

Die sich abzeichnenden Entwicklungslinien in der Altenpflege verdeutlichen, dass die stationären Altenpflegeorganisationen den Anforderungen langfristig nur gerecht werden, wenn sie neue Wege gehen. Der notwendige Wandel ist –

so meine These – eine Frage des Paradigmenwandels und der kontinuierlichen Qualitäts- und Unternehmensentwicklung.

Die Kontextbedingungen erzwingen von den Entscheidungsträgern ein Umdenken und die Bereitschaft zur Organisationsentwicklung bzw. zum Change Management. Dies induziert durch Hierarchie gesetzte Grenzen zu überwinden, traditionelle Strukturen und Prozesse zu modernisieren, alltägliche Handlungsroutinen zu modifizieren und die Lern- und Problemlösungsfähigkeit der Organisation und ihrer Akteure zu fördern. Und dazu bedarf es „(…) herausfordernder und innovativer Denk- und Handlungsansätze, die in der Organisations- und Führungskultur eines Unternehmens verankert sein müssen, damit die Organisation und die darin tätigen Individuen antwort- und fortschrittfähig mit dem internen und externen Wandel umgehen (…)" (*Sattelberger 1991:22*).

Eines ist sicher: Change Management ist nicht nur ein schwieriger Paradigmenwechsel und Gestaltungsprozess, sondern auch ein langwieriger, kontinuierlicher Lern- und Entwicklungsprozess, der nach Steuerungs- und Veränderungskonzepten verlangt, die die spezifische Situation der stationären Altenpflegeorganisationen und die divergierenden Interessen und Anforderungen der beteiligten Systeme berücksichtigen und die so angelegt sind, dass „die Ökonomie" nicht zum Primat des Handelns wird.

Die besondere interne Problemlage der stationären Altenpflegeeinrichtungen zeichnet sich aus meiner Sicht durch folgende Kernprobleme aus:

▨ Die etablierten Systeme der Altenpflege sind durch die Diskrepanzen von gesellschaftlich-wirtschaftlich-politisch bedingtem Kosten- und Handlungsdruck und den knappen finanziellen und personellen Ressourcen an ihre Grenzen gestoßen. Die – situative – Unsicherheit der Entscheidungsträger und der Akteure im Feld, die durch die Kontextbedingungen geschaffen wird, verschärft sich zunehmend für jene, die noch am Anfang von Umstrukturierungsmaßnahmen stehen.

▨ Durch traditionelle Reorganisationsmaßnahmen und Managementdefizite forciert, manifestieren sich die Folgen der externen Einflussfaktoren für viele Altenpflegeorganisationen in zentralen Problemfeldern wie problematische Arbeitsbedingungen, unzureichende Versorgungsbedingungen und Kundenorientierung, Infrastrukturdefizite, ineffektive und ineffiziente Ablauf- und Aufbauorganisationen, sinkende Flexibilität und Leistungsfähigkeit – um nur einige Beispiele zu nennen.

Die unzureichenden Arbeitsbedingungen für die Beschäftigten in der Altenpflege sind aufgrund des (neuen) Pflegenotstands, der hohen Fluktuations-

und Krankheitsraten und der demografisch bedingten Nachfragesituation verstärkt ins Blickfeld von Wissenschaft, Praxis und Öffentlichkeit gerückt. Da die Arbeits- und Gesundheitssituation der Pflegekräfte mit der personenorientierten Gestaltung der Arbeits- und Organisationsstrukturen und -prozesse und mit der Versorgungsqualität korrespondieren, steht es außer Frage, dass die Altenpflegeorganisationen auf die genannten Veränderungssignale umgehend eingehen und reagieren müssen.

Angesichts der aktuellen Ausgangs- und Problemsituation kommt den betrieblichen Entscheidungsträgern – so eine weitere These – die Aufgabe zu, Steuerungs- und Handlungskonzepte zu implementieren, die ausgehend von den Kernproblemen auf einen umfassenden Umstrukturierungsprozess zielen.

Zu den wichtigsten Programmen bzw. Konzepten des Wandels zählen u. a. Lean Management, TQM und Organisationsentwicklung (vgl. Görres 1999:436ff). Den Ansätzen der Organisationsentwicklung kommt – aufgrund der zunehmenden Krisenerscheinungen im Management der Veränderung – meines Erachtens ein besonderer Stellenwert zu. Warum?

Aus wissenschaftstheoretischen Erkenntnissen ableitbar und durch praktische Erfahrungen der Autorin untermauert, enthält Organisationsentwicklung (OE) als Gestaltungsansatz für die Problemlösung und strategische Entwicklung in der stationären Altenpflege ein enormes Potenzial. Denn: OE ist eine Strategie des geplanten, systematischen, methodisch gestalteten und bewusst gesteuerten Wandels in einem iterativen, längerfristig und mehrdimensional angelegten Veränderungs- und Lernprozess, der die Organisation als gesamtes System umfasst (vgl. u. a. French/Bell 1994; Doppler/Lauterburg 1999; Trebesch 1982). Die Ziele wie „Verbesserung von Humanität und Leistungsfähigkeit", „gelenkte evolutionäre Entwicklung", „Selbstorganisation" und „Veränderung von Struktur, Strategie und Kultur" kennzeichnen den Objektbereich der OE (vgl. u. a. French/Bell 1994; Trebesch 1994; Glasl/Lievegoed 1996; Wimmer 1995). Die Lernperspektive von OE bietet Erkenntnisse, Methoden und Handlungsstrategien für die Gestaltung, Begleitung und Steuerung von Veränderungsprozessen und befähigt somit die Organisation und ihre Akteure zur selbstorganisierten Problemlösung. Die ganzheitliche Perspektive von OE integriert die Wechselwirkung zwischen Organisationssystemen und ihrer Umwelt. Die Entwicklungsperspektive lenkt die Strukturgestaltung auf den Prozess des Wandels. Damit bietet OE wie kein anderer Management- und Steuerungsansatz die Möglichkeit zum Transfer von Organisations- und Managementwissen unter Berücksichtigung der Kontextbedingungen. Ein Spezifikum – und meines Erachtens das Wichtigste von OE – ist dabei jedoch das Betreben, dass sich die Veränderungen über aktive Mitwirkung und auf Basis praktischer Erfahrungen in Prozessen personalen und organisationalen Lernens entwickeln – wenn der Veränderungsprozess ein tragfähiges Gerüst sein soll.

1.2. Forschungsanliegen und Forschungsstand

Die vorliegende Forschungsarbeit beinhaltet zwei Vorgehensweisen: Die Untersuchung dient zum einen der Evaluation organisatorischer Lern- und Entwicklungsprozesse in drei Altenpflegeheimen im Kontext der internen und externen Ausgangssituation und Problemlage und zum anderen der Auslotung von theoretischen OE-Ansätzen als mögliche Steuerungs- und Veränderungskonzepte.

Ein Anliegen der Arbeit ist die fundierte Darstellung und Analyse der wichtigsten OE-Grundlagen und OE-Ansätze – als theoretischer Bezugsrahmen der empirischen Untersuchung. Aus dem Spektrum der Ansätze des geplanten organisatorischen Wandels werden drei Ansätze hervorgehoben: Change Management (*Doppler/Lauterburg*), die Dynamische Unternehmensentwicklung (*Glas/Lievegoed*) und die Lernende Organisation (*u. a. Argyris/Schön, Probst/Büchel*) – mit der Begründung, dass diese nicht nur bedeutende, sondern sich gegenseitig ergänzende Konzepte für die systematische Weiterentwicklung von Pflegeorganisationen sind. Sich wandelnde Organisationen müssen nicht nur über spezifisches Organisations- und Veränderungswissen verfügen, sondern auch in der Lage sein, sich fortwährend neues Wissen anzueignen – „Lernende Organisation ist gewissermaßen der Inbegriff für proaktives Change Management" (*Reiß 1999: 656, vgl. u. a. auch Doppler/Lauterburg 1999; Sattelberger 1996b; Sackmann 1993; Senge 1990*). Auch damit begründet sich meine Entscheidung, die Lernende Organisation in den theoretischen Bezugsrahmen einzubinden.

Ins Zentrum des wissenschaftlichen Interesses rücken die Fragen: Welche Relevanz haben die dargestellten Konzepte als neue Instrumente und Strategien für den geplanten Wandel in der stationären Altenpflege? Welche Ziele verfolgen die Konzepte? Auf welchen theoretischen Grundlagen und Prämissen basieren die Konzepte?

Veränderungen erfordern ein konsequentes evolutionäres Vorgehen, wobei der methodischen Gestaltung der Lern- und Entwicklungsprozesse eine besondere Bedeutung beizumessen ist. Der praktische Anwendungsbezug von OE bzw.

Change Management legt nahe, ausgewählte Aspekte der OE-Praxis wie Personalentwicklung, Lernprozesse, Träger der OE, Management der Veränderung und Erfolgsfaktoren der OE einer eingehenden Betrachtung zu unterziehen.

Diese Ausgangsthesen bilden den theoretischen Hintergrund für die Evaluation der initiierten Lern- und Entwicklungsprozesse in den drei Altenpflegeheimen. Alle drei Einrichtungen haben an einem Pilotprojekt der Berufsgenossenschaft für Gesundheitsdienst und Wohlfahrtspflege (BWG) zur „Optimierung der Arbeitslogistik in der Altenpflege" teilgenommen, das im Rahmen des Gesamtprojekts „Prävention arbeitsbedingter Gesundheitsgefahren" initiiert wurde. Die Umsetzungsstrategien des Pilotprojekts folgen den Ansätzen der OE. Das „Neue" an diesem Modellvorhaben ist, die Konzipierung des Handlungs- und Beratungsmodells als „gepoolte Organisationsberatung". Im Untersuchungsfeld der stationären Altenpflege wird mit dieser Forschungsarbeit somit wissenschaftliches Neuland betreten. Damit begründet sich die Untersuchungsform der theoriegeleiteten Explorationsstudie.

Ursprünglich hatte ich geplant, die OE-Prozesse von drei typischen Einrichtungen des Gesundheitswesens (zwei Pflegeheime, ein Krankenhaus) zu evaluieren, um die Exemplarität der Forschungsergebnisse und ihre Übertragung auf möglichst viele Einrichtungen zu gewährleisten. Die Veränderung meines Forschungsvorhabens habe ich erstens vorgenommen, weil die externen Rahmenbedingungen für die Altenpflegeheime identisch sind und die Veränderungs- und Professionalisierungsprozesse von Krankenhäusern gegenüber den Altenpflegeheimen derzeit einen unterschiedlichen Entwicklungs- und Forschungsstand erkennen lassen. Zweitens erschien mir die „gepoolte Beratung" vor dem Hintergrund der angespannten Ressourcen in der Altenpflege für kleinbetriebliche und mittelständische Altenpflegeheime, die noch am Beginn von umfassenden Restrukturierungsprozessen stehen, als ein potenziell zukunftsweisendes Handlungs- und Beratungsmodell. Und drittens richten sich die Intentionen des Projekts auf die Verbesserung zentraler Kernprobleme der Altenpflegeheime sowie auf die Förderung der Potenziale zur Selbstorganisation und -steuerung durch Wissens- und Methodentransfer.

Forschungsziele

Die empirische Untersuchung verfolgt zwei Zielsetzungen.

1. Die Evaluation der organisatorischen Lern- und Veränderungsprozesse im Hinblick auf die Frage: Wurde durch das Pilotprojekt in den untersuchten Altenpflegeheimen ein OE-Prozess initiiert?

2. Die Ermittlung der Möglichkeiten und Grenzen des Modells der „gepoolten Organisationsberatung" zur Gestaltung und Durchführung von OE-Prozessen.

Das erste Forschungsziel impliziert:

- den aus den externen und internen Rahmenbedingungen resultierenden Handlungs- und Veränderungsdruck theoretisch abzuleiten und empirisch zu erfassen. Daran anknüpfend werden die Spannungslagen, die sich aus diesen Kontextbedingungen im Pflegealltag manifestieren sowie die Veränderungsziele, das Veränderungsbewusstsein und die Akzeptanz der beteiligten Akteure und Systembereiche als Ausgangslage der Veränderungsprozesse explorativ untersucht.

- die Analyse und Bewertung des Handlungs- und Beratungskonzepts. Forschungsleitend sind u. a. Fragen wie: Erfüllen die durchgeführten Diagnosen und Bestandsaufnahmen die Forderungen einer exakten und reliablen Problemanalyse? Inwieweit werden die Ziele der beteiligten Systeme und Akteure bei der Definition der Projektziele und bei der Entwicklung von Handlungsstrategien berücksichtigt? An welchen Prämissen wurde der Implementierungsprozess und das Management der Veränderung ausgerichtet und welche OE-Ansätze und Strategien waren für das Beratungskonzept bestimmend.

- die Evaluation der OE-Prozesse im Hinblick auf die Projektergebnisse, den Verlauf der Implementierungsprozesse und den Erfolg der Veränderungs- und Lernprozesse für die involvierten Systeme und Akteure. Dabei gilt es u. a. zu überprüfen, inwieweit die OE-Postulate in den Umsetzungsprozessen Berücksichtigung fanden, welche die projektförderlichen und -hemmenden Faktoren waren, wie die Ergebnisse gesichert und weiterentwickelt wurden und inwieweit die initiierten Lern- und Entwicklungsprozesse zu Selbstorganisation und zum organisationalen Lernen geführt haben. Ein Fragekomplex, der sich folgerichtig daran anschließt und den es zu untersuchen gilt, ist, wie die Akteure in ihrem Lernprozess unterstützt wurden und wie der Entwicklungsprozess institutionell verankert wurde.

Das zweite Forschungsziel impliziert die Reflexion der Anwendungsmöglichkeiten und -grenzen der „gepoolten Organisationsberatung" als OE-Modell. Das Erkenntnis- und Verwertungsinteresse der Arbeit liegt in der Beurteilung der Theorie- und Praxisverzahnung von OE-Prozessen, die als „gepoolte Beratung" entwickelt werden. Erkenntnisleitend ist dabei die Frage: Wie und in welcher Form muss das Modell der „gepoolten Organisationsberatung" konzipiert

sein, um die als notwendig erachteten Anpassungs- und Veränderungspro-
zesse in den Einrichtungen der stationären Altenpflege durchzuführen? Die
Forschungsergebnisse sollen Antwort auf die Fragen geben: Was können die
Beratungsinstitutionen aus den Ergebnissen lernen und verändern? Welche
Konsequenzen und Empfehlungen sind aus den Evaluationsergebnissen für
die Theorie und Praxis der OE zu ziehen? Welche Interventionsansätze und
Strategien sind aktuell sinnvoll und realisierbar? Die Erkenntnisse sind für alle
OE-Prozesse in – finanziell und personell knapp ausgestatteten – pflegerischen
(und anderen sozialen) Dienstleistungsunternehmen von Nutzen, da sich aus
dem Modell der „gepoolten Beratung" neue Perspektiven und Impulse für die
Strategien und die Durchführung von „OE-Prozessen" ebenso ergeben wie für
die Stabilisierung und Weiterentwicklung der OE-Prozesse durch die Vernetzung der Einrichtungen.

Forschungsstand

Organisationsentwicklung ist heute kein unbekanntes Terrain mehr. Der besondere Stellenwert der „Organisationsentwicklung" als Steuerungsansatz des organisatorischen Wandels ist in Sozialwissenschaft, Betriebswirtschaft und Pflegewissenschaft unbestritten *(vgl. u. a. Bleicher 1991; Rosenstiel 1993; Fatzer 1993;
Kieser 1993, Richter 1999; Birker 1998; Badura/Feuerstein 1994; Bellabarba/
Schnappauf 1995; Borsi 1997a; Grossmann/Scala 2002a; Görres 1999).*
    Die Veröffentlichungen zur Thematik der OE spiegeln die zunehmende Rele-
vanz der Organisationsentwicklung für die Pflegeeinrichtungen wider *(vgl. u. a.
Görres 1992; Müller/Münch/Badura 1997; Grossmann/Scala 1994; Luckey/
Görres 2001).* Das Studium der aktuellen Fachliteratur zur OE lässt zwei Forschungsrichtungen erkennen: Zum einen konzentrieren sich die Forschungs-
berichte überwiegend auf den Krankenhausbereich. Zum anderen werden die
Anwendungsmöglichkeiten bzw. -empfehlungen und die wissenschaftliche Systematisierung von OE für den Altenpflegebereich über weite Strecken theoretisch
geführt und sind nur in wenigen Ausnahmen durch wissenschaftliche Projekt-
begleitung untermauert *(vgl. u. a. Grossmann 2002; Knäpple 1993; Luckey/Ba-
sekow 2001; Maurus 2001).* Festzustellen ist, dass in der betrieblichen Praxis der
stationären und ambulanten Pflegeeinrichtungen „OE" zunehmend an Bedeutung gewinnt, was die zahlreichen Projektberichte, die in den aktuellen Fachzeit-
schriften publiziert werden und meine Anfragen in den Pflegeheimen nach der
wissenschaftlichen Begleitung bestätigten.
    Dem derzeitigen Forschungstand nach existiert im Forschungsfeld der
Organisationsentwicklung ein Mangel an wissenschaftlichen Erhebungen über

die Implementierung und Durchführung von OE-Prozessen in der stationären Altenpflege. Empirische Untersuchungen von OE-Prozessen, die dem Modell der „gepoolten Organisationsberatung" folgen, sind bislang in der Forschungslandschaft in Deutschland noch nicht dokumentiert. Meine Forschungsarbeit trägt dazu bei, diese Lücke zu füllen und die Relevanz der Thematik durch die Untersuchung der OE-Prozesse in einem „gepoolten OE-Modell" empirisch zu begründen.

Forschungsmethoden

Als Methoden kommen in der vorliegenden Forschungsstudie verschiedene Instrumentarien zur Anwendung:

- Die systematische, reflexive und deskriptive Erfassung der externen Rahmenbedingungen und die theoretische Auseinandersetzung mit den spezifischen OE-Grundlagen und ausgewählten OE-Konzepten werden durch Sichtung und Auswertung der Fachliteratur als auch durch Sekundäranalyse vorgenommen.
- Bei der empirischen Untersuchung der internen Prozessbedingungen (Handlungsdruck, Problembewusstein, Ziele der Akteure), der Implementierungsprozesse und der Prozessergebnisse werden die qualitativen Instrumente „Experteninterview" und „Gruppeninterview" angewendet, die Ermittlung der organisatorischen Rahmendaten der teilnehmenden Altenpflegeheime und die Analyse des Handlungs- und Beratungskonzepts erfolgt auf Basis der Dokumentenanalyse.

1.3. Aufbau der Arbeit

Das *erste Kapitel* beschreibt die Relevanz der Themenstellung, das Forschungsanliegen, den Forschungstand und den Aufbau der Arbeit.

Die deskriptive Analyse der konstitutiven Bedingungs- und Einflussfaktoren dient im *zweiten Kapitel* der theoretischen Reflexion der Ausgangslage, der Spezifizierung und Identifizierung des relevanten Veränderungs- und Handlungsbedarfs, der für alle Altenpflegeheime gleichermaßen bestimmend ist.

Im *dritten Kapitel* werden die wissenschaftstheoretischen Grundlagen der OE, Grundzüge der klassischen und modernen OE-Ansätze, elementare Praxisaspekte zur bewussten Gestaltung von OE, die Konzepte des Change Managements, der dynamischen Unternehmensentwicklung und der Lernenden

Organisation als theoretischer Bezugsrahmen dargestellt. Das wissenschaftliche Erkenntnisinteresse konzentriert sich dabei auf die Fragen, von welchen theoretischen Implikationen und Zielen diese Konzepte getragen werden und welche Prämissen und Aspekte bei der Planung, Durchführung und Bewertung von Lern-, Veränderungs- und Entwicklungsprozessen zu berücksichtigen sind. Die theoretische Auseinandersetzung mit den drei ausgewählten Konzepten des geplanten Wandels dient der Begründung, warum sich diese einerseits als Gestaltungs- und Steuerungsansätze im Aktionsfeld der stationären Altenpflege besonders eignen und zweitens bildet sie die Basis für die wissenschaftlichen Fragestellungen und die Bewertung der implementierten OE-Prozesse.

Im *vierten Kapitel* werden die Forschungsziele der Arbeit definiert und der zentrale Forschungsansatz („Angewandte Sozialforschung") sowie die Forschungsinstrumente begründet und dargestellt.

Das Design des Organisations- und Beratungsmodells, die Diagnoseinstrumente und -ergebnisse, die dem Beratungskonzept zugrundeliegenden OE-Ansätze, die intendierten Projektziele sowie das Management der Veränderung werden im *fünften Kapitel* analysiert.

Im *sechsten Kapitel* werden die internen Rahmen- und Ausgangsbedingungen zu Beginn der OE-Prozesse untersucht (6.1.) Durch die Dokumentenanalyse werden die Rahmendaten des organisatorischen Handelns und Leistungsgeschehens ermittelt und reflektiert. Da die Gestaltungschancen von Veränderungsprozessen in unmittelbarem Zusammenhang mit dem Handlungsdruck, den Zielen und dem Veränderungsbewusstsein der Beteiligten stehen, dienen die Ergebnisse der Experteninterviews der Auslotung dieser Prozessbedingungen. Die gewonnenen Erkenntnisse komplettieren die Erfassung der internen und externen Einfluss- und Bedingungsfaktoren. Auf Basis dieser Forschungsergebnisse gilt es, die von den beteiligten Beratungsinstitutionen identifizierte Problemsituation und die vordefinierten Projektziele zu überprüfen und – kontrahierend oder ergänzend – mit eigenen evaluierten Daten zu vergleichen.

Die initiierten Lern- und Veränderungsprozesse werden aus der Perspektive der Organisationsentwicklung evaluiert (6.2.). Die durch die Gruppen- und Einzelinterviews gewonnenen Evaluationsergebnisse werden einrichtungsspezifisch ausgewertet und in einem Resümee – unter Einbezug anderer Bewertungsergebnisse – diskutiert.

In der zusammenfassenden Diskussion der Forschungsergebnisse (6.3.) werden das Organisations- und Handlungsmodell, der Interventionsansatz „Optimierung der Arbeitslogistik", die Implementierungsprozesse und die Prozesserfolge bewertet und die typologischen Merkmale der „gepoolten Beratung" reflektiert. Im abschließenden Fazit (6.4.) werden – theoriegeleitet und induktiv aus den Evaluationsergebnissen abgeleitet – Hypothesen generiert: Erstens zu Interventionszielen und -ebenen, zweitens zu den Möglichkeiten und Grenzen der „gepoolten Beratung" im Hinblick auf die Implementierung von OE-Prozessen und drittens in Bezug auf die Erfolgsparameter der „gepoolten Organisationsberatung".

Im *siebten Kapitel* werden auf Basis der Untersuchungs- und Forschungserkenntnisse Empfehlungen für die Gestaltung von organisatorischen Lern- und Veränderungsprozessen im Modell der „gepoolten OE-Beratung" ausgesprochen, deren praktische Relevanz erst noch zu überprüfen sind.

Kapitel 2
Ausgangssituation und empirische Hintergründe

Die Ausgangssituation der Altenpflegeeinrichtungen – der empirische Hintergrund meiner Untersuchung – wird durch externe und interne Rahmenbedingungen determiniert. Ziel des folgenden Kapitels ist es, die externen Bedin-
gungs- und Einflussfaktoren durch Sichtung und Analyse der vorhandenen
Fachliteratur und Veröffentlichungen verschiedener Bundesministerien zu erörtern und den betrieblichen Handlungsbedarf der stationären Einrichtungen der
Altenpflege zu reflektieren.

2.1. Stationäre Altenpflege im Kontext externer Rahmenbedingungen

Die Einrichtungen in der Altenpflege sind heute mit Veränderungen konfrontiert,
die sich durch hohe Dynamik und Komplexität auszeichnen. Durch eine Vielzahl
von Einflussfaktoren – wirtschaftliche, technologische, und sozio-demografischen Entwicklungen sowie veränderte gesetzgeberische Bestimmungen – werden sie permanent gefordert, neue Prämissen zu setzen und auf die Entwicklungen zeitnah und adäquat zu reagieren.

Folgende Rahmenbedingungen verlangen von den Betrieben der stationären Altenpflege effektive, langfristige Problemlösungen und stellen hohe Anforderungen an die organisationale Entwicklungs- und Veränderungsfähigkeit
und somit an das Management und die Akteure der stationären Alteneinrichtungen:

- *Die sozio-demografische Herausforderung*
- *Die ökonomische Herausforderung*
- *Die Pflegeversicherung: Rahmenbedingungen und Perspektiven*

Diese drei Parameter werden in den folgenden Abschnitten getrennt beschrieben, obwohl sie sich in ihrer Wirkung wechselseitig bedingen und beeinflussen.

2.1.1. Die sozio-demografische Herausforderung

Die Erhöhung der durchschnittlichen Lebenserwartung und (Über-)Alterung der Bevölkerung führt(e) zu einer Zunahme chronisch kranker, multimorbider Menschen und in Folge zu einem signifikanten Anstieg der Pflegebedürftigen und daraus resultierend zu einer signifikanten Zunahme der Leistungsbezieher/innen aus der sozialen Pflegeversicherung[1], wobei sich der Anteil der Leistungsbezieher/innen in der stationären Pflege[2] – trotz ambulanter Vorrangigkeit – kontinuierlich erhöht hat (vgl. Rothgang/Vogler 1997a:18ff; Schneekloth/Müller 2000:16).

Die durch die sozio-demografische Entwicklung induzierte Nachfrage nach professioneller Pflege hat eine unterschiedliche Ausprägung: Von den 75- bis 79-jährigen lebten rd. 4 %, den 80- bis 89-jährigen rd. 25 % und von den Hochbetagten[3] bereits rd. 31 % in Pflegeheimen (vgl. BMFSFJ 2001:128). Das Durchschnittsalter in Altenheimen lag 1998 bei 81 Jahren, die durchschnittliche Verweildauer bei 52 Monaten (vgl. BMFSFJ 2001:128; Schneekloth/Müller 2000:132). Laut Pflegestatistik lebten im Jahr 1999 28 % der Pflegebedürftigen in Heimen, davon waren 43 % Schwerpflegebedürftige und 22 % Schwerstpflegebedürftige (vgl. Statistisches Bundesamt 2001b:6).

Eine besondere Bedeutung im Hinblick auf die institutionelle Versorgung – vor allem auch hinsichtlich der hohen Belastungen und Kosten – kommt der Gruppe psychisch kranker alter Menschen zu, da sie einen erhöhten Unterstützung- und Betreuungsbedarf haben: Unter Demenz, einer der häufigsten psychiatrischer Erkrankungen, leiden rd. 2–3 % der 70-jährigen, rd. 10–15 % der 80-jährigen und rd. 50 % der 90-jährigen – ihr Anteil im stationären Sektor wird auf rd. 44 % geschätzt (vgl. BMFSFJ 2002:167f; Schneekloth/Müller 2000:135).

---

1 1997 gab es rd. 1,67 Mio. und 2001 bereits 1,95 Mio. Leistungsbezieher/innen; von 1997 bis 1999 ist der Anteil der Leistungsbezieher/innen in der stationären Pflege von 25 % auf 31 % gestiegen (vgl. BMG 2001a:121; Schneekloth/Müller 2000:16).

2 Die Nachfrageentwicklung im Hinblick auf die Inanspruchnahme der Leistungen der Sozialen Pflegeversicherung wird aber keinen linearen Verlauf nehmen, da auch die Bevölkerung keine kontinuierliche Wachstumsrate verzeichnet. So werden beispielsweise die Geburtenrückgänge einzelner Jahrgänge (z. B. 1918–1923) zwangsläufig zu einem Belegungsrückgang in der stationären Pflege führen, andererseits werden starke Geburtenjahrgänge (Nachkriegsgeneration nach 1945 zu einer überproportionalen Zunahme der Nachfrage führen (vgl. Mezger 1996, zitiert in Niebler-Fischer 1997:5).

3 90 Jahre und älter.

Die sozio-demographische Entwicklung weist darüber hinaus auf einen erheblichen Bevölkerungsanteil älterer Migrantinnen und Migranten hin. Heute leben in der Bundesrepublik ca. 500 000 Migrantinnen und Migranten, die älter als 60 Jahre sind; Hochrechnungen zufolge werden es im Jahr 2010 rd. 1,3 Millionen, 2030 sogar rd. 2,8 Millionen sein (vgl. Fach 1999:11). Doch bei der Nachfrage nach professioneller Pflege ist diese Kohorte noch deutlich unterrepräsentiert – auf der Angebotsseite zeigt sich, dass die (Alten-)Pflegeeinrichtungen auf die multikulturellen Bedarfe mehrheitlich noch nicht hinreichend vorbereitet sind (vgl. BMFSFJ 2001:71; Fach 1999:12).

Die steigende Nachfrage nach medizinischer, pflegerischer und sozialer Versorgung wird darüber hinaus von einem Wandel der individuellen und kollektiven Bedürfnisse begleitet, der sich durch ein verändertes Gesundheits- und Qualitätsbewusstsein konstituiert. Dabei haben sich zwei Aspekte als sehr bedeutsam erwiesen: Die mit dem gesellschaftlichen Wertewandel einhergehende Individualisierung, verbunden mit einer stetigen sozialen Singularisierung, und die Veränderung des Selbst- bzw. Kundenbewusstseins (Verbrauchersouveränität)[4].

Somit zwingt der demographische und sozio-kulturelle Wandel die (stationären) Alteneinrichtungen, sich auf die veränderte Bedarfs- und Nachfragesituation einzustellen und fordert darüber hinaus die Überprüfung und Entwicklung ihres Selbstverständnisses bezüglich einer verstärkten Dienstleistungs- und Serviceorientierung. Bezogen auf die Angebotssituation bedeutet das, die (stationären) Altenpflegeeinrichtungen sind gefordert, ihre Angebotsstruktur zu modifizieren und ein neues Aufgabenverständnis zu entwickeln: Ins Blickfeld rücken zunehmend „nicht-medizinische" Handlungsparameter wie psychologische und soziale Aspekte der Pflege und Betreuung – so wird beispielsweise der psychosozialen Dimension der Pflege, der Betreuung dementer Heimbewohner/innen, der Aktivierung physischer, psychischer und sozialer Ressourcen und der Gesundheitsvorsorge und -beratung eine besondere Bedeutung zukommen (vgl. Görres/Luckey 1999:6; Wahl/Kruse 1994:83ff).

Da der gesellschaftliche Strukturwandel schon seit Jahrzehnten sichtbar wurde, die Versorgungsrealität in der stationären Altenpflege der veränderten Versorgungs- und Bedarfslage jedoch nur zögerlich angepasst wurde, sind die Al-

---

4 Der Begriff „Kunde" ist in der Fachliteratur umstritten, da die „Kunden" im Gesundheitswesen nicht alle wirtschaftlichen und rechtlichen Kriterien des Kundenbegriffs erfüllen. Dennoch verwende ich den Begriff „Kunde" bewusst, da die politisch gewollte Entwicklung der Markt- und Wettbewerbsorientierung und das geänderte Gesundheitsbewustein die Pflegebedürftigen zu Kunden macht.

tenpflegeeinrichtungen angesichts des stetig angewachsenen Reformstaus unter Innovationsdruck geraten und stehen vor großen konzeptionellen, qualifikatorischen und organisatorischen Herausforderungen:

- *Eine Anpassung an die sozio-demografischen Parameter und veränderten Bedarfe ist zwingend und erfordert erweiterte und modifizierte Leistungs- und Angebotsstrukturen, die mit neuen Qualifizierungs- und Professionalisierungskonzepten einhergehen müssen.*
- *Umstrukturierungs-, Anpassungs- und Entwicklungsprozesse sind dabei unerlässlich.*
- *Diese Prozesse müssen ökonomisch gestaltet werden, um wandlungs- und konkurrenzfähig zu bleiben.*

2.1.2. Die ökonomische Herausforderung

„Gesundheit" – als höchstes und wertvollstes Gut betrachtet – wirft immer mehr die Frage nach ihrer Bezahlbarkeit auf. In den vergangenen Jahrzehnten sind die Gesundheitsausgaben stark expandiert – und führten das Gesundheitswesen respektive den Bereich der Altenpflege in eine tiefgreifende Krise[5]. Problematisch ist bei der sog. Kosten- bzw. Ausgabenexplosion[6] – aus wohlfahrtstheoretischer Perspektive – nicht so sehr die Entwicklung der Ausgaben im Gesundheitssektor, „[...] sondern allenfalls ihre absolute Höhe, eher noch ihre Struktur" (Breyer/Zweifel 1997:4). Da die Verwendung und Verteilung knapper (Gesundheits-)Güter ein Handeln nach dem ökonomischen Prinzip[7] verlangt, manifestiert sich die strukturelle Krise in erster Linie in ökonomischen Notwendigkeiten und daraus resultierend als Steuerungsproblematik.

Die Ausgabenexplosion im Gesundheitswesen hatte den Gesetzgeber zu einer Reihe politisch-rechtlicher Bestimmungen (Kostendämpfungsgesetz 1977,

---

5 Die für die Finanzierung der Gesundheitsausgaben zur Verfügung stehenden Ressourcen konnten (und können) – aufgrund der wirtschaftlichen Strukturprobleme (Arbeitsmarktsituation) und sinkenden Erwerbsquote – nicht in gleichem Maße wachsen wie der Leistungsumfang (vgl. Breyer/Zweifel 1997:1ff).

6 Ich stimme mit Breyer/Zweifel (1997) überein, in diesem Zusammenhang von Ausgabenexplosion zu sprechen.

7 Als Minimal- bzw. Sparprinzip bedeutet das ökonomische Prinzip, ein vorgegebenes Ziel (hier: gegebenes Maß an Bedürfnisbefriedigung) mit möglichst geringem Einsatz von Gütern (knappen Ressourcen) zu erreichen, hingegen verlangt das Maximalprinzip, mit einem vorgegebenen Einsatz knapper Güter ein höchstmögliches Ergebnis des wirtschaftlichen Handelns (u. a. Effizienz und Effektivität) zu erzielen.

Gesundheitsreformgesetz 1989 und Pflegeversicherungsgesetz 1995) veranlasst, um den rasanten Anstieg der Ausgaben für Gesundheit zu dämpfen[8]. Einschneidende Veränderungen für den Altenhilfebereich gingen mit der Einführung der gesetzlichen Pflegeversicherung (PflegeVG) einher: Die Pflegeversicherung stärkt die marktwirtschaftlichen Elemente bei der Leistungserbringung, fördert das Wettbewerbs- und Konkurrenzverhalten durch den Übergang von der Kosten- zur Preisorientierung und zielt auf die marktwirtschaftliche Entwicklung der Pflegeleistungen durch die politisch gewollte Preisbildung.

Der „Markt" der Altenpflege befindet sich im Umbruch, denn die rechtlichen und fiskalischen Rahmenbedingungen bewirken einschneidende Änderungen sowohl der Nachfrage als auch des Angebotes nach (stationären) Pflegeleistungen. Um dies zu verdeutlichen, werden die Auswirkungen und Konsequenzen der Angebots- und Nachfragesituation für die Pflegeinfrastruktur, den Dienstleistungsmarkt und die Arbeitsmarktsituation näher beleuchtet.

Für die angebotenen vollstationären Pflegeplätze ergibt sich seit 1997 folgendes Bild (siehe Abb.1):

Abbildung 1: Vollstationäre Pflegeplätze nach Art der Einrichtungen
Anzahl der angebotenen Pflegeplätze[9]

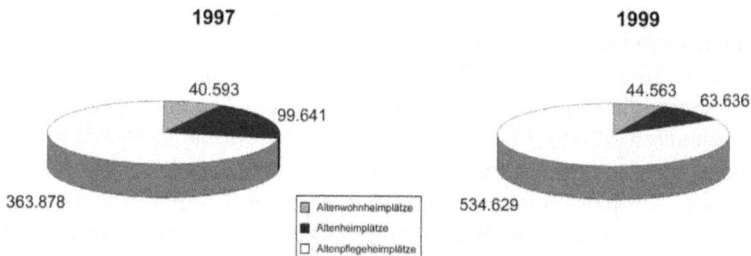

1997

40.593
99.641
363.878

☒ Altenwohnheimplätze
■ Altenheimplätze
☐ Altenpflegeheimplätze

1999

44.563
63.636
534.629

Quelle: Eigene Darstellung nach Angaben des Statisches Bundesamt (2000a:461)

---

8 Die folgenden Reformstrategien sollen „das kranke Gesundheitswesen" retten: Beitragsstabilisierung, einkommensorientierte Ausgabenpolitik und Ökonomisierung des Gesundheitswesens. Mit der Einführung von mehr Marktelementen wurde das Ziel verfolgt, die Wirtschaftlichkeit des Gesundheitswesens zu verbessern, die Innovations- und Leistungsbereitschaft zu erhöhen, die Qualitätssteigerung und eine wettbewerbliche Selbstregulierung der Leistungsprozesse zu fördern und gleichzeitig eine optimale Allokation und Distribution der Ressourcen zu erzielen.

9 Nach § 1 Heimgesetz – ohne Kurzzeitpflegeplätze.

Wie Abb. 1 zeigt, stieg die Gesamtzahl der Pflegeplätze in Altenpflegeheimen von 1997 bis 1999 um rd. 50 %. Mit der Erweiterung ihrer Kapazitäten an stationären Vollzeitpflegeplätzen haben die Einrichtungen auf Bedarfsprognosen[10] frühzeitig reagiert und eine drohende Angebotslücke verhindert; die derzeitigen Kapazitäten werden deshalb in quantitativer Hinsicht als bedarfsgerecht beurteilt (vgl. *Statistisches Bundesamt 2001b:5; BMG 2001:83*). Darüber hinaus verdeutlicht Abb. 1 zwei weitere Entwicklungen: Parallel zur Erweiterung der Altenpflegeheimplätze wurden die Plätze in Altenheimen drastisch (rd. 30 %) abgebaut[11] und die Altenheime und Altenpflegeheime in *ein* Versorgungs-, Wohn-, und Servicekonzept integriert.

Perspektiven der Pflegeinfrastruktur werden u. a. durch die antizipierte Kapazitäts- und Nachfrageentwicklung geprägt, bei der es jedoch erhebliche regionale Unterschiede und Streuungen gibt[12] (vgl. *BMG 2001a:85*). Werden zukünftige Haushaltsstrukturverschiebungen bei der prognostizierten Angebotsentwicklung und Nachfragekonstellation nach Vollzeit-, Teilzeit- und Kurzzeitpflegeplätze berücksichtigt, dann zeigt sich, dass sich bei den Teilzeit- und Kurzzeitpflegeplätzen ein zunehmender Bedarf ergibt (vgl. *Rothgang 1997:74f*): Ende 1999 gab es im Bereich der Tages- und Kurzzeitpflege immer noch eine gravierende Versorgungslücke[13] (vgl. *Rothgang 1997:74ff; Statistisches Bundesamt 2001b:13*). Darüber hinaus ist zu erwarten, dass die Einführung der G-DRG's[14] zu einer signifikanten Erhöhung der Nachfrage und Bedarfe nach Kurzzeitpflegeplätzen führen wird. Bisher waren die Altenpfle-

---

10 Bisherige Bedarfsprognosen für den vollstationären Sektor gingen von einer antizipierten Nachfragesteigerung – beispielsweise für den Zeitraum von 1992 bis 2010 – von rd. 30 % bzw. 40 % aus (vgl. *Rothgang 1997:72*).

11 Entweder wurden diese Plätze ausgegliedert oder die Einrichtungen haben einen Versorgungsvertrag als stationäre Pflegeeinrichtung abgeschlossen.

12 Während in weiten Teilen des Bundesgebiets eine flächendeckende Versorgungslage im stationären Sektor zumindest bis zum Jahr 2000 weitgehend als gesichert galt (bspw. in BW, NRW), wurde das nachfragedeckende Angebot in einzelnen Ländern (bspw. in MV) als nicht ausreichend bewertet.

13 Die Zahl der Kurzzeitpflegeplätze betrug bundesweit 9 880 (1999), wohingegen der Bedarf an Kurzzeitpflege allein für Nordrhein-Westfalen bereits 1997 auf rd. 3500 geschätzt wurde; die Zahl der Tagespflegeplätze lag bundesweit 13 339 (1999) bei einem ebenfalls bereits 1997 bundesweit prognostizierten Bedarf von rd. 34 000.

14 Da sich mit der Einführung der G-DRG's (German Diagnosis Related Groups) die Verweildauer der Patientinnen und Patienten verkürzen werden, ist vor allem im Hinblick auf die älteren Menschen mit einer steigenden Nachfrage nach Kurzzeitplätzen zu rechnen.

geeinrichtungen nicht bereit, diese Angebotslücke zu schließen[15]. Derzeit sind die Einrichtungen – meines Erachtens – noch nicht hinreichend vorbereitet, auf die zukünftigen Umstrukturierungen der Krankenhäuser adäquat zu reagieren und entsprechende Kapazitäten bereitzustellen.

Auf dem Pflegemarkt sind die freigemeinnützigen Träger die dominierenden Leistungsanbieter: Ende 1999 waren von insgesamt 8 859 Pflegeheimen 3 092 in privater, 750 in öffentlicher und 5 017 in freigemeinnütziger Trägerschaft (vgl. Statistisches Bundesamt 2001b:13). Noch deutlicher wird der Marktanteil der freigemeinnützigen Einrichtungen beim Vergleich der angebotenen Pflegeplätze: Von den rd. 695 000 Pflegeplätzen wurden 63 % von den freigemeinnützigen Trägern angeboten, 26 % von den privaten und 11 % von den öffentlichen Trägern[16] (vgl. Statistisches Bundesamt 2001b:14). Die vorrangige Marktposition der freigemeinnützigen Anbieter manifestiert sich auch in der Einrichtungsgröße[17]: Während 64 % der mittleren und 61 % der großen Einrichtungen unter freigemeinnütziger Trägerschaft stehen, konzentrieren sich die privaten Träger auf die kleinen Heime (vgl. Schneekloth/Müller 2000:127). Das bedeutet, dass die privaten und freigemeinnütziger Einrichtungen (noch) in unterschiedlichen Marktsegmenten miteinander konkurrieren.

Um sich am Markt (neu) zu positionieren und um sich genügend Wettbewerbsvorteile zu sichern bzw. diese auszuweiten, sind jedoch alle Pflegeeinrichtungen mehr denn je gefordert, eine Veränderung ihrer Produktpalette vorzunehmen – durch Spezialisierung und Produktdiversifikation (vgl. Rothgang 1997:82f). Aus meiner Sicht haben viele Einrichtungen bereits reagiert und Veränderungen ihres Leistungsspektrum vorgenommen – jedoch nicht weitreichend genug.

Zukünftig wird sich der Wettbewerbsdruck auf dem stationären Sektor noch verstärken. So ist zu erwarten, dass die Internationalisierung des Wettbewerbs zu einer Zuspitzung der Wettbewerbssituation – vor allem für die bisher bevorzugten Wohlfahrtsverbände – führen wird (vgl. Rothgang 1997:81). Von den bislang eher mittelständisch geprägten Einrichtungsträgern wird deshalb er-

---

15 Das liegt einerseits u. a. daran, dass Kurzzeitpflegeplätze kostenintensiver sind als Dauerpflegeplätze und andererseits an der bislang unzureichend geregelten öffentlichen Investitionsfinanzierung im Teilzeit- und Kurzzeitpflegebereich (§ 9 SGB XI) (vgl. Gennrich 1997:5ff).

16 Seit Einführung der Pflegeversicherung hat sich die Anzahl der öffentlichen Einrichtungen drastisch reduziert (vgl. Statistisches Bundesamt 2000a:461).

17 Große Einrichtungen haben 150 und mehr, mittlere von 50 bis 149 und kleine Einrichtungen unter 50 Bewohner/innen.

wartet, dass sie ihre Kapazitäten erhöhen und weitreichende Modernisierungs- und Strukturanpassungen vollziehen, um konkurrenzfähig zu bleiben.

Von Bedeutung auf der Nachfrageseite sind die veränderten Wertepräferenzen und ein gestiegenes und anspruchvolles Kundenpotenzial – beide verankert im gesamtgesellschaftlichen Wertewandel und Konsumverhalten.

Im Kontext der expansiven Nachfrage nach Pflegeleistungen zeigt sich eine weitere Entwicklung als bedeutsam: Die Zahl der kaufkräftigen Kunden ist durch das ansteigende Geldvermögen der Seniorenhaushalte[18] kontinuierlich gestiegen *(vgl. Schuhen 1997:24)*. Dies betrifft nicht alle Heimbewohner/innen, denn ein Großteil der Leistungsbezieher/innen ist noch immer auf Sozialhilfe[19] angewiesen *(vgl. Schneekloth/Müller 2000:179ff; BMG 2001:69f)*.

Die Pflegebedürftigen und die potenziellen Nachfrager/innen beeinflussen somit in unterschiedlicher Ausprägung die Marktsituation: In Abhängigkeit ihrer Möglichkeiten üben sie mehr oder weniger Druck auf das Marktgeschehen aus. Für die (stationären) Pflegeleistungen bedeutet das, dass die Strukturen der heutigen Nachfrage nicht konstant bleiben werden. Dies haben Unternehmensträger und -leitungen bei ihrer Marktpositionierung und Wettbewerbsorientierung auf dem stärker konkurrierenden Dienstleistungsmarkt zu berücksichtigen: Auch damit begründet sich – wie in Kap. 2.1.1. skizziert – eine Flexibilisierung der Leistungserbringung und Modifizierung der Leistungsstrukturen. Die Marktchancen und -risiken der Anbieter werden zukünftig deshalb entscheidend davon abhängen, inwieweit die verantwortlichen Träger und Unternehmensführungen befähigt sind, auf die veränderte Nachfragekonstellation – bei steigendem Kostendruck – zu reagieren und daraus mittel- und langfristige Unternehmensperspektiven zu entwickeln und weitreichende Struktur- und Anpassungsmaßnahmen durchzuführen.

---

18 Zwischen 1991 und 2000 hat sich das Geldvermögen der über 65jährigen um bis zu 246 % erhöht, das der Personen unter 65 Jahre dagegen nur um 94 % *(vgl. Riedl 1996, zitiert in Niebler-Fischer 1997:5)*.

19 Zwar ist der Anteil der Personen mit Pflegestufe I bis III in vollstationären Einrichtungen seit Einführung der Pflegeversicherung in den alten Bundesländern von 69 % auf 44 % und in den neuen von 88 % auf 29 % gesunken, doch in der Pflegestufe 0 hat sich der Anteil der Sozialhilfeempfänger/innen (58 % in den alten Bundesländern, 81 % in den neuen) kaum verändert *(vgl. Schneekloth/Müller 2000:179ff)*. Zukünftig wird sich meines Erachtens die Zahl der Sozialhilfeempfänger/innen in den Heimen noch vergrößern, da zu erwarten ist, dass die (Hotel-)Kosten – bei tendenziell sinkenden Renten – von einem Gros an Heimbewohner/innen nicht mehr aufgebracht werden können.

Der Bereich der Altenpflege entwickelt sich immer mehr zur Wachstums-
branche und zu einem bedeutenden Wirtschaftsektor: Durch die expandie-
rende Nachfrage nach Pflegeleistungen rückt „Pflege" zunehmend ins Zentrum
gesellschaftlicher Arbeitsmarktentwicklungen (vgl. Krüger 2001:21). Im Zuge
der Kapazitätserweiterungen und Strukturanpassungen in der Altenpflege wird
eine stetig wachsende Nachfrage nach Pflege- und Hilfskräften[20] ebenso zu
erwarten sein wie veränderte Qualifizierungs- und Professionalisierungsnotwendigkeiten; darüber hinaus werden weitere Beschäftigungsimpulse für Führungskräfte im mittleren und höheren Management aber auch für pflegenahe
Gesundheitsberufe der Therapie und (Heil- und Gesundheits)Pädagogik ausgehen. Analog zu diesen primären Beschäftigungseffekten sind sekundäre Be-
schäftigungseffekte in der Weiterbildung und Beratung als auch im Umfeld der
Einrichtungen (Zulieferer, Fachhandel) zu erwarten.

Durch die zukünftige Versorgungs- und Bedarfsentwicklung wird sich das
von der Gesellschaft bereitzustellende Pflegekräftekontingent noch drastisch
erhöhen. So wurde die Infrastruktur kontinuierlich aufgebaut, doch der De-
ckung des betrieblichen Bedarfs an professionellen Pflegekräften in der Altenpflege wird neben der Kostenbegrenzung durch den herrschenden Fachkräftemangel Grenzen gesetzt. Die Ursachen des sog. Personalnotstands sind
vielschichtig: Neben Problemen bei der Rekrutierung von Nachwuchskräften
bedingt durch sinkende Attraktivität des Pflegeberufs, Imageproblemen, nicht
zeitgemäßer Altenpflegeausbildung, inadäquate Leistungsvergütung sowie den
sozialen Wertewandel werden vor allem die anhaltend schwierigen Arbeitsbedingungen, gesundheitlichen Belastungen und sinkende Arbeitszufriedenheit
für die hohe Fluktuationsneigung und die immer kürzer werdende Verweildauer im Beruf verantwortlich gemacht (vgl. Raabe 2001:32ff)

Der Altenpflegesektor sah sich lange nur geringen ökonomischen Zwängen
ausgesetzt. Durch die Ökonomisierung des Gesundheitswesen forciert der
Gesetzgeber die Entwicklung, dass die Alten- und Pflegeheime als Wirtschaft-
unternehmen betrachtet werden und in ein marktorientiertes Wirtschaftssystem
eingebunden werden. Vor dem Hintergrund der beschriebenen Angebots- und

---

20 Durch die veränderte Nachfragekonstellation in den Altenpflegesystemen wurde eine be-
achtlichen Beschäftigungswirkung ausgelöst: Von 1997 bis 1999 stieg die Anzahl der er-
werbstätigen Pflege- und Pflegehilfskräfte, Haus- und Ernährungswirtschaftler/innen sowie hauswirtschaftlichen Hilfskräfte um rd. 73 000 bzw. 17,8 % – wobei die
Berufsgruppe der Altenpfleger/innen in absoluten Zahlen (mit rd. 45 000) den größten
Zuwachs verzeichnen konnte (vgl. BMG 2001a:89).

Nachfragekonstellationen ergibt sich zusammenfassend folgender wirtschaftliche Entwicklungs- und Handlungsbedarf:

▨ *Die Chancen, am Wettbewerbsgeschehen zu partizipieren und konkurrenzfähig zu bleiben, werden vornehmlich davon abhängig sein, inwieweit die stationären Altenpflegeeinrichtungen es leisten, sich kunden- und nachfrageorientierten Unternehmenskonzepten zuzuwenden und die Entwicklung von kostenorientierten zu preis- und marktorientierten Dienstleistungsunternehmen zu vollziehen.*

▨ *Um sich in einem immer stärker wettbewerbsorientierten Umfeld zu positionieren, bedarf es der Entwicklung strategischer Leitlinien sowie der Entfaltung betriebswirtschaftlicher Kernkompetenzen und der Implementierung betriebswirtschaftlicher Steuerungsinstrumente und –verfahren.*

▨ *Die Ökonomisierung der Pflege verlangt nach der Ausrichtung der Leistungsstrukturen und -prozesse an den Präferenzen und Interessen der Kunden und Beschäftigten – eine gezielte Kunden- und Mitarbeiterorientierung ist zwingend erforderlich.*

▨ *Angesichts begrenzter personeller Ressourcen und neuer Anforderungen sind die Institutionen der Altenpflege (und die Politik) gefordert, die Professionalisierung der Pflege voranzutreiben und die Arbeitsbedingungen für die Pflegepersonen zu verbessern.*

2.1.3. Die Pflegeversicherung: Rahmenbedingungen und Perspektiven

Mit dem Inkrafttreten des Pflege-Versicherungsgesetzes[21] am 1. Januar 1995[22] wurden die vier Säulen der Sozialversicherung um eine fünfte ergänzt. Die stationären Alteneinrichtungen unterliegen seit Ende 2001 weiteren Reglementierungen: Mit der Novellierung des SGB XI wurde das Heimgesetz (HeimG) reformiert und das Pflegequalitätssicherungsgesetz (PQsG) eingeführt.

---

21 Die zentralen Ziele des Pflege-Versicherungsgesetz (PflegeVG/SGB XI) sind: Die Absicherung des finanziellen Risikos der Pflegebedürftigen und der pflegenden Angehörigen, die Steigerung der Qualität und Effizienz der Leistungserstellung, die Verhinderung der „Kostenexplosion" und die Begrenzung der Beitragslast, sowie die Minimierung der Sozialhilfeabhängigkeit.

22 Die Leistungen der Pflegeversicherung wurden in zwei Stufen eingeführt. Mit der ersten Stufe (1995) wurden die Leistungen für häusliche und teilstationäre Pflege, mit der zweiten Stufe (1996) die Leistungen für vollstationäre Pflege gewährt.

Die Ziele der staatlichen Reformen tangieren die stationären Einrichtungen in unterschiedlicher Ausprägung. Die nachfolgenden Ausführungen konzentrieren sich auf die Auswirkungen zentraler Reformbestrebungen des Pflegeversicherungsgesetzes und den daraus resultierenden Herausforderungen – unter Einbeziehung der gesamtwirtschaftlichen und sozio-demografischen Entwicklungen[23]:

1. Qualitätssicherung in der stationären Altenpflege – Rahmenbedingungen und Perspektiven
2. Herausforderungen einer wirtschaftlichen Betriebsführung
3. Herausforderungen einer zeitgemäßen Pflege- und Versorgungssituation
4. Arbeitsbedingungen in der stationären Altenpflege – Rahmenbedingungen und Perspektiven

2.1.3.1. Qualitätssicherung in der stationären Altenpflege

Eines der bedeutendsten Ziele der Pflegeversicherung (PflegeVG) gilt der Qualität und Qualitätssicherung. § 80 SGB XI bestimmt, dass sich alle zugelassenen Pflegeheime an den Maßnahmen zur Qualitätssicherung beteiligen müssen.

Neben den Zielen, eine humane und aktivierende sowie eine bedarfs- und bedürfnisorientierte Pflege zu garantieren und die Leistungsqualität dauerhaft zu sichern, sind es aber auch andere Aspekte, welche die Notwendigkeit der gesetzlichen Qualitätsbestimmungen begründen, wie die Stärkung der Eigenverantwortlichkeiten und Pflegeselbstverwaltung, die rationale Steuerung der Einrichtung, die transparente Gestaltung der Leistungserbringung, die gestiegenen Arbeitsanforderungen in der Pflege, die Professionalisierung der Pflege und die Notwendigkeit eines pflege- und praxisnahen Qualitätsmanagement (vgl. Görres 1999:131f; Barth 1999:45f).

Für die Qualitätssicherungsmaßnahmen wurden von den Kosten- und Finanzierungsträgern „Gemeinsame Qualitätsmaßstäbe und -grundsätze zur Qualität und Qualitätssicherung"[24] vereinbart und zentrale, verbindliche Krite-

---

23 Die Ausgangssituation der von mir untersuchten Einrichtungen ist durch die externen Rahmenbedingungen – vor allem durch die Auswirkungen der Pflegeversicherung determiniert. Da der zukünftige Handlungs- und Entwicklungsbedarf von den neuen gesetzlichen Bestimmungen entscheidend beeinflusst wird, werden diese in nachfolgenden Ausführungen in groben Zügen erläutert.

24 Über die Regelungen des § 80 SGB XI hinaus, sollten Bundesländer und der MDK Qualitätskriterien definieren oder durch freiwillige Vereinbarungen zwischen den Leistungsträgern ein Selbstklassifikationssystem schaffen.

rien konkretisiert: Die Qualitätsdimensionen Struktur-, Prozess- und Ergebnisqualität[25] sollen für die Qualitätsanforderungen maßgebend und handlungsleitend sein[26] (vgl. *Barth 1999:8f*). Die vereinbarten Ziele und Maßstäbe dienen dazu, das Preis-Leistungs-Verhältnis zu standardisieren und fungieren als Orientierungsgrundlage für die Definition der eigenen Qualität[27] und deren Prüfung[28]; darüber hinaus sollen sie die Bemühungen der Einrichtungen zur Qualitätssicherung und zum Qualitätsmanagement verstärken (vgl. *Barth 1999:46*).

Die vielen Verfahren und Modelle zur Qualitätssicherung, die sich in der Altenpflege etablierten – KLIE spricht im Kontext der entwickelten Qualitätsmanagementkonzepte[29] sehr zutreffend von einem „wahren Wald" an „konkur-

---

25 Die Berufsverbände der Pflege waren bei dem zugrundegelegten Qualitätsverständnis sinnstiftend; das von *Donabadian* entwickelte Modell hat in der Pflege einen weitverbreiteten Konsens gefunden und findet sich in fast allen Verfahren und Methoden zur Qualitätssicherung wieder (vgl. *Kämmer/Schröder 1998:36*).

26 In Pflegewissenschaft und Pflegepraxis werden die Normierungen und Vorgaben kontrovers diskutiert. Die künstliche analytische Trennung der Pflegequalität wird dabei nicht in Frage gestellt, sondern nur die Dominanz der methodisch-technischen Qualitätsperspektive. Die Reduktion von „Pflegequalität" auf drei erfassbare Bereiche und die dadurch resultierende Vernachlässigung einer notwendigen komplexen und integrierenden Sichtweise von „Pflegequalität" macht deshalb eine vierte Dimension „Input-Qualität" notwendig (vgl. *Görres 1999:178ff*; *Klie 1996:2f*). Die Stärke des dreidimensionalen Ansatzes wird hingegen in der pragmatischen und systematischen Handhabung gesehen; als zu funktional und monokausalistisch wird jedoch die mechanistische und reduktionistische Sichtweise des Modells kritisiert (vgl. *Görres 1999:191*; *Klie 1996:7f*).

27 Die zugelassenen Altenpflegeeinrichtungen sind verpflichtet, interne Qualitätsmaßnahmen eigenverantwortlich durchzuführen – in der Entscheidung, mit welchen Qualitätssicherungsmaßnahmen oder mit welchen Qualitätsmanagementsystemen sie ihre Qualitätssicherung gestalten, sollen sie frei bleiben (§ 80 Abs.2 SGB XI). In der Altenpflege setzten sich vornehmlich Qualitätssicherungssysteme durch, die entweder die Prozessabläufe (DIN ISO 9000f) oder die Kundenzufriedenheit durch die Ausrichtung des Wertschöpfungsprozesses auf die Dimensionen Zeit, Qualität und Kosten (TQM) in den Mittelpunkt stellen (vgl. *Barth 1999:24*).

28 Externe, obligatorische Prüfungen hingegen sind Bestandteil der gesetzlichen Qualitätsbestimmungen. Die Pflegekassen wurden beauftragt – in der Regel vom MDK durchgeführte – Qualitätsprüfungen vorzunehmen; Leistungsdefizite und Qualitätsmängel können die Kündigung der Versorgungsverträge zur Folge haben (vgl. *Barth 1999:205f*).

29 Für die Abgrenzung der Begrifflichkeiten werde ich folgende Unterscheidung zugrunde legen: Konzepte sind grundlegende Vorstellungen, wie Qualität zu erreichen ist; die konkrete Umsetzung der Konzepte erfolgt hingegen mit Systemen, die Aufgaben, Funktionen, Abläufe und Strukturen, Methoden und Maßnahmen beinhalten, wie Qualitäts-

rierenden Systemen" –, dokumentieren ein neues Verständnis von Qualität und beweisen die Suche nach wirksamen Konzepten und Verfahren, mit denen sich die gesetzlichen und betrieblichen Ziele und Vorstellungen realisieren lassen (vgl. Klie 2000:16).

Die zahlreichen Veröffentlichungen in der Fachliteratur zeugen von vielfältigen Aktivitäten und Maßnahmen, mit denen Qualitätssicherung und -entwicklung durchgeführt wurden. Die Bemühungen schienen lange darauf hin zu weisen, dass die Ziele der Qualitätssicherung im Altenhilfebereich konsequent verfolgt wurden: Alteneinrichtungen, Führungskräfte, Akteure, Verbände, spezifische Interessensvertretungen der Altenpflege und private Unternehmen erprobten und entwickelten Verfahren und Instrumente zur Implementierung von Qualitätsmaßnahmen. Doch die Qualitätsprüfungen des MDK dokumentieren, dass „[...] Qualitätsmanagement in stationären Pflegeeinrichtungen weder geübte Praxis noch selbstverständliche Routine ist, [...] noch vielfach unsystematisch oder funktional erfolgt [und] als zusätzlich Aufgabe, d. h. als Belastung betrachtet [wird]" (Richter/Wipp 2002b:25). Die Fixierung auf das PflegeVG hatte viele Einrichtungen dazu verleitet „[...] die Tätigkeit der Einrichtungen als bloße Ausführung gesetzlicher Vorhaben misszuverstehen und die Phantasie über künftige Entwicklungen auf das zu begrenzen, was die Pflegekassen vorgeben" (Moldenauer 1996:19).

Seit Einführung der Pflegeversicherung gewann „Qualität" der pflegerischen Vereinbarung – als eigenständige Thematik – in der Altenpflegelandschaft und Öffentlichkeit zunehmend an Bedeutung: Über die intensiv geführten Qualitätsdiskussionen in Pflegewissenschaft und -praxis hinaus, sind es vor allem Forschungsstudien, Prüfberichte des MDK und die zahlreichen Medienberichte, die – trotz gesetzlicher Qualitätspflicht – auf alarmierende Zustände der Versorgungs- und Arbeitsbedingungen hinweisen (vgl. u. a. BMG 2001a; Klie 2000; Zimber/Weyerer 1999).

Im „Zweiten Bericht über die Entwicklung der Pflegeversicherung" zieht das BMG – auf Basis der ausgewerteten Prüfberichte des MDK – folgendes Fazit (vgl. BMG 2001a:99): Neben Qualifikationsdefiziten bei den verantwortlichen Pflegefachkräften im Hinblick auf aktuelle Qualitäts- und Praxisanforderungen sowie pflegerisches und medizinisches Wissen gibt es gravierende Mängel und weitreichende Qualitätsdefizite bei der Umsetzung der Pflegekonzepte in der

---

sicherung zu erzielen ist. Die Entwicklung, Implementierung, Überprüfung und Verbesserung von Qualitätssystemen auf Basis bestimmter Qualitätskonzepte erfolgt mit Hilfe von Modellen (vgl. Wunderer et al. 1997:5).

Pflegepraxis, bei der ressourcenorientierten aktivierenden und mobilisierenden Pflege sowie bei den prophylaktischen und medizinisch-therapeutischen Maßnahmen (bspw. bei Dekubitus, Inkontinenz, Austrocknung und Ernährung). Zusammenfassend kommt das BMG zu folgender Bilanz: In den Einrichtungen der Altenpflege gibt es ein sehr unterschiedliches Niveau in der Sicherung der Pflege- und Versorgungsqualität (*vgl. BMG 2001a:99*).

Dem KDA und MDK zufolge ist die Pflege- und Versorgungsqualität in rd. 30 % der stationären Einrichtungen als problematisch zu bezeichnen: Neben Defiziten bei der Strukturqualität (bspw. unzureichende Fachkraftquote und Arbeitsorganisation) und der Prozessqualität (u. a. mangelnde Pflegedokumentation, -organisation und -konzepte), ist es vor allem die Ergebnisqualität, die alle Verantwortlichen der Pflege und Politik zum Handeln zwingt (*vgl. König 2000:152*).

Vor dem Hintergrund des zunehmenden öffentlichen Interesses an der Beseitigung gravierender Mängel in der Altenpflege und des geführten wissenschaftlichen Diskurses über Qualitätssicherung bzw. über geeignete Lösungsansätze wurde am 1. Jan. 2002 das neue Pflegequalitätssicherungsgesetz (PQsG)[30] eingeführt. Mit der Novellierung des SGB XI verfolgt der Gesetzgeber die Intention, „[...] dafür Sorge zu tragen, dass neben der Quantität auch eine angemessene Qualität der Leistung erreicht wird" und das Ziel, wichtige Weichen für die Zukunftsfähigkeit der pflegerischen Versorgung zu stellen (*BMG 2001b:1*).

Das PQsG zielt auf die Sicherung und Weiterentwicklung der Pflegequalität, die Stärkung der Verbraucherrechte, die Verbesserung der Strukturqualität sowie eine engere Verzahnung mit dem (neuen) Heimgesetz[31]. Die Kernanliegen des PQsG für zugelassene stationäre Pflegeeinrichtungen sind (*vgl. BMG 2002d:2f*):

1. *Die Stärkung der Eigenverantwortung der Einrichtungsträger und verbesserte Verhandlungsqualität durch die Einführung von Leistungs- und Qualitätsvereinbarungen (LQV).*

---

30 Das PQsG ist kein autonomes Gesetz, sondern eine Novellierung des SGB XI.
31 Im Zuge der Novellierung des SGB XI wurde eine Neufassung des Heimgesetzes verabschiedet, das zur Gewährleistung einer adäquaten pflegerischen Versorgungsqualität eine enge Verzahnung der Regelungsbereiche, die verstärkte Zusammenarbeit zwischen staatlicher Heimaufsicht und MDK vorsieht und zur erhöhten Transparenz die Auflistung der Leistungsangebote mit entsprechenden Entgelten verlangt (Dritte Änderung des HeimG, verabschiedet am 5. November 2001).

2. Die Neustrukturierung und Effektivierung der Qualitätssicherungsinstru-
mente u. a. durch die Verpflichtung der Einrichtungen zum einrichtungsinternen Qualitätsmanagement und zur regelmäßigen Vorlage der Leistungs-
und Qualitätsnachweise (LQN).
3. Verbesserte Verhandlungstransparenz und Ausweitung des Verbraucher-
schutzes.

Durch das PQsG wird das Qualitätsmanagement[32] zur tragenden Säule. Die
Frage, wie ein umfassendes Qualitätsmanagement zu gestalten ist, ist in den
Inhalten der zwischen den Leistungs- und Kostenträgern zu beschließenden
und ab 1. Jan. 2004 gültigen Leistungs- und Qualitätsvereinbarungen festzulegen und zu konkretisieren. Zugleich werden die LQV zur Bemessungs-
grundlage für die ausgehandelten Pflegesätze und Entgelte für Unterkunft und
Verpflegung (§ 80a SGB XI).

Die Regelungen des PQsG werden in der Pflegepraxis und -wissenschaft kontrovers diskutiert. Zu Recht wird kritisiert, dass die stärkeren Reglementierungen
die unternehmerische Freiheit der Pflegebetriebe weiter einschränken werden
und dass der Strukturqualität ein höherer Stellenwert eingeräumt wird als der Ergebnisqualität; darüber hinaus wird befürchtet, dass die neuen Qualitätsbestimmungen in finanziell und personell aufwendige bürokratische Verfahren
münden werden, anstatt in die kritische Reflexion der Pflege- und Unterneh-
menspraxis (vgl. Weiss 2002:34f; Klie 2000:16f; Philipp 2000:26ff).

Die neuen Regelungen implizieren jedoch auch zahlreiche Innovations- und
Professionalisierungschancen (vgl. Richter/Wipp 2002b:27ff): Das nun gültige
Pflege-Qualitätssicherungsgesetz (PQsG)[33] lässt dem Thema „Personaleinsatz"
einen wichtigen Stellenwert zukommen. Auch wenn das PQsG[34] zur Personal-
bedarfsbemessung kein konkretes Zahlenmaterial vorgibt, so enthält es Anforderungen an die quantitative und qualitative Personalausstattung[35], die von

---

32 K;Qualitätsmanagement subsumiert alle systematisch geplanten und umgesetzten Maßnahmen und Aktivitäten zur Sicherung und Entwicklung von Qualität.
33 Langfristig ist geplant, dass aus dem zukünftig vorliegende Zahlenmaterial Richtwerte
entwickelt werden, die als Grundlage bei den künftigen Pflegesatz- und Vergütungsvereinbarungen herangezogen werden sollen.
34 § 80 Abs. 1, Ziffer 3 (personelle Ausstattung) und § 86 (Personalanhaltszahlen, Personal-
richtwertvereinbarung).
35 Vorgeschrieben wird ein Instrument zur Messung des Personalbedarfs, das den Nachweis
über die Struktur der personellen Ausstattung bzw. über den geplanten Mitarbeitereinsatz
anhand ermittelter Pflegezeiten und Pflegeprofile und daraus resultierender Pflege- und
Unterstützungsbedarfe liefert. Favorisiert wird derzeit das Personalbemessungsinstrument

den Einrichtungen zukünftig zu berücksichtigen sind. Da die Vergütungsverhandlungen auf der Grundlage verbindlich festgelegter Strukturdaten (sächli-
che und personelle Ausstattung) erfolgen, die zu maßgeblichen Eckdaten für
die Preiskalkulation und der leistungsgerechten Vergütung werden, wird eine
(teilfinanzierte) Ausgangsbasis für die Leistungs-, Qualitäts-, Personal- und Organisationsentwicklung geschaffen – meines Erachtens jedoch nur unter der
Voraussetzung, dass die Einrichtungen die Auseinandersetzung mit den Leis-
tungsprofilen, der Pflegepraxis und -prozesse, der Aufbau- und Ablauforganisation sowie mit der Effizienz der Leistungserstellung intensivieren.

Der aus den gesetzlichen Bestimmungen resultierende Handlungs- und Entwicklungsbedarf an eine zeitgemäße Qualitätssicherung und -entwicklung ist
vielfältig und umfasst folgende Kernelemente:

▨ *Überprüfung, ggf. Aktualisierung oder Entwicklung elementarer Grundlagen
qualitätssichernder und -entwickelnder Maßnahmen, wie Pflegekonzepte und
-planung, Dokumentation der Pflegeprozesse, Leitbilder, Ziele, Standards
und Kriterien.*

▨ *Konkretisierung des Leistungsspektrums und -umfangs bezogen auf die Struk-
tur- und Eckdaten und die voraussichtliche Entwicklung der zu betreuenden
Klientel und des Pflege- und Betreuungsbedarfs.*

▨ *Konkretisierung der sächlichen und personellen Ausstattung einschließlich
der Qualifikation der Beschäftigten.*

▨ *Implementierung geeigneter Methoden und Verfahrensweisen, die in betriebswirtschaftlicher und pflegerischer Hinsicht den externen und internen
Qualitätsanforderungen gerecht werden, wie Bemessungs-, Analyse-, Infor-
mations-, Kommunikations- und Dokumentationssysteme.*

▨ *Die Einbindung der Qualitätsanforderungen in ein praxisnahes, kontinuierli-
ches und systematisches Qualitätsmanagementkonzept.*

Die Institutionalisierung von Qualitätsmanagementsystemen kann jedoch nur
ein erster Schritt sein. Im zweiten Schritt müssen sich die Einrichtungen meines
Erachtens darauf konzentrieren, Qualitätsmanagement nicht als statisches System zu begreifen, sondern als dynamisches System, das in wechselseitiger Ab-

---

„PLAISIR" (**Pla**nification **I**nformatisée des **S**oins **I**nfirmiers **R**equis = Informationsgestützte
Planung notwendiger Pflege). In der Pflegewissenschaft ist das System jedoch umstritten;
kritisiert wird, dass es zu technokratisch ausgerichtet ist, sich zu sehr an medizinischen
Diagnosen orientiert und den spezifischen Anforderungen und Qualitätskriterien der Altenpflege nicht gerecht wird (*vgl. Bartholomeyczik et al. 2002:20f*).

stimmung der internen und externen Einfluss- und Bestimmungsfaktoren zirkulär zu gestalten ist (siehe Abb. 2).

Abbildung 2: Qualität und Qualitätsmanagement im Kontext externer und interner Bestimmungsfaktoren

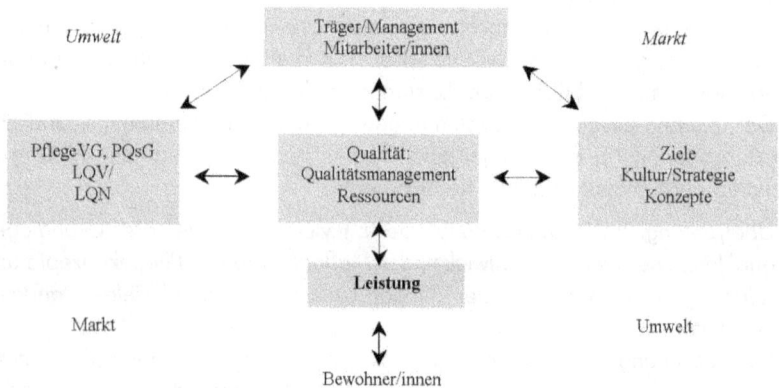

Quelle: Eigene Darstellung

Dies kann den Einrichtungen nur gelingen, wenn sie – wie Abb. 2 zeigt – Qualitätsentwicklung als unternehmensweite, strategische Aufgabe verstehen und anwenden, die sich im Kontext einer notwendigen markt-, prozess-, bewohner- und mitarbeiterorientierten Gestaltung der Organisation- und Leistungssysteme neu positioniert und in ein übergeordnetes Managementkonzept verankert wird. Damit erweitert sich die Sicht der Qualität dahingehend, dass den Dimensionen Strategie, Kultur, interne und externe Kunden eine entscheidende Bedeutung beigemessen wird.

2.1.3.2. Die Herausforderungen einer wirtschaftlichen Betriebsführung

Vor Einführung der Pflegeversicherung wurden die Pflegesätze[36] zwischen Leistungs- und Kostenträgern (vor allem Sozialhilfeträgern) auf Grundlage des Selbstkostendeckungsprinzips und in weitgehender Abstraktion von erbrachten Leistungen ausgehandelt (*vgl. Ristok 1995:17*). Die Folge war, dass die Kosten-

---

36 Die Pflegesätze wurden nach Pflegestufen differenziert, die Einstufung der Bewohner/innen in die Pflegestufen wurden von den Pflegeheimen selbst vorgenommen (*vgl. Roth 2000:85*).

deckungsgarantie einerseits den stationären Pflegeeinrichtungen keinen hinreichenden Anreiz bot, effizient zu wirtschaften[37] und andererseits zu steigenden Preisen („Preiswalze") führte, die immer mehr pflegebedürftige alte Menschen in die Sozialhilfeanhängigkeit drängte (vgl. Roth/Rothgang 2000:85).

Mit der Einführung der prospektiven Budgetierung (1993) und der leistungsgerechten Vergütung (PflegeVG) intendierte der Gesetzgeber, die Pflegeheime zur wirtschaftlichen Betriebsführung zu bewegen sowie eine Begrenzung der Heimentgelte[38] bzw. der Pflegesätze[39] zu erzielen, weshalb den Einrichtungen ein Wirtschaftlichkeitsgebot[40] auferlegt wurde (vgl. Ristok 1995:12).

Durch die neue Vergütungsregelung konnten zwar elementare Ziele der Pflegeversicherung realisiert werden, wie die finanzielle Absicherung des Pflegerisikos, die Ausgabenbegrenzung bei den Sozialhilfeträgern sowie die Standardisierung der Pflegeleistung und Leistungsentgelte. Die angestrebten Effekte in Bezug auf „Effizienzsteigerung" und „die Entwicklung einer bewohner- und bedarfsgerechten Leistungsgestaltung" konnten hingegen nicht hinreichend erzielt werden (vgl. Rothgang 1997:65f).

37 De facto konnten sich die Pflegeeinrichtungen auf eine Kostendeckung verlassen, obwohl diese gesetzlich nicht garantiert war.

38 Heimentgelte unterscheiden sich in pflegebedingte Kosten, Kosten für Unterkunft und Verpflegung (sog. Hotelkosten) und Investitionskosten (länderspezifische Förderung).

39 Die Pflegesätze werden zwischen den Einrichtungsträgern und den Pflegekassen bzw. zuständigen Sozialhilfeträgern ausgehandelt. In Abhängigkeit der Einstufung in die Pflegestufen (durch den MDK) übernimmt die Pflegekasse anteilige Zuschüsse zu den pflegebedingten Aufwendungen (Pflegestufe I: 1.022,58 €, Pflegestufe II: 1.278,23 €, Pflegestufe III: 1.431,62 € und bei Härtefällen 1.687,26 €). Seit Einführung der Pflegeversicherung sind die Einrichtungen verpflichtet die Heimkosten differenziert – nach pflegebedingten Aufwendungen, sog. Hotelkosten, Investitionskosten und Zusatzleitungen – darzulegen (Heimvertrag) und in Rechnung zu stellen. Bei der Finanzierung eines Heimplatzes werden die pflegebedingten Aufwendungen bei vorliegender Pflegebedürftigkeit von der Pflegekasse (subsidiär von Sozialhilfeträgern) bezuschusst, die sog. Hotelkosten von den Bewohner/innen selbst getragen (bei Pflegebedürftigkeit subsidiär von Sozialhilfeträgern), nicht gedeckte (Länder) Investitionskosten sowie Zusatzleistungen gehen zu Lasten der Bewohner/innen.

40 Das mit der neuen Vergütungsregelung einhergehende Wirtschaftlichkeitsgebot hat nur appellativen Charakter, weshalb die Vergütungspraxis durch flankierende Maßnahmen ergänzt wurde: Durch die Wirtschaftlichkeitsprüfung und durch die Maßgabe zur leistungsfähigen und wirtschaftlich pflegerischen Versorgung, die für die Erteilung eines Versorgungsvertrages notwendig ist (§ § 72 Abs.3 und 79 SGB XI). Die Wirtschaftlichkeitsprüfungen wurden als Kontrollinstrument implementiert, um die Ziele – Effizienzsteigerung und Abbau der Rationalisierungsreserven – zu verfolgen.

Zur Diskussion um die Gründe, warum diese Ziele verfehlt wurden, findet sich in Fachliteratur und Praxis die weitverbreitete Einschätzung, dass die extremen Verhandlungspositionen der Kostenträger sowie die restriktive Einstufung der Pflegebedürftigen[41] zu stagnierenden oder sinkenden Einnahmen und infolge zu einschneidenden Rationalisierungs- und Reorganisationsmaßnahmen – insbesondere im Personal- aber auch im Versorgungsbereich – führten und letztendlich dem Ziel „effiziente Leistungserbringung" entgegen wirkten (vgl. u. a. Laaser et al 2000; Zimber/Weyerer 1998; Niebler-Fischer 1998; Sießegger 1997). Weitgehender Konsens besteht auch darin, dass durch die in der Vergütungspraxis dominierende Kosten- statt Leistungsorientierung eine Anpassung der Leistungs- und Entgeltstruktur an die Kostenträgerstrukturen erzwungen wurde und damit die Tendenz zur standardisierten, einnahmeorientierten Leistungsgestaltung verstärkt und die Entwicklung individueller, bewohner- und bedarfsorientierter Leistungsprofile verhindert wurde – vor allem im Hinblick auf die adäquate Versorgung der steigenden Zahl schwerpflegebedürftiger und psychisch auffälliger Bewohner/innen (vgl. Klie 2001:12; Röber 2002:40f).

Durch die Auswirkungen der Pflegeversicherung sind die Einrichtungen mit zunehmendem Kostendruck konfrontiert und haben enorme Probleme, den erhöhten Anforderungen einer adäquaten personellen Ausstattung und effizienten, professionellen und qualitätsgerechten Gestaltung der Leistungsprozesse gerecht zu werden.

Um eine adäquate Versorgung und ein adäquates Kosten- und Qualitätsmanagement sicherzustellen, wurde von staatlicher Seite die Vergütungsregelung (PQsG) modifiziert, aber nicht grundlegend geändert.

Wie in Kap. 2.1.3.1. bereits erwähnt, wird die LQV zur Grundlage der Pflegesatzvergütung. Durch die Konkretisierungen der zukünftigen Leistungen und Qualitätsmaßnahmen in den LQV und außerhalb der Versorgungs- und Vergütungsvereinbarungen soll angestrebt werden, dass sich Art und Umfang der zu erbringenden Leistung und deren qualitäts- und leistungsgerechte Vergütung nicht nach Kassenlage, sondern nach der individuell ermittelten Bedarfslage der Einrichtung bestimmen (vgl. Röber 2002:39).

---

41 Zur Bewertung der MDK-Begutachtung und Einstufungspraxis finden sich in Praxis und Fachliteratur kontroverse Standpunkte. Überwiegend wird die MDK-Begutachtung als restriktiv beurteilt (vgl. u. a. Laaser et al. 2000; Niebler-Fischer 1998; Sießegger 1997); hingegen finden Schneekloth/Müller keine Anhaltpunkte einer restriktiven Begutachtung" (vgl. Schneekloth/Müller 2000).

Damit bieten die neuen Vergütungsregelungen den Einrichtungen Finanzierungschancen für eine angemessene Qualitäts- und Personalentwicklung und für die Entwicklung individueller und flexiblerer Leistungsstrukturen sowie einer bewohnerorientierten Angebotsvielfalt – vorausgesetzt, dass der notwendige und spezifische Pflege-, Betreuungs- und Personalbedarf geltend gemacht wird und eine plausible Beschreibung der Leistungen und Qualität und deren angemessene finanzielle Bewertung erfolgt (vgl. *Richter/Kipp 2002:26f; Röber 2002:40f).*

Im Hinblick auf die Vergütung eines notwendigen und erforderlichen Finanzierungsbedarfs stellen Skeptiker jedoch die berechtigte Frage, wie dieser im Rahmen der Pflegesatzverhandlungen angemessen und individuell bestimmt werden kann, wenn sich die Preise – nach wie vor – an Markt- bzw. an Durchschnittspreisen, ermittelt auf Basis externer Vergleiche, auszurichten haben (vgl. *Klie 2001:6f; Becker 2002:20f).* Aber nicht nur die zu erwartende Tendenz zu Einheitspreisen sondern auch die Befürchtungen, dass die Einrichtungen verstärkt auf kommerzielle Verfahren zurückgreifen oder statische Leistungsbeschreibungen vorlegen, können dazu führen, dass die Einrichtungen sowohl eine individuelle Pflegeplanung als auch eine notwendige kritische Reflexion der Pflege- und Organisationsprozesse vernachlässigen (vgl. *Röber 2002:40).* Außerdem erwarten Kritiker, dass auch die neue Regelung die Einrichtungen dazu verführe, eher den gewünschten betriebsnotwendigen Bedarf nachzuweisen als den individuell ermittelten Bedarf und dass der hohe administrative Aufwand zu viele finanzielle und personelle Ressourcen bindet – auf Kosten der Pflege (vgl. *Richter/Wipp 2002a:17ff).*

Um den Paradigmenwechsel vom Selbstkosten- zum Wirtschaftlichkeitsprinzip wirkungsvoll zu gestalten, waren die stationären Pflegeheime bereits vor und seit Einführung der Pflegeversicherung gefordert, ihre Bemühungen – in Bezug auf eine wirtschaftliche Betriebsführung – nicht nur auf ein effizientes Kostenmanagement zu begrenzen, sondern vorhandene Wirtschaftlichkeitspotenziale unter Berücksichtigung der Qualitätserfordernisse zu nutzen.

Vor dem Hintergrund eingeschränkter finanzieller Spielräume und des hohen Kostendrucks haben viele Einrichtungen – wie bereits erwähnt – Rationalisierungsmaßnahmen umgesetzt, die nicht nur im Personalbereich, als dem größten Kostenfaktor, sondern auch im Leistungsbereich, vor allem in der Qualität zu tiefen Einschnitten führten.

In anderen Pflegeheimen hingegen setzte sich die Einsicht durch, dass die Fokussierung des ökonomischen Problems auf die monetäre Kostenkomponente zwar ein Aspekt der Problemlösung ist, dass aber eine solch eingeengte Sichtweise weder eine Steigerung der Effizienz noch eine dynamische Entwicklung der Qualitäts- und Leistungsentwicklung bewirken kann. Sie führten – mit Ausnahme der Veränderungen in der Personalzusammensetzung – weitgehend personalneutrale Verbesserungsmaßnahmen durch, die in den klassischen Feldern der wirtschaftlichen Betriebsführung umgesetzt wurden, wie Effektivierung der Ablauforganisation, Outsourcing von Leistungssegmenten, Umstrukturierung der Leitungsebenen sowie Implementierung von Controllingverfahren und Analyseinstrumenten (vgl. u. a. Niebler-Fischer 1998; Knäpple 1993).

Diese strukturellen und ressourcenorientierten Anpassungs- und Reorganisationsmaßnahmen mit kosteneinsparender oder/und erlös- und qualitätssteigender oder qualitätsneutraler Wirkung zielen nicht nur auf die Nutzung wichtiger Wirtschaftlichkeitsreserven, sondern auch auf die Verbesserung und Optimierung einzelner Organisationsdimensionen und -bereiche. Obwohl sich auch hier die Frage stellt, ob diese nicht kontraproduktiv wirken, wenn sie nach traditionell-tayloristischen Prinzipien erfolgen und nicht in einen mitarbeiter- und kundenorientierten Ansatz der Organisationsgestaltung eingebunden werden.

Es ist zu erwarten, dass die neue Vergütungsregelung – bei geschickter Verhandlungsstrategie und nachvollziehbarer Kalkulation – kurz- und mittelfristig zu höheren Pflegesätzen und Entgelten führen wird[42] und infolgedessen die finanziellen Spielräume zur Personalentwicklung und zur Entwicklung individueller und flexiblerer Leistungsstrukturen tendenziell erweitert werden. Doch nach wie vor stehen die Einrichtungen vor der schwierigen Aufgabe, den zukünftigen Finanzierungsbedarf einer effizienteren qualitäts- und wettbewerbsgerechten Leistungs- und Organisationsgestaltung – auch außerhalb der begrenzten Entgelte – zu erwirtschaften. Deshalb müssen die Einrichtungen den Wirtschaftlichkeitsgesichtspunkten dauerhaft Rechnung tragen und ihre betriebswirtschaftlichen Kompetenzen mit den zukünftigen Markterfordernissen in Einklang bringen. Im Hinblick auf die wirtschaftliche Betriebsführung und die Umsetzung des Wirtschaftlichkeitsprinzips ist jedoch nicht nur das Ausloten von Wirtschaftlichkeitsreserven im Pflegebereich von Bedeutung, sondern vor allem die Optimierung des gesamten Leistungs- und Organisationsgeschehens.

---

42 Für Einrichtungen, die vor dem 1.1.2002 einen Versorgungsvertrag abgeschlossen haben, besteht ab dem 1.1.2004 die Pflicht zum Abschluss der LQV und zum LQN – als Voraussetzung sowohl für den Versorgungsvertrag als auch für die Vergütungsverhandlungen. Unter Berücksichtigung des PQsG haben sich die Vertragspartner in Baden-Württemberg bspw. bereits für 2002 auf höhere Pflegesätze (+3,4 %) und Personalschlüssel geeinigt (vgl. Panorama/Altenheim 5/2002:6).

Nach Einführung der PQsG ist ein entsprechender Handlungs- und Gestaltungsbedarf nun unabdingbar. Die Chancen, den notwendigen Entwicklungs- und Gestaltungsprozess in den historisch gewachsenen und hierarchiebezogenen Organisations-, Leitungs- und Managementsystemen zu realisieren, sind gering. Denn bislang war die Unternehmenspolitik der Altenbetriebe dadurch gekennzeichnet, dass sie im Bereich der Finanzierung vergangenheits- und kostenorientiert handelte und im Bereich der Führung und Organisation gewohnt war, nur Ausschnitte des Alltagshandelns – entweder im Pflegemanagement oder in „der Betriebswirtschaft" – zu bewältigen (vgl. Schlüter 1999:16). Um den qualitativen Leistungsanforderungen bei gleichzeitig effizientem und effektivem Ressourceneinsatz zu genügen, reichen die gewohnten – reaktiven und operativen – Handlungs- und Problemlösungskonzepte nicht mehr aus. Dazu bedarf es

▪ *einer Neuorientierung im betriebswirtschaftlichen Denken und Handeln,*
▪ *der betriebswirtschaftlich orientierten Steuerung der Leistungsprozesse und der Implementierung geeigneter betriebswirtschaftlicher Steuerungsinstrumente*
▪ *und der Auseinandersetzung mit neuen, strategischen Managementkonzepten.*

Es ist zu erwarten, dass sich die betriebswirtschaftlichen Bemühungen auch zukünftig auf die kostenintensiven Leistungsbereiche der Pflege konzentrieren werden. Doch die neuen Entwicklungsanforderungen lassen sich im Spannungsfeld zwischen Qualität und Wirtschaftlichkeit nur interdisziplinär lösen.

▪ *„Pflegemanagement" und „Betriebswirtschaft" sind gefordert, synergetische Konzepte zu entwickeln, die der pflegerischen und ökonomischen Dimension des Leistungsprozesses gleichermaßen gerecht werden.*
▪ *Diese sind an geeigneten ressourcen- und entwicklungsorientierten Veränderungs- und Steuerungskonzepten auszurichten, die gleichermaßen auf die funktionale, normative, strukturelle und strategische Unternehmensoptimierung abheben, damit sich die Einrichtungen in ihrer Suche nach geeigneten Lösungsstrategien nicht zu sehr dem ökonomischen Primat unterwerfen.*

2.1.3.3. Die Herausforderungen einer zeitgemäßen Pflege- und Versorgungssituation

Die stationäre Versorgungslandschaft hat sich in der Vergangenheit stark verändert. Statt des klassischen Altenheims haben sich neue Wohnformen etabliert. Für die stetig steigende Zahl der Pflegebedürftigen mit erheblichen Funktions- und Alltagseinschränkungen wird das Altenpflegeheim jedoch auch in Zukunft die einzige adäquate Wohn- und Lebensalternative bleiben.

Wie in den vorangegangen Kapiteln beschrieben, haben sich – vor dem Hintergrund der externen Rahmenbedingungen – für die stationäre Versorgung folgende Veränderungen als bedeutsam gezeigt: Wandel des Kunden- und Gesundheitsbewusstseins, Zunahme der hochaltrigen, schwer- und schwerstpflegebedürftigen Heimbewohner/innen, hohe Prävalenz psychiatrischer Erkrankungen, modifizierte Finanzierungs- und Einstufungsmodalitäten, begrenzte finanzielle Ressourcen und steigende Anforderungen an eine bedarfs- und qualitätsgerechte Versorgung.

Die Versorgungssituation wird in qualitativer Hinsicht nicht nur von den Bewohner/innen und ihrer Angehörigen, sondern auch den Pflegeakteuren selbst zunehmend als nicht bedürfnisgerecht und defizitär empfunden (vgl. u. a. BMG 2001; Schneekloth/Müller 2000; Görres/Luckey 1999). Wie bereits erwähnt, mehren sich besorgniserregende Berichte der Heimaufsicht über unhaltbare Zustände in den Pflegeheimen, die nicht nur von mangelnder Versorgung zeugen, sondern neben gravierenden Pflegedefiziten auch Spuren von Menschenrechtsverletzungen (Misshandlungen, Verwahrlosung) feststellen[43].

Insbesondere fehlende finanzielle, fachliche, instrumentelle und strukturelle Ressourcen begrenzen die Möglichkeiten, eine adäquate Versorgung zu gewährleisten (vgl. Görres/Luckey 1999:68; Zimber/Weyerer 1998:14ff). Entscheidende Auswirkungen auf die Verschlechterung der Versorgungssituation (nach Einführung der Pflegeversicherung) haben folgende Einflussfaktoren (vgl. Laaser et al 2000:8ff; Schneekloth/Müller 2000:171; Zimber/Weyerer 1998:14ff).

- *Eine in den Pflegeleistungen fehlende Berücksichtigung der ganzheitlich-aktivierenden und rehabilitativen Pflege,*
- *die Unterfinanzierung der Bedarfe für eine adäquate soziale Betreuung, medizinische Behandlungspflege und geronto-psychiatrische Pflege,*
- *die Zunahme der Pflegeintensität durch multimorbide, demente und verhaltensauffällige Heimbewohner/innen,*
- *die Ausrichtung des erforderlichen Hilfebedarfs an Zeitkorridoren,*
- *die restriktive und defizitäre Einstufungspraxis,*

---

43 Hessische Heimaufsichtsbehörden haben in Zusammenarbeit mit dem Kriminologischen Institut der Universität Gießen im Jahr 1999 73 Pflegeheime überprüft und dabei festgestellt, dass bei einem Drittel der Heime Misshandlungen und Vernachlässigungen festgestellt wurden (vgl. Leitartikel im Weser-Kurier vom 02.12.2000). Dies verdeutlicht die Brisanz der Situation, da Schätzungen bislang von gravierenden Mängeln in Höhe von zehn Prozent der Pflegeheime ausgegangen waren.

▓ die angespannten zeitlichen, finanziellen und personellen Ressourcen,

▓ die Reduzierung der Pflege auf funktionalistische Arbeitsorganisation der Pflege,

▓ die gestiegenen Anforderungen an das Management und die Pflegenden,

▓ und die noch nicht hinreichend erfolgte Professionalisierung des Pflegemanagements und der Pflegeakteure.

Die Diskrepanz zwischen Versorgungsanspruch und Versorgungswirklichkeit ist bereits im Pflegeversicherungsgesetz angelegt. Einerseits bestimmt das PflegeVG das Recht der hilfebedürftigen älteren Menschen auf ein selbstbestimmtes, selbständiges Leben sowie den Anspruch auf eine ganzheitliche Pflege und auf eine Versorgung, die nach individuellen Wünschen und Bedürfnissen zu gestalten ist. Andererseits impliziert der gesetzlich zugrundegelegte Begriff der „Pflegebedürftigkeit" eine eindimensionale, defizitäre Sichtweise der Pflege und Versorgung (vgl. Fenchel/Brandenburg 1999:26). Obwohl gerade die Kumulation der psychischen und physischen Abbauprozesse den Hilfebedarf determinieren, werden durch die funktionale Betrachtungsweise des Alterprozesses psychische Veränderungen ausgeklammert, was darin mündet, dass nur die grundpflegerischen und hauswirtschaftlichen Versorgungsnotwendigkeiten durch die Leistungen der Pflegeversicherungen vergütet werden.

Für die Festlegung der Pflegebedürftigkeit bzw. des Leistungsanspruchs sollen nach § 15 SGB XI der Umfang der eingeschränkten Fähigkeiten, zentrale Verrichtungen der täglichen Lebens auszuüben, bestimmend sein. Für die Einstufung in die Pflegestufe ist jedoch ein zeitlicher Mindestbedarf im Bereich der Grundpflege (Begutachtungszeitwerte) das einzig maßgebende Kriterium (vgl. Laaser et al 2000:4). Konsequenterweise müssen sich die Pflegeakteure im Rahmen der vorgegebenen Zeitkorridore bei ihren bewohner- und pflegebezogenen Interventionen vorrangig auf den Bereich der Grund- und Behandlungspflege konzentrieren[44] (vgl. Schneekloth/Müller 2000:150). Die Folgerung aus den Infratest-Ergebnissen unterstreichen damit die in der Pflegepraxis weitverbreitete Sichtweise, dass die Pflegeversicherung nur die berüchtigte Satt-Sauber-Trockenpflege garantiere und dass durch die Vorgaben der Pflegeversicherung weder die aktive Teilnahme am täglichen Leben noch eine an

---

44 Laut Infratest lösen die stationären Altenpflegeeinrichtungen in den Pflegestufen II und III die Bedarfsintervalle nach SBG XI nicht ein (vgl. Schneekloth/Müller 2000:149). Würden die Begutachtungsrichtwerte als Bewertungsmaßstab fungieren, hieße das, rd. 62 % der Leistungsbezieher/innen (siehe Tabelle 1) wären unterversorgt.

den Bedarfsprofilen ausgerichtete Pflege und Betreuung realisiert werden kann.

Die Studie von LAASER et al. dokumentiert, dass die psychosozialen Betreuungsleistungen dennoch einen erheblichen Anteil im Spektrum der erbrachten Leistungen haben[45] (vgl. *Laaser et al. 2000:7f*). Darin zeigt sich, dass für die Pflegeakteure trotz begrenzter Vorgaben auch eigene ethische Werte und humane Ansprüche (oder die der Pflegeorganisation) handlungsleitend sind, diese aber aufgrund zeitlicher, fachlicher und instrumenteller Ressourcen nicht konsequent und ausreichend in ihr pflegerisches Handeln integrieren können.

Im Hinblick auf die Barrieren einer adäquaten Versorgung spielt die Kostenbegrenzung auf die kurative Pflege eine wesentliche Rolle, bezogen auf die Aspekte „Leistungsverkürzung" und „Ertragseinbußen" hat die Einstufung der Pflegebedürftigen die größte Relevanz. Für den Zeitraum zwischen 1996 bis 2001 zeigt nachfolgende Tabelle 1 über die signifikante Zunahme aller Leistungsempfänger/innen (rd. 50 %) hinaus, eine Steigerung der Zuwachsraten in den Pflegestufe I und II um rd. 95 % bzw. rd. 50 %, in der Pflegestufe III hingegen nur um rd. 6 %. Angesichts der Zunahme des schwer- und schwerstbedürftigen und des dementen Klientel ist daraus nur zu schlussfolgern, dass den Heimbewohner/innen seit Einführung der Pflegeversicherung ein durchschnittlich niedrigerer Grad der Pflegebedürftigkeit anerkannt wurde.

Tabelle 1: Leistungsempfänger der sozialen Pflegeversicherung in der stationären Pflege

Stationäre Pflege	1996	1997	1998	1999	2000	2001
Stufe I	111 856	159 467	187 850	203 950	210 883	218 909
	(29,1)	(34,5)	(36,7)	(37,4)	(37,6)	(37,9)
Stufe II	162 818	189 862	210 525	226 657	243 836	242 779
	(42,3)	(41,0)	(41,2)	(41,5)	(41,8)	(42,0)
Stufe III	109 888	113 278	113 028	115 376	115 625	116 247
	(28,6)	(24,5)	(22,1)	(21,1)	(20,6)	(20,1)
Ingesamt	384 562	462 607	511 403	545 983	561 344	577 935
	(100,0)	(100,0)	(100,0)	(100,0)	(100,0)	(100,0)

Quelle: Eigene Zusammenstellung nach Angaben des BMG (vgl. BMG 2002c:1)

---

45 Tendenziell bestätigt die Studie von *Laaser et al.* die Ergebnisse von Infratest. Im Hinblick auf die zeitliche Erfassung der grundpflegerischen Tätigkeiten kommen sie aber zu niedrigeren Prozentwerten, da – im Gegensatz zu Infratest – die Tätigkeiten der einzeln erbrachten Leistungen im Bereich der Grund- und Behandlungspflege sowie soziale Betreuungstätigkeiten differenzierter erfasst werden (vgl. *Laaser et al. 2000:5*).

LAASER et al. stellen nicht nur hohe Zuwachsraten in der Pflegestufe I fest, sondern darüber hinaus auch eine hohe Wanderungsbewegung zur sog. Pflegestufe 0 und kommen zum Ergebnis, dass eine angemessene Versorgung aufgrund der restriktivem Einstufungspraxis nicht zu gewährleisten ist (vgl. Laaser et al. 2000:6).

Bedeutende Konsequenzen hat die restriktive Einstufungspraxis für die dementen Heimbewohner/innen, die trotz ihres zeit-, arbeits- und pflegeintensiven Pflege- und Betreuungsbedarfs vornehmlich in Pflegestufe 0 oder I eingestuft sind und damit keinen oder nur begrenzten grundfinanzierten Leistungsanspruch haben und somit auch finanziell benachteiligt werden, da sie wieder verstärkt auf Sozialhilfe angewiesen sind oder die Versorgungskosten weitgehend selber zu tragen haben (vgl. Laaser et al 2000:6f; Schneekloth/Müller 2000:141).

Es ist zu erwarten, dass die neuen Bestimmungen des PQsG eine stärkere individuelle Kunden- und Bedarfsorientierung bewirken werden, doch bezogen auf die Einstufungspraxis werden die neuen gesetzlichen Regelungen keine Veränderungen auslösen.

Die berechtigte Kritik, dass die (Schein)Ökonomie und Logik der Finanzierungsträger nur zweckrationalen und linearen Gesetzmäßigkeiten folgt und so die Unterstützungschancen der Pflege soweit reduziert, dass sie von einem effizienten und effektiven Pflegehandeln weit entfernt ist, darf jedoch nicht davon ablenken, dass eine wirksame Problemlösung im Hinblick auf die Gewährleistung einer adäquaten Pflege- und Versorgungsqualität dort ansetzen muss, wo sie entsteht und zu entwickeln ist: in den Einrichtungen und bei der personenbezogenen Leistungserbringung (vgl. Krüger 2001:28ff).

Zeitgemäße und professionelle Pflege erfordert ein theoriegeleitetes und systematisches Vorgehen, bei dem die Aufgabenbereiche der Pflege in den pflegerischen Kontext zu stellen sind und unter Einbeziehung der interdependenten bewohnerbezogenen (u. a. Pflegebedarf, Handlungskompetenzen) und strukturbezogener Faktoren (u. a. personelle Ressourcen, Ablauforganisation) zu gestalten sind. Im Zentrum dieses Gestaltungsprozesses muss ein bewohnerorientierter und situativer Pflegeprozess stehen, der seine Qualität in der Wert- und Zielbestimmung des Pflegehandelns (was) und durch personenorientierte Gestaltung der Arbeitsablaufprozesse und Strukturen (wie) erfährt (vgl. Büssing et al. 1998:183ff). Um die pflege- und prozessrelevanten Probleme zu fokussieren, benötigen die Akteure entsprechende fachliche Kompetenzen und analytische Instrumente, Verfahren und Konzepte; um die Arbeitsprozesse der Pflege effektiv und situativ zu gestalten, brauchen die Pflegenden entsprechende Schlüsselqualifikationen und erweiterte Handlungskompetenzen. Doch vielfach zeichnen sich die Arbeitsorganisationen der Pflege noch durch verkrustete Strukturen und überkommene Handlungsabläufe aus; vielen Einrichtungen mangelt es nicht nur an systematischen Analyse- und adäquaten Steuerungsinstrumenten, sondern auch an pflegefachlichen Kompetenzen zur Formulierung von Pflegezielen, zur Evaluierung von Pflegemaßnahmen und zur Systematisierung pflegerischen Handelns (vgl. Moers 1998:4).

Angesichts der veränderten Rahmenbedingungen und komplexen Anforderungen ist vor allem das Pflegemanagement unter Druck geraten, wirksame und weitreichende Anpassungs- und Umstrukturierungsprozesse zu initiieren und umzusetzen.

Die Leistungserbringung ist heute nicht mehr in den hierarchischen Strukturen und mit herkömmlichen Managementmethoden zu steuern: Die Arbeitsorganisation der Pflege, einer der Kernaufgaben des Pflegemanagements, ist in vielen Einrichtungen durch divergierende Zielsetzung, diffuse Entscheidungsstrukturen und eingeengte Handlungs- und Gestaltungsräume der Akteure, intransparente und defizitäre Informations- und Kommunikationsstrukturen sowie ungeklärte Effizienzkriterien charakterisiert und konzentriert sich eher auf den reibungslosen Funktionsablauf als auf Effektivität (vgl. Schlüter 1999:16). Bezogen auf die Optimierung der Leistungserbringung hat die Pflegeversicherung das Pflegemanagement darüber hinaus dazu verleitet, die pflegerische Arbeit nach tayloristischen Prinzipien zu segmentieren und zu rationalisieren (vgl. Krüger 2001:30).

Im Zusammenwirken von externen und internen Einfluss- und Bedingungsfaktoren haben sich die Versorgungs- und Arbeitsbedingungen drastisch verschärft. Die veränderten Rahmenbedingungen verlangen nun nach einem Perspektivwechsel im Aufgaben- und Selbstverständnis der Altenpflege und nach der Entwicklung eines interdisziplinär geprägten Handlungsfelds. Die Kernanforderungen, die an eine qualitäts- und leistungsgerechte Pflege gestellt werden, sind u. a.:

- *Die Reflexion und die transparente Gestaltung der pflegerischen Handlungsabläufe.*
- *Die Erweiterung der bedarfsorientierten Angebotspalette, die Entwicklung individueller, bewohnerorientierter Leistungsprofile und multidimensionaler Pflege- und Betreuungskonzepte.*
- *Die Konzipierung gerontopsychiatrischer, palliativer und interkultureller Pflegeangebote, Wahlfreiheit der Leistungen, flexible und individuelle Versor-*

gungskonzepte, teilstationäre Versorgungsangebote und die professionelle Beziehungsgestaltung.
▨ *Die Effektivierung der Ablauforganisation und deren Ausrichtung an den Interessen und Bedürfnissen der Bewohner/innen.*

Durch die neue Vergütungsregelung (LQV) werden die Einrichtungen verpflichtet, den erforderlichen Pflege- und Personalaufwand offen zu legen, ihre Leistungen zu konkretisieren und den voraussichtlichen Pflegebedarf zu bestimmen. Dabei ist es wichtig, dass:

▨ *die Analyse des Leistungsspektrum den Pflegebereich in seinem interdependenten Zusammenwirken mit anderen Leistungsbereichen erfasst und alle Dimensionen des Versorgungs- und Personalbedarfs berücksichtigt werden,*
▨ *geeignete Systeme zur (integrierten) Pflege- und Personalbedarfsermittlung implementiert werden und*
▨ *qualitätssichernde und -entwickelnde Verfahren und Methoden überprüft und in ein übergeordnetes Qualitätsmanagementsystem verankert werden.*

Somit wird die Pflicht zur Qualitätsentwicklung für die Einrichtungen zur Chance, sich mit ihrer kunden- und mitarbeiterorientierten Pflege- und Arbeitsorganisation auseinander zu setzen und ihr Ressourcen- und Personalmanagement sowie ihre Organisationsziele und -werte zu reflektieren.

Um den Anforderungen eines professionellen Pflegemanagement zu entsprechen, ist ein Paradigmenwechsel vom funktionsorientierten und betriebsbedingten Verwalten zum effizienten, strategischen, flexiblen und situativen Gestalten und vom hierarchischen zum personenorientierten Handeln zwingend geboten *(vgl. Maurus 2001:54; Borsi/Schröck 1995:12f).* Um diesen Gestaltungsauftrag zu erfüllen,

▨ *müssen erstarrte Organisations- und Führungsstrukturen aufgeweicht werden*
▨ *benötigen die Leitungs- und Führungskräfte im Pflegemanagement erweiterte Managementkompetenzen sowie entsprechende Steuerungsinstrumente und -verfahren.*
▨ *gewinnt die Implementierung von personenorientierten und strategischen Managementkonzepten und Problemlösungsansätzen zunehmend an Bedeutung.*

Da Altenpflegeheime als offene System zu betrachten sind, deren Subsysteme sich wechselseitig bedingen und beeinflussen, sind die Interessen der Bewohner/innen untrennbar mit denen der Pflegeakteure verbunden. Ein personenorientiertes, strategisches und effizientes Management muss sich deshalb an den Kunden und den Beschäftigten ausrichten – ohne ein mitarbeiterorientiertes

Management ist eine bewohnerorientierte Versorgung nicht möglich; bewohnerorientiert zu pflegen, heißt zugleich, gesundheitsförderlich zu handeln (vgl. Maurus 2001:52; Borsi/Schröck 1995:13).

2.1.3.4. Die Arbeitsbedingungen in der stationären Altenpflege

Vor dem Hintergrund der beschriebenen externen und internen Einfluss- und Bedingungsfaktoren gewinnen die Arbeitssituation und -bedingungen für das Pflegepersonal in der stationären Altenpflege nicht nur an Bedeutung, sondern mit der Verschärfung der Personalsituation infolge der Pflegeversicherung auch an Brisanz.

Infolge der veränderten Rahmenbedingungen und des Wandels der Altenpflegeprofession und dem daraus resultierenden Erwartungsdruck summieren sich die Anforderungen an die Pflegepersonen. Das Berufsbild der Altenpflegeprofession ist geprägt von Imageverlust, mangelnder Berufsattraktivität und gesellschaftlicher Akzeptanz; die aktuelle Personal- und Arbeitssituation hingegen kennzeichnet sich durch Fachkräftemangel, chronische personelle Unterbesetzung, Qualifikationsdefizite, gestiegene Anforderungen und Belastungen, gesundheitliche Beeinträchtigungen, geringe Arbeitszufriedenheit und hohe Fluktuationsneigung (vgl. u. a. BGW/DAK 2001; Lüttig/Herwig-Stenzel 1999; Zimber/Weyerer 1998).

Ende 1999 waren in der stationären Altenpflege[46] rd. 441 000 Personen beschäftigt, davon arbeiteten rd. 65 % im Bereich der Pflege und Betreuung, rd. 21 % im Hauswirtschaftsbereich und rd. 10 % im Bereich der Verwaltung und Geschäftsführung, quantitativ marginal hingegen ist der Anteil der Beschäftigten in den therapeutischen und sozialen Bereichen[47] (vgl. Statistisches Bundesamt 2001b:18). Da der Beschäftigungsumfang der Pflegekräfte von 1998 bis 2000 geringfügig um 1,3 % gestiegen und der Anteil der Vollzeitarbeitkräfte[48] um 2,8 % gesunken ist, kann von einer Stagnation der Vollarbeitskräfte ausgegangen werden (vgl. Statistisches Bundesamt 2002b:1).

---

46 Um die Arbeitsmarkt- und Personalsituation der stationären Altenpflege quantitativ abzubilden, werden verschiedene Datenquellen herangezogen, die in ihren zeitlichen Bezugsgrößen variieren.

47 In diesem Prozentsatz drückt sich ein bedeutendes Defizit der personellen Ressourcen aus, da diese Berufsgruppen besonders für die rehabilitativen Maßnahmen eine wichtige Rolle spielen – vor allem wenn berücksichtigt wird, dass lediglich rd. 45 % Vollzeitbeschäftigte sind (vgl. Schneekloth/Müller 1999:162).

48 Die Vollzeitäquivalenz des Pflegefachpersonals betrug im Jahr 1999 rd. 48 % (vgl. Statistisches Bundesamt 2001c:4).

Zur Beurteilung des erforderlichen quantitativen Personalbedarfs lassen die statistisch ermittelten Daten nur eine eingeschränkte Sichtweise zu, da dieser nur auf Basis analytischer Bedarfsermittlungsverfahren zu bewerten ist. Dennoch kann aus den Daten der Schluss gezogen werden, dass ausgehend von einer Stagnation der Vollarbeitskräfte und einer expansiven Inanspruchnahme stationärer Versorgungsleistungen (siehe Tabelle 1) der Personalnotstand sich noch gravierend verschärfen und es infolgedessen zu weiteren Qualitätseinbußen kommen wird.

Nach der Heimpersonalverordnung – die bisher einzige verbindliche Regelvorschrift für die qualitative Personalausstattung – müssen 50 % des in der Pflege und Betreuung beschäftigten Personals qualifizierte Fachkräfte sein. Als Indikator bzw. Qualitätskriterium einer angemessenen Personalbesetzung sind die sog. Fachkraftquoten[49] äußert umstritten. Erstens, weil die Fachkraftquote wenig aussagekräftig ist, da zur Beurteilung der Personalausstattung und -struktur weitere Indikatoren, wie Vollzeitäquivalente, Betreuungsrelation und Qualifikationsniveau der Pflege- und Betreuungspersonen zu berücksichtigen sind; zweitens, weil sich die Einhaltung der Quotenvorschrift in der Pflegepraxis – angesichts des begrenzten Kontingents an Fachkräften auf dem Arbeitsmarkt, besonders in den Ballungsgebieten, als Problem erweist[50]; drittens, weil der Begriff „Fachkraft" zu weit gefasst ist und viertens, weil der erforderliche Fachkraftanteil nur durch rationale Personalbemessungsverfahren zu ermitteln ist (vgl. BMG 2002:261f; Schneekloth/Müller 2000:167).

Seit es in den Einrichtungen nach Einführung der Pflegeversicherung im Personalbereich zu weitreichenden Kürzungen gekommen war, haben sich die Arbeitsbedingungen der Pflegekräfte gravierend verschlechtert. In Rahmen der Infratest-Repräsentativerhebung beurteilten die befragten Einrichtungen die Auswirkungen der Pflegeversicherung auf die Arbeits- und Versorgungsbedingungen überwiegend als kritisch und die erfolgten Rationalisierungsmaßnahmen im Personalbereich, im Zuge dessen die freiwerdenden Stellen examinierter Kräfte zunehmend durch „Nichtexaminierte" oder durch hauswirtschaftliche Kräfte ersetzt wurden, als kontraproduktiv (siehe Abb. 3):

---

49 Dazu zählt nicht nur das Pflegefachpersonal, sondern auch andere Fachpersonen.

50 Bspw. erfüllten 1998 nur 62 % der Einrichtungen die Vorgabe, 27 % erreichten eine Quote zwischen 40–50 %, bei 11 % lag Quote sogar unter 40 % (vgl. Schneekloth/Müller 2000:167). Als problematisch zeigt(e) sich die Fachkraftquote auch in den Vergütungsverhandlungen bei der Frage, wie viel Personal braucht eine angemessene und wirtschaftlich vertretbare Pflege (vgl. BMFSFJ 2002:262).

Abbildung 3: Einschätzung der Einrichtungen zu den Auswirkungen der Pflegeversicherung auf die Rahmenbedingungen für die pflegerische Versorgung und die Arbeitsbedingungen der Mitarbeiter

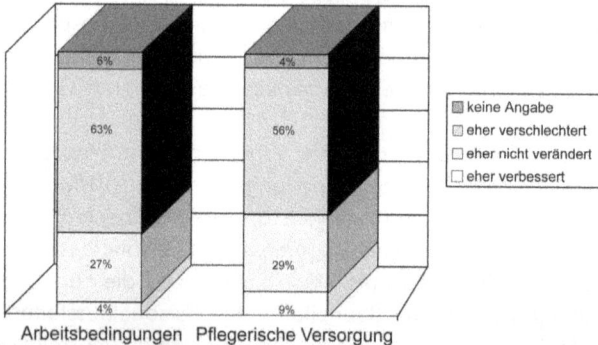

Arbeitsbedingungen   Pflegerische Versorgung

Quelle: *Schneekloth/Müller 2000:170*

Als Ursachen für die defizitäre Personal- und Versorgungssituation wurden von den Einrichtungsvertretern fast identische externe Bedingungsfaktoren genannt, wie sie bereits in Kap. 2.1.3.3. angeführt wurden, vor allem die Ressourcenbegrenzung durch die veränderten Einstufungs- und Finanzierungsmodalitäten. Im Hinblick auf die internen Rahmenbedingungen wurden darüber hinaus drei Problembereiche identifiziert: Gestiegene Belastungen, mangelnde personelle Ressourcen und Zunahme der Pflegeintensität (*vgl. Schneekloth/Müller 2000:170f*).

Wie zahlreiche Forschungsstudien dokumentieren, sind die Belastungen in der Altenpflege objektiv und subjektiv stark gestiegen; als häufigste Stress- und Belastungsfaktoren[51] werden folgende Aspekte genannt (*vgl. BGW/DAK 2001:20ff; Kruse/Schmitt 1999:158; Priester 1997:30ff*):

- *Physische Belastungen durch körperliche Aktivitäten, u. a. schwere Hebe- und Tragearbeiten*
- *Psychische Belastungen*

---

51 Zur begrifflichen Abgrenzung: Unter „Belastung" werden alle von außen einwirkende Faktoren subsumiert. Unter „Belastungsauswirkung" wird die psychische und physische Beanspruchung verstanden, die zu psychischen, physiologischen oder emotionalen Stressreaktionen führen kann und „Stress" wird als eine spezifische Belastungsreaktion definiert (*vgl. Zimber/Weyerer 1998:6f*).

- durch die Arbeit mit den Bewohner/innen, u. a. Pflegeintensität, Pflege-
und Betreuungsaufwand des schwerkranken und psychisch auffälligen
Klientel, hohe Konzentrationsanforderungen im Bewohnerkontakt, zu wenig Zeit für psychosoziale Betreuung und geringe Erfolgserlebnisse,
- durch unzureichende Arbeitsorganisation und schwierige Arbeitsbedingungen, u. a. hochgradige Arbeitsverdichtung, hoher Zeit- und Leistungs-
druck, Störungen und Unterbrechungen im Arbeitsablauf, fachliche Über-
oder Unterforderung, ständig wechselnde Arbeitsanforderungen, atypische
Arbeits- und ungünstige Dienstzeiten, Schnittstellenprobleme und unzureichende Personalausstattung,
- durch die hierarchisch geprägten Organisations- und Führungsstrukturen,
tradiertes Führungsverhalten und unzureichende Personalförderung und
-entwicklung, u. a. Hierarchie- und Kompetenzprobleme, Rollen-, Bereichs-
und Teamkonflikte, Qualifikationsdefizite sowie geringe Partizipationsmög-
lichkeiten- und Entscheidungsspielräume.

Bezogen auf die Auswirkungen der stichwortartig skizzierten Belastungsfaktoren
für die Pflegepersonen ist jedoch nicht die objektive Belastung ausschlaggebend, sondern das subjektive Belastungsempfinden, denn die Stressreaktionen sind individuell verschieden, da sie vom Zusammenwirken betrieblicher und
außerbetrieblicher Stressoren geprägt werden (siehe Abb. 4). Die häufigsten be-
rufstypischen gesundheitlichen Beeinträchtigungen bzw. Beanspruchungsfolgen
sind den Forschungsstudien zufolge körperliche, somatische und psychosomati-
sche Beschwerden[52], u. a. Erkrankungen der Gelenke, der Wirbelsäule, der At-
mungs- und Verdauungsorgane, des Nerven- und Kreislaufsystems, Kreuz-,
Kopf- und Muskelschmerzen sowie depressive Symptome; als berufstypische Be-
anspruchungsreaktionen der Pflegeakteure werden sinkende Motivation und Arbeitsleistung, das sog. Burn-out-Syndrom, erhöhte Fluktuationsneigung, hohe
krankheitsbedingte Fehlzeiten sowie kürzere Verweildauer im Beruf[53] genannt
(vgl. DAK/BGW 2001:14ff; AOK 2000:2; Zimber/Weyerer 1998:5ff).

52 Ergebnisse verschiedener Untersuchungen belegen, dass die Pflegepersonen in der Altenpflege sowohl hinsichtlich der physischen als auch der psychischen Gesundheit stärker beeinträchtigt sind als andere Berufsgruppen; bspw. dokumentiert der Gesundheitsreport, dass der psychische Gesundheitszustand der Altenpfleger/innen um fast 12 %
schlechter ist als der Vergleichswert der berufstätigen Bevölkerung, und dass Altenpfle-
ger/innen erheblich stärker (44 %) als die Vergleichbevölkerung unter psychosomati-
schen Beschwerden leiden (vgl. DAK/BGW 2001:7).
53 Vier Fünftel der neu ausgebildeten Altenpflegekräfte geben im Laufe der ersten fünf Be-
rufsjahre ihre Tätigkeit auf und wechseln in andere Berufe; ältere Pflegekräfte, die nicht

Forschungsstudien belegen darüber hinaus, dass die Belastungen in der stationären Altenpflege nicht nur durch externe Einflussfaktoren, sondern auch durch interne Bedingungsfaktoren, vor allem durch die Fehlleistungen im Management und gravierende Defizite der Betriebsführung, wie inadäquate Arbeitsstrukturen und -prozesse und halbherzig umgesetzte Konzepte zur Personalpflege und -förderung hervorgerufen werden – und kommen zum Ergebnis, dass in den Bereichen der Arbeitsorganisation bzw. Arbeitslogistik und im Personalmanagement erhebliche Verbesserungsbedarfe, zugleich viele Modernisierungspotenziale bestehen (vgl. DAK/BGW 2001:27ff; Zimber/ Weyerer 1998:50ff; Müller 2001:14).

Das in Abb. 4 dargestellte integrative Stressmodell verdeutlicht den Wirkungszusammenhang von Stressoren, Ressourcen und Folgen im Bereich der Altenpflege (vgl. Zimber et al. 1999:97ff):

Abbildung 4: Integratives Stressmodell für den Bereich der Altenpflege (nach Cohen-Mansfield 1995)

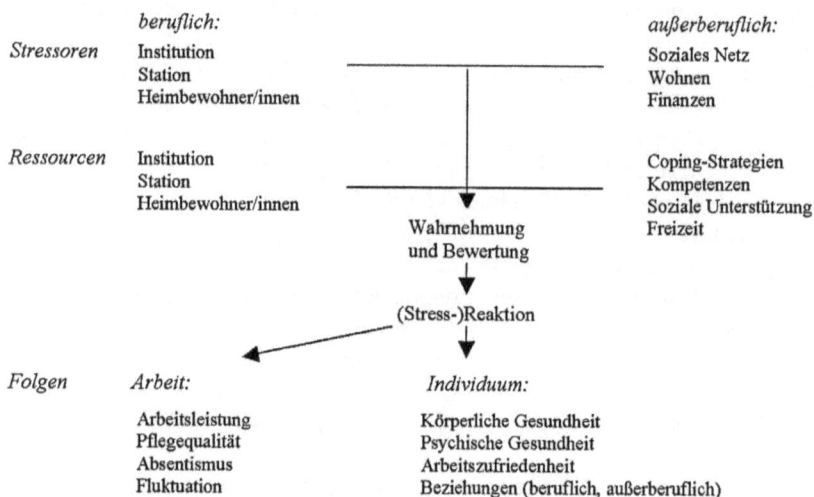

	beruflich:		*außerberuflich:*
Stressoren	Institution Station Heimbewohner/innen		Soziales Netz Wohnen Finanzen
Ressourcen	Institution Station Heimbewohner/innen		Coping-Strategien Kompetenzen Soziale Unterstützung Freizeit
		Wahrnehmung und Bewertung	
		(Stress-)Reaktion	
Folgen	*Arbeit:*	*Individuum:*	
	Arbeitsleistung Pflegequalität Absentismus Fluktuation	Körperliche Gesundheit Psychische Gesundheit Arbeitszufriedenheit Beziehungen (beruflich, außerberuflich)	

Quelle: verkürzte Darstellung nach Zimber et al. 1999:109

mehr in der Lage sind, ihre Pflegetätigkeiten auszuüben, scheiden frühzeitig aus dem Beruf aus oder wechseln – soweit dies möglich ist – in Teilzeitstellen (vgl. Fenchel 1999:91).

Wie Abb. 4 zeigt, wird das Beanspruchungserleben sowohl von betrieblichen und außerbetrieblichen Stressoren und Ressourcen bedingt. Im Hinblick auf das Ausmaß der (betriebsbedingten) Belastungsfolgen bzw. die Balance der Ressourcen – vor allem bezogen auf die Motivation und Arbeitszufriedenheit der Akteure – gewinnen betriebliche Veränderungs- und Gestaltungsmaßnahmen zur Verbesserung der Arbeitsorganisation an zentraler Bedeutung.

Wichtige Ansatzpunkte für die Reduzierung der Stressbelastung werden dabei in der Organisations- und Personalentwicklung gesehen, vor allem in der gesundheitsförderlichen, personenbezogenen Organisationsgestaltung mit dem Ziel, die Arbeitszufriedenheit der Pflegeakteure zu steigern, die Fluktuationsneigung zu verringern, die Versorgungsqualität zu optimieren, aber auch die Attraktivität des Pflegeberufs zu erhöhen (vgl. BGW/DAK 2001:8).

Innovationsansätze, die im Kontext der personenorientierten Systemgestaltung geeignet erscheinen, sind u. a. (vgl. BGW/DAK 2001:27ff; Görres/Luckey 1999:75ff; Zimber/Weyerer 1998:97ff):

- *Die Modifizierung der Arbeits- und Dienstzeiten,*
- *die Erweiterung der Handlungs- und Gestaltungsräume,*
- *die Koordinierung der Schnittstellen mit den Bedürfnissen der Pflegebereiche,*
- *die Entwicklung partizipativer Führungsstrukturen und*
- *die Dezentralisierung und Flexibilisierung der Organisationsstrukturen.*

Aus arbeitswissenschaftlicher Sicht[54] kommt der Optimierung der derzeitigen Arbeitszeitstrukturen als institutioneller Ressource eine vorrangige Bedeutung zu, denn die Veränderung der Arbeitszeitstrukturen soll die Einhaltung des Arbeitsschutzes[55] garantieren und den sich wandelnden Werte- und Arbeitszeitpräferenzen sowie Familien- und Lebensformen – vor allem für die meist weiblichen Beschäftigten[56] – gerecht werden (vgl. Priester 1997:31f). Auch wenn die Flexibilisierung der Arbeitszeiten nur eine Maßnahme des Spektrums an

---

54 Da besonders die negativen Auswirkungen der atypischen Arbeitszeitformen (Überstunden, Schichtdienste, Wochenendarbeit) in Bezug auf den Reproduktionszyklus der Pflegekräfte (Wechsel zwischen Arbeitsverausgabung und Wiederherstellung der Arbeitsfähigkeit) zu irreversiblen gesundheitlichen Beeinträchtigungen führen können (vgl. Priester 1997:31).

55 Im Rahmen einer Überprüfung des Arbeitsschutzgesetzes zeigten rd. 80 % der in Nordrhein-Westfalen untersuchten Einrichtungen schwerwiegende Mängel hinsichtlich der zulässigen Arbeitszeiten/Ruhezeiten im Kontext der Bereitschaftsdienste und Nachtdienstfolgen (vgl. Köder 1998:19).

56 84 % der Beschäftigten sind weiblich (vgl. Statistisches Bundesamt 2001b:18).

notwendigen Innovationsprozessen ist, hat sie für den Einklang der Lebens-
bereiche Arbeit, Familie und Freizeit und die familien- und lebensweltliche Gestaltung des Arbeitslebens und somit für die Humanisierung der Arbeitswelt
und die Strategien zur Gesundheitsförderung einen hohen Stellenwert (vgl.
Priester 1997:13). Darüber hinaus spielt die Veränderung der Arbeitszeiten
auch für bewohnerorientierte Prozessgestaltung eine wichtige Rolle: Denn,
wird bei der Gestaltung der Ablaufprozesse bspw. die individuelle Tagesstrukturierung der Bewohner/innen berücksichtigt, geht es nicht nur um Flexibilisierung, sondern um langfristige Veränderung überholter Strukturen.

Eine Um- und Neugestaltung der Arbeitsorganisation kann nur gelingen,
wenn sie mit flankierenden Strategien zur gesundheitsförderlichen, personen-
und ressourcenorientierten Systemgestaltung einhergeht und in ein systematisches Konzept der strategieorientierten Personalentwicklung mündet. Deshalb
ist es notwendig, die betrieblichen Innovationsbemühungen in unmittelbaren
Zusammenhang mit der Profilierung von Fachlichkeit und Professionalität zu
stellen und u. a. auf folgende Aspekte zu fokussieren (vgl. *Görres/Luckey
2001:79; Zimber/Weyerer 1998:97f*):

- *Förderung der sozialen Beziehungen durch funktionierende Kooperations-
  und Kommunikationsstrukturen und Teamentwicklung*
- *Befähigung der Beschäftigten zu professioneller Beziehungsgestaltung, zu
  Analyse- und Prozessdenken sowie zu flexiblem, situativem und selbständi-
  gem Handeln*
- *Aktivierung und Entwicklung von Schlüsselqualifikationen*
- *Förderung individueller Lern- und Problemlösungsfähigkeiten*
- *Stärkung und Aktivierung des professionellen Selbstbewusstseins und der
  Entwicklungs- und Veränderungsbereitschaft*
- *Entwicklung bedarfsgerechter Qualifizierungsprogramme.*

Das Pflegemanagement steht heute vor der Aufgabe, ein zunehmend komplexes und schwer vorhersehbares Handlungsfeld zu planen, zu koordinieren und
zu steuern. Das erfordert von den Führungs- und Leitungskräften ein hohes
Maß an Autonomie, Flexibilität, an betriebswirtschaftlichen Kernkompetenzen,
an alten Schlüsselqualifikationen (Führungs-, Sozial- und Methodenkompetenzen) und neuen Schlüsselqualifikationen (strategisches, unternehmerisches
Handeln und Fähigkeiten, notwendige Entwicklungen zu initiieren und zu begleiten) sowie an der Bereitschaft, den Wandel als Normalzustand zu betrachten (vgl. *Broome 1997:9ff; Pieper 1995:73ff*).

Bei der Beantwortung der Frage, wie dieser Gestaltungsauftrag zu leisten ist, lautet meine These, dass die Leistungsorganisation immer weniger über hierarchische Strukturen zu steuern sind und die revisionsbedürftigen Strukturen und Handlungsabläufe der traditionellen Organisationen zu überwinden und dezentrale Organisationsstrukturen zu etablieren sind. Gefragt sind deshalb Konzepte, die in integrierender Weise eine pflegerische, organisatorische und betriebswirtschaftliche Steuerung aktueller und zukünftiger Pflegeanforderungen zu entwickeln suchen.

Die Einrichtungsträger und das Management sind heute mehr denn je gefordert, die Veränderungsstrategien im Kontext der Qualitätssicherung sowie Effektivitäts- und Effizienzsteigerung auf die Verbesserung der Arbeitsplatzqualität, d. h. auf die Human Ressources und die humane Gestaltung der Arbeitsbedingungen auszurichten; von den politischen Verantwortlichen hingegen wird gefordert, die notwendigen politischen und rechtlichen Rahmenbedingungen und die Modifizierung der Altenpflegeausbildung nachzubessern (vgl. u. a. Zimber/Weyerer 1998; Kühnert 1999; Güntert et al. 1989).

2.2. Zusammenfassung und Schlussfolgerung – Handlungsbedarf in den Einrichtungen der stationären Altenpflege

Die Analyse der Ausgangsbedingungen hat gezeigt, dass die vielschichtigen und miteinander verwobenen, komplexen Entwicklungen in der Altenpflege eine rasante Reformdynamik auslösten, welche die Einrichtungen der stationären Altenpflege in wesentlichen Unternehmensdimensionen wie Leistungserstellung, Finanzierung, Organisation, Unternehmens- und Personalpolitik tangierten.

Die sich abzeichnenden Entwicklungslinien stellen die Einrichtungen der stationären Altenpflege nun vor die Herausforderung, ihre Strukturen und Konzepte den externen und internen Diskontinuitäten anzugleichen und anzupassen. Die Einrichtungen der Altenpflege stehen unter Innovationsdruck. Doch der erforderliche Innovationsprozess wird zum Balanceakt, die unternehmerischen Perspektiven in einem Umfeld zu entwickeln, dessen Eigendynamik nicht wirklich durchschaubar ist und zur Fähigkeit, die Entwicklung der Organisation permanent und zeitnah auf die vielfältigen Veränderungsfaktoren abzustimmen.

Im Spannungsfeld der externen Einfluss- und Bedingungsfaktoren und internen Ausgangs- und Problemlage werden die Chancen der stationären Einrichtungen, die Qualität der Pflege und die wirtschaftliche Leistungserbringungen sicherzustellen, maßgeblich davon abhängen, ob es gelingt, das Gesamtsystem „Altenpflegeheim" in seinen zentralen Dimensionen der Leistungserstellung zu verändern: Ins Zentrum betrieblicher Gestaltungsmöglichkeiten rückt die Konzentration auf die humane, effiziente und effektive Gestaltung der Prozessabläufe und Arbeitsstrukturen bei entsprechender Ressourcenbereitstellung und damit auf den Wertschöpfungsprozess (vgl. Maurus 2001:52; Glasl/Lievegoed 1996:74ff).

Ausgangspunkt der Wertschöpfung in der Altenpflege sind die ermittelten individuellen Pflege- und Betreuungsprofile der Bewohner/innen und die bedürfnis- und bedarfsgerechte Konzeption der Unterstützungs- und Versorgungsangebote – als wichtigste Outputvariablen. Die wichtigste Inputvariable bei der Gestaltung und Steuerung der Prozessabläufe ist die Ressourcenbereitstellung – unter Berücksichtigung der Qualitäts- und Wirtschaftlichkeitsmaßgaben. Die Ziele „Effektivität", „Wirtschaftlichkeit" und „Qualität" lassen sich somit nur realisieren, wenn sich „der Wertschöpfungsprozess der pflegerischen Dienstleistungserstellung konsequent an den Bedürfnissen und Interessen der Mitarbeiter/innen und Bewohner/innen orientiert.

Bei der Prozesssteuerung ist es Aufgabe des Managements, die Parameter (Ressourcen, Kapazitäten) und Stellgrößen (Effektivität, Effizienz, Flexibilität) der Wertschöpfungsprozesse zu identifizieren und zielgerichtet zu kombinieren. Da das „Personal" die wichtigste Ressource ist, wird – vor dem Hintergrund der defizitären Personalsituation – die Gewährleistung einer angemessenen quantitativen und qualitativen Personalausstattung und die Verbesserung der Gesundheits- und Arbeitsbedingungen, somit ein Human Resource Management zu der wichtigsten Herausforderung, die von den Einrichtungen zu leisten ist.

Da die Gestaltungsräume aufgrund knapper Ressourcen und restriktiver Rahmenbedingungen begrenzt sind, kann das Pflegemanagement eine effiziente, qualitäts- und personenorientierte Prozesssteuerung und Arbeitsorganisation nur dann realisieren, wenn eine kritische Reflexion des Gesamtsystems erfolgt; wobei das soziale System und die sozialen Ressourcen in besonderen Blick zu nehmen und die vorhandenen Modernisierungspotenziale und Wirtschaftlichkeitsreserven in den Bereichen der Ablauf- und Aufbauorganisationen zu identifizieren und auszuschöpfen sind.

Die Veränderungsstrategien zur Optimierung der kundenorientierten Prozessabläufe und der personenorientierten Organisationsstrukturen können nicht isoliert verfolgt werden, sondern erfordern eine kontinuierliche Abstimmung mit den Unternehmenszielen, -konzepten und -strategien und eine verzahnte Entwicklung der strukturellen und kulturellen Unternehmensdimensionen und die Verankerung der Anpassungsmaßnahmen in ein integriertes Konzept zur zukunftsorientierten Personal- und Organisationsentwicklung. Zusammenfassend ist dabei folgender Handlungsbedarf zu berücksichtigen:

- *Entwicklung bedürfnis- und bedarfsgerechter Angebots- und Leistungsstrukturen*
- *Entwicklung strategieorientierter Personal- und Führungsentwicklungskonzepte*
- *Implementierung eines adäquaten Qualitätsmanagementsystems*
- *Entwicklung partizipativer und flexibler Führungs- und Organisationsstrukturen*
- *Entwicklung synergetischer betriebswirtschaftlicher und pflegerischer Steuerungskonzepte*
- *Etablierung strategischer, markt- und personenorientierter Unternehmens- und Managementkonzepte*

Da die vielfältigen und komplexen Anforderungen an die stationäre Altenpflege immer weniger über hierarchische Strukturen zu steuern sind, müssen die revisionsbedürftigen Strukturen und Handlungsabläufe der traditionellen Organisationen überwunden werden. Der enorme Innovations- und Handlungsdruck unter dem die Pflegeeinrichtungen der stationären Altenhilfe stehen, lässt fragen: Wie kann dieser vielfältige und komplexe Gestaltungsprozess bewältigt werden?

Meine These lautet: Vor dem Hintergrund der externen und internen Einfluss- und Rahmenfaktoren ist die Gestaltung humaner, effektiver und effizienter Organisationsstrukturen und -prozesse nur durch einen systematischen Organisations- und Unternehmensentwicklungsprozess zu realisieren, der sich an den Merkmalen einer personen- und ressourcenorientierten Organisationsgestaltung ausrichtet und in der Organisations- und Führungskultur eines Unternehmens verankert ist.

Die Kunst der Organisationsentwicklung wird es sein, die notwendigen Entwicklungs- und Anpassungsprozesse in Abstimmung mit den äußeren Umwelt- und Bedingungsfaktoren zu initiieren und konsequent an den Zielen, Bedürfnissen, Faktoren und Ressourcen der Organisation und ihrer Akteure auszurichten. Der Organisationsentwicklung kommt dabei die Aufgabe zu, organisations- und praxisgerechte Interventionen, Methoden und Verfahrensinstrumente bereitzustellen und die Altenpflegeorganisationen und ihre Akteure an den Problemlö-

sungs- und Umsetzungsprozessen zu beteiligen. Die Frage, welche OE-Hand-
lungsmodelle sich für die Steuerungsprobleme der stationären Altenpflegeeinrichtungen als geeignet erweisen, wird im wesentlichen davon abhängen, „[...]
welche Konzepte sich in diesem allumfassenden Innovationsprozess durchsetzen
und welche nicht, nicht zuletzt aber auch davon, auf welche Weise sie sich
durchsetzen" (Rinderspacher 1996:14).

Das wissenschaftliche Erkenntnisinteresse gilt nun der Auseinandersetzung
mit den theoretischen Grundlagen und Ansätzen der Organisationsentwicklung und konzentriert sich auf die Frage, von welchen theoretischen Implikationen und Zielen die Konzepte der Organisationsentwicklung getragen werden und welche Aspekte bei ihrer Implementierung in die Praxis zu
berücksichtigen sind.

Kapitel 3
Theoretische Grundlagen der Organisationsveränderung

Man kann ein System nur verstehen,
wenn man versucht, es zu verändern.
(Kurt Lewin)

3.1. Begriffsbestimmung: Was ist Organisationsentwicklung?

Zum Verständnis der wissenschaftstheoretischen Grundlagen und der Anwendung der theoretischen Ansätze der Organisationsentwicklung in der Praxis werde ich mich zunächst den Begriffen „Organisation" und „Organisationsentwicklung" zuwenden, um daran anknüpfend die forschungsgeschichtliche Entwicklung und die Ziele von OE zu skizzieren.

3.1.1. Organisationen als soziale Systeme

Organisationen bilden im Alltag des Menschen physische und soziale Umwelten. Die meisten Menschen stehen in ständiger Beziehung zu Organisationen, bspw. zu den Einrichtungen des Gesundheitswesens. Menschen und Organisationen stehen also in wechselseitiger Beziehung zueinander.

In der Literatur wie auch in unserem Sprachgebrauch wird der Begriff der Organisation sehr unterschiedlich gebraucht. Weitgehende Übereinstimmung besteht in der Fachliteratur darin, dass Organisationen als soziale Systeme betrachtet werden, deren innere Dynamik geprägt ist von komplexen Beziehungsnetzen und davon, dass Organisationen in einem ständigen Austausch mit ihrer Umwelt stehen (*vgl. Grossmann/Scala 1994:20*). Darüber hinaus gibt es in der Organisationsforschung eine Vielzahl von organisationstheoretischen Definitionen und Ansätzen. Ursache dafür ist, dass sich die Organisationsforschung auf keiner einheitlichen wissenschaftstheoretischen Fundierung begründet, sondern aus verschiedenen Theorien, Methoden, Erkenntnisinteressen zusammensetzt. Dennoch lassen sich drei grundsätzliche Ausrichtungen der Organisationsforschung feststellen: die klassische, die neoklassische und die moderne Organisationsforschung.

Die betriebswirtschaftlichen Definitionen der klassischen Organisationsforschung sind sehr technokratisch orientiert. Eine der weitergehenden Definitionen begreift Organisation als die Gestaltung eines planvollen Rahmens, innerhalb dessen sich die Aufgabenerfüllung vollzieht und innerhalb dessen eine systematische, planvolle Zuordnung von Menschen und Sachen sowie ein zweckgeregelter Arbeitsablauf stattfindet *(vgl. Birker 1998:69)*. Obwohl die Definitionen der traditionellen betriebswirtschaftlichen Organisationsforschung vornehmlich aufgabenorientiert sind und den Menschen lediglich als Funktionsträger betrachten, finden sie in meinem Untersuchungsverlauf dennoch Berücksichtigung, da insbesondere in Altenpflegeheimeinrichtungen die Organisationsstrukturen traditionell-betriebswirtschaftlich geprägt sind.

WOHLGEMUTH gelingt in seiner Organisationstheorie der Brückenschlag zur neoklassischen Organisationsforschung: Für ihn ist die Systemoffenheit ein wichtiges Charakteristikum: „Organisation ist ein zielbezogenes, relativ dauerhaftes, offenes soziotechnisches System mit formalen und informalen Strukturen, einem Entstehungs- sowie einem relativ kontinuierlichen Veränderungsprozess" *(Wohlgemuth 1991:17)*. Für die Betrachtung der Organisationsgestaltung im Kontext der Organisationsentwicklung sind dabei meines Erachtens die Aspekte der Systemoffenheit, der kontinuierlichen Veränderung, der Unterscheidung von informellen und formellen Strukturen sowie der Zielbezogenheit des Systems von entscheidender Bedeutung.

Die neoklassische Organisationsforschung zeichnet sich durch eine starke Differenzierung aus, bei der ein ökonomisch, soziologisch und psychologisch orientiertes Verständnis von Organisation zum Ausdruck kommt *(vgl. Stünzner 1996:26f)*. Die späteren, gruppenorientierten Ansätze konzentrieren sich stärker auf die soziologischen und psychologischen Aspekte und setzen sich insbesondere mit den informalen Beziehungsstrukturen und Prozessen sowie dem Verhalten der Organisationsmitglieder auseinander. Für die Theorie und Praxis der Organisationsentwicklung sind diese Ansätze von Interesse, weil sie die sozialen Subsysteme der Organisationen, bspw. Menschen, Gruppen, Klima, Strukturen oder Funktionen und ihre interdependenten Beziehungen ins Blickfeld der Untersuchung rücken.

Bei der inhaltlichen Ausdifferenzierung des Begriffes „Organisation" bietet der neoklassische Ansatz konkrete Definitionsmöglichkeiten, da er die Organisation als Instrument, Institution oder als Funktion unterscheidet. In der betriebswirtschaftlichen aber auch sozialwissenschaftlichen Organisationstheorie findet der instrumentale Organisationsbegriff weitgehend Konsens (vgl. Neuberger 1989:205f):

▨ *Der instrumentale Organisationsbegriff bezieht sich auf die Ordnung des Unternehmens als Ergebnis des gestalterischen Organisationsprozesse. Jedes Pflegeunternehmen hat eine Organisation.*

▨ *Der institutionale Organisationsbegriff umfasst dagegen alle arbeitsteilig gestalteten Handlungs- und Aktionssysteme in ihrer Gesamtheit. Jede Pflegeeinrichtung ist eine Organisation.*

▨ *Der funktionale Organisationsbegriff zielt auf die zweckdienliche Tätigkeit des Organisierens ab. Jedes Pflegeunternehmen wird organisiert.*

Diese ausdifferenzierte Begriffsdefinition von Organisation verwendet auch GÖRRES, wobei er jedoch eine wichtige Modifikation vornimmt: GÖRRES stellt bei seiner inhaltlichen Präzisierung des Organisationsbegriffes das Management in den Mittelpunkt. Dies ist auch der verbindende Bogen, den er bei der Unterscheidung der Organisation als Struktur, Instrument und Institution zeichnet: „Trotz der inhaltlichen Differenzierung sind die drei Sichtweisen eng miteinander verbunden und es kann ihnen eine gemeinsame wesentliche Grundaussage entnommen werden, dass Organisation als Managementaufgabe im Sinne einer Entscheidungs- und Durchführungsfunktion betrachtet wird, dessen Ergebnis ein mehr oder weniger formalisiertes Ordnungsmuster (Struktur) als Mittel (Instrument) zur möglichst dauerhaften Lösung von Systemproblemen (Institution) darstellen soll" (Görres 1999:308f). Mit dieser Fokussierung gelingt es GÖRRES, die vielfältigen Organisationsprozesse unter drei verschiedenen Aspekten zu beschreiben, ohne dabei die Managementaufgabe aus den Augen zu verlieren. Im Gegenteil: Sie wird aus drei verschiedenen Blickwinkeln definiert. Dieser Zusammenhang ist für die Darstellung der OE-Theorie und OE-Praxis wertvoll, da viele Konzepte der OE im Sinne dieser Abgrenzung, die Ziele, Ansatzpunkte und methodische Vorgehensweise der Organisationsveränderung spezifizieren[1].

In der soziologischen Literatur werden Organisationen vorwiegend als soziale Systeme, konkret als soziale Handlungssysteme definiert. Im Zentrum der Forschung steht hier das Handlungs- und Kommunikationsgefüge und seine Konstituierung durch die Organisationsmitglieder sowie durch die komplexen interaktiven, sozialen Prozesse. Dieser Aspekt ist für meinen weiteren Untersuchungsverlauf im Hinblick auf die Methoden und Regulative der OE von

---

1 Siehe Kap. 3.4.

wichtiger Bedeutung, da insbesondere in Pflegeheimen die komplexen interaktiven Prozesse eine zentrale Rolle einnehmen. Von daher beschäftige ich mich in den nachfolgenden Abschnitten mit verschiedenen begrifflichen Differenzierungen der sozialwissenschaftlichen Organisationsansätze, die im späteren Untersuchungsverlauf Berücksichtigung finden werden.

Die moderne Organisationsforschung basiert auf einem systemtheoretischen Organisationsverständnis. Es existieren auch hier zahlreiche organisationstheoretische Strömungen, wie z. B. die kontingenz-, entscheidungs-, informationsorientierte und evolutionäre Forschungsrichtung. Aufgrund meiner Fragestellung habe ich mich bei meiner Analyse auf die systemischen und ganzheitlich-evolutionären Organisationsansätze begrenzt.

GLASL, WIMMER und WILKE zählen zu den Vertretern der systemisch-evolutionären OE-Ansätze, die sich jedoch in unterschiedlicher Art und Weise auf die Erkenntnisinteressen der Systemtheorie beziehen. Sehr ausgeprägt ist dies bei WILKE, der das „Primat der funktionalen Differenzierung" und „die Radikalisierung der Autonomie der Funktionssysteme" zu den wichtigsten Kriterien der systembezogenen Betrachtungsweise von Organisationen zählt *(vgl. Wilke 1995:17)*. In Vordergrund rücken dabei die Aspekte der vielschichtigen Entwicklungsdynamik, der Systemoffenheit, der Kommunikation sowie der Komplexität der Organisationen *(vgl. Wilke 1995:18)*.

Ein differenziertes Organisationsbild zeichnet GLASL in seinem Modell der sieben Wesenselemente, die sich in der sozialen Wirklichkeit gegenseitig beeinflussen und durchdringen[2] *(vgl. Glasl/Lievegoed 1996:12)*.

Im Hinblick auf das Erkenntnisinteresse und die Fragestellung dieser Arbeit deuten verschiedene Autoren wie WIMMER, WILKE und MAYNTZ et al. auf einen wichtigen Zusammenhang zwischen Organisation und dem Prozess ihrer Veränderung hin: Organisationen sind als soziale Systeme auf einen bestimmten Zweck ausgerichtet und nehmen bei ihrer Zielerreichung nur jenen Ausschnitt der Wirklichkeit wahr, der für die Bearbeitung ihrer spezifischen Aufgabe in Frage kommt – alles andere existiert für die Organisationen nicht *(vgl. Grossmann 1994:20)*.

Mein eigenes Organisationsverständnis basiert auf den modernen Ansätzen der Organisationsforschung. In meinen nachfolgenden Ausführungen folge ich einem Organisationsverständnis, das (Pflege-)Organisationen als lebensfähige, dynamische, komplexe und soziale Systeme betrachtet, in denen die darin agierenden Menschen eine bestimmte Gliederungs- und Zielstruktur und

---

2 Nähere Ausführungen erfolgen in Kapitel 3.3.3.

spezifische Prozesse vorfinden, an deren Entwicklung, Gestaltung und Ausprägung sie maßgeblich beteiligt sind. Die vornehmliche Aufgabe der (Pflege-)Organisation (als Managementaufgabe) besteht meines Erachtens darin, eine Kultur des Wandels vorzubereiten, zu initiieren und zu begleiten und die interdependenten Strukturen so zu gestalten, dass die Organisation durch die Interaktionen der Menschen zu Selbstgestaltung, Selbstreflexion und Selbstorganisation fähig ist.

Da ich in meiner Untersuchung die Mitglieder der Organisation in ihrem Gestaltungspotenzial und -vermögen sowie in ihrem systemischen Wirken in den Mittelpunkt der Betrachtung rücke, bedeutet das, dass den Mitgliedern der (Pflege-)Organisation als Akteure des OE-Prozesses eine bedeutende Rolle zukommt, denn diese entscheiden meines Erachtens maßgeblich über das ‚Was' (Ziele der Veränderung), das ‚Wie' (Methode der Veränderung) und das ‚Wann' (Zeit, Dauer und Intensität der Veränderung) einer OE. Sie sind Träger und Medium der Art und Weise, wie die Anpassung an den Wandel erfolgen kann.

3.1.2. Forschungsgeschichtlicher Abriss der OE

Zum ersten Mal wird der Begriff „Organization Development" (Organisationsentwicklung) in den fünfziger Jahren in den USA verwendet. In der inzwischen umfangreichen Literatur zur OE zählen John Dewey, Jakob L. Moreno und Kurt Lewin zu den wichtigsten Wegbereitern. Jeder von ihnen gibt der Entwicklung der OE entscheidende philosophische, pragmatische und theoretische Impulse.

Die OE, als junge angewandte Sozialwissenschaft[3] und Praxis, ist im wesentlichen auf zwei Quellen zurückzuführen: Auf die Laboratoriumsmethode[4] und auf die Survey-Feedback-Methode[5] (vgl. French/Bell 1994:37ff). Von besonderer Bedeutung für die Entwicklung der OE-Konzepte sind die Forschungsergebnisse beider Methoden deshalb, weil sie wertvolle Erkenntnisse sowohl der gruppendynamischen Prozesse in sozialen Systemen und komplexen Organisationen, als auch der Rolle der externen Berater/innen und der internen Stabsabteilungen sowie der Datenrückkopplungsprozesse liefern (vgl. French/

---

3 Zur näheren Begründung der OE als Wissenschaft siehe Kap. 3.2.1.
4 von Lewin Ende der vierziger Jahre in den USA entwickelt.
5 vom „Institut Social Research" an der University von Michgan in den fünfziger Jahren entwickelt.

Bell 1994:40ff). Beide Methoden basieren auf der von K. Lewin entwickelten Aktionsforschung.

GAIRING bezeichnet die Aktionsforschung als „die metatheoretische Basis" und begründet dies mit der Synergie der Lewinschen Forschungsarbeit *(vgl. Gairing 1999:54f).* Aus seiner Sicht ist das Zusammenwirken der Konstrukte der Gestalttheorie, der Feldtheorie, der Aktionsforschung und der Gruppendynamik in Lewins Arbeit die entscheidende Grundlage für die Theorie und Praxis der OE.

Neben Lewins forschungsmethodischen Grundlagen der Aktionsforschung benennt RICHTER als weitere Eckpfeiler der Organisationsentwicklung: Morenos Konzepte der Soziometrie, des Psychodramas und der Gruppendynamik und die Theorie sozio-technischer Systeme des Tavistock-Instituts[6] *(vgl. Richter 1994:56ff).*

Die Konzepte, die sich mit der Reorganisation von Unternehmen befassen, gewinnen in den USA bereits anfangs der 70er Jahre (aufgrund der wirtschaftlichen Krise) und im deutschsprachigen Raum zu Beginn der 90er Jahre (in Folge der weltweiten Rezession) eine enorme Bedeutung.

Anders als in der nordamerikanischen Forschung und Beratung setzt sich die Rezeption der OE in Theorie und Praxis im deutschsprachigen Raum (Deutschland, Österreich und Schweiz) nur zögerlich durch. Heute lässt sich die OE-Praxis im deutschsprachigen Raum weitgehend in zwei Richtungen einteilen: In die „klassische OE-Arbeit" (deren Vertreter von der Gruppendynamik geprägt sind) und in die Arbeit der „systemischen Organisationsberatung" (deren Vertreter sich in Theorie und Beratungspraxis an den Methoden der systemischen Familientherapie orientieren) *(vgl. Gairing 1999:97f).*

3.1.3. Zur Theorieentwicklung

Die theoretischen Wurzeln der OE gehen bis in die fünfziger Jahre zurück: In den USA werden zu dieser Zeit die ersten theoretisch-normativen Grundlagen für die sozialwissenschaftlich fundierten Beratungs- und Forschungsaktivitäten entwickelt, die nicht nur mit dem Begriff „Organization Development (OD)" erfasst, sondern auch als „Organization Improvement", „Human Relations" oder „Planned Organization Change" bezeichnet wurden.

---

6 Das „Tavistock Institute of Human Relations" in England wurde 1946 von *Trist* und *Wilson* gegründet und war von den System-Konzepten *Bertalanffys* und *Angyals* geprägt. Ihr Ansatz der soziotechnischen Systemtheorie ist heute hoch aktuell.

Die Theoriekonzepte der Organisationsveränderung unterscheiden sich in ihren theoretisch-normativen Grundlagen in Bezug auf das Menschenbild, das Organisationsverständnis, die Strategie und die Interventionsebenen des Wandels sowie in Bezug auf die Rolle der sog. Change Agents[7] (vgl. *Richter 1994:99ff*).

Die theoretisch-normativen Grundlagen der OE konzentrieren sich in den 60er Jahren auf ein humanistisches Menschenbild (nach Maslow) sowie auf die Betonung von gruppendynamischen Aspekten sozialer Systeme (vgl. *Richter 1994:109*). Weitere Bausteine der OE-Konzepte bildeten neben Maslows Bedürfnis-Hierarchie (1954), die Motivationstheorie von McGregor (1957/60), die Merkmale der authentischen Beziehungen nach Argyris (1962) sowie die Motivations-Hygiene-Theorie von Herzberg (1959) (vgl. *Richter 1994:103ff*)[8]. Auf der Basis dieser Bausteine entwickeln die Theoretiker eine eigenständige normative Organisationstheorie. Diese arbeitet mit der Annahme, dass die Inkongruenz zwischen den Anforderungen der bestehenden hierarchischen Organisationen und den Bedürfnissen der in ihr tätigen Menschen nur dadurch aufzulösen ist, dass die Mitarbeiter/innen mehr Selbstentfaltungs- und Gestaltungsmöglichkeiten erhalten. Die Konsequenzen sind plausibel: Die Arbeitsbedingungen werden humaner, die Organisationsmitglieder identifizieren sich stärker mit der Organisation und ihren Zielen und arbeiten infolgedessen zufriedener, erfüllter und effektiver.

Einig sind sich die frühen OE-Theoretiker vor allem darin, wie die Strategie des OE-Prozesses aussehen soll, nämlich, dass der Wandel nur durch partizipative Führung, durch Veränderung der Aufgabengestaltung und durch Anpassung der organisatorischen Subsysteme zu bewältigen ist. Unterschiedlich sind die OE-Konzepte hinsichtlich ihrer Interventionsstrategien: Top-down, bottom-up oder middle-both-ways. Die frühen Konzepte konzentrierten sich mehr auf das Top-Down-Modell: AGYRIS setzt den Ansatzpunkt der Veränderung beim Ma-

---

7 Change Agents sind Personen, die nicht nur bereit sind, wichtige Problembereiche und Möglichkeiten für Systemveränderungen zu identifizieren, sondern sich auch für deren Erneuerung engagieren und gleichzeitig dafür sorgen, dass die notwendigen Ressourcen bereit gestellt werden; sie sind bemüht, die Fähigkeit zum Wandel aufrecht zu erhalten und den Veränderungsprozess zu überprüfen (vgl. *Broome 1997:73ff*). Da es verschiedene Wege gibt, Veränderungen zu initiieren, werden drei Typen unterschieden: Externe Change Agents (externe Beratungspersonen), interne Change Agents (interne Prozessberater bzw. -begleiter in Stabstellen) und einzelne Beschäftigte, die durch ihr ziel- und vorbildorientiertes Verhalten die Rolle der Change Agents bewusst übernehmen.

8 *Maslow* und *Herzberg* werden aber nicht zum inneren Kreis der OE-Theoretiker gezählt.

nagement an („Changes, if they are to be lasting, need to begin at the top"); *(Agyris 1963:6; zitiert in Richter 1994:104)*. Hingegen werden die beiden anderen Veränderungsstrategien von den modernen OE-Konzepten bevorzugt[9].

Die theoretisch-normativen Grundlagen der Organisationsentwicklung erfahren ab den 70er Jahren durch die Rezeption des systemtheoretischen und situativen Denkens in die Organisationstheorie eine Wende. Damit gewinnt die OE eine stärkere Abgrenzung zur Managemententwicklung und sie etabliert sich als längerfristige, erfahrungsorientierte und umfassende Änderungsmaßnahme in Unternehmen zur Steigerung von Effizienz und Humanität.

Zwei Vertreter der 90er Jahre, die meines Erachtens im Kontext der modernen OE eine besondere Rolle spielen, sind SENGE und SCHEIN. Ihre beiden Konzepte geben entscheidende Impulse für die moderne OE-Theorie und Praxis.

SENGE entwickelt in seinem Werk „The fifth disciplin" das Konzept der lernfähigen und lernenden Organisation *(vgl. Senge 1993)*. Die Begründung seiner Idee eines neuartigen Lernprozesses, der als Lernen der Organisation und ihrer Mitglieder nur wechselseitig erfolgen kann, ist schlüssig: „In einer zunehmend dynamischen, voneinander abhängigen und nicht vorhersehbaren Welt ist es schlichtweg niemandem mehr möglich, «alles an der Spitze zu durchdenken». Das alte Modell «die Spitze denkt, und der vor Ort handelt» hat jetzt integrierendem Denken und Handeln auf allen Ebenen zu weichen" *(Senge 1993:146ff)*.

Neu ist in SENGEs Konzept auch, dass er in Anlehnung an die Systemtheorie den Vorschlag macht, systemisches Denken als Disziplin geltend zu machen, wodurch ermöglicht wird, Probleme in ihrem systemischen Gesamtkontext zu erfassen *(vgl. Gairing 1999:82f)*.

Einen anderen Ansatzpunkt der Organisationsentwicklung wählt SCHEIN, der die kritische Reflexion sowie den Wandel der Unternehmenskultur und ihrer relevanten Führungskräfte („Kulturen beginnen mit Führungspersönlichkeiten, die ihre eigenen Werte und Prämissen auf die Gruppe übertragen") zum eigentlichen Kern der Organisationsentwicklung deklariert *(Schein 1995:17)*. In seinem kulturorientierten Ansatz der OE bemisst SCHEIN den Führungskräften eine exponierte Rolle und Initialfunktion zu, betont aber, dass dies nur in einem gegenseitigen Lernprozess („Unternehmen und ihre Führungskräfte [müssen] zu kontinuierlichen Lernenden werden") zu leisten ist *(Schein 1995:296)*.

Erstaunlicherweise konnten all diese wertvollen Theoriebausteine, deren Ansätze aus verwandten Disziplinen und Theorien resultieren, bis heute nicht in

---

9 Siehe Kap. 3.4.4.1.

eine fundierte Theorie der Organisationsveränderung integriert werden. Die konstitutiven Elemente der Organisationsentwicklung: das Menschenbild, die Rolle der Berater/innen, Strategie, Struktur und Dynamik der Organisationsveränderung, Wertebasis der OE und Wertekonflikt in der OE, Unternehmenskultur und Interventionsmethoden wurden zwar immer wieder Gegenstand der Forschung und Theorieanalyse, doch mündeten sie nie in einen einheitlichen Theoriekomplex, in eine Synthese der Organisationsveränderungstheorie.

Will man im deutschsprachigen Raum die praktische und theoretische Weiterentwicklung des OE-Ansatzes nachzeichnen, dann begegnet man hier im Gegensatz zur nordamerikanischen Entwicklung einer Besonderheit: Zu Beginn der OE-Praxis hat sich eine Diskrepanz zwischen theoretischer und praktischer Rezeption gebildet (*vgl. Gairing 1999:75ff*). Während sich die wissenschaftliche Rezeption der OE im wesentlichen auf die betriebswirtschaftlichen Fakultäten beschränkte, wandten sich die OE-Anwender und Berater/innen immer stärker von der akademischen Diskussion ab (*vgl. Gairing 1999:75*).

Die Rezeption der OE im deutschsprachigen Raum erfolgte zunächst in der Betriebswirtschaft (u. a. Kieser/Kubicek 1978, Gebert 1974), dann in der Organisationspsychologie (Bleicher 1979, v. Rosenstiel 1983) und später in den Sozialwissenschaften (Fatzer 1993, Belardi 1994) (*vgl. Gairing 1999:15*). Als eigenständige Teildisziplin jedoch wurde Organisationsentwicklung von den Betriebswirtschaften weitgehend ignoriert: „Die wissenschaftliche Rezeption und Diskussion in Deutschland scheint [...] [die] Anwendung von Organisationsentwicklungsverfahren in der Praxis zu ignorieren, während andererseits bei diesen Praxisprojekten durchweg auf eine wissenschaftliche Begleitung, Kontrolle und Evaluation verzichtet wird"[10] (*Sievers 1977:10f*). Seit einigen Jahren ist meines Erachtens eine Öffnung der Betriebswirtschaft zu anderen Disziplinen zu beobachten und sie beginnt zunehmend Brücken zu den verschiedensten Disziplinen zu schlagen, so z. B. zur Erkenntnistheorie, zur Systemtheorie und zu den Sozialwissenschaften.

Zum Forschungs- und Praxisstand der OE ist festzustellen, dass eine eindeutige Zuordnung der „Organisationsentwicklung" zu einer Wissenschaftsdisziplin nicht möglich ist. Vielmehr setzt sich die OE als interdisziplinäre Wissenschaft aus vielen erkenntnistheoretischen Ansätzen und Beiträgen zusammen: aus verhaltenswissenschaftlichen, soziologischen, (sozial-)psychologischen, (betriebs-)pädagogischen, betriebswirtschaftlichen, systemtheoretischen Theorien und Erkenntnissen.

---

10 *Sievers* war Inhaber des ersten deutsche Lehrstuhls für OE an der Universität Wuppertal.

Bei der Etablierung der OE-Theorie und Beratungspraxis im deutschsprachigen Raum kristallisieren sich zwei Richtungen heraus: Die klassische OE-
Arbeit und die systemische Organisationsberatung. Die bedeutendsten Vertreter der klassischen OE-Konzepte sind DOPPLER/LAUTERBURG sowie
TREBESCH, die sich vor allem der Gruppendynamik verpflichtet fühlen. Die
wichtigsten Vertreter der systemisch und/oder evolutionär orientierten Organisationsberatung und -entwicklung sind meines Erachtens WIMMER, SCHEIN
und GLASL/LIEVEGOED[11]. Sie gewinnen seit den 90er Jahren zunehmend
an Einfluss. Obwohl der systemtheoretische Ansatz von WIMMER einer der
überzeugendsten Beiträge zur Weiterentwicklung der OE ist, stellt sein Ansatz
dennoch kein geschlossenes und ausdifferenziertes Theoriekonzept dar (vgl.
Gairing 1999:189).

Aktuell nähern sich die beiden Richtungen der klassischen und der systemorientierten OE-Ansätze einander an. GAIRING charakterisiert diesen Annähe-
rungsprozess als einen „interessanten Verschmelzungsprozess" „[der die]
Grenzen der beiden OE-Konzepte, die zwar durchaus inhaltliche Verwandt-
schaft haben, aber auch sehr grundlegende Differenzen sowohl im theoretischen Konstrukt wie auch in der praktischen Beratungsmethodik, verschwim-
men [lässt]"; daraus schlussfolgert er, dass „[...] beide Traditionen im Sinne
eines pragmatischen Eklektizismus sowohl Konstrukte wie auch Gestaltungs-
und Interventionsmethodik voneinander übernehmen" (Gairing 1999:98).

Es bleibt aber abzuwarten, ob der Diskurs und die Annäherung der unterschiedlichen OE-Richtungen auch zur Bildung einer „Theorie der geplanten
Organisationsveränderung" führt.

3.1.4. Definitionen von OE

In der Fachwelt existieren über 50 Definitionsversuche des Begriffes „Organisationsentwicklung" (vgl. Trebesch 1982:37ff). Diese variieren je nach ihrem
wissenschaftstheoretischen Ansatz und/oder ihrer praxisbezogenen Konzeption
bzw. Methode. Nahezu alle theoretischen Ausführungen beschäftigen sich mit
der Gestaltung von „Veränderungen in Organisationen", also mit den Fragen,
wie und durch wen der Wandel vollzogen und von wem er geplant, gesteuert
und begleitet werden soll. Bisher finden sich in der Theorie und Forschung zur
Organisationsentwicklung aber noch keine schlüssigen Beiträge und Unter-

---

11 In Abgrenzung von den systemischen Konzepten bezeichnen *Glasl/Lievegoed* ihr Konzept
als ganzheitlich-evolutionär (Siehe dazu Kap. 3.3.3.)

suchungen, die die „organisatorische Veränderung" selbst ins Zentrum des Erkenntnisinteresses rücken (*vgl. Franke 1993:43ff*).

Die begriffliche Auseinandersetzung mit Organisationsentwicklung ist schwierig, weil der Begriff der OE eine Wortschöpfung bzw. eine Formulierung aller sozialwissenschaftlichen Konzeptionen und Modelle ist, die sich unter dem Namen ‚Organisationsentwicklung' präsentieren. KAHN stellt dazu fest, dass ‚Organisationsentwicklung' kein Begriff im wissenschaftlichen Sinne des Wortes ist, da OE seinem Verständnis nach in keinem eindeutigen theoretischen Kontext stehe (*vgl. Kahn 1977:286*). Die Beschäftigung mit den Definitionen verdeutlicht daher die Tatsache, dass ‚Organisationsentwicklung' eine Konzeption einer angewandten Sozialwissenschaft ist, was dazu führt, dass die meisten Definitionen eher praxisorientiert geprägt sind. Für einen ersten begrifflichen Zugang zur Organisationsentwicklung sind die im Folgenden exemplarisch aufgeführten sozialwissenschaftlich-orientierten Definitionen erhellend.

FRENCH/BELL legen in ihrem Standardwerk „Organisationsentwicklung" ein abstrakt-analytisches OE-Verständnis zugrunde. Sie definieren ihr Konzept als „[...] eine langfristige Bemühung, die Problemlösungs- und Erneuerungsprozesse in einer Organisation zu verbessern, vor allem durch eine wirksamere und auf Zusammenarbeit gegründete Steuerung der Organisationskultur – unter besonderer Berücksichtigung der Kultur formaler Arbeitsteams – durch die Hilfe eines OE-Beraters oder Katalysators und durch die Anwendung der Theorie und Technologie der angewandten Sozialwissenschaften unter Einbeziehung von Aktionsforschung" (*French/Bell 1994:31*). In ihrem Konzept zur Gestaltung von Veränderungen von Organisationen kennzeichnen sie OE vor allem durch folgende Aspekte (*vgl. French/Bell 1994:31f*):

- *OE wird als Gestaltungsauftrag verstanden.*
- *Der OE-Prozess findet unter Hinzuziehung einer OE-Beratung statt.*
- *OE wird als ein Instrument der Managementpraxis charakterisiert.*

Eine ausschließlich ergebnisorientierte und praxisbezogene, aber ebenfalls gruppendynamische und sozialwissenschaftliche Sicht prägt das Verständnis von LUMMA/WILMS, die ihre OE-Definition an den Befindlichkeiten der in Organisationen arbeitenden Menschen orientieren: „Unseren Begriff von diesem Begriff (OE) möchten wir ganz einfach umreißen mit einer fiktiven Aussage: «wenn ich weiß, was ich tue, wofür ich etwas tue und warum, und wenn ich meine Antwort darauf in einer Form unterbringen kann, die andere mit mir schaffen, dann fühle ich mich gut und tue es gerne!» Wir sehen in der Organisationsentwicklung die Möglichkeit, häufiger ein größeres Maß an Freude, Zufriedenheit, Identifikation und Mitverantwortung in die tägliche Arbeitswelt einzubringen, als es bisher nach alten Systemen möglich war. Aus unserer Sicht muss jeder einzelne an seinem Arbeitsplatz sehr viel von seinem Eigen-Sein wegtun. Es gibt Menschen, denen es dann wirklich verloren geht" (*Lumma/Wilms 1982:240*).

Im Kontinuum von Gruppendynamik und Aktionsforschung bleiben die beiden Autoren DOPPLER/LAUTERBURG[12] mit ihrem Konzept des „Change Management" (*vgl. Doppler/Lauterburg 1999*). Sie begreifen OE als einen mehrdimensionalen Veränderungsprozess, dessen methodische Gestaltung und Steuerung die Interdependenz und Vernetzung der unterschiedlichen Organisationsdimensionen, die Bearbeitung ökonomischer und betriebswirtschaftlich-pragmatischer Faktoren, vor allem aber die Einbeziehung sozialpsychologischer Aspekte berücksichtigen muss (*vgl. Gairing 1999:115*).

Die Definitionen im deutsprachigen Raum stellen die praxisorientierten Aspekte von OE in den Vordergrund (*vgl. Trebesch 1982:39f; Glasl/Lievegoed 1996/21; Doppler/Lauterburg 199:131f*):

- *„OE ist ein längerfristig angelegter Entwicklungs- und Veränderungsprozess von Organisationen und der in ihr tätigen Menschen.*
- *Der Prozess beruht auf Lernen aller Betroffenen durch direkte Mitwirkung und praktische Erfahrung.*
- *Sein Ziel besteht in der gleichzeitigen Verbesserung der Leistungsfähigkeit der Organisation (Effektivität) und der Qualität des Arbeitslebens (Humanität)".*

Seine spätere Konzeption nennt TREBESCH[13] nicht OE sondern ‚Unternehmensentwicklung' und orientiert sich damit begrifflich an dem gleichnamigen Modell von GLASL/LIEVEGOED „Dynamische Unternehmensentwicklung" (*vgl. Trebesch 1994; Glasl/Lievegoed 1996*). TREBESCH versteht unter Unternehmensentwicklung einen Prozess, indem sowohl der interne Organisationsentwicklungs- als auch der externe Marktentwicklungsbereich als relevante Teilbereiche der Unternehmung, integriert werden müssen (*vgl. Trebesch 1994:10*).

GLASL/LIEVEGOED hingegen betrachten die Unternehmensentwicklung als einen Emanzipationsprozess und zeichnen dafür ein ganzheitliches, evolutionäres Bild von Organisationen: Soziale Organisationen sind fähig, sich „[...] in immanenter Eigendynamik zu entfalten und zu verändern" (*Glasl/Lievegoed 1996:10*).

---

12 *Doppler/Lauterburg* sind Mitbegründer der Gesellschaft für Organisationsentwicklung (GOE).

13 *Trebesch*, ebenfalls Mitbegründer der GOE, gilt als einer der bedeutendsten Pioniere der OE.

Für einen ersten begrifflichen Zugang zur OE ist es an dieser Stelle nicht weiter erforderlich, die Definitionen im wissenschaftlichen Sinne gegeneinander abzugrenzen. Um die Grundlagen der OE zu erörtern, ist es sinnvoll, die begrifflichen Umschreibungen von OE, was sie ist, will und leistet, darzustellen. Als Fazit meines Überblicks der OE-Definitionen und der OE-Begriffe möchte ich folgendes festhalten: Die wichtigsten Definitionsaspekte sind demnach

- *OE ist ein geplanter sozialer (und kultureller) Wandlungsprozess verbunden mit einer bestimmten Veränderungsstrategie.*
- *OE ist eine längerfristig angelegte und umfassend konzipierte Entwicklungs- und Veränderungsstrategie von Organisationen und der in ihr tätigen Menschen.*
- *OE ist ein Prozess, der unter Mitwirkung der Betroffenen stattfindet.*
- *OE zielt darauf ab, eine Integration individueller Entwicklung und Bedürfnisse mit den Zielen und Strukturen der Organisation zu ermöglichen, und somit die Problemlösungs- und Innovationsprozesse in einer Organisation zu verbessern.*
- *OE ist ein bewusst gestaltetes, methodisches, planmäßiges und gesteuertes Vorgehen, das von externen oder internen Beratungspersonen begleitet wird.*
- *OE ist ein Emanzipationsprozess der sozialen Organisation und ihrer Akteure.*

Eines zeigen die Definitionsmerkmale sehr deutlich: OE ist als angewandte Wissenschaft nicht auf eine wissenschaftstheoretische Definition zu reduzieren. Von daher fließen bei theoretischen Definitionsansätzen auch immer praxisbezogene bzw. methodische Aspekte in die begriffliche Abgrenzung mit ein.

3.1.5. Ziele der Organisationsentwicklung

Aus der begrifflichen und inhaltlichen Abgrenzung der Organisationsentwicklung zeichnen sich die ersten Ziele von OE ab: Es geht um Verbesserung der Problemlösungs- und Erneuerungsprozesse, um Wandlung und Bereitschaft zu Innovation, um Partizipation und Mitverantwortung der Beteiligten, um Verbesserung von Zufriedenheit und Identifikation sowie um die Verbesserung der Leistungsfähigkeit im Sinne von Effektivität und Verbesserung der Qualität im Sinne von Humanität in Organisationen.

Für die theoretische Definition der „OE-Ziele" ist es bedeutsam, die einzelnen Ansätze auf die allgemeinen und umfassenden Bezugspunkte ihrer OE-Modelle zu begrenzen.

Die Übersicht von FRANKE (siehe Tabelle 2) zeigt die OE-Ergebnisse im Kontext von typischen OE-Maßnahmen und von Annahmen über mögliche Gründe für Organisationsveränderungen. Wie die nachfolgende Darstellung von FRANKE verdeutlicht, variieren die angestrebten Ergebnisse in Abhängigkeit von ihrem Ansatz und von den daraus resultierenden Maßnahmen und vice versa.

Tabelle 2: Ansätze der OE

	Typische Maßnahmen	**Angestrebtes Ergebnis**	Annahme über Organisationen und Gründe für Veränderungen der Organisation
Ansatz am Individuum	Laboratoriumstraining	Individuelle Weiterentwicklung der Organisationsmitglieder	Bestimmt durch Einstellungen und Verhalten der einzelnen Organisationsmitglieder
Ansatz an den sozialen Beziehungen	Survey-feedback-Technik, Training bzw. Teamentwicklung bzw. Konfliktlösung	Veränderung der sozialen Beziehung hinsichtlich Vertrauen und Offenheit	Bestimmt durch die Beziehungen zwischen den Organisationsmitglieder
Ansatz an strukturellen und technologischen Rahmenbedingungen	Gemeinsame Änderung von Strukturen und Technologieeinsatz, die auf das Arbeitsverhalten Einfluss haben	Schaffen von dauerhaften Bedingungen, die erwünschtes Verhalten der Organisationsmitglieder stabilisieren	Bestimmt durch strukturelle und technologische Rahmenbedingungen des Arbeitsplatzes
Integrierter Ansatz	Laboratoriumstraining, Training für Arbeitsgruppen	Simultane strukturelle und personelle Veränderungen	Bestimmt durch Einstellungen der Individuen, Beziehung zwischen den Individuen und strukturellen Rahmenbedingungen; damit Parallelen zum Verständnis einer sozio-technischen Organisation

Quelle: Franke 1993:53

Beim Studium der OE-Ziele in den einzelnen theoretischen Konzeptionen zeigt sich – dies spiegelt sich auch in den folgenden Ausführungen wider – eine Schwierigkeit: Bei der Differenzierung werden die Konzeptziele nicht klar von den Bezugsebenen und den Interventionen abgegrenzt. Dies ist aus meiner Sicht auch nicht eindeutig zu leisten. In meinem Lern- und Entwicklungsverständnis von OE bedingen sich die OE-Ziele und die OE-Interventionen gegenseitig. Um die unterschiedlichen Zielaspekte jedoch besser zu verdeutlichen, werden im Folgenden die OE-Ziele der einzelnen Ansätze – soweit möglich – dennoch isoliert betrachtet.

Die traditionellen Ansätze der OE verallgemeinern ihre Zieldefinition und reduzieren das angestrebte Ergebnis auf zwei Ziele, die sie als Hauptanliegen der OE bezeichnen:

- Effektivität = die Leistungsfähigkeit der Organisation.
- Humanität = die Verbesserung der erlebten Arbeitssituation der beteiligten Menschen.

Eine eindeutige Zielpriorität gibt es hierbei nicht. Die Zieldimensionen Effektivität und Humanität verweisen vielmehr auf die beiden Komponenten der OE: Auf die Entwicklung der personalen Kompetenzen und auf die Veränderung der Organisation (vgl. Becker/Langosch 1984:17). Für das Anliegen und für die Intention der OE ist es allerdings wichtig, dass sich beide Ziele bedingen oder sich im Laufe des Prozesses ergänzen (vgl. Becker/Langosch 1984:17ff).

Die meisten traditionellen OE-Konzepte gehen von der Annahme aus, dass zwischen den beiden OE-Zielen ‚Effektivität' und ‚Humanität' weder ein grundsätzlicher Widerspruch noch eine grundsätzliche Harmonie besteht (vgl. Engelhardt et al. 1996:68). Vielmehr suchen sie Wege zu konstruieren, die eine produktive Verbindung bzw. eine Integration der beiden Ziele – die weitgehende Selbstbestimmung des Individuums im Arbeitsprozess und die Erfüllung des Organisationszweckes – anstreben (vgl. Engelhardt et al. 1996:68). Den Führungskräften kommt bei der Zielerreichung in den traditionellen OE-Konzepten vornehmlich die Rolle der „Macher" und „Kontrolleure" zu.

Hingegen orientieren sich DOPPLER/LAUTERBURG in ihrem aktuellen Theorie- und Praxisansatz „Change Management" an den Grundlagen der klassischen Wurzeln der Gruppendynamik und Organisationsentwicklung (vgl. Doppler/Lauterburg 1999). Ein Ziel ihrer Konzeption organisationaler Veränderungsprozesse ist dabei das Change-Design der Führung. Die Rolle der Führungskräfte als sog. Kontrolleure soll dabei radikal verändert werden. Das Konzept sieht vor, die Führungskräfte zu qualifizieren, eine Trainings- und Beratungskompetenz zu entwickeln, die sich vor allem durch die Fähigkeit zu strategischer Weitsicht auszeichnen soll (*vgl. Doppler/Lauterburg 1999:54ff*). Der Veränderungsprozess, der die Ziele der OE realisieren soll, ist das eigentliche Kernstück des Modells[14] (*vgl. Gairing 1999:108*).

Im Sinne der klassischen OE verfolgen DOPPLER und LAUTERBURG im OE-Prozess vor allem die Veränderung der sog. weichen Faktoren (menschliche und zwischenmenschliche Aspekte) und die Veränderung der sog. harten Faktoren (technische, ökonomische und strukturelle Aspekte) (*vgl. Doppler/Lauterburg 1999:47ff*). Bei der Verfolgung des Ziels, die Veränderung und Gestaltung geeigneter Organisationsformen und -strukturen zu bewirken, muss es aus Sicht der Autoren gelingen, den vielfältigen Anforderungen der veränderten Rahmenbedingungen wie Verknappung der Ressource Zeit, Verknappung der Ressource Geld und der dramatischen Steigerung der Komplexität gerecht zu werden (*vgl. Doppler/Lauterburg 1999:17f*).

Mit der partizipativen Entwicklung von Leitlinien und Visionen soll nach TREBESCH jede Unternehmensentwicklung beginnen (*vgl. Trebesch 1994:6*). Die Zielerreichung in seinem Konzept gleicht daher der Bewältigung eines Balanceakts, denn „[...] die Visionen müssen Substanz einer kraftvollen, fordernden Idealvorstellung haben, andererseits aber hinsichtlich der konkreten Ausprägung und Realitätskonformität hinterfragt werden." (*Trebesch 1994:6*). Um dieses zu realisieren, empfiehlt TREBESCH, die Leitlinien nicht an den Unternehmensdefiziten auszurichten. So sieht sein Konzept vor, zu Prozessbeginn neue visionäre Perspektiven zu entwickeln und im Sinne einer konstruktiven Problemlösung entsprechende Handlungskonzepte an den Ressourcen der Unternehmung auszurichten[15]. Werden bei der Gestaltung der Veränderungsprozesse und bei der Erarbeitung der Leitlinien auch die politischen Prozesse der Zielfindung, die strategische Planung und ökonomischen Konzepte berücksichtigt, dann kann die Unternehmung einen integrativen Prozess aus Strategie-, Struktur- und Kulturentwicklung verwirklichen, bei dem zugleich das Kernziel der „[...] Prozess der Entwicklung von verschiedenen aufeinander bezogenen bzw.

---

14 In Kap. 3.3.2. wird das Modell Change Management von *Doppler/Lauterburg* näher erörtert.

15 Auch *Trebesch* steht in der Tradition der Gruppendynamik und Aktionsforschung. Doch hat er die Bedeutung der systemischen Ansätze erkannt, und in seine neueren Konzepten integriert. Hier sind vor allem die Ansätze der systemischen Kurzzeitherapie der Mailänder Gruppe zu erkennen, wie beispielsweise die positive Konnotation, die Handlungs- und Ressourcen- statt der Defizitorientierung zur Entwicklung von Problemlösungsstrategien.

aufbauenden Gestaltungsfeldern [...]" verfolgt werden kann (*Trebesch 1994:6ff*). Damit nähert sich TREBESCH den ganzheitlich-evolutionären und den systemischen Ansätzen an.

WIMMER[16] bemisst sowohl den Akteuren im OE-Prozess als auch dem Beratungsaspekt eine entscheidende Bedeutung zu. Er fokussiert die Ziele auf ihre methodische Ausrichtung. Zu den (interdependenten) Zielebenen der OE-Beratung zählt WIMMER (*Wimmer 1995a:80*):

▪ *Die Unterstützung des Klientensystems bei der Erarbeitung jener Informationen über sich selbst und die relevanten Umwelten, die eine angemessene Problemsicht ermöglichen. [...]*

▪ *Auf der Grundlage der gemeinsam mit dem Klientensystem erarbeiteten, veränderten oder erweiterten Problemsicht und der Reflexion der Problemgenese, gilt es in einem Beratungsprozess wiederum gemeinsam mit dem Klientensystem realisierbare Varianten der Transformation dieser Lösungen herauszuarbeiten. [...]*

▪ *Letztlich ist es auch Aufgabe von Beratung, einen organisationsinternen Prozess zu ermöglichen und zu fördern, der das systeminterne Potenzial für die gewählte Bearbeitungssicht mobilisieren hilft und die Problembearbeitungskapazität des Systems insgesamt und dauerhaft erweitert [...]".*

Das Besondere und Neue an der systemischen Beratungskonzeption ist die „[...] Betonung der zirkulären Interdependenzen der Mitglieder eines sozialen Systems und die Fokussierung auf die ungeschriebenen ‚Spielregeln' im Interaktionsgeflecht des Systems sowie die systemspezifische Blindheit des Systems für diese internen Operationsmechanismen" (*Gairing 1999:186*). Im Kontext dieser Begründung ist auch WIMMERS Forderung zu sehen, dass das Prozessgeschehen unbedingt von einer externen Person bzw. Institution beraten bzw. begleitet werden muss. In diesem Zusammenhang betont er aber auch, dass der systemische Beratungsansatz nicht als ein Patentrezept zu verstehen ist, da die Berater in ihrer Funktion als Prozessbegleiter immer nur im Zusammenwirken mit den OE-Akteuren einen adäquaten Veränderungsprozess entwickeln können (*vgl. Wimmer 1995a:84ff*). Wie sich der OE-Prozess entwickelt, hängt letztendlich vom Engagement und der Initiative der Akteure ab.

---

16 Wimmer zählt zu den wichtigsten Vertreter systemisch orientierter OE. Er hat die Grundzüge der Systemtheorie, der Autopoiesie und der systemischen Familientherapie für die OE-Beratung aufgearbeitet und weiterentwickelt.

Von zentraler Bedeutung für das ganzheitlich-evolutionäre OE-Modell[17] von GLASL/LIEVEGOED ist ihr Entwicklungs- und Evolutionsverständnis: Entwicklung ist ein diskontinuierlicher Prozess. Die treibende Kraft der Evolution ist zugleich auch das Ziel der OE und besteht in der Fähigkeit der Individuen bzw. der Systeme, sich selber Werte, Ziele, Ideen und Sinn zu stiften und zu definieren. Das OE-Ziel, die Unternehmung zu befähigen, sich entsprechend den rapiden und komplexen Anforderungen zu verändern, kann aber nur dann gelingen, wenn eine angemessene Balance zwischen den stabilisierenden und den dynamischen Kräften bewirkt wird (vgl. Glasl/Lievegoed 1996:26). Dazu wiederum ist – aus Sicht der Autoren – ein Paradigmenwechsel notwendig, der sich auf alle Wesensmerkmale der Organisation auswirken muss, damit eine wirkliche Entwicklung bzw. Evolution stattfinden kann[18] (vgl. Glasl/Lievegoed 1996:108f).

Die systemische OE-Konzeption von BAUMGARTNER et al. erweitert die traditionellen Zieldimensionen Effektivität und Humanität um drei Aspekte, wie dies in Abbildung 5 zu sehen ist. Die systemische Betrachtungsweise deutet nicht nur auf das Zusammenwirken aller Bedingungsfaktoren des OE-Prozesses, sondern sie begründet ihren Ansatz auf Basis dieses Bedingungskontextes. Die Ziele, die BAUMGARTNER et al. anführen, implizieren sowohl die Eckpunkte des Kulturwandels: Humanisierung, Effektivität und Authentizität als auch die Instrumente der Veränderung: Selbsterneuerung und Förderung der Selbstorganisation.

Für das Autorenteam ist Authentizität die einzige Antwort auf die Zielkonflikte, die im OE-Prozess entstehen (vgl. Baumgartner et al. 1998:30f). Authentizität bedeutet, die Interessengegensätze als Faktum zu akzeptieren und zu bearbeiten. Selbsterneuerung und -gestaltung als weitere Ziele der OE müssen mit den Akteuren der OE zusammen entwickelt und verankert werden, damit diese in der Lage sind, ihre Wünsche, Werte, Ziele und Kompetenzen in den Veränderungsprozess einzubringen, denn nur so kann gewährleistet werden, dass sich die Organisation im Sinne der Selbstorganisation autonom und dynamisch entwickeln kann (vgl. Baumgartner et al. 1998:28f).

---

17 Nach Glasl/Lievegoed basiert ihr OE-Modell auf den systemisch-evolutionären Organisationstheorien. Um den OE-Ansatz der beiden Autoren von den systemischen OE-Ansätzen abzugrenzen, werde ich das OE-Modell von Glas/Lievegoed in meiner Arbeit als ganzheitlich-evolutionäres OE-Modell bezeichnen, auch wenn Glasl in seinen aktuellen Veröffentlichungen seinen Ansatz als systemisch-evolutionär charakterisiert.

18 Das Modell von Glasl und Lievegoed wird in Kap. 3.3.3. ausführlich dargestellt.

Abbildung 5: Ziele der OE

Quelle: Baumgartner et al. 1998:28

SCHEIN[19] richtet sich als Vertreter einer kulturorientierten Form der OE in seinem Theorie- und Praxisansatz an den sozialpsychologischen Erkenntnissen von Lewin (vgl. Gairing 1999:94) aus. Sein wesentliches Anliegen gilt der Veränderung der Unternehmenskultur: „[...] Kultur setzt voraus, dass sich Rituale, Klima, Werte und Verhaltensweisen zu einem einheitlichen Ganzen fügen" (Schein 1995:22). Das Ziel seines OE-Modells ist eine lern-, veränderungs- und entwicklungsfähige Organisation, die es schafft, die jeweilige notwendige Anpassung an den Wandel der Umwelt selbst zu steuern (vgl. Schein 1995:296). Den methodischen Weg, wie dies gelingen kann, sieht er in der Prozessberatung, die nicht als Expertenberatung, sondern als klientenzentrierte Begleitung des Veränderungsprozesses einer Organisation zu verstehen ist (vgl. Schein 1993:419).

Als Ergebnis dieses Kapitels halte ich fest, dass alle Modellziele allgemein gehalten und somit zeit-, organisations- und personenunabhängig definiert sind. Bei der Frage, welches OE-Modell für ein Unternehmen geeignet ist und wie der Transformationsprozess gelingen kann, sind mehrere Faktoren wichtig, u. a.: Die Berücksichtigung der Kontextbedingungen, die OE-Intention, die Rolle der Führung und der Akteure, die Perspektiven der Veränderungsprozesse, den Prozess der Zielfindung, Abgleich der individuellen Bedürfnisse und Kompetenzen mit den Strukturen und Werte der Organisation, die Wahl und

---

19 Schein ist einer der bedeutendsten Vertreter der amerikanischen Organisationsentwicklung.

Gestaltung der Form und Instrumente der Veränderungsstrategie, die Metho-
denkonzeption und die Rolle und Funktion der Beratungspersonen[20].
Eine erfolgreiche OE kann m. E. allerdings nur unter Einbeziehung und Partizipation aller Organisationsmitglieder am Prozessgeschehen umgesetzt werden. Die Aufgabe und Funktion der Beratungspersonen ist es dabei vor allem,
die OE-Akteure für die aktive Gestaltung zu motivieren bzw. zu aktivieren und
die Führungskräfte in diese Verantwortung einzubinden.

3.2. Wissenschaftstheoretische Grundlagen der Organisationsentwicklung

Das Bemühen der Sozialwissenschaften, Organisationsentwicklung (OE) als eigenständige Disziplin abzugrenzen, gleicht wie auch schon der Versuch, OE
als eigenständige Theorie zu charakterisieren, der Quadratur des Kreises. Von
daher werde ich zuerst den wissenschaftlichen Standort von OE skizzieren, um
daran anknüpfend die organisationstheoretischen Grundlagen der OE beschreiben.

3.2.1. Skizzierung des wissenschaftlichen Standortes von OE

Die wissenschaftliche Rezeption der OE begrenzte sich im deutschsprachigen
Raum zunächst auf die BWL. Seit den 90er Jahren entwickelte sich die OE als
eine eigenständige Richtung innerhalb der Sozialwissenschaft. Seither steigt
ihre Bedeutung als wissenschaftliche Teildisziplin und ihre Anerkennung und
Verankerung nicht nur im Bereich der Sozialwissenschaften, sondern m. E.
auch in den Betriebswirtschaften, wie z. B. in der Organisationslehre und -for-
schung[21].

OE unterscheidet sich von anderen wirtschafts- und sozialwissenschaftlichen
Teildisziplinen vor allem durch ihren unmittelbaren Anwendungscharakter. In
der Literatur besteht inzwischen weitgehend Übereinstimmung darin, dass OE

---

20 Die betriebsindividuellen, operationalisierten und definierten Ziele, die methodische Ge-
    staltung und das Zusammenwirken der Beratungspersonen mit den Akteuren des OE-
    Prozesses wie auch die Konzeption des geplanten Wandels spielen in der Praxis eine
    ebenso wichtige wie maßgebliche Rolle (siehe Kap. 3.4.).
21 Wobei diese Entwicklung in Österreich und der Schweiz schon früher zu beobachten war
    und m. E. die deutsche Entwicklung beschleunigt hat.

eine angewandte Sozialwissenschaft mit erfahrungsorientierten Komponenten ist, da sie keine eigenständige Erkenntnistheorie besitzt (vgl. *French/Bell 1994:70ff; Richter 1994:36)*. „OE ist zugleich ein Ergebnis und eine Form der angewandten Sozialwissenschaften; genauer gesagt ist es ein Programm für die Anwendung der Sozialwissenschaften in Organisationen" (*French/Bell 1994:70*). Abbildung 6 zeigt eine Darstellung der konstitutiven Elemente, die die OE als angewandte Sozialwissenschaft in sich vereint.

Organisationsentwicklung als geplante Organisationsveränderung umfasst heute ein facettenreiches Spektrum von Ansätzen, die sich durch die Vielfalt ihrer unterschiedlichen Theoriekonstrukte und Methodenkonzepte aber auch durch ihre unterschiedlichen wissenschaftlichen Zugänge und Erklärungsansätze wie die der Sozialpsychologie, Organisations- und Systemtheorie unterscheiden.

Entsprechend ihrer jeweiligen theoretischen Orientierung und dem zugrundeliegenden Organisationsverständnis lassen sich in Theorie und Praxis der OE eine Vielzahl von Entwicklungs- und Interventionsstrategien, Instrumenten, Verfahren sowie Methoden des geplanten Wandels ableiten.

Abbildung 6: Zusammensetzung der angewandten Sozialwissenschaft

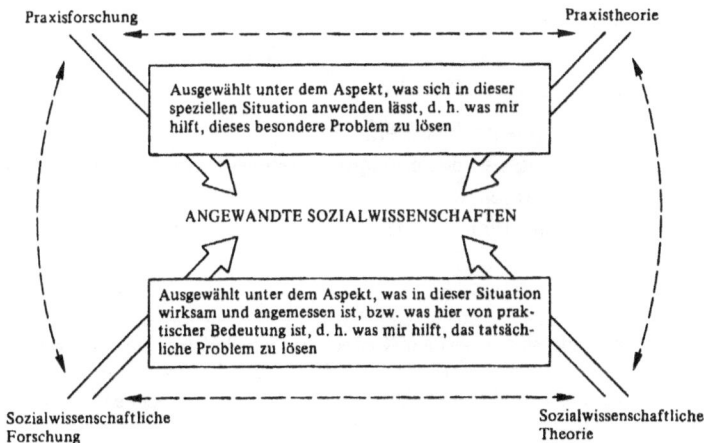

Praxisforschung   Praxistheorie

Ausgewählt unter dem Aspekt, was sich in dieser speziellen Situation anwenden lässt, d. h. was mir hilft, dieses besondere Problem zu lösen

ANGEWANDTE SOZIALWISSENSCHAFTEN

Ausgewählt unter dem Aspekt, was in dieser Situation wirksam und angemessen ist, bzw. was hier von praktischer Bedeutung ist, d. h. was mir hilft, das tatsächliche Problem zu lösen

Sozialwissenschaftliche Forschung   Sozialwissenschaftliche Theorie

Quelle: French/Bell 1994:71

3.2.2. Organisationstheoretische Grundlagen der OE

Da die organisations- und systemtheoretischen Grundannahmen für die Entwicklung moderner OE-Konzepte und OE-Ansätze bestimmend sind, werde ich nachfolgend die Grundzüge der jeweiligen wissenschaftlichen Erklärungsansätze der Sozialpsychologie und der Organisations- und Systemtheorie nachzeichnen, die in die OE-Konzepte einfließen. Die Beschreibung dient im Kontext dieser Forschungsarbeit sowohl der Einschätzung und Beurteilung der OE-Ansätze als auch der methodischen Reflexion der OE-Praxis.

3.2.2.1. Die klassischen Organisations- und Managementtheorien

Die traditionellen betriebswirtschaftlichen OE-Modelle begründen sich auf die klassischen organisationstheoretischen Ansätzen. Zu den klassischen Organisations- und Managementtheoretikern zählen u. a. TAYLOR[22] mit seinem Scientific-Management-Konzept, WEBER[23] mit seiner Theorie der bürokratischen Organisation und Führung sowie FAYOL[24] mit seinem Konzept einer erfolgreichen Unternehmungsführung (vgl. Birker 1998:71ff). Die klassischen Organisations- und Managementtheorien werden den sogenannten elementar orientierten Ansätzen zugeordnet, da für sie eine isolierte Betrachtung einzelner Organisationsaspekte charakteristisch ist.

Die klassischen Organisations- und Managementtheorien werden m. E. zu Recht kritisiert (vgl. Görres 1999:309ff):

– *Die isolierte Analyse einzelner Elemente.*
– *Die Entpersönlichung der Beziehungen – den Menschen kommt lediglich die Rolle als Funktionsträger zu.*
– *Die Verlagerung der Aufmerksamkeit von den Zielen der Organisation auf ihre Mittel.*

---

22 *Taylor* konzentrierte sich in seinem Konzept der funktionalen Organisationen auf die Aspekte: Effizienter Faktoreinsatz von Mensch und Maschine durch rationelle Arbeitsteilung und Spezialisierung, Kontrollfunktionen des Managements sowie die Einführung systematischer Zeitstudien. Im deutschsprachigen Raum wurde *Taylors* Überlegungen von REFA und ähnlichen Institutionen perfektioniert.

23 *Weber* hingegen entwickelte für das Funktionieren von Organisationen einen Idealtypus der bürokratischen Organisation, der sich eng an Wertvorstellungen wie etwa der protestantischen Ethik orientierte.

24 *Fayol* konzipierte ein Modell zur erfolgreichen Unternehmensführung, das sich vornehmlich durch die Prinzipien: Zentralisierung, Autorität und Arbeitsteilung konstituiert.

– *Die ausschließliche Konzentration auf formale Aspekte der Organisation und Führung.*

Für die Beurteilung und Umsetzung von Maßnahmen der Reorganisation in Bereichen der Ablauforganisation oder für technokratisch-strukturelle Prozesse sind die klassischen aufgabenorientierten Organisations- und Managementansätze bedingt geeignet, doch für eine zeitgemäße OE bilden sie keine ausreichende organisationstheoretische Basis, denn sie können den Ansprüchen und den Erfordernissen eines notwendigen Wandels traditioneller Organisationen in ihrer Reduktion auf Funktionalität nicht mehr gerecht werden (*vgl. Görres 1999:351*).

Während die klassischen Theorien ihre Akzente einseitig auf die formalen Aspekte der Organisation und Führung legen, konzentrieren sich die neoklassischen Theorien auf die informellen Organisationsaspekte und -beziehungen.

3.2.2.2. Die neoklassischen Organisations- und Führungstheorien

Im Mittelpunkt der neoklassischen Organisations- und Managementlehre steht die Personenorientierung. Zu den bedeutendsten Vertretern dieser Ansätze zählen Maslow, Herzberg, McGregor und Lewin (*vgl. Birker 1998:72f*). Die Forschung und Managementlehre, die auf das neoklassische Organsationsverständnis maßgeblich Einfluss nimmt, ist die Human-Relation-Bewegung. Sie hat dazu beigetragen, dass vor allem die Taylorsche Arbeits- und Organisationsgestaltung in Frage gestellt wurde (*vgl. Görres 1999:311*).

Die personenorientierten Ansätze definieren die sozio-technischen Systeme als Sozialsysteme. Sie bemessen darin den Menschen in ihrem individual-psychologischen und gruppendynamischen Verhalten einen wichtigen Stellenwert bei. Bei der Beschreibung und Erklärung des Organisationskontextes rücken sie Aspekte der Führung und Motivation, der sozialen Interaktionen und informellen Beziehungsmuster sowie Aspekte der informellen Kommunikationsstruktur ins Zentrum der Betrachtung. Die humanistischen und sozialpsychologischen Sichtweisen haben einen bedeutenden Stellenwert sowohl in den Forschungsbemühungen der neoklassischen Organisationstheorie, als auch in den Konzepten der OE-Praxis, die in der Tradition der Aktionsforschung und Gruppendynamik stehen.

Den neoklassischen Modellen kommt im Rahmen meiner Untersuchung eine große Bedeutung zu. Die humanistische und sozialpsychologische Betrachtungsweise, die die neoklassischen OE-Konzepte bestimmen, entspricht

in vielen Punkten auch meinem Verständnis der interaktionalen Beziehungsmuster, der gruppendynamischen Prozesse und meiner Interpretation von Führung sowie meiner Auffassung, Organisationen als soziale Systeme zu begreifen.

Kritisch möchte ich anmerken, dass sich die neoklassischen Modelle meines
Erachtens zu einseitig auf die Interaktions- und Kommunikationsbeziehungen
konzentrieren und dadurch andere Aspekte, wie z. B. die Betonung und Bearbeitung ökonomischer und betriebswirtschaftlich-pragmatischer und betriebs-
wirtschaftlich-struktureller Faktoren vernachlässigen.

3.2.2.3. Die modernen Organisationstheorien

Die modernen Organisationstheorien haben die Begrenzung des neoklassischen Organisationsverständnisses erkannt. Sie kritisieren, dass die klassischen
und die neoklassischen Modelle keinen adäquaten Theorieansatz entwickelt haben, um das Problem der Integration von sachlichen und menschlichen Aspekten zu lösen (vgl. Görres 1999:312). Das Postulat, dass Organisationen als
hochentwickelte, komplexe soziale Gebilde betrachtet werden müssen, bildet
zugleich einen wichtigen Ansatzpunkt in der theoretischen Auseinandersetzung
mit modernen Organisationskulturen und -strukturen.

Die modernen Organisationstheorien gehen im Gegensatz zu den monistischen[25], klassischen und z. T. neoklassischen Theorien und den dualistischen[26]
Theorien nicht von einer Betrachtung isolierter Teilaspekte oder von der Analyse dualistischer Gegensatzpaare aus, sondern von einer mehrdimensionalen
Betrachtungsweise.

Für das Forschungsinteresse dieser Arbeit, die OE in stationären Alteneinrichtungen zu untersuchen, sind die Grundannahmen der modernen organisationstheoretischen Ansätze von wichtigem Interesse. Die Einrichtungen der stationären Altenpflege sind heute als hochkomplexe soziale Systeme gezwungen, ihre
betrieblichen Ziele und Strukturen den vieldimensionalen Umwelt- und Rah-

---

25 Die monistischen Theorien unterscheiden drei Organisationsmodelle: das rationale (ROM),
   das natürliche (NOM) und das offene Organisationsmodell (OOM) (vgl. Engelhardt
   1995:67ff; Görres 1999:312ff).

26 Dualistische Organisationstheorien bilden Gegensatzpaare, mit denen sie die Organisationen untersuchen und betrachten: mechanistisch – organisch, bürokratisch – assoziativ,
   bürokratisch – demokratisch. Eine ausführliche Darstellung bietet Staehle (vgl. Staehle
   1973:37ff), eine zusammengefasste Darstellung ist bei Görres zu lesen (vgl. Görres
   1999:322ff).

menbedingungen dynamisch anzupassen. Eines der wesentlichen Ziele moderner (Pflege-)Unternehmen muss meines Erachtens darin bestehen, sich den ständig und rapide verändernden Anforderungen schnell und optimal anzupassen.[27]

Für die Konstruktion von organisatorischen Gestaltungs- und Entwicklungskonzepten bedeutet dies, dass die OE-Ansätze auf organisationstheoretischen Grundlagen basieren müssen, die die Mehrdimensionalität organisatorischer Strukturen, Bedingungen und Einflussfaktoren entsprechend berücksichtigen. Das versprechen die modernen Organisationstheorien zu leisten.

In der modernen Organisationsforschung findet sich eine Vielzahl von organisationstheoretischen Strömungen[28]. Nachfolgend begrenze ich mich auf das Kontingenzmodell. Die evolutionstheoretischen Erkenntnisse werde ich bei den systemischen bzw. den ganzheitlich-evolutionären Konzepten näher erörtern.

Die kontingenztheoretischen Ansätze[29] orientieren sich an der Organisationsstruktur und den Umwelteinflüssen, denen Organisationen als offene, dynamische Systeme[30] ausgesetzt sind. Sie beschäftigen sich vornehmlich mit der Analyse von situativen Einflussfaktoren auf Organisationsstrukturen und -strategien und der Verhaltensanalyse der Organisationsmitglieder (vgl. Kieser 1993:161ff).

Die Variablen der Organisation: Situation der Organisation, formale Organisationsstruktur und Verhalten der Organisationsmitglieder. Diese Faktoren bestimmen die Effizienz der Organisation (vgl. Kieser 1993:164), wie Abbildung 7 verdeutlicht.

---

27 Siehe Kap. 2.

28 Die kontingenzorientierten, entscheidungsorientierten, informationsorientierten, evolutionstheoretischen und situativen Forschungsrichtungen.

29 Die Kontingenztheorie der Organisation von *Lawrence/Lorsch* (contingecy approach) adaptiert *Kieser* in seinem Modell und bezeichnet es als Situativen Ansatz (situational approach) (vgl. Kieser 1993:161ff).

30 Als Vertreter der systemtheoretischen Betrachtung sind vor allem *Feuerstein/Badura* zu nennen, die z. B. das Krankenhaus als komplexes System untersucht haben (vgl. Badura et al 1993)

Abbildung 7: Variablenzusammenhänge der Kontingenztheorie und konstitutive Elemente

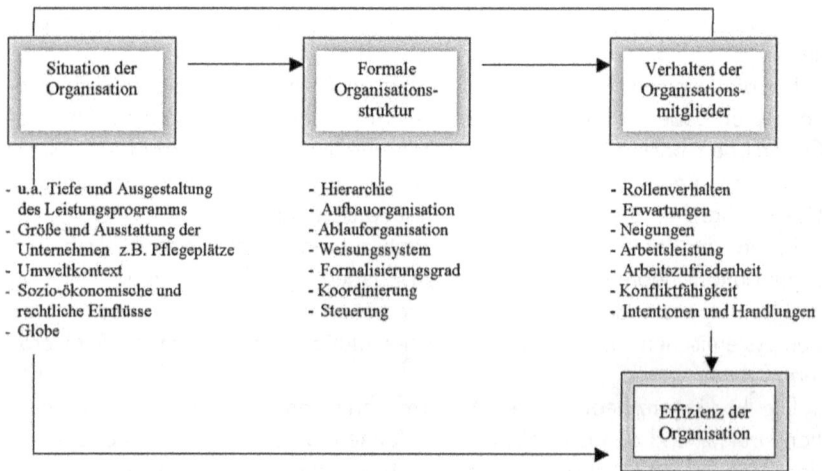

Situation der Organisation	→	Formale Organisations- struktur	→	Verhalten der Organisations- mitglieder

| - u.a. Tiefe und Ausgestaltung des Leistungsprogramms
- Größe und Ausstattung der Unternehmen z.B. Pflegeplätze
- Umweltkontext
- Sozio-ökonomische und rechtliche Einflüsse
- Globe | - Hierarchie
- Aufbauorganisation
- Ablauforganisation
- Weisungssystem
- Formalisierungsgrad
- Koordinierung
- Steuerung | - Rollenverhalten
- Erwartungen
- Neigungen
- Arbeitsleistung
- Arbeitszufriedenheit
- Konfliktfähigkeit
- Intentionen und Handlungen |

Effizienz der Organisation

Quelle: Eigene Darstellung (in Anlehnung an Görres 1999:337)

Der kontingenztheoretische Ansatz geht von der doppelten Grundannahme aus, dass Organisationsvariablen sowohl untereinander als auch mit den Umweltbedingungen in einem komplexen Abhängigkeitsverhältnis stehen. Sie postulieren die notwendige Anpassung der Organisationsstrukturen an ihre jeweiligen (situativen) Umwelt- und Rahmenbedingungen, ohne jedoch zu erläutern, wie dies geschehen kann (vgl. Kieser 1993:181).

KIESER ergänzt diese Postulate in seinem Modell des Situativen Ansatzes um den Lösungsansatz, die Variable des Verhaltensaspektes der Organisationsmitglieder in das Kontingenzmodell zu integrieren. Seine Forderung lautet, dass eine Organisation die Bedürfnisse ihrer Akteure bei all ihren Entscheidungen und Zielen differenziert berücksichtigen muss, wenn sie effizient arbeiten will (vgl. Kieser 1993:181ff). Dem Kontingenzmodell liegt die Prämisse zugrunde, dass der Mensch, als ein dynamisches, anpassungsfähiges System betrachtet, auch gewillt ist, seine Erwartungen, Ziele und Wertvorstellungen in das Gesamtsystem Organisation adäquat einzubringen. Konsequenterweise muss es Aufgabe der Organisation sein, die individuellen Ziele und Rollenerwartungen der Organisationsmitglieder mit denen des Systems „Unternehmen" abzustimmen (vgl. Kieser 1993:181ff).

Der Situative Ansatz arbeitet mit dem Postulat, dass es immer mehrere Umwelt- und Erwartungskonstellationen gibt, die in die Organisationsgestaltung miteinfließen. Daher kann das Ergebnis dieses Anpassungsprozesses nicht die Findung von nur einer optimalen Organisationsform sein, sondern immer nur die Bildung alternativer Organisationsformen.

Eine Schwäche des Kontingenzmodells bzw. des Situativen Ansatzes ist, dass die Herrschafts- und Machtausübung als organisatorische Realität nicht problematisiert und daher völlig ausgeklammert wird. Kritiker des Kontingenzmodells bemängeln zu Recht, dass die Herrschaftsinteressen dadurch sogar gefestigt werden, indem die Organisationsstrukturen ausschließlich auf ihre funktionalen Erfordernisse hin untersucht und erklärt werden, ohne dass dabei die ideologischen Hintergründe erforscht werden *(vgl. Görres 1999:338)*.

3.2.2.4. Systemtheoretische Grundlagen der OE

Organisationstheorie und Praxis erkennen zunehmend, dass die Steuerungsansätze der bisherigen organisationstheoretischen Modelle nicht mehr ausreichen, um die Aufgaben der modernen Organisationen zu bewältigen. Deshalb gewinnen zunehmend die ganzheitlichen oder systemischen Konzepte und Ansätze an Bedeutung.

Das sogenannte systemische Denken ist inzwischen zu einem Modebegriff avanciert. Da es aber über weite Strecken die Diskussionen um Theorie und Methoden der OE prägt, werde ich im Folgenden den Zusammenhang zwischen System- und Organisationsforschung kurz skizzieren. Organisationsforschung beschäftigt sich mit empirischen Phänomenen, mit konkreten Beobachtungen oder Problemstellungen. Die Systemtheorie als Formalwissenschaft[31] arbeitet hingegen auf einer abstrakten und formalen Ebene. Sie erhebt den Anspruch auf Interdisziplinarität und stellt somit keinen Ansatz dar, der speziell auf Organisationen ausgerichtet ist *(vgl. Stünzner 1996:41f)*. Die Systemtheorie ist lediglich Mittel zum Zweck und wird zur Beschreibung und Erklärung organisatorischer Probleme herangezogen, da sie alle Phänomene eines Systems auf einer abstrakten Ebene analysiert und erklärt. Für das Verständnis der systemischen Organisationsentwicklung sind die von der Systemtheorie postulierten Systemeigenschaften wesentlich *(vgl. Stünzner 1996:39f; Kösel/Dürr 1995:250f)*:

▓ *Das Ganze ist mehr (oder anders) als sie Summe seiner Einzelteile (sog. Emergenz).*

---

31 Diese wird mitunter auch als Strukturwissenschaft bezeichnet.

▓ *Systeme stehen in einer ständigen Austauschbeziehung zu ihrer Umwelt. Sie sind als offene Systeme grundsätzlich autopoietisch[32] und selbstreferentiell[33].*

▓ *Systeme sind dynamisch und befinden sich in einem ständigen Anpassungsprozess.*

▓ *Systeme zeichnen sich durch ihre Komplexität aus. Diese Komplexität bezieht sich nicht nur auf das Systemgefüge, sondern auch auf ihre Beziehung zur Umwelt. Letzteres ist vor allem durch ein Komplexitätsgefälle gekennzeichnet.*

▓ *Im Zentrum systemtheoretischer Überlegungen steht die Frage, wie Systeme innerhalb dieser Komplexität überlebensfähig sind.*

▓ *Die Systemtheorie arbeitet mit der impliziten und expliziten Prämisse, dass für alle realen Systeme allgemeingültige Gesetze, Prinzipien, Prozesse und Ursachen gelten.*

Der Systemansatz stellt ein theoretisches Konzept dar, dem eine grundsätzliche Denkweise und bestimmte Prinzipien und Gesetzmäßigkeiten zugrunde liegen. Dennoch kann die Systemtheorie nicht als ein einheitlicher Theorieansatz betrachtet werden, da sich die Systemtheorie aus den vielfältigsten Forschungsrichtungen zusammensetzt.

Die modernen Definitionen von Organisationen werden durch MINTZBERGS Aspekte der Organisationsstrukturen und -strategien, durch VESTERS ökologische Ansätze, durch WATERMANNS Beschäftigung mit Unternehmenskulturen, Erkenntnissen und Ansätzen der systemischen Familientherapie und den Strukturerkenntnissen der Chaosforschung der Neurobiologen MATURANA/VARELA grundlegend verändert und geprägt (*vgl. Glasl/Lievegoed 1996:17f*).

Der Paradigmenwechsel in der Organisationstheorie zeichnet sich auch in der Organisations- und Führungslehre ab. „Organisationen werden aus ganzheitlicher Sicht als lebensfähige Systeme betrachtet, die durch die Interaktionen der Menschen im System zu originärer Selbstgestaltung, Selbstreflexion und Selbstorganisation fähig sind" (*Glasl/Lievegoed 1996:18*). Die Vorstellung alles planen, kontrollieren und steuern zu können, wird von den ganzheitlichen bzw. systemischen Ansätzen aufgegeben. Die Eigendynamik sozialer Systeme, nun als Postulat erhoben, erlaubt ein nur eingeschränktes Entwerfen und Konstruieren

---

32 Autopoietische Systeme funktionieren zirkulär. Das heißt, was einmal geschehen ist, funktioniert immer wieder. Zudem sind sie organisationell geschlossen. Das heißt, alle Informationen, die ein System für die Aufrechterhaltung seiner zirkulären Organisation braucht, liegt in dieser Organisation selbst. Autopoietische Systeme agieren demnach autonom.

33 Autopoietische Systeme sind selbstreferentiell. Das bedeutet, sie können sich bei der Aufrechterhaltung ihrer Organisation ausschließlich auf sich selbst beziehen.

organisationaler Wirklichkeit. Damit wird die Grundidee der Autopoiesie, dass Organisationen selbsterzeugende, selbstorganisierte, selbstreferentielle und selbsterhaltende Systeme sind, einerseits zur Leitidee des systemischen Organisationsverständnisses und andererseits zum elementaren Prinzip der systemischen OE-Konzepte und ihrer methodischen Gestaltung von Veränderungs- und Innovationsprozessen (vgl. u. a. Glas/Lievegoed 1996; Baumgartner et al. 1996; Wimmer 1995a).

Dies hat bedeutende Konsequenzen, da demnach eine Organisation nicht von außen (durch OE-Beratung) gesteuert werden kann. Als operativ geschlossene Systeme sind Organisationen lediglich bereit, Impulse aufzunehmen und in ihre Systeme zu integrieren.

Da den systemischen und ganzheitlichen Theorien die Vorstellung zugrunde liegt, dass Organisationen fähig sind, sich ähnlich wie die in ihr arbeitenden Menschen zu entwickeln, ist es Aufgabe der Organisationsanalyse und somit auch der Organisationsentwicklung, die Bedingungen der Evolution zu erkennen und konzeptionell zu berücksichtigen, denn „[...] wenn man dazu fähig ist, kann man über die vielfältigen Interventionen den Gang der Evolution in die gewünschte Richtung etwas besser beeinflussen [...]" (vgl. Glas/Lievegoed 1996:19).

3.3. Konzepte der Organisationsentwicklung und der „Lernenden Organisation"

3.3.1. Formen geplanter Organisationsveränderung

Die Darstellung der OE in der Theorie hat gezeigt, dass es ein breitgefächertes Spektrum von Ansätzen zur Organisationsveränderung gibt. Um die in der Praxis angewandten Konzepte und Ansätze zu spezifizieren, werde ich in den folgenden Abschnitten die Formen geplanter Organisationsveränderungen und -entwicklung differenzieren und systematisieren.

Die Systematisierung von ENGELHARDT et al. ist für mein Forschungsinteresse aus zwei Gründen interessant. Zum einen unterscheiden die Autoren zwei Formen geplanter Organisationsveränderungen: die klassische Unternehmensberatung und die Konzepte der Organisationsentwicklung. Zum anderen stellen sie die geplanten Organisationsveränderungsmaßnahmen im Kontext ihrer externen Einflüssen dar, wie Abbildung 8 zeigt.

Abbildung 8: Geplante Organisationsveränderungen

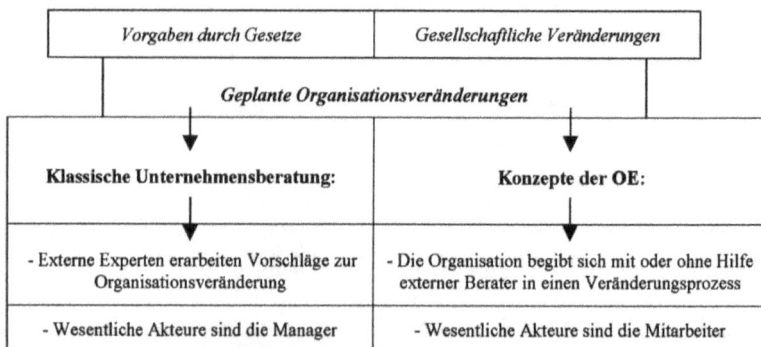

Vorgaben durch Gesetze	Gesellschaftliche Veränderungen

Geplante Organisationsveränderungen

Klassische Unternehmensberatung:	Konzepte der OE:
- Externe Experten erarbeiten Vorschläge zur Organisationsveränderung	- Die Organisation begibt sich mit oder ohne Hilfe externer Berater in einen Veränderungsprozess
- Wesentliche Akteure sind die Manager	- Wesentliche Akteure sind die Mitarbeiter

Quelle: Engelhardt et al. 1996:64

In der klassischen Unternehmensberatung umfasst der Begriff „Organisations-beratung" vornehmlich das Erstellen von Gutachten. Professionelle Berater/in-nen erarbeiten auf der Basis externer, wissenschaftlicher Analysen und Experti-sen konkrete Lösungsvorschläge und -wege für bestimmte Problembereiche (*vgl. Wimmer 1995:7*). Professionalisierung bedeutet im klassischen Bera-tungskontext, dass den Beratungspersonen die Rolle zukommt, die fachlich besseren Manager/innen zu sein, indem sie die vorhandenen Managementde-fizite kompensieren. Der klassische Beratungsansatz arbeitet überwiegend im Top-down-Verfahren und verfolgt hierbei seine Ziele entweder mit rationalen Strategien oder mit Hilfe von Machtstrategien[34] (*vgl. Baumgartner et al. 1998:76*).

Die konstatierten Folgen klassischer Beratungsarbeit sind, dass die Verände-rungskonzepte häufig versanden oder die Ziele am Widerstand der betroffe-nen Mitarbeiter/innen scheitern, weil deren Identifikation mit den vorgege-benen Lösungskonzepten zu gering ist bzw. durch die hierarchisch-dirigistische Orientierung gänzlich verhindert wird (*vgl. Baumgartner et al. 1998:77*). Von

---

34 Rationale Strategien beruhen immer auf Veränderungen, die von Fachexperten gestaltet und durchgeführt werden. Da diesen Veränderungsstrategien meist ein rationales Men-schenbild zugrunde liegt, erfolgt die Motivation der Betroffenen über Logik und Einsicht. Machtstrategien hingegen zeichnen sich dadurch aus, dass eine kleine Gruppe, meist die Führungskräfte, die Veränderungsinhalte definieren und die Veränderungsrichtung – ohne Einbeziehung und auch gegen den Willen der Betroffenen – planen und durchset-zen. Siehe Kap. 3.4.4.1.

daher betrachten BAUMGARTNER et al. die Chancen einer positiven – im Sinne einer effektiven und umfassenden – Organisationsveränderung durch eine klassische Unternehmensberatung als gering.

Im Gegensatz dazu sind die Konzepte der Organisationsentwicklung der Philosophie des Wandels durch Entwicklung[35] verpflichtet. Der Begriff „Organisationsentwicklung" selbst besagt, dass sich „Organisationen" durch „Entwicklung" verändern sollen. Der Terminus „Entwicklung" impliziert bereits, dass bei der geplanten Organisationsveränderung – im Gegensatz zur klassischen Unternehmensberatung – nicht primär das zu erreichende Ziel (Was?), sondern die Zielerreichung (Wie?) eine ebenso bedeutende Rolle spielt (vgl. Comelli 1999:641).

Interne und externe Beraterpersonen initiieren und steuern – in ihrer Funktion als Change Agents[36] – eine Reihe von Interventionsmaßnahmen, die bei Individuen, Gruppen oder Teams ansetzen und/oder struktur- oder strategiebezogene Ziele verfolgen können. Der OE-Ansatz unterscheidet sich von der klassischen Unternehmensberatung darin, dass die OE-Ziele nicht „von oben" verfügt, sondern sich durch das methodische Prinzip der breiten Beteiligung aller Organisationsmitglieder präzisieren. Wesentliches Medium des OE-Prozesses ist die Kommunikation, die sich beispielsweise durch die Einrichtung von Projektgruppen, Steuerungsgruppen und zudem durch eine systematische Öffentlichkeitsarbeit institutionalisiert.

Für die Konzepte der Organisationsentwicklung sind die folgenden Aspekte, die zugleich die wichtigsten Abgrenzungskriterien zur klassischen Unternehmensberatung bilden, charakteristisch: Die Betonung der Prozesshaftigkeit, die breite Beteiligung der Akteure am Prozessgeschehen und die Anwendung sozialwissenschaftlicher und/oder systemischer Erkenntnisse bei der Planung, Durchführung und Evaluation von Veränderungsprozessen.

Auf Basis dieser Unterscheidungsmerkmale lassen sich die angewandten Modelle geplanter Organisationsveränderungen entweder der klassischen Unternehmensberatung oder den Modellen der Organisationsentwicklung zuordnen. Eine exakte Abgrenzung zu den beiden idealtypischen Formen gestaltet sich meines Erachtens dennoch schwierig, da die OE-Praxis die Ansätze der

---

35 Die Entwicklungsstrategie basiert auf der Einsicht, dass die Akteure und Akteurinnen des Systems fähig sind, eigene Problemlösungsansätze und Innovationsvorschläge zu entwickeln. Von daher bleibt die Verantwortung für das Veränderungsanliegen beim Klientensystem. Die Entwicklungsberater/innen sind nur methodische Experten und Expertinnen für die Gestaltung der Prozesse.

36 Viele OE-Konzepte favorisieren den Einsatz von externen Beratungspersonen.

Organisationsentwicklung und der Organisationsberatung in vielfältigen Ausprägungen kombinieren. Das spiegelt auch die breite Angebotspalette von Veränderungskonzepten in der Praxis wider.

Auf dem Beratungsmarkt werden die Begriffe Organisationsberatung, Organisationsentwicklungsberatung, Unternehmensberatung, Unternehmensentwicklungsberatung oft synonym verwendet, von daher lassen die Termini nicht auf das OE- oder Beratungsverständnis schließen, das den jeweiligen OE-Konzepten zugrunde liegt. Das macht den Beratungsmarkt (nicht nur) für die Nachfrager unübersichtlich und undurchschaubar.

Für meine Forschungsarbeit ist die Differenzierung von GÖRRES von Bedeutung. Seine Unterscheidungskriterien richten sich auf die übergeordneten Ziele der Veränderung, die dabei zugrunde gelegten theoretischen Modellansätze sowie deren methodische Veränderungsstrategien. GÖRRES unterscheidet zwei Formen geplanter Organisationsveränderungsprozesse (vgl. Görres 1999:459):

- *Organisationsveränderungskonzepte, die sich nur auf einen Ausschnitt einzelner Organisationssegmente bzw. Verhaltensoptionen beziehen. Sie dienen im Wesentlichen der Anpassung erfolgter Veränderungen oder der Reorganisation. Sie werden eher bürokratisch-hierarchisch durchgeführt.*

- *Organisationsentwicklungsansätze, die als längerfristig angelegte und umfassende Veränderungsprozesse, systematisch geplant und durch den Einsatz spezifischer Methoden und Instrumente gesteuert werden. Sie zielen darauf ab, Problemlösungs- und Innovationsprozesse in einer Organisation zu entwickeln. Damit wird die Organisation zu einer „lernenden Organisation"*

In dieser Unterscheidung wird nicht nur die theoretische Abgrenzung organisationaler Veränderungsprozesse deutlich, sondern die Differenzierung von GÖRRES verweist auch auf die Änderungsrichtungen und -inhalte der angewandten Konzepte zur Organisationsveränderung.

Die traditionellen Organisations- und Unternehmensberatungsmodelle konzentrieren sich vornehmlich auf einen abgegrenzten Organisationsbereich; dabei stehen Maßnahmen im Reorganisationsbereich im Vordergrund, die durch gezielte und punktuelle Interventionen angestrebt werden. Die Intention der Organisationsveränderung bezieht sich hier weitgehend auf kosten-, ertrags- und ergebnisbezogene Ziele und auf organisatorisch-strukturelle oder wirtschaftlich-technische Veränderungsabsichten oder auf qualifikationsbezogene Personalkonzepte.

Die OE-Konzepte sind hingegen auf strategische Veränderungs- und Entwicklungsprozesse und -ziele fokussiert, bei denen interaktive, interdependente, evolutionäre Interventionen und Veränderungsstrategien im Vordergrund stehen.

Da sich mein Forschungsgegenstand auf OE-Prozesse konzentriert, die von externen Beratungsinstanzen begleitet und gesteuert werden, nehme ich für meine Arbeit folgende terminologische Präzisierung vor: Unter Unternehmensentwicklungs- und OE-Beratung verstehe ich eine Dienstleistung zur zeitlich befristeten[37], methodisch fundierten Unterstützung und Begleitung von Organisationsentwicklungs-Prozessen durch die Hinzuziehung von externen Spezialisten, die speziell für die betreffende Organisation OE-Konzepte entwickeln (vgl. *Franke 1993:19*). Professionalisierung bedeutet in diesem Kontext, dass die Beratungspersonen oder Beratungsteams über qualifizierte Beratungskompetenzen verfügen sollten, die sich vornehmlich durch spezifische OE-Prozesskenntnisse und -methoden sowie durch Kommunikations- und Trainingskompetenzen konstituieren. Hinsichtlich meiner Arbeit nehme ich eine weitere Eingrenzung dahingehend vor, dass ich die OE-Beratung als eine Dienstleistung verstehe, die speziell für die betreffende Organisation von externen Berater/innen erbracht wird.

Im Sinne meines Forschungsgegenstandes, der Untersuchung von OE-Prozessen in stationären Alteneinrichtungen, beschränke ich mich auf OE-Beratungskonzepte bei geplanten Organisationsveränderungen. Nachfolgend werde ich die OE-Konzepte vorstellen, die für meine empirische Untersuchung relevant sind. Im Einzelnen sind dies die drei folgenden:

1. Das Konzept *„Change Management"* von *DOPPLER/LAUTERBURG*[38].
2. Das Konzept der *Dynamischen Unternehmensentwicklung* von *GLAS/LIEVEGOED*[39].
3. Das Konzept der *Lernenden Organisation*[40].

---

37 Eine organisationsinterne Beratung ist dagegen zeitlich nicht in der Weise fixiert.
38 Dieses Modell werde ich exemplarisch für die OE-Konzepte im Sinne der Gruppendynamik und Aktionsforschung darstellen.
39 Diesen OE-Ansatz werde ich exemplarisch für die ganzheitlich-systemischen Ansätze darstellen.
40 Bei meinen Ausführungen zur „Lernenden Organisation" verzichte ich auf eine exemplarische Betrachtung zugunsten der Beschreibung verschiedener relevanter Ansätze.

3.3.2. Das Konzept „Change Management"

Die Rahmenbedingungen für Unternehmen sind für DOPPLER und LAUTERBURG – wie bereits erwähnt – durch drei zentrale Themen charakterisiert: Mangel an der Ressource Zeit, Mangel an der Ressource Geld und dramatische Steigerung der Komplexität (*vgl. Doppler/Lauterburg 1999:21ff*). Diese Aspekte sind zugleich auch Ursachen für den enormen Veränderungsdruck, der die Entwicklung – insbesondere – von Non-Profit-Organisationen maßgeblich beeinflusst. Vor diesem Hintergrund müssen Unternehmen nach dem Konzept des „Change Management" zu einem Wandel ihrer Unternehmenskultur und -struktur bereit sein.

Nach Ansicht der Autoren kann der Wandel nur vollzogen werden, wenn Organisationen zu folgenden Konsequenzen bereit sind (*vgl. Doppler/Lauterburg 1999:48*):

– *Dezentralisierung*
– *Regionalisierung*
– *Profit-Center-Organisation*
– *Holding-Struktur*
– *Lean-Produktion*
– *Lean-Management*
– *Projekt-Organisation*
– *Total Quality Management*

Dadurch, dass die Autoren nicht bei der Rezeption betriebswirtschaftlicher Empfehlungen stehen bleiben, sondern strukturelle Konsequenzen aufzeigen, die darin bestehen, dass sie deren Einbindung in eine adäquate Organisationsstruktur für ein interdependentes Veränderungsgeschehen aufzeigen, gewinnt ihr Konzept an Systematik und praktischer Umsetzbarkeit.

Den Autoren zufolge gibt es nur eine Organisationsstruktur, die fähig ist, diese organisatorische Herausforderung zu bewältigen und die Einzelmaßnahmen in ihr System zu integrieren: Das ist die Netzwerk-Struktur – wie Abbildung 9 darstellt (*vgl. Doppler/Lauterburg 1999:48*).

Abbildung 9: Hierarchische Organisationen und Netzwerkorganisationen

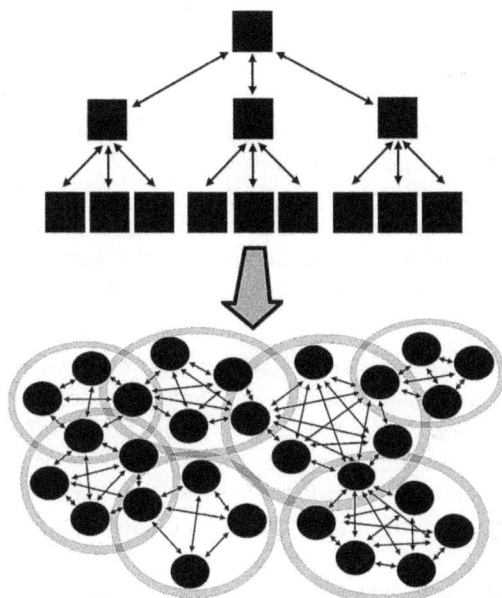

Quelle: Doppler/Lauterburg 1999:49

Die besonderen Kennzeichen der Netzwerk-Struktur sind ihre flache Hierarchie, die hohe Selbständigkeit ihrer einzelnen Organisationseinheiten und die Steuerung der gesamten Organisation über gemeinsame Ziele und Strategien. Diese Struktur befähigt die Netzwerk-Organisationen „[...] ein höchstes Maß an Komplexitäten [zu bewältigen]; eine rasche Reaktion auf Veränderungen im Umfeld [zu gewährleisten]; [...] sich besonders flexibel an neue Gegebenheiten anzupassen [...]"; von daher ist sie allen anderen Organisationsformen überlegen (*Doppler/Lauterburg 1999:48*).

Dennoch kann der Wandel nicht allein durch eine Strukturveränderung vollzogen werden, sondern er muss sich auch durch die Gestaltung und Entwicklung der entsprechenden Unternehmenskultur konstituieren (*vgl. Doppler/Lauterburg 1999:56f*). Von daher ist die Veränderung der Unternehmenskultur ein zentrales Anliegen im Konzept des „Change Management". Die entscheidende Voraussetzung für eine dynamische und veränderungsfreundliche Managementkultur bilden die fünf Schlüsselgrößen[41] (vgl. Doppler/Lauterburg 1999:54ff):

- Kreative Unruhe (Pioniergeist, Experimentierfreude, neue Ideen, Mobilität und Veränderungsbereitschaft).
- Konfliktfähigkeit (um die Spannungen zwischen Altem und Neuem, zwischen den verschiedenen Interessen und Meinungen konstruktiv zu lösen).
- Zusammengehörigkeitsgefühl (Wir-Gefühl).
- Sinnvermittlung (alle Mitarbeiter/innen sollen Unternehmensziele und -philosophie und ihren eigenen Stellenwert und Beitrag darin erkennen).
- Kommunikation (direkte und persönliche Kommunikation ist die entscheidende Voraussetzung für die Veränderung und die Bewältigung des betrieblichen Geschehens).

Um eine neue Unternehmenskultur erfolgreich zu etablieren, ist es notwendig, dass die drei Unternehmensdimensionen „Strategie", „Struktur" und „Kultur" zusammenwirken (Doppler/Lauterburg 1999:56). Da das Zusammenwirken dieser Dimensionen nur durch eine offene Kommunikation und durch eine veränderte Führungskultur gelingen kann, werden „Kommunikation" und „Führung" zu den zentralen Schlüsselelementen im Modell des „Change Management".

Die offene Kommunikation wird zur Grundlage der Selbststeuerung und Selbstregulierung der sich wandelnden Unternehmen, während die Führungsrolle eine radikale Neuorientierung erfährt. Die sog. Macher und die sog. Kontrolleure werden im Modell von DOPPLER/LAUTERBURG zu sog. Change Manager/innen. Führungsaufgaben werden nun nicht mehr vorrangig in der Koordination und Kontrolle der ausführenden Tätigkeiten gesehen, sondern sollen sich vornehmlich darauf konzentrieren, Handlungs- und Gestaltungsräume zu schaffen, in denen die Mitarbeiter/innen ihre Aufgaben weitgehend selbständig und effizient erfüllen können. Damit rücken Beratungs- und Trainingskompetenz sowie strategische Weitsicht als Qualifikationsanforderungen an Führungspersonen in den Vordergrund.

Wie der Veränderungsprozesses in der Praxis methodisch gestaltet werden soll und welche Probleme er beinhalten kann, zeigt die nachfolgende Darstellung, Abbildung 10.

---

41 Diese Schlüsselgrößen beschreiben die Autoren in Anlehnung an Clifford/Cavanaugh (The Winning Performance – in a changing environment 1985).

Abbildung 10: Schritte im Veränderungsprozess und ihre Tücken

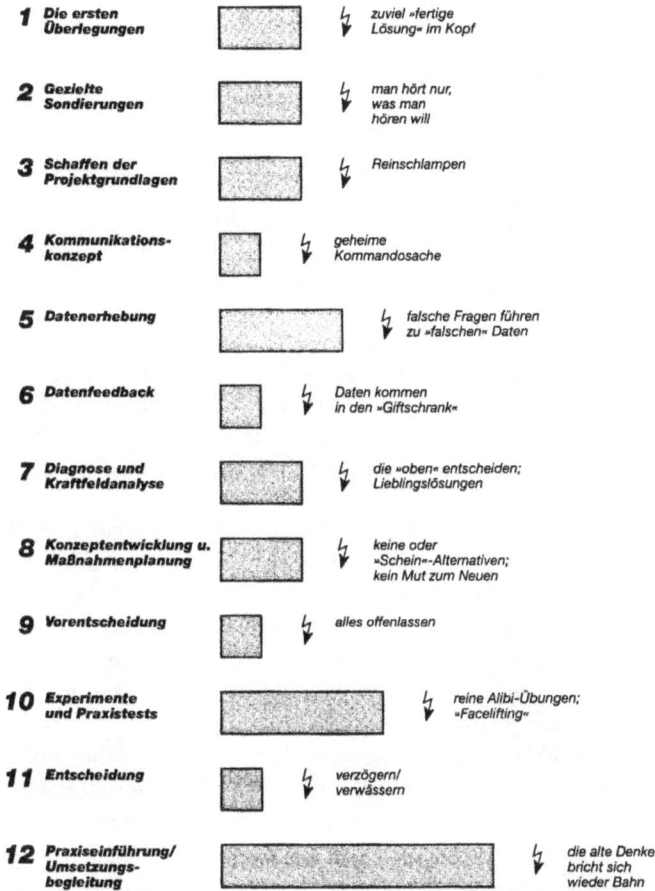

1 Die ersten Überlegungen	↳ zuviel »fertige Lösung« im Kopf
2 Gezielte Sondierungen	↳ man hört nur, was man hören will
3 Schaffen der Projektgrundlagen	↳ Reinschlampen
4 Kommunikations- konzept	↳ geheime Kommandosache
5 Datenerhebung	↳ falsche Fragen führen zu »falschen« Daten
6 Datenfeedback	↳ Daten kommen in den »Giftschrank«
7 Diagnose und Kraftfeldanalyse	↳ die »oben« entscheiden; Lieblingslösungen
8 Konzeptentwicklung u. Maßnahmenplanung	↳ keine oder »Schein«-Alternativen; kein Mut zum Neuen
9 Vorentscheidung	↳ alles offenlassen
10 Experimente und Praxistests	↳ reine Alibi-Übungen; »Facelifting«
11 Entscheidung	↳ verzögern/ verwässern
12 Praxiseinführung/ Umsetzungs- begleitung	↳ die alte Denke bricht sich wieder Bahn

Quelle: Doppler/Lauterburg 1999:106

Mit DOPPLER und LAUTERBURG stimme ich darin überein, dass die Kunst der OE darin besteht, praxisgerechte Managementkonzepte zu realisieren und diese auch im Prozessgeschehen effektiv umzusetzen. Die Betonung der Umsetzung bezeichnen die beiden Autoren als „Primat des Transfers" (vgl. Doppler/Lauterburg 1999:151f).

Damit der Transfer gelingt, empfehlen die Autoren, bei der Realisierung des OE-Prozesses die folgenden acht Grundsätze des Vorgehens zu berücksichtigen (vgl. Doppler/Lauterburg 1999:153):

1. Zielorientiertes Management
2. Keine Maßnahme ohne Diagnose
3. Ganzheitliches Denken und Handeln
4. Beteiligung der Betroffenen
5. Hilfe zur Selbsthilfe
6. Prozessorientierte Steuerung
7. Lebendige Kommunikation
8. Sorgfältige Auswahl der Schlüsselpersonen

Der OE-Ansatz des „Change Management" steht, trotz Integration systemischer und ganzheitlicher Aspekte, noch immer vornehmlich in der Tradition klassischer Gruppendynamik und klassischer OE-Modelle. Das beweisen Aspekte wie die Betonung der „soft facts"[42], die Formel von der „Partizipation der Betroffenen" oder die prozessorientierte Steuerung" (vgl. Gairing 1999:115).

Die Einbeziehung der „hard facts" – betriebswirtschaftlicher und ökonomischer Rahmenbedingungen – in ihr Modell ist eine konzeptionelle Neuerung und gleichzeitig ein entscheidender Schritt zu einer „ganzheitlichen Organisationsentwicklung". Durch die Verbindung der betriebswirtschaftlich-strukturellen mit der gruppendynamischen Dimension wird das Change Design des OE-Modells auf eine funktionale und zielgerichtete Balance zwischen „soft facts" und „hard facts" ausgerichtet (vgl. Gairing 1999:114).

Dennoch mangelt es meines Erachtens dem ansonsten sehr praxisrelevanten und praxisnahen Modell an adäquaten Methoden, die aufzeigen, wie die Balance zwischen weichen und harten Faktoren erfolgreich gelingen könnte.

3.3.3. Das Konzept der „Dynamischen Unternehmensentwicklung"

GLASL entwickelt – in Anlehnung an die Systemtheorie und vor allem auf der Grundlage von LIEVEGOEDS Organisationsverständnis – eine ganzheitliche Managementkonzeption moderner Organisationen. In seinem Konzept skizziert GLASL das ganzheitliche Bild eines Unternehmens unter Berücksichtigung

---

42 Die „soft facts" beziehen sich auf die menschlichen und zwischenmenschlichen Aspekte in Unternehmungen.

von sieben Wesensmerkmalen (*vgl. Glasl 1996:12f*). Die Übersicht in Abbildung 11 stellt die sieben Wesenselemente im Innensystem und in ihrer Beziehung zum Umfeld der Organisationen dar.

Abbildung 11: Ganzheitliches Systemkonzept der Organisation:
Die sieben Wesenselemente

Im Innensystem	Zum Umfeld
1. Identität	
Die gesellschaftliche Aufgabe der Organisation, Mission, Sinn und Zweck, Leitbild, Fernziel, Philosophie, Grundwerte, Image nach innen, historisches Selbstverständnis der Organisation	Image bei Kunden, Lieferanten, Banken, Politik, Gewerkschaft eetc., Konkurrenzprofil, Position in Märkten und Gesellschaft; Selbstständigkeit bzw. Abhängigkeit
2. Policy, Strategie, Programme	
Langfristige Programme der Organisation, Unternehmenspolitik, Leitsätze für Produkt-, Markt-, Finanz-, Preis-, Personalpolitik etc.	Leitsätze für Umgehen mit Lieferanten, Kunden etc., PR-Konzepte, Marktstrategien; Übereinstimmung mit Spielregeln der Branche
3. Struktur	
Statuten, Gesellschaftervertrag, Aufbauprinzipien der Organisation, Führungshierarchie, Linien- und Stabstellen, zentrale und dezentrale Stellen, formales Layout	strukturelle Beziehung zu externen Gruppierungen, Präsenz in Verbänden etc., strategische Allianzen
4. Menschen, Gruppen, Klima	
Wissen und Können der Mitarbeiterinnen und Mitarbeiter, Haltungen und Einstellungen, Beziehungen, Führungsstile, informelle Zusammenhänge und Gruppierungen, Rollen, Macht und Konflikte, Betriebsklima	Pflege der informellen Beziehungen zu externen Stellen, Beziehungsklima in der Branche, Stil des Umgehens mit Macht gegenüber dem Umfeld
5. Einzelfunktionen, Organe	
Aufgaben, Kompetenzen und Verantwortung, Aufgabeninhalte der einzelnen Funktionen, Gremien, Kommissionen, Projektgruppen, Spezialisten, Koordination	Verhältnis zum üblichen Branchenverständnis über Arbeitsteilung, Funktionen zur Pflege der externen Schnittstellen
6. Prozesse, Abläufe	
primäre Arbeitsprozesse, sekundäre und tertiäre Prozesse, Informationsprozesse, Entscheidungsprozesse, interne Logistik, Planungs- und Steuerungsprozesse, Supportprozesse	Beschaffungsprozesse für Ressourcen, Lieferprozesse (JIT), Speditions-Logistik, Aktivitäten zur Beschaffung externer Informationen
7. Physische Mittel	
Instrumente, Maschinen, Geräte, Material, Möbel, Transportmittel, Gebäude, Räume, finanzielle Mittel	Physisches Umfeld, Platz im Umfeld – Verkehrssysteme, Verhältnis Eigenmittel – Fremdmittel

Quelle: Glasl/Lievegoed 1996:12

Die Darstellung[43] zeigt jedoch nicht, worauf GLASL explizit hinweist: In der sozialen Realität bestehen zwischen den einzelnen Elementen viele gegenseitige

---

43 In seiner Darstellung listet *Glasl* die Wesenselemente – aus Gründen der Übersichtlichkeit – nacheinander auf.

Beeinflussungen, Durchdringungen und Wechselwirkungen, die die OE-Praxis bei ihren Interventionen berücksichtigen muss *(vgl. Glasl/Lievegoed 1996:11)*. Von daher kann jede Veränderung und jede geplante Interventionen bei jedem Element ansetzen *(vgl. Glasl/Lievegoed 1996:11)*.

In ihrem systemischen Organisationsmodell ergänzen BAUMGARTNER et al. die sieben Wesensmerkmale um die externen Einflussfaktoren. Das Konzept des Autorenteams ist meines Erachtens eine gelungene systemische Erweiterung, da es die Komplexität des Wirkungsgefüges organisationsinterner und vernetzter Elemente und organisationsexterner Anforderungen und Rahmenbedingungen berücksichtigt. Dies wird in nachfolgender Abbildung 12 sehr anschaulich dargestellt.

Abbildung 12: Die sieben Wesensmerkmale der Organisation im systemischen Organisationsmodell

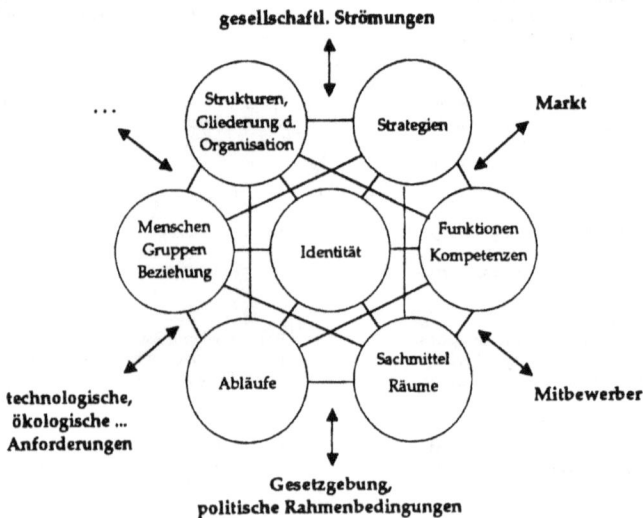

gesellschaftl. Strömungen

... Strukturen, Gliederung d. Organisation — Strategien — Markt

Menschen Gruppen Beziehung — Identität — Funktionen Kompetenzen

technologische, ökologische ... Anforderungen — Abläufe — Sachmittel Räume — Mitbewerber

Gesetzgebung, politische Rahmenbedingungen

Quelle: Baumgartner et al.. 1998:48

Den Unterschied der beiden Betrachtungsweisen sehe ich darin, dass GLASL/ LIEVEGOED die Beziehung zum Außensystem aus der Innenperspektive der Organisation heraus erklären, wohingegen BAUMGARTNER et al. die äußeren Einflussfaktoren als Kontextbedingungen begreifen, die es im OE-Prozess als interdependente Wirkungsgrößen zu berücksichtigen gilt.

Von zentraler Bedeutung für das Modell der Dynamischen Unternehmensentwicklung ist LIEVEGOEDS organistisches Konzept der Evolution sozialer Systeme[44]. Entwicklung wird als ein diskontinuierlicher Prozess verstanden, der sich idealtypisch in den drei Phasen vollzieht: Pionier-, Differenzierungs-, und Integrationsphase; GLASL hat das Entwicklungsmodell um eine vierte Phase, der Assoziationsphase erweitert (vgl. Glas/Lievegoed 1996:45f):

I. Pionierphase:
Das ganze Unternehmen wird von den Leitideen und der visionären Kraft der Pioniere/Eigentümer geprägt – das kulturelle Subsystem steht im Vordergrund, die Entwicklung des sozialen und technisch-instrumentellen Subsystems bleibt auf ein Minimum begrenzt. Der Führungsstil ist meist charismatisch-autokratisch und direktiv, der Arbeitsstil ist die Improvisation, die Motivation ist groß, die Kommunikation direkt, der Organisationsstil personenbezogen, die Organisation flexibel, effizient und marktanpassungsfähig – die Kundenbedürfnisse stehen im Mittelpunkt des Produktionsprozesses.
Merkmale der Krise, die meistens in Wachstumsphasen zutage tritt und bestenfalls zur nachhaltigen Restrukturierung führen, sind: Führungs-, Finanzierungs-, Kommunikations-, Informations- und Personalprobleme, sinkende Flexibilität, Motivation und Gewinnraten.

II. Differenzierungsphase:
In dieser Phase nährt sich das Unternehmen ideell noch aus dem kulturellen Subsystem der Pionierphase, die Ausreifung des technisch-instrumentellen Subsystems hat Priorität, die Entwicklung des sozialen Subsystems wird vernachlässigt. Es dominieren Organisationsprinzipien wie wissenschaftliche Betriebsführung, logische Funktionsteilung, Standardisierung, Spezialisierung, Koordinierung und formalisierte Entscheidungsprozesse. Die Mitarbeiter/innen werden instrumentell als „Betriebsvariable bzw. -faktor" betrachtet, die Personen- wird zugunsten von Sachorientierung aufgegeben, die Führung agiert sachlich-rational und konzentriert sich auf instrumentelle und wirtschaftliche Sachzwänge, Kostenrechnung und Controlling sind eingeführt, Systemsteuerung und -optimierung bestimmen das Unternehmensgeschehen.
Die Symptome der Krise verdeutlichen sich in der Erstarrung und Inflexibilität durch Bürokratisierung bzw. Funktionalisierung und in informellen Organisationsmerkmalen wie Kompetenz- und Macht„rangeleien", Führungs-, horizontale und vertikale Kommunikations- und Koordinationsprobleme, Abteilungs- und Funktionsdenken. Die Unternehmensziele verlieren sich im operativen Handeln der unteren Hierarchieebenen, massive Motivations- und Reibungsverluste sind die Folge und daraus resultierend Ineffizienz und Ineffektivität durch abnehmende soziale und wirtschaftliche Ertragsraten.

III. Integrationsphase:
Durch die Integration des sozialen Subsystems in das instrumentelle und kulturelle Subsystem soll ein offenes, dynamisches, ganzheitliches organisches Ganzes entstehen. Die Ent-

---

44 *Lievegoed war Gründer des NPI-Instituts für OE in Zeist (NL). Das NPI ist neben dem Tavistock-Institut das älteste Institut, das OE in der Theorie und in der Praxis der Beratung entwickelt und erforscht hat.*

wicklung einer flexiblen, lern- und problemlösungsfähigen Organisation, die sich konsequent auf Kunden- und Zielorientierung ausrichtet, hat Priorität. An die Stelle der vertikalen tritt eine horizontale Orientierung auf die Kunden und den Arbeitsfluss. Die dominierenden Organisationsprinzipien sind: Personen-, Prozess- und Entwicklungsorientierung. Durch die Etablierung teilautonomer, dezentraler Leistungseinheiten, adäquater Führungssysteme, Organisationsstrukturen und -abläufe sowie Kooperations- und Kommunikationsmodelle werden die Organisationen befähigt, die Umweltherausforderungen besser zu bewältigen und eine kontinuierliche, eigenständige Unternehmensentwicklung zu verfolgen. In dieser Phase decken sich die Kernaufgaben mit den klassischen OE-Zielen.

Die Indikatoren der Krise, als Folge einer zu starken Konzentration auf das Innensystem und auf die einzelnen Subsysteme (Renaissance der Pionierphase), sind: Dominierende Strategieorientierung durch die Führung, (vertikale) Kommunikations- und Koordinationsprobleme zwischen den Organisationseinheiten, Verlust der Vertrauensbeziehungen im Innen und im Außen.

IV. Assoziationsphase:
Die grundsätzliche Öffnung der Unternehmensgrenzen zum Umfeld, die Einbeziehung der Kunden, die Übertragung der Prozessverantwortung auf die Mitarbeiter/innen und organisationale Lernfähigkeit werden forciert. Statt Konkurrenz wird die Intensivierung betriebsübergreifender Kooperationsbeziehungen und Vernetzung mit anderen Wirtschaftseinheiten, Zulieferern etc. angestrebt, anstelle von Machtorientierung tritt Vertrauens- und Integrationskultur und anstelle von hierarchischen Managementstrukturen Nahtstellenmanagement.
Krisenerscheinungen sind: Die Bildung von Machtblöcken, die zur Monopolisierung führen.

Der „OE" wird - wie in Kap. 3.1.1. beschrieben - vorgeworfen, dass sie nicht auf einer eigenständigen Theorie der organisatorischen bzw. strukturellen Veränderungen basiert. Dass es sie gibt, offenbart sich u. a. in LIEVEGOEDS entwickeltem Lebenszyklusmodell.[45]

Die Stärken des Modells sehe erstens in der Erkenntnis, dass Organisationen eine Eigendynamik sowie undifferenzierte Gestalt haben, die sich im Laufe der Entwicklung ändern und deshalb absolut nicht steuer- bzw. planbar sind. Und zweitens: Im Modell der dynamischen Unternehmensentwicklung kommt der OE die Aufgabe zu, die Organisationen bei der Identifizierung und Bearbeiten der Entwicklungsmuster bzw. Kernaufgaben der jeweiligen Phasen sowie des Standorts der Unternehmens zu unterstützen und die vorhandenen Energien auf den Übergang in die nächste Entwicklungsphase zu bündeln. Da der Übergang insbesondere von der Differenzierungs- in die Integrationsphase nur selten aus eigener Kraft gelingen kann, kommt der OE – nach GLASL – als gelenktem Evolutions- und Emanzipationsprozess eine bedeutende Rolle zu. Meines Erachtens ist

---

45 Darüber hinaus gibt es noch weitere Theorieansätze, die in die OE-Ansätze integriert wurden, wie Scotts Organisationsmodelle oder Mintzbergs Organisationskonfigurationen (vgl. u. a. Scott 1986, Mintzberg 1979, Engelhardt et al. 1996)

diese Theorie der Entwicklungsphasen für Non-Profit-Unternehmen wie bspw. die Einrichtungen des Gesundheitswesens aktueller denn je.[46]

Nach GLASL/LIEVEGOED konzentriert sich das Unternehmen in den jeweiligen Phasen auf die Bewältigung spezifischer Kernaufgaben. Dabei werden Rand- und Nebenprobleme ausgelöst, die Ursache und zugleich Anlass für die Notwendigkeit von Organisationsveränderung und -entwicklung sein können (vgl. *Glas/Lievegoed 1996:100f*). Dies zeigt Abbildung 13:

Abbildung 13: Die Verschiebung von Kernaufgaben und Randprobleme

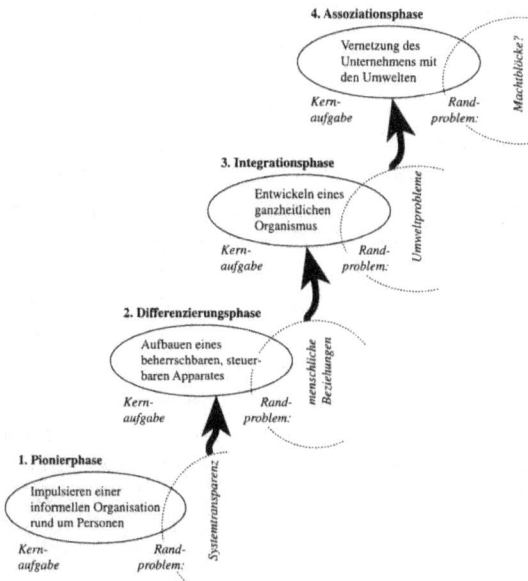

4. Assoziationsphase

Vernetzung des Unternehmens mit den Umwelten

Kern-aufgabe   Rand-problem: *Machtblicke?*

3. Integrationsphase

Entwickeln eines ganzheitlichen Organismus

Kern-aufgabe   Rand-problem: *Umweltprobleme*

2. Differenzierungsphase

Aufbauen eines beherrschbaren, steuer-baren Apparates

Kern-aufgabe   Rand-problem: *menschliche Beziehungen*

1. Pionierphase

Impulsieren einer informellen Organisation rund um Personen

Kern-aufgabe   Rand-problem: *Systemtransparenz*

Quelle: Glas/Lievegoed 1996:101

---

46 Den Übergang von der Pionier- und die Differenzierungsphase haben mittelständische und große stationären Altenpflegeeinrichtungen mehrheitlich in den späten achtziger Jahren vollzogen, indem sie ihre Aufbauorganisationen nach Vorbild der Krankenhäuser gestalteten. Die Bürokratisierung, Systematisierung, Standardisierung, Formalisierung und Normierung des Leistungsgeschehens in der Altenpflege wurde durch staatliche Regulierungsmaßnahmen, insbesondere durch die Maßgaben der Pflegeversicherung forciert. Mit den Krisenerscheinungen der Differenzierungsphase sind aktuell die meisten Pflegeorganisationen konfrontiert. Wie in Kap.2. beschrieben, sind sie derzeit gefordert und gezwungen die Krisenbewältigung bzw. -überwindung und damit eine dynamisches Unternehmensentwicklung voranzutreiben.

In Bezug auf das Konzept der Lernenden Organisation spielen die Prozesse vor und in der Integrationsphase eine wichtige Rolle, da sich das Unternehmen vor dem Übergang von der Integrations- in die Assoziationsphase zur lernenden Organisation entwickelt. Denn „[auf] dem Weg in die Integrationsphase haben die Menschen des Unternehmens gelernt, ihre Organisation aktiv selber zu verändern [und durch OE] die Fähigkeit der Selbsterneuerung erworben" (*Glas/Lievegoed 1996:109*). Unter der Prämisse, dass auch die Organisation zur Selbsterneuerung befähigt wurde, bekommt die OE eine andere Ausrichtung: Sie wird zum lernenden System[47]. Ab dieser Entwicklungsphase muss der Prozess dann nicht mehr von externen Beratungspersonen begleitet werden, sondern kann von internen Change Manager/innen initiiert und gestaltet werden (*vgl. Glasl/Lievegoed 1996:120*).

Die Autoren verweisen explizit darauf, dass ihr ganzheitlich-evolutionäres Menschen- und Organisationsbild nicht mit dem des systemisch-evolutionären Denkens gleichgesetzt werden kann (*vgl. Glasl/Lievegoed 1996:19*). Neben den vielen Gemeinsamkeiten gibt es auch wesentliche Unterschiede. Im Gegensatz zum Bild des sog. komplexen Menschen in den systemisch-evolutionären Führungs- und Organisationstheorien[48], orientiert sich das Menschenbild im Konzept der „Dynamischen Unternehmensentwicklung" an einer ganzheitlichen Betrachtungsweise, nämlich an der Dreifaltigkeit des Menschen[49]: Die Einheit von Geist, Körper und Seele. Die Polaritäten zwischen Geist und Körper bestimmen die Fähigkeit der Menschen zu Selbstreflexion, Selbstentwurf von Zielen und Sinngebung sowie zu Selbstgestaltung, während das konkrete Handeln im Finden einer akzeptablen Synthese und in der Interaktion mit anderen Menschen auf der seelischen Ebene[50] erfolgt (*vgl. Glasl/Lievegoed 1996:28*).

Die Entsprechung der menschlichen Polarität überträgt GLASL auf sein Organisationsbild. In allen Organisationen existieren drei Subsysteme; diesen

---

47 Obwohl *Glasl* in diesem Kontext die Entwicklung zur Lernenden Organisation berücksichtigt, lässt sein Konzept eine intensive Auseinandersetzung mit den Definitionen, Modellen oder Ansätze der Lernenden Organisation vermissen.

48 Beispielsweise *Bleicher 1991, Mintzberg 1979, Peters/Waterman 1983, Wimmer 1995* – um nur einige wenige zu nennen.

49 Das Menschenbild von *Glasl/Lievegoed* basiert auf *Rudolfs Steiners* Anthroposophie.

50 Von *Baumgartner et al* haben das ganzheitliche Menschen- und Organisationsbild in ihr systemischen OE-Konzept integriert. Dies wird besonders in den von ihnen definierten Zielen der OE deutlich. Dennoch versäumen sie es, auf den Unterschied zwischen dem systemischen-evolutionären und dem evolutionär-ganzheitlichen Denken einzugehen.

ordnet er die verschiedenen Wesenselemente der Organisationen zu, wie in Abbildung 14 zu sehen ist.

Abbildung 14: Die sieben Wesensmerkmale und die drei Subsysteme

1. Identität	}	
2. Policy, Strategie, Programme	Kulturelles Subsystem	(= Geist)
3. Struktur (Aufbauorganisation)	}	
4. Menschen, Gruppen, Klima, Führung	Soziales Subsystem	(= Seele)
5. Einzelfunktionen, Organe		
6. Prozesse, Abläufe	}	
7. Physische Mittel	Technisch-instrumentelles Subsystem	(= Körper)

Quelle: Glasl/Lievegoed 1996:13 (Ergänzungen in Klammer durch die Verfasserin)

Die größte Spannung existiert zwischen dem kulturellen und dem technisch-instrumentellem Subsystem[51] (vgl. Glas/Lievegoed 1996:13f). Diese wiederum wirkt auf das soziale Subsystem, bei dem die Rollen, die Beziehungen und die Strukturen in einer Mischung aus intendiertem und bewusstem Handeln ausgehandelt und gestaltet werden müssen. Daher muss die dynamische Unternehmensentwicklung im bewussten Arbeiten am sozialen Subsystem in jedem Element entscheidende Impulse setzen, um diese Spannung in konstruktive Veränderungsenergie zu transformieren.

Im Modell der Dynamischen Unternehmensentwicklung wird deutlich, dass Organisationen durch ihre eigene Dynamik gewachsene Strukturen haben und durch rationale Maßnahmen nur bedingt veränderbar sind. Die Eigengesetzlichkeit der Organisationen wird im Beratungsprozess nicht als Einschränkung betrachtet, sondern vielmehr wird darin eine Chance gesehen, die Entwicklungsmuster, Phasen und Prozesse sowie die Dynamik der zu beratenden Organisationen zu erfassen und somit die vorhandenen Energien gezielter auf die Veränderungs- und Entwicklungsstrategie zu lenken. Die Dynamik der Ent-

---

51 Mit diesem Schema stellt *Glasl* zugleich eine geschichtliche Systematik der OE-Ansätze her. Nach *Glasl* lässt sich die Geschichte der OE exemplarisch an den verschiedenen Subsystemen darstellen. *Taylor* und *Fayol* zielten mit ihrem betriebswirtschaftlichen Organisationsverständnis auf das technologisch-instrumentelle System ab, während sich die psychologisch-sozialen Führungs- und Organisationslehren auf die sozialen Subsysteme konzentrierten. Erst das umfassendes Managementverständnis der modernen OE-Ansätze ermöglicht eine ganzheitliche und systemische Sichtweise (vgl. Glasl/Lievegoed 1996:13ff).

wicklung (daher die Modellbezeichnung) spielt im Organisationsgeschehen eine bedeutende Rolle. In allen Organisationen existieren polare Qualitäten, bspw. zwischen progressiven und regressiven Kräften oder zwischen Innen- und Außenwelt und zwischen ihnen ein dialektisches Spannungsverhältnis, das zwangsläufig Veränderungsenergien erweckt (*vgl. Glasl/Lievegoed 1996:100*). Die Kunst der OE-Beratung besteht nun darin, die Balance zwischen den entgegengesetzten Polen herzustellen und die Veränderungsenergien in einen kreativen und konstruktiven Veränderungs- und Innovationsprozess umzuleiten und zu integrieren. Erst wenn dies gelingt, ist eine Entwicklung – im Sinne der zuvor diagnostizierten OE-Ziele – möglich.

Nach GLASL vollzieht sich der Prozess der OE idealtypisch in sieben Phasen (siehe Tabelle 3). Da sie die Grundlagen aller OE-Maßnahmen sind, werden sie als sog. OE-Basisprozesse definiert (*vgl. Glasl 1999:1ff*):

Tabelle 3: Die sieben Basisprozesse der OE

1. Diagnoseprozesse:	Analyse und Diagnose der Ausgangssituation. Phase der Bewusstseinsbildung.
2. Soll-Entwurfsphase:	Bestimmung der Zukunft, Phase der Willens- und Zielbildung.
3. Psycho-soziale Änderungsprozesse:	Psycho-soziale Interventionen: z. B. Bearbeitung von Spannungen, Konflikten, Rollen- oder Machtbeziehungen. Phase der emotionalen Veränderungen.
4. Lernprozesse i.e.S.:	Vermittlung von Wissen und Training neuer Fähigkeiten und Kompetenzen. Phase des Lernens.
5. Informationsprozesse:	Phase der Informationsvermittlung: Vorbereitung auf geplante OE-Aktivitäten (im Vorfeld des OE-Prozesses und parallel zu den OE-Maßnahmen).
6. Umsetzungsprozesse:	Phase des Umsetzungsprozesses: Implementierung geplanter Veränderungen durch unterstützende Verankerungsmaßnahmen.
7. Management aller Veränderungsprozesse:	Phase der Planung, Lenkung und Steuerung aller Basisprozesse.

Quelle: Eigene Darstellung (*in Anlehnung an Glasl 1999:1ff*)

Das Grundprinzip: Jede Phase ist eine Prozesseinheit, in der ganz spezielle Interventionen und Instrumente zur Anwendung kommen. Wichtig ist, dass die Basisprozesse bei der OE immer zusammenwirken und dass sie sich gegenseitig unterstützen und ergänzen: „Das Gestalten dieser sieben Basisprozesse ist als «soziale Kunst» zu verstehen. Wie bei einem Musikstück mit sieben Instrumenten spielt einmal die erste Geige das Thema und die anderen Stimmen begleiten dazu, dann führt die Bratsche [...], danach spielen alle sieben zusammen und variieren das Thema durch abwechselnde Stimmenführung. Wer alle sieben Basisprozesse und ihre Interventionsmethoden gut versteht, kann einen organischen Prozess gestalten, der zur Entwicklung von Menschen, Gruppen und Organisationen beiträgt. Dabei ist immer zu beachten, das eine bestimmte Interventionsmethode zumeist Wirkungen für mehrere Basisprozesse auslöst, nicht nur für eine" (Glasl 1999:5).

Durch den Entwicklungs- und Evolutionsansatz erfährt die Sicht auf Organisationen eine grundlegende Veränderung, da Organisationen als lebens- und entwicklungsfähige Systeme betrachtet werden, deren Eigendynamik in jeder Unternehmensphase nur ein eingeschränktes Entwerfen und Konstruieren von Problem- und Veränderungsstrategien erlaubt. Die Vorstellung des absolut Machbaren in Organisationen wird damit aufgegeben.

Bei der Auswertung der von mir untersuchten OE-Prozesse in den stationären Alteneinrichtungen beziehe ich mich in vielen Aspekten auf das Modell der Dynamischen Unternehmensentwicklung. Erstens liefert das Entwicklungsmodell mögliche Ansatzpunkte für eine strukturierte Betrachtung von OE-Potenzialen und Grenzen ihrer Anwendung bzw. für das aktive Gestalten der Phasenübergänge, zweitens kann auf Basis des ganzheitlichen Systemkonzepts in differenzierter Weise eine Auswertung und Bewertung der implementierten Umstrukturierungs- bzw. OE-Maßnahmen vorgenommen werden und drittens ermöglichen beide Konzepte eine systematisierte Analyse der organisatorischen Schlüsselprobleme.

3.3.4. Die „Lernende Organisation"

In den Diskussionen, welche Organisationsmodelle nun geeignet sind, die Herausforderungen des Wandels zu bewältigen, wird unter Fachleuten zunehmend die These vertreten, dass nur Lernende Organisationen[52] in der Lage

---

52 Die Begriffe „Lernende Organisation", „lernendes Unternehmen" und „organisationales Lernen" werden in der Literatur meist synonym verwendet. Der Begriff der Lernenden Organisation ist eine Metapher, da nicht die Organisation, sondern die in ihr tätigen Menschen lernen. „Lernende Organisation" kann nicht mit der Summe der individuellen und kollektiven Lernprozesse gleichgesetzt werden, sondern muss auf einer höheren Lernebene weiterentwickelt werden.

sind, sich den ständigen Veränderungen anzupassen oder durch eigene Aktivitäten gestaltend darauf einzuwirken. Angesichts der veränderten Kontextbedingungen für ein zeitgemäßes Management wird die Lernende Organisation zum Ideal der Managementkonzeptionen und permanentes Lernen zu einem Schlüsselbegriff der Unternehmens- und Organisationsentwicklung (vgl. Faulstich 1998:163).

Der Begriff der Lernenden Organisation ist in der OE-Beratungspraxis geradezu eine Modeerscheinung geworden. Im Beratungsalltag wird er oft als OE-Ziel genannt. Eine adäquate methodische Konzeption und eine entsprechende theoretische Fundierung lassen die meisten Beratungskonzepte meines Erachtens aber vermissen – und dadurch beruht der intendierte Gestaltungs- und Entwicklungsprozess meist auf Spekulation.

Bislang existiert noch keine einheitliche Theorie der Lernenden Organisation. Hingegen gibt es in der Literatur eine Vielzahl praxisrelevanter Definitionen und Konzepte der Lernenden Organisation bzw. des organisationalen Lernens. Gemeinsam ist allen Konzepten, dass dem Management der beiden Ressourcen „Lernen" und „Wissen" eine zentrale Bedeutung beigemessen wird. Daher muss die „Gretchenfrage" gestellt werden, wie Organisationen lernen und wie das vorhandene Wissen in Organisationen institutionalisiert werden kann:

- Wie können die Reflexionsfähigkeit der Beteiligten und die Selbstverantwortlichkeit für die eigenen Lernprozesse in einen systematischen Problemlösungsprozess umgeleitet werden?
- Wie kann individuelles Lernen kollektiviert werden?
- Wie und mit welchen Instrumenten muss institutionelles bzw. organisatorisches Lernen gefördert werden?
- Wie können die Prozesse des individuellen und organisatorischen Lernens aufeinander abgestimmt und aufrechterhalten werden?
- Wie kann das Management diese einzelnen Lernprozesse in einen langfristigen und umfassenden Innovationsprozess integrieren?

Der Begriff der Lernenden Organisation[53] wurde maßgeblich durch SENGE in „Fifth discipline: The art and practice of learning organistion" (1990) und SCHEIN in „Organizational Culture and Leadership" (1992) geprägt.

Nach SENGE kann organistionales Lernen nicht ohne individuelles Lernen stattfinden und so definiert er die Lernende Organisation als Ort „[...] wo

---

53 Der Begriff „organisationales Lernen", von Herbert Simon bereits vor vier Jahrzehnten geprägt, wurde von March/Olsen 1976, Argyris/Schön 1978, Shrivvastava 1983 und Ducan/Weiss 1978 neu definiert (vgl. Sackmann 1993:229ff).

Menschen kontinuierlich ihre Fähigkeiten erweitern, um die Ergebnisse zu erreichen, die sie wirklich anstreben, wo neue, sich erweiternde Muster des Denkens gefördert werden, wo Menschen kontinuierlich lernen, wie man miteinander lernt [...]": das Ziel muss dabei sein, eine Organisation so zu gestalten, dass sie „[...] kontinuierlich ihre Fähigkeit erweitert, ihre Zukunft zu gestalten" *(Senge 1998:11f)*.

Um die Lernfähigkeit von Mensch und Organisation zu gewährleisten, muss das Management folgende fünf Disziplinen verfolgen: *(vgl. Senge 1998:171ff)*:

1. *Personal Mastery*   *(Persönliche Kompetenz)*
2. *Mental Modells*   *(Mentale Denkmodelle)*
3. *Shared Vision*   *(Gemeinsame Visionen)*
4. *Team Learning*   *(Team-Lernen)*
5. *System Thinking*   *(Systemisches Denken)*

Diese Kerndisziplinen konstituieren nach SENGE den Aufbau einer Lernenden Organisation. Funktional gesehen, erhebt SENGE ‚systemisches Denken' zur Managementdisziplin und macht es zur tragenden Säule des Organisationslernens. Durch die systemische Integration und Rückkopplung vom Individual- und Kollektivlernen führt die Lernende Organisation zu einem dynamischen Netzwerk *(vgl. Senge 1998:171ff)*.

Auf institutioneller Ebene spezifiziert SENGE die Aufgabe des Management dahingehend, dass die Rolle und Funktion von Führungskräften nicht mehr die der Entscheidungsträger, sondern die der Designer, Lehrer und Sachverwalter ist, und dass sich die Führungskräfte selbst als Teil einer tiefgreifenden Veränderung und als soziale Institution begreifen lernen *(vgl. Senge 1993:149)*. Den Führungskräften kommt dabei die Aufgabe zu, die Mitarbeiter/innen zu coachen und ihre Lern- und Wissenspotenziale zu fördern *(vgl. Senge 1993:147)*.

Neue Führungsrollen fordern neue Führungsqualitäten. Die Fähigkeit zum Aufbau gemeinsamer Visionen, zum Design von Leitvorstellungen und zum Entwurf der Unternehmenspolitik, -strategie und -strukturen haben in SENGES Konzept einen ebenso großen Stellenwert wie die Befähigung und Motivierung der Mitarbeiter/innen zu systemischem Denken und Handeln *(vgl. Senge 1993:148ff)*. Die Lernfähigkeit von Organisationen und ihrer Akteure werden so zu den Schlüsselprozessen der Lernenden Organisation.

STÄBLER versteht die Lernende Organisation als „[...] ein sozio-technisches System, das bewusste Lernprozesse auf individueller, kollektiver und organisationaler Ebene zur Wissenserweiterung und Verhaltensmodifikation als Voraussetzung für Veränderungen begreift" *(Stäbler 1999:36)*. Entsprechend muss in Lernenden Organisationen permanentes Lernen, in Form von organisationalen, individuellen und kollektiven Lernprozessen stattfinden.

Die Lernfähigkeit von Organisationen bestimmt sich nach STÄBLER in der Interaktion zwischen dem organisationalen Kontext und den Umweltbedingungen der Organisationen (siehe Abbildung 15). Der organisationale Kontext schafft dabei die entsprechenden Rahmenbedingungen, die Lernprozesse auf den verschiedenen Ebenen zu unterstützen.

Abbildung 15: Umwelt und organisationaler Kontext als Determinanten der Lernfähigkeit einer Organisation

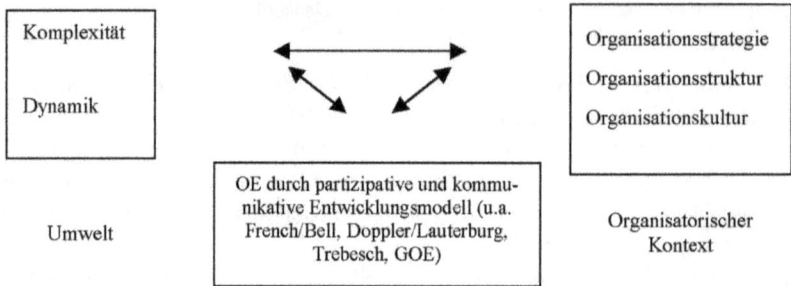

Komplexität		Organisationsstrategie
Dynamik		Organisationsstruktur
		Organisationskultur

| Umwelt | OE durch partizipative und kommunikative Entwicklungsmodell (u.a. French/Bell, Doppler/Lauterburg, Trebesch, GOE) | Organisatorischer Kontext |

Quelle: Stäbler 1999:56

Ziel jeder Lernenden Organisation muss es daher sein, einen organisationalen Kontext zu schaffen, der eine Veränderung und Entwicklung eingefahrener Verhaltensweisen ermöglicht und eine wechselseitige Durchdringung von externen Umwelteinflüssen und internen Organisationsfaktoren berücksichtigt.

Mit STÄBLER stimme ich überein, dass die Personalentwicklung (PE) als institutionalisierter Träger von Lernprozessen in Organisationen für die Lernende Organisation eine bedeutende Rolle spielt *(vgl. Stäbler 1999:117ff)*: Die konzeptionellen Ansätze für die PE lernender Organisationen müssen sich vornehmlich darauf konzentrieren, institutionelle Rahmenbedingungen für die Transformation von Wissen und Erfahrung und für die Veränderung von Handlungsabläufen zu schaffen *(vgl. Stäbler 1999:253)*.

PROBST und BÜCHEL definieren den Prozess des organisationalen Lernens folgendermaßen: „Unter organisationalem Lernen ist der Prozess der Veränderung der organisationalen Wissensbasis, die Verbesserung der Problemlösungs- und Handlungskompetenz sowie die Veränderung des gemeinsamen Bezugrahmens von und für Mitglieder der Organisation zu verstehen (Probst/ Büchel 1998:17). Die Autoren sehen die Bedeutung des organisationalen Lernens darin, dass „Organisationales Lernen über Individuen und deren Interaktionen [erfolgt], die ein verändertes Ganzes mit eigenen Fähigkeiten und Eigenschaften schaffen" (Probst/Büchel 1998:19). Den entscheidenden Brückenschlag zwischen dem individuellen und kollektivem Lernen einerseits und dem organisationalen Lernen andererseits müssen dabei die Transformationsbedingungen „Kommunikation", „Transparenz" und „Integration" leisten" (Probst/Büchel 1998:20f).

In der Definition von ARGYRIS und SCHÖN spielen die Mitglieder der Organisation und deren Lern- und Reflexionsfähigkeit eine elementare Rolle: „Organisationales Lernen ist ein Prozess, in dem die Mitglieder einer Organisation Fehler und Unregelmäßigkeiten feststellen, die sie durch eine Veränderung von organisatorischen Handlungsformen korrigieren" (Argyris/Schön 1978:58)[54]. In der Organisation werden die Mitglieder mit offiziellen Handlungstheorien, die beispielsweise in Führungsprinzipien, Leitbildern oder Arbeitsstandards formal verankert sind, vertraut gemacht („espoused theories") (vgl. Argyris/Schön 1979:15). Im Organisationsalltag zeigt sich jedoch, dass sich eine andere, von offiziellen Denk- und Handlungsmustern abweichende Handlungskonzeption („theory-in-use") als angemessen erweist. Lernen findet also dadurch statt, dass die Organisationsmitglieder innerhalb ihres Alltagshandelns Probleme, Defizite oder Fehler entdecken und diese auf der individuellen (Single-Loop Lernen[55]) und/oder auf der organisationalen Ebene (Double-Loop Lernen[56]) zu korrigieren suchen.

Für PROBST und BÜCHEL ist das „Single-loop learning" ein Anpassungslernen, das auf Orientierung und Adaption an vorgegebene Unternehmensziele und Normen basiert (vgl. Probst/Büchel 1998:35f). Die Autoren führen weiter aus, dass im Unterschied dazu das Veränderungslernen (Double-loop learning) neben der Veränderung vorhandener Alltagstheorien zusätzlich eine Änderung von Normen und Zielen sowie eine Restrukturierung bewirkt (vgl. Probst/Büchel 1998:36f). Veränderungslernen findet deshalb statt, weil die bestehenden All-

---

54 Für die Konzepte zur Lernenden Organisation haben *Argyris* und *Schön* einen wertvollen Beitrag geleistet, indem sie das Lernen in und von Organisationen untersucht und theoretisch begründet haben.
55 erste Lernniveaustufe.
56 zweite Lernniveaustufe.

tagstheorien nicht nur auf ihre zugrundeliegenden Werte und Normen kritisch hinterfragt, sondern auf der organisationalen Handlungsebene zugleich korrigiert und modifiziert werden (Double-loop learning). Veränderungslernen vollzieht sich somit auf einer höheren (Lern-/System-)Ebene, weil die Veränderung nicht nur eine Optimierung innerhalb des Systems, sondern eine Veränderung des (Organisations-)Systems selbst bewirkt.

In Anlehnung an BATESON konstruieren ARGYRIS/SCHÖN eine dritte Lernniveaustufe (*Deutero learning*), auf der nicht nur mehr Erfahrungslernen, sondern Prozesslernen stattfindet (*vgl. Probst/Büchel 1998:37f*). Auf dieser Stufe wird das Wissen über vergangene Lernprozesse gesammelt und kommuniziert und die Bedingungen für künftige Lernprozesse und entsprechend fördernde und hinderliche Ressourcen werden hinterfragt und gegebenenfalls neu gestaltet.

SACKMANN betont in ihrem Ansatz die Wichtigkeit einer Institutionalisierung des vorhandenen Wissens über Lernsysteme. Sie schlägt vor, formale und informelle Lerneinheiten (eine Gruppe von Individuen) zu entwickeln, die mit Hilfe koordinierter Lernsysteme zielgerichtete Transformationsprozesse initiieren (*vgl. Sackmann 1993:233*).

In ihrer Klassifizierung hat sie die verschiedenen Lernansätze integriert und dabei die Perspektiven des Organisationslernens nach den Kriterien unterschieden:

– *Wer lernt? (Träger des Lernprozesses)*
– *Was wird gelernt? (Inhalt)*
– *Wie und unter welchen Voraussetzungen und in welcher Qualität wird gelernt? (Form und Prozess des Lernens)*

Dabei differenziert sie drei Lernperspektiven (*vgl. Sackmann 1993:229*)[57]:

1. *Organisationslernen als Anpassung*[58].
2. *Organisationslernen als Entwicklung einer gemeinsamen Wirklichkeit*[59].

---

57 Siehe Abbildung 20.
58 Die Hauptvertreter sind *Cyert & March* (1963) und *March & Olsen* (1976): Lernen wird hier lediglich als reaktiver Anpassungsprozess der Organisation an die gegebenen Umweltbedingungen verstanden. Gelernt wird auf individueller und kollektiver Ebene und auch von der gesamten Organisation. Dabei bemisst sich die Qualität des Lernens nach dem Umgang der Organisation mit der kollektiven Wissensbasis. Das kulturelle und normative Organisationssystem bleibt unverändert, anpassendes Lernen erfolgt systemimmanent (*vgl. Sackmann 1993:230*).
59 Die Hauptvertreter sind *Argyris & Schön* (1978) und *Mitroff & Emshoff* (1978): Lernen definiert sich hier als ein Konstruktionsprozess gemeinsamer Annahmen und Wirklichkeiten,

3. Organisationslernen als die Entwicklung einer gemeinsamen Wissensbasis[60].

Da sich die Klassifizierung von SACKMANN vornehmlich an kognitiven Lernansätzen orientiert, lässt sie soziale Lernprozesse, systemische Aspekte und die Frage nach der Institutionalisierung von Lernprozessen weitgehend außer Acht. Die Institutionalisierung von Lernen in Abstimmung mit den individuellen und organisationalen Lernprozessen hat jedoch grundlegenden Charakter. In den bisher skizzierten Ansätzen ist es aus meiner Sicht keiner Autorin bzw. keinem Autor gelungen, ein Konzept zur Umsetzung der Institutionalisierung zu entwickeln.

Meines Erachtens ist SATTELBERGER ein schlüssiger Lösungsansatz gelungen: Sein Konzept beinhaltet den Balanceakt zwischen individuellen und organisationalen Lernprozessen, ohne den die Integration von Lerneinheiten in Unternehmenssystemen nicht denkbar oder nicht tragfähig wäre (vgl. Sattelberger 1996b).

SATTELBERGER definiert die Lernende Organisation als ein innovatives Konzept, das die „[...] unterschiedlichen Welten der Strategie-, Struktur- und Kulturentwicklung – Intuition und Ratio, Chaos und Ordnung, Geist und Handlung, Entwicklung und Stabilität, Personal und Persönlichkeit, Individuum und Organisation, Vision und Realität zu überbrücken und zu verknüpfen [sucht]" (Sattelberger 1996b:7). Damit ein Unternehmen als Lernende Organisation, einen tiefgreifenden Wandlungsprozess initiieren kann, müssen die drei Schlüsselkriterien: Responsiveness, Lernfähigkeit und Handlungsfähigkeit erfüllt sein (vgl. Sattelberger (1996b:13). Die Entwicklung dieser Schlüsselkriterien ist Aufgabe eines organisatorischen und individuellen Transformationsprozesses,

deren Anpassungen durch gemeinsames Verhandeln über kognitive Landkarten erfolgt. Gelernt wird vor allem durch Fehlerkorrekturen im Rahmen von individuellen Lernprozessen (Single-loop learning). Danach werden durch kollektive Prozesse (Double-loop learning) Restrukturierungen von Organisationsnormen und -strategien vorgenommen. Individuelle Lernergebnisse fließen in kollektive Handlungstheorien ein und werden verankert (vgl. Sackmann 1993:230).

60 Die Hauptvertreter sind Ducan & Weiss (1978): Lernen wird als Prozess definiert, bei dem das kollektive Wissen über Handlungs-Ergebnis-Beziehungen und entsprechende Umwelteinflüsse auf diese Beziehungen entwickelt wird. Gelernt wird von der Organisation, die ihre Wissensbasis aufbaut, erweitert und im Verhalten manifestiert. Organisationsmitglieder beteiligen sich dabei aktiv bei der Auswahl alternativer Strategien, Transformationsprozessen und Strukturen. Die Qualität der Auswahl- und Entscheidungsprozesse wird sowohl von der bestehenden Wissensbasis als auch von lernbehindernden Faktoren wie beispielsweise Organisationsideologien, festgefahrenen Strukturen oder Umwelteinflüssen beeinflusst (vgl. Sackmann 1993:230).

der sich aber nur dann vollziehen kann, wenn die individuellen Lern- und Entwicklungsprozesse der Organisationsmitglieder eng verzahnt werden. In SATTELBERGERS Modell der Lernenden Organisation spielt die Personalentwicklung (PE) somit eine zentrale Rolle. PE[61] muss künftig in einem wechselseitigen Interaktionsprozess ein Zusammenwirken von fremdgesteuerten Lernaspekten und individuellen Selbstentfaltungsmöglichkeiten gewährleisten.

Der Prozess des organisationalen Lernens konstituiert sich bei SATTELBERGER durch das Zusammenwirken von fünf Lernsystemen (siehe Abbildung 16).

Abbildung 16: Die Lernende Organisation (Wege des organisatorischen Lernens)

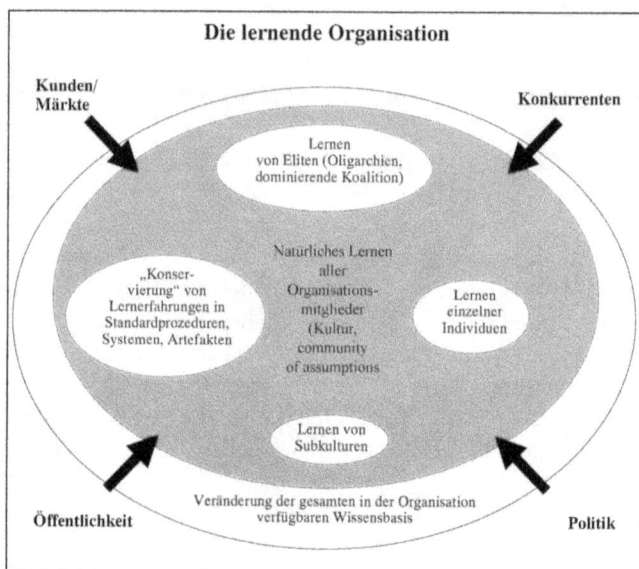

Quelle: Sattelberger 1996b:16

Die Darstellung zeigt, dass das natürliche Lernen aller Organisationsmitglieder im Zentrum der gesamten verfügbaren Wissensbasis steht, und dass das organisatorische Lernen immer im Kontext externer Einflussfaktoren zu sehen ist.

---

61 *Sattelberger* verwendet den Begriff Personalentwicklung für die betriebliche Funktion der Initiierung von Lernprozessen, wohingegen er den Prozess der Entwicklung des Personals als Human Resource Development bzw. als Managementwicklung bezeichnet (*vgl. Sattelberger 1996b:14*).

Gleichzeitig betont das Modell die Grundlage von Lernenden Organisationen, individuelle mit teambezogenen und organisationalen Lernprozessen zu verknüpfen und die jeweiligen Lernwege des organisationalen Lernens (vgl. Tabelle 4) zu berücksichtigen.

Tabelle 4: Lernwege bei den Typen des organisatorischen Lernens

Ziel der organisatorischen Veränderung	Lernwege
Organisationsänderung	▦ *Training (bewährter Aktion-Resultat-Beziehungen)* ▦ *Individuelle Beratung (bei der Änderung disfunktionaler Verhaltensmuster)* ▦ *Teamentwicklung (Problemlösungen mit Selbstkorrektiv)*
Organisationsentwicklung	▦ *Kompetenztraining (in operativen und strategischen Managementbereichen)* ▦ *Beratung von Teams und Individuen (Entwicklung von Problem-, Veränderungs-, Prozess- und Systembewusstsein)*
Organisationstransformation	▦ *Beratung (Entwicklung von Bewältigungs- und Handlungsstrategien in Krisen- und Konfliktsituationen, von Kulturdiagnose und -wandel, Transformationsenergie)*

Quelle: Eigene Darstellung (in Anlehnung an Sattelberger 1996b:19)

„Lernen" und „Wissen" werden somit zu Schlüsselbegriffen und Erfolgspositionen sowohl für das langfristige und erfolgreiche Bestehen als auch für den Wandel und die Innovationsfähigkeit des Unternehmens. Um den Ausbau dieser Erfolgsposition zu sichern, müssen Unternehmen das Lernen in ihren Unternehmensalltag integrieren und die drei folgenden Schlüsselprozesse verwirklichen (vgl. Sattelberger 1996b:22ff):

1. *Strategisches Lernen für und in der Lernenden Organisation*[62].
2. *Kulturentwicklung als Beitrag zur Lernenden Organisation*[63].

---

62 Der Fokus liegt sowohl auf der Entwicklung von strategischen (aber auch operationalen) Fähigkeiten im Sinne der Human-Ressource-Entwicklung (im weiteren Sinne) bzw. der Managemententwicklung (im engeren Sinne) als auch auf der praktizierten Managementphilosophie. Strategieentwicklung basiert dabei auf den drei Faktoren Kommunikation, Kohäsion und Flexibilität.
63 Dieser Lerngesichtspunkt muss die Kompetenzen zum Kulturwandel durch die Entwick-

3. Strukturentwicklung in der Lernenden Organisation[64].

Die aufgezeigten Konzepte verdeutlichen, welche Lernvoraussetzungen erfüllt sein müssen, damit der Weg zur Lernenden Organisation gelingen kann:

▨ *Lernen in Unternehmen setzt vor allem die Entwicklung einer Lernkultur voraus, die sich nur vor dem Hintergrund gemeinsamer Visionen, persönlicher Kompetenzen, Teamlernen, mentaler Denkmodelle und systemischem Denken zu einer organisationalen Lernkultur entwickeln kann.*

▨ *Der Aufbau von lernenden und lernfähigen Organisationen gestaltet sich vornehmlich durch Führungsverantwortliche und lernbereite, visionäre Persönlichkeiten.*

▨ *Um den Ausbau einer Lernenden Organisation zu sichern, müssen die drei Schlüsselprozesse Struktur-, Kultur- und Strategieentwicklung verwirklicht werden.*

Eine Optimierung individueller und kollektiver Potenziale sehe ich in der Bereitstellung von anwendungsbezogenem Wissen (Wissenspool)[65] und durch die Reflexion von Handlungskonzepten und -theorien. Darauf aufbauend muss auf der Metaebene eine Auseinandersetzung mit den Lernbedingungen im Alltagskontext stattfinden. Dazu ist es notwendig der Personalentwicklung einen höheren Stellenwert beizumessen, denn:

▨ *PE ist der institutionale Träger der individuellen, kollektiven und organisationalen Lernprozesse.*

▨ *PE initiiert und begleitet die Lernprozesse, die je nach Lernebenen, Lernwegen und Zielen der organisatorischen Veränderung variieren, folglich auch differenziert ausgestaltet werden müssen.*

▨ *Der PE obliegt die Aufgabe, durch die initiierten Lernprozesse eine Verbesserung der Problemlösungs- und Handlungskompetenzen zu bewirken und damit eine strategische Veränderung strukturaler und normativer Organisationsebenen zu erzielen.*

▨ *Bei der Gestaltung innovativer PE-Konzepte spielen die Bausteine Lernprozesse, Lernpotenziale, Lernstrukturen und Lernkultur eine zentrale Rolle.*

lung und Implementierung adäquater innovations-, unternehmer- und kundenorientierter Managementsysteme fördern und optimieren.

64 Dieser Aspekt arbeitet darauf hin, eine angemessene Balance zwischen den klassischen, funktionalen Strukturierungskonzepten und den Wegen der strukturellen Erneuerungen durch die Initiierung bzw. die Implementierung von Innovation und Unternehmertum herzustellen.

65 Zu Wissenssystem in der Pflege, siehe Abbildung 19.

Aus Sicht der Autorin kann die Lernende Organisation nur realisiert werden, wenn folgende Strukturbedingungen bereits vorhanden oder im Entstehen sind:

- *Flache Hierarchien, die den Handelnden weitreichende Entscheidungs- und Handlungsräume bieten.*
- *Netzwerke in Organisation mit eigenen Führungs- und Entscheidungszentren (Selbstorganisation vor Fremdorganisation und Selbstkontrolle vor Fremdkontrolle).*
- *Die Unternehmenskultur wird gemeinsam entwickelt und ist bereits durch offene Kommunikation und Kooperationsbereitschaft geprägt.*
- *Die Akteure sind in die Entscheidungsprozesse einbezogen.*
- *Der PE kommt eine Schlüsselfunktion innerhalb der Lernenden Organisation zu: Sie wird zum Träger des systemimmanenten Lernens.*

3.4. Organisationsentwicklung in der Praxis – Ausgewählte Aspekte

In den folgenden Abschnitten werden verschiedene thematische Aspekte – für und aus der OE-Praxis –, die für meine empirische Forschung der OE-Prozesse in den Einrichtungen der Altenhilfe relevant sind, gesondert behandelt. Obwohl die einzelnen Themenabschnitte nachfolgend isoliert betrachtet werden, haben sie sowohl untereinander als auch mit den bereits dargestellten Konzepten der Organisationsentwicklung und der lernenden Organisation eine enge inhaltliche Verknüpfung.

3.4.1. Organisations- und Personalentwicklung

Die bisherigen Ausführungen haben gezeigt, dass der Personalentwicklung (PE) in Verzahnung mit der Organisationsentwicklung (OE) ein bedeutender Stellenwert zukommt[66]. Dazu ist es unerlässlich, kurz die Unterschiede bzw. die Gemeinsamkeiten der beiden Begriffe OE und PE aufzuzeigen.

Da es bei der inhaltlichen Bestimmung des Begriffs „Personalentwicklung" nicht möglich ist, von „der PE" zu sprechen, lassen sich nur Tendenzen heraus-

---

66 Als institutionalisierter Träger hat PE bei der Entwicklung Lernender Organisationen einen bedeutenden Stellenwert.

arbeiten. Ich nehme folgende Differenzierung vor und unterscheide je nach Ausrichtung zwei Formen der PE: die traditionellen, defizitorientierten und die strategieorientierten PE-Konzepte.

In der Altenpflege ist die PE aus meiner Sicht noch weitgehend traditionell, somit defizitorientiert und personenbezogen ausgerichtet. Vielfach zielt die herkömmliche Personalarbeit in der Altenpflege immer noch darauf ab, die Fortbildungs- und Qualifizierungsmaßnahmen für Individuen und Teams zu organisieren und zu steuern. Strukturelle Aspekte oder strategieorientierte Konzepte bleiben weitgehend unberücksichtigt[67].

Nach STÄBLER konzentrieren sich die zentralen Ziele der traditionellen PE auf drei Hauptanwendungsgebiete: Die arbeitsplatzbezogene Weiterbildung, die Karriereplanung und die Arbeitsstrukturierung (vgl. Stäbler 1999:84ff). Alle drei PE-Maßnahmen setzen bei den individuellen Fähigkeiten, Kompetenzen und Entwicklungspotenzialen der Organisationsmitglieder an.

Die Kritikpunkte, die SATTELBERGER an den traditionellen PE-Konzepten formuliert, lassen sich meiner Erfahrung nach lückenlos auf die herkömmlichen PE-Konzepte der Altenpflege übertragen (vgl. Sattelberger 1995b:16f):

– *Die PE wird häufig zu aktionistisch oder unter zu kurzfristigem Zeithorizont betrieben.*
– *Die PE-Arbeit erfolgt häufig als bedarfsorientierte, reaktive Anpassungsqualifizierung.*
– *Die PE wird noch immer als Kostenfaktor und zu wenig als Investitionsgröße bewertet.*
– *Die PE wird zwar organisationsbezogen verfolgt, aber nur unzureichend in die strategische Unternehmensführung eingebunden.*

Die Konzepte strategieorientierter PE hingegen finden in den Einrichtungen der Altenpflege bislang kaum Berücksichtigung. Die strategieorientierte PE orientiert sich an den langfristigen Entwicklungsabsichten der Organisationsmitglieder und wird nicht individuell, sondern in ihrer Interdependenz zu strategischen Organisationszielen und -bedingungen gesehen. Unter der Voraussetzung, dass sich die Maßnahmen der PE sowohl an den Akteuren des OE-Prozesses als auch an den strategie- und entwicklungsbezogenen OE-Zielen ausrichten, wird die PE meines Erachtens nicht nur zur flankierenden Maßnahme der OE, sondern zur unverzichtbaren Grundlage jedes Anpassungs- und Entwicklungs-

---

67 Da mir keine Forschungsergebnisse über PE in der Altenarbeit bekannt sind, stütze ich meine Aussagen auf eigene langjährige Erfahrungen in meiner Beratungs-, Dozenten- und Lehrtätigkeit.

prozesses von (Altenpflege-)Organisationen. Eine trennscharfe Abgrenzung der PE und der OE ist jedoch nicht möglich (und auch nicht sinnvoll), weil sich beide Bereiche in ihrer wechselseitigen Verzahnung gegenseitig bedingen und ergänzen (müssen). Dies verdeutlicht sich in nachfolgend skizzierten PE-Ansätzen:

Im Verständnis von HEEG und MÜNCH wird die PE dann zum integralen Bestandteil der OE, wenn die Qualifikationsanforderungen und organisatorischen Aspekte zusammengeführt werden, d. h. die individuelle Förderung und Qualifikationsentwicklung der Mitarbeiter/innen in den Zusammenhang und in Wechselwirkung zu organisatorischen und betrieblichen Entwicklungsanforderungen gestellt werden (vgl. Heeg/Münch 1993:321). Aus Sicht der Autoren muss PE als langfristiger und systematischer Prozess stets von einem adäquaten Konzept zur OE begleitet werden, wobei es wichtig ist, dass die Akteure in das Prozessgeschehen miteingebunden werden (vgl. Heeg/Münch 1993:323).

In SATTELBERGERS Konzept der strategieorientierten PE[68] hingegen wird die aktive Rolle der PE bei der Gestaltung organisatorischer Entwicklungsprozesse betont: Die Aufgabe der strategischen PE ist die Identifizierung und das Wachstum der mittel- und langfristig benötigten Fähigkeiten und Erfahrungspotenziale der Mitarbeiter/innen, um die Unternehmens- und Geschäftsstrategien zu unterstützen (vgl. Sattelberger 1995b:S.23). Unter der Prämisse, dass die PE von der Unternehmensleitung so konzipiert wird, dass sie die Funktion übernimmt, die Unternehmenskultur zu transportieren und zu entwickeln, wird die PE – in enger Verzahnung mit organisationsentwickelnden Maßnahmen – zu einem strategischen Erfolgsfaktor (vgl. Sattelberger 1995b:21ff).

Diese Anforderungen an eine zeitgemäße PE, hat auch STÄBLER für sein System der PE in Lernenden Organisationen entwickelt, siehe Abbildung 17:

---

68 Eine PE in den Einrichtungen der Altenpflege, die diese Rolle erfüllen will, muss m. E. dieselben Ziele verfolgen, wie sie Sattelberger für die strategieorientierte PE formuliert hat (vgl. Sattelberger 1995b:23ff): Sie muss die Unternehmenskultur transportieren und entwickeln, einen langfristig angelegten Entwicklungs- und Trainingsprozess gestalten, die „Human Ressource" strategisch planen und gestalten, lebenszyklusorientierte Qualifizierungsprogramme entwickeln, Schlüsselkonzepte für Schlüsselpersonen (Führungskräfte) etablieren und sich mit anderen verhaltenssteuernden, personalpolitischen Systemen verzahnen.

Abbildung 17: Integration der Entwicklung von Individuen, Gruppen und Organisation

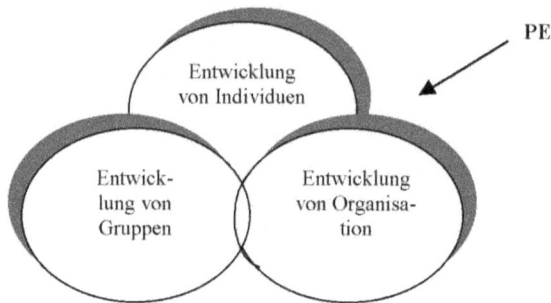

Quelle: *Stäbler 1999:141*

STÄBLER definiert PE als einen innovativen Gestaltungsbereich, deren Elemente im Zusammenwirken ihrer intendierten individuellen, kollektiven und organisatorischen Entwicklungs- und Lernprozesse betrachtet werden (müssen).

Die skizzierten Erläuterungen des PE-Begriffs zeigen, dass sich das Verständnis der PE grundlegend gewandelt hat. Die PE wird nicht mehr als ein isolierter Bereich des Personalmanagement betrachtet, sondern in ihrer Interdependenz zur OE gesehen. Infolgedessen verändert sich auch das Verständnis von Aufgabe und Funktion der PE, wie nachfolgende Darstellung verdeutlicht (siehe Abbildung 18).

Abbildung 18: Verzahnung von PE und OE-Aufgaben der PE

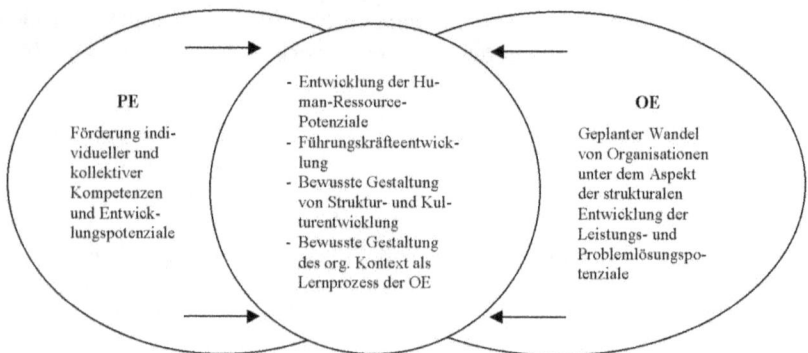

Quelle: Eigene Darstellung *(in Anlehnung an Stäbler 1999:131ff)*

Abbildung 18 zeigt, was sich in der aktuellen Fachliteratur offenbart: PE und OE – das eine ist ohne das andere nicht möglich und beides muss in eine übergreifende Konzeption der Organisationsveränderung bzw. -entwicklung integriert werden. Die Bedeutung der PE wird zunehmend in ihrer Funktion als Begleit- und Unterstützungsfaktor auf dem Weg zur OE bzw. zur Lernenden Organisation gesehen. Damit wird der PE in den Konzepten der Unternehmensentwicklung und der Lernenden Organisation eine Schlüsselrolle zugemessen. Daraus ergibt sich konsequent, dass die Mitarbeiter/innen in den Mittelpunkt des Innovationsprozesses gestellt werden müssen. Im Rahmen der Auseinandersetzung mit OE gewinnt damit ein neues Lernverständnis immer mehr an Gewicht.

3.4.2. Lernprozesse im Rahmen von OE

Wenn der PE bei der Realisierung und nachhaltigen Sicherung der initiierten OE-Maßnahmen eine entscheidende Rolle zukommt, dann werden die Fragen, wie gelernt wird und wie adäquate Lernprozesse zu initiieren und zu gestalten sind, um so bedeutender.

Wie bereits dargestellt, konzentrieren sich die traditionellen PE-Konzepte auf eine defizitorientierte, arbeitsplatzspezifische Personalförderung und -qualifizierung. Die individuenzentrierte Lernkonzepte reichen heute jedoch nicht mehr aus, um den Anforderungen der zunehmenden Dynamisierung und Komplexität gerecht zu werden. Gerade in der Altenpflege muss angesichts der Anpassungs- und Innovationserfordernisse das Lernen eine strategische Bedeutung gewinnen. Als Antwort auf diese Situation hat SIEVERS Option an Aktualität nichts eingebüßt, denn „[über] die Veränderung und das personale Lernen hinaus bedarf es vielmehr eines nachhaltigen Wandels der jeweiligen Organisationskultur, der ihr zugrundeliegenden Erwartungen, Ideologien und Werte sowie der daraus abgeleiteten Strategien der Zielverwirklichung" (Sievers 1977:12).

Diesem Anspruch kann nur ein Lernverständnis entsprechen, das eine andere Qualität von Lernen und eine neue Organisations- und Lernkultur erzeugt. Gefragt sind didaktisch-methodische Ansätze, die ein Lernkonzept ins Zentrum der PE und OE stellen, das das Lernen der Organisationsmitglieder und das Lernen der Organisation gleichbedeutend und systematisch anvisiert bzw. verwirklicht.

Wie bereits in den vorherigen Kapiteln beschrieben, ist der OE-Prozess in mehrfacher Hinsicht ein Lernprozess, der nur so gut und erfolgreich sein kann, wie sich das Lernen der in Organisationen tätigen Menschen im Kontext des Lernens von Organisationen entwickelt: „Organization learn only through individuals who learn. Individual learning does not guarantee organizational learning. But without it no organizational learning occurs" *(Senge 1990:139)*.

Die individuellen Lernvorgänge sind isoliert betrachtet, für die Erklärung und Gestaltung organisationaler Entwicklungs- und Veränderungsprozesse nicht ausreichend. Sie bilden aber die Grundlage der sozialen und organisationalen Lernprozesse: „Organizations have no other brains and senses than those of their members." *(Hedberg 1981, zitiert in Göbel 1998:119)*. Im folgenden Abschnitt werden sie daher näher beleuchtet.

In unserer pädagogischen[69] Landschaft sind für die Vorgänge der Erkenntnisgewinnung und -vermittlung noch überwiegend verhaltensorientierte[70] und kognitive Lerntheorien[71] und Lernansätze bestimmend, die sich in den unterschiedlichen didaktischen Konzepten, mit unterschiedlichen Zielen und Methoden präsentieren[72]. Diese herkömmlichen didaktischen Lernkonzepte sind als Modelle für das Lehr- und Lerngeschehen im Rahmen der OE wenig geeignet, da sie sich vornehmlich an didaktischen Grundpostulaten ausrichten, die sich weitgehend an einem trivial mechanistischen Input-Output-Modell orientieren[73].

In den letzten Jahrzehnten haben sich nun zunehmend handlungsorientierte Lernformen und -methoden[74] etabliert, die sowohl erfahrungsgeleitete Lernpro-

---

69 „Die spezifische Bedeutung des Lernens durch die konkrete Erfahrung der Veränderung von Personen und komplexen sozialen Systemen in ihrem alltäglichen konkreten «real existierenden» Arbeitsumfeld, diese theoretischen und praktischen Implikationen des Lernens in der OE sind bislang in der pädagogische Arbeit weitgehend ignoriert worden" *(Gairing 1999:15f)*.

70 Die behavioristischen Lerntheorien betonen die Außensteuerung des Menschen durch (An)Reize, emotionale Lernvorgänge werden in den klassischen Ansätzen ausgeklammert. Vertreter in der Tradition von *Skinner u. a. Bloom, Ch. Möller, Peterßen*.

71 Die kognitiven Lerntheorien unterscheiden sowohl emotionale als auch motivationale Lernvorgänge, der Lernprozess erfolgt als ein bewusster Akt durch Aufbau von Wissensstrukturen. Wissen und Kenntnisse resultieren vornehmlich durch Wahrnehmung, Denken, Sprache, Vorstellung und Beurteilung der Auseinandersetzung mit der Umwelt. Vertreter *u. a. Heimann/Schulz, Klafki, Piaget, Gudjons, Flitner, A.*

72 Dies zeigt sich sowohl in der lern- und bildungstheoretischen, als auch in der lernzielorientierten, kritisch-konstruktiven oder informationstheoretischen Didaktik (Anm. d. Verf.).

73 Dennoch können sie bei den Fragen nach Inhalt und Intention (Was soll gelernt werden – Art der Veränderung?) und bei den Fragen nach der Form des Lernprozesses (Wie soll gelernt werden – intrapsychisch oder interaktiv?) als Erklärungsmodelle partiell herangezogen werden.

74 Handlungstheorien beruhen auf der Annahme, dass Menschen aufgrund ihrer kognitiven Einsichten und Erfahrungen (zukünftige) Handlungskonzepte entwerfen, auf deren Basis sie ihre zukünftigen Handlungen planen, also gedanklich vorwegnehmen. Aus der Sicht

zesse als auch das soziale, interaktive und kollektive Lernen in Gruppen[75] und Organisationen berücksichtigen. Während beim handlungsorientierten Lernen vor allem Themen der konkreten Arbeitspraxis reflektiert werden, geht es beim sozialen Lernen hingegen um die wechselseitige Beeinflussung von Persönlichkeitsfaktoren, Umweltfaktoren und Verhalten (vgl. Bandura 1979:20).

Auf das Lernen in Pflege-Unternehmen bezogen bedeutet das, dass die Kontextbedingungen, die für den Lern- und Arbeitsprozess der Menschen bestimmend sind, nicht als gegebene Faktoren betrachtet werden, sondern als Faktoren gesehen werden, auf welche die Organisationsmitglieder gestaltend Einfluss nehmen können (siehe Abb. 19).

Abbildung 19: Pflege im Spannungsfeld ihrer Wissenssysteme

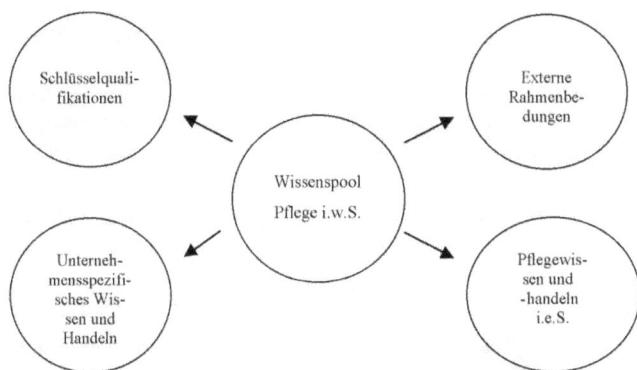

Schlüsselquali-
fikationen

Externe
Rahmenbe-
dungen

Wissenspool
Pflege i.w.S.

Unterneh-
mensspezifi-
sches Wis-
sen und
Handeln

Pflegewis-
sen und
-handeln
i.e.S.

Quelle: Eigene Darstellung

Die externen und internen Einflussfaktoren erfordern – wie bereits mehrfach erwähnt – in den stationären Einrichtungen in der Altenpflege nachhaltige Lern- und Entwicklungsprozesse. In diesem Betrachtungskontext gewinnt das Lernkonzept von DEHNBOSTEL an Interesse. Er versteht das organisatorische und dynamische Lerngeschehen als einen dualen Lernprozess und erfasst das individuelle

---

der Handlungstheorien wird der Mensch als ein rationales, für sein Tun eigenverantwortliches Wesen angesehen, das zur Selbstbeobachtung und Reflexion seines Handelns fähig ist. Vertreter u. a. Argyris/Schön, Pawlowsky. Vertreter der handlungsorientierten Didaktik u. a. Winnefeld, Becker, G.E.

75 Als methodische Lernformen haben sich in handlungsorientierten Konzepten vor allem Projektgruppen, Qualitätszirkel, Workshops, Trainings- und Coachingprozesse durchgesetzt.

Lernen und das organisationale Lernen integrativ und zugleich differenziert. In den sechs Dimensionen, die DEHNBOSTEL für moderne Unternehmen entwirft, wird eine betriebliche und berufspädagogische Lernkonzeption konstituiert, die einerseits das individuelle mit dem organisationalen Lernen verknüpft und andererseits ein qualitatives Lernen kreiert, das die reflexive Handlungskompetenz mit erweiterten Freiheits- und Handlungsspielräumen verbindet (vgl. *Dehnbostel 1998:177ff*):

1. Die ökonomische Dimension: *Lernen erhält eine strategische Bedeutung zur Sicherung der Wettbewerbsfähigkeit.*
2. Die arbeitsorganisatorisch-qualifikatorische Dimension: *Arbeit ist ganzheitlich; sie fordert und fördert Lernen zugleich.*
3. Die unternehmenskulturelle Dimension: *Unternehmensziele und Visionen werden gemeinsam verfolgt; die Akteure sind zugleich Lernende und Lehrende.*
4. Die lernorganisatorische Dimension: *Lernen im Prozess der Arbeit nimmt zu, Lernorte und Lernkombinationen werden pluraler.*
5. Die lerntheoretische Dimension: *Instruktionslernen wird um Konstruktionslernen erweitert; erfahrungsbezogene und intentionale Lernprozesse werden verbunden.*
6. Die didaktisch-methodische Dimension: *Neue Lernformen und neue Lernkonzepte entstehen.*

Im Unterschied zu herkömmlichen didaktischen Modellen, die Lernen auslagern und auf organisierte Lernorte begrenzen, soll Lernen – nach DEHN-BOSTEL – an dezentralen Lernorten durch eine lern- und persönlichkeitsförderliche Arbeitsgestaltung etabliert werden (vgl. *Dehnbostel 1998:181f*). Die genannten sechs Lerndimensionen sind für das Lernen der Organisationsmitglieder im Rahmen der verzahnten OE- und PE-Prozesse richtungsweisend. Der Aspekt, wie sich Organisationen – im übertragenen Sinn als eigenständige Systeme betrachtet – durch die Interaktion ihrer Mitglieder entwickeln und verändern können, wird in DEHNBOSTELS Konzept aber nicht beleuchtet. Eine adäquate Berücksichtigung würde den Blick auf die „ganze Gestalt" der Organisation – als offenes, interaktives Gesamtsystem lenken.

Einen Schritt in diese Richtung leistet SACKMANN[76] mit der Verknüpfung von individuellen und organisationalen Lernprozessen. Sie unterscheidet drei verschiedene, sich ergänzende Lernperspektiven (siehe Abb. 20).

---

76 Siehe Kap. 3.3.4.

Abbildung 20: Stufen zum organisationalen Lernen[77]

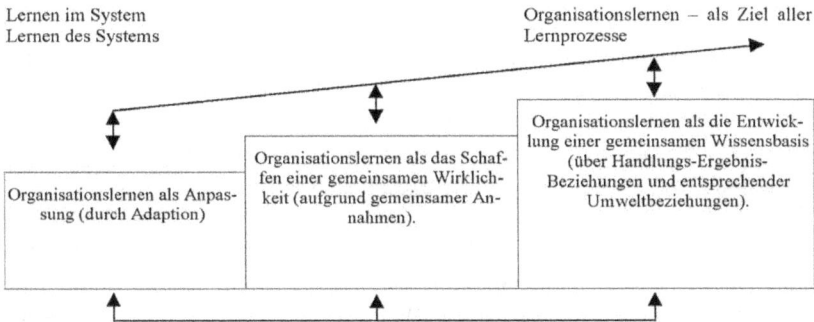

Quelle: Eigene Darstellung (in Anlehnung an Sackmann 1993: 231ff)

Abbildung 20 zeigt: Individuelle Lernprozesse bilden die Basis für institutionales Lernen. Das Lernen von Menschen kann wiederum nur in Beziehung zum Organisationskontext stattfinden. Soziale Systeme als lernende Subjekte können nur im übertragenden Sinne lernen. Die Organisation ist lediglich der Bezugsrahmen, in dem individuelles Lernen stattfindet. Die Wechselwirkung zwischen Individuum und Organisation steht im Zentrum der Betrachtung.

Letztendlich bleibt es aus meiner Sicht auch eine Frage der Organisationskultur, in welcher Form das Lernen der Menschen stattfinden kann und ob das individuelle Lernen zum Nutzen der Organisationsmitglieder und das strategieumsetzende Lernen zum Nutzen des Unternehmens ineinander greifen. Als Voraussetzungen des organisationalen Lernen müssen folgende institutionelle Merkmale erfüllt sein: Die Kommunikations- und Informationsstrukturen müssen vernetzt werden und die Organisation muss aus Strukturen bestehen, in denen die Mitarbeiter/innen von sich aus, einzeln oder in Teams, den Veränderungsprozess initiieren können.

Viele (Lern-)Theorien lassen meines Erachtens bei ihrer mikro- bzw. makrodidaktischen Betrachtungsweise einen entscheidenden Punkt weitgehend unberücksichtigt: Die Frage der Lernwilligkeit und -bereitschaft in Abhängigkeit der Menschenbilder und der Organisations- und Führungskultur. In natürlichen Organisationsmodellen (NOM)[78] oder offenen Organisationssystemen

---

77 Der Prozess des organisationalen Lernens ist meines Erachtens ein zirkulärer Prozess, dennoch wähle hier – aufgrund der Übersichtlichkeit – keine spiralförmige Darstellung, sondern die Darstellung des Prozesses in Stufen.

78 Natürliche Organisationsmodelle (NOM) sind gekennzeichnet durch flache Hierarchie,

(OOM)[79] werden Menschen darin unterstützt, bereits adaptiertes Wissen und Kompetenzen zu erweitern oder Innovationsprozesse zu initiieren. Hingegen ist dies bei Organisationsmitgliedern in rationalen Organisationssystemen (ROM)[80] nicht der Fall, da hier die Entwicklungsrichtung meist dirigistisch oder fremdbestimmt vorgegeben wird (*vgl. Scott 1986:419ff*).

Mit GAIRING stimme ich überein, wenn er sagt, dass „[...] der faktische Prozess im Rahmen der Organisationsentwicklung seine Dynamik und Energie immer aus der dialektischen Korrelation von Mensch und System bezieht" (*Gairing 1999:208*).

Die Korrelation von Mensch und System kann nur durch die dieser Aussage zugrundeliegenden systemischen Postulate und Intensionen erfasst werden. Da mir bislang – außer der Arbeit von KÖSEL[81] – kein Ansatz bekannt ist, der die systemischen Postulate, (wie Kontext, Autopoiese, Selbstreferentialität und strukturelle Kopplung) in eine schlüssige Lehr- oder Lernkonzeption integriert, verweise ich auf die systemischen Implikationen aus der Familientherapie und systemischen Erkenntnistheorie (wie positive Konnotation, zirkuläres Fragen, Hypothetisieren), die für den OE-Prozess einige wertvolle Impulse geben können. Der Rückgriff systemischer OE auf die methodischen Konzepte der Familientherapie begründet sich schon allein dadurch, dass in beiden Handlungs- und Betrachtungsfeldern der Aspekt der sozialen Systeme im Mittelpunkt steht (*vgl. Gairing 1999:122ff*).

---

netzwerkartige Kommunikation und ein gutes Arbeitsklima (*vgl. Engelhardt/Graf/Schwarz 1996:115 ff*).

79 Die Merkmale der Offenen Organisationsmodelle (OOM) sind denen der NOM ähnlich; sie zeichnen sich jedoch durch intensive Austauschbeziehungen mit der Umwelt sowie ständiger PE und OE aus.

80 In rationalen Organisationsmodellen (ROM) herrschen folgende Merkmale vor. Hierarchische Organisationen, vertikale Kommunikation, strenge Weisungsgebundenheit, standardisierte Verfahrensweisen (*vgl. Engelhardt/Graf/Schwarz 1996:106f*).

81 *Kösel* entwickelte auf Basis der humanistischen Psychologie, der Gruppendynamik und der Systemtheorie eine neue Didaktik, das Konzept der subjektiven Didaktik (*vgl. Kösel 1993*). Ich verweise in diesem Zusammenhang auch auf meine eigene, unveröffentlichte Diplomarbeit, die auf Basis ganzheitlicher und systemtheoretischer Aspekte eine Neuorientierung der beruflichen (subjektiven) Didaktik begründet (*vgl. Dürr 1993*).

3.4.3. Träger der OE-Prozesse – Ihre Rollen und Aufgaben

Ein soziales System kann nur lernen, wenn auch die System-Mitglieder lernen. Das bedeutet für Unternehmen, dass in einen kollektiven, organisationalen Entwicklungsprozess die einzelnen Organisationsmitglieder und Subsysteme (Teams, Gruppen) miteinbezogen werden müssen. OE in enger Verzahnung mit PE positioniert sich dabei einerseits als ein individueller Lern- und Entwicklungsprozess der einzelnen Akteure im Feld, andererseits als ein kollektiver Lern- und Entwicklungsprozess von Gruppen und Teams und durch die Schaffung einer gemeinsamen Wissensbasis als organisationaler Lernprozess. Somit kommt sowohl den Akteuren als auch den Führungskräften als unterschiedlichen Trägern der Lern- und OE-Prozesse eine gesonderte Rolle zu.

Der folgende Abschnitt beschäftigt sich mit den spezifischen Rollen und Aufgaben der Beteiligten. Diese unterliegen im OE-Prozess den organisationsinternen und -externen Einflüssen, aber auch den durch Normen- und Wertewandel bedingten Anforderungen. Ich verwende dabei einen Rollenbegriff, der sich an der Definition von ECK[82] orientiert.

3.4.3.1. Rolle der Führungskräfte

Führungskräfte nehmen aufgrund ihrer formalen Stellung besondere Führungs- und Managementaufgaben wahr. In diesem Zusammenhang ordne ich dem Führungskreis nicht nur die obere und mittlere Führungsebene, sondern auch die mittlere und untere Managementebene zu.[83]

Die wachsende Komplexität der externen Bedingungs- und Einflussfaktoren fordert die Unternehmen im Gesundheitswesen heraus, sich mit neuen Führungs- und Managementkonzepten auseinanderzusetzen. Das zeigt sich zu-

---

82 Als Rollen werden alle Erwartungen an die Rollenträger und deren Handlungsweisen verstanden, die durch die Interpretationen der Rollenträger in Bezug auf diese Erwartungen geprägt sind (vgl. Eck 1991:219). Bei der Analyse der „spezifischen Rollen" werde ich daher Verhaltens- und Handlungserwartungen berücksichtigen, die von Seiten der Organisationen an die einzelnen Rollenträger gestellt werden können. Die Handlungsspielräume und -kompetenzen der Rollenträger unterliegen im Prozessgeschehen einer besonderen Dynamik und hängen maßgeblich davon ab, wie die Rollenträger ihre Gestaltungs- und Partizipationsmöglichkeiten im OE-Prozess wahrnehmen und nutzen.

83 In den Einrichtungen der Altenpflege werden im hierarchischen Organisationsgefüge häufig folgende Funktionen unterschieden: auf der höheren Leitungsebene die Heimleitung, auf der mittleren Leitungsebene die Pflegedienstleitungen (PDL) und auf der unteren Leitungsebene die Stationsleitungskräfte (SL) oder Wohnbereichsleitung (WBL).

nehmend darin, dass die Einrichtungen der (Alten-)Pflege ihre hierarchischen Organisationsstrukturen, administrativen Steuerungsmechanismen und überholten Handlungs- und Gestaltungskonzepte zu verändern suchen. Doch nicht nur die Einrichtungen der Altenpflege selbst, sondern auch ihre Akteure und insbesondere die Führungskräfte müssen sich gegenwärtig auf einen tiefgreifenden Wandlungsprozess einstellen.

Die neuen OE-Konzepte[84] fordern zu Recht, dass das traditionelle Verständnis von Führung, demzufolge die Führungskräfte in ihren Schlüsselrollen die Richtung bestimmen, einem neuen Führungsdenken und -handeln weichen muss.

Ich stimme mit nachfolgenden Theoretikern überein, dass Personen in leitenden Positionen im OE-Prozess sowohl Träger als auch Multiplikatoren von strategischen, kulturell bzw. strukturell bedingten Lern- und Veränderungsprozessen sein müssen. Aus meiner Sicht kommt den Führungskräften in der OE die Aufgabe zu, durch einen Orientierungsrahmen Organisationshilfen zu geben, um die Kräfte der Selbstorganisation zu stärken und zu unterstützen; damit agieren die Führungskräfte im OE-Prozess in ihrer Fach-, Methoden- und Sozialkompetenz und nicht in ihrer hierarchischen Funktion.

Führung in lernenden Organisationen fokussiert subtilere und letztlich wichtigere Aufgaben als die charismatischen Führungspersönlichkeiten wahrnehmen. Führungskräfte sind nach SENGE dafür verantwortlich, Organisationen aufzubauen, in denen die Beschäftigten ihre Fähigkeiten verbessern, um die Zukunft zu gestalten. Da Führungskräfte in dieser Rollenfunktion für das Lernen verantwortlich gemacht werden, sind sie gefordert, drei ausschlaggebende Fähigkeiten und Qualitfikationen zu erwerben: „[...] gemeinsame Visionen zu bilden, vorherrschende mentale Modelle an die Oberfläche zu bringen und zu hinterfragen und systemische Denkmuster zu fördern" (Senge 1993:149).

Eine radikale Neuorientierung erfährt die Führungsrolle im Change Management-Konzept: Führungskräfte sind optimalerweise Change Manager/innen[85]. Dieser Rollenwechsel vom traditionellen Manager zum Systemarchitekten, zum Coach oder zum Berater kann den Führungskräften im Verständnis der Autoren nur gelingen, wenn diese lernen „[...] am System [zu] arbeiten

---

84 Im modernen Führungsverständnis versteht sich Führung in sozialen Organisationen als ein interaktioneller Prozess, in dem die vorhandenen Kräfte und Ressourcen auf klar formulierte Ziele hin gebündelt und organisiert werden müssen (vgl. Lotmar/Tondeur 1993:11). Die Aufgabe der Führungskräfte ist dabei, die Akteure der Organisationen dafür zu gewinnen, ihre Fähigkeiten für die zu bewältigenden Unternehmensaufgaben optimal einzusetzen.

85 Siehe dazu Kap. 3.3.2.

statt im System" *(Doppler/Lauterburg 1999:114)*. Führungskräfte, die am System arbeiten, richten sich an den Prinzipien der lernenden Organisationen aus. Diese Prinzipien besagen, dass „[die] beteiligten Menschen sich selbst – ihre Einstellungen, ihr Verhalten, die operativen Maßnahmen sowie die dazu notwendige Auf- und Ablauforganisation – den sich ständig wechselnden Anforderungen der relevanten Umwelten [anpassen müssen]" *(Doppler/Lauterburg 1999:115f)*. In ihrer Funktion als Change Manager/innen haben die Führungskräfte somit die Aufgabe, immer wieder Impulse zu geben, neu zu organisieren und den Akteuren mehr Gestaltungsräume zu übertragen *(vgl. Doppler/Lauterburg 1999:114)*.

Unternehmens- und Führungskräfteentwicklung sind im Prozess der strategischen Unternehmensentwicklung – definiert als ein kollektiver, organisationaler Lernprozess – zwei Seiten einer Medaille *(vgl. Sattelberger 1996c:25)*. Daher kommt der Entwicklung der Führungskräfte im Rahmen der OE eine entscheidende Bedeutung zu: Weil Führungskräfte durch ihr Verhalten das Verhalten ihrer Mitarbeiter/innen wesentlich beeinflussen, muss die strategische Personalentwicklung als zentrale Führungsaufgabe definiert werden *(vgl. Stäbler 1999:206f)*. Das bedeutet, dass die bislang erworbenen Führungsqualitäten kritisch hinterfragt, verändert und erweitert werden müssen. Eine neue Positionierung der Führungskräfte hinsichtlich eines lebenslangen Lernens wird erforderlich *(vgl. Stäbler 1999:208ff)*.

Hierfür sind neue Schlüsselfaktoren notwendig: (Strategische) Kommunikationsfähigkeit, (strukturelle) Flexibilität und (kulturelle) Kohäsion als Kernelemente der Unternehmensentwicklung bilden zugleich die Grundpfeiler einer integrierten Personalentwicklung *(vgl. Sattelberger 1996c:26)*.

Die Ergebnisse, die KNÄPPLE in ihrem abschließenden Erfahrungsbericht zu den Modellversuchen der Organisationsentwicklungen in den Einrichtungen der Altenhilfe zusammenstellt, bestätigen SATTELBERGERS Empfehlungen, die Führungskräfteentwicklung als eine der wichtigsten Maßnahmen der OE zu etablieren. KNÄPPLE sieht für Führungskräfteentwicklung in der Altenhilfe folgenden Handlungsbedarf *(vgl. Knäpple 1993:10ff)*:

– *Erwerb der Fähigkeiten zur Entwicklung partizipativer Organisationsstrukturen und geeigneter Informationssysteme (alternative und informelle Organisationsstrukturen)*
– *Kompetenzerweiterung in den Bereichen Kommunikation, Führung, Pflegemanagement, Delegation und Konfliktmanagement (Entwicklung eines gemeinsamen Verständnisses, und Konsens sowie Kohäsion)*

- *Stärkung methodischer, persönlicher und sozialer Kompetenzen (Entwicklung flexibler Führungsressourcen).*

Eine andere Position vertreten GLASL/LIEVEGOED. Sie arbeiten mit der These, dass die Führungsrollen und -konzepte in den vier Entwicklungsphasen der Organisation eine typische Ausprägung haben *(vgl. Glas/Lievegoed 1996:121ff)*:

- *Die Pionierphase ist durch eine ausgeprägte Personenorientierung charakterisiert. Der Führungsstil ist überwiegend charismatisch-autokratisch.*
- *In der Differenzierungsphase wandelt sich die personale zur funktionalen Orientierung. Die Managementebene konstituiert sich als planende, organisierende und dirigierende Führung.*
- *In der Integrationsphase passt sich der partizipative bzw. kooperative Führungsstil einer sich entwickelnden flexiblen und offenen (Zelt-)Organisation[86] an.*
- *In der Assoziationsphase erfolgt ein grundlegender Wandel der Organisationsstruktur. Die Führungsstrukturen werden erweitert bzw. wird gänzlich darauf verzichtet: Managementaufgaben werden nach unten bis in die Teamebene verlagert. Lernen und Entwicklung findet in organisationsübergreifenden Gruppen oder Zirkeln statt.*

Diese Führungscharakteristika der einzelnen Entwicklungsphasen in Unternehmen müssen beim Rollendesign der Führung und bei der Gestaltung der Führungskonzepte im OE-Prozess eine entsprechende Beachtung finden *(vgl. Glasl/Lievegoed 1996:161f)*.

Zusammenfassend lassen sich folgende Kompetenzen und Schlüsselqualifikationen festhalten, die von modernen Führungskräften in der Pflege bei OE bzw. bei der Entwicklung einer Lernenden Organisationen gefordert werden: Als Organisationsdesigner/in braucht eine Führungskraft für den Wandel der Unternehmensphilosophie ein besonderes Engagement hinsichtlich der fünf Kerndisziplinen *(vgl. Senge 1998)*, in ihrer Rolle als Change Agents sollen die Führungskräfte Beratungs-, Lehr- und Trainingsfunktion übernehmen *(vgl. Doppler/Lauterburg 1999)*, zugleich müssen sie als Agenten oder als Katalysatoren in einem umfassenden und langwährenden Innovations- und Entwicklungsprozess wirken *(vgl. Sattelberger 1996c)* und darüber hinaus sollen sie in ihrer Führungs-

---

86 Der Begriff der Zeltorganisationen wurde von *Hedberg (1981)* geprägt. Im Unterschied zur Palastorganisation, einer starren, auf die Erfüllung statischer Funktionen angelegten Organisationskonstruktion, zeichnet sich die Zeltorganisation durch flexible und offene Organisationsstrukturen aus, die mit temporären Organisationskonzepten wie z. B. Projekten arbeitet *(vgl. Hedberg, zitiert in Glasl/Lievegoed 1996:125)*.

funktion einen pädagogischen und impulsgebenden Führungsstil verwirklichen, in dem sie die Techniken der Entscheidungsfindung ebenso anzuwenden verstehen wie die Methoden der Teamführung und -entwicklung *(vgl. Glasl/Lievegoed 1996)*.

Angesichts all dieser Anforderungen an eine Führungsperson bleibt meines Erachtens festzustellen: „Auch Manager sind nur Menschen" *(vgl. Doppler/Lauterburg 1999:111)*.

Die Organisationsentwicklung bzw. die Entwicklung von Lernenden Organisationen verlangt eine grundlegende Neuorientierung von Führung; nicht selten wird von den Führungskräften die „Quadratur des Kreises" erwartet. „Bevor sie Sicherheit durch neue Erfahrungen gesammelt haben, werden sie jedoch kritische Phasen erleben, in denen Handlungsmuster nicht mehr greifen und neue noch nicht verinnerlicht sind, was zu Unsicherheiten über das eigene Rollenverständnis führt." *(Baumgartner et al. 1998:176)*. Und so stellt sich abschließend die Frage, wie die Führungskräfte gerade in den traditionell-hierarchisch geprägten Organisationsstrukturen der Altenpflege diese Herausforderung bewältigen können, zusätzlich zur Entwicklung eines neuen Rollenverständnisses und zum Erwerb neuer Kompetenzen und Fähigkeiten im OE-Prozess, ein aktives und vorbildliches Engagement aufzubringen und kontinuierlich aufrechtzuerhalten. Aus meiner Sicht können die Führungskräfte die an sie gestellten Anforderungen nur erfüllen, wenn sie im Rahmen der Führungskräfteentwicklung ein adäquates Unterstützungs- und Beratungsangebot, z. B. in Form von Coaching[87] erhalten.

3.4.3.2. Rolle der Mitarbeiter/innen

Konsens besteht in der Fachwelt, dass sich der OE-Prozess durch eine breite Beteiligung der Akteure der betroffenen Organisationssysteme konstituiert, und dass die Organisationsmitglieder, als aktive, selbstverantwortlich handelnde Individuen, Verantwortung für die Entwicklung ihrer Persönlichkeit und für die Entwicklung ihrer beruflichen Handlungskompetenz übernehmen *(vgl. Richter 1994:39)*. Die Annahme, dass die Akteure im Feld als Träger individueller und kollektiver Lernprozesse für das organisationale Lernen „nutzbar gemacht werden", begründet das Verständnis, den OE-Prozess als eine kollektiv zu bewältigende Aufgabe zu begreifen und gilt als grundlegende Voraussetzung zur Realisierung jeglicher Organisationsziele. Damit gewinnt neben der Bereitschaft der Organisationsmitglieder – als Individuen sowie als Gruppe –

---

87 Siehe Kap. 3.4.4.3.

Veränderungen bzw. deren Notwendigkeit frühzeitig wahrzunehmen und zu initiieren, die gemeinsame Entwicklung und Anwendung veränderter Organisationsstrategien eine zentrale Bedeutung. Für OE-Prozesse in der Altenpflege bedeutet das, dass die Rolle der Pflegekräfte im Mittelpunkt steht.

Menschen lernen aus Erfahrung und somit basiert auch der OE-Prozess auf Erfahrung. Davon gehen die meisten OE-Praktiker aus. „[Menschen] lernen über organisationsinterne Zusammenhänge, indem sie Erfahrungen damit machen und diese Erfahrungen reflektieren" *(French/Bell 1994:81)*. Die Autoren begründen ihren erfahrungsorientierten Ansatz so: Wenn Menschen die ungünstigen Folgen von Konflikten selbst erleben, begreifen sie, dass es nötig ist, Konflikte und Probleme gemeinsam und systematisch zu lösen; in der Auseinandersetzung mit den Konsequenzen ihrer Entscheidungen, lernen sie, nachhaltige Entscheidungen zu treffen, um gewünschte Ergebnisse zu erzielen *(vgl. French/ Bell 1994:81)*. Demnach lernen Organisationsmitglieder nur durch konkrete Praxiserfahrungen[88]. Diese Erkenntnis begründet das Bestreben, die aktive Beteiligung der Betroffenen zum Prinzip der OE zu erheben und so die Akteure in den Veränderungsprozess aktiv einzubeziehen. Dabei wird die Verständigung über die Prozessziele in einem gemeinsamen Willensbildungs- und Kommunikationsprozess als eine der wichtigsten Voraussetzungen für die Bereitschaft und das Engagement der Akteure gewertet, die Ziele auch selbständig umzusetzen *(vgl. u. a. Doppler/Lauterburg 1999; Glasl/Lievegoed 1996; French/Bell 1994)*.

Für die Partizipation der Akteure am Veränderungsprozess *(vgl. Doppler/ Lauterburg 1999:158)* spricht:

1. *Bessere Entscheidungen werden gefällt; diese führen zu praxisgerechteren Lösungen.*
2. *Die aktive Beteiligung erzeugt eine höhere Motivation.*
3. *Die Einbeziehung der Betroffenen fördert die Identifikation mit dem Unternehmen.*

Diese Ergebnisse sind aber nur dadurch zu realisieren, dass die Mitarbeiter/innen „[...] von Beginn an – bereits bei der Analyse der Ist-Situation – aktiv einbezogen werden. Nur wer die Ausgangslage kennt und die Hintergründe versteht, kann sich mit Überzeugung hinter die Konsequenzen stellen" *(Doppler/Lauterburg 1999:158)*.

Im Zentrum der partizipativen Mitarbeit aller Beteiligten muss dabei das vernetzte Denken stehen, denn ohne die Komplexität und Auswirkungen der Ver-

---

88 Siehe Kap. 3.4.2.

änderungsentscheidungen zu begreifen, kann keine Partizipation sinnvoll sein (vgl. *Doppler/Lauterburg 1999:159*). Der „berühmte Blick über den Tellerrand" bedeutet hier, die Probleme und Fragestellungen der anderen Subsysteme innerhalb der Organisation nicht nur einzubeziehen, sondern auch die Aufgaben, die bei den Veränderungsprojekten anfallen, zu verstehen und zu berücksichtigen. Ich schließe mich der Einschätzung der Autoren an, dass Lernstrukturen (wie Teams, Zirkel, Projekte, Meetings) individuelle/s und kollektive/s Wissen und Kompetenzen fördern und deshalb bei der Gestaltung partizipativer Problemlösungs- und Innovationsprozesse eine zentrale Rolle spielen.

Durch die Vergrößerung ihrer Handlungsspielräume erhalten die Akteure die Chance zur Selbstverwirklichung und Potenzialentfaltung. Dies ist meines Erachtens eine wichtige Voraussetzung für das Gelingen von OE-Prozessen. In diesem Kontext ist die konsequente Förderung der Akteure in ihrer Selbstentwicklung und die Stärkung ihres Problem- und Veränderungsbewusstseins unerlässlich. Die Beantwortung der Frage, wie die Unterstützung der Mitarbeiter/innen im Prozessgeschehen zu erreichen ist, lenkt den Blick auf ein Instrument, das meines Erachtens für die Akteure im OE-Prozesses eine wichtige Rolle spielt: die Supervision[89].

Unter dem Gesichtspunkt, dass OE zwei gleichzeitige Ziele verfolgt – die Lernfähigkeit der Organisation und die Entfaltung ihrer Akteure verbunden mit einer stärkeren Orientierung an den Individuen und der Entwicklung ihrer Wissenspotenziale – gewinnen die OE-Konzepte, die Ganzheitlichkeit des menschlichen Entwicklungspotenzials und dessen Integration in die Unternehmensentwicklung vorsehen, zunehmend an Bedeutung. Ausgehend von einem ganzheitlichen Menschenbild, das von der Annahme geleitet wird, dass Menschen bei der Ausübung ihrer Rolle nicht nur Organisationsinteressen, sondern auch ihre Interessen nach individueller Entfaltung und Bedürfnisbefriedigung verwirklichen wollen, ergibt sich die Forderung, dass bei den OE-Interventionen die Akteure in der Entfaltung ihrer Persönlichkeit mit allen Facetten mehr Berücksichtigung finden müssen (vgl. *French/Bell 1994:70f*). „Dies umso mehr, als dass ausgehend von einem konstatierten Wertewandel «postmaterielle Wertorientierungen» den Selbstentfaltungs- und Autonomiewerten (z. B. Selbstverwirklichung, Individualität, Partizipation etc.) größere Bedeutung auch im Arbeitsleben zukommen" (*Görres 1999:462*). Dadurch kann zugleich die Basis für Motivation und Identifikation der Akteure geschaffen werden.

---

89 Siehe Kap. 3.4.4.3.

Zu dieser Einschätzung kommt auch KNÄPPLE: Neben der Entwicklung von Schlüsselqualifikationen spielen selbständige Handlungs- und Entscheidungsspielräume bei der Qualifizierung und Förderung von Pflegekräften eine nicht zu unterschätzende Rolle, sie unterscheidet die folgenden Stufen der Partizipation *(vgl. Knäpple 1993:58f)*:

– *Delegation von Aufgaben, Kompetenzen und Verantwortung durch gezielte Aufgabenverteilung auf einzelne Pflegekräfte.*
– *Einrichtung (teil-)autonomer Pflegeteams.*
– *Mitwirkung des Personals an Planungs- und Entwicklungsaufgaben durch die Etablierung von Teams, Projektgruppen und Qualitätszirkeln*
– *Sicherstellung von Informationen für das Personal durch entsprechende Kommunikations- und Informationsstrukturen.*

Erkenntnisse aus der OE-Forschung in der Altenpflege bestätigen die skizzierten wissenschaftlichen Überlegungen: Partizipative Gestaltungsmöglichkeiten der Pflegekräfte in Teams, Projektgruppen, Gesundheits- und Qualitätszirkeln erhöhen das Problemlösungs- und Steuerungspotenzial der Mitarbeiter/innen und somit auch das der Organisation und führen bei den Pflegekräften zu mehr Arbeitszufriedenheit, zu einer verbesserten Fehlzeitenquote, zu einem kritischen Bewusstsein gegenüber den Arbeitsabläufen und zu einer positiven Akzeptanz bei Veränderungen und Veränderungsvorhaben *(vgl. Knäpple 1993:63ff; Görres 1992:337ff; Müller et al. 1997:309ff)*.

3.4.3.3. Rolle der Berater/innen

OE kann sowohl durch externe Beratungspersonen und -institutionen als auch durch interne Berater/innen durchgeführt werden. Während die externe Beratung eine Dienstleistung ist, die durch eine unabhängige Beratungsperson, ein Beraterteam oder eine Beratungsinstitution als sachverständige Dritte erfolgt, wird die organisationsinterne Beratung meist von Personen wahrgenommen, die den OE-Prozess in einer Stabfunktion oder als Projektleiter/innen begleiten, steuern und beraten.

In den klassischen und modernen OE-Konzepten besteht weitgehende Einigkeit darüber, dass OE-Prozesse durch externe Change Agents, die in der Rolle der Katalysator/innen für den Wandel fungieren, begleitet werden sollen. Die Vorteile der externen Beratung werden darin gesehen, dass die externen Berater/innen aufgrund ihres Erfahrungshintergrunds eine spezielle, vielfältige und breitangelegte Beratungskompetenz mitbringen, über ein ausgeprägtes, branchenübergreifendes Wissen an spezifischen Kommunikations- und Interventionsmethoden verfügen, die Führungskräfte im Veränderungsprozess entlasten, die internen Change Agents in der Prozessbegleitung unterstützen. Außerdem kann externe Beratung unter der Voraussetzung, dass entsprechende personelle Kapazitäten für eine interne Beratung fehlen, wirtschaftlicher und effektiver sein als organisationsinterne Beratung (vgl. *Kieser 1998:63ff; Stutz 1988:92f*). Eines gilt in der gängigen Literatur als sicher: Für das Gelingen von OE-Projekten ist das Zusammenspiel von externen und internen Berater/innen sowie Führungskräften unabdingbar.

Bei der Entscheidungsfindung, ob der OE-Prozess extern oder intern begleitet werden soll, spielen aus meiner Sicht noch mehrere Faktoren und Rahmenbedingungen eine Rolle. Ausschlaggebend können u. a. folgende Faktoren sein: Entwicklungsphase des Unternehmens, Fähigkeit und Bereitschaft der Akteure zur Selbstorganisation und Partizipation, Identifikation der Akteure mit dem Unternehmen, Kompetenz und Vertrauensbildung der internen Beratersysteme, Vorhandensein geeigneter Informationssysteme, Kommunikationskultur, Fähigkeit und Bereitschaft der Führungskräfte, die Rolle der Change Manager/innen zu übernehmen, die Reife der Team- oder Gruppenkohäsion und das Vorhandensein entsprechender finanzieller und personeller Ressourcen.

Da das Wissen über die Steuerung und die Entwicklung von Organisationen noch nicht zum anerkannten und etablierten Kernbereich der Wissensbasis in Pflegeeinrichtungen zählt, favorisiere ich – in Abwägung aller Faktoren – bei Begleitung von OE-Prozessen in den Einrichtungen der stationären Pflegeeinrichtungen die Beauftragung externer Beratersysteme (vgl. *Grossmann/Scala 2002d:195*). Weitere Gründe, die dafür sprechen, sind: Die Strukturen der Altenpflegeorganisationen sind mehrheitlich noch nicht hinreichend entwickelt, um OE-Prozesse selbstorganisiert durchzuführen, zudem können die externen Berater/innen durch organisationsungebundene Spiel- und Zeiträume eine größere Distanz zu den Problemfeldern und Prozessthemen entwickeln und weitgehend losgelöst von möglichen Macht- und Hierarchiekonstellationen arbeiten. In der Neutralität der externen Change Agents und auf dem Erfahrungshintergrund ihrer Beratungstätigkeit sehe ich eine größere Professionalität gewährleistet.

Die Beratungsrolle kann dabei von mehreren Faktoren beeinflusst werden: u. a. vom Beratungsauftrag, von der Strategie der Veränderung, vom Beratungsansatz oder von den Prozessphasen; maßgebend jedoch ist das zugrundeliegende Selbstverständnis des Beratersystems bzw. der Beratungsperson selbst.

Unter dem Gesichtspunkt der Berateraktivitäten nimmt ECK – wie nachfolgende Abbildung 21 zeigt – folgende Einteilung der Rollenkategorien vor:

Abbildung 21: Rollenkategorien des Beraters unter dem Gesichtspunkt: direktiv und non-direktiv

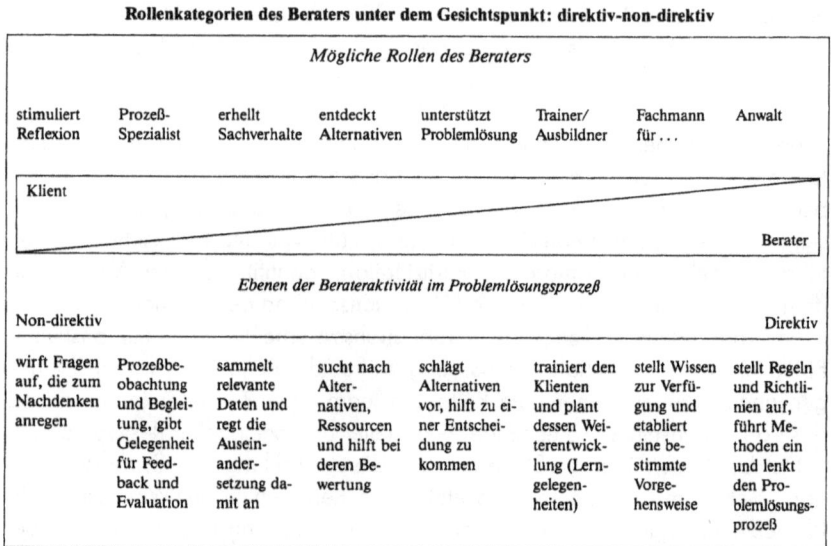

Rollenkategorien des Beraters unter dem Gesichtspunkt: direktiv-non-direktiv

Mögliche Rollen des Beraters							
stimuliert Reflexion	Prozeß-Spezialist	erhellt Sachverhalte	entdeckt Alternativen	unterstützt Problemlösung	Trainer/Ausbildner	Fachmann für …	Anwalt

Klient

Berater

Ebenen der Crataktivität im Problemlösungsprozeß

Non-direktiv   Direktiv

| wirft Fragen auf, die zum Nachdenken anregen | Prozeßbe-obachtung und Beglei-tung, gibt Gelegenheit für Feed-back und Evaluation | sammelt relevante Daten und regt die Ausein-ander-setzung da-mit an | sucht nach Alter-nativen, Ressourcen und hilft bei deren Be-wertung | schlägt Alternativen vor, hilft zu ei-ner Entschei-dung zu kommen | trainiert den Klienten und plant dessen Wei-terentwick-lung (Lern-gelegen-heiten) | stellt Wissen zur Verfü-gung und etabliert eine be-stimmte Vorge-hensweise | stellt Regeln und Richtli-nien auf, führt Me-thoden ein und lenkt den Pro-blemlösungs-prozeß |

Quelle: *Eck 1991:247*

Abbildung 21 zeigt auf, welche Interventionstechniken sich in gegebenen Situationen als sinnvoll erweisen können. Die Rollengestaltung ist jedoch an keine bestimmte Prozessphase gebunden (*vgl. Eck 1991:248; Grinell 1991:110ff*).

Je nach Veränderungsstrategie lassen sich zwei grundsätzliche Beraterrollen unterscheiden, die in Funktion und Aufgabe differieren: Bei der Entwicklungsberatung sind die Beratungspersonen als Prozessbegleiter/innen vornehmlich für den prozessualen Ablauf und den Methodeneinsatz verantwortlich (Prozesskompetenz). In der Rolle der Experten verantworten die Berater/innen neben dem prozessualen Ablauf und dem Methodeneinsatz auch die Problemdefinition, die Diagnose sowie die Erarbeitung der Lösungsansätze.[90]

90 Siehe Kap. 3.4.4.

In der klientenzentrierten Beratung (Prozessberatung)[91] gibt es keine festen Rollen, sondern die Rollenübernahme richtet sich an den Aufgaben und Zielen der einzelnen Prozessphasen aus; diese sind wiederum von der Planung und den Feedbackschleifen im Prozessgeschehen abhängig. In einem weitgehend eigendynamischen Entwicklungsprozess, in dem die Akteure nahezu autonom bezüglich ihrer eigenen Entwicklungsplanung agieren (sollen), geben die Berater/innen lediglich Anregungen zur Selbststeuerung (vgl. Schein 1993:411f). Besonders bei „[...] moderierten und prozessbegleitenden Rollen der Beratungspersonen, liegt das Schwergewicht der Beratung auf den Bedürfnissen, der Veränderungsbereitschaft und Akzeptanz der Betroffenen und dem prozessualen Ablauf und nicht auf der Erarbeitung von Lösungsansätzen bzw. ihrer fachlichen Aufbereitung" (Knäpple 1993:51).

Hingegen ist die Rollenübernahme im systemischen Beratungsprozess weniger an einer bestimmten Funktion, sondern an einer bestimmten Einstellung in der Prozessberatung orientiert: Die Berater/innen übernehmen vornehmlich Rollen, in denen sie eine eher neutrale Haltung wahren können. Die Beratungsziele werden nicht auf Probleme und Defizite, sondern auf Lösungen und Ressourcen fokussiert. Systemische Berater/innen setzen ihre Veränderungsimpulse eher an den Relationen zwischen Personen oder Organisationen an, als an den Personen selbst. In der Ausübung ihrer Rolle orientieren sie sich an handlungsleitenden Prinzipien, die besagen, dass es in sozialen Systemen keine „instruktive Interaktion" gibt, denn Folgen sind nie kalkulier- oder planbar, weil die Reaktionen der Klienten immer von eigenen Bedürfnissen und Zielen abhängen; deshalb gibt es immer mehr als nur eine richtige oder optimale Lösung (vgl. Baumgartner et al. 1998:178f).

Für die Entwicklung eines offenen, vertrauensvollen Beratungsprozesses ist es jedoch grundsätzlich wichtig, dass die Berater/innen ihr Handeln nach ihren Wertorientierun-gen transparent gestalten, denn verborgene Werturteile können die Entwicklung von Vertrauen und gemeinsamem Lernen verhindern (vgl. French/Bell 1994:98). Darüber hinaus müssen auch die Wertorientierungen der beteiligten Akteure kommuniziert werden, da die Offenlegung der gegenseitigen Erwartungen und Normen das Zusammenspiel der Handlungen und Denkweisen erleichtern und zu einer Orientierung im Entwicklungs- und Veränderungsprozess beitragen können. Wichtig ist aber auch, dass die Berater/innen über ein eigenes klares Rollen- und Funktionsverständnis verfügen und mit den Beteiligten diskutieren. Damit können sie verhindern, in bestimmten Situationen Leitungsfunktionen

---

91 Nahezu alle modernen OE-Konzepte basieren auf dem Ansatz der Prozessberatung als klientenzentrierte Beratung.

zu übernehmen, zu denen sie „[…] von den Mitgliedern der Organisation immer wieder „eingeladen" [werden]" (*Baumgartner et al. 1998:177*).[92]

3.4.4. Management der Veränderung

Da die Aktivitäten im OE-Prozess so zu gestalten sind, dass sie die Komplexität und Dynamik der Entwicklungs- und Lernprozesse der Organisation und der in ihr tätigen Menschen entsprechend berücksichtigen, kommt dem Management der Veränderung bei der Konzeption und Umsetzung der OE-Prozesse eine entscheidende Bedeutung zu. Die folgende Betrachtung richtet daher ihren Fokus auf die Interventionen und Maßnahmen, welche die Veränderung(en) auslösen (sollen). In den nächsten Abschnitten wird der Blick auf folgende Fragen gelenkt: Welche OE-Strategien, welche Interventionsebenen und -formen und welches Methodenrepertoire sind für die jeweils geplanten Veränderungsvorhaben sinnvoll?

Die Entscheidung über die Veränderungsstrategie ist ein wichtiger Ausgangspunkt für alle weiteren OE-Interventionen und Instrumente. Abbildung 22 zeigt den Zusammenhang:

Abbildung 22: Zusammenhang zwischen den Prozesszielen, Veränderungsstrategien, Interventionsebenen und -formen[93]

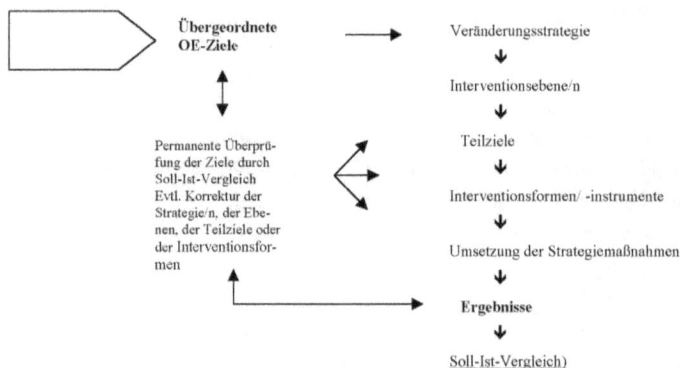

Übergeordnete OE-Ziele

Veränderungsstrategie

Interventionsebene/n

Permanente Überprüfung der Ziele durch Soll-Ist-Vergleich Evtl. Korrektur der Strategie/n, der Ebenen, der Teilziele oder der Interventionsformen

Teilziele

Interventionsformen/ -instrumente

Umsetzung der Strategiemaßnahmen

Ergebnisse

Soll-Ist-Vergleich)

Quelle: Eigene Darstellung

92　Dies spielt insbesondere in Organisationen eine Rolle (bspw. ROM), in denen das Klientensystem nicht gefördert wird, selbständig und selbstverantwortlich zu handeln.

93　Die Autorin verweist darauf, dass sie den OE-Prozess grundsätzlich als einen zirkulären Prozess versteht, auch wenn Abbildung 22 einen linearen Prozessverlauf nahe legt. Doch um die wechselseitigen Abhängigkeiten zwischen den einzelnen Aspekten besser zu veranschaulichen, wird hier eine lineare Darstellung gewählt.

Die Veränderungsstrategie leitet die Unternehmensleitung oder eine Projektgruppe[94] aus den Zielen der OE ab. In Abhängigkeit der OE-Ziele, dem Ergebnis der Unternehmensdiagnose und der Veränderungsstrategie wird bzw. werden daran anknüpfend die Interventionsebene/n ausgewählt. Die Auswahl des geeigneten OE-Instrumentariums zur Erreichung der Prozessziele ist eine methodische Entscheidung und fällt in den Entscheidungsspielraum der Beratungspersonen. Die wichtigsten Strategien und Instrumente, die im Rahmen von Change Management in der Pflege bedeutsam sind, werden von LUCKEY und GÖRRES in verschiedenen Veröffentlichungen übersichtlich dargestellt (vgl. Luckey/Görres 2001:72f; Luckey/Basekow 2001:47f).

3.4.4.1. Strategien der Veränderung

Pragmatisch gesehen umfasst die Veränderungsstrategie den Gesamtplan, die Abstimmung und die Integration aller Aktivitäten und Handlungsspielräume. Die Veränderungsstrategie ist zugleich eine Philosophie der Veränderung, da die Entscheidung für eine bestimmte Strategie[95] von grundlegenden anthropologischen, systemtheoretischen und normativen Werten und Auffassungen getragen wird. Die Entscheidung, welche Strategie der Veränderung verfolgt werden soll, betrifft neben den Fragen des Inhalts immer auch die Fragen des Prozesses und berührt daher nicht nur analytische, sondern vor allem konzeptionelle Dimensionen. Veränderungsstrategien tangieren immer alle Organisationsebenen und -bereiche.

BAUMGARTNER et al. unterscheiden drei Formen der geplanten Veränderung[96]: Dabei wird die Entscheidung für eine bestimmte Strategie von den Grundannahmen über das Menschenbild und über die Lern-, Entwicklungs- und Anpassungsfähigkeiten von Menschen und Systemen bestimmt (vgl. Baumgartner et al. 1998:76ff):

---

94 Die Gruppenmitglieder rekrutieren sich meistens aus Linie und Stab.

95 Unter Strategie verstehe ich in Anlehnung an Mintzberg einen Prozess, der – bewusst angelegt – bestrebt ist, jene Ergebnisse zu erreichen, die sich mit dem Auftrag und Ziel der Organisation decken; Strategie gibt daher eine Richtung vor, bündelt Aktivitäten, definiert die Organisation und sorgt für Beständigkeit und Wandel (vgl. Mintzberg 1999:22ff).

96 Das Trigon-Institut unterscheidet hier noch eine vierte Strategie, die Wildwuchsstrategie. Sie wird als ziellose, ungeplante Entwicklungsstrategie charakterisiert (vgl. Glasl 1999).

1. Expertenstrategie

Sie folgt einem rationalistischen Menschenbild[97]. *Die Veränderung wird von Fachexperten durchgeführt.* Aufgrund wissenschaftlicher Expertisen entwickeln professionelle Fachpromotoren[98] sachbezogene Lösungsvorschläge und -wege und transformieren diese in strukturierte Veränderungsprozesse.

Pro: Die Vorteile der Expertenstrategie liegen in den Möglichkeiten, eine umfangreiche Veränderung strukturiert zu planen und konkrete Konzeptionen planmäßig umzusetzen.

Contra: Da die betroffenen Akteure an der Prozessgestaltung nicht beteiligt sind, haben sie kaum Chancen, am Prozessgeschehen wirklich zu partizipieren, was selten zu einer Identifikation mit den Zielen der Veränderung führt. Jegliche Machtkonstellationen, soziale und kulturelle Aspekte werden negiert.

2. Machtstrategien

Hinter der Idee, eine Veränderung mit Hilfe von Machtorganen und Machtkulturen durchzusetzen, steht entweder ein rationalistisches oder ein behavioristisches Menschenbild. Veränderungsziele werden nur von „oben" verfügt. Macht und Druck ersetzen die für einen Entwicklungsprozess notwendige Konsensbildung der Organisationsmitglieder.

Pro: Der Einsatz von Machtstrategien hat sich in Krisen als Krisenmanagement bewährt.

Contra: Gegen den Einsatz von Machtstrategien sprechen neben ethischen Gründen auch alle handlungsleitenden Erkenntnisse der modernen Führungs- und Managementlehre, die besagen, dass unter Druck keine von Menschen getragene und initiierte Entwicklung stattfinden kann.

3. Entwicklungsstrategie (Veränderung als OE-Prozessberatung)

Auf die Entwicklungsstrategie treffen alle Charakteristika der bisher beschriebenen OE-Ansätze zu: Der Entwicklungsstrategie basiert auf dem methodische Prinzip der Beteiligung, d. h. die Veränderung wird von den betroffenen Akteuren getragen. Diese sind nicht nur geneigt, ihre Probleme in eigener Verantwortung zu lösen, sondern sie bringen zur Problemlösung entsprechende Kompetenzen ein. Ziel der OE-Prozesse ist es, mit Hilfe von institutionalisierten

---

97 Das rationalistische Menschenbild basiert auf der Annahme, dass Menschen aufgrund von Logik, Wissen und rationalen Einsichten und Erwägungen lernen, Entscheidungen treffen und sich verändern.

98 Die Professionalität der Berater (eher Fachpromotoren) bestimmt sich hier als Wissens- und Erkenntnisvorsprung.

Lernprozessen die Kräfte zur Selbstorganisation und Selbstentwicklung zu fördern.[99]

Bezogen auf die Frage, bei welcher Hierarchieebene der OE-Prozess ansetzen soll, unterscheidet GLASL fünf Strategien, die nachfolgend skizziert werden (vgl. Glasl 1975a:151ff):

1. Die Top-down-Strategie

Die Entwicklungsprozesse beginnen an der Führungsspitze. Schrittweise werden die nachfolgenden Hierarchieebenen einbezogen. Im OE-Prozess übernehmen die Führungskräfte die Rolle der Change Agents. Vorteil ist, dass diese Strategie aufgrund der Konzentration der Handlungsmacht in der Organisationsspitze eine gebündelte Steuerung zulässt.

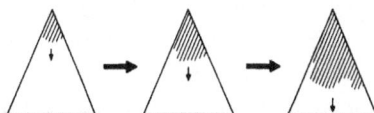

2. Die Basis-upwards-Strategie (bottom-up)

Die Entwicklung beginnt an der Basis. Nach und nach werden die übergeordneten Hierarchieebenen einbezogen. Diese Strategie erfordert von den beteiligten Akteuren die Kompetenz und Fähigkeit zur Selbstentwicklung.

Die bottom-up-Vorgehensweise ermöglicht zwar die Berücksichtigung der Probleme und Bedürfnisse der Pflegekräfte, da aber mit Widerständen von Seiten der Führungskräfte zu rechnen ist, müssen Organisationen bereit sein, große zeitliche und personelle Ressourcen bereitzustellen.

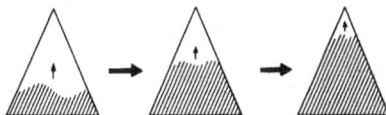

3. Die Bi-polare-Strategie

Die Entwicklungsmaßnahmen setzen zugleich an der Führungsspitze (top-down) und der Basis (bottom-up) an. Die Ebenen des mittleren Management werden

---

99 Da die Beschreibung der Chancen, Ansätze, Möglichkeiten, Grenzen und Probleme der Entwicklungsstrategien den Ausführungen zu den OE-Konzepten entsprechen, werden sie hier nicht weiter skizziert.

nach und nach miteinbezogen. Das kann zu Widerstand der mittleren Führungsebene führen, die sich so vom Veränderungsgeschehen „in die Zange genommen" fühlt.

Von Vorteil erweist sich diese Strategie dann, wenn ein mehrheitlicher Konsens über das Vorgehen existiert, weil dann mehrdimensionale Zielaspekte verfolgt werden können.

4. Die Keil-Strategie

Der Entwicklungsweg erfolgt über die mittlere Führungsebene, um sich von dort nach oben und nach unten fortzusetzen. Dabei sind die Führungskräfte über einen längeren Zeitraum in einen Lernprozess eingebunden. Danach übernehmen sie die Rolle der Change Agents. Auch diese Strategie ist sehr zeitintensiv, kann aber sehr wirksam sein, wenn die Führungskräfte es verstehen, für die übergeordneten Ebenen als Initiatoren zu wirken und die untergeordneten Stellen partizipativ in das Prozessgeschehen einzubeziehen.

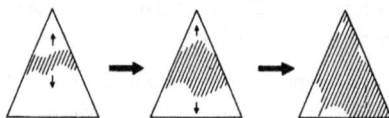

5. Die Multiple-Nucleus-Strategie

Der Veränderungsweg setzt hier bei verschiedenen Hierarchieebenen gleichzeitig an und bietet die Möglichkeit mehrdimensionale Prozesse parallel zu initiieren. Auf verschiedenen Ebenen werden partielle Gruppen (Qualitätszirkel und/ oder Projektgruppen) gebildet. Diese werden simultan in den OE-Prozess miteinbezogen. Da die verschiedenen Teams selbstorganisiert arbeiten, ist der Erfolg dieser Veränderungsstrategie davon abhängig, ob es gelingt, die verschiedenen Initiativen zu koordinieren und miteinander zu vernetzen.

Die Veränderungsstrategien werden in den hier beschriebenen Idealformen kaum umgesetzt, sondern sind in der Realität vielmehr in varianter oder kombinierter Form zu finden.

Eine weitere Abgrenzung ist an dieser Stelle erforderlich: Bei OE-Prozessen ist zwischen geplanten und realisierten Strategien zu unterscheiden, wie Abbildung 23 zeigt:

Abbildung 23: Geplante und realisierte Veränderungsstrategien

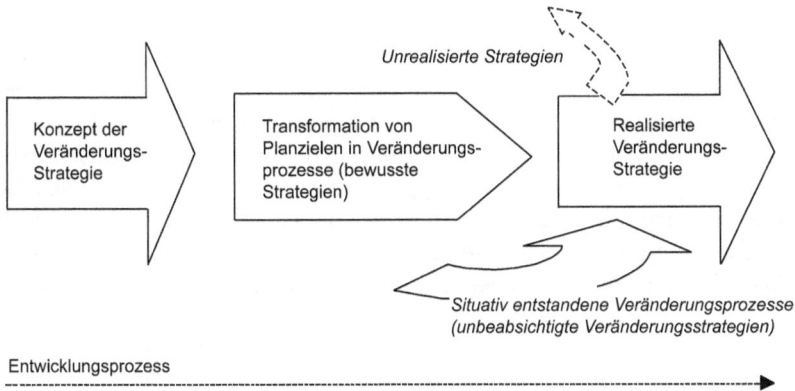

Unrealisierte Strategien

Konzept der Veränderungs-Strategie

Transformation von Planzielen in Veränderungs-prozesse (bewusste Strategien)

Realisierte Veränderungs-Strategie

Situativ entstandene Veränderungsprozesse (unbeabsichtigte Veränderungsstrategien)

Entwicklungsprozess

Quelle: Eigene Darstellung (in Anlehnung an Mintzberg 1999: 26)

Die Darstellung zeigt, dass realisierte Strategien immer ein Ergebnis bewusster, geplanter Strategien und situativ entstandener Prozessereignisse (unbeabsichtigter Veränderungsstrategien) sind. Strategien, die sich im Laufe des Prozesses als nicht durchführbar erweisen (unrealisierte Strategien), werden nicht weiter verfolgt.

Abschließend ist zu bemerken, dass kaum eine der hier skizzierten Veränderungsstrategien idealtypisch umgesetzt werden kann. Denn alle OE-Prozesse beinhalten immer beide Komponenten: Eine bewusst initiierte und eine unbeabsichtigte Strategie. Dieser Aspekt charakterisiert auch die Lern- und Entwicklungsfähigkeit der Organisationen im OE-Prozess. In der OE-Praxis gibt es keine Patentlösungen. Sondern: die Veränderungsstrategien müssen mit den jeweiligen betrieblichen Bedingungs- und Einflussfaktoren sowie den Veränderungszielen abgestimmt und entsprechend dem Veränderungsverlauf passgerecht eingesetzt werden.

3.4.4.2. Interventionsebenen

„Interventionen sind die eigentlichen Antriebsmomente der OE und bringen Veränderungen in Gang" (French/Bell 1994:126). Dennoch herrscht über den Begriff „OE-Interventionen" in der OE-Literatur Unklarheit. Viele der Definitionen sind undifferenziert („Interventionen sind Ereignisse und Aktivitäten in Organisationen") oder zu technisch („Interventionen sind soziale Technologien"), einige Autoren sprechen auch pauschal von den „Ansätzen der OE" (vgl. u. a. Gebert 1974; Trebesch 1980; Franke 1993), andere wiederum charakterisieren die Bezugsebenen als „OE-Maßnahmen" oder „OE-Strategien" (vgl. u. a. French/Bell 1994; Glasl 1999).

Um den Prozesscharakter der OE-Aktivitäten zu verdeutlichen, definiere ich „OE-Interventionen" als die Gesamtheit der geplanten Handlungsmaßnahmen, die im Rahmen der OE zur Erreichung der gesetzten OE-Ziele gewählt werden und im Verlauf der Prozesse zur Unterstützung der Lern- und Entwicklungsfähigkeit der Organisation und der in ihr tätigen Menschen eingesetzt werden. Der Begriff der „Interventionsebene" bezieht sich dabei auf die Handlungs- bzw. Bezugsebene, in welcher die OE-Akteure gemeinsam mit den OE-Beratungspersonen (inter)agieren, um ein bestimmtes Interventionsziel zu verfolgen. Unter Interventionsformen hingegen verstehe ich das Repertoire an beraterischen Aktions- und Reaktionsmustern, aus dem einzelne Instrumente zur Erreichung der jeweiligen OE-(Teil)Ziele gewählt und angewandt werden: Methoden, Techniken und Verfahren der OE-Praxis – im Sinne von Gestaltungsmaßnahmen (vgl. Wimmer 1995a:87). Im Folgenden werden die Interventionsebenen näher betrachtet, die Interventionsformen werden im nächsten Kapitel beschrieben[100].

Das traditionelle OE-Verständnis unterscheidet zwei Bezugsebenen der Organisation: Zum einen die Veränderung der in der Organisation tätigen Menschen und zum anderen die Veränderung der Organisation als Institution (vgl. Franke 1993:43f). Da das traditionelle Verständnis eine strikte Trennung zwischen strukturellen und personalen Veränderungsprozessen impliziert, werden Interventionen, die an den sozialen Beziehungen ansetzen oder mehrdimensionale Ziele verfolgen nicht hinlänglich berücksichtigt.

Durch die Klassifizierung von FRANKE[101] – sie unterscheidet vier OE-Ansätze – ist eine differenzierte Betrachtung der Interventionsansätze möglich (vgl. Franke 1993:44ff):

---

100 Siehe Kap. 3.4.4.3.
101 Siehe Kap. 3.1.5.

▧ *Ansatz am Individuum*[102]
▧ *Ansatz an den sozialen Beziehungen*[103]
▧ *Ansatz an strukturellen und technologischen Bedingungen der Organisation*[104]
▧ *Integrierter Ansatz*[105]

Ein Verdienst von FRANKE ist es, dass durch ihre Unterscheidung die Interventionsebenen einerseits systematisiert werden und andererseits die Synergieeffekte von strukturellen, sozialen und personalen[106] Veränderungsimpulsen durch die Einbeziehung einer vierten Ebene – der integrativen Interventionsebene – verdeutlicht werden. Da die Autorin jedoch diejenigen Interventionen, welche die Veränderung der kulturellen und ethisch-normativen Werte zum Ziel haben, den personalen Ansätzen zuordnet[107], bleiben die Eckpunkte des Interventionsgeschehens bei den Normen- und Wertesysteme meines Erachtens verschwommen.

Die Frage der kulturellen und normativen Wertveränderungen wird von BEISEL[108] gelöst. Die Autorin nimmt in ihrer Klassifizierung eine Trennung in kul-

---

102 Dazu zählen vor allem die Ansätze der Human-Relations-Bewegung (*vgl. Lewin 1982; French/Bell 1984*) Hierbei richtet sich der Schwerpunkt auf die Entwicklung der Partizipationsmöglichkeiten und Kompetenzen der einzelnen Akteure. Beispiele für OE-Interventionen sind: Qualifizierungsmaßnahmen, Persönlichkeits- und Führungskräfteentwicklung, Kompetenzerwerb oder -erweiterung für Zielsetzungsentscheidungen oder zur Problem- und Konfliktlösung.

103 Im Vordergrund stehen die sog. Survey-feedback-Methoden, das Laboratoriumstraining für Arbeitsgruppen und Qualifizierungsmaßnahmen. Deshalb konzentriert sich die OE hier auf die teamorientierte Qualifizierung der Organisationsmitglieder, die die Veränderungsmaßnahmen dauerhaft tragen und umsetzen sollen. Beispiele von Interventionen sind u. a.: Personal- und Teamentwicklung, Entwicklung des Kooperations-, Kommunikations- und Konfliktvermögens sowie Entwicklung intergruppaler Beziehungen und der Teamkultur.

104 Dieser Ansatz geht auf die Forschungserkenntnisse des Tavistock-Instituts zurück, die besagen, dass Veränderungen der strukturellen und technologischen Rahmenbedingungen auch die sozialen Beziehungen nachhaltig verändern.

105 Zu diesem Ansatz zählen alle OE-Ansätze, die einen ganzheitlichen Entwicklungs- und Veränderungsprozess in Organisationen anstreben (*GOE, systemische und ganzheitlich-evolutionäre Ansätze*). Die Verfolgung integrativer Ziele und simultaner Prozesse gehören heute zu den zentralen Anliegen der meisten OE-Vorhaben.

106 Hierzu zählen sowohl die individuenzentrierten als auch die interpersonellen (team- oder gruppenorientierte) Interventionen.

107 Das ist im Ansatz richtig, denn die Organisationsmitglieder sind die Träger der Normen- und Wertesysteme.

108 Mit ihrer Differenzierung grenzt *Beisel* die möglichen Interventionen der traditionellen Personalförderung von den Interventionen im Sinne der drei Schlüsselprozesse Kultur-,

tur-, struktur- und strategiebezogenen und personenzentrierten Interventionen und eine Unterscheidung nach Interventionsinhalten vor (siehe Tabelle 5).

Tabelle 5: Klassifikation der OE-Interventionen nach Inhalten

Personenzentrierte Interventionen	Kultur-, Struktur- und Strategiebezogene Intervention
▨ Kooperations-, Kommunikations-, Kompetenztraining	▨ Unternehmensphilosophie, Leitbild
▨ Konflikttraining und -beratung	▨ Führungskultur- und Führungsstile
▨ Team-, Personalentwicklung	▨ Zielvereinbarungs-Interventionen
▨ Laboratoriumstraining, Führungskräfteentwicklung	▨ Variationen der Auf- und Ablauforganisation
▨ Qualifikation und Weiterbildung	▨ Technisch-strukturale Interventionen
▨ Lebens- und Karriereplanung	▨ Methoden der Qualitätssicherung und -entwicklung
▨ Internes Marketing	▨ Externes Marketing
▨ Supervision und Coaching	▨ Systeme und Methoden der Gesundheitsförderung

Quelle: Eigene Darstellung (in Anlehnung an Beisel 1994:281)

Das ganzheitliche Systemkonzept von GLASL[109] (Tabelle 6) untergliedert jede Organisation in sieben Wesenselemente, die von ihm zu weiteren drei Subsystemen zusammengefasst werden[110]. Diese Untergliederung ermöglicht meines Erachtens auch eine erweiterte Sichtweise der Interventionsebenen, da die kulturellen Interventionen, die an Unternehmensidentität und -politik ansetzen von den Interventionen auf sozialer und technisch-strukturaler Ebene getrennt berücksichtigt werden.

Struktur- und Strategieentwicklung – die *Sattelberger* für die Lernende Organisation postuliert – ab. Siehe Kap. 3.3.4.

109 *Glasl* löst mit seiner Systematik sowohl die Frage nach dem Zielcharakter von Interventionen (Reorganisation oder OE) als auch die Probleme der Zuordnung der Interventionen zu den kulturellen und normativen Wertesystemen. Aus Sicht des Autors haben alle Interventionen, die auf einzelne, isolierte Wesenselemente des technisch-instrumentellen Systems abzielen, lediglich Reorganisationscharakter (*vgl. Glasl/Lievegoed 1996:13ff*). Wobei der Autor dennoch nicht ausschließt, dass diese Interventionen auch systemverändernde, strategische Konsequenzen (soziale oder kulturelle) bewirken könnten.

110 Das Systemkonzept von *Glasl* wurde bereits in Kap. 3.3.3. ausführlich dargestellt.

Tabelle 6: Klassifikation der OE-Interventionen im ganzheitlichen Systemkonzept der Organisation

Interventions- ebene (in bezug auf die einzelnen Subsysteme)	Veränderungsin- tention (in Bezug auf die Verände- rung einzelner Wesenselemente)	Interventionsziele		Beispiele für mögliche OE- Ansätze
		Beispiele im Innensystem	*Beispiele im Außensystem*	
Kulturelles Subsystem	1. *Identität*	Unterneh- mensphiloso- phie, Unterneh- mens- und Pflegeleitbilder	Image nach au- ßen, Unterneh- mens-, Konkur- renzprofil	Integrierter An- satz, ggf. unter Einbeziehung aller Hierarchie- ebenen
	2. *Policy, Strategie, Programme*	Leitsätze, Pflege-, Wohn- und Be- treuungskonzep- te, Qualitäts- management	Marketing- und PR-Strategien, Benchmarking- konzepte	Integrierter An- satz: vornehmlich Führungskräfte und Stäbe
Soziales Subsystem	3. *Struktur*	Rechtsform, Füh- rungshierarchie, Organisations- struktur, Ge- schäftsverteilung	Strukturelle und strategische Be- ziehungen: Ko- operationen.	struktureller An- satz kombiniert mit personalen Interventionen
	4. *Menschen, Gruppen, Klima*	Personal- und Führungs- entwicklung, Konflikt- Kommunikations- training, Lebens- Karriereplanung	Pflege informeller Beziehungen zu externen Stellen, Verbänden etc.	Integrierter An- satz: vornehmlich personaler und sozialer Interven- tionen
	5. *Einzelfunktio- nen, Organe*	Kompetenzen, Projektgruppen, Stellenbeschrei- bungen, Stellen- profile	Externe Schnitt- stellen (Hauswirt- schaftliche Dienstleister, Zulieferer)	Integrierter An- satz: vornehmlich personale und soziale Interven- tionen
Technisch- instrumentelles Subsystem	6. *Prozesse, Abläufel*	Prozessabläufe, Arbeitslogistik, Informations-, Dokumentations- systeme	Externe Logistik (Fahrdienste, Verteilungs- systeme)	Strukturelle Inter- ventionen

| 7. Physische Mittel | Finanzielle Mittel, Betriebs- und Geschäftsausstattung | Physisches Umfeld | Technisch-strukturelle Interventionen |

Quelle: Eigene Systematik nach Glasl *(vgl. Glasl/Lievegoed 1996:12)*

Mit Hilfe von GLASLs ganzheitlichem Systemkonzept können Veränderungsintentionen, Interventionsziele und Ansätze im Kontext der Interventionsebenen systematisiert, differenziert und klassifiziert werden. Deshalb werde ich dieses Klassifikationsschema in meiner empirischen Forschung als Untersuchungsraster zugrunde legen.

In diesem Zusammenhang möchte ich auf das OE-Verständnis hinweisen, dem meine spätere Untersuchung folgt: Jedes Interventionsgeschehen im Rahmen von Organisationsentwicklung kann immer nur mehrdimensionale und integrierte Ziele verfolgen. Abschließend ist daher festzuhalten, dass jede Klassifizierung und Systematisierung von OE-Interventionen immer nur theoretisch erfolgen kann.

3.4.4.3. Interventionsformen und Instrumente der OE

Die einzelnen Ansätze der OE besitzen kein spezifisches Instrumentarium[111], sondern bedienen sich der edukativen Verfahren und Methoden verschiedener Anwendungs- und Wissenschaftsbereiche, vornehmlich der Sozialwissenschaften. Im Einzelnen können dies folgende Instrumente sein *(vgl. Engelhardt et al. 1996:129)*:

- *Instrumente der empirischen Sozialforschung[112]: Quantitative und qualitative Erhebungen*
- *Verfahren der Sozialpsychologie und Gruppendynamik[113] (u. a. Soziogramme, Feedback- und Kooperationsübungen, Prozessanalysen).*
- *Methoden der Erwachsenen- und betrieblichen Bildungsarbeit[114] (u. a. Gruppen- und Plenarmethoden, Szenario, Zukunftswerkstätten).*

111 Interventionsformen und Instrumente werden hier synonym verwendet.
112 Diese Verfahren spielen vor allem bei der Diagnose und Ist-Analyse in der Orientierungs- bzw. Erhebungsphase sowie bei der Evaluation in der Abschlussphase eine wichtige Rolle.
113 Diese Instrumente kommen vor allem in den Phasen der Orientierung, Zielbestimmung und Maßnahmenplanung und -realisation zur Anwendung.
114 Diese Instrumente können in allen Prozessphasen eingesetzt werden.

▓ *Methoden verschiedener therapeutischen Schulen*[115] *(u. a. Psychodrama, systemische Therapie)*
▓ *Methoden des Projektmanagements*
▓ *Supervision bzw. Coaching zur Prozessberatung und -begleitung*

Die genannten Instrumente stellen in Verbindung mit den Interventionsebenen OE-Handlungsregulative dar. Die Interventionsformen werden aufgrund folgender Aspekte im Hinblick auf ihre übergeordneten Ziele ausgewählt[116] und umgesetzt:

▓ *Inhalt der Veränderung: Was soll die Intervention bewirken?*
▓ *Funktion der Intervention: Wozu soll die Intervention dienen?*
▓ *Zielgruppe der Veränderung: Wer soll verändern oder verändert werden?*
▓ *Intention der Intervention: Zu welcher Entwicklung soll die Veränderung führen?*

Im Folgenden beschränke ich mich auf die Beschreibung des Coaching und der Supervision als Formen der Prozessbegleitung und -beratung, denn: Zum einen spielen beide Formen in den von mir untersuchten OE-Prozessen eine wichtige Rolle, zum anderen nehmen Coaching[117] und Supervision in der OE als Methoden der Führungs- und Teamentwicklung an Bedeutung zu. Bei den anderen genannten Instrumenten verzichte ich auf eine explizite Beschreibung, da diese in vielen Standardwerken beschrieben sind.

Coaching ist ein personenzentrierter und interaktiver Beratungs- und Betreuungsprozess, der berufliche (zuweilen auch private) Inhalte umfassen kann. Coaching ist zeitlich immer begrenzt. Beim Coaching wird zwischen Einzel-, Gruppen- sowie Teamcoaching unterschieden *(vgl. Rauen 1999:47)*. Beim organisationsexternen Coaching werden die Prozesse von externen, professionellen Berater/innen[118] durchgeführt. Beim organisationsinternen Coaching

---

115 Auch diese Instrumente können in allen Prozessphasen Anwendung finden.

116 Meines Erachtens ist bei der Beurteilung der Instrumente im Beratungsprozess wichtig, dass die Veränderungsstrategie immer eine oder mehrere Aufgaben verfolgen kann, wohingegen die Wahl der Instrumente nur in Abstimmung mit einem bestimmten Zielausschnitt erfolgen kann. Die verstehen sich dabei lediglich als Hilfe zur Selbststeuerung und Selbstorganisation, da es sich bei der Potenzialentwicklung um weitgehend eigendynamische Entwicklungsprozesse handelt, in denen die Akteure bezüglich ihrer Entwicklungsplanung weitgehend autonom agieren.

117 Sowohl als externes als auch internes Coaching

118 Externe Coachs sind in der Regel freiberufliche Berater/innen oder Mitarbeiter/innen einer Beratungsinstitution.

gibt es zwei Arten[119] der Prozessbegleitung: das Coaching durch die Vorgesetzten und das Coaching durch interne Berater/innen.

Die zentrale Aufgabe von Coachs ist es, die Führungskräfte[120] in ihrer Management- und Führungskompetenz zu begleiten und zu unterstützen. Dabei sind folgende Aspekte relevant (vgl. u. a. *Rauen 1999; Senge 1993; Schein 1993; Sattelberger 1996b):*

▨ *Die Anwendung von Methoden, die kommunikative Fähigkeiten wie beispielsweise „Aktives Zuhören", Gesprächsführungskompetenz, Problem- und Konfliktlösungsfähigkeiten fördern.*

▨ *Die Unterstützung bei Teambildung, -entwicklung und -steuerung.*

▨ *Die Förderung des Problemlösungs- und Entwicklungspotenzials und von innovativen, vernetzten Denk- und Handlungsansätzen.*

▨ *Die Unterstützung bei der Entwicklung einer neuen Organisations- und Führungskultur.*

▨ *Die Unterstützung beim Erhalt oder bei der Entwicklung der Selbststeuerungsfähigkeiten des Systems und bei der Vorbereitung von internen Projekten oder Umstrukturierungsprozessen.*

▨ *Unterstützung und Begleitung von lernvertiefenden Selbsterfahrungsprozessen und die Förderung der Bereitschaft zu lebenslangem Lernen.*

▨ *Die Förderung von Fähigkeiten zu Kultur-, Struktur- und Strategieentwicklung.*

---

119 In der einschlägigen Fachliteratur wird den externen Coachs im OE-Prozess eine größere Wirksamkeit zugeschrieben, was vor allem mit der Neutralität und Professionalität externer Coachs begründet wird (vgl. u. a. Wimmer 1995; Fatzer 1991; Glasl 1996; Rauen 1999). Unabhängigkeit und Vertrauen sind Voraussetzungen, die für einen erfolgreichen Entwicklungsprozess unerlässlich sind (vgl. Rauen 1999:64ff). Im Gegensatz zur Position externer Coachs kann die Stellung der internen Beratungspersonen aus meiner Sicht nicht neutral sein, da interne Coachs einerseits dem System verpflichtet sind und andererseits in die bestehenden Macht- und Hierarchiekonstellationen integriert sind. Die Entscheidung sollte allerdings nicht in Abhängigkeit zu finanziellen Ressourcen gefällt werden, sondern in Abwägung der verschiedenen Ausgangslagen und Zielsetzungen. Von großer Bedeutung ist auch die Professionalität der Beratungspersonen: Psychologische und vor allem gruppendynamische Kompetenzen gehören zum unverzichtbaren Rüstzeug der Coachs, des weiteren sollten sie aber auch über betriebswirtschaftliche Kenntnisse sowie über praktische Erfahrungen bezüglich der thematischen Problemfelder verfügen.

120 Coaching wird in der Fachliteratur vor allem im Zusammenhang mit der Führungskräfteentwicklung erörtert. Zunehmend werden heute auch Mitarbeiter/innen in exponierten Funktionen gecoacht.

Die Aufgabe der Coachs besteht zusammenfassend darin, bei den Führungskräften notwendige Lern- und Bewusstseinsprozesse auszulösen sowie Einstellungs- und Verhaltensänderungen zu bewirken. So gesehen kommt dem Coaching im Organisationsalltag die Funktion zu, eine Wirksamkeitslücke zwischen den Lern- und Anwendungsfeldern zu schließen, wie dies in Abbildung 24 veranschaulicht ist.

Abbildung 24: Coaching im OE-Prozess

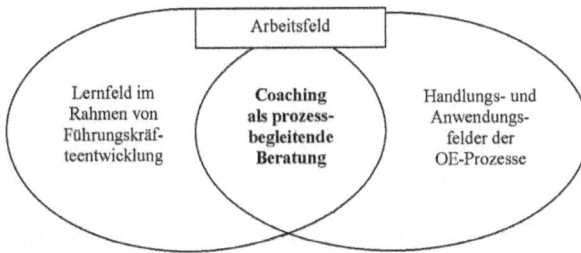

Arbeitsfeld

Lernfeld im Rahmen von Führungskräfteentwicklung

Coaching als prozessbegleitende Beratung

Handlungs- und Anwendungsfelder der OE-Prozesse

Quelle: Eigene Darstellung

Die zweite Interventionsform, die Supervision, spielt bei der Einzel- und Teamentwicklung eine wichtige Rolle. Supervision, im Rahmen von OE, charakterisiere ich in Anlehnung an FATZER als eine systematisierte Reflexion beruflichen Handelns, welche Probleme und Konflikte, die im Organisationsalltag auftreten, dadurch klären kann, indem sie den Zusammenhang zwischen Beziehungsaspekten, institutionellen Aspekten und Lernprozessen von einzelnen Organisationsmitgliedern, Teams und des Gesamtsystems „Organisation" erhellt und bearbeitet (vgl. Fatzer 1991a:257).

Im Gegensatz zur Einzelsupervision werden bei der Gruppen- und Teamsupervision vornehmlich Themen und Schwerpunkte aus den Lern- und Arbeitsfeldern der beteiligten Teams bzw. Supervisanden bearbeitet. Gegenstand der Teamsupervision sind u. a.:

- *Reflexion der Arbeits- und Handlungsfelder in der Organisation.*
- *Verbesserung von Kommunikation und Kooperation im Team, in der Organisation und in Bezug auf das Kundensystem.*
- *Systematische Verbesserung und Entwicklung der Fähigkeit der Teammitglieder zu Problemdefinition, Konfliktidentifikation und -lösung.*
- *Reflexion und Weiterentwicklung des Rollenverständnisses und der -identität.*
- *Fortwährende Arbeit an der Zielformulierung der Organisation.*

Bei der Teamsupervision[121] als OE-Beratung konzentrieren sich die Beratungspersonen auf das organisationale Interaktionsgeschehen; deren Störquellen und Verbesserungspotenziale stehen im Zentrum des Reflexions- und Entwicklungsprozesses. Von daher versteht sich die Teamsupervision immer auch als Lern- und Interaktionsprozess, der die Mitglieder befähigen soll, ihre Problemlösungs- und Entscheidungsprozesse innerhalb der Organisation zu bewältigen.

Abschließen möchte ich meine Ausführungen mit KRÄMER, dessen Position ich vorbehaltlos zustimme: „Ohne die Klärung der Frage, welche Funktion der Einsatz eines bestimmten Instrumentes in einer bestimmten Situation haben könnte, erfüllen diese Instrumente ihre Aufgabe nicht, sondern bewirken das Gegenteil: Unreflektiertheit, Vergrößerung der Unselbständigkeit und Machtverschleierung. Der Mangel an Reflexion ist gleichzeitig auch ein Mangel an Partizipation der Betroffenen [...]. Er führt zur Umkehrung der angestrebten Ziele, zu Verlusten an Motivation, Zufriedenheit und Effizienz der Betroffenen. Der oberflächliche und rezepthafte Einsatz von OE-Maßnahmen stellt also nicht einen beliebigen, wieder gut zu machenden Kunstfehler dar, sondern die Demontage des Anspruchs und verhindert das Erreichen der OE-Zielsetzung" (Krämer, zitiert in Richter 1994:31).

3.4.5. Typische Phasen im OE-Prozess

Das Phasenmodell sozialer Veränderung von LEWIN ist das Basismodell für alle sozialen Veränderungsprozesse in Organisationen. Es besagt, dass sich jeder Wandel in den drei Schritten des *Auftauens, Bewegens und Einfrierens* vollzieht. In verfeinerten Variationen findet sich LEWINs „Lehre des gelenkten sozialen Wandels" in den Phasenmodellen vieler OE-Konzepte wieder (siehe Tabelle 7):

---

121 Die Teamsupervision als OE-Prozessberatung muss bei der Bearbeitung der Interaktionssysteme immer die strukturelle Ebene in die Beratung einbeziehen und muss das Interaktionsgefüge und das Rollenverhalten der Organisationsmitglieder immer als Ausdruck des gesamten Organisationssystems begreifen. Da die Teamsupervision im Kontext der OE stattfindet, kann „Teamsupervision [...] nur in dem Maße gelingen, wie die Anliegen der Organisationsentwicklung mit denen der Teamsupervision koordiniert werden" (Fatzer 1991:262).

Tabelle 7: Ausgewählte Phasenmodelle

Lewin (1951)	**Unfreezing** – auftauen, in Frage stellen, Motivation für Veränderung wecken	**Moving** – verändern, in Bewegung setzen, neue Verhaltensmuster und Arbeitsläufe entwickeln	**Refreezing** – einfrieren, veränderte Verhaltensweisen und Verhältnisse entwickeln
French/Bell (1994)	1. Problemerkennung 2. Situationsklärung mit sozialwissenschaftlichen Beratersystemen 3. Daten-Sammlung und Diagnose	4. Feedback an Klientensystem 5. Gemeinsame Handlungsplanung (Ziele und Strategie der Veränderung) 6. Zielrealisation/ Aktion	7. Datensammlung (Neubeurteilung des Systems) 8. Feed-back und Diskussion
Doppler/Lauterburg (1999)	1. Diagnose	2. Planung 3. Aktion	4. Auswertung
Glasl (1999)	1. Diagnoseprozesse	2. Soll-Entwurfsprozesse 3. Psycho-soziale Änderungs- und Lernprozesse 4. Informationsprozesse 5. Umsetzungsprozesse 6. Veränderungsprozessmanagement	Kontrolle, Evaluation, Beobachtung und Steuerung der Auswirkungen des gesamten OE-Prozesses ist in Punkt 7. integriert.

Quelle: Eigene Darstellung (in Anlehnung an Beisel 1994:256f)

Die Teilschritte der OE-Prozesse stehen in einer Art Wechselbeziehung zueinander und bilden ein Netzwerk von Regelmechanismen, die sich als einzelne Prozessphasen darstellen lassen (*vgl. French/Bell 1994:66; Stäbler 1999:80*). Der OE-Prozess verläuft dabei zirkulär, wobei kontinuierlichen Reflexionsschleifen berücksichtigt werden (siehe Abbildung 25):

Abbildung 25: Die OE-Phasen im Prozessverlauf

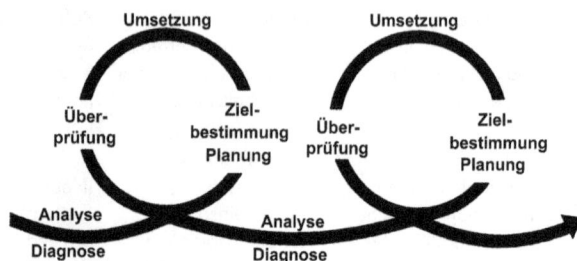

Quelle: Engelhardt et al. 1996:3

Wie Abbildung 25 zeigt, ist die zyklische Wiederholung einzelner Schritte das Charakteristikum der OE. Dabei vollziehen sich die einzelnen Schritte sowohl in der gruppendynamisch und als auch in der systemisch orientierten OE auf der Grundlage offener Information und aktiver Mitwirkung der betroffenen Akteure. FRENCH und BELL umschreiben den Prozessverlauf „als einen Fluss von miteinander verbundenen Ereignissen aus Interventionen in das System der Klienten und aus Reaktionen auf diese Interventionen. Hinter dem Muster steht die übergeordnete Strategie, welche die Auswahl, den Zeitpunkt und die Reihenfolge der eingreifenden Maßnahmen bestimmt" (French/Bell 1994:66).

Um einige typische Wesensmerkmale einzelner Prozessphasen zu skizzieren, lege ich folgendes vereinfachtes Phasenmodell zugrunde:

1. *Einstiegs- und Diagnosephase*
2. *Zielbildungs- und Planungsphase*
3. *Aktions- und Realisierungsphase*
4. *Auswertung und Ergebnissicherung*

3.4.5.1. Einstiegs- und Diagnosephase

Der OE-Einstieg beginnt mit der Wahrnehmung und der Erfassung der akuten und prognostizierten Probleme durch das Management und/oder durch einzelne Organisationsmitglieder. Eine sorgfältige Vorbereitung und Analyse der Unternehmenssituation in der Einstiegsphase soll das Problem benennen, die Konsequenzen und Folgen für die Organisation überprüfen und schließlich die Entscheidung für die OE-Maßnahme treffen.

Der Phase des OE-Einstiegs schließt sich die Vorbereitungsphase an, die in der Fachliteratur oft als Kontakt- und Kontraktphase bezeichnet wird. Die Kontaktphase[122] dient vor allem u. a. der Problemorientierung bzw. der Situationsklärung, der Hypothesenbildung zur aktuellen Ausgangs- und Problemlage, der Auswahl und Entscheidung über Beratungsform und das Beratersystem, der vorläufigen Klärung über die unmittelbar am Prozess beteiligten Personen und Systeme und der Vereinbarung über die Zusammenarbeit von Unternehmen und Beratersystem (vgl. Comelli 1999:645).

Jeder Maßnahmenplanung geht eine Datenerhebung voraus. Ein auf Daten basierendes OE-Geschehen ist für alle OE-Konzepte charakteristisch und liegt allen oben skizzierten Modellen zugrunde.

Die Theorie der offenen Systeme betrachtet alle Organisationen als einen Komplex einzelner Subsysteme, die in einem gegenseitigen Abhängigkeitsverhältnis stehen[123]. Da es in jedem System formelle und informelle Beziehungen zwischen Menschen, Strukturen, Technologien, Aufgaben, Zielen, Kulturen und Prozessen gibt, zählt es zu den Hauptanliegen der Diagnosephase, dass alle Beteiligten sich über die Situation und den Zustand der Organisation „ein Bild verschaffen", die Beziehungsstrukturen und Systemzusammenhänge näher verstehen lernen, um die Informationen und die daraus abgeleiteten Hypothesen in ein vorläufiges und gemeinsames Problemlösungskonzept zu integrieren. Das Interesse des OE-Einstiegs sollte daher darauf abzielen, das Klientensystem für die Veränderung zu sensibilisieren und es „aufzutauen".

Eine sorgfältige Diagnose bildet den Ausgangspunkt aller Veränderungszyklen; darüber besteht in allen OE-Ansätzen Konsens. Grundsätzlich werden zwei Diagnoseprozesse unterschieden: Zum einen der Diagnoseprozess der Entwicklungs- und Prozessberatung und zum anderen der Diagnoseprozess der Expertenberatung (vgl. Baumgartner et al. 1998:7). Die Ansätze, die der Strategie der Entwicklungsberatung folgen, gehen prinzipiell davon aus, dass der Diagnoseprozess selbst bereits eine Intervention ist, weil er mit der Diagnose bereits in das System eingreift. Hingegen unterstellt die Expertenberatung, dass eine Datensammlung erfolgen kann, ohne dass die Organisation dadurch beeinflusst wird. Ein weiterer Unterschied ist, dass die Diagnose bei der Expertenberatung aufgrund von fachlichen Expertisen durch die externen Beratersysteme erfolgt, während bei der Entwicklungs- und Prozessberatung

---

122 Der Kontrakt legt die getroffenen Vereinbarungen zwischen Beratungspersonen und auftraggebendem Unternehmen in schriftlicher Form fest.
123 Siehe Kap. 3.2.2.4.

die Akteure als „Expertinnen und Experten vor Ort" in die Diagnose aktiv miteinbezogen werden.

Die Gründe für die Einbeziehung der Klientel sind vielfältig. „Die Daten-Grundlage für die Beurteilung der aktuellen Situation [...] kann nur von denjenigen geliefert werden, die in dieser Organisationseinheit arbeiten" (Doppler/Lauterburg 1999:155). Die Beteiligung der Akteure am Diagnoseprozess begründet sich vor allem durch die Annahme, dass die Probleme der Organisation so komplex und die zu ihrer Diagnostizierung nötigen Informationen so verdeckt sind, dass eine korrekte Diagnose nur bei vollständiger Teilnahme der Klienten am diagnostischen Prozess möglich ist (vgl. Schein 1993:411). Für das Diagnoseverfahren empfehlen DOPPLER/LAUTERBURG folgendes Vorgehen (vgl. Doppler/Lauterburg 1999:155f):

1. Datenerhebung (Befragungen).
2. Datenverdichtung (Reduktion des Datenmaterials auf das Wesentliche).
3. Datenfeedback (an die Beteiligten).
4. Datenanalyse (Analyse der Zusammenhänge, Definition der Schwachstellen, Aufzeigen von Lösungsansätzen) – unter Einbeziehung einer breiten Beteiligung der Akteure.

Die Einstiegs- und Diagnosephase ist für den OE-Prozess entscheidend. In der Diagnosephase werden Methoden und Instrumente angewendet, die geeignet sind, die Ist- und Soll-Situation und die Veränderungsrichtung und -impulse zu analysieren sowie die Veränderungsbedarfe der Akteure und einzelner Subsysteme zu erfassen. Darüber hinaus ist es in dieser Phase erforderlich, die förderlichen und vor allem die hemmenden Faktoren zu analysieren, denn Widerstände und Blockierungen der Akteure können jede Veränderung zum Scheitern verurteilen. Von daher ist es in dieser Phase wichtig, sowohl die Kommunikation als auch die Interventionen darauf auszurichten, eine tragfähige Vertrauensbasis aufzubauen, um so einen Zugang zum informellen Kommunikationssystem zu erhalten, denn „[offene], klare und direkte Kommunikation stellt in dieser Phase einen wesentlichen Erfolgsgaranten des Wandels dar" (Roth 2000:18).

Für die Datenerhebung steht ein vielfältiges Spektrum an Methoden und Verfahren zur Verfügung: Neben Instrumenten der quantitativen Sozialforschung (u. a. Analyse von Akten, Protokollen und Berichten) sind es vor allem die Methoden und Techniken der qualitativen Sozialforschung (u. a. schriftlicher Fragebogen, Interview, Gruppendiskussion und teilnehmende Beobachtung, Beschreibung von Arbeitsablaufprozessen), die der Diagnose dienen [vgl. Engelhardt et al. 1996:142ff; Doppler/Lauterburg 1999:197ff]).

Die wichtigsten Instrumente der Diagnose-Verfahren sind u. a. Diagnose-Workshop[124], Soll-Ist-Vergleich[125], Stärke-Schwäche-Analyse[126], Portfolio[127] und SPOT-Analyse[128] (vgl. u. a. *Glasl 1999; Doppler/Lauterburg 1999; Baumgartner et al. 1998; Engelhardt et al. 1996*).

Festzuhalten ist, dass nicht nur die Datenerfassung, sondern auch die Interpretation des Daten- und Informationsmaterials durch die Beteiligten (Berater- und Klientensysteme) eine bedeutende Rolle[129] spielt. Die zusammengefassten Auswertungsergebnisse werden den Befragten vorgelegt und anschließend diskutiert. Die Auseinandersetzung mit den Diagnoseergebnissen erfolgt in den meisten Prozessen im Rahmen einer Gruppendiskussion nach dem Prinzip der kommunikativen Validierung (*vgl. Lamnek 1995b:168*). Durch diese Rückkoppelung ist das Prinzip der Transparenz, der offenen Kommunikation und der konsequente Einbezug der Akteure von Anfang an als Primat der ganzheitlichen und der systemischen OE-Ansätze erfüllt.

3.4.5.2. Zielbildungs- und Planungsphase

Am Anfang jeder Planungsphase steht der Zielentwicklungsprozess (Zielbeschreibung, -bestimmung, -auswahl bzw. -hypothesen). Dies gilt für alle Veränderungsvorhaben, gleich welche Managementphilosophie ihnen zugrunde liegt. In Abstimmung mit dem formalen Management werden auf Grundlage der Zielauswahl jene globalen Orientierungs- bzw. Entwicklungsschwerpunkte bestimmt, die im Organisationsveränderungs- oder Organisationsentwicklungsprozess mit Priorität bearbeitet werden sollen. Bis zu einem weiteren Zielentwicklungsprozess bestimmen die formulierten Ziele die Veränderungsrichtung[130].

124 Dieser findet meist in Form von moderierten Gruppengesprächen zur Problemsammlung, -definition, Bestimmung der Veränderungsbedarfe, Sammlung und Entwicklung von Lösungsvorschlägen statt.

125 Hierfür bietet sich die Form des Diagnose-Workshops, aber auch Einzelgespräche beispielsweise mit den Führungskräften an.

126 Aspekte, die problematisch bzw. veränderungsbedürftig sind, werden identifiziert. Diese Analyse kann in Form von Fragebögen oder als moderierter Workshop stattfinden.

127 Bestimmung und Bewertung von strategischen Geschäftsfeldern. Diese Analyse wird oft in Form von Diagnose-Workshops oder durch Einzelgesprächen mit den Akteuren durchgeführt.

128 SPOT (Strength, Problems, Oportunities, Threats).

129 *French/Bell* (1994:80) nennen die erfassten Daten aus diesem Grunde auch als Instrumente der Problemlösung.

130 Hier gleicht das Verfahren der Zielbestimmung dem zyklischen Prinzip des Plan-Do-

In der geplanten Organisationsveränderung, die mit Hilfe der Machtstrategie umgesetzt werden soll, werden die Ziele von der Unternehmensleitung vorgegeben[131]. Ähnlich ist es bei OE-Projekten, denen die Expertenstrategie zugrunde liegt; die von Fachpromotoren entwickelten Lösungsvorschläge werden gemeinsam mit den Führungskräften in OE-Ziele transformiert, die betroffenen Akteure werden an der Zielbildung und Aktionsplanung nicht beteiligt.

In geplanten OE-Prozessen, die der Entwicklungsstrategie (Prozessberatung) folgen, werden die Ziele hingegen in einem öffentlich kommunizierten, gemeinsamen Willens- und Zielbildungsprozess definiert; die Akteure werden in die Diagnose aktiv einbezogen. Die Aufgabe der OE-Berater/innen ist es bei dieser Strategie, das Klientel dabei zu unterstützen, aus den Ergebnissen der Diagnosephase geeignete Handlungsziele abzuleiten und zu beschreiben, Alternativen zu entwickeln, Prioritäten zu setzen und Kriterien zu entwickeln, die eine Umwandlung der Ziele in zielgerechte Handlungen und Aktivitäten ermöglichen sowie das Zielsystem in operatives Handeln umzusetzen (vgl. Lippitt/Lippitt 1977:101).

Konsens besteht in der OE-Fachliteratur darüber, dass die Zielvorgaben im OE-Prozess präzise und operational definiert oder durch Kann-Ziele konkretisiert werden müssen. Nur so kann Eindeutigkeit erzielt werden, was verändert werden soll und durch welche Maßnahmen die spezifischen Veränderungsziele erreicht werden sollen. Eine in der Fachliteratur weitverbreitete Klassifikation ist die Zerlegung der Ziele in folgende Dimensionen (vgl. u. a. French/Bell 1994:82ff):

■ Qualitative Dimension (Was soll erreicht werden?)
■ Quantitative Dimension (Wie viel soll erreicht werden?)
■ Zeitliche Dimension (Bis wann soll es erreicht werden?)

Um die OE-Prozesse besser zu steuern, sind bei der Zielbildung folgende Aspekte zu berücksichtigen[132] (vgl. Doppler/Lauterbach 1999:220ff):

■ Die Ziele sollen klar formuliert, hochgesteckt, jedoch realistisch und erreichbar und zeitlich determiniert sein.

Check-Act-Zyklus (PDAC-Zyklus), das davon ausgeht, dass die einmal vereinbarten Ziele immer wieder daraufhin zu überprüfen sind, ob sie weiter verfolgt oder verändert werden sollen.

131 Der Zielentwicklungsprozess richtet sich an der Top-Down-Strategie aus.

132 Obwohl diese Prinzipien von Doppler/Lauterburg im Kontext ihrer Ausführungen zu „Führen durch Zielvereinbarungen" aufgestellt worden sind, lassen sie sich aus meiner Sicht gering modifiziert auf die Zielentwicklung im OE-Prozess übertragen.

▨ *Die Zielerreichung sollte durch Kriterien messbar und überprüfbar sein.*

▨ *Die Ziele sollen mit denen anderer Bereiche abgeklärt werden (zur Zielkonfliktvermeidung).*

▨ *Vernetzungen und Zielprioritäten sollten sichergestellt und geklärt werden.*

▨ *Der Handlungsspielraum und die Grenzen sollten durch die Klärung über Regeln, Kompetenzen und verfügbare Mittel und Ressourcen definiert werden.*

Die Orientierung an konkreten Zielen zählt für das Change Management-Konzept als eine der wichtigsten Grundvoraussetzungen für die Selbstorganisation und Selbststeuerung von Systemen (vgl. *Doppler/Lauterburg 1999:214*). Für die systemische Beratung ist dagegen die konkrete Festsetzung von Zielen im Sinne von Aussagen über gewünschte und anzustrebende Ergebnisse nur bedingt möglich, da der systemische Ansatz davon ausgeht, dass sich die Ziele in den Prozessphasen infolge der interaktiven und rekursiven Entwicklungsprozesse der Beteiligten immer wieder neu formieren (vgl. *Franke 1993:233*).

Nach der Zielentwicklung wird in der Planungsphase zunächst ein Entwurf für den weiteren Prozessablauf erarbeitet, indem projektiv geklärt wird, welche Personen und Gruppen (Fachbereiche) als Schlüsselpersonen, Trägerpersonen (Change Agents) in den Beratungsprozess integriert werden sollen, in welcher Aktionsform (Projekt- und Steuerungsgruppen) die Personen interagieren und lernen sollen, an welchen Interventionsebenen die Prozesse ansetzen sollen und mit welchen Interventionsformen (Workshops, Trainings, Supervision, Coaching) gearbeitet werden soll.

Jedes geplante prozessuale Vorgehen kann nur bedingt prognostiziert werden. Ich stimme hier mit FRANKE überein, dass der OE-Prozess in dieser Phase nur als weitgehend offener Lern- und Entwicklungsprozess[133] strukturiert und koordiniert werden kann, nicht aber als detaillierter und konkreter Handlungsplan (vgl. *Franke 1993:233ff*). Der Abschluss der Planphase ist für alle ganzheitlichen OE-Ansätze weitgehend gleich: Sie endet mit einer Verständigung über ein gemeinsames Gestalten des weiteren Vorgehens und über die weiteren Ziele des OE-Prozesses. Das Klientensystem konstruiert so seinen eigenen Entwicklungsprozess.

---

133 *Franke* spricht in diesem Kontext von Lehr-/Lernsituation. Diese Terminologie ist m. E. in diesem Zusammenhang zu eng gefasst, weshalb ich meine Einschätzung auf den Begriff „Lern- und Entwicklungsprozess" stütze.

3.4.5.3. Aktions- und Realisierungsphase

Die Realisierungsphase ist die schwierigste Phase im OE-Prozess, „die Kunst der Fuge besteht nicht darin, Konzeptvorlagen zu entwerfen und zu verabschieden, sondern darin, sie in die Praxis umzusetzen. Auf den Transfer kommt es an [...]" *(Doppler/Lauterburg 1999:151)*. In der Gestaltung der Prozessziele zeigt sich die Tragfähigkeit der vereinbarten Handlungskonzepte.

Die geplanten Veränderungen werden in dieser Phase systematisch eingeleitet und schrittweise realisiert; der OE-Prozess wird institutionalisiert. Da die in einer Organisation vorhandenen Funktionen und Organe (in der Regel) mit der Bewältigung von Alltagsaufgaben befasst sind, müssen zusätzliche Organe gebildet werden, die sich temporär dem Erneuerungsprogramm widmen können *(vgl. Glasl 1999:198)*[134]: In fast allen OE-Prozessen werden Projektgruppen gebildet, die entsprechend den Zielvorgaben experimentieren oder die Veränderungsvorhaben schrittweise zu implementieren und zu verwirklichen suchen. Bei größeren OE-Projekten wird darüber hinaus eine oder mehrere Steuergruppe/n eingerichtet, die im Prozessgeschehen eine integrierende und koordinierende Funktionen übernehmen. Die Kernaufgaben der Steuerungsgruppen bestehen u. a. darin, die Vorgehensstrategie zu planen, die Projektgruppen einzurichten, die laufenden Projekte zu beaufsichtigen und Schutz für laufende Projekte zu gewähren, wenn diese durch innere und äußere Faktoren gefährdet sind. Darüber hinaus erweist sich die Bestimmung einer Projektleitung als wichtig, deren Aufgabe es ist, eine ständige Verbindung zum Management bzw. zu den Auftraggebern (Entscheidungsinstanzen) zu unterhalten, das Projekt zu steuern, die soziale Entwicklung des Teams zu fördern und die Ziel- und Ergebniskontrolle durchzuführen. Zur Funktion des Managements gehört die Schaffung geeigneter institutioneller Rahmenbedingungen, um die Kräfte der Selbstorganisation zu unterstützen *(vgl. Grossmann/Scala 2002d:193)*.

Die Aufgaben des Beratersystems besteht in dieser Phase vornehmlich darin, den Umsetzungsprozess durch geeignete Interventionen zu initiieren und zu lenken, die Interaktionen der Individuen (Führungskräfte, Trägerpersonen und Schlüsselpersonen) und Gruppen zu steuern sowie sie darin zu unterstützen, ihre Rollen, Normen- und Wertesysteme zu reflektieren. Den Beratungspersonen steht dabei ein vielfältiges Repertoire an Methoden, Instrumenten und Verfahren zur Verfügung. Die Identifikation und Koordination der Interventio-

---

134 Die im Folgenden in Anlehnung an die von *Glasl* skizzierten Organe sind für viele OE-Prozesse exemplarisch.

nen stehen dabei in einem engen Zusammenhang zu den vereinbarten Veränderungsstrategien, -zielen und -intentionen der OE[135]. Jeder Innovationsprozess ist ein offener Weg. Alle betreten Neuland. Von daher ist die Realisierungsphase immer auch eine experimentelle Lernsituation, die sich durch die Zusammenarbeit der daran beteiligten Personen und Systeme konstituiert *(vgl. Comelli 1999:645)*. Die Realisierungsphase der modernen OE-Ansätze ist geprägt von einer ganzheitlichen Betrachtungsweise, der Berücksichtigung strategischer, struktureller, kultureller und sozialer Dimensionen und Vernetzungen aber auch durch einen kontinuierlichen Überprüfungs- und Wandlungsprozess und der fortwährenden Reflexion und Revision des Veränderungsgeschehens, wie nachfolgende Abbildung 26 zeigt.

Abbildung 26: Ganzheitliche Betrachtungsweise komplexer Veränderungsprozesse

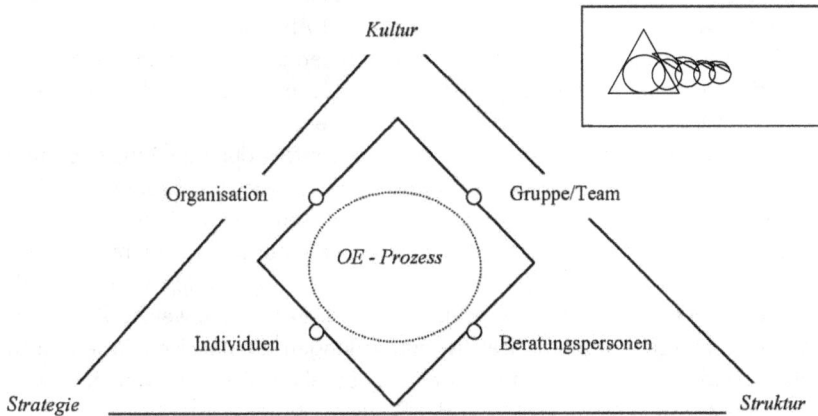

Quelle: Eigene Darstellung

Damit das komplexe Veränderungsgeschehen eine Chance hat voranzuschreiten, benötigt der OE-Prozess eine klare und verbindliche Prozessstruktur; die meisten OE-Projekte werden deshalb nach den Prinzipien und Verfahren des Projektmanagements organisiert *(vgl. Baumgartner et al. 1998:156; Birker 1999:5ff)*.

Im Modell der systemischen OE wird die Realisierung der Veränderungsstrategien nicht gleichgesetzt mit der (pragmatischen) Umsetzung der jeweiligen

135 Siehe Kap. 3.4.4.1. und Kap. 3.4.4.3.

Entwicklungs- oder Innovationsziele (vgl. Franke 1993:244f). Da die Realisierungsphase der systemischen OE nicht auf einem konkreten Zielsystem, sondern auf einem Orientierungskonsens aufbaut, kommt sie durch die sog. Realitätskonstruktion des Beratungssystems[136] zustande. Damit gewinnt die Arbeit des Beratungssystems entscheidende Bedeutung: Die Aufgabe des Beratungsteams besteht im Bemühen um eine kontinuierliche Abstimmung des gemeinsamen Fokus, den Reflexionsprozess zu verstärken und durch die Überprüfung der jeweiligen Realitätswahrnehmungen den OE-Prozess zu steuern (vgl. Franke 1993:245).

3.4.5.4. Evaluationsphase

Da jeder OE-Prozess als geplanter und gesteuerter Lern- und Entwicklungsprozess terminlich begrenzt ist, muss er auch offiziell abgeschlossen werden. Die Evaluationsphase ist zugleich Auswertungs- und Abschlussphase. Und meines Erachtens sollte sie auch eine Phase der geplanten und bewussten Überleitung sein, den gesteuerten und begleiteten Entwicklungsprozess in das Ziel, eine Lernende Organisation zu schaffen, zu überführen.

Die Evaluation wird zunächst vom Beratungssystem durchgeführt, nach und nach werden andere Gremien und Organe miteinbezogen. Evaluation erfüllt nur dann ihren Zweck, wenn sie eingesetzt wird, um Ziele zu überprüfen, Entscheidungen und Handlungsstrategien zu revidieren oder fortzuführen und gegebenenfalls weitere Ressourcen zu erschließen (vgl. Lippitt/Lippitt 1977:104f). Von daher ist es Aufgabe der Abschlussphase zu evaluieren, welche Ziele bzw. Vorhaben realisiert wurden, welche Entwicklungen zu positiven Ergebnissen geführt haben, welche Lösungskonzepte gescheitert sind, auf welche Weise Probleme gelöst wurden, wodurch die Problemlösung verhindert wurde, welche Schwierigkeiten und Unzulänglichkeiten aufgetreten und noch zu bewältigen sind und wo Chancen und Risiken der Weiterentwicklung liegen, welche die hemmenden und welche die förderlichen Faktoren bei der Realisierung waren und wie der OE-Prozess in einen kontinuierlichen Prozess im Sinne der Lernenden Organisation umzusetzen ist. Der Sinn der Evaluationsphase besteht darüber hinaus (vgl. Engelhardt et al. 1996:150; Baumgartner et al. 1995:94ff):

---

136 Zum Beratungssystem zählen sowohl die Beratungspersonen als auch die Trägerpersonen des OE-Prozesses, hingegen besteht das Beratersystem ausschließlich aus OE-Berater/innen.

- Die entwickelten und erprobten Veränderungsmaßnahmen verbindlich zu machen.
- Pläne zu entwickeln, um die Veränderungsmaßnahmen zu implementieren.
- Die Handlungsschritte zu überprüfen und die erforderlichen finanziellen und personellen Ressourcen zu kalkulieren und bereitzustellen.
- Die Verantwortlichkeiten für die Durchführung der Beschlüsse festzulegen.
- Das Gesamtsystem zu informieren und die Ergebnisse zu präsentieren.
- Den OE-Prozess als kontinuierlichen Prozess zu verankern.

Die Aufgabe der externen Berater/innen besteht in dieser Phase zum einen darin, die Beteiligten mit methodischen Interventionen bei der Schlussauswertung aber auch beim Übergang in die Selbstorganisation zu unterstützen[137]. Da die Schlussbewertung gleichzeitig die Anfangsdiagnose des nächsten Entwicklungszyklus beinhaltet, besteht die Aufgabe der Beratungspersonen meines Erachtens auch darin, die Umsetzungsbegleitung zu organisieren und damit die Ergebnisse im Sinne einer Prozessverstärkung abzusichern. Konsens besteht in den meisten OE-Ansätzen darin, dass nach der Evaluationsphase die Aufgabe der externen Beratung endet, denn sie gehen davon aus, dass die OE-Akteure bis zur Evaluationsphase gelernt haben, Entwicklungsprozesse selbstorganisiert durchzuführen.

Der Argumentation von LIPPITT/LIPPITT und FRANKE folgend, komme ich jedoch ebenfalls zu der Einschätzung, dass es sinnvoll ist, auch die Umsetzungsbegleitung von einem Beraterteam gestalten zu lassen. Dieses sollte sich aus internen und externen Beratern zusammensetzen, denn die internen Beratungspersonen haben aufgrund ihrer Einbindung in das System einen besseren Blick dafür „[…] wann und wo Hilfe erforderlich wird, um die neuen Strukturen, Rollen und Verfahren aufrechtzuerhalten" (Lippitt/Lippitt 1977:105). Die externen Beratungspersonen sind aufgrund ihrer Außenperspektive jedoch eher in der Lage, die problematischen Handlungsmuster zu erkennen und durch entsprechende Beratungsangebote (Training, Coaching, Supervision) weitere „Hilfe zur Selbsthilfe" zu gewähren (vgl. Lippitt/Lippitt 1977:105; Franke 1993:249f)).

Dem OE-Verständnis von GLASL zufolge geht das Unternehmen mit der Evaluationsphase von der Integrations- in die Assoziationsphase über und wird selbst zum lernenden System[138]. „Die Lernfähigkeit ist durch die Organisationsentwicklung bereits in der Integrationsphase angelegt worden. In der Assozia-

---

137 Dabei können sie ein ähnliches Interventionsrepertoire wie in der Diagnosephase anwenden.
138 Siehe auch Kap. 3.3.3.

tionsphase wird zusätzlich noch das ständige Lernen zwischen Organisation und ihren Umwelten intendiert und gefördert" (Glasl/Lievegoed 1999:120). Die Förderung und Begleitung dieser Entwicklung liegt dann nicht mehr im Kompetenzbereich von professionellen Berater/innen, sondern muss von den Akteuren in der Funktion von Change Agents selbst bewältigt werden (vgl. Glasl/Lievegoed 1999:120). In diesem Punkt kann ich GLASL nur teilweise zustimmen.

Da die meisten Einrichtungen der Altenpflege aus meiner Sicht jedoch entweder am Ende der Differenzierungs- oder am Übergang zur Integrationsphase stehen, und durch den OE-Prozess der Weg in die Integrationsphase begleitet und gesichert wird, halte ich es für notwendig, sich in dieser Phase von dem Beratersystem in „alter" Form und Funktion zu verabschieden. Um die Kontinuität der Veränderung aber zu gewährleisten, braucht jedes Unternehmen zwar sein eigenes spezifisches Entwicklungstempo, doch gegebenenfalls die zeitweilige Unterstützung nicht nur durch interne, sondern auch durch externe Beratung.

Die Aufgabe der Evaluationsphase besteht zusammenfassend zum einen in der systematischen Auswertung und Reflexion der Veränderungsprozesse, Projekt- und Lernerfahrungen und zum anderen in der gemeinsamen Einordnung des neuen Wissens in den organisationalen Kontext, wobei der Integration und Etablierung einer neuen Projekt-, Lern- und Kommunikationskultur – meines Erachtens – ein besonderer Stellenwert zukommen muss.

3.4.6. Erfolgsfaktoren der OE

„Erfolg" bemisst sich nach meinem Verständnis nicht an messbaren und quantifizierbaren Unternehmensergebnissen, sondern an den praktischen Ergebnissen und Entwicklungen, die im OE-Prozess spezifiziert und weiterentwickelt werden und an der im OE-Prozess erworbenen Veränderungserfahrung sowie an der Befähigung der beteiligten Personen und Systeme, das interne Problemlösungs- und Selbststeuerungspotenzial (der Organisation oder von Teilsystemen) zu verstärken.

Der Erfolg von Veränderungsprozessen, die der Expertenstrategie folgen, ist an den definierten, operationalisierten Zielen und gegebenenfalls an den (vor-) formulierten Kriterien der Zielerreichung zu bemessen. Der Erfolg eines OE-Prozesses hingegen, der sich nach den Prinzipien eines partizipativen Lern- und Entwicklungsmodells orientiert, kann – meines Erachtens – nicht von außen, sondern nur durch das Beratungssystem selbst ermittelt und durch Fremdbewertung lediglich ergänzt werden.

Der Theorie beziehungsweise den Konzepten der angewandten OE kann daher lediglich die Aufgabe zukommen, schlüssige Indikatoren erfolgreicher OE für die Selbstbewertung bereitzuhalten.

Zur Beantwortung der Frage, was unter erfolgreicher OE zu verstehen ist, wird deshalb der Blick auf die Erfolgsgaranten des Wandels gelenkt, also auf die Faktoren und Voraussetzungen, die für das Gelingen der OE und für die Implementierung organisationaler Entwicklungen förderlich bzw. erfolgversprechend sind. Ich unterscheide im Folgenden die Erfolgsfaktoren, die empirische ermittelt bzw. bestätigt wurden und die theoretischen Faktoren der Fachliteratur.

Bislang existieren relativ wenig empirisch gesicherte Erfolgsfaktoren[139]. Verschiedene OE-Studien in meinem und in benachbarten Forschungsfeld/ern stufen folgende Kriterien als wichtige Voraussetzungen und begünstigende bzw. erfolgversprechende Faktoren der OE ein (vgl. *Knäpple 1993:51ff; Berkel 1998:166; Müller et al. 1997:306ff*):

- *Die Akzeptanz des Projektvorhabens durch die Betriebsleitung, Personalvertretung und Träger sowie die Einbindung des Top-Managements in den OE-Prozess.*
- *Vorbildfunktion der Führungs- und Leitungskräfte.*
- *Ein klar definierter Kontrakt zwischen Beratersystem und Einrichtung.*
- *Gegebenenfalls das Vorschalten einer Pilotphase.*
- *Eine sorgfältig durchgeführte Diagnose, frühzeitige Festlegung von Zielen und geplanten Projektschritten sowie ein realistischer Zeitplan.*
- *Eine präzise und sorgfältige Auswahl der OE-Methoden.*
- *Die Klärung der zur Verfügung stehenden Ressourcen.*
- *Die Herstellung einer organisationsinternen Öffentlichkeit.*
- *Die frühzeitige Information aller Akteure, die frühzeitige Einbeziehung von Repräsentanten des zu entwickelnden Bereichs sowie die weitgehende Partizipation der Akteure.*
- *Ein bei den Trägerpersonen vorhandenes Entwicklungspotenzial und die Eigenverantwortlichkeit der Projektteams.*

---

139 Modellversuch „Organisationsentwicklung in den Altenhilfeeinrichtungen" (*vgl. Knäpple 1993*), Untersuchung „Die Rolle der Qualitätsentwicklung im Dienstleistungsmanagement" (*vgl. Berkel 1998*) und Evaluation „Gesundheitsförderlicher Organisationsgestaltung im Krankenhaus" (*vgl. Müller et al. 1997*). Obwohl die OE-Prozesse aufgrund ihrer verschiedenen OE-Ansätze, Ziele und Rahmenbedingungen nicht vergleichbar sind, haben die Aussagen dieser Arbeiten meines Erachtens für die Durchführung von Organisationsentwicklungen in den Dienstleistungsunternehmen der Altenpflege exemplarischen Charakter.

- *Die Einbeziehung der Hierarchieebenen bei der Maßnahmenableitung und -umsetzung.*
- *Umfassend dokumentierte Handlungsanweisungen für die Projektleitungen und klar definierte Funktionen von internen Prozessbegleitern und Projektleitern.*
- *Ein funktionierender Informationsfluss und Schaffung verbindlicher Strukturen.*
- *Eine klare und verbindliche Projektsstruktur.*
- *Die Präsentation der Ergebnisse zum Projektabschluss.*

Die in der Fachliteratur (*vgl. u. a. Doppler/Lauterburg 1999; French/Bell 1994; Comelli 1999; Rosenstiel 1989*) beschriebenen und nachfolgend skizzierten Aussagen decken sich weitgehend beziehungsweise komplementieren sich. Unter Berücksichtigung der Erkenntnisse, die ich in meinen theoretischen Ausführungen zu den Lern- und Entwicklungsprozessen der OE sowie der Lernenden Organisation gewinnen konnte, unterscheide ich die Indikatoren für erfolgreiche OE im Klientensystem, im organisationalen Lern- und Entwicklungssystem und im Beratungssystem, siehe Tabelle 8:

Tabelle 8: Indikatoren erfolgreicher OE

Indikatoren für erfolgreiche OE im Klientensystem
- *Identifikation der Prozessbeteiligten mit dem Unternehmen*
- *Der OE-Prozess wird von den betroffenen Akteuren getragen*
- *Eine möglichst breite Veränderungsbereitschaft der Organisation und ihrer Akteure ist vorhanden*
- *Es sind ausreichend finanzielle, technisch-instrumentelle und zeitliche Ressourcen vorhanden*
- *Die Rahmenbedingungen sind mit den organisatorischen und strukturellen Bedarfen der OE abgestimmt*
- *In der Organisation existiert ein offener Kommunikationsfluss*
- *Unterstützung durch das Management*
- *Verzahnung von OE und PE (Förderung der beruflichen Qualifizierung. Selbst- und Teamentwicklung, Chance auf materielle Verbesserungen, Anreizsysteme)*
- *Es wird eine organisationsinterne Öffentlichkeit hergestellt*
- *Um Führungskonflikte zu vermeiden, nehmen Führungskräfte am Prozessgeschehen nicht in ihrer Funktion, sondern mit Fachkompetenz teil.*

Indikatoren für erfolgreiche OE im Beratungssystem
- *Es existiert ein klar definierter Kontrakt zwischen Beratersystem und Einrichtung.*
- *Die Diagnose wird sorgfältig durchgeführt, die Ergebnisse werden an die Beteiligten zurückgekoppelt*
- *Die Problemdiagnose berücksichtigt das vorhandene Problem- und Reflektionsbewusstsein der Akteure*

- Die OE-Ziele sind übergreifend, klar und präzise formuliert
- Die OE-Ziele präzisieren sich in einem öffentlichen Kommunikationsprozess
- Das OE-Konzept ist einzigartig und maßgeschneidert
- Die Bedürfnisse der Akteure sind im Prozessgeschehen zu berücksichtigen
- Das Prozessvorgehen erfolgt nach Projektplan (Projektmanagement)
- Die Potenzialentwicklung orientiert sich an neuen Lernformen, -inhalten, -orten und -wegen
- Die Lern- und Entwicklungsprozesse werden offen, transparent, kooperativ, dialogisch und kleinschrittig gestaltet
- Berücksichtigung von Prinzipien wie vertrauensbildendes, wertschätzendes und experimentierfreudiges Arbeitsklima
- Transparenz der Spielregeln und Wertorientierungen.

Indikatoren für erfolgreiche OE unter dem Aspekt organisationaler Lern- und Entwicklungsprozesse

- OE-Interventionen sind komplex und umfassend (nicht punktuell) angelegt
- OE/PE-Konzepte haben eine kontinuierliche, kunden- und strategieorientierte Ausrichtung
- Die Organisationseinheiten bzw. -systeme, bei denen die OE ansetzt, sind relativ autonom
- Selbstorganisierte Prozesse werden durch entsprechende Gestaltungs- und Handlungsspielräume gefördert
- Die Führung entwickelt bzw. praktiziert einen ressourcen- und lösungsorientierten Managementstil
- Die Führungskräfte sind teamerfahren oder sogar gruppendynamisch geschult
- Die Organisation ist projekterfahren
- Der OE-Ansatz ist ganzheitlich, d. h. die OE interdisziplinär und vieldimensional, angelegt
- Die Prozesse verlaufen zirkulär.

Inwieweit diese theoretischen Überlegungen praktische Relevanz haben bzw. von der Praxis bestätigt, ausdifferenziert oder modifiziert werden, wird sich durch meine empirische Forschung erweisen. Ich gehe von folgender Prämisse aus: Grundsätzlich gibt es keine Garanten für ein Gelingen der OE, da der Erfolg immer von situativen externen und internen Faktoren abhängig ist.

3.5. Zusammenfassung: Aufgaben und Chancen der OE. Formulierung des Forschungsinteresses

Es gibt kein einheitliches Verständnis von OE. Typisch für alle OE-Ansätze ist die Sichtweise, dass OE ein strategisches Verfahren ist, das darauf abzielt, einen umfassenden Innovations-, Entwicklungs- und Veränderungsprozess in Organisationen zu initiieren. Konsens gibt es in der Fachliteratur auch darüber, dass OE ein systematisch geplanter Entwicklungs- und Wandlungsprozess ist, der verbunden mit einer bewusst und methodisch gestalteten Veränderungsstrategie, betriebsumfassend und bezogen auf das Gesamtsystem, die Problem- und Lernfähigkeit der Organisation längerfristig zu verbessern sucht und dabei bestrebt ist, die betreffenden Akteure in den Veränderungsprozess verantwortlich einzubeziehen, um die Integration von individuellen, sozialen und organisationalen Zielen zu verwirklichen.

Die Analyse der theoretisch-normativen Grundlagen verweist auf einen engen Zusammenhang der OE-Ziele, der daraus abgeleiteten Gestaltungsempfehlungen und der Rolle der Beratung. Die Akzentuierung der einzelnen OE-Konzepte – vor allem in Abhängigkeit der ihnen zugrundeliegenden Menschen- und Systembilder – ist in nachfolgender Abbildung 27 übersichtlich dargestellt.

Abbildung 27: Verschiedene OE-Konzepte im Kontext ihrer zugrundeliegenden System- und Menschenbilder

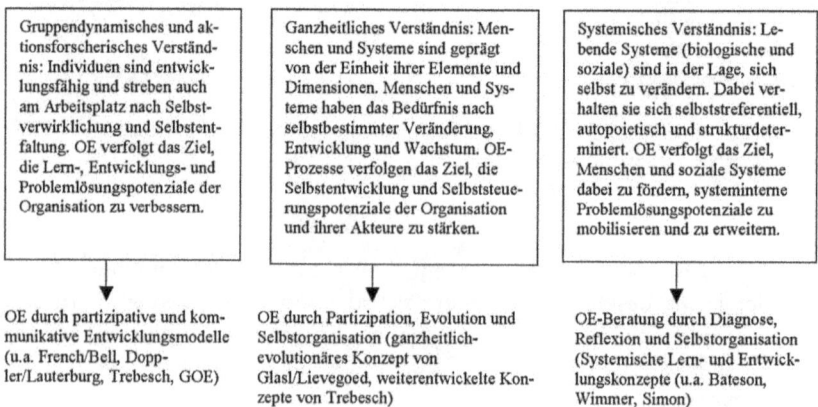

Gruppendynamisches und aktionsforscherisches Verständnis: Individuen sind entwicklungsfähig und streben auch am Arbeitsplatz nach Selbstverwirklichung und Selbstentfaltung. OE verfolgt das Ziel, die Lern-, Entwicklungs- und Problemlösungspotenziale der Organisation zu verbessern.	Ganzheitliches Verständnis: Menschen und Systeme sind geprägt von der Einheit ihrer Elemente und Dimensionen. Menschen und Systeme haben das Bedürfnis nach selbstbestimmter Veränderung, Entwicklung und Wachstum. OE-Prozesse verfolgen das Ziel, die Selbstentwicklung und Selbststeuerungspotenziale der Organisation und ihrer Akteure zu stärken.	Systemisches Verständnis: Lebende Systeme (biologische und soziale) sind in der Lage, sich selbst zu verändern. Dabei verhalten sie sich selbststreferentiell, autopoietisch und strukturdeterminiert. OE verfolgt das Ziel, Menschen und soziale Systeme dabei zu fördern, systeminterne Problemlösungspotenziale zu mobilisieren und zu erweitern.
OE durch partizipative und kommunikative Entwicklungsmodelle (u.a. French/Bell, Doppler/Lauterburg, Trebesch, GOE)	OE durch Partizipation, Evolution und Selbstorganisation (ganzheitlich-evolutionäres Konzept von Glasl/Lievegoed, weiterentwickelte Konzepte von Trebesch)	OE-Beratung durch Diagnose, Reflexion und Selbstorganisation (Systemische Lern- und Entwicklungskonzepte (u.a. Bateson, Wimmer, Simon)

Quelle: Eigene Darstellung

Die verschiedenen OE-Ansätze können in der Praxis nicht in dieser idealtypischen Form umgesetzt werden. Sie werden vielmehr kombiniert, ergänzt oder nur in Ansatzpunkten eingesetzt. Dies findet auch in der Fachliteratur immer mehr Berücksichtigung, denn in den heutigen theoretischen OE-Konzepten überwiegt mittlerweile das ganzheitliche Verständnis. Die ganzheitlichen OE-Konzepte sind die einzigen, die – als geplante Form – „Change Request" berücksichtigt. Die Option, die sich dadurch für jede Organisationsentwicklung bietet, ist so grundlegender Natur, dass sie für die praktische Anwendung m. E. unverzichtbar geworden ist: Die Berücksichtigung nicht planbarer Ereignisse und Einflüsse, unvorhergesehener

Schwierigkeiten und der Option, dass theoretische Zielsetzungen immer wieder revidiert und reformiert werden können. Diese Aspekte sind insbesondere für Altenpflegeeinrichtungen von besonderer Bedeutung, da hier die „Unwägbarkeiten" aus der internen und externen Umwelt zusammentreffen (können) und sich so – unplanbar – potenzieren können, wie z. B. neue gesetzliche Bestimmungen und neue politische Maßgaben, eine tendenzielle Verschärfung der Konkurrenzsituation, der „vielbeschworene" Pflegenotstand, der Wertewandel in der Gesellschaft, das sich wandelnde Selbstverständnis der Pflegekräfte und Institutionen, personelle und finanzielle Engpässe – um nur einige Faktoren zu nennen.

Der Situative Ansatz arbeitet mit dem Postulat, dass es immer mehrere Umwelt- und Erwartungskonstellationen gibt, die in die Organisationsgestaltung einfließen. Daher kann das Ergebnis dieses Anpassungsprozesses nicht die Findung von nur einer optimalen Organisationsformen, sondern immer nur die Bildung alternativer Formen sein.

Dies leistet beispielsweise der ganzheitlich-evolutionäre Ansatz von GLASL/ LIEVEGOED. Aufgabe der Organisationsentwicklung ist es hier, dass die Beratungssysteme die Eigendynamik der Organisationen und die Bedingungen ihrer Evolution beziehungsweise die relevanten Probleme komplexer Wirkungszusammenhänge sowie die Kontextabhängigkeit der (Organisations-)Systeme diagnostizieren und konzeptionell berücksichtigen. Der Beratungsfokus der externen Berater/innen konzentriert sich grundsätzlich auf die methodische Unterstützung und Begleitung des Entwicklungs- und Veränderungsprozesses. Welches OE-Verständnis nun dem Beratungskonzept in den von mir untersuchten Pflegeeinrichtungen zugrunde liegt, wird eine zentrale Rolle bei meiner Evaluation der durchgeführten OE-Prozesses spielen.

Altenpflegeheimeinrichtungen sind in ihren Organisationsstrukturen auch heute noch oftmals traditionell-betriebswirtschaftlich geprägt. Die betriebswirtschaftlichen Definitionen der klassischen Organisationsforschung sind sehr technokratisch orientiert und analysieren die organisationalen Subsysteme weitgehend isoliert und unter der reduktionistischen Sichtweise des Menschen als Funktionsträger. In der Altenpflege ist auch die PE aus meiner Sicht noch weitgehend traditionell, somit defizitorientiert und personenbezogen ausgerichtet. Vielfach zielt die herkömmliche Personalarbeit in der Altenpflege immer noch darauf ab, die Fortbildungs- und Qualifizierungsmaßnahmen für Individuen und Teams zu organisieren und zu steuern. Die Konzepte strategieorientierter PE hingegen finden in den Einrichtungen der Altenpflege bislang kaum Berücksichtigung.

Ich stimme mit SATTELBERGER darin überein, dass die PE im Kontext der OE nicht nur ein „peripheres Anhängsel" ist und auch nicht nur in der Qualifizierung für Fach- und Nachwuchskräfte Verwendung finden darf (vgl. Sattelberger 1996d:14). Eine strategieorientierte PE muss sich demzufolge an den langfristigen Entwicklungsabsichten der Organisationsmitglieder orientieren und sich in ihrer Interdependenz zu den strategischen Organisationszielen und -bedingungen begreifen, nur dann kann sie ihre Funktion als Unterstützungsfaktor auf dem Weg zur Lernenden Organisation erfüllen. Doch Menschenbilder lassen sich nicht „über Nacht" verändern. Bevor sich eine funktionale Sichtweise in ein ganzheitliches Selbstverständnis wandelt, muss die Organisation bzw. das Organisationsmanagement einen Paradigmenwechsel vollzogen haben. Von daher wird die Funktion und Bedeutung, die der PE in den von mir untersuchten Einrichtungen zugemessen wird, auch ein Indiz dafür sein, wie der Wandel zur lernenden Organisation innerhalb der Management- und Führungsebene vollzogen wurde.

Die Wahl der Interventionsebene bestimmt sich durch die Strategie und Intention des Prozessgeschehens. In der Fachliteratur überwiegt die Klassifikation der OE-Interventionsebenen nach der Handlungs- und Bezugsebene: die Verfahren werden danach unterschieden, ob sie am Individuum (personenzentriert), an den sozialen Beziehungen (team- und gruppenzentriert), an den strukturellen und technologischen Bedingungen der Organisation (organisationsbezogen) oder an integrierten Eckpunkten (eine Synthese aus allen Ansatzpunkten) ansetzen. Das ganzheitliche, dynamische OE-Verständnis von GLASL impliziert, dass jedes Interventionsgeschehen immer nur mehrdimensionale und integrierte Ziele verfolgen kann. Da GLASL in diesem Modell ein ganzheitliches und differenziertes Organisationsbild beschreibt und zudem die internen und externen Kontextabhängigkeiten der einzelnen Wesenselemente berücksichtigt, dient mir sein Systemkonzept als Untersuchungsinstrument, um die OE-Ziele und die darauf bezogenen Interventionsebenen und -formen in den zu untersuchenden OE-Prozessen der stationären Altenpflegeeinrichtungen zu beschreiben und zu analysieren.

Sowohl in den modernen OE-Ansätzen als auch in den Modellen zur Lernenden Organisation steht die Förderung und Entwicklung der Reflexionsfähigkeit, der Selbstorganisation und der Selbstverantwortlichkeit aller Beteiligten für das Prozessgeschehen im Vordergrund. Dies ist aber nur dadurch zu realisieren, wenn die Mitarbeiter/innen „[...] von Beginn an – bereits bei der Analyse der Ist-Situation – aktiv einbezogen werden. Nur wer die Ausgangslage kennt und die Hintergründe versteht, kann sich mit Überzeugung hinter die Konsequenzen stellen" (Doppler/

Lauterburg 1999:158). Inwieweit wurden die Akteure in den von mir untersuchten Einrichtungen der Altenpflege nun miteinbezogen? Inwieweit ist die Rückkoppelung eruierter Daten erfolgt? Wurde dabei das Primat des Transfers und die elementare OE-Postulate berücksichtigt? Gerade in traditionell hierarchisch ausgerichteten Institutionen wie die der Altenpflegeorganisation wird „Wissen" und „Information" immer noch als „Machtwissen" betrachtet. Ist es gelungen diese tradierten Vorstellungen zugunsten eines für alle zugänglichen „Wissenspools" und offenen Informationssystems aufzugeben?

Ein Spezifikum zeichnet meine empirische Untersuchung allerdings aus: Die von mir evaluierten Altenpflegeeinrichtungen nahmen an dem Modell einer „gepoolten Beratung" teil. Dieses Modell ist – bezogen auf OE – in der Altenpflegelandschaft ein Novum. Aufgrund der ökonomischen Ressourcenknappheit in Einrichtungen der stationären Altenpflege könnte dieses Modell eine zukunftsweisende Rolle spielen. Von daher ist der Erfolg bzw. Nichterfolg der durchgeführten OE-Prozesse von richtungsweisender Bedeutung für weitere Modellvorhaben. Denn: „Aus Kinderkrankheiten lässt sich gut lernen"! Wichtig ist dabei die Beurteilung des Kriteriums „erfolgreich". Unter Berücksichtigung der theoretischen Prämissen für dieses Kriterium, nach der der Erfolg eines OE-Prozess nicht in Fremdbestimmung erfolgen sollte, habe ich die Bewertung im Rahmen einer abschließenden Gruppenerhebung und Expertenbefragung ermittelt; denn: „Aus Kinderkrankheiten lässt sich gut lernen"!

Vor diesem Hintergrund dient meine empirische Forschung der Evaluation der Theorie in der Praxis, der Entwicklung neuer theorischer Ansätze und der Handlungs- und Gestaltungsempfehlungen für die OE in den Einrichtungen der Altenpflege.[140]

---

140 Siehe Kapitel 4.1.2.: Forschungsziele und methodisches Vorgehen.

Kapitel 4
Die Untersuchung der OE-Prozesse in drei stationären Altenpflegeheimen: Forschungsdesign

Nach der eingehenden Auseinandersetzung mit den theoretischen Grundlagen von OE richtet sich das Forschungsinteresse nun auf den wissenschaftlichen Erkenntnisgewinn durch die empirische Untersuchung der OE-Prozesse in drei stationären Altenpflegeheimen.

4.1. Forschungsziele und Forschungsansatz

Zunächst wird der Forschungsansatz im Kontext der Forschungsthematik erläutert und die zentrale Forschungsmethode begründet, um daran anknüpfend die Forschungsziele zu präzisieren und das methodische Vorgehen zu skizzieren. Abschließend wird die Frage beantwortet, in welchem Kontext der Untersuchungsgegenstand einzuordnen ist und welche Prämissen die Forschungsperspektiven determinieren.

4.1.1. Darstellung und Begründung des Forschungsansatzes

Die Wahl der Forschungsmethode begründet sich aus der Diskussion, was quantitative und qualitative Forschung im Kontext der zugrundeliegenden Forschungsfragen leisten können.

Der Ansatz der quantitativen Sozialforschung beschränkt sich auf Deduktion und auf die vermeintliche objektive Messung sozialer Phänomene. Die Sichtweise quantitativer Sozialforschung, die Wirklichkeit als objektive Realität unabhängig vom Beobachter zu begreifen, wird von LAMNEK kritisiert: „[...] sie [die quantitative Sozialforschung, Anm. d. Verf.] [ist] weniger an dieser Wirklichkeit selbst, so wie sie sich für den Betroffenen darstellt, interessiert [...], als an der Überprüfung der vom Forscher vorab formulierten Theorien und Hypothesen, was letztlich zu einem Rückzug der Soziologie aus der sozialen Welt und zur Hinwendung an eine „soziologische Welt" mit ungeklärten Bezügen zur realen Welt geführt habe." (Lamnek 1995a:96)

Die Hauptargumente LAMNEK's kritischer Grundposition gegenüber den quantitativen Methoden werden nun im Kontext des Forschungsgegenstand „OE" betrachtet und diskutiert:

1. *Soziale Phänomene existieren weder außerhalb von Individuen und Systemen noch im forschungsfreien Raum, sondern beruhen auf der Interpretation und der Bedeutungen der Individuen und Systeme, die es zu erfassen gilt (vgl. Lamnek 1995a:7).*
2. *Soziale Tatsachen können nicht vordergründig objektiv identifiziert werden, sondern sind immer in Abhängigkeit ihres Bedeutungsgehalts zu interpretieren (vgl. Lamnek 1995a:7).*

Menschen handeln auf der Grundlage von Bedeutungen, die sie den Erscheinungen und Ereignissen zuweisen. Dies verdeutlicht sich im OE-Prozess sowohl bei der Konstruktion und Durchführung von OE als auch bei den Entwicklungs-, Lern- und Veränderungsprozessen von Menschen und Systemen.

Für die Forschung resultiert daraus, dass Forschungsgegenstand und Forschungsmethode kongruent sein müssen.

▪ *Ausgangspunkt meiner Arbeit sind die Bedeutungszusammenhänge, den die OE-Akteure den Problemen und der Problemlösung der OE beimessen. Deshalb wähle ich bei meiner Evaluation der OE-Prozesse qualitative Forschungsmethoden, denn nur sie berücksichtigen die Interpretationen und Absichten der OE-Akteure.*

▪ *Qualitative Forschung und die modernen Ansätze der OE haben eines gemeinsam: Sie betrachten Menschen als ganzheitliche Wesen, soziale Phänomene bzw. Entwicklungen als ganzheitliche, komplexe Gebilde oder Prozesse und sie negieren das Paradigma der Objektivität.*

Die Wahl der qualitativen Forschungsmethode trägt damit den Überlegungen BLUMER's Rechnung: „Jeder Teil der wissenschaftlichen Studie muss [...] dem widerspenstigen Charakter der untersuchten empirischen Welt entsprechen, deshalb sind Forschungsmethoden dieser Welt untergeordnet und sollten einem Test durch sie unterworfen werden. [Daher] muss der hier geforderte Ansatz davon ausgehen, dass die handelnde Einheit einer aktuellen Situation gegenübersteht, mit der sie umzugehen und gegenüber der sie eine Handlungslinie auszuarbeiten hat" (*Blumer zitiert in Lamnek 1995a:94f*). Diese grundlegenden, allgemeinen methodologischen Implikationen BLUMERs gelten für individuelle und kollektive Aktivitäten, soweit sie soziale Interaktionen sind. Somit sind diese Aussagen auf Untersuchungsgegenstände wie Organisationen anwendbar, weil diese Makrogebilde

„[...] als Anordnungen von Personen betrachtet werden, die in ihren jeweiligen Handlungen miteinander verkettet sind" (*Blumer zitiert in Lamnek 1995a:95*).
Deshalb finden bei der qualitativen Erforschung von Systemen bzw. der angewandten Sozialforschung vornehmlich Methoden Anwendung, die geeignet sind, die soziale Realität zu berücksichtigen. Damit begründet sich die Wahl des Experteninterviews und der Gruppendiskussion als geeignete Erhebungsinstrumente zur Analyse der Problemlage und zur Evaluation der OE-Prozesse.

Abbildung 28: Angewandte Sozialforschung innerhalb des Systems geplanter sozialer Veränderung

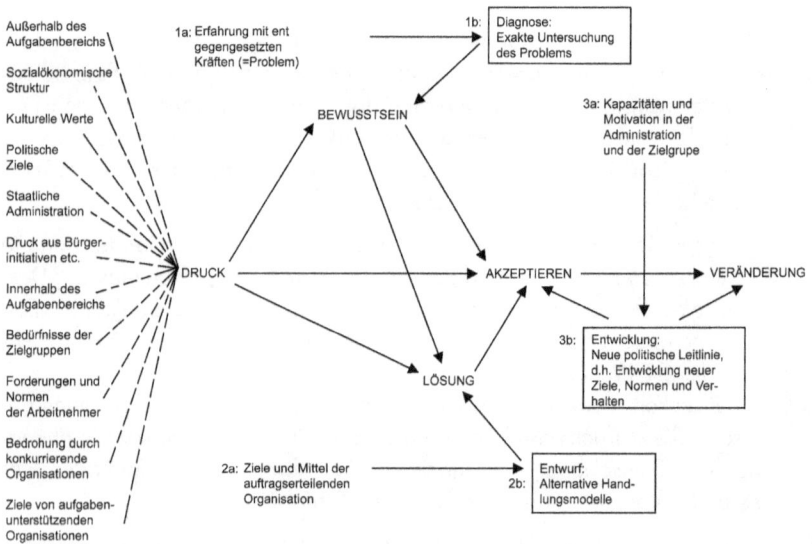

Außerhalb des Aufgabenbereichs

Sozialökonomische Struktur

Kulturelle Werte

Politische Ziele

Staatliche Administration

Druck aus Bürgerinitiativen etc.

Innerhalb des Aufgabenbereichs

Bedürfnisse der Zielgruppen

Forderungen und Normen der Arbeitnehmer

Bedrohung durch konkurrierende Organisationen

Ziele von aufgabenunterstützenden Organisationen

1a: Erfahrung mit ent gegengesetzten Kräften (=Problem)

1b: Diagnose: Exakte Untersuchung des Problems

BEWUSSTSEIN

3a: Kapazitäten und Motivation in der Administration und der Zielgrupe

DRUCK

AKZEPTIEREN

VERÄNDERUNG

3b: Entwicklung: Neue politische Leitlinie, d.h. Entwicklung neuer Ziele, Normen und Verhalten

LÖSUNG

2a: Ziele und Mittel der auftragserteilenden Organisation

2b: Entwurf: Alternative Handlungsmodelle

Quelle: *van de Vall 1993:24*

Mein zentraler Forschungsansatz orientiert sich an dem Modell von VAN DE VALL „Angewandte Sozialforschung" zur Untersuchung geplanter sozialer Veränderung[1] (siehe Abbildung 28).

1 „Social Policy Research" ist im anglo-amerikanischen Sprachraum ein gängiger Begriff. Dabei handelt es sich um die „Forschung für die Praxis sozialer Administration". Da die Übersetzung des Begriffs „Social Policy Research" ins Deutsche mit zahlreichen Missverständnissen verbunden wäre, wurde von *van de Vall* aus Gründen der Verständlichkeit und um das Dilemma der sprachlichen Übersetzungsschwierigkeiten zu umgehen, statt

Abbildung 28 zeigt, dass angewandte Sozialforschung an drei verschiedenen Stellen ansetzen kann (vgl. van de Vall 1993:23):

▪ *Bei der wissenschaftliches Erforschung eines Problems (Diagnose),*
▪ *beim Design der Handlungsalternativen (Zieldefinition bzw. Sollentwürfe),*
▪ *bei der Umsetzung in konkrete Maßnahmen (Entwicklung und Programmevalution).*

An diesen Eckpunkten orientiert sich der Forschungsverlauf meiner empirischen Untersuchung[2].

Abbildung 28 zeigt darüber hinaus, welche Aspekte die Veränderungsprozesse konstituieren: Druck, Bewusstsein, Lösung, Akzeptanz und Veränderung. Diese Faktoren werden im Kontext meiner Forschungsthematik „OE in den Einrichtungen der Altenpflege – diskutiert:

1. *Oftmals löst erst der Druck externer und interner Einflussfaktoren und Rahmenbedingungen in Organisationen den Wunsch aus, Organisationsveränderungen durchzuführen[3]. Die Problemlage der Organisationen wird häufig erst durch die Spannung gegensätzlicher Kräfte sichtbar und bewusst[4].*
2. *Erst wenn bei den Akteuren der betreffenden Organisationen ein Veränderungsbewusstsein vorhanden ist, können adäquate Maßnahmen ergriffen und durchgeführt werden[5]. Dieser Aspekt wirkt auf alle Phasen sozialer Veränderung.*
3. *Lösung und Akzeptanz bedingen den Zielfindungs- und Umsetzungsprozess und beeinflussen maßgeblich den Erfolg der OE-Prozesse. Denn erst wenn das Problem erkannt und reflektiert wurde, können die Akteure die Verände-*

---

der Begriffe „Verwaltungsforschung" oder „Entwicklungsforschung" der Begriff „Angewandte Sozialforschung" gewählt. Im Verständnis des Autors ist dieser Fachterminus für den Forschungsbereich sozialpolitischer Prozesse umfassender und passender (vgl. van de Vall 1993:7). Im Folgenden wird nur der Begriff Angewandte Sozialforschung verwendet.

2 Diese Eckpunkte korrespondieren mit dem Phasenmodell der klassischen OE: Diagnose, Zieldefinition/Planung, Umsetzung und Auswertung; siehe Kap. 3.4.5.

3 Diese These entspricht den Erfolgsindikatoren, die für eine erfolgreiche OE aufgestellt wurde (siehe Kap. 3.4.6.).

4 Dieser Aspekt entspricht der Argumentation von Glasl/Lievegoed, für die der Wunsch nach Auflösung eines existierenden Spannungsverhältnisses ein wichtiges Antriebsmoment für OE darstellt (siehe Kap. 3.3.3.).

5 Diese These korrespondiert mit den aus der Praxis ermittelten Erfolgsfaktoren für eine erfolgreiche OE (siehe Kap. 3.4.6.).

rung akzeptieren und sind bereit den Veränderungsprozess verantwortungs-voll mitzutragen und partizipativ mitzugestalten.
4. *Die Organisationsveränderung bzw. -entwicklung ist das Resultat dieser Aspekte.*

Diese vier Aspekte bilden bei der Untersuchung der Ausgangssituation (interne Rahmenfaktoren), der Analyse des Handlungs- und Beratungsmodells und bei der Evaluation der Prozessergebnisse die Forschungsdeterminanten.

4.1.2. Forschungsziele und methodisches Vorgehen

Mit der empirischen Untersuchung der OE-Prozesse wird – wie in der Einleitung erwähnt – kein wissenschaftliches Neuland, aber wissenschaftliches Entwicklungsland betreten, weshalb die Untersuchungsform der Explorationsstudie gewählt wurde.

Exploration zielt darauf ab, Untersuchungsfelder, die bislang nur unzureichend erforscht sind, mit Hilfe von empirischen Forschungsmethoden systematisch zu ergründen, um neue und wissenschaftlich begründete Erkenntnisse über die mit der Forschungsfrage verbundenen Aspekte und Merkmale zu gewinnen, die in zu bildende Forschungshypothesen und Fragestellungen münden (*vgl. Bortz/Döring 1995:330*).

Die Untersuchungsobjekte – drei Altenpflegeheime – nahmen an einem Pilotprojekt zur „Optimierung der Arbeitslogistik" teil[6]. Konzipiert wurde das Handlungsmodell als „gepoolte Beratung"[7].

Meine Explorationsstudie dient der Generierung spezifischer Forschungshypothesen und Fragestellungen zur Planung, Gestaltung und Wirksamkeit von als „gepoolte Beratung" konzipierten OE-Prozessen in den Einrichtungen der Altenpflege. Sie verfolgt weder das Ziel, Hypothesen zu überprüfen, noch das Ziel, ein theoretisch begründetes Erklärungsmodell für OE in Pflegeeinrichtungen zu konstruieren.

Meine Forschungsarbeit untersucht die im Rahmen des Pilotprojektes in drei Einrichtungen der stationären Altenpflege durchgeführten Organisationsveränderungsprozesse zur Optimierung der Arbeitslogistik. Die geplanten Projektmaßnahmen wurden als Modul des Gesamtprojektes „Prävention arbeitsbedingter Gesundheitsgefahren" entwickelt und in fünf Einrichtungen der stationären Altenpflege durchgeführt und erprobt, drei der Einrichtungen stell-

---

6 Siehe Kap. 5.2. und 5.2.3.2. (Abb. 31)
7 Dieser Begriff wird im Kapitel 5.2.1. erläutert.

ten sich als Untersuchungsobjekte zur Verfügung. Das Projekt war ursprünglich für ein Jahr geplant. Da in allen Einrichtungen die Umsetzungsphase noch nicht abgeschlossen war, wurde ein Folgeprozess, der sich über ein weiteres Jahr erstreckte, durchgeführt.

Diese Untersuchung verfolgt zwei Forschungsziele:

1. *Die Evaluation der organisatorischen Lern- und Veränderungsprozesse im Hinblick auf die Frage: Konnte durch das Pilotprojekt "Arbeitslogistik in der stationären Altenpflege" in den untersuchten drei Altenpflegeheimen ein OE-Prozess initiiert werden?*
2. *Die Ermittlung der Möglichkeiten und Grenzen des Modells der "gepoolten Organisationsberatung" zur Gestaltung und Durchführung von OE-Prozessen.*

Die forschungsleitenden Fragestellungen sind:

▦ *Wie gestaltet sich die interne und externe Ausgangs- und Problemlage der stationären Einrichtungen zu Projektbeginn? Wurden die relevanten Einfluss- und Bedingungsfaktoren identifiziert?*

▦ *Welche OE-Ansätze liegen dem Beratungs- bzw. Handlungsmodell zugrunde? Hält das Beratungskonzept geeignete Strategien, Interventionen, Methoden und Verfahrensinstrumente bereit, um die Ziele der Altenpflegeheime und ihrer Akteure zu realisieren und sie in die Lage zu versetzen, notwendige Problemlösungs- und Entwicklungsprozesse selbstorganisiert zu gestalten?*

▦ *Zu welchen Ergebnissen führte die Umsetzung des Pilotprojekts? Welche konkreten Schwierigkeiten gab es bei der Implementierung der Projektmaßnahmen? Welches waren fördernde oder hinderliche Faktoren bei der Umsetzung der Konzeptziele in die Unternehmensrealität? Waren die OE-Prozesse ein Türöffner zur Lernenden Organisation?*

▦ *Inwieweit konnte durch das Pilotprojekt eine gesundheitsförderliche, effektive und effiziente Arbeits- und Organisationsgestaltung verwirklicht werden? Wurden die Organisationen und ihre Akteure durch die realisierten Lern- und Entwicklungsprozesse befähigt, die komplexen Anforderungen in adäquater Form zu bewältigen?*

▦ *Welche Erkenntnisse ergaben sich im Hinblick auf die Voraussetzungen, die Erfolgsindikatoren von OE-Prozessen und die Frage, was die "gepoolte Beratung" leisten und realisieren kann (Wirkungssicherheit)?*

▦ *Inwieweit ist das Modell der "gepoolten Beratung" als OE-Modell für die Einrichtungen der stationären Altenpflege zukunftsweisend?*

Abbildung 29: Darstellung des Forschungsverlaufs

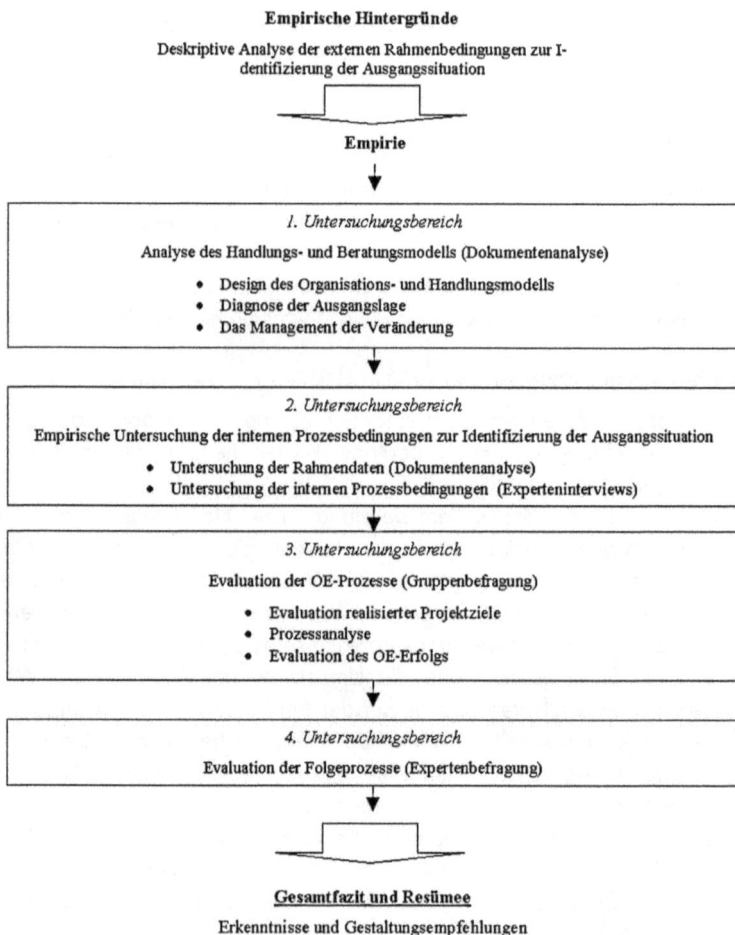

Empirische Hintergründe

Deskriptive Analyse der externen Rahmenbedingungen zur I-
dentifizierung der Ausgangssituation

Empirie

---

1. Untersuchungsbereich

Analyse des Handlungs- und Beratungsmodells (Dokumentenanalyse)

- Design des Organisations- und Handlungsmodells
- Diagnose der Ausgangslage
- Das Management der Veränderung

---

2. Untersuchungsbereich

Empirische Untersuchung der internen Prozessbedingungen zur Identifizierung der Ausgangssituation

- Untersuchung der Rahmendaten (Dokumentenanalyse)
- Untersuchung der internen Prozessbedingungen (Experteninterviews)

---

3. Untersuchungsbereich

Evaluation der OE-Prozesse (Gruppenbefragung)

- Evaluation realisierter Projektziele
- Prozessanalyse
- Evaluation des OE-Erfolgs

---

4. Untersuchungsbereich

Evaluation der Folgeprozesse (Expertenbefragung)

Gesamtfazit und Resümee

Erkenntnisse und Gestaltungsempfehlungen

Quelle: Eigene Darstellung

Im Vorfeld der Empirie wurde der empirische Hintergrund erörtert. Die deskriptive Erfassung der externen Ausgangssituation, die für alle Einrichtungen der stationären Altenpflege gleichermaßen bestimmend war, diente der Analyse und Sichtung der externen Rahmenbedingungen, der wichtigsten Problembereiche und Anforderungen, die an die Einrichtungen der Altenpflege gestellt werden, die Ermittlung notwendiger Innovations- und Veränderungsprozesse und damit der Aufstellung erster Thesen bezogen auf die betrieblichen Handlungsbedarfe für OE.

Der empirische Untersuchung erfolgt als Mehrebenenanalyse und gliedert sich – wie Abb. 29 zeigt – in folgende vier Untersuchungsbereiche:

Untersuchungsbereich 1:

Das Organisations- und Handlungsmodell der geplanten Organisationsveränderung wurde auf Basis der Dokumentenanalyse untersucht. Folgende Aspekte galt es dabei spezifischer zu erfassen und zu bewerten: Die Diagnose der Ausgangslage, die Ermittlung und Bestimmung der Projektziele, die Methoden und Instrumente zur Implementierung der Projektmaßnahmen, die Lernprozesse und die Analyse des OE-Ansatzes, der dem Beratungskonzept zugrunde lag.

Untersuchungsbereich 2:

Das Ziel dieses Forschungsbereichs war die Identifizierung der internen Ausgangssituation und Rahmenbedingungen.

Die Rahmendaten wurden von der Autorin mit Hilfe der Dokumentenanalyse erhoben und ausgewertet. Um die forschungsrelevanten Aspekte der Einrichtungen zu erfassen, erfolgte eine stärkere Eingrenzung der Untersuchungsgegenstände auf die organisations-, arbeits- und pflegebezogene Erhebungskomplexe.

Darüber hinaus hat die Autorin zu Prozessbeginn eine Expertenbefragung in Form des halb-strukturierten Interviews durchgeführt. Ziel der Befragung war die Ermittlung der internen Ausgangs- und Problemlage aus Sicht der Akteure und die Gewinnung von Erkenntnissen über die Veränderungsimpulse, Prozessziele sowie das Problem- und Veränderungsbewusstsein der Akteure.

Untersuchungsbereich 3:

Am Ende der geplanten OE-Prozesse hat die Autorin in den jeweiligen Einrichtungen Gruppenbefragungen durchgeführt. Ziel der Gruppenerhebung war, die Implementierungsprozesse, die Projektergebnisse, die Schwierigkeiten bei der Projektumsetzung, somit die prozesshemmenden oder -fördernden Faktoren sowie den Erfolg der OE-Maßnahmen zu evaluieren und auszuwerten.

Untersuchungsbereich 4:

Am Ende der Folgeprozesse wurde mit Schlüsselpersonen der Einrichtungen eine Expertenbefragung mittels eines strukturierten Fragebogens durchgeführt. Die Erhebung konzentrierte sich auf folgende Fragestellungen: Zu welchen Ergebnissen führte der Folgeprozess und was hatte das Pilotprojekt bezogen auf einen kontinuierlichen Problemlösungs- und Entwicklungsprozess bewirkt?

Am Schluss der Untersuchung werden Forschungsergebnisse zusammenfassend diskutiert und ausgewertet.

Jede Forschung hat ein Verwertungsinteresse. Die intendierten Forschungsziele lassen erste Ergebnisse im Hinblick auf folgendes Erkenntnisinteresse erwarten:

- *Wie müssen „gepoolte" OE-Beratungsmodelle angelegt sein, damit sie es leisten, die Ziele der Altenpflegeheime (Organisation und Akteure) zu realisieren und deren interne Problemsituation im Kontext der gegenwärtigen externer Rahmenbedingungen zu verbessern?*
- *Welche Voraussetzungen müssen berücksichtigt werden, damit eine „gepoolte" OE-Beratung erfolgreich verwirklicht werden kann? Wie muss ein als „gepoolte" Beratung angelegtes Handlungsmodell konzipiert sein, damit eine einrichtungsspezifische Organisationsentwicklung realisiert werden kann?*

Auf Basis der Forschungsergebnisse sollen wissenschaftlich begründete Gestaltungsempfehlungen für zukünftige OE-Prozesse entwickelt und ausgesprochen werden.

4.1.3. Datenerhebung und Datenerhebungsinstrumente

4.1.3.1. Auswahlkriterien für die untersuchten stationären Altenpflegeheime

Bei meiner Suche nach geeigneten Untersuchungsobjekten[8] und bei meiner gezielten Nachfrage bei einzelne Beratungsinstitutionen wurde ich auf das Pilotprojekt der BGW[9] aufmerksam.

---

8 Ich hatte 100 stationäre Altenpflegeeinrichtungen angeschrieben Der Rücklauf meines Anschreibens betrug N=32. Bei 12 % der angeschriebenen Pflegeheime wurde ein OE-Prozess langfristig in Erwägung gezogen, bei 9 % war die organisationsentwickelnde Maßnahme bereits in der Planphase. 11 % der angeschriebenen Pflegeeinrichtungen planten eine qualitätsentwickelnde Maßnahme als OE-Prozess durchzuführen. Die Pflegeheime, die QS-Prozesse planten, kamen als Untersuchungsobjekte nicht in Betracht, da ich mich entschieden hatte, die Implementierung von Qualitätssicherungsverfahren als Untersuchungsbereich auszuklammern, weil es im Bereich der Qualitätssicherung und -entwicklung hinreichende Erkenntnisse und Untersuchungen gibt. Insgesamt 12 der angeschriebenen Altenpflegeheime kamen in die engere Auswahl. Drei Pflegeeinrichtungen konnten nicht in die Untersuchung miteinbezogen werden, weil die mit der OE-Beratung beauftragten Beratungsinstitutionen nicht bereit waren, sich an meinem Forschungsprozess zu beteiligen.

9 Es handelt sich um einen bundesweit angelegten Modellversuch, an dem fünf Einrichtungen teilnahmen.

Ich habe bei der BGW, bei der mit der Durchführung des Pilotprojektes beauftragten Beratungsinstitution und den fünf beteiligten Einrichtungen angefragt, ob ich die Pilotprojekte im Rahmen meines Dissertationsvorhabens begleiten kann. Bis auf zwei der teilnehmenden Häuser[10] waren alle Institutionen bereit, sich an meinem Forschungsvorhaben zu beteiligen. Ich habe mich entschieden, alle drei Altenpflegeheime zu untersuchen, denn drei Untersuchungsobjekte erhöhen die Validität der Ergebnisse.

Die Gründe, warum ich mich für diesen OE-Prozess entschieden haben, sind:

▪ *Vor dem Hintergrund der vielfältigen Anforderungen, die an die Altenpflegeorganisationen und ihre Mitglieder gestellt werden und vor dem Hintergrund, dass die (zunehmenden und öffentlich diskutierten) Stress- und Arbeitsbelastungen der Beschäftigten der Altenpflege die Altenpflegeeinrichtungen zum Handeln zwingt, nach einer gesamtorganisatorischen Problemlösung zu suchen, kommt der Optimierung der Arbeitslogistik im Rahmen der Gesundheitsförderung als Ansatz zur Organisationsentwicklung eine wichtige Bedeutung zu[11].*
▪ *Das Organisations- und Beratungsmodell, das als „gepoolte Beratung" angelegt war.*
▪ *Vor dem Hintergrund der angespannten Personal- und Finanzsituation der Altenpflegeeinrichtungen könnte sich das Modell als zukunftsweisend erweisen, da es eine „kostengünstigere" Alternative zu betriebsspezifischen OE-Prozessen bietet.*
▪ *Die zuvor festgelegten Auswahlkriterien für meine Untersuchung wurden von dem Pilotprojekt und den Untersuchungseinheiten weitgehend erfüllt:*
   1. Die Einrichtungen sollten seit mindestens zehn Jahre existieren. Betriebsgröße, Trägerschaft und Charakter der Einrichtung als Traditionsunternehmen sollten sich entsprechen.
   2. Die zu untersuchenden Prozesse sollten die OE-Kriterien „umfassend, längerfristig angelegt und von einer externen Beratungsinstitution begleitet" erfüllen.
   3. Die OE-Prozesse sollten sich über einen längeren Zeitraum (mindestens 8–12 Monate) erstrecken.

---

10 Die Gründe, warum die beiden anderen Einrichtungen des Modellversuchs nicht an der empirischen Untersuchung teilnehmen wollten, erscheinen mir in diesem Zusammenhang erwähnenswert, weil sie die Ausgangslage der betroffenen Einrichtungen erhellen: Durch akuten Zeit- und Personalmangel sahen sich die zwei Pflegeheime überfordert, an der Untersuchung teilzunehmen.
11 An dieser Stelle wird auf eine differenzierte Darstellung des Projekts als OE-Modell verzichtet, da sich die nachfolgenden Kapitel intensiv mit der Frage beschäftigen.

4. Die Veränderungsziele und -richtung sollten vergleichbar, aber in ihren Teilzielen (unabhängige Prozessvariable) verschieden sein.

5. Die Interventionsebenen sollten vergleichbar, das Interventionsvorgehen (unabhängige Prozessvariable) in den OE-Prozessen sollte differieren[12].

Die Homogenität der externen Ausgangslage und des Beratungsansatzes gewährleisteten eine Vergleichbarkeit der Prozesse, während die kontrastierenden Kriterien wie einrichtungsspezifische Ziele, Interventionsvorgehen und Beratungsmethoden (Vor-Ort-Beratung und Interventionen) versprach, die Aussagekraft der Forschungsergebnisse zu erhöhen.

Die Untersuchungseinheiten werden aus Gründen der Anonymität nicht genannt. Im Folgenden werden sie mit den Abkürzungen APE 1, APE 2 und APE 3 codiert.

4.1.3.2. Auswahlkriterien für die interviewten Expertinnen und Experten

Experteninterviews:

Die Datenerhebung mittels Einzelinterview wurde für zwei Untersuchungsbereiche gewählt. Zur Ermittlung der internen Ausgangslage vor Projektbeginn und zur Evaluation der Folgeprozesse.

Die Auswahl meiner Interviewpartner/innen erfolgte nach folgenden Vorüberlegungen:

* *Sie sollten verschiedenen Hierarchiestufen angehören und in den Beratungsprozess involviert sein und*

* *sie sollten die Perspektiven der Beschäftigten und Bewohner/innen berücksichtigen.*

Oft ist es nicht die oberste Führungsebene, „[...] auf der die ExpertInnen zu suchen sind, sondern die zweite und die dritte Ebene, weil hier in der Regel Entscheidungen vorbereitet, durchgesetzt werden und weil hier das meiste und das detaillierteste Wissen über interne Strukturen und Ereignisse vorhanden ist" (*Meuser/Nagel 1989:3*). Deshalb wurden – bis auf zwei Ausnahmen – die Führungs- und Leitungskräfte der mittleren und unteren Managementebene als Interviewpartner/innen für die Einzelinterviews angefragt. Die Entscheidung, die Führungskräfte der mittleren und unteren Führungs- und Leitungsebene zu befragen, begründete sich auch damit, dass diese einerseits selbst in den OE-Prozess involviert waren und andererseits eine verbindende und ver-

---

12 Siehe Kap. 5.2.3.2.

mittelnde Funktion zwischen höchster Führungsebene und unterer Führungsebene bzw. Basis einnehmen. Da sie über koordinierende Leitungs- oder Entscheidungskompetenzen und über Einblick in die Gesamtabläufe verfügen, als Projektmitglieder Verantwortung für die Implementierung der Projektmaßnahmen trugen und einen privilegierten Zugang zu Informationen hatten, waren sie als Interviewpartner/innen prädestiniert.

In beiden Untersuchungen wurden je sechs Interviews, d. h. in den einzelnen Häusern jeweils zwei qualitative Experteninterviews vor und nach dem OE-Projekt geführt[13]. Die Führungskräfte, die Projektleitungen und die Wohnbereichsleitungen wurden schriftlich angefragt. Bei der Anfrage wurde lediglich darauf hingewiesen, dass die zu interviewten Führungs- und Leitungskräften verschiedenen Hierarchieebenen zugehören, in das Projekt involviert und dass die Teilnahme dem Prinzip der Freiwilligkeit folgen sollte/n.

In der ersten Befragung waren alle meine Interviewpartner/innen − bis auf eine Person, die zur Steuerungsgruppe gehörte −, Projektmitglieder und somit interne Change Agents. Bei der Evaluation der Folgeprozesse wurde darauf geachtet, dass in jeder Einrichtung sowohl ein Projektmitglied als auch eine Person befragt wurde, die nicht zur Projektgruppe gehörte. Um die Kompatibilität zur Evaluation der ersten Projektphase zu gewährleisten, war geplant, dieselben Projektmitglieder zu befragen. Eine weitere Zuordnung bezogen auf ihre Funktionen nehme ich nicht vor, da die erhobenen Daten bei einem solch kleinen Sample die jeweiligen Personen identifizieren könnte.

Gruppeninterviews:

An der Arbeits- und Organisationsgestaltung sind in hierarchischen Organisationen die Systemmitglieder mit jeweils unterschiedlichen Interessen beteiligt. Die Organisationsmitglieder, die von einer geplanten Veränderungsmaßnahme unmittelbar betroffen sind oder profitieren oder welche die Entwicklung, Implementierung und Kontrolle der Maßnahmen mitverantworten, gelten als die wichtigsten Expertinnen oder Gesprächspartner bei der Evaluierung von Veränderungsprogrammen (*vgl. Bortz/Döring 1995:101*). Deshalb wurden alle Mitarbeiter/innen der Pilotstation und der angrenzenden Dienste sowie die Vertreter/innen des Managements − als Expertinnen und Experten der Veränderungsprozesse betrachtet − zur Gruppenerhebung eingeladen.

---

13 Die Codierung „IP" steht für Interviewpartner/innen: Die Nummerierungen in den transkribierten Interviews wurden freigewählt.

Die Expertinnen bzw. Experten wurden von mir als Repräsentantinnen bzw. Repräsentanten ihrer Organisation befragt. Allen Interviewpartner/innen wurde Anonymität zugesichert.

4.1.3.3. Datenerhebungsinstrumente

Passend zu meinen Forschungszielen habe ich die folgenden Erhebungsinstrumente gewählt: Das Experteninterview, die Dokumentenanalyse und das Gruppeninterview.

Die Durchführung der Einzelinterviews und Gruppendiskussionen wurden so gestaltet, dass sie den Prinzipien qualitativer Sozialforschung Offenheit, Kommunikativität und Naturalizität entsprachen (*vgl. Lamnek 1995a:21ff*): Die Interaktion erfolgte wertschätzend und wertfrei, die Erhebungsfragen wurden weitgehend offen formuliert, der Erhebungssituation angepasst und entsprechend flexibel gehandhabt. Um einem unbefangenen Kommunikationsprozess gerecht zu werden, wurden die Befragten in ihrem Arbeitsalltag interviewt und die Interviewsituation alltagsnah gestaltet.

Auf folgenden Sachverhalt möchte ich hinweisen: Wenn Interview, Gruppendiskussion, Auswertung und Einbindung der Ergebnisse in den Untersuchungskontext über den gesamten Untersuchungszeitraum in den Händen einer Forschungsperson liegen, dann agiert diese selbst im Feld (*vgl. Bock 1992:92*). Das bringt spezifische Rollenprobleme für die Forscherin mit sich, denn die Forschungssituation kann zur Gratwanderung zwischen ,kritischer Distanz' und dem Verlust derselben werden[14] (*vgl. Bock 1992:92*).

4.1.3.3.1. Das Experteninterview

Die Experteninterviews wurden zu Prozessbeginn in Form des halbstrukturierten-leitfadenorientierten Interviews durchgeführt. Mit den Leitfadeninterviews wurde das Ziel verfolgt, die Exploration der Wahrnehmung und Einschätzung der Befragten zur Ausgangssituation des Pilotprojektes und die Handlungs- und Relevanzsysteme der Befragten bezogen auf den Veränderungsprozess und die Prozessziele vorzunehmen.

---

14 Um diesem Rollendilemma auszuweichen, verfolgte ich in meiner Forschung keinen streng induktiven Weg (Erklärungen aus dem Untersuchungsmaterial abzuleiten), sondern habe einen alternierenden Prozess der Erkenntnisgewinnung gewählt: Die neugewonnenen Interpretationen wurden immer wieder sowohl am Untersuchungsmaterial als auch am theoretischen Vorverständnis überprüft (*vgl. Bock 1992:91; Glaser/Strauss 1998*).

Für die Wahl der Datenerhebungstechnik waren mehrere Aspekte entscheidend: Das Leitfadeninterview bietet Raum für individuelle Antworten und Akzentuierungen und ermöglicht eine systematisierte Auswertung der vielfältigen Antworten und die Vergleichbarkeit der einzelnen Aussagen und Daten – unter der Voraussetzung, dass eine Prädetermination durch die Offenheit der Fragen vermieden wird (vgl. Lamnek 1995b:50).

Gekennzeichnet ist diese Interviewform daruch, dass lediglich bestimmte Leitfadenkomplexe festgelegt werden, die als offene Fragen (vor)formuliert werden, aber auch zum Teil Stichworte oder präzise ausformulierte Items enthalten. Die Fragen des Leitfadens waren für die Interviewerin nicht bindend. Im Sinne des halb-strukturierten Interviews dienten sie lediglich als Strukturierungs- und Orientierungshilfe weshalb sich Art, Breite und Reihenfolge der behandelten Gesprächsthemen weitgehend durch die von den Befragten mitgeteilten Inhalten und Bedeutungszuweisungen ergaben[15].

Das Experteninterview diente dazu, im Detail zu erörtern, wie sich die Ausgangslage der Pflegeeinrichtungen, die Veränderungsbereitschaft und –ziele der Akteure sowie die Akzeptanz des Pilotprojektes bei den Betroffenen aus Perspektive der Befragten gestaltet. Das Erhebungsinstrument des halb-strukturierten Einzelinterviews hatte in diesem Kontext den Vorteil, durch gezielte Rückfragen, Verständigungsprobleme zu minimieren und zusätzliche Informationen zu sammeln. Somit ermöglichte das Experteninterview, bestimmte Aspekte herauszuarbeiten, die – bezogen auf die dieser Arbeit zugrundeliegenden Untersuchungsziele „Ausgangslage, Ziele und Erfolgschancen der OE" – diskursanalytisch aus mehreren Perspektiven zu erfassen galt. Ein Erkenntnisziel der Einzelinterviews war, die Ziele der Prozessakteure mit den vordefinierten Projektzielen zu vergleichen. Die Auswertung der Interviews erfolgte somit als eine Überprüfung der diagnostizierten Ausgangslage und ermittelten Ziele sowie der praxisrelevanten Einflussfaktoren und Voraussetzungen des OE-Prozesses.

Die inhaltliche Ausgestaltung der Fragenkomplexe orientierte sich an den Forschungszielen. Mein Interviewleitfaden[16], an dem ich mich in meiner Interviewführung ausrichtete, war folgendermaßen konzipiert (siehe Tabelle 9):

---

15 Damit dies gelingen konnte, habe ich bei der Befragung neben der Berücksichtigung theoretischer Fragestellungen folgende Aspekte berücksichtigt: Ein den Befragten angemessenes Sprachniveau, Anlehnung der Gesprächsatmosphäre an die Alltagssituation der Akteure sowie Akzeptanz und Wertschätzung der Interviewten (vgl. Kromrey 1986:147). Diese Kriterien galten als wesentliche Voraussetzungen für verlässliche und gültige Forschungsbefunde (vgl. Lamnek 1995b:58).
16 Der Leitfaden ist im Anhang abgebildet.

Tabelle 9: Struktur des Interviewleitfadens zur Identifikation der Ausgangslage

Erster Teil: Allgemeine Einführung.
In diesem Teil wurde den Befragten die Forschungsthematik, Design und Methodik der Untersuchung erläutert. Die Einführung hatte zudem den Zweck, im Interview eine Situation der Vertrautheit zu schaffen, die eine Subjekt-Subjekt-Relation zwischen der Interviewerin und den Befragten ermöglicht. Ferner wurde die Anonymität der Daten zugesichert.

Zweiter Teil: Personenbezogener Fragebereich.
In diesem Teil wurden die persönlichen Daten ermittelt. Die Fragen dienten als Einstiegsfragen, um einen Interview-Rapport herzustellen. Darüber hinaus konnten die Anworten bereits Aufschlüsse über die arbeitsbezogene Werte- und Einstellungsstruktur geben.

Dritter Teil: Arbeits- und organisationsbezogener Fragebereich.
Der dritte Teil, als erster Hauptteil des Interviews, befasste sich mit der Wahrnehmung und Einschätzung der Probanden u. a. in Bezug auf die Arbeits- und Unternehmenssituation, Arbeits- und Pflegebedingungen sowie organisationsspezifische Prozesse und Strukturen. Hier sollten die Befragten zunächst offen ihre Sichtweisen der Verhältnisse, Strukturen und Situation in der Pflegeeinrichtung erläutern. Die Fragen zielten auf die Analyse der internen Prozessbedingungen aus Sicht der Leitungs- und Führungskräfte ab.

Vierter Teil: Fragen zum OE-Prozess.
Der zweite Hauptteil des Interviews enthielt Fragen zu den Anliegen, Zielen und Konzepten des geplanten Veränderungsvorhabens, zu den erwarteten Ergebnissen und den Erfolgchancen der Veränderungsprozesse. Meine Intention war hierbei, die Ziele, Erwartungen und Veränderungsbereitschaft der am Prozess beteiligten Akteure zu identifizieren.

Fünfter Teil: Standardisierter Fragebogen zum Veränderungsprozess
Der letzte Teil beinhaltete einen standardisierten Fragebogen mit einer Bewertungsskala, der die individuellen Einschätzungen der Probanden zu den Entwicklungsmöglichkeiten und Veränderungschancen der eigenen Pflegeeinrichtung durch OE in messbare Skalierungen erfassen und vergleichbar machen sollte.

Die Fragen des dritten Interviewteils richteten sich auf Problemsichten und Wahrnehmung der Interviewten bezogen auf ihre Zuständigkeitsbereiche und die Gesamtorganisation. Die einzelnen Leitfadenkomplexe umfassten folgende Themenschwerpunkte: Organisationsauftrag, Unternehmensphilosophie, Marktposition und Wettbewerbssituation, Arbeitsorganisationen, Arbeitsbedingungen, Arbeitszufriedenheit, Betriebsklima, Informationsprozesse, Kooperations- und Kommunikationsstruktur und Kultur zwischen den einzelnen Subsystemen, Kompetenzbereiche und Qualifikationsanforderungen, Personalführung und -entwicklung sowie Problem- und Konfliktbereiche.

Die Fragen des vierten Interviewteils bezogen sich auf folgende Themenkomplexe: Träger der Veränderungsinitiative, Mitwirkungs- und Mitbestimmungsmöglichkeiten bei der Entscheidung, existierender Handlungsdruck in den einzelnen Subsystemen, Wünsche und prospektive Erwartungen der Probanden und Akteure bezogen auf ihre Handlungs- und Gestaltungsspielräume und individuelle Weiterentwicklung, Veränderungsimpulse, konkrete Ziele und erwartete Ergebnisse sowie die Erfolgschancen der OE.

Bei Fragen, die sich auf den Veränderungsprozess bezogen, war darauf zu achten, dass sich diese nicht an den projektimmanenten Zielen anlehnten, sondern im Interaktionsgeschehen einrichtungsbezogen und prozessspezifisch gestellt wurden. Dadurch sollte die persönliche Einschätzung und Reflexion der befragten Schlüsselpersonen ermöglicht und eine Adaption der Projektziele und der Beratungsdiagnose verhindert werden.

Pretest:

Der Pretest hatte zwei Funktionen: Als Probeinterview half er der Interviewerin, mit dem Interviewfokus vertraut zu werden und für das Befragungsinstrument erfüllte er die Aufgabe, den Leitfaden und die inhaltliche Gewichtung der Themenschwerpunkte zu korrigieren.

Der Pretest wurde mit einer leitenden Pflegekraft geführt, die in der mittleren Leitungsebene einer großen Pflegeeinrichtung beschäftigt ist. Die Auswertung des Pretests führte zu geringfügigen Modifizierungen, beispielsweise zu Kürzungen und Umstrukturierungen im dritten und vierten Interviewteil. Wichtige Hinweise gab der Pretest auch für die erläuternden Ergänzungen in Bezug auf die Betonung der notwendigen retrograden Sicht der Führungs- und Leitungskräfte im Vorfeld des Interviews.

Der Pretest zeigte eine weitere Wirkung, welche die befragte Interviewpartnerin als bedeutsam hervorhob: Das Interview diente der Befragten als Impuls zur Praxisreflexion nicht nur während der Interviewsituation, sondern auch in der Zeit danach. Viele Fragen regten die Interviewpartnerin an, einen Perspektivenwechsel vorzunehmen und über Veränderungsimpulse nachzudenken.

Dieser Aspekt deutet auf einen unbeabsichtigten Nebeneffekt aller geführten Interviews hin: Jede Befragung von Akteuren zu Beginn eines OE-Prozess stellt bereits eine Intervention dar, weil sie Frageakzente setzt, welche die Interviewten als Impulse in ihr Deutungs- und Handlungssystem integrieren können. Infolge dessen agierte die Forscherin damit selbst im Feld.

Die Expertenbefragung nach der zweiten Projektphase wurde in Form des strukturierten Interviews durchgeführt und zielte auf die Einschätzung und Beurteilung der realisierten Ergebnisse und initiierten Entwicklungen durch die

Folgephase. Da die Evaluation der Folgeprozesse dazu diente, eine Überprüfung und Bewertung definierter Ziele und Ergebnisse vorzunehmen, wurde die Erhebungsform des strukturierten Einzelinterviews gewählt. Diese Interviewtechnik bot die Möglichkeit zu gezielten Rückfragen und zur Gewinnung zusätzlicher Informationen und ermöglichte, eine Skalierung der erzielten Ergebnisse durchzuführen. Die Ausgestaltung des Fragebogens[17] orientierte sich an den Forschungszielen (siehe Tabelle 10):

Tabelle 10: Struktur des Fragebogens zur Evaluation des Folgeprozesses

	– 0 +	Bewertungs-kriterien
Vordefinierte Items zu den durch den **in der zweiten Projektphase realisierten Verbesserungen, Veränderungen oder Auswirkungen**, die in den einzelnen Subsystemen sowie im Gesamtsystem erzielt wurden. Die Items orientieren sich weitgehend an den Zielen des OE-Projektes. Beurteilung der OE-Beratung und des internen Projektmanagements im Hinblick auf prozessförderliche und -hemmende Faktoren. Sonstiges	Skalierung der Experten und Expertinnen	

4.1.3.3.2. Die Dokumentenanalyse

Die Datenerhebung mittels der Dokumentenanalyse konzentrierte sich vornehmlich auf die Untersuchung der internen Rahmenbedingungen der Arbeits- und Organisationsgestaltung und somit auf Fragen der formalen Organisations-, Leitungs-, Personal- und Bewohnerstruktur.

Die Daten zur Personal- und Bewohnerstruktur sowie zu den Arbeits- und Dienstmodellen wurden mit einem gesondert schriftlich eingereichten standardisierten Fragebogen[18] erhoben (quantitative Dokumentenanalyse). Die Daten zur Beschreibung der Untersuchungseinheiten, den Zielen der Einrichtung und der Träger- und Leitungsstruktur erfolgte unter Einbeziehung folgender Schriftstücke: Qualitätshandbücher, Jubiläumszeitschriften, Leitbilder und Prospekte. Um die berücksichtigten Schriftstücke der Einrichtungen auszuwerten, habe ich mich der Dokumentenanalyse als qualitativer Textanalyse bedient. Bei der Dokumentenanalyse wird gemäß dem qualitativen Paradigma bereits erhobenes

---

17 Der strukturierte Fragebogen ist in Anhang D abgebildet.
18 Siehe Anhang E 0/1, F 0/1, G 0/1.

Material mit dem Ziel analysiert, den Bedeutungsgehalt und Aussagewert fixierter Kommunikation zu interpretieren *(vgl. Lamnek 1995b:191ff; Mayering 1997:11).*

Die Analyse der erhobenen Daten und vorliegenden Schriftstücke erfolgte nach einem festgelegten Kategorienschema, siehe Tabelle 11.[19]

Tabelle 11: Kategorienschema zur Auswertung der Dokumente

1. **Beschreibung der Untersuchungseinheit**
   - *Betriebsgröße, Rechtsform*
   - *Regionale Lage – Standort*

2. **Ziele der Einrichtung**
   - *Schriftlich fixierte Ziele, Leitbilder*
   - *Qualitätssicherungsmethoden, Qualitätsmanagementsysteme*

3. **Träger- und Leitungsstruktur**
   - *Identifikation der Träger- und Leitungsstruktur*
   - *Einfluss der Leitungssysteme auf Management und Führung, Führungsverständnis und -stile*
   - *Stellenbeschreibungen – gewährte Handlungs- und Gestaltungsräume*

4. **Bewohnersituation, -struktur und Leistungsangebote**
   - *Daten der Bewohnerschaft*
   - *Kapazitätsauslastung und Belegungssituation*
   - *Leistungsangebote und -konzepte*

5. **Quantitative und qualitative Personalausstattung**
   - *Stellenschlüssel, Pflegepersonalschlüssel in Pflege- und Funktionsbereichen*
   - *Qualitative Personalausstattung im Pflegebereich*
   - *Personalfluktuation und Fehlzeiten*

6. **Arbeits- und Dienstzeitmodelle**
   - *Dienstplangrundform*
   - *Dienstarten und -zeiten*

Mit Hilfe der Dokumentenanalyse als qualitativer Textanalyse wurden auch die Konzepte der Beratungsinstitutionen ausgewertet. Die Beratungskonzepte wurden von mir dabei explikativ analysiert, um die Erfassung der Ausgangslage von OE (Diagnose der Beratungsinstitutionen), das Design der Handlungsalternativen (Zieldefinition bzw. Sollentwürfe) und die Modelle zur Umsetzung der Prozessziele in konkrete Maßnahmen nachzuzeichnen. Die Analyse orientierte sich an den forschungsleitenden Fragestellungen. Zur Analyse des Managements der

---

19 Die Struktur der Auswertung ist mit der Struktur der Erhebungskategorien nicht identisch, s. Anhang B.

Veränderung wurden folgende Fragekomplexe untersucht:

- *Beratungskonzept und -ansatz: Zugrundeliegende OE-Ansätze, Rolle der Beratung, Veränderungsstrategie, Projektmanagement*
- *Diagnostizierte Ausgangs- und Problemlage, abgeleitete Projektziele und Interventionen: Analyseinstrumente, Operationalisierung, Maßnahmensetting und Aktionsplanung*
- *Rolle der Akteure im Beratungsprozess: Aufgaben und Rollen der OE-Akteure*
- *Geplante Lernprozesse: Lernverständnis, Lernformen, Rolle der Personalentwicklung.*

4.1.3.3.3. Die Gruppenbefragung

Um das durchgeführte Pilotprojekt und die OE-Prozesse zu evaluieren, wurde am Ende der (einjährigen) Projektphase in jeder Einrichtung eine Gruppenbefragung durchgeführt.

Das Erkenntnisinteresse dieser Untersuchungssequenz richtete sich auf die situationsabhängige Gruppenmeinung (*vgl. Nießen 1977:64*). Die Wahl der Gruppenbefragung zur Erfassung der betrieblichen Realität wurde von der Annahme geleitet, dass sich soziale Wirklichkeit nicht in Einzelinterviews erfassen lässt, sondern nur in der „öffentlichen" sozialen Gruppensituation (*vgl. Lamnek 1995b:144f*). In diesem Kontext wurde die Gruppenerhebung „[...] als eine dem Alltag ähnliche Kommunikationssituation begriffen, die realitätsanaloge Situationsbedingungen aufweist" (*Lamnek 1995b: 144*). Die methodologische Voraussetzung für die Rekonstruktion sozialer Konstitutionsprozesse mit diesem Verfahren erfüllt sich dadurch, dass die Gruppe der Befragten als Realgruppe bereits vor Erhebungssituation vom Untersuchungsgegenstand betroffen war (*vgl. Lamnek (1995b:144*).

An der Gruppenbefragung beteiligten sich Organisationsmitglieder aller Hierarchieebenen und Organisationsbereiche: Führungs- und Leitungskräfte, Projektmitglieder, Pflegekräfte und Mitarbeiter/innen der angrenzenden Dienste. Alle Befragten wurden als Expertinnen und Experten der durchgeführten OE-Prozesse betrachtet.

Die Evaluation konzentrierte sich auf folgende Forschungsaspekte: Realisierte Projektziele und -maßnahmen, Implementierungsprozesse, Schwierigkeiten bei Projektumsetzung, Bewertung der externen Beratung und des internen Projektmanagements, gewonnene Handlungskompetenzen und erfolgte Lern- und Entwicklungsprozesse bezogen auf den Aspekt „Hilfe zur Selbsthilfe", erfolgte/r Wertewandel sowie Einstellungs- und Verhaltenveränderungen, verändertes Prozessbewusstein ebenso Erfolg und Wirksamkeit der OE-Interventionen. Durch die Gruppenbefragung sollten Erkenntnisse über die Voraussetzung und Indikatoren erfolgreicher OE-Prozesse und über die Entwicklung und den Transfer von Beratungskonzepten bezogen auf die „gepoolte" OE-Beratung gewonnen werden. Abschließend sollte die Frage beantwortet werden, ob es dem OE-Prozess in den einzelnen Altenpflegeeinrichtungen gelungen ist, Türöffner auf dem Weg zur Lernenden Organisation zu sein.

Wie in Kap. 3.4.6. erläutert, folgt meine Evaluation der These, dass die Bewertung von OE-Prozessen – die den Prinzipien der Selbstentwicklung und Selbstorganisation gerecht werden will – die Beurteilung des OE-Erfolgs nur durch die Akteure selbst erfolgen kann. Eine Fremdwertung (der beteiligten Institutionen) kann daher immer nur ein ergänzendes Evaluationsergebnis darstellen.

Die Angaben der Probanden waren in zweierlei Hinsicht bedeutsam: Einerseits sollten die Akteure als Individuen und Experten in ihrer Rolle als Träger des OE-Prozesses und andererseits als Vertreter des sozialen Systems befragt werden. In Bezug auf das OE-Geschehen erachte ich die Sicht der Einzelnen in ihrem realen sozialen Handlungsrahmen als bedeutsam, weil die Prozessbeteiligten in der Organisationsentwicklung als Individuen agieren. In Bezug auf die Rekonstruktion des sozialen und organisationalen Prozess- und Veränderungsgeschehens war die Einschätzung der Individuen als Vertreter der am OE-Prozess beteiligten sozialen Systeme elementar, da sie als Träger der OE-Prozesse am organisationalen Lern- und Entwicklungsgeschehen partizipierten und somit den Erfolg des Prozesses maßgeblich bestimmten beziehungsweise beeinflussten. Darüber hinaus interessierte aber auch die Gruppenmeinung, denn die am Prozess beteiligten Akteure handeln auch immer als soziales System.

Für die Evaluation der OE-Prozesse wählte ich die qualitative Gruppenbefragung als Form der Gruppenerhebung. Als Befragungsinstrumente wurden zwei Interviewformen gewählt: Die Moderationsmethode und die Gruppendiskussion. Die Moderation ist ein geplanter und zielgesteuerter Gruppenprozess, in dessen Verlauf offene schriftliche und mündliche Befragungen, Gruppeninterviews, Gruppendiskussionen und Brainstorming integriert werden können; sie arbeitet mit Visualisierungen (vgl. *Klebert et al. 1984*).

Bei meiner Gruppenerhebung dominierte die Moderationsmethode – aus mehreren Gründen: Als Befragungsmethode ermöglicht sie, dass sich alle Teilnehmer/innen gleichberechtigt an einer Befragung beteiligen können. Dieser

Aspekt war für die Bewertung des OE-Erfolgs unerlässlich, da der Prozess durch die Prozessbeteiligten selbst bewertet wurde. Außerdem konnten mit der Moderationsmethode in ökonomischer Form, Ergebnisse und Aussagen über das Kommunikationsverhalten der am OE-Prozess beteiligten Systeme ermittelt werden. Denn die Moderation ist – unter pragmatischen Gesichtspunkten gesehen – eine Erhebungstechnik, mit der die Einsichten und Dispositionen einer breiten Mehrheit der Prozessbeteiligten in transparenter Weise gleichzeitig erhoben, publiziert und diskutiert werden kann[20] *(vgl. Bortz/Döring 1995:294f).*

In Kombination mit der Moderationsmethode wurde in den Befragungsverlauf die Gruppendiskussion, als spezifische Form des ermittelnden Gruppeninterviews[21], integriert. Aus folgenden Gründen: Das Gruppeninterview entspricht dem explorativen Charakter der Empirie und ist ein geeignetes Instrument zur Einstellungserhebung, wenn es darum geht, soziale Prozesse nachzuvollziehen und wenn die Sicht einzelner Individuen und die Sicht der beteiligten Akteure eines sozialen Systems und deren soziale Wirklichkeit im Betrachtungsmittelpunkt steht *(vgl. Lamnek 1995b:130ff; Krüger 1983:90ff; Bortz/Döring 1995:294ff).* Es gilt als methodologisch gesichert, dass die individuelle Meinung in der Gruppendiskussion durch gegenseitige Stimulierung deutlich zum Vorschein kommt. Die Gruppendiskussion versteht sich als ein Gespräch einer Gruppe von Untersuchungspersonen zu einem bestimmten

---

20 In der Theorie wird OE als ein geplanter und gesteuerter Veränderungsprozess beschrieben, der sich durch die Handlungen und Ziele der einzelnen Organisationsmitglieder konstituiert; dabei wird die Transparenz der Ziele und die öffentliche Kommunikation der Ziele zum Prinzip erhoben. Im Sinne der beabsichtigten Kongruenz zwischen Forschungsinteresse und Forschungsinstrument bewerte ich die Moderationsmethode deshalb als die geeignete Befragungsmethode, wenn es darum geht, einzelne Arbeitsschritte geplant bzw. strukturiert durchzuführen und die Arbeitsergebnisse durch Visualisierungen zu veranschaulichen und zu publizieren. Diese beiden Aspekte waren – im Sinne der Transparenz als Postulat des OE-Prozesses – bei der Bewertung des Prozesses durch das beteiligte Beratungssystem bedeutsam.

21 *Lamnek* unterscheidet zwei Formen der Gruppeninterviews: Das ermittelnde und das vermittelnde Gruppeninterview. Während das ermittelnde Gruppeninterview vor allem zu Forschungszwecken eingesetzt wird, sollen durch vermittelnde Gruppeninterviews eher Veränderungen und Einsichten auf Seiten der Befragten bewirkt werden (Bsp.: therapeutisch-psychologisches Gespräch). Daher finden sie vielfach in der OE oder in der Unternehmensberatung als Interventions-, Lehr- und/oder Beratungsmethode Anwendung. Während die Gruppendiskussion im Kontext der OE-Praxis als OE-Instrument bzw. als OE-Maßnahme dominant ist, wird sie in meiner Arbeit primär als Forschungsinstrument eingesetzt; ihre Wirkung als OE-Instrument ist hingegen unbeabsichtigt und ungeplant *(vgl. Lamnek 1995b:131).*

Thema unter Laborbedingungen *(vgl. Lamnek 1995b;131)*. Sie erlaubt es, gleichzeitige Einblicke in die Gruppendynamik der Kommunikation zu geben und die Gruppensituation in der Erhebungssituation als Spiegel des realen Organisationsgeschehens – in diesem Forschungskontext als Abbild des OE-Prozessgeschehens – zu betrachten, jedoch nur unter der Voraussetzung, dass die Befragungs- und Laborsituation den Kriterien der qualitativen Sozialforschung, Offenheit, Naturalizität und Authentizität Rechnung trägt[22] *(vgl. Lamnek 1995b:131; Bortz/Döring 1995:293)*.

Ziele und methodisches Vorgehen der Auswertung waren:

1. *Schritt: Ergebnisanalyse: Evaluation der Zielerreichung und Zielumsetzung (Gruppenbewertung)*

2. *Schritt: Prozessanalyse: Ermittlung der „nicht umgesetzten Ziele", prozessförderliche und -hinderliche Faktoren und das von den Akteuren entwickelte Prozessbewusstsein (Gruppenbewertung)*

3. *Schritt: Erfolgsanalyse: Analyse des OE-Erfolges, der organisationalen Veränderungen und der Entwicklung des Problemlösungs- und Entwicklungspotenzials der Akteure (Gruppenbewertung)*

4. *Schritt: Erfolgsanalyse (Individuelle Bewertung).*

Der Ablauf der Gruppenbefragung war:

▪ *Vorstellungsrunde (Namen, Funktion, Dienstjahre)*
▪ *Auswertung der ersten drei Evaluationsschritte in zwei Gruppen mit Plakaten*
▪ *Die Gruppendiskussion im Anschluss an die einzelnen Evaluationsschritte[23]*
▪ *Einzelbefragung nach Fragebogen (Skalierungsschema, offene Fragen)*
▪ *Abschlussfeedback.*

In Abhängigkeit meiner Forschungsfragen lag der Forschungsakzent zwar auf dem inhaltlichen Erkenntnisgewinn, dennoch sollten durch die Gruppenerhebung neben den inhaltlichen Ergebnissen auch Erkenntnisse bezogen auf das soziale Klima gewonnen werden.

---

22 Siehe Kap. 4.1.
23 In den Gruppendiskussionen, die jeweils im Anschluss an die einzelnen Auswertungsschritte erfolgte, konnten die Befragten ihre Ergebnisse diskutieren. Die Diskussionsrunden dauerten jeweils zwischen fünfzehn bis zwanzig Minuten. Für die Auswertung wurden die Daten transkribiert und nach der inhaltlich-reduktiven Methode von *Lamnek (vgl. Lamnek 1995b:110ff)* ausgewertet.

4.2. Forschungsinteraktion

Alle Interviews und Befragungen wurden von mir alleine durchgeführt. Sie fanden in der natürlichen Feldsituation der Befragten, d. h. in geschützten Räumen der jeweiligen Einrichtungen statt. Vor Interview- und Befragungsbeginn wurden alle Befragten über das Ziel der Forschungsarbeit und über den Zweck der Interviews bzw. Befragung informiert. Mit dem vorherigen Einverständnis aller Gesprächspartner/innen wurden die erhobenen Daten mit Hilfe eines Tonbands aufgezeichnet und anschließend transkribiert[24]. Allen Interviewten wurde Anonymität zugesichert. Die Dauer der Einzelinterviews lag im Durchschnitt bei ein bis eineinhalb Stunden, die der Gruppenbefragung bei rd. zwei Stunden.

Die kommunizierten Relevanzsysteme sollten die Probleme, Bedarfe und Ziele der Akteure im OE-Prozess erhellen, denn diese spielten beim Prozess der OE eine bedeutende Rolle, weil die Akteure zugleich Subjekte und Objekte der OE-Prozesse sind und diese nicht nur maßgeblich prägen und steuern, sondern darüber hinaus auch für deren permanente Weiterentwicklung und damit für deren Erfolgswirksamkeit im Sinne eines kontinuierlichen Entwicklungsprozesses verantwortlich sind.

Experteninterviews

Der Interviewerin kam bei der leitfadenorientierten Befragung vornehmlich die Aufgabe zu, darauf zu achten, dass alle für den OE-Prozess wichtigen Themenbereiche angesprochen wurden. Um den Gesprächscharakter der Interviews nicht zu beeinträchtigen, hatte ich den Ablauf meiner Befragung den jeweiligen Situationen angepasst. Die von mir gewählte Methode des „weichen Interviews" erzeugte – den Befragten zufolge – ein entspanntes, freundliches Gesprächsklima, welches meines Erachtens die Aussagekraft der Interviews und damit die Qualität der Ergebnisse erhöhte (*vgl. Atteslander 1975:80ff*).

In der Interviewführung verlangte das sog. weiche Interview von der Interviewerin neben Kompetenzen in Gesprächsführung auch die Fähigkeit, sich in die Situation der Befragten einzufühlen und ein Vertrauensverhältnis in der Kommunikationssituation herzustellen und auszubauen. Dieses wurde von mir dadurch erfüllt, dass ich die Probanden über Anliegen und Verwendungszweck der Arbeit informierte, Vertraulichkeit und Anonymität zusicherte, das Interview

---

24 Die Interviews wurden in Anlehnung gängiger Transkriptionsverfahren transkribiert (*vgl. Lamnek 1995b:108ff; Schwitalla 1997:196f*).

non-direktiv, d. h. mit offenen Fragen geführt wurde und die Interviewerin in der Interviewsituation immer wieder die Rolle der empathischen und interessierten Zuhörerin einnahm.

Den Expertinnen und Experten gab der Leitfaden durch seine Balance zwischen Offenheit und Strukturiertheit lediglich Anhaltspunkte zum freien Erzählen und somit Anregungen, ihre Alltagserfahrungen in der Organisation individuell zu äußern, ihre Sichtweisen und Reflexionen über die internen Rahmenbedingungen und Probleme sowie ihre eigenen, angestrebten Prozessziele in das Interview einzubringen.

Die Resonanz der interviewten Führungs- und Leitungskräfte sowie Projektleitungen kann durchweg als interessiert und authentisch charakterisiert werden. Drei Führungs- und Leitungskräfte waren mit der Thematik „Organisationsentwicklung" vertraut und hatten sich damit bereits mehrheitlich auseinandergesetzt, somit gaben sie sich in der Interviewsituation offen, kommunikativ und problembewusst. Hingegen beschäftigten sich die Wohnbereichs- und Projektleitungen erstmalig mit der Thematik „Organisationsentwicklung".

Für alle Gesprächspartner/innen war die Interviewsituation neu. Die Reaktion und das Kommunikationsverhalten der Wohnbereichs- und Stationsleitungen war daher unterschiedlich: Während einige Interviewten bereits zu Interviewbeginn lebhaft und offen kommunizierten, sind andere – mit einer Ausnahme – erst im Interviewverlauf „aufgetaut".

Gruppendiskussion

Der Einsatz der Moderationsmethode sollte die Prozessbeteiligten methodisch darin unterstützen, die Prozess- und Entwicklungsabläufe der OE-Projekte als soziale Systeme zu reflektieren. Die einzelnen Teilnehmer/innen wurden in der Diskussionsrunde durch die Transparenz der Ergebnisse zu eigenen Reflexionen angeregt und zu Äußerungen über Werte, Einstellungen und gruppeninterner Normen bewegt, die für die Auswertung der OE-Prozesse von Bedeutung waren. Damit dies gelingen konnte, achtete ich darauf, eine authentische Gruppendiskussion durch ein entspanntes Gesprächsklima in Gang zu setzen. Wichtig war dabei auch, den Befragten unmittelbar vor Beginn der Diskussionen ausreichend Raum zu bieten, sich mit der Situation vertraut zu machen.

Im Zusammenhang mit der Moderationsmethode spielte die gruppendynamische Erfahrung der Moderatorin und die ziel- und prozessorientierte Steuerung der Moderation eine bedeutende Rolle, denn beide Aspekten bestimmten im Wesentlichen, dass die Gruppenbefragung den Prinzipien qualitativer Forschung gerecht werden konnte.

Kapitel 5

Das Pilotprojekt „Optimierung der Arbeitslogostik in der Altenpflege" als „gepoolte Organisationsberatung"

5.1. Zur empirischen Untersuchung

Die Berufsgenossenschaft für Gesundheitsdienst und Wohlfahrtspflege in Hamburg (BGW) hatte im Rahmen ihres Projekts „Prävention arbeitsbedingter Gesundheitsgefahren" ein Teilprojekt initiiert, das als Pilotprojekt mit fünf Altenpflegeheimen in Baden-Württemberg durchgeführt wurde und zunächst auf ein Jahr (Jahr 2000) projektiert war. Die Pilotinterventionen konzentrierten sich auf jeweils eine Pilotstation und angrenzende Funktionsbereiche; nach Ende des Projekts sollten die erfolgreich umgesetzten Projektmaßnahmen sukzessiv in der gesamten Einrichtung implementiert werden. Zum Ende der Projektphase zeichnete sich ab, dass sich einzelne Häuser noch in der Umsetzungsphase befanden, weshalb das Projekt um ein weiteres Jahr (Folgephase) verlängert wurde. Drei der Einrichtungen[1] waren bereit, sich an meiner empirischen Untersuchung zu beteiligen.

Ziel des Pilotprojekts war, den arbeitsbedingten Gesundheitsgefahren und den Arbeitsbelastungen in der stationären Altenpflege durch die Optimierung der Arbeitslogistik präventiv zu begegnen. Ausgehend von der These, dass die klassischen Präventionsansätze nicht mehr ausreichen, um die Gesundheits- und Arbeitssituation der Pflegeakteure zu verbessern, sondern dass zur Problemlösung nur ein Entwicklungs- und Lösungsansatz beitragen kann, der eine weitreichende Organisationsveränderung zum Ziel hat, wurde von der BGW das Pilotprojekt initiiert[2] (vgl. IGES 1999:4). Zur Projektdurchführung und inhaltlichen Entwicklung der Beratungskonzeption wurde eine externe Beratungsfirma – BFOE[3] – beauftragt.

---

1 Die Einrichtungen wurde codiert: APE 1, APE 2 und APE 3.

2 Mit der Entwicklung eines ersten Entwurfs des Organisations- und Beratungsmodells und der Evaluierung der Ergebnisse der ersten Projektumsetzung beauftragte die BGW das Institut für Gesundheits- und Sozialforschung (IGES) in Berlin.

3 Die Beratungsfirma wird aus Anonymitätsgründen codiert und im Folgenden als BFOE bezeichnet.

5.2. Darstellung und Analyse des Handlungsmodells „Optimierung der Arbeitslogistik"

Die Analyse des Handlungsmodells zur geplanten Organisationsveränderung erfolgt auf Basis der Dokumentenanalyse[4]. Im Vordergrund des Erkenntnisinteresses der Dokumentenanalyse steht die Analyse und Bewertung des Organisations- und Beratungsmodells, die sich in erster Linie auf das Design des Organisationsberatungsmodells, die Diagnose der Problemlage und der geplanten Implementierung des Pilotprojekts konzentriert. Bei der Analyse des Managements der Veränderung galt es folgende Kategorien zu untersuchen:

– *Projektziele und intendierter Zielbildungsprozess*
– *Projektmanagement,*
– *geplante Methoden und Interventionen zur Implementierung der Projektmaßnahmen,*
– *die dem Projekt zugrundeliegende Beratungskonzeption,*
– *Veränderungsstrategien,*
– *Träger und Rollen der Prozessbeteiligten*
– *geplante Lernprozesse.*

Darüber hinaus interessieren die Intention und Ziele der BGW, das Beratungsmodell zu initiieren und die Frage, auf welchen OE-Ansätzen das Beratungskonzept basierte.

5.2.1. Das Pilotprojekt als OE-Beratungsmodell

Mit der Durchführung des Pilotprojekts verfolgte die BGW verschiedene Ziele – siehe Tabelle 12:

---

4 Die Datenquellen, auf die ich mich beziehe, sind: Die Projektbeschreibung von IGES (vgl. IGES 1999a), die Projektbeschreibung für die Beratungsinstitutionen (vgl. IGES 1999b), die Zwischen-Evaluation von IGES (vgl. IGES 2001) und der Abschlussbericht der Beratungsfirma (vgl. BFOE 2001). Darüber hinaus wurden mit den Vertreter/innen der beratenden Organisationen Informationsgespräche geführt; einzelne daraus resultierende Erkenntnisse fließen in die Untersuchung mit ein.

Tabelle 12: Ziele des Pilotprojekts

1. Das projektimmanente Ziel des Pilotmodells war die Prävention arbeitsbedingter Gesund-
    heitsgefahren durch die Optimierung der Arbeitslogistik.
2. Das zweite Projektziel war die Entwicklung und Erprobung eines zukunftsweisenden Kon-
    zepts der „gepoolten" Organisationsberatung für Altenheime, das über die klassischen
    Präventionsansätze hinausreicht und auf die Modifizierung der Ablauf- und Aufbauorga-
    nisation abzielt.
3. Das dritte, projektübergreifende Ziel war die Entwicklung des Modells als organisatorisch
    und finanziell tragfähigem Leistungsangebot der BGW, das geeignet sein soll, den Trans-
    fer von qualifiziertem Organisations- und Managementwissen zu leisten.

Quelle: vgl. IGES 1999b:4f

Die Umsetzung des Modellvorhabens erfolgte im Dreierschritt: Der erste Schritt
beinhaltete die Entwicklung eines Beratungskonzepts und die Umsetzung des
Organisations- und Beratungsmodells in konkrete Pilotprojekte. Die zweite
Ebene betraf die Entwicklung eines übergeordneten Handlungs- und Organisationsmodells[5]. Die Auswertung der Pilotprojekte sollte im dritten Schritt zeigen, ob und in welcher Form, das erprobte Modell als bundesweites Service-
angebot der BGW übernommen wird.

Das Beratungsmodell, von IGES entworfen, basierte auf den folgenden drei
methodischen Bausteinen, mit denen das Pilotprojekt implementiert werden
sollte (vgl. IGES 2001:8):

1. **„Gepoolte Beratung":** *Fortbildung und Coaching innerhalb einer be-
    stimmten Gruppe von Altenpflegeheimen.*
2. **„Hilfe zur Selbsthilfe":** *Qualifizierung der Projektteilnehmer/innen zur
    Übernahme von definierten Arbeitsschritten.*
3. **„Vor-Ort-Beratung":** *Einzelberatungen in den Altenpflegeheimen in mode-
    ratem Umfang.*

Die Intention, den ersten Methodenbaustein als *„gepoolte Organisationsberatung"* (i.e.S.) zu konzipieren, wurde von dem Grundgedanken getragen, dass
einzelne Interventionsschritte, die normalerweise von einer individuellen, einrichtungsspezifischen Organisationsberatung durchgeführt werden, wie beispielsweise Qualifizierung, Training oder Coaching, auch einrichtungsübergreifend stattfinden können. Deshalb sah das Organisationsmodell vor, eine
feste Gruppe von gleichartigen Betrieben in ihrem organisatorischen Veränderungsprozess gemeinsam zu beraten und ausgewählte Schlüsselpersonen (Pro-

---

5 Siehe Kap. 5.2.3.2. (Abb. 31)

jektmitglieder) zur selbstorganisierten Implementierung der Veränderungsmaßnahmen an zentralen Lernorten gemeinsam zu qualifizieren. Einen Vorteil der sog. gepoolten Beratung[6] sieht die BGW in dem kostengünstigen Angebot des Wissens- und Methodentransfers, einen anderen darin, dass bei der Entwicklung praxisgerechter Lösungskonzepte eine Gruppenberatung durch den interaktiven Austausch der Gruppenmitglieder untereinander effektiver sein kann als eine Einzelberatung. Eine wichtige Voraussetzung muss jede „gepoolte Beratung" jedoch erfüllen: Die Einrichtungen dürfen nicht im Wettbewerb zueinander stehen; dies musste bei der Auswahl der Projektteilnehmer berücksichtigt werden (vgl. IGES 1999a:6f).

Ein weiterer methodischer Baustein des Organisationsmodells bildete die „Hilfe zur Selbsthilfe": Die Projektmitglieder sollten qualifiziert und befähigt werden, die intendierten Projektmaßnahmen und einzelne Prozessschritte (bspw. Moderation betriebsinterner Arbeits- und Projektgruppen oder Erstellung von Ist-Analysen) selbständig und selbstorganisiert durchzuführen. Ein die Qualifizierungsmaßnahme begleitendes Coaching sollte die Projektmitglieder − im Rahmen von Gruppenberatung − individuell unterstützen (vgl. IGES 1999a:7).

Der dritte Baustein des Beratungsmodells sah eine „Vor-Ort-Beratung" vor, wodurch eine betriebsindividuelle Beratung gewährleistet werden sollte. Die zur Einzelberatung angebotenen Beratungstage sollten jedoch budgetiert sein, d. h. jede Einrichtung konnte bis zu fünf Beratungstage kostenfrei in Anspruch nehmen; weitere Beratungstage sollte von den Projektteilnehmern selbst finanziert werden (vgl. IGES 1999a:7).

Das zu entwickelnde Beratungskonzept zur Optimierung der Arbeitslogistik sollte mit dem Organisations- und Beratungsmodell der BGW kompatibel sein und folgende Beratungsleistungen umfassen: Ist-Analyse, die Umsetzung und das Management der Pilotprojekte, Qualifizierung und Beratung, Erstellung

---

6　Die Entwicklung des Organisationsberatungsmodells wurde von einer weiteren Annahme geleitet: Die Mehrheit der Einrichtungen in der stationären Altenpflege oder deren Trägergesellschaften sind derzeit nicht bereit oder in der Lage, Ressourcen für eine intern konzipierte Entwicklungs- und Veränderungsmaßnahme bereitzustellen oder eine externe Beratung für den notwendigen Veränderungs- und Entwicklungsprozesse zu beauftragen. Von daher entwickelte die BGW „[...] ein organisatorisch und finanziell tragfähiges Modell für den Transfer von qualifiziertem Organisations- und Managementwissen in eher kleinbetrieblich strukturierten Altenpflegeheimen" (IGES 1999a:4).

eines Projektberichts, Entwicklung eines Beratungsmanuals und eine Kurzdarstellung für interessierte Einrichtungen (vgl. IGES 1999:5).

Die erste Durchführung des Pilotprojekts sollte zu dem Ergebnis führen, ein routinefähiges Leistungsangebot zu entwickeln, das sich für eine anschließende bundesweite Ausweitung unter Federführung der BGW als geeignet erweist. Das entwickelte Modell sollte ein Maximum an Know-how-Transfer bei minimierten Kosten bieten[7] (vgl. IGES 1999a:5f).

Mit der Erprobung verbindet die BGW eine weitere, langfristige Perspektive: Sie möchte ein regionales Netzwerk von Altenheimen, die am Pilotprojekt teilgenommen haben, entwickeln und darüber hinaus neue Netzwerke initiieren sowie die Einrichtung zur Durchführung qualitätssichernder Maßnahmen verpflichten und ein netzinternes Benchmarking etablieren. Bei diesen Vorhaben will die BGW zukünftig jedoch lediglich eine administrative Funktion übernehmen (vgl. IGES 1999a:10).

Im Theorieteil wurde dargestellt, dass die Bezugs- und Ansatzpunkte der OE-Konzepte vor dem Hintergrund ihrer theoretischen Implikationen variieren[8]. Die Hauptanliegen der traditionellen OE-Ansätze reduzieren das angestrebte Ergebnis der OE auf drei OE-Ziele: Effektivität, Humanität und Langfristigkeit der angelegten Veränderungs- und Entwicklungsprozesse (vgl. French/Bell 1994:31f). Die projektimmanenten Ziele und Maßnahmen implizieren die Realisierung dieser Ziele, denn mit der Optimierung der Arbeitslogistik soll zugleich die Erhöhung der Leistungsfähigkeit der Organisation und die Verbesserung der institutionellen Gesundheits- und Arbeitsbedingungen angestrebt werden.

Die BGW sieht in der OE einen wichtigen Ansatzpunkt im Hinblick auf die Präventions- und Optimierungsmaßnahmen zur Verbesserung der Arbeitsbedingungen (vgl. BGW/DAK 2001:8). Der Gestaltungsauftrag zur Optimierung der Arbeitslogistik berücksichtigte wichtige OE-Aspekte: Der Veränderungsprozess sollte geplant und systematisch angelegt sein, durch eine externe Beratung durchgeführt werden und auf dem Lernen der Betroffenen sowie der direkten Mitwirkung und praktischen Erfahrung beruhen (vgl. u. a. French/Bell 1994; Doppler/Lauterburg 1999; Trebesch 1982). Durch die weitere Modifizierung der Projektziele durch die Beraterfirma – Befähigung der Akteure zur dauerhaften Entwicklung der Organisationen in der Bewältigung der komple-

---

7 Die Projektbeteiligung war für die am Pilotprojekt teilnehmenden Altenpflegeheime kostenfrei.
8 Siehe Kap. 3.1.4. und 3.1.5.

xen Umweltanforderungen – erfährt der theoretische Rahmen des Handlungskonzepts eine Annäherung an OE-Projekte[9].

Diese vorläufige Klärung des Gestaltungsauftrags an dieser Stelle ist unerlässlich, da ich im Weiteren die Termini OE und Pilotprojekt teilweise synonym verwende.

5.2.2. Diagnose der Ausgangslage

Jede Diagnose bildet Ausgangs- und Eckpunkt des Veränderungsgeschehens. Da eine sorgfältig durchgeführte Diagnose zu einer der wichtigsten Postulate einer erfolgreichen OE[10] zählt, bedarf diese Untersuchungskategorie einer eingehenden Betrachtung. Die folgenden Fragen sind in diesem Abschnitt zu klären:

- *Welche Instrumente und Methoden wurden bei der Diagnose angewendet?*
- *Welche Probleme wurden diagnostiziert und welche Ziele wurden daraus abgeleitet?*
- *Wurden die Akteure in die Problemanalyse eingebunden und wenn ja, mit welchen Methoden?*

Im Rahmen des Diagnoseprozesses wurden zwei Ist-Analysen durchgeführt: Im Projektvorfeld untersuchte IGES die Arbeitsbedingungen und die daraus resultierenden Gesundheits- und Arbeitsbelastungen für die Pflegekräfte. Zu Prozessbeginn führte das Beratungsunternehmen BFOE eine Organisationsanalyse durch. Die ermittelten Daten dienten der Problemorientierung bzw. Bestandsaufnahme und darauf aufbauend der (Vor-)Definition der Maßnahmeziele.

Die Datenerhebung[11] führte IGES zu der Erkenntnis, dass das in den Einrichtungen zu leistende Arbeitsvolumen sowohl in quantitativer als auch in qualitativer Hinsicht ungleich über die Arbeitsschichten verteilt ist und dass

---

9 Eine detaillierte Identifikation des Beratungskonzepts als OE-Ansatz werde ich in Kapitel 5.2.3.3. vornehmen.

10 Siehe Kap. 3.4.6.

11 Die Datenerhebung von IGES erfolgte personenbezogen auf Basis einer schriftlichen Mitarbeiterbefragung und lieferte Belege für die unzureichend gestaltete Arbeitsorganisation und Arbeitsbedingungen. Die Befragung diente der Projektbegründung und sollte darüber hinaus die Organisationsberatung empirisch untermauern. Da der Rücklauf der Fragebogen so gering war, dass die Befragung zu keinen repräsentativen und validen Ergebnissen führte, stützte sich IGES bei der Auswahl der Problemfelder zusätzlich auf verschiedene Forschungsstudien zur Arbeitsbelastung und Arbeitssituation der Pflegekräfte in der stationären Altenpflege (vgl. IGES 2001:14). Nach Angaben der Projektleitung der BGW wurden 129 Fragebogen verschickt.

durch eine adäquate Gestaltung der Arbeitsorganisation und -prozesse diesen
Auswirkungen entgegen gesteuert werden kann (vgl. IGES 1999b:4f). In der
Bestandsaufnahme der zentralen Problemfelder wurden folgende Schwachstellen identifiziert und daraus resultierend folgende Problemlösungsstrategien
entwickelt (siehe Abb. 30):

Abbildung 30: Problemanalyse, Lösungsstrategien und Zieldefinition von IGES

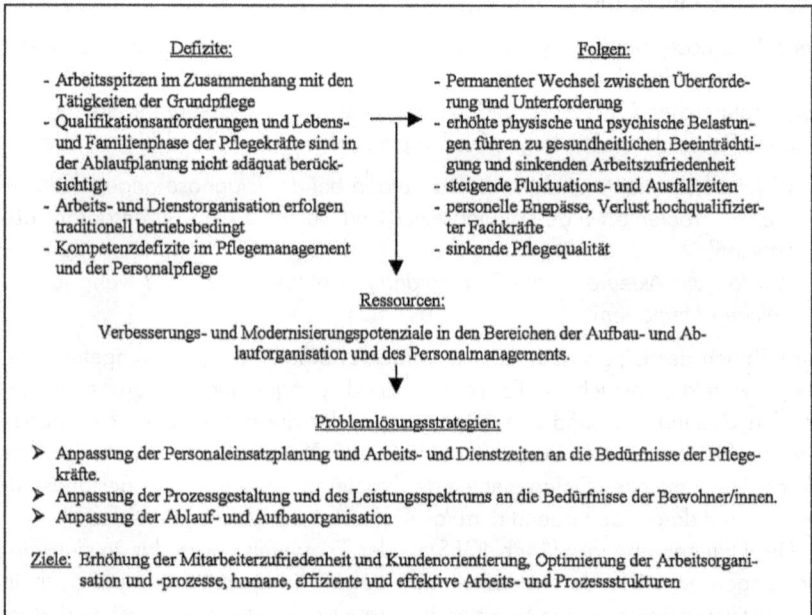

Defizite:

- Arbeitsspitzen im Zusammenhang mit den Tätigkeiten der Grundpflege
- Qualifikationsanforderungen und Lebens- und Familienphase der Pflegekräfte sind in der Ablaufplanung nicht adäquat berücksichtigt
- Arbeits- und Dienstorganisation erfolgen traditionell betriebsbedingt
- Kompetenzdefizite im Pflegemanagement und der Personalpflege

Folgen:

- Permanenter Wechsel zwischen Überforderung und Unterforderung
- erhöhte physische und psychische Belastungen führen zu gesundheitlichen Beeinträchtigung und sinkenden Arbeitszufriedenheit
- steigende Fluktuations- und Ausfallzeiten
- personelle Engpässe, Verlust hochqualifizierter Fachkräfte
- sinkende Pflegequalität

Ressourcen:

Verbesserungs- und Modernisierungspotenziale in den Bereichen der Aufbau- und Ablauforganisation und des Personalmanagements.

Problemlösungsstrategien:

➤ Anpassung der Personaleinsatzplanung und Arbeits- und Dienstzeiten an die Bedürfnisse der Pflegekräfte.
➤ Anpassung der Prozessgestaltung und des Leistungsspektrums an die Bedürfnisse der Bewohner/innen.
➤ Anpassung der Ablauf- und Aufbauorganisation

Ziele: Erhöhung der Mitarbeiterzufriedenheit und Kundenorientierung, Optimierung der Arbeitsorganisation und -prozesse, humane, effiziente und effektive Arbeits- und Prozessstrukturen

Quelle: Eigene Darstellung

BFOE führte vor und zu Prozessbeginn eine Organisationsanalyse durch, bei der
folgende Erhebungs- und Analyseinstrumente zum Einsatz kamen (vgl. BFOE
2001:15ff):

▨ *Zur Analyse der Arbeitsorganisation und -situation wurde mit den Leitungs-*
   kräften und Pflegeakteuren leitfadenorientierte Experteninterviews[12] *durch-*

---

12 Der Interviewleitfaden diente der Ermittlung der prozessualen und strukturellen Arbeitsbedingungen, der Zusammenarbeit mit den Schnittstellen sowie der Arbeitssituation und
   -belastung und der bewohnerorientierten Pflegeplanung. Ein Item zielte auf die Projekterwartungen der Probanden.

geführt, die sich methodisch am personen- und bedingungsbezogenen An-satz der Tätigkeits-, Arbeits- und Organisationsanalyse[13] orientierten.

▣ *Ergänzend dazu wurden die Einrichtungen und Pilotstationen vom Berater-team besichtigt und die Arbeitsbedingungen bezogen auf räumliche und strukturelle Aspekte der Arbeits- und Pflegeorganisation sowie auf Anforde-rungen und Belastungen untersucht und mögliche Ressourcen ermittelt[14].*

▣ *Zur Untersuchung des Leistungsspektrums und der Personaleinsatzplanung wurden die hauswirtschaftlichen und pflegerischen Tätigkeiten erfasst und die Arbeits- und Dienstzeiten analysiert[15].*

▣ *Die Berücksichtigung der Bewohnerbedürfnisse im Pflegeprozess und die mitarbeiterorientierten Pflegeorganisation wurden mit quantitativen und qua-litativen Analyseinstrumenten untersucht[16]: Durch eine personenbezogene Bewohner- oder Angehörigenbefragung wurden die Ruhe- und Aktivitätspha-sen (RAP) der Bewohner/innen erhoben. Die mitarbeiterbezogene Zeit- und Tätigkeitserfassung (MZT)[17] diente der Ermittlung der (Pflege-)Tätigkeiten in ihrer zeitlichen und inhaltlichen Verteilzeit über den Dienstablauf[18].*

Das methodische Vorgehen der BFOE im Diagnoseprozess richtete sich somit an personen- und bedingungsorientierten Verfahren aus. Nach welchen Krite-rien die Besichtigungen ausgewertet wurden, lassen die von mir untersuchten Dokumente offen. Die Kategorien des Interviewleitfadens bezogen sich sowohl auf die Ermittlung von „harten" Daten (u. a. Budgets, Personalschlüssel, Einsatz von Zeitarbeitskräften) als auch auf die Erhebung von „weichen" Daten (u. a. Einschätzung der Arbeits-, Gesundheits-, Personalsituation und Schnittstellen-probleme, Betriebsklima, Führungsstile, Berücksichtigung von Mitarbeiter- und

---

13 Im Gegensatz zu den personenbezogenen Ansätzen, die sich auf die individuellen Ein-stellungen und Auswirkungen der Arbeitssituation beziehen, konzentrieren sich die bedin-gungsbezogenen Ansätze auf die Untersuchung der objektiven Rahmenbedingungen (vgl. Büssing/Glaser 1999:114)

14 Diese Erhebung erfolgte methodisch nach der bedingungsbezogenen Organisationsana-lyse durch Fremdbeobachtung.

15 Der Erhebungsbogen orientierte sich an einem von der KDA entworfenen Fragebogen (vgl. BFOE 2001:15).

16 Beide Analysen basierten methodisch auf den Verfahren der Selbst- und Fremdbebach-tung der Betroffenen und der Akteure.

17 Um einen Vergleich der erhobenen Daten zu ermöglichen, wurde die Datenbasis in An-lehnung an FEAS® erstellt (vgl. BFOE 2001:20).

18 Die Instrumente RAP (Ruhe- und Aktivitätsphasen) und MZT (Mitarbeiterbezogene Tätig-keits- und Zeiterfassung) und FEAS® (Flexibles Erfassungs- und Auswertungssystem) wer-den nachfolgend erläutert.

Kundenbedürfnissen sowie Projekterwartungen). Auch wenn die Interviewbefragung einzelne personenbezogene Kategorien enthielt, schwerpunktmäßig diente sie der Erhebung der Analyse und Auswertung arbeitsprozessnaher Erkenntnisse über Aufgaben, Arbeitsabläufe und besonderer formeller und informeller Organisationsaspekte. Die Erhebung mittels RAP und MZT diente der Beurteilung und Bewertung der Leistungsplanung sowie der Aufdeckung von Defiziten und Ermittlung vorhandener Ressourcen in der Arbeitsorganisation der Pflege.

Die (zunächst) zur Prozessdiagnose eingesetzten und (später) implementierten Erfassungs- und Planungsinstrumente RAP, FEAS® und MZT bedürfen einer eingehenderen Betrachtung (*vgl. BFOE 2001:16ff*):

1. *RAP*[19] *– ist ein bewohnerorientiertes Dokumentationsinstrument zur Erfassung und Analyse der Tagesrhythmen der Bewohner/innen. Mit einem strukturierten Erhebungsbogen werden die Aktiv- und Ruhephasen und alle bewohner- und pflegebezogenen Tätigkeiten erhoben.*

Bewertung: *Mit „RAP" wurde ein geeignetes Analyse- und Messinstrument entwickelt, das die komplexen Bewohneranforderungen gut strukturiert und in relativ einfache Zahlenwerte übersetzt. Eine Pflegeplanung, die der Berücksichtigung der Kundenbedürfnisse einen bedeutenden Stellenwert beimisst, muss die Ermittlung der RAP zu einem zentralen Element des Arbeitsaufkommens machen. In Kombination mit der flexiblen Leistungserfassung (FEAS®) werden durch RAP wichtige Eckwerte gewonnen, um eine bewohner- und mitarbeiterorientierte Arbeitsablaufplanung zu gestalten.*

2. *FEAS® – ist ein flexibles Erfassungs- und Auswertungssystem und dient der Erfassung, Analyse, Dokumentation und dem Controlling der bedarfsgerechten, wirtschaftlichen, bewohner- und mitarbeiterorientierten Leistungsplanung*[20].

Bewertung: *Da aufgrund der mit FEAS® erhobenen Leistungsdaten eine kombinierte Personalbemessung und Personaleinsatzplanung vorgenommen werden kann, vereinigt das Instrument zwei Planungselemente (Pflegedokumentation und Dienstplanung), die im herkömmlichen Planungsprozess getrennt werden.*

---

19 Dieses Instrument wurde von BFOE entwickelt.
20 Dieses Instrument wurde von der Paul-Lempp-Stiftung entwickelt. Im Rahmen des Projekts wurde eine auf Formularen ausgearbeitete Version mit einer aus 31 Leistungskategorien bestehenden Beschreibung von Tätigkeitskomplexen angeboten. Auf die EDV-gestützte Variante wurde hinsichtlich des komplexen Projektvorhabens verzichtet.

3. MZT[21] – als vorstrukturiertes Teiltätigkeitsinventar angelegt – ist ein Instrument zur mitarbeiterorientierten Leistungsdokumentation, welches die Schnittstellen einbezieht. Es dient der Erfassung, Analyse und Planung der Tätigkeiten bezogen auf ihre zeitliche und inhaltliche Verteilung im Tagesablauf. Mit MZT werden pflegebezogene und -fremde Tätigkeiten, direkte und indirekte pflegerische und hauswirtschaftliche Tätigkeiten sowie Wege-, Rüst- und Verteilzeiten erfasst. **Bewertung:** Die ermittelten Daten bilden eine wichtige Basis für eine fundierte bewohner- und mitarbeiterorientierte Leistungsplanung und dienen damit der Optimierung der Arbeitsorganisation.

4. Dienstplananalyse – Für die Analyse der Dienstplanung legte BFOE ein Raster zugrunde, das u. a. folgende Auswertungskriterien enthielt: Art und Fristen der Dienstpläne, Flexibilität und Kontinuität der Planung, Umfang der geteilten Dienste, Einbindung der Beschäftigten und Berücksichtigung der Mitarbeiterwünsche bei der Dienstplangestaltung.

Vor dem Hintergrund der gesetzlichen Bestimmungen des PQsG sind diese Methoden und Verfahrensweisen als geeignete Instrumente zu bewerten, um elementare Grundlagen qualitätssichernder und -entwickelnder Strukturen, Prozesse und Maßnahmen zu analysieren. Mit der geplanten Implementierung der Verfahrensinstrumente „auf Probe" haben die Akteure die Chance, sich mit qualitäts- und bedarfsgerechten Methoden auseinander zu setzen und diese auf die Kompatibilität mit betriebsspezifischen Qualitätsanforderungen bzw. mit den bereits implementierten Qualitätssicherungsmaßnahmen zu prüfen.

Die Analysen des Leistungsspektrums und der Ablaufprozesse, die sowohl Prozess- als auch Strukturdaten enthielten, waren darauf ausgerichtet, valide Ergebnisse zu gewinnen, die Arbeitsvolumina und Prozesse transparent, teilweise messbar zu machen und darauf aufbauend, die zur betriebsspezifischen Prozessoptimierung notwendigen Ziele und Interventionen vorzudefinieren.

Über die Ergebnisse der von der BFOE durchgeführten Organisationsanalyse (Besichtigung und Dienstplananalysen) lagen mir keine und über die Ergebnisse von RAP und MZT nur exemplarische Auswertungsergebnisse, aber keine betriebsspezifischen Erkenntnisse vor. Da die nachfolgend skizzierten Problem- und Handlungsfelder der Einrichtungen auf Basis des Abschlussberichts und der Projektberichte rekonstruiert wurden, können die diagnostizierten Ist-Analysen nur fragmentarisch und einrichtungsübergreifend abgebildet werden (vgl. BFOE 2001:34ff):

---

21 Dieses Instrument wurde von BFOE entwickelt.

1. Problemfelder in den technisch-instrumentellen Subsystemen:
   - *Ineffiziente Ablaufprozesse durch Arbeitsspitzen, Überfrachtung der Pflege mit hauswirtschaftlichen Tätigkeiten[22], inflexible Personaleinsatzplanung und Abhängigkeit vom Hauswirtschaftsbereich*
   - *mangelnde bewohnerorientierte Leistungs- und Prozessgestaltung (traditionelle Ablaufplanung, nicht bewohnergerechte Tagesstrukturierung, fehlende Zeit für Bezugspflege)*
   - *überalterte betriebsbezogene Arbeits- und Dienstzeiten (bis auf APE 3 – die 5,5-Tage-Woche war eingeführt)*
   - *unzulängliche Dienstbesprechungen (mehrheitlich)*
   - *defizitäre Kommunikations- und Informationsprozesse*
   - *inadäquate, statische Planungs- und Steuerungsverfahrensinstrumente*
   - *hierarchische Steuerung der Arbeitsplanung und -prozesse*

2. Problemfelder in den sozialen Subsystemen:
   - *Führungskonflikte (mehrheitlich)*
   - *Defizite im Hinblick auf Management- und Organisationswissen*
   - *die formellen Strukturen waren traditionell hierarchisch geprägt*
   - *defizitäre informelle Kommunikations-, Kooperations- und Informationsstrukturen*
   - *erhebliche Belastungsfaktoren durch Personalengpässe und mangelnde Personalausstattung*
   - *unzureichende Mitbestimmung bei der Dienstplanung und Arbeitsorganisation*
   - *sinkende Arbeitszufriedenheit durch Überstunden, hohe Arbeitsbelastung, geteilte Dienste*
   - *unzureichende Möglichkeiten zur beruflichen Weiterbildung*

3. Problemfelder in den kulturellen Subsystemen:
   - *geringe Mitarbeiter- und Kundenorientierung*
   - *kurzfristige Personalpolitik*
   - *fehlende regionale Netzwerke und Kooperationen mit anderen Einrichtungen*

---

22 Unterscheidung in direkte (Grund- und Behandlungspflege) und indirekte (Pflegedokumentation; Arztbesuche etc) Pflegetätigkeiten, in direkte (Essen reichen, Wäsche einsortieren etc.) und indirekte (Essen richten, Wäsche sortieren, allgemeine Reinigungsarbeiten etc.) hauswirtschaftliche Tätigkeiten sowie in Betreuung, Beschäftigung, Pausen, Wegzeiten, persönliche Rüst- und Verteilzeiten.

Die Diagnose zeigte, dass die am Projekt beteiligten Einrichtungen eine fast homogene Ausgangssituation hatten; eine wichtige Voraussetzung für die „gepoolte Beratung". Die Analyse der einrichtungsspezifischen Arbeitslogistik macht Übereinstimmungen in folgenden Problembereichen offensichtlich: Die traditionell-hierarchisch geprägten Arbeits- und Dienstorganisationen, insbesondere die starren, inflexiblen Arbeits- und Dienstzeiten, erwiesen sich als wichtige Einflussgrößen für eine ineffektiven Arbeitsorganisation und damit für die Arbeitsbelastungen der Pflegekräfte und darüber hinaus für eine nicht bewohner-, bedarfs- und qualitätsgerechte Leistungserstellung. Verstärkt wurden diese Probleme durch Führungs-, Kooperations- und Kommunikationsdefizite zwischen den Hierarchieebenen und Funktionsbereichen.

Damit bestätigten, ergänzten und spezifizierten die Diagnoseergebnisse von BFOE die von IGES erhobenen Problemfelder. Zugleich zeigte die Organisationsdiagnose bzw. Expertise der BFOE erste Modernisierungs- und Veränderungspotenziale zur personenorientierten Systemgestaltung und Verbesserung der Arbeitslogistik auf.

Bezogen auf die Aufbauorganisationen kam BFOE zu folgender Erkenntnis: Die Altenpflegeheime haben starre, statische und klassische Strukturen, die den Anforderungen einer markt- und wettbewerbsorientierten Leistungserstellung nicht mehr gerecht werden und deshalb nach veränderten, effizienten und effektiven Arbeitsmethoden und strategischen Führungs- und Managementinstrumenten verlangen (vgl. BFOE 2001:8).

Aus dem Projektbericht ist zu ersehen, dass den Einrichtungen zu Projektbeginn die Ergebnisse der Interviews und der Bestandsaufnahme (Dienstplananalyse und Besichtigung) lediglich in mündlicher Form mitgeteilt wurden, hingegen erhielten sie die Ergebnisse der RAP und MZT in schriftlicher Form. Über die Ergebnisse der MZT[23] konnten sie – aufgrund von EDV-Problemen bei der Auswertung – nicht rechtzeitig informiert werden. Den Einrichtungen wurde – einer Führungskraft zufolge – lediglich Prinzip und Zweck exemplarisch erläutert. Die detaillierten, betriebsspezifischen Ergebnisse der MZT-EDV-Auswertung[24] wurden erst zu Beginn des zweiten Projekthalbjahrs rückgemel-

---

23 Die Datenerfassung der MZT bereitete den Akteuren einzelner Häuser gravierende Schwierigkeiten (verzögerte und lückenhafte Bearbeitung der Fragebogen, Versionskonflikte), so dass die Daten bei der EDV- Auswertung zu keinen validen Ergebnissen führte (vgl. BFOE 2001:22).

24 Die MZT- Analyse führte zu folgendem Ergebnis: 46 Prozent der Tätigkeiten wird mit direkten Pflegetätigkeiten (Grund- und Behandlungspflege) verbracht, die übrigen Prozentwerte verteilen sich – in Abhängigkeit zur Tagesstrukturierung – vor allem auf indirekte

det. Damit zeigte sich, dass die Analyseergebnisse nicht umfassend bzw. zeitnah in den Beratungsprozess und in die einzelnen Beratungs- und Schulungssequenzen einbezogen wurden.

Fachexperten fordern: Sollen Arbeits- und Organisationsanalysen und deren
Bewertung als Grundlage für die im Rahmen der Organisationsveränderung
und -entwicklung abzuleitender Maßnahmen dienen, dann ist ein kombiniertes
Analysevorgehen notwendig, das mit bedingungs- und personenbezogenen
Instrumenten sowie Verfahren der Selbst- und Fremdbeobachtung unter Ein-
beziehung weiterer Datenquellen arbeitet (vgl. Büssing/Glaser 1999:115).
Das haben die beteiligten Institutionen professionell berücksichtigt.

Auch wenn es in den Organisations- und Problemdiagnosen der Institutionen
punktuelle Überschneidungen gab und die verschiedenen Erhebungen für die
Akteure – vor dem Hintergrund der zeitlichen und personellen Ressourcen – eine
zusätzliche Belastung darstellten, musste die BFOE zu einer eigenen Problemdiagnose gelangen. Darin zeigte sich die Professionalität der OE-Beratung.

Da sich die Arbeitsbedingungen und Belastungen der Personalkräfte durch
weitere strukturelle und kulturelle Merkmale konstituieren, wäre es meines Erachtens notwendig gewesen, die Organisationsdiagnose auch auf ergänzende
betriebsspezifische Wesenselemente zu erstrecken: Träger-, Leit- und Qualitätsmanagementsysteme wurden nur punktuell untersucht. Hingegen wurden
einzelne Aspekte der Führungskultur und des Organisationsklimas erfasst, um
gezielte Informationen zu möglichen prozesshemmenden oder -hinderlichen
Faktoren zu gewinnen. Die normativen Einstellungen und Werte der Organisation und ihrer Mitglieder blieben jedoch weitgehend außer Acht. Hier liegt
eine Schwachstelle der Organisationsanalyse: Die Diagnose lässt so wertvolle
Anhaltspunkte für mögliche personale Interventionen und flankierender Maßnahmen zur Personal- und Führungskräfteentwicklung vermissen.

Die methodische Gestaltung des Beratungsprozesses beruhte auf der wieder-
kehrenden spiralförmigen Einbindung der Prozessschritte Analyse, Zieldefinition,
Planung, Intervention und Evaluation: Die zu Projektbeginn durchgeführten Ist-
Analysen sollten durch kontinuierliche Diagnoseprozesse – unter Anwendung der
Instrumente MZT, RAP und FEAS® – während der Projektphasen ergänzt werden.
Diese Diagnoseergebnisse sollten in den Entwicklungs- und Veränderungsprozess
mit einfließen und zusammen mit den Projektmitgliedern („gepoolte Beratung")
und Steuerungsgruppen („Vor-Ort-Beratung") ausgewertet werden, damit diese

---

Pflegetätigkeiten, gleichmäßig auf direkte und indirekte hauswirtschaftliche Tätigkeiten
sowie auf sonstige Tätigkeiten.

an der Bildung von Teilzielen und abzuleitenden Maßnahmen partizipieren können (vgl. BFOE 2001:10). Ob es dem Beratungsteam gelungen war, dies erfolgreich zu realisieren, wird die Evaluation der OE-Prozesse zu beantworten haben.

Die Einplanung eines kontinuierlichen Diagnoseverfahrens ist ein Kriterium für die professionelle Gestaltung der Diagnosephase. Vor dem Hintergrund der sorgfältig durchgeführten Diagnosen ist es für die Verfasserin nicht nachvollziehbar, dass die – bereits eruierten wichtigen Basisdaten der MZT nicht zeitgerecht in den OE-Prozess mit einbezogen wurden – EDV-Probleme als Argument sind nicht stichhaltig. Festzuhalten bleibt an dieser Stelle aber, dass die notwendige Transparenz und die von der Fachwelt dringend geforderte Einbeziehung der aktuellen Evaluationsergebnisse nicht vollständig stattgefunden hat.

Der von der BFOE gewählte Diagnoseansatz berücksichtigte einerseits wichtige Parameter, die den Change Management Konzepten zugrunde liegen: Erstens, durch die Einbeziehung in die Bestandsaufnahmen wurden die Betroffenen für den OE-Prozess sensibilisiert und zweitens, die Beteiligung der Mitglieder der Projekt- und Steuerungsgruppen am Diagnoseprozess machte sie zu Expertinnen und Experten ihrer Situation; wichtige arbeitsplatznahe Erkenntnisse über mögliche Ressourcen konnten durch die Nutzung des vorhandenen Erfahrungswissen gewonnen werden.

Andererseits wurde das Prinzip der Beteiligung bezogen auf die Akteure der Basis durch folgende Versäumnisse vernachlässigt: Die Bestandsaufnahme wurde lediglich extern ausgewertet und die Ergebnisse nicht vollständig zurückgemeldet; die Informationspolitik war unzulänglich. Damit wurden nicht nur wichtige Erfahrungswerte außer Acht gelassen, wie: einen Prozess zu verbessern, setzt voraus, dass alle Beteiligte ihn verstehen und die Prozessoptimierung kann nur dann effizient und effektiv gestaltet werden, wenn die Betroffenen an den Lösungskonzepten beteiligt werden, sondern auch ein wichtiges OE-Postulat: Die Rückkoppelung der Diagnoseergebnisse (Feedback) an das Klientensystem und die gemeinsame Interpretation des Datenmaterials durch das Beratungssystem (vgl. u. a. French/Bell 1994:217; Doppler/Lauterburg 1999:106).[25]

In Bezug auf die Diagnoseprozesse kann ein vorläufiges Fazit gezogen werden: In den Ist-Analysen wurden die Daten der betroffenen Akteure und Einrichtungen als Antworten auf die zentralen Probleme der Organisation betrachtet. Dies ist aus meiner Sicht auch notwendig, besonders dann, wenn übergreifende Projektziele vorbestimmt werden. Denn dann sind diejenigen Ressourcen aufzuspüren, die die Zielverwirklichung in den Einrichtungen be-

---

25 Siehe Abb. 10, Kap. 3.3.2.

dingen. Die Diagnosen der beratenden Organisationen deckten wichtige Schwachstellen der Arbeitslogistik und institutionellen Ressourcen bezogen auf die Arbeitsbelastungen der Pflegekräfte auf; diese wurden durch einzelne Problembereiche der Aufbauorganisation ergänzt. Auch wenn Daten und Differenzierungen zur Aufbauorganisation fehlten, die Diagnoseergebnisse lieferten erste zentrale Anhaltspunkte und Begründungen für die Bestimmung der projektimmanenten Ziele des Pilotprojekts.

Damit zeigt sich, dass das OE-Modell wichtige theoretische OE-Implikationen der Change Management Konzepte berücksichtigte – andererseits blieben einige Grundanforderungen an die Diagnoseprozesse im Transfer unberücksichtigt.

5.2.3. Das Management der Veränderung

Jedes Management der Veränderung der OE[26] leitet sich aus dem Beratungsauftrag, den OE-Zielen, dem Beratungskonzept[27] und dem Projektmanagement ab. Diese Aspekte werden in den folgenden Abschnitten untersucht. Da im Hinblick auf die angestrebten Interventionen den individuellen, kollektiven und organisationalen Lernprozessen eine elementare Rolle zukommt, werden die geplanten Lernprozesse gesondert behandelt, auch wenn sie ein konstituierender Bestandteil der Beratungskonzeption sind.

5.2.3.1. Die Ziele des Pilotprojekts

Die projektimmanenten Ziele des Pilotprojekts waren (vgl. IGES 1999a:4):

1. *Die Prävention arbeitsbedingter Gesundheitsgefahren durch die Optimierung der Arbeitslogistik.*
2. *Die Steigerung der Effizienz und Wirtschaftlichkeit.*
3. *Die Verbesserung der Bewohnerorientierung und Kundenzufriedenheit.*

Um zu erwartende Zielkonflikte gering zu halten, war es Aufgabe des Beratungsunternehmens darauf zu achten, möglichst viele projektimmanente Ziele zu verwirklichen. Das heißt, die Projektziele sollten vorrangig durch eine Opti-

---

26 Siehe Kap. 3.4.4.
27 Da mir kein spezifisches Beratungskonzept vorlag, beziehe ich mich bei der Untersuchung der Beratungskonzeption auf die Aufgabenbeschreibungen für die externen Berater (vgl. IGES 1999b:5ff), bei der Auswertung der wichtigsten Untersuchungsaspekte zur Beurteilung des Beratungsansatzes und -konzepts auf den Projektabschlussbericht (vgl. BFOE 2001) und auf die Projektprotokolle (BGW).

mierung der Arbeitslogistik erreicht werden, damit einhergehen sollte eine Verbesserung der Kommunikations- und Informationsprozesse zwischen den Fachbereichen und Hierarchieebenen sowie die Entwicklung einer mittel- und langfristig angelegten Personalpolitik (vgl. IGES 2001:7). Langfristig sollte die Verwirklichung der projektimmanenten Maßnahmen zu einer Steigerung der Wirtschaftlichkeit und Effektivität, der Stärkung der Wettbewerbsfähigkeit und zur Gesundheitsförderung führen.

Diese Vorgaben bestimmten die Definition der Projektziele durch das Beratersystem. Die vorgegebenen Projektziele wurden von BFOE übernommen, teilweise ergänzt und teilweise konkretisiert (vgl. BFOE 2001:6):

1. Optimierung der Arbeitslogistik zur Verbesserung der Arbeitsbedingungen und Vermeidung arbeitsbedingter Gesundheitsgefahren.
2. Verbesserung der Mitarbeiter- und Kundenzufriedenheit.
3. Verlängerung der durchschnittlichen Verweildauer der Pflegekräfte in dem Berufsfeld durch Verringerung der arbeitsfeldbezogenen Stressoren.
4. Entwicklung eines Analyse- und Veränderungsmodells, das Einrichtungen in die Lage versetzt, mit zeitlich begrenzter Unterstützung die eigene Arbeitslogistik zu optimieren, um so Belastungen für die Mitarbeiter/innen zu reduzieren.
5. Erprobung und Überprüfung bestehender und Entwicklung neuer Instrumente zur Steuerung der Planungs- und Arbeitsprozesse.
6. Die beteiligten Einrichtungen sollen sich in dem Projekt das Rüstzeug verschaffen, um dauerhaft einen kontinuierlichen Verbesserungsprozess im Hause einzuführen.
7. Nachhaltige Entwicklung der Organisationen in der Verarbeitung der sich immer schneller verändernden Anforderungen.

Die ersten drei – vom Beratersystem definierten – Projektziele richten sich auf Interventionen zur Verbesserung der diagnostizierten Problem- und Handlungsfelder. Das vierte und fünfte Projektziel fokussiert die Implementierung neuer Arbeitsmethoden, Managementinstrumente und Modelle zur Verbesserung der Ablauforganisation. Das sechste und siebte Projektziel zielt darauf ab, die am Projekt beteiligten Alteneinrichtungen und ihre Akteure in die Lage zu versetzen, ihr Problemlösungs-, Veränderungs- und Entwicklungspotenzial zu entfalten, damit sie sich den veränderten Rahmenbedingungen selbständig und kontinuierlich anpassen können – und damit auf OE.

Ziele müssen der Fachliteratur zufolge realistisch und realisierbar sein, zugleich müssen sie operational, somit präzise, eindeutig, nachprüfbar und positiv formuliert werden, d. h. sie sind so zu definieren, dass aus ihnen konkrete Maßnahmen abzuleiten sind, dass sie keine Interpretationsspielräume eröffnen und dass sie Erfolgskriterien enthalten (vgl. *Birker 1999:22; Doppler/Lauterburg 1999:220ff*).

Die Projektziele wurden insofern operationalisiert, als Interventionsziele und Projektmaßnahmen abgeleitet wurden, die das Ziel „Optimierung der Arbeitslogistik" konkretisierten (vgl. *IGES 1999a:4*):

▧ *Die Optimierung der Personaleinsatzplanung.*
▧ *Die Überprüfung und Optimierung bestehender Arbeitszeitmodelle (ggf. auch im Hinblick auf ein Lebensarbeitszeitmodell).*
▧ *Die Anpassung der Aufbau- und Ablauforganisation – unter dem Gesichtspunkten der Steigerung der Effizienz und Wirtschaftlichkeit.*
▧ *Die Optimierung der hausinternen Kommunikations- und Kooperationsprozesse.*

Die daraus abgeleiteten Projektmaßnahmen richteten sich primär auf die bewohner- und mitarbeiterorientierten Ablaufprozesse (u. a. Modifizierung der Dienstplanung und Informations-, Planungs- und Steuerungsprozesse). Die Interventionen im technischen-instrumentellen Subsystem waren untrennbar mit strukturellen Interventionen im sozialen Subsystem (u. a. Modifizierung der Arbeits- und Dienstzeitmodelle und Organisationsstrukturen der Schnittstellen, ressourcen- und personenorientierte Gestaltung der Arbeitsorganisation, Veränderungen der qualitativen und quantitativen Personalausstattung) verbunden und darüber hinaus waren soziale Interventionen in den Kommunikations- und Kooperationsbeziehungen und in den Führungssystemen (bspw. Vereinbarung von Zielgesprächen zwischen den Führungskräften) geplant. Die geplanten technisch-strukturalen Interventionen zur Verbesserung der Arbeitslogistik zielten ausschließlich auf lenkbare Veränderungsgrößen.

Während die Ziele zur Optimierung der Arbeitslogistik durch die Vorgaben im Projektplan[28] weiter ausdifferenziert wurden, fehlte dies bei den Zielen, welche die sozialen Dimensionen (bspw. bei den personen- und gruppenbezogenen Interventionen zur Personalentwicklung[29]) und die betriebswirtschaftlichen Dimen-

---

28 Siehe Kap. 5.2.3.2.
29 In ihrer Aufgabenbeschreibung für die Konzeptentwicklung hat IGES verschiedene Bezugsbereiche vorgegeben, die das Beratungskonzept schwerpunktmäßig erfüllen soll. Unter anderem sollten die Ziele des Beratungskonzepts auf die Entwicklung mittel- und langfristiger Personalstrategien unter der Berücksichtigung lebensphasenabhängiger Leistungsfähigkeit sowie auf die Optimierung der Personaleinsatzplanung aufgrund moderner personalwirtschaftlicher Erkenntnisse hinwirken. Beides sind Aspekte, die die Personalentwicklung zu berücksichtigen hat (vgl. *IGES 1999b:5*). Die mit der Umsetzung der OE-Maßnahmen einhergehenden Schulungs- und Trainingmaßnahmen zur Entwicklung und Erweiterung von Managementkompetenzen und Schlüsselqualifikationen der

sionen (bspw. strukturelle Interventionen in den Aufbauorganisationen oder Interventionen zur Steigerung der Wirtschaftlichkeit) betrafen. Damit ließ das Beratungskonzept bei diesen wichtigen OE-Zielen offen, in welche konkreten Interventionen und Veränderungsschritte diese Ziele münden sollen und/oder welche Erfolgskriterien für die Zielerreichung bestimmend und/oder welche Ergebnisse in welchem Umfang anzustreben sind. Dies ist besonders vor dem Hintergrund zu bemängeln, da die BFOE in ihrem Projektbericht schreibt: *„Ein Ansatzpunkt liegt in der notwendigen Anpassung der Ablauf- und Aufbauorganisationsstrukturen [...] Diese Maßnahmen müssten nicht nur in die Organisation des täglichen Arbeitsablaufs, sondern auch in die mittelfristige Personalpolitik und -planung einfließen"* (BFOE 2001:6).

Einerseits ist dieses Vorgehen richtig. Nämlich dann, wenn der Beratungsansatz – wie hier – auch der Entwicklungsstrategie[30] folgt. Denn: Bei der Entwicklungsstrategie müssen die (Teil-)Ziele zusammen mit den Akteuren definiert und entsprechende Maßnahmen gemeinsam abgeleitet werden. Konsequenterweise sah das Beratungskonzept vor, die Prozess(teil)ziele, welche die einrichtungsspezifischen Interventionsschritte bestimmten, zusammen mit den Projektmitgliedern – auf Grundlage der von den Projektakteuren selbst erhobenen und bewerteten Daten – im Rahmen eines kollektiven Analyse- und Reflexionsprozesses zu entwickeln. Andererseits war das Pilotprojekt vom Expertenansatz geprägt. Die projektimmanenten Ziele waren auf Basis der diagnostizierten Problemlage festgelegt worden.

Gerade in diesem kombinierten Prozessvorgehen wäre es aus meiner Sicht notwendig gewesen, die vordefinierten sozialen Teil- bzw. Maßnahmenziele als Kann-Ziele[31] zu formulieren. Da es sich bei den sozialen Interventionen um nicht lenkbare, aber beeinflussbare Größen handelt, halte ich es für sinnvoll und unerlässlich, den Projektakteuren und Pilotstationen durch skizzierte Kann-Ziele einen nötigen Orientierungs- und Handlungsrahmen zu bieten.

Ziele müssen darüber hinaus mit einem Zeithorizont (kurz-, mittel- oder langfristig) versehen sein (*vgl. Birker 1999:22f*). Sowohl der definierte Zeitrahmen des Projekts als auch die inhaltliche und zeitliche Festlegung der Work-

---

Projektmitglieder und Führungskräfte lassen sich aus der Projektübersicht und den Projektprotokollen ableiten.

30 Siehe Kap. 3.4.4.1.

31 Kann-Ziele enthalten Kriterien, die möglichst optimal zu erfüllen sind oder ein Angebot an Interventionsmaßnahmen bieten. Der Vorteil von Kann-Zielen ist, dass sich die Akteure in ihrem selbstbestimmten Entwicklungs- und Veränderungsprozess orientieren können.

shops bestimmten die Zeithorizonte der Prozessschritte[32]. Diese Vorgaben dienten als sog. Meilensteine bei der Umsetzung der Projektmaßnahmen, denn „*[durch] die feststehenden Workshops waren den Einrichtungen immer wieder terminliche und inhaltliche Eckdaten vorgegeben, die bei der Strukturierung der Arbeitsschritte eine Hilfe gaben.*" *(BFOE 2001:14f)*.

Beim Vergleich der von der BGW vorgegebenen Ziele mit denen vom Beraterteam aufgestellten Projektzielen, fällt auf, dass sich bei der Zielentwicklung erste Abweichungen von der eigentlichen Zieldefinition finden. Unklar blieb warum. Dies wird in den Dokumenten weder erwähnt noch begründet. Meine Vermutung ist, dass die Organisationsanalysen zeigten, dass die Leitungssysteme hinsichtlich teilautonomer und partizipativer Entscheidungsstrukturen nicht hinreichend entwickelt waren.

Festzuhalten bleibt, die Veränderungsrichtung im Beratungskonzept von BFOE wurde anders konnotiert: Die Organisationen und ihre Akteure sollten dazu befähigt werden, einen kontinuierlichen Verbesserungs- und Problemlösungsprozess durchzuführen und sich zur Lernenden Organisation entwickeln. Der Beratungsansatz verlagerte sich dadurch zur Organisationsentwicklungsberatung. Hingegen ist das von BGW/IGES entwickelte Organisations- und Handlungsmodell sowohl in den Ansätzen der klassischen Unternehmensberatung als auch der klassischen OE verankert[33].

Der nachfolgende Abschnitt wendet sich nun der Frage zu, mit welchen Interventionen und Methoden die geplanten OE-Maßnahmen auf den einzelnen Pilotstationen implementiert wurden.

5.2.3.2. Projektmanagement und Beratungsmethoden

Das externe Projektmanagement war Bestandteil des Beratungsauftrags. Das interne Projektmanagement hingegen zählte zu den Aufgaben der Projektgruppe insbesondere der Projektleitungen (im Zusammenwirken mit den Steuerungsgruppen). Die Projektplanung und -durchführung[34] wird durch die Übersicht in Tabelle 13 veranschaulicht und zeigt in Abhängigkeit der OE-Phasen, die Interventionsformen und Instrumente, mit denen die Interventionsziele verfolgt wurden[35]:

32 Siehe Kap. 5.2.3.2.
33 Siehe nachfolgendes Kap., Subabschnitt (1).
34 Der Projektbericht enthielt sowohl eine Projekt- als auch eine Workshopübersicht. Die Angaben divergieren. Deshalb beziehe ich mich in meiner Dokumentenanalyse auf die Angaben zu den Workshops und die Projektprotokolle (*vgl. BFOE 27ff*)
35 Siehe Kap. 3.4.4.3.

Tabelle 13: Interventionsformen in Abhängigkeit der Projektphasen und –themen

OE-Phase	Interventions-formen	Interventionsziele	Instrumente/ Methoden
Einführungs- und Diagnose- phase	*Kick-OFF:* *Moderation*	Einführung und Information: Projekt und Projektmanage- ment	Moderation und Präsentation, Be- standsaufnahmen
		Arbeits- und Organi- sationsanalysen	*Dienstplananalyse, Besichtigung, Exper- teninterviews*
	Workshop 1:		
	– Präsentation und Moderation	Diagnosemeeting: Aktueller Stand in den Einrichtungen, organisatorische Rahmenbe- dingungen der Einrichtun- gen, Diagnoseergebnisse, Integration bestehende Zir- kel- und Projektgruppen in das Projekt	Plenarmethoden Gruppenpräsentation und -befragung
Projekt- umsetzung/ -durchführung	– Schulung der Projektgruppen	Methoden und Instrumente zur Ist-Analyse – Einführung	FEAS® / RAP / MZT Analyseinstrumente
	Diagnose und Beratung/ Coaching – vor Ort:	*Ist-Analyse: Analyse der Ru- he- und Aktivitätsphasen und Erfassung der mitarbeiterbezogenen Zeiten und Tätigkeiten, Erfassung der bewohnerbezogenen Pflegeplanung verbunden mit der mitarbeiterbezogenen Dienstplanung*	*Anwendung von FE- AS®, RAP und MZT Prozessberatung*
	Workshop 2:		
	– Moderation	Diagnosemeeting: Daten- lage und -auswertung, Aus- wertungsprobleme	Gruppenpräsentation und -befragung
	– Schulung und Coaching	Anwendung der Methoden und Instrumente zur Ist-Ana- lyse der Pflege- und Dienstplanung – Vertiefung	FEAS®, RAP und MZT
	Umsetzung und Beratung/ Coaching – vor Ort:	*Erste Veränderungsmaßnah- men in der Pflege- und Dienstplanung sowie der Ar- beitsorganisation*	*Anwendung von FE- AS®, RAP und MZT*

Workshop 3:		
– Moderation/ Coaching	Diagnosemeeting: Daten- auswertung von RAP, MZT (2 Häuser) und *FEAS*®	Gruppenpräsentation und -befragung
– Schulung	Grundlagen und Analyse der Dienstplanungen, Projektma- nagement und bedarfs- gerechter Personaleinsatz	Auf Basis von MZT
Diagnose, Umset- zung und Bera- tung/ Coaching – vor Ort:	*Ist-Analyse: MZT; Dienstpla- nung und Schnittstellenorga- nisation, Kommunikation zwischen den Funktions- bereichen*	Anwendung von MZT Moderation
Workshop 4:		
– Moderation/ Coaching	Diagnosemeeting: Daten- auswertung, angestrebte Ver- änderungen der Dienstpla- nung, Praxisprobleme mit MZT	Gruppenpräsentation und -befragung
Umsetzung und Beratung/ Coaching – vor Ort:	*Schnittstellenveränderung, Anpassung der Arbeits- und Dienstzeitmodelle an betrieb- liche Erfordernisse*	Prozessbegleitung
Workshop 5:		
– Moderation/ Coaching	Vorstellen und Reflexion der aktuellen Ergebnisse, Pla- nung weiterer OE-Maßnah- men, Erörterung der fördern- den und hemmenden Faktoren, Erarbeitung von Veränderungen in der Be- wohnerversorgung und nach- gegliederten Dienstplanung	Gruppenpräsentation und -befragung
– Schulung	Vertiefungen im Projektma- nagement:	
Umsetzung und Beratung/ Coaching – vor Ort:	*Schnittstellenveränderungen, Modifikation der Dienst- und Arbeitszeitmodelle*	Prozessbegleitung
Auswertungs- phase	Bestandsaufnahme, Reflexion und Evaluation	Gruppeninterview, Projektberichte

Wie Tabelle 13 zeigt, konzentrierten sich die Workshops[36], die an zentralen Lernorten außerhalb der Einrichtungen stattfanden, nach der konstituierenden Eröffnungsveranstaltung schwerpunktmäßig auf den Wissens- und Methodentransfer zur Implementierung der geplanten Projektmaßnahmen im Bereich der Arbeitslogistik. Neben den Schulungssequenzen bestimmte das Gruppencoaching und das Feedback über die betriebsindividuellen Analyseergebnisse und Projektaktivitäten die Workshops. Infolgedessen waren die kontinuierliche Diagnose und Auswertung der umgesetzten Prozessmaßnahmen und Ergebnisse durch die Projektmitglieder ein integraler Bestandteil der Workshops. Das gemeinsame Gruppencoaching sollte dazu dienen, die Projektmitglieder bei der praktischen Umsetzung der gelernten Instrumente und Verfahren und in ihren Fähigkeiten zu Selbststeuerung und Selbstorganisation zu unterstützen, den Erfahrungsaustausch unter den Projektgruppen zu fördern, die verschiedenen betriebsspezifischen Prozessbedingungen, -hemmnisse und -schwierigkeiten eingehend zu erörtern und die internen Change Agents bei Implementierungsproblemen zu unterstützen. Im letzten Workshop wurden die Ergebnisse der umgesetzten Projektmaßnahmen evaluiert und bewertet (vgl. BFOE 2001:28ff).

Die Schulung und Befähigung der Projektmitglieder zur Übernahme definierter Arbeitsschritte („Hilfe zur Selbsthilfe") bildete das Kernstück der „gepoolten" Beratung. Geplant war, dass die Projektgruppen die Ist-Analyse und die darauf aufbauenden Planungen entweder selbständig oder mit Unterstützung der Projektsteuerungsgruppen unter Einbeziehung der betroffenen Akteure selbstorganisiert und eigenverantwortlich umsetzen und weiterentwickeln, die Ergebnisse an die Akteure rückkoppeln und ihre erworbene Wissenspotenziale weitervermitteln (vgl. BFOE 2001:10ff).

Charakteristisch für die Implementierung der Projektmaßnahmen war, dass der Prozessverlauf spiralförmig verlief, was bedeutet, dass die OE-Phasen „Diagnose-Intervention-Auswertung" zyklisch-interaktiv miteinander verzahnt wurden, um das Ausbalancieren von Ziel- und Situationsorientierung zu ermöglichen. Diesem Vorgehen wird in den theoretischen OE-Ansätze eine wichtige Bedeutung zugemessen, da nur so die Selbstorganisationsfähigkeit der Beteiligten genutzt und auf ein gemeinsames Ziel ausgerichtet werden kann[37].

Wichtig war, dass die kontinuierlichen Diagnose-Analyse-Planungs-Schleifen prozesshaft gestaltet wurden, d. h. dass sich der Beratungsprozess an den Ver-

---

36 Die einzelnen Workshops dauerten jeweils zwei Tage. Die Anzahl der Vor-Ort-Beratungen waren auf fünf Tage begrenzt.

37 Siehe Kap. 3.4.5.2.

änderungsimpulsen, Zielen und Aktivitäten der Projektmitglieder ausrichtete und nur wenige statische Diagnoseinstrumente eingesetzt wurden.

Das Interventionsvorgehen lässt somit Elemente der Survey-Feedback-Technik erkennen (Integration der Arbeitsschritte Datenerhebung und Datenrückkopplung, *vgl. French/Bell 1994:41f*); bei der methodischen Gestaltung der „gepoolten Beratung" orientierte sich die OE-Beratung an elementaren und tragenden Instrumenten der klassischen OE.

Die methodische Vielfalt bei der Projektumsetzung war vor allem von folgenden Interventionsformen und -methoden geprägt: Um die Projektmitglieder an der Entwicklung und Gestaltung ihrer Arbeits- und Organisationsstrukturen zu beteiligen und in die Prozessverantwortung mit einzubinden, wechselte das Beratersystem bei den Schulungs- und Trainingssequenzen zwischen handlungsorientierten, interaktiven Methoden und edukativen Lernverfahren, bei der Projektumsetzung und Prozess- und Entwicklungsberatung hingegen dominierten das Gruppen- und Einzelcoaching. Die methodische Konzeption des Handlungs- und Beratungsmodells ist in nachfolgender Abbildung 31 dargestellt.

Abbildung 31: Instrumente und Strategien des Handlungs- und Beratungsmodells

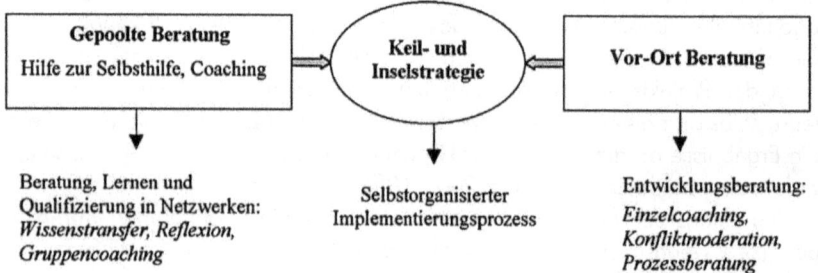

Quelle. Eigene Darstellung

In den Auswertungsphasen und Vor-Ort-Beratungen wurden die Prozesse und Ergebnisse der eingesetzten Analyseinstrumente und umgesetzten Maßnahmen reflektiert. Da die zielorientierte Projektumsetzung eine zeitnahe Umsetzung der Einzelmaßnahmen erforderte, waren die Einrichtungen angehalten, ein angemessenes Projektmanagement zu etablieren. Die Projektgruppen sollten in den Einrichtungen weitgehend autonom arbeiten und die geplanten Interventionsmaßnahmen eigenständig umsetzen. Auch die Projekt- und Steuerungsgruppen sollten die typischen OE-Prozessschritte „durchlaufen": Analysen, Auswertung, (Teil-)Zielbildung, Planung spezifischer Maßnahmen sowie Evaluation (*vgl. IGES*

1999a:9). Das interne Projektmanagement war – wie BFOE zu Recht bemerkt – von der Arbeitsweise und den Kompetenzen der Projektgruppen bzw. der Projektleitungen und von der organisatorischen Anbindung an die Heimleitungen abhängig, die die Arbeit sicherstellen und unterstützen sollte *(vgl. BFOE 2001:14).* Doch der Grundstein für das erfolgreiche Handeln musste durch die Qualifizierung und Beratung der Schlüsselpersonen, insbesondere durch die Befähigung der Projektakteure zur Selbstorganisation gelegt werden.

Da sich gleich zu Projektbeginn erste Schwierigkeiten bei der Anwendung der Analyseinstrumente zeigten, richtete BFOE eine Beratungs-Hotline ein, um den Projektmitgliedern bei der Umsetzung der OE-Maßnahmen die Möglichkeiten einer sofortigen Unterstützung einzuräumen.

Im Rahmen des Projektmanagements kamen den externen und internen Kommunikationsprozessen ein wichtiger Stellenwert zu. Die externe Kommunikation, zwischen den Projektmitgliedern und den beratenden Organisation wurde durch die Projektberichte formalisiert; diese sollten die Projektentwicklung unter Aspekten widerspiegeln, wie geplante und durchgeführte Veränderungsschritte, Erfahrungen, sowie prozesshemmende und prozessfördernde Faktoren dem Beratersystem als Kontroll- und Steuerungsinstrument dienen *(vgl. BFOE 2001:14).* Die interne Kommunikation bezog sich hingegen auf die Informationsprozesse in den Einrichtungen und lag im Aufgabenbereich der Projektleitungen.

5.2.3.3. Beratungskonzept und Beratungsansatz

Der folgende Abschnitt konzentriert sich auf die zweite Zielebene des Projekts: Die Entwicklung und Erprobung eines Beratungskonzepts. Das Beratungskonzept sollte mit dem Organisationsmodell kompatibel sein, geeignete Lösungsansätze für die Optimierung der Arbeitslogistik in der Altenpflege bereitstellen sowie Rollen und Aufgaben der OE-Beratung klären *(vgl. IGES 1999a:4ff).* Die Analyse des Beratungskonzepts fokussiere ich deshalb auf folgende konstitutiven Elemente der OE-Beratung: Beratungsansatz, Veränderungsstrategie sowie Träger und Rollen im OE-Prozess.

(1) *Identifikation des Beratungsansatzes*

Der Begriff „Beratungsansatz" umfasst das theoretische OE-Konstrukt und zielt auf die Frage, welche theoretischen OE-Modelle und Implikationen dem Beratungskonzept zugrunde lagen. Grundsätzlich hat der Beratungsansatz[38] die

---

38 Siehe Kap. 3.2.3.

Frage zu beantworten, was die OE erreichen will: Veränderung im Sinne an-
passungsorientierter Reorganisation oder Veränderung im Sinne von langfristiger, strategischer Entwicklung?

Die Verankerung des Organisations- und Handlungsmodells in den klassischen OE-Ansätzen zeigt sich – wie bereits skizziert – in den Hauptzielsetzungen
des Pilotprojekts und im Gestaltungsauftrag der BGW. Die Interventionen zur
„Gesundheitsprävention" zielten auf die Verbesserung der sozialen und institutionellen Ressourcen und somit auf die Anpassung der Einrichtungen an die sich ändernden relevanten Umwelteinflüssen – ein klassisches OE-Ziel. Das Ziel der organisatorischen Veränderung wird von der BGW/IGES jedoch lediglich als
Anpassungsprozess definiert, was auch in dem von IGES konzipierten Methoden-
baustein „Hilfe zur Selbsthilfe" deutlich wird: Die Kompetenzentwicklung der OE-
Akteure sollte sich auf die Umsetzung definierter Arbeitsschritte (Aktions-Resultat-
Muster) begrenzen (vgl. IGES 1999a:4). Nach SATTELBERGERS Klassifizierung[39]
der Lernwege bei den Typen des organisatorischen Lernens ist das ein typischer
Lernweg zur Organisationsveränderung (vgl. Sattelberger 1991:19). Durch ihre
Zielsetzungen, Methodik und Interventionen rückt das Beratungskonzept in die
Nähe der ganzheitlichen OE-Ansätze. Nach BFOE sollten die am Pilotprojekt teilnehmenden Organisationen darüber hinaus darin gefördert werden, sich zu „lernenden Organisationen" zu entwickeln. Doch es fehlten entsprechende Hinweise,
wie und mit welchen Interventionen dies erreicht werden soll. Und so komme ich
zu dem Ergebnis, dass die Veränderungsrichtung des Pilotprojekts in den Handlungskonzepten unterschiedlich determiniert war. Diese Inkongruenz wurde – wie
bereits erwähnt – in den Dokumenten nicht begründet.

Bei der Analyse der angestrebten Interventionen und Interventionsziele lege
ich das Unternehmensmodell von GLASL[40] und das Klassifizierungsschema
von FRANKE[41] zugrunde und komme zu folgendem Ergebnis: Der Interventionsfokus der theoretischen Handlungskonzepte der beteiligten Institutionen
richtete sich auf eine mehrdimensionale Zielsetzung, vornehmlich auf Veränderungen in den technisch-instrumentellen und sozialen, aber nur peripher
auf die kulturellen Subsystemen der Einrichtungen; hierin zeigt sich die Ann-
näherung des Interventionsansatz an die integrierten OE-Ansätze.

Im Sinne des Tavistock-Ansatzes implizierte der Beratungsansatz, die zu verändernden Organisationsbereiche als sozio-technische Systeme zu begreifen,

---

39 Siehe Kap. 3.3.4.
40 Siehe Kap. 3.3.3.
41 Siehe Kap. 3.4.2.

die als funktionierendes Ganzes nur unter Einbeziehung der technisch-instrumentellen, strukturellen und sozialen Dimensionen zu entwickeln sind (vgl. Trist
1975, zitiert in Gairing 1999:70). Damit enthielt das Veränderungsmodell eine
wichtige Implikation, die auch dem Change Management Konzept zugrunde
liegt: Jede Arbeitsorganisation besitzt ein technisches und soziales System, weshalb es notwendig ist, die Subsysteme gemeinsam zu optimieren und nicht auf
die isolierten Interventionen zu begrenzen (vgl. Gairing 1999:70 u. 115).

Wie der Projektplan dokumentiert, sollten die Interventionen „Schritt für
Schritt" umgesetzt werden. Im ersten Schritt konzentrierten sich die individuen-
und gruppenbezogenen Interventionen – als Qualifizierungsmaßnahmen bzw.
Führungskräfteentwicklung angelegt – auf den Kompetenzerwerb der Projektmitglieder in den Wissenssystemen Management, Organisation und soziale
Leitungs- und Führungskompetenzen. Der zweite Interventionsschritt richtete
sich auf die – durch die internen Change Agents umzusetzenden – Veränderung der technologischen und strukturellen Bedingungen in den Organisationen. Eck- und Ausgangspunkte der Veränderung in den Einrichtungen bildeten
die Interventionen im technisch-instrumentellen Subsystem. Diese sollten mit
strukturellen und sozialen Interventionen im sozialen Subsystem einhergehen.
Darüber hinaus sollten die Projektinterventionen Impulse zu Veränderungen im
kulturellen Subsystem geben, u. a. auf die Unternehmenskultur und -politik –
bezogen auf das Human Ressource Management –, die Kundeninteressen,
die Qualitätsanforderungen und den Aufbau eines institutionsübergeordneten
Netzwerks (vgl. BFOE 2001:4f). Somit kamen sowohl den operationalen als
auch den strategischen Managementdimension ein wichtiger Stellenwert zu.

(2) Identifikation der Strategie

Die Entscheidung, welche Strategie der Veränderung verfolgt werden soll, betrifft die konzeptionelle Dimensionen des Beratungsmodells. Pragmatisch betrachtet ist Veränderungsstrategie[42] mit Projektmanagement gleichzusetzen
und bündelt bzw. umfasst alle Aktivitäten, Interventionen und Handlungsspielräume zur Zielerreichung. Im Hinblick auf die organisationstheoretischen Entwicklungsansätze verstehe ich Veränderungsstrategie aber als Philosophie des
Managements der Veränderung[43], die – von grundlegenden normativen Werten getragen –, die Veränderungsrichtung definiert.

---

42 Siehe Kap. 3.4.4.1.
43 Siehe Kap. 3.4.4.

Die Strategie, die dem Handlungskonzept zugrunde liegt, ist eine Kombination aus Experten- und Entwicklungsstrategie.

▣ *Das Pilotprojekt wurde von Fachexperten initiiert. Die im Rahmen der Expertenstrategie praktizierten Methoden und Verfahrensweisen waren in den Workshops programmatisch festgelegt. Mit den im OE-Prozess eingesetzten Analyse- und Planungsinstrumenten wurden sachbezogene Problemlösungsverfahren und -methoden vorgegeben – als mögliche Instrumente und nicht als Lösungsrezepte (vgl. BFOE 2001:27f).*

Wird die Expertenstrategie im Sinne der klassischen Unternehmensberatung stringent angewandt, dann verbirgt sich dahinter der Gedanke der Machbarkeit und Lenkbarkeit von sozialen Veränderungsprozessen durch Fachpromotoren (Fremdorganisation).

▣ *Das Gruppencoaching und die „Vor-Ort-Beratung" waren als Prozessbegleitung und Entwicklungsberatung angelegt. Beide Strategien basieren auf den methodischen Prinzipien der Partizipation und Prozessorientierung – zwei zentrale Prämissen des Change Managements. Auf das Projekt bezogen bedeutet das: Die Veränderungen sollten vornehmlich von den Projekt- und Steuerungsgruppen getragen und durchgeführt und mit den internen Prozessbedingungen abgestimmt werden.*

Die Entwicklungsstrategie impliziert, dass die Ideologie der Machbarkeitsorientierung zugunsten der Entwicklungsorientierung aufgegeben wird und basiert auf einem Organisations- und Menschenbild, das den individuellen, kollektiven und organisationalen Lern- und Entwicklungsprozess als Emanzipationsprozess begreift und die immanente Eigendynamik der sozialen Organisationen und die Fähigkeit der Menschen zu Selbstbestimmung und Selbstorganisation berücksichtigt[44].

Die Konzeption der OE als kombinierte Experten- und Entwicklungsberatung ist für die „gepoolte Beratung" und „Vor-Ort-Beratung" meines Erachtens zwingend. Denn die Expertenberatung gewährleistet durch ihr strukturiertes Vorgehen eine einrichtungsübergreifende Gruppenqualifizierung. Hingegen kann bei der Entwicklungsberatung ein interaktiver und prozessorientierter Handlungsansatz verfolgt werden, der ein einrichtungsspezifisches Vorgehen ermöglicht (Selbstorganisation).

44 Siehe Kap. 3.4.4.1.

Wird „Strategie" als Vorgehensweise und somit als Weg durch die Hierarchie definiert[45], sind zwei Strategien zu erkennen: Die Keil-Strategie und die Multiple-Nucleus-Strategie.

Wenn im OE-Prozess vornehmlich die Führungs- und Leitungskräfte der mittleren und unteren Managementebenen als Schlüsselpersonen agieren, dann wird die Keilstrategie verfolgt. Den Projektgruppen gehörten – bis auf zwei Personen[46] – nur Führungs- und Leitungskräfte der mittleren und unteren Managementebene an. Damit ist die Veränderungsstrategie als Keilstrategie zu identifizieren. In der Doppelfunktion als Führungs- und Leitungskräfte und Projektmitglieder waren die Schlüsselpersonen über den gesamten Projektzeitraum in den Lern- und Entwicklungsprozess unmittelbar eingebunden: Für die übergeordneten Ebenen sollten sie als Initiatoren wirken und für die Basis als Multiplikatoren. Wird die Keilstrategie gewählt, dann muss die OE-Beratung meines Erachtens zwingend darauf achten, dass die Rollen, Aufgaben und Verantwortlichkeiten der Schlüsselpersonen, aber auch die Qualifikationen und Kompetenzen (über die sie bereits verfügen sollten), im Vorfeld der OE ausreichend geklärt werden. Ansonsten besteht die Gefahr, dass Linien- und Stabfunktionen nicht getrennt werden und die Projektakteure in ihrer Leitungsrolle agieren oder der Implementierungsprozess durch fehlende fachliche, soziale und methodische Kompetenzen beeinträchtigt wird.

Die Multiple-Nucleus-Strategie zeigte sich darin, dass das Handlungsmodell vorsah, entweder hierarchieübergreifende, partielle Arbeitsgruppen (Zirkel- oder Steuerungsgruppen) zu bilden und diese in den OE-Prozess zu integrieren oder bereits bestehende in das Prozessgeschehen einzubinden (vgl. IGES 1999a:7). Den Projektmitgliedern kam hierbei die Aufgabe zu, die verschiedenen Initiativen zu koordinieren, zu vernetzen und sie beratend zu begleiten. Auch bei der Multiple-Nucleus-Strategie hat das Beratersystem darauf zu achten, dass Auftrag und Verantwortlichkeiten der projektbegleitenden Gruppen klar definiert werden.

(3) *Die Rolle der Berater/innen*

Die Beratungsrolle[47] wird grundsätzlich von mehreren Faktoren beeinflusst: Vom Beratungsauftrag und -ansatz, von der Strategie der Veränderung und

---

45 Diese wurden in der Beratungskonzeption nicht explizit als solche definiert. Siehe auch Kap. 3.4.4.1.
46 Diese Personen hatten folgende Funktionen: Heimleitung und Pflegehilfskraft.
47 Siehe Kap. 3.4.3.3.

nicht zuletzt vom zugrundeliegenden Selbstverständnis des Beratersystems bzw. der Beratungspersonen.

Der externen Beratung von BFOE lag folgendes Selbstverständnis zugrunde: „(Im Pilotprojekt) spielen sowohl die BGW als auch die [...] Beratungsgesellschaft, BFOE GmbH, die Rolle des Katalysators und des Navigators" (BFOE 2001:6). Diese Aussage verdeutlicht die hinter dem Konzept stehende Beratungsphilosophie, die sich bereits durch die Strategie der Veränderung abzeichnet: Entwicklungs- und Expertenberatung.

Den externen Change Agents kommt als Katalysatoren im Sinne der klassischen OE-Ansätze[48], die Aufgabe zu, den Problemlösungs- und Entwicklungsprozess insbesondere durch eine wirksame und auf Zusammenarbeit gegründete Steuerung der Organisationskultur[49] zu initiieren (vgl. French/Bell 1994:31). Nach SCHEIN kann dies nur durch eine klientenzentrierte Prozessbegleitung und nicht durch eine Expertenberatung gelingen (vgl. Schein 1993:419).

In ihrer Rolle als „Navigatoren" obliegt dem Beratungssystem hingegen die Aufgabe, den OE-Prozess mit Hilfe von Interventionen auf einem vorbestimmten Weg zielgerichtet zu steuern, zur Implementierung der OE-Maßnahmen die notwendigen Impulse zu setzen und die fachliche und methodische Aufbereitung der Implementierungsprozesse zu verantworten.

In der „gepoolten Beratung" des Pilotprojekts wird es – aufgrund des begrenzten Zeitkontingents und umfassenden Schulungsprogramms – meines Erachtens jedoch schwierig sein, diese beiden Rollen gleichgewichtig auszuüben, auch wenn in jeder Schulungs- und Trainingssequenz – wie der Projektplan zeigt – die notwendigen Coachingprozesse eingeplant waren.

Will die OE-Beratung ihrer Rolle als Katalysator gerecht werden, dann ist es unabdingbar, dass sich der Beratungsfokus in den Vor-Ort-Beratungen vornehmlich auf die Entwicklungsberatung und Prozessbegleitung richtet, wie z. B. auf die Erfassung der spezifischen Anliegen und Ziele der Akteure, auf die gemeinsame Reflexion und die Unterstützung des Klientensystem in der Erarbeitung betriebsspezifischer Problemlösungen und ggf. auf Konfliktmoderation. Das wurde von der OE-Beratung konzeptionell berücksichtigt (vgl. BFOE 2001:11).

---

48 Siehe Kap. 3.1.4. und 3.1.5.
49 Als Kultur verstehen French/Bell alle in einem Unternehmen vorherrschenden Muster von Tätigkeiten, Interaktionen, Normen, Einstellungen, Empfindungen sowie Prozesse, Abläufe und technologische Verfahren (vgl. French/Bell 1994:31).

Für die Beratungspersonen in der „gepoolten Beratung" bedeutet dies, dass an ihre Professionalität hohe Anforderungen gestellt werden, denn bei ihrer Rollenausübung müssen sie in der Lage sein, zwischen Prozessbeobachter, Prozessspezialisten, Spiegel, Trainer, Berater, Analysten, Initiator, Fachpromotor, non-direktiver Stimulator und Coach situationsgerecht zu variieren (vgl. Eck 199:247)[50]. Das erfordert vom Beratersystem ein hohes Maß an Methodenkompetenz, Flexibilität, Kreativität und Selbstreflexion. Für den Beratungsprozess bedeutet es, dass ausreichend Zeit für die Implementierungsprozesse zur Verfügung stehen muss. Im Transfer wird sich zeigen, inwieweit es den Berater/innen gelungen ist, den situativen Entwicklungs- und Prozessanforderungen entsprechend zu agieren.

(4) Die Rolle der Projektmitglieder und Projektleitungen

Wie bereits bei meinen Ausführungen zur Umsetzungsstrategie skizziert, ist es insbesondere bei der Keilstrategie wichtig, dass das Beratersystem sowohl die Rollen, Aufgaben und organisatorischen Kompetenzen definiert als auch die persönlichen Kompetenzen und Qualifikationen der Projektmitglieder eingehend prüft. Das Auswahlverfahren für die Projektmitglieder wurde den Einrichtungen weitgehend selbst überlassen, die Kompetenzen der Projektmitglieder wurden den Dokumenten zufolge von den Berater/innen nicht individuell geprüft, sondern im Rahmen der Organisationsdiagnosen wurden lediglich Daten zu den Kompetenzen der Führungskräfte erhoben.

Die Organisationsdiagnose hatte ergeben, dass es in den Einrichtungen deutliche Organisations-, Führungs- und vor allem Kommunikations- und Informationsdefizite zwischen den Bereichen und Hierarchieebenen gab und die Wissens- und Erfahrungspotenziale der Projektmitglieder hinsichtlich des Projektmanagements sehr begrenzt waren. Deshalb sollten folgende in den Workshops zu entwickelnde Managementkompetenzen und Schlüsselqualifikationen die Projektmitglieder befähigen, ihr zukünftiges Aufgabenspektrum zu bewältigen (vgl. BFOE 2001:12):

– *Prozess- und Projektmanagement (Organisations- und Managementwissen).*
– *Kommunikationsfähigkeit und strukturelle Flexibilität (Organisations- und Managementwissen)*
– *Fähigkeiten zur Entwicklung partizipativer Organisationsstrukturen*
– *geeignete Informationssysteme (Optimierung der Organisationsstrukturen)*

---

50 Siehe Kap. 3.4.3.3.

Zu den Handlungs- und Entscheidungskompetenzen und zur Rollendefinition finden sich in den Dokumenten keine Anhaltspunkte. Dies ist als ein Versäumnis der OE-Beratung zu werten. Insbesondere vor dem Hintergrund, dass die Praxis des Pflegemanagements zeigt, dass die Kommunikationssysteme nicht nur nach Maßgabe der Leitungssysteme vorgegeben sind, sondern dass die Führungskräfte aus ihrem eigenen Aufgabengefüge heraus eigene formelle und informelle Systeme ableiten und die Inkongruenz der Kommunikationssysteme wichtige Störfaktoren und Konfliktquellen im Alltagshandeln sind.

Dagegen war das Aufgabenspektrum der internen Change Agents durch die intendierten Lern- und Qualifizierungsprozesse der „gepoolten Beratung" – wie bereits beschrieben – klarer umrissen: Den Projektleitungen kam die Aufgabe zu, den implementierten Veränderungsprozess zu steuern, zu koordinieren und zu begleiten. Die Projektmitglieder sollten die Projektleitungen darin unterstützen, die betroffenen Akteure für die zu bewältigenden Entwicklungsaufgaben zu motivieren, zu gewinnen und in den transformierten Lern- und Entwicklungsprozess einzubeziehen, die zeitnahe Umsetzung der OE-Interventionen sicherzustellen und gegenüber den externen Partnern im Haus und den beratenden Institutionen als „Schnittstelle" zu dienen, die in den Workshops erworbenen Wissenspotenziale bei der institutionsweiten Umsetzung der OE-Maßnahmen an die Akteure weiterzuleiten und die vorhandenen Kräfte und Ressourcen auf die Projektziele hin zu bündeln (vgl. BFOE 2001:14). Darüber hinaus sollten sie als Schlüsselpersonen mit den übergeordneten Führungsebenen einen Orientierungsrahmen schaffen und Organisationshilfen geben, um so die Kräfte der Selbstorganisation zu stärken und zu unterstützen (vgl. BFOE 2001:28). Durch die im Pilotprojekt angelegten Ziele und Strategien waren die Projektmitglieder die Multiplikatoren der Lern- und Veränderungsprozessen.

(5) *Die Rolle der Mitarbeiter/innen*

Die Akteure der Pflege und der angrenzenden Schnittstellen waren die Zielgruppe der OE und somit wichtige Träger des OE-Geschehens: *„Schnittpunkt der Anforderungen in einer stationären Alteneinrichtung sind die Mitarbeiter/innen. Sie müssen wesentliche Veränderungen in der Organisation umsetzen"* (BFOE 2001:5).

Durch die Einbeziehung der Akteure in die Diagnosephase wurden sie zu Beteiligten sowie zu Expertinnen und Experten ihrer Arbeits- und Problemsituation: *„Als Grundlage für die erfolgreiche Optimierung der Arbeitslogistik [...] im Sinne eines Selbsthilfemodells wurde eine durch die Betroffenen selbst durchgeführte Ist-Analyse ihrer Arbeitssituation gewählt"* (BFOE 2001:9f).

Damit wurde im Beratungskonzept eine wichtige Voraussetzung berücksichtigt, die in den OE-Ansätzen immer wieder zum Prinzip erhoben wird: Die OE-Akteure müssen von Beginn an – bereits bei der Analyse der Ist-Situation – aktiv in den OE-Prozess einbezogen werden.

Im Handlungsmodell waren die übergeordneten Projektziele vordefiniert. Geplant war, dass die projektimmanenten Ziele von den Einrichtungen erweitert und durch die Projektmitglieder auf Basis der kontinuierlichen Analyse-Reflexionsphasen ggf. modifiziert werden. In diesem Kontext ließ das Beratungskonzept jedoch die entscheidende Frage unbeantwortet, wie sich der einrichtungsspezifische Zielbildungsprozess gestalten könnte und in welchem Ausmaß die Akteure an der Zielbestimmung partizipieren sollen. Aus meiner Sicht ist es bei Einrichtungen, die noch sehr traditionell-hierarchisch geprägt sind, prozessförderlich, den Projekt- und Steuerungsgruppen entsprechende methodische Gestaltungsempfehlungen mitzuliefern.

Bezogen auf die Gewinnung der Akteure für die angestrebten Veränderungen wird in der Fachliteratur immer wieder betont, wie wichtig die umfassende Information und Aufklärung der OE-Träger u. a. über die Ziele, die Interventionen und das Veränderungsvorgehen ist. Den Dokumenten zufolge, wurde diese Aufgabe weitgehend den Einrichtungsträgern bzw. den Projektleitungen übertragen. Das Beratersystem wollte sich in den Informationsprozess nur dann einbringen, wenn dieser von den Prozessverantwortlichen nicht umfassend durchgeführt wurde (vgl. BFOE 2001:31). Gerade im Konzept der „gepoolten Beratung" halte ich es für unerlässlich, dass die erste Informationsveranstaltung von allen Prozessverantwortlichen, d. h. von den Berater/innen, den Führungskräften und der Projektgruppe gemeinsam getragen wird, denn nur so kann eine ausreichende Basis für die notwendige Vertrauensbildung und Transparenz geschaffen werden.

Dem Prinzip der Partizipation wird ein Organisationsveränderungsprozess nur dann gerecht, wenn er gewährleistet, dass eine breite Mehrheit der Beschäftigten in Planungs- und Aktionsphase einbezogen wird. Dies sollte auf zwei Wegen geschehen. Erstens, durch die Initiierung bzw. die Integration bereits etablierter Zirkel- und Steuerungsgruppen, an denen hierarchie- und bereichsübergreifend möglichst viele Akteure teilhaben sollten. Damit wurde angestrebt, die Akteure an den Planungs-, Entscheidungs- und Steuerungsaufgaben zu beteiligen und sie so zu befähigen, Veränderungspotenziale zu eruieren und die Gestaltung und Entwicklung ihrer Handlungsräume selbstorganisiert und selbstverantwortlich zu initiieren; denn *„Mitarbeiter/innen leben dieses tradierte System seit Jahren und nehmen Veränderungsmöglichkeiten und auch -notwendigkeiten nur be-*

dingt war." *(BFOE 2001:12)* Anderseits sollten sie durch die Projektleitungen schrittweise in den Implementierungsprozess eingebunden werden.

Diese Maßnahmen bilden meines Erachtens wichtige Voraussetzungen für die partizipative Mitarbeit der Akteure, die aber nur dann zur Entfaltung kommen kann, wenn diese mit erweiterten Handlungs- und Gestaltungsräumen einhergeht, die institutionell verankert sind.

5.2.3.4. Geplante Lernprozesse

Bereits in den Anfängen der OE (Laboratoriums- und Survey-Feedback-Methode, Tavistock) wurden Führungskräfte an zentralen Lernorten außerhalb ihrer Organisationen gemeinsam trainiert[51].

Die Qualifizierungsbausteine wurden im ersten Projektjahr ausgelagert und an Lernorten außerhalb der Einrichtungen organisiert. Neu ist das Organisationsmodell der „gepoolten Beratung" insofern, dass es mit der „Vor-Ort-Beratung" kombiniert wurde. Damit wurde den OE-Erfahrungen Rechnung getragen, dass die Übertragung des von den Teilnehmern erworbenen Wissens auf die spezifischen Organisationsprobleme bzw. die Implementierung intendierter Veränderungsmaßnahmen zu erheblichen Schwierigkeiten führen kann und deshalb durch eine externe Beratung begleitet werden muss *(vgl. French/Bell 1994:38ff)*.

Die im Beratungsprozess gewählten Lernkonzepte bewegen sich im Kontinuum zwischen klassischer Unternehmensberatung und den ganzheitlichen OE-Ansätzen; einerseits wurde mit der Schulung der Projektmitglieder „Anpassungslernen" angestrebt, anderseits zielte die „Hilfe zur Selbsthilfe" auf „Veränderungslernen" und „Selbstorganisation".

Methodisch orientierte sich das Konzept an folgenden Lernformen: Im Gegensatz zum Wissens- und Methodentransfer, der strukturiert erfolgte, sollte das Handlungs- und Erfahrungslernen in den Phasen zwischen den Workshopterminen weitgehend offen gestaltet werden. Die Lernenden sollten als Individuen und als soziale Systeme die Implementierungsprozesse zur Optimierung der Arbeitslogistik selbstverantwortlich gestalten, kritisch überprüfen und gegebenenfalls modifizieren. Dadurch sollte der OE-Prozess institutionalisiert werden. Bei der Erschließung der Fähigkeiten im Umgang mit den Analyse- und Planungsinstrumenten sollte Instruktionslernen um Konstruktionslernen erwei-

---

51 Im Organisationsmodell des Pilotprojekts wurde der zentrale Lernort „wiederentdeckt", siehe 3.1.2.

tert werden, bspw. sollten die Projektakteure die angebotenen Verfahrensinstrumente auf die spezifischen Organisationsbedarfe zuschneiden lernen. In Bezug auf die Anwendung von Organisations- und Führungswissen sollten erfahrungs- und intentionale Lernprozesse verbunden werden. Der Akzent der handlungs- und erfahrungsorientierten Lernprozesse richtete sich somit auf die kontinuierliche und systematische Verbesserung von Wissen und Handlungsfähigkeit der Organisationsmitglieder und auf deren Reflexions- und Veränderungsvermögen im Hinblick auf Organisationsgestaltung und Managementpraxis. Damit zielte die Lernintention auf die von DEHNBOSTEL entwickelten Lerndimensionen (eins bis fünf).[52]

Die als personen- und gruppenbezogenen Lernprozesse angelegten Interventionen bildeten im Beratungsansatz die Basis für die sozialen und organisationalen Lernprozesse und zielten darauf ab, die „[...] Entwicklung der Organisationen in der Bearbeitung der sich immer schneller verändernden Anforderungen" zu fördern: Die Organisation und ihre Akteure sollte Anpassung, Veränderung und Optimierung als kontinuierliche Gestaltungsaufgabe in den Organisationsalltag des Gesamtsystems und in ihr Alltagshandeln integrieren (BFOE 2001:6).

In diesem Kontext stellt sich die entscheidende Frage, welches organisationale Lernen intendiert wurde. Durch die in den Workshops angelegten Lernprozesse sollten sich die Projektmitglieder das notwendige Wissen aneignen, um die Ablaufprozesse im Kontext der betrieblichen Erfordernisse zu optimieren. Dieser Lernprozess ist als Single-loop Lernen[53] zu identifizieren. Mit der Reflexion und Modifikation bspw. der Arbeitszeit- und Dienstplanmodelle, Kommunikations- und Informationssysteme sowie Management- und Organisationsverfahren und -strategien sollte eine kritische Überprüfung der bisher überwiegend operativen Handlungssysteme und der traditionell betriebsbedingt organisierten Arbeitsorganisationen einhergehen. Die Unternehmensziele, bspw. bezogen auf die Mitarbeiter- und Kundenorientierung sollten reflektiert werden. Damit wird Double-Loop Lernen[54] angestrebt. Wie meine theoretischen Ausführungen zeigten, wird durch die Realisierung der Lernprozesse auf dieser Lernebene der Veränderungsprozess zum Lern- und Entwicklungsprozess im Sinne von OE.

Das Pilotprojekt sollte der Beraterfirma zufolge ein „Türöffner" zur Lernende Organisation sein; sie versäumte es jedoch – wie bereits erwähnt – den Lernweg zu beschreiben. In Kap. 3.3.4. wurde dargelegt, dass „Prozesslernen"

---

52 Siehe Kap. 3.4.2.
53 Siehe Kap. 3.3.5.2.
54 Siehe Kap. 3.4.4.

und die Entwicklung einer „gemeinsamen Wissensbasis" u. a. notwendige Voraussetzungen sind, dass sich Organisationen zur Lernenden Organisation entwickeln. Noch fehlen meines Erachtens auch in der Literatur schlüssige methodische Konzepte, wie sich dies in der Praxis gestalten lässt. Aus den theoretischen Erkenntnissen zur Lernenden Organisation und den Ergebnissen der Dokumentenanalyse lässt sich folgendes schlussfolgern: Prozesslernen zielt auf einen unternehmensweiten Entwicklungs- und Wandlungsprozess, der alle Hierarchieebenen und Unternehmensdimensionen, insbesondere bestehende Normen und Ziele einbezieht. Dies wird das Beratungs- bzw. Lernkonzept meines Erachtens nicht leisten können. Wobei sich hier die Frage stellt, ob diese allumfassende Wissensentwicklung vom Beratersystem bewusst nicht als explizite OE-Ausrichtung gewählt wurde oder ob sich in den intendierten Veränderungsmaßnahmen nicht die „klammheimliche" Hoffnung verbarg, doch „irgendwie" zu einer Veränderung des Gesamtsystems zu gelangen. Dennoch: Wird der OE-Prozess so gestaltet, dass die Projektmitglieder zur kritischen Auseinandersetzung mit bestehenden Alltagstheorien und zur Reflexion individueller und institutioneller Werte und Ziele befähigt werden, so wird ein wichtiger Grundstein für die Lernende Organisation gelegt.

5.3. Zusammenfassende Diskussion des Beratungs- und Handlungsmodells

Ziel des Pilotprojekts ist, den arbeitsbedingten Gesundheitsgefahren über die Optimierung der Arbeitslogistik präventiv zu begegnen und darüber hinaus zur Steigerung der Bewohnerorientierung (Effektivität) und Effizienz beizutragen.

Das von der BGW initiierte Präventionsmodul zeichnet sich durch folgende Besonderheiten aus:

- Zur Verbesserung der Arbeits-, Gesundheits- und Versorgungsbedingungen setzt das Handlungsmodell an einem wichtigen Problembereich der Altenpflege an, den die klassischen Präventionsansätze bislang vernachlässigten: Die Optimierung der Arbeitslogistik. Mit den Interventionen zur mitarbeiter- und bewohnerorientierten Arbeits- und Prozessgestaltung bietet das Modell einen geeigneten Problemlösungsansatz zur humanen und effizienten Prozess- und Systemgestaltung. Entscheidend ist, dass vorhandene Ressourcen und Modernisierungspotenziale genutzt werden.

▨ Das Beratungs- und Interventionsvorgehen orientiert sich an den Ansätzen der Organisations- und Führungskräfteentwicklung.

▨ Mit dem als „gepoolter Beratung" konzipierten Beratungsmodell bietet es kleinbetrieblich strukturierten Einrichtungen geeignete und ressourcenschonende Qualifizierungs- und Problemlösungsstrategien, um einen systematischen Organisationsveränderungsprozess und ggf. sukzessiv einen Organisationsentwicklungsprozess zu implementieren.

▨ Mit dem methodischen Baustein „Hilfe zur Selbsthilfe" zielt das Beratungsmodell auf die Befähigung der Schlüsselpersonen und Akteure notwendige Anpassungs-, Veränderungs- und Innovationsprozesse selbstorganisiert umzusetzen bzw. zu initiieren.

Die angestrebten Veränderungsprozesse wurden von einer externen Steuerungsinstanz – einem professionellen Beraterteam – bewusst geplant; sie sollen strukturiert durchgeführt (Fremdorganisation) und kompetent unterstützt und begleitet werden. Damit enthält der Beratungsauftrag Implikationen der klassischen, aufgabenorientierten Unternehmensberatung[55]. Durch den theoretischen Rahmen ist das Pilotprojekt jedoch in der theoretischen Konstellation der klassischen OE verankert. Da in der methodischen Gestaltung des Interventionsvorgehens relevante Parameter des Change Management berücksichtigt werden, rückt der Beratungsansatz in die Nähe zu modernen OE-Ansätzen. Um diesen Ansätzen gerecht zu werden, wurde die intendierte Umsetzungsstrategie als kombinierte Experten- und Entwicklungsstrategie angelegt – meines Erachtens eine notwendige Strategie der „gepoolten Beratung".

Die Analyse der Beratungskonzeption machte deutlich, dass die vordefinierten Ziele, Interventionen, Instrumente und Beratungsmethoden sinnvoll aufeinander abgestimmt sind. Darin sind die Stärken der Handlungs- bzw. Beratungskonzeption zu sehen: Vor dem Hintergrund der aus den Diagnosen resultierenden Erkenntnisse, dass die Ursachen der betriebsbedingten Arbeitsbelastungen in interdependentem Zusammenhang zu den Defiziten im Pflegemanagement, den ineffizienten Ablaufprozessen und starren und unflexiblen Organisationsstrukturen stehen, hält das Handlungskonzept zur personenorientierten und effizienten Prozess- und Systemgestaltung geeignete Interventionen und Instrumenten bereit. Das Handlungskonzept – im Sinne des Change Management-Konzepts – verfolgt eine mehrdimensionale Zielsetzung auf die Veränderungen von „hard facts" und „soft facts".[56] Zur Optimierung der Arbeitslogistik werden die tech-

---

55 Siehe Kap. 3.3.1.
56 Siehe Kap. 3.3.2.

nisch-strukturellen Interventionen um soziale Interventionen zur Verbesserung informeller Organisationsstrukturen und -beziehungen ergänzt, insbesondere zur Förderung der sozialen Ressourcen im Hinblick auf die gesundheitsförderliche Organisationsgestaltung. Da die Projektmaßnahmen von den internen Change Agents umgesetzt werden sollen, bilden sowohl die individuen- als auch die gruppenzentrierten Interventionen Kernelemente des Beratungsansatzes.

Ausgangspunkt der Implementierungsprozesse sind die Pilotstationen; nach und nach sollen andere Organisationsbereiche einbezogen werden. Damit wird eine „Ölfleckstrategie" verfolgt, d. h. zunächst Insellösungen zu bilden und diese systematisch mit anderen Veränderungsmaßnahmen und Interventionsstrategien zu vernetzen (vgl. Luckey/Görres 2001:73). Meines Erachtens eine sinnvolle Strategie für Pilotprojekte bzw. OE-Projekte.

Weitere Stärken der Beratungskonzeption sind darin zu sehen, dass

▪ die Organisationsdiagnosen professionell durchgeführt wurden,
▪ die betroffenen Akteure in die Bestandsaufnahmen einbezogen und ihre Daten als Antworten auf zentralen Probleme gewertet wurden,
▪ geplant ist, die Diagnoseergebnisse kontinuierlich an das Klientensystem rückzumelden und mit der Datenrückkopplung eine Voraussetzung zu schaffen, dass daraus betriebsspezifische Teilziele, Umsetzungsmaßnahmen und Handlungsstrategien entwickelt, konkretisiert, ggf. modifizieren und ergänzt werden können.

Meine Dokumentenanalyse hatte an einigen Beispielen jedoch aufgezeigt, dass einige konzeptionelle Stärken und damit auch zentrale Prinzipien des Change Managements im Transfer nicht (konsequent) eingelöst wurden:

▪ Zu Projektbeginn wurden die Diagnoseergebnisse zwar an das Management und die Schlüsselpersonen rückgemeldet, jedoch nicht umfassend, zeitnah und in methodisch professioneller Form. Den Schlüsselpersonen fehlten transparente Grundlagen, um die Organisationsschwächen und -stärken zusammen mit den Akteuren zu reflektieren oder Teilziele abzuleiten – somit waren die Akteure weder angemessen aufgeklärt, noch konnten sie adäquat partizipieren.
▪ Die projektimmanenten Projektziele der Dachorganisation sowie dem Beratersystem sind weitgehend kompatibel – Inkongruenzen zeigen sich jedoch bei der Veränderungsrichtung der Anpassungs- bzw. Entwicklungsprozesse.
▪ Die Projektziele sind nicht umfassend operationalisiert bzw. mit Erfolgskriterien versehen; den OE-Akteuren fehlt damit ein adäquater Orientierungs-

rahmen. Da beide Aspekte wichtige Voraussetzungen eines zielorientierten (Projekt-)Management sind, muss ihnen im Modelllernen aber eine entscheidende Bedeutung zukommen.

- Für die Auswahl der Projektmitglieder fehlen klare, präzise Kriterien. Auch wenn die Aufgaben der Schlüsselpersonen detaillierter beschrieben sind, das Konzept lässt eine eindeutige Rollendefinition der Projektmitglieder, vor allem eine klare Abgrenzung zur Rolle der Führungs- und Leitungskräfte vermissen. Die wichtige Frage der (notwendigen) Entscheidungs- und Machtkompetenzen der Projektmitglieder bleibt somit ungeklärt.
- Das Beratersystem war bei den Informationsveranstaltungen zu Prozessbeginn nicht präsent. Damit wurde eine wichtige Chance zur Vertrauensbildung, Aufklärung und Transparenz vergeben.

Da eine präzise Zielbestimmung, die umfassende Datenrückkopplung, Transparenz und Information aller Prozessbeteiligten zu den erfolgrelevanten Faktoren der OE zählen, zeigen sich hier bereits wichtige Versäumnisse der OE-Beratung.

Bei meiner Analyse der Beratungskonzeption stützte ich mich – wie bereits erwähnt – auf Einzeldokumente (u. a. Projektberichte, Projektbeschreibung). Dadurch waren einige Überschneidungen zwischen theoretischen Implikationen und Transfer unvermeidbar. Diese spiegeln sich vor allem in meinen Ausführungen zu den Schwachstellen der Beratungskonzeption wider.

Und so deutet sich hier bereits an, worauf DOPPLER/LAUTERBURG verweisen, dass dem Postulat „Primat des Transfers" beim Change Management eine besondere Bedeutung zukommen muss. Denn „[die] Kunst der Fuge besteht nicht darin, Konzeptvorlagen zu entwerfen und zu verabschieden, sondern darin, diese in die Praxis umzusetzen. Auf den Transfer kommt es an – und an nichts anderem hat der Erfolg sich zu messen" (Doppler/Lauterburg 1999:151).

Im Transfer wird sich zeigen, ob es dem Beratungssystem gelungen war, einen systematischen und weitreichenden Lern- und Entwicklungsprozess zu implementieren oder ob nur partielle Organisationsveränderungen erzielt wurden und damit marginale Effekte im Hinblick auf die Anforderung, notwendige Anpassungsprozesse an die sich verändernden Umweltbedingungen selbstorganisiert durchzuführen. Selbstorganisation und Partizipation bedingen sich gegenseitig. Somit wird der Transfer auch zu zeigen haben, inwieweit das zentrale Postulat des Change Management „breite Partizipation der Akteure" verwirklich wurde.

Die Kunst wird für die professionelle Beratung darüber hinaus darin bestehen, bei dem als Experten- und Entwicklungsberatung angelegten OE-Modell
einen „Königsweg" zwischen strukturiertem und flexiblem Implementierungsprozess zu gehen. Die Professionalität wird sich schließlich darin zeigen, inwieweit das Beratungsteam in der Lage war, die Projektmitglieder in dem programmatisch festgelegten Trainings- und Interventionsvorgehen gemeinsam zu
beraten, eine prozessorientierte Steuerung zu gewährleisten, gleichzeitig die
Unterschiedlichkeiten aufzugreifen, die Interventionen und Maßnahmen den
spezifischen Prozessbedingungen anzugleichen und in das Prozessgeschehen
zu integrieren.

Kapitel 6
Darstellung der Forschungsergebnisse
für die Altenpflegeheime APE 1, APE 2 und APE 3

6.1. Analyse der internen Bedingungsfaktoren

6.1.1. Ergebnisse der Dokumentenanalyse: Interne Rahmenbedingungen der Einrichtungen *APE 1, APE 2* und *APE 3*

Der folgende Teil widmet sich der Untersuchung der Rahmendaten der drei am Projekt teilnehmenden stationären Alteneinrichtungen. Die Dokumentenanalyse richtet sich schwerpunktmäßig auf folgende Kategorien[1]:

- *Beschreibung der Untersuchungseinheiten*
- *Ziele der Alteneinrichtungen*
- *Träger- und Leitungssysteme*
- *Bewohnersysteme*
- *Quantitative und qualitative Personalausstattung*
- *Arbeits- und Dienstplanmodelle*

Die Analyse der Arbeits- und Pflegeorganisation und der Bewohnerstruktur basiert auf den Soll/Ist-Daten von 1999 und auf den Plandaten von 2000.

6.1.1.1. Beschreibung der Untersuchungseinheiten[2]

Die *Altenpflegeeinrichtung APE 1* ist eine freigemeinnützige Gesellschaft (gGmbH), wurde als städtischer Regiebetrieb in den dreißiger Jahren gegründet und in den achtziger Jahren – zusammen mit zwei anderen Altenheimen – einer Altenhilfeträgergesellschaft übertragen. Der Standort von *APE 1* liegt verkehrsgünstig und zentrumsnah im Einzugsgebiet einer großen Kreisstadt. Durch seine

---

1 Die Dokumentenanalyse wird nach dem in Kap. 4.1.3.3.2. abgebildeten Kategorienschema vorgenommen.

2 Die nachfolgenden Daten und Angaben der Einrichtungen sind den Betriebsdaten, Prospekten und Jubiläums- und Heimzeitungen der Einrichtungen entnommen. Zur Datenergänzung wurden mit verschiedenen Vertreter/innen des Management und der Verwaltung Informationsgespräche geführt. Die daraus resultierenden Informationen fließen in die Auswertung mit ein.

Nähe zu einem größeren Naherholungsgebiet hat es einen hohen Freizeitwert. Das Erscheinungsbild der parkähnlichen Anlage ist freundlich, offen und einladend. Die weiträumige innenarchitektonische Gestaltung gibt den Kunden Raum für Begegnungen und Kontakte. Nach mündlicher Aussage der Heimleitung betrug die Kapazitätsauslastung der vollstationären Pflege in den vergangenen Jahren durchschnittlich 99 %; Ende 1999 100 %[3].

Das *Altenpflegeheim APE 2* wurde 1912 als kirchliche Stiftung des öffentlichen Rechts gegründet. Träger der Stiftungseinrichtung ist das Diakonische Werk der Evangelischen Kirche. *APE 2* liegt in einem Stadtteil einer großen Kreisstadt. Das Pflegeheim ist zweckmäßig angelegt und besticht mehr durch seine Sachlichkeit als durch häusliche Atmosphäre. Dennoch ist das Erscheinungsbild der Einrichtung freundlich und offen. Die Kapazitätsauslastung lag im Jahr 1998 bei 98,82 %, Ende 1999 bei 97,69 %[4].

Das *Altenpflegeheim APE 3* wurde in den sechziger Jahren als Stiftungsgesellschaft der Evangelischen Kirchengemeinde gegründet. Das Unternehmen arbeitet seither als eigenständiger Trägerverein und ist Mitglied des diakonischen Werkes. Da *APE 3* am Übergang des Siedlungsgebietes einer großen Kreisstadt in die offene Landschaft gelegen ist, können die Kunden vom außergewöhnlichen Freizeitwert der Einrichtung profitieren. Die Anlage, die modern und weiträumig angelegt ist, bietet *APE 3* den Kunden Raum für Begegnungen und Kontakte. Die Kapazitätsauslastung lag in den vergangenen Jahren zwischen 90 und 95 %, Ende 1999 betrug sie 97,85 %[5].

Vergleich der Untersuchungseinheiten:

Die Einrichtungen liegen in unterschiedlichen, großstädtischen Regionen und stehen in keiner Wettbewerbssituation zueinander. Dies war eine wichtige Voraussetzung für die Projektteilnahme.

In ihrer Betriebsgröße (zwischen 130 und 188 Plätze) sind die Untersuchungseinheiten fast homogen. Alle Pflegeheime zählen zu den mittelgroßen Einrichtungen und liegen somit im mittleren Marktsegment. Die Standorte der Einrichtungen zeigen vergleichbare Kriterien – zentrumsnah, verkehrsgünstig und gute

---

3 Die hundertprozentige Kapazitätsauslastung der Einrichtung zum Erhebungszeitpunkt ist nach Aussage der Heimleitung auch darauf zurückzuführen, dass eine in unmittelbarer Nähe gelegene städtische Einrichtung geschlossen wurde.
4 Siehe Anhang F/1.
5 Siehe Anhang G/1.

Einbettung in die städtische Infrastruktur – eine wichtige Voraussetzung für die Bewohner/innen, um weiter am öffentlichen Leben teil zu nehmen. Wie die Führungskräfte aller Heime betonten, sind die Einrichtungen in der örtlichen Pflegelandschaft gut verankert. Im Gegensatz zu Einrichtungen in Ballungszentren unterlagen sie in den letzten Jahren keinem größeren Konkurrenzdruck.

Als traditionsreiche Einrichtungen hatten alle Einrichtungen eine gute bis sehr gute Kapazitätsauslastung[6]. Die Standorte, die städtische Trägerschaft bzw. die Zugehörigkeit zum Spitzenverband der Diakonie, brachte den Einrichtungen bisher gewisse Wettbewerbsvorteile in Bezug auf die Kunden- und Personalgewinnung[7], was vor dem Hintergrund der sich verschärfenden Finanzsituation und des Pflegenotstands von entscheidender Bedeutung war. Doch inzwischen ist der Markt an Pflegekräften auch in den Regionen der Einrichtungen – den Führungskräften zufolge – „wie leer gefegt" und verschärft deren Personalprobleme.

6.1.1.2. Ziele der Altenpflegeeinrichtungen

Die nachfolgend skizzierten Ziele der Altenpflegeeinrichtungen sind – soweit vorhanden – den Qualitätshandbüchern, Unternehmens- und Pflegeleitbildern der Einrichtungen entnommen[8].

APE 1:

Erklärtes Ziel der Einrichtung ist es, pflegebedürftigen alten Menschen auf Basis eines humanitären und christlichen Menschenbildes helfend zur Seite zu stehen und ihnen ein würdiges und erfülltes Leben zu ermöglichen[9].

---

6 Diese Aussage ist dahingehend zu präzisieren, dass bei mittelgroßen Altenheimen durch eine nur 1 % Steigerung der Kapazitätsauslastung – durchschnittliche Bewohnereinstufung in Pflegestufe zwei vorausgesetzt – die Stelle einer qualifizierten Vollzeit-Pflegekraft finanziert werden kann. Um eine gute Finanzierungsbasis zu sichern, müssen alle Einrichtungen einer nahezu 100 % Auslastung anstreben (Anm. der Verf.).

7 Die Beschäftigten von *APE 1* werden nach den öffentlich-rechtlichen Vergütungsbestimmungen (BAT) und die Beschäftigten von *APE 2* und *APE 3* nach einem den öffentlich-rechtliche Arbeitgebern angenäherten Vergütungssystem (AVR) entlohnt. Was sich für die Beschäftigten als Vorteil erweist, kann für die Einrichtungen potenzielle wirtschaftliche Probleme bedeuten, denn im Rahmen ihrer bestehenden gesellschaftsrechtlichen Strukturen sind sie nicht in der Lage, ihre Personalkosten kurz- und mittelfristig den veränderten Marktbedürfnissen anzupassen.

8 Die Daten sind anonymisiert und codiert, die Quellenverweise werden in den Fußnoten angeführt.

9 Vgl. *Qualitätsmanagement-Handbuch (1998:1)*

Das Zielsystem der *Altenpflegeeinrichtung APE 1*, im Qualitätsmanagement-Handbuch von 1998 schriftlich fixiert, ist sehr umfassend und detailliert verfasst und integriert die Unternehmensvision und -ziele, die für alle Einrichtungen der Trägergesellschaft handlungsleitend sind. Während die Vision die übergeordneten, institutionellen (primären) Ziele der Einrichtung bezogen auf den Pflege- und Versorgungsauftrag umschließt, vermittelt das Leitbild, als Kurzversion der Unternehmensphilosophie, die Leistungsziele als Gestaltungsgrundsätze, mit welchen das Unternehmen seinen Auftrag erfüllen will: bürgernah, humanistisch, gemeinwesen-, umwelt-, qualitäts-, mitarbeiter- und kundenorientiert. Damit orientiert sich das Leitbild an einem weltlichen und humanistischen Menschenbild. Durch die Hervorhebung der betriebswirtschaftlichen und pflegerischen Ziele – Effektivität, Effizienz, Qualität, Wirtschaftlichkeit und Umweltverträglichkeit – verdeutlicht sich der Anspruch der Einrichtung, ein professionell geführtes, qualitäts- und kundenorientiertes Dienstleistungsunternehmen zu sein.

Im Qualitätsmanagement-Handbuch sind die Leistungsziele für die Pflege, soziale und therapeutische Dienste konkretisiert. Bei den Pflegezielen ist die Erhaltung der Selbstbestimmung und die Aktivierung zur Selbständigkeit das oberste pflegerische Handlungsziel. Ein Pflegeleitbild existiert nicht. Um die gesetzlichen Qualitätsanspruch zu erfüllen, wurde ein Qualitätsmanagement-system nach DIN ISO 9000ff. implementiert.

APE 2:

Ziel der Einrichtung ist es, alten, kranken und pflegebedürftigen Menschen ein würdiges Zuhause zu geben[10]. Vor der Projektteilnahme existierten weder ein schriftlich verfasstes Zielsystem noch Leitbilder. Die Leitbilder, auf denen folgende Analyse basiert, wurden im Zuge des Pilotprojektes entwickelt.

Nach Aussagen der Heimleitung waren die im Unternehmensleitbild kommunizierten Ziele bereits vor Projektbeginn als Handlungs- und Verhaltensleitlinien für die Einrichtungen bestimmend. Deshalb werden sie in die Dokumentenanalyse miteinbezogen. Gleichzeitig werden so erste nicht geplante, projektübergreifende Veränderungen des Projekts dokumentiert.

Die übergeordneten, primären Ziele der *Altenpflegeeinrichtung APE 2* wurden während der Projektphase im Unternehmensleitbild schriftlich fixiert. Ergänzend wurden von den Abteilungen „Hauswirtschaft" und „Küche" und vom Arbeitskreis „Gesundheit" weitere, teilweise bereichsinterne Leitbilder erstellt, deren Ziele als gültige Kriterien für die Umsetzung der unternehmerischen Zielsetzungen und als

---

10 *Vgl. Unternehmensleitbild APE 2 (2000).*

Grundlage des praktischen Handelns dienen. Die Bereichsleitbilder vermitteln kundenorientierte Aspekte wie qualitäts-, service- und bedürfnisgerechte Versorgung; mitarbeiterbezogene Ziele sind im Leitbild „Gesundheit" definiert[11].

Das Unternehmensleitbild beruht auf einer religiös-ethischen Grundauffassung und ist von einem christlichen Menschenbild und tradierter, diakonischer Grundorientierung geprägt. Durch die Integration pflegerischer und wirtschaftlicher Zielaspekte wie bedürfnisorientiertes Handeln, bedarfsgerechte Pflege sowie leistungs- und kostenbewusstes Wirtschaften – erfährt das Leitbild eine um die betriebswirtschaftliche und kundenorientierte Dimension erweiterte Ausrichtung. Der eigentliche Einfluss der Unternehmensführung auf den Leistungsprozess erfolgt über die ethische Dimension der Unternehmensziele. Auch bei dem im Leitbild kommunizierten Führungsverständnis ist die diakonische Grundorientierung bestimmend.

Die im Unternehmensleitbild skizzierten Pflegeziele vermitteln, dass die Erfüllung des Pflege- und Versorgungsauftrages kunden- und prozesshaft zu gestalten ist und sich den ständig veränderten Situationen der Menschen anzupassen hat. Prinzipien des Pflegeprozesses sind: Orientierung an den individuellen Bedürfnissen der Menschen und die Einbeziehung aller in die Pflege involvierten Menschen.[12]

Für die Qualitätssicherung in der Pflege ist ein Qualitätszirkel[13] verantwortlich, der den Umgang mit den intern definierten Qualitätsmaßstäben(-richtlinien), die an die Anregungen und Hinweise des KDA- Qualitätshandbuchs[14] angelehnt sind, steuert und lenkt. Nach Aussage des Heimleiters ist ab Herbst 2001 vorgesehen, das vom Diakonischen Werk der evangelischen Kirche Deutschlands erarbeitete Qualitätsmanagementsystem[15] zu implementieren.

---

11 Das Leitbild orientiert sich am Verständnis der WHO (Weltgesundheitsorganisation) und beinhaltet vor allem Prinzipien zur Gesundheitsprävention (vgl. Leitbilder „Küche", „Hauswirtschaft" und „Gesundheit 2000")

12 Vgl. Unternehmensleitbild APE 2 (2000).

13 In vielen kleineren und mittleren Einrichtungen der stationären Altenpflege wird aus Kostengründen häufig auf eine Stabstelle „Qualitätssicherung" verzichtet. Die Aufgaben der Stabstellen werden dann der Leitung der Qualitätszirkel – oft PDL oder stellvertretende PDL – übertragen (Anm. d. Verf.).

14 1998 wurde vom KDA (Kuratorium Deutscher Altenhilfe) ein Qualitätshandbuch „Wohnen im Heim" herausgegeben, an dem sich viele Altenpflegeheime in ihrer Qualitätsentwicklung bislang orientierten (vgl. Besselmann et al. 1998).

15 Das von der Diakonie entwickelte QS- Steuerungsmodell befand sich im Erhebungszeitraum noch in der Erprobungsphase und sollte ab Herbst 2001 flächendeckend für die diakonischen Einrichtungen Anwendung finden und den „Diakoniesiegel" verleihen.

APE 3:

Ziel des Vereins ist es, alten Menschen ein neues Zuhause zu bieten, das ihnen familiäre Geborgenheit gibt[16].

In *APE 3* existierte zum Erhebungszeitpunkt ein Unternehmensleitbild, das die Ergebnisse einer Leitsatzdiskussion, die von den Träger- und Leitungsorganen geführt wurde, schriftlich fixierte und top-down implementiert war[17]. Im Leitbild sind die primären Ziele und der Auftrag als grundsätzliche Wertvorstellungen formuliert. In der Unternehmensphilosophie von *APE 3* haben humanistische und demokratische Werte einen hohen Stellenwert. Hingegen fehlen für die operative Handlungsebene handlungsleitende, praxisorientierte, betriebswirtschaftliche Ziele und teilweise Konzepte sowie ein kommuniziertes Führungsverständnis. Die richtungsweisenden Führungsziele beziehen sich lediglich auf die qualifizierte Aus- und Weiterbildung des Personals und die Motivation der Ehrenamtlichen.

Einer Führungskraft zufolge orientierte sich „die Pflege" bislang an Zielen, die aus den Kriterien der Pflegestandards abgeleitet sind und am Pflegekonzept (System der fördernden Prozesspflege) nach KROHWINKEL[18]. Um dem Bedürfnis der Beschäftigten nach selbstbestimmten Pflegezielen zu entsprechen, wurde nach Ende der ersten Projektphase eine stationsübergreifende Arbeitsgruppe gebildet, um ein Pflegeleitbild zu entwickeln.

Zur Qualitätssicherung ist in *APE 3* ein Qualitätszirkel etabliert, der in den ersten Jahren nach der Einführung der Pflegeversicherung von einem externen Qualitätsberater geleitet wurde und seit zwei Jahren als interner Steuerkreis weitergeführt wird. Die Qualitätssicherung erfolgt auf Basis des hausinternen Qualitätshandbuchs[19]. Um die Qualität an einem Steuerungsmodell zur umfassenden und systematischen Qualitätssicherung und -entwicklung auszurichten, ist auch in *APE 3* – nach Aussage der Pflegedienstleitung – vorgesehen, das Qualitätsmanagementsystem des Diakonischen Werkes zu implementieren.

---

16 Vgl. *Jubiläums-Zeitung APE 3 (1992:1)*.

17 Vgl. *Leitgedanken APE 3 – Ergebnisse der Leitsatzdiskussion im Verwaltungsrat (1997)*.

18 Von *Krohwinkel* wurde ein Strukturmodell – Aktivitäten und existenzielle Erfahrungen des Lebens (AEDL) – zur fördernden Pflege- und Beziehungsgestaltung entwickelt (*vgl. Krohwinkel 1993:28ff*).

19 Vgl. *Qualitätshandbuch APE 3 – erarbeitet vom Arbeitskreis Pflegestandards 1995*.

Vergleich und Analyse der Zielsysteme:

Die Unternehmensleitbilder der Einrichtungen zeigen einen unterschiedlichen Grad sowohl in ihrer Ausgestaltung als auch in ihrer Zielsetzung. Alle Leitbilder heben die professionelle qualitätsgerechte, dienstleistungs- und kundenorientierte und betriebswirtschaftliche Ausrichtung der Unternehmen hervor. Konkrete, handlungsleitende Wert- und Zielorientierungen zum Führungsverständnis fehlen den Leitbildern von *APE 2* und *APE 3*, dem Leitbild von *APE 3* darüber hinaus betriebswirtschaftliche Leistungsziele.

Die Leitbilder deuten zwar auf leitbildorientierte Unternehmensführung hin. Da die Unternehmensleitbilder von *APE 1* und *APE 3* von der Heimleitung und den Trägerorganen entwickelt und top-down implementiert wurden, ist es fraglich, ob sie sich als Orientierungsbasis für das gesamte Management und die Akteure und als Steuerungs- und Handlungsinstrumente für die Arbeits- und Pflegeorganisationen eignen und ob sich die Handelnden mit den verankerten Werten und Zielen identifizieren können. *APE 2* hingegen weist eine wichtige und damit professionelle Komponente auf: Als einzige Einrichtung verfügt sie über bereichsinterne Leitbilder, die – im Zuge des Projekts – von den Akteuren erarbeitet wurden.

Den gesetzlichen Qualitätsbestimmungen entsprechend, waren in allen Einrichtungen qualitätssichernde Maßnahmen und Instrumente implementiert. *APE 1* verfügt als einzige der drei Einrichtungen über ein umfassendes, internes Qualitätsmanagementsystem. *APE 2* und *APE 3* arbeiten hingegen mit etablierten Qualitätszirkeln, die über institutionsspezifische Standardsysteme die einrichtungsinterne Qualitätssicherung steuern und kontrollieren.

Zusammenfassend kann festgestellt werden, dass lediglich *APE 1* über ein integrales Ziel- und Qualitätskonzept verfügt. Die Absicht des Managements in *APE 2* und *APE 3* ein umfassendes Qualitätsmanagementsystem zu implementieren, zeugt meines Erachtens einerseits von der Einsicht des Managements, dass Qualitätssicherung und -entwicklung nicht nur gesetzlichen Anforderungen zu genügen hat, sondern als unternehmensweite Aufgabe zu begreifen ist; andererseits ist die geplante Implementierung eines internen Qualitätssicherungssystems in Verbindung mit den Anforderungen des neuen Pflegequalitätssicherungsgesetz (PQsG) zu sehen[20].

---

20 Siehe Kap. 2.1.3.1.

6.1.1.3. Träger- und Leitungssysteme der Einrichtungen

Diese Kategorie zielt auf die Untersuchung folgender Dimensionen: Rechtsformen der Unternehmen, Trägerstruktur und Leitungssysteme[21].

APE 1:

Der Rechtsform nach ist *APE 1* als gGmbH eine privatrechtliche Kapitalgesellschaft in frei-gemeinnütziger Trägerschaft[22]; die geschäftsführenden Aufgaben[23] werden jedoch von leitenden Beamten bzw. politischen Entscheidungsträgern und die Verwaltungsaufgaben von der städtischen Abteilung „Altenhilfe" wahrgenommen.

Durch die Abgrenzung der Entscheidungsbefugnisse und Kompetenzen zwischen den Trägern und der Betriebsleitung sind die Vorteile der GmbH, wie selbständige wirtschaftliche und organisatorische Betriebsführung de facto nicht gegeben. Durch die behördliche Mitwirkung, die Bürokratisierung der Verwaltung, die zähe und schwerfällige Struktur der städtischen Administration sowie die Dominanz der kommunalen Entscheidungsträger wird eine effiziente und flexible Betriebsführung und -steuerung – meines Erachtens – stark begrenzt. Die Schwerfälligkeit der Entscheidungen kann dadurch verstärkt werden, wenn der Geschäftsführung mehrere „öffentliche" Betriebe unterstehen und die geschäftsführenden Aufgaben zentral und einheitlich wahrgenommen werden. Das war bei *APE 1* gegeben. Die mit den Vertreter/innen des Pflegemanagements und der Verwaltung geführten Informationsgespräche ergaben darüber hinaus, dass eine effektive und effiziente Betriebssteuerung bislang auch dadurch verhindert wurde, dass bei den betriebswirtschaftlichen Entscheidungen kommunale Interessen gegenüber fachlichen Notwendigkeiten eine größere Rolle spielten.

---

21 Die Trägerstruktur bestimmt die Verantwortlichkeit und Handlungsspielräume der Organe, während das Leitungssystem die Leitungsbeziehungen sowie die Kompetenz- und Handlungsspielräume der Akteure definiert. Die Träger- und Leitungssysteme sind in den unveröffentlichten Organigrammen der Einrichtungen veranschaulicht (siehe Anhang E/0,F/0 und G/0).

22 In Abgrenzung zur öffentlichen GmbH, die sich ganz oder überwiegend im Eigentum der öffentlichen Hand befinden, beträgt der Anteil der öffentlichen Hand in APE 1 lediglich 10 % des Stammkapitals.

23 Als Geschäftsführer ist der Bürgermeister der Stadt, als Prokuristen sind leitende Beamte bestellt, im Aufsichtsrat sitzen Mitglieder des Verwaltungs-, Kultur- und Sozialausschusses sowie ein Mitglied des Heimbeirats als beratendes Mitglied. Aufsichtsratvorsitzender ist der Oberbürgermeister der Stadt.

Die Aufbauorganisation erfolgt traditionell als Einliniensystem[24]. Die Vorteile des Einliniensystems werden generell darin gesehen, dass es klare und einheitliche Strukturen hat. Diese Vorteile sind jedoch nur unter der Voraussetzung gegeben, dass die Kompetenzen sowie Entscheidungs- und Weisungsbefugnisse in den Stellenbeschreibungen klar und eindeutig fixiert, befolgt und kontinuierlich aktualisiert werden (vgl. *Haubrock 1997:176*). Die Schwächen des Systems hingegen liegen in den unflexiblen, langen und umständlichen Weisungs-, Entscheidungs- und Informationswegen. Das hat zur Folge, dass sowohl die Kommunikation als auch die Koordination zwischen den Bereichen und Hierarchieebenen erschwert und eine informelle Unternehmenskultur begünstigt wird, die Autoritäts-, Führungs- und Schnittstellenkonflikte fördert.

Inwieweit die im Leitsystem von *APE 1* avancierten und in den Stellenbeschreibungen der Wohnbereichsleitungen fixierten eigenständigen und eigenverantwortlichen Handlungs- und Gestaltungsräume auch verwirklicht werden, hängt in *APE 1* als Einliniensystem und als hierarchisch stark gegliederte Organisation sowohl von den praktizierten Führungsstilen der übergeordneten Vorgesetzten ab, als auch von den informellen Strukturen zwischen den Hierarchie- und Bereichsebenen und vom Grad der (Teil-)Autonomie, der den Wohnbereichsleitungen eingeräumt wird.

Dem Informationsgespräch mit der Heimleitung zufolge können die Wohnbereichsleitungen im Rahmen ihrer Tätigkeiten selbst entscheiden, in welchem zeitlichen Rahmen und Umfang sie ihre Leitungsfunktion und administrativen Aufgaben wahrnehmen; auch in der Wahrnehmung ihrer Entscheidungs- und Weisungsbefugnisse sind sie weitgehend selbständig.

Die Stellvertreterfrage der Wohnbereichleitung ist formal nicht geregelt, denn die Stellenbeschreibungen lassen die Stellvertretungsregelung offen. Die Aussagen der Befragten[25] deuten jedoch auf eine „gesplittete" Stellvertretung[26] hin. Eine uneindeutig geregelte Stellvertreterfrage führt im Arbeitsalltag zu Unstimmigkeiten und Störungen im Prozessablauf bzw. Teamgeschehen und begünstigt die oben skizzierte Betriebskultur.

---

24 Siehe Anhang E/0.
25 Die Aussagen der Befragten widersprachen sich: Einer Führungskraft zufolge wurde die Stellvertretung von der jeweiligen Schichtleitung übernommen, einer anderen Leitungskraft zufolge wurden in Abwesenheit der Wohnbereichsleitung die Leitungsaufgaben der Leitungskraft des benachbarten Wohnbereichs übertragen.
26 „Gesplittet" bedeutet: Die Stellvertretung wird teils extern (Wohnbereichsleitung oder PDL einer anderen Station) und teils intern (Schichtleitung übernimmt Fachkraft) geregelt (Anm. d. Verf).

APE 2:

APE 2 ist eine Stiftung[27]; die Geschäftsführung wird mit einer 25 % Stelle hauptamtlich betrieben. Das der Geschäftsführung übergeordnete Organ ist der Verwaltungs- bzw. Stiftungsrat, dem die Außenvertretung der Stiftung und die Verwaltung der Stiftungsbelange obliegt[28].

Die Trägerstruktur der Stiftung birgt für die Betriebspraxis zahlreiche Probleme in sich: Das Zusammenwirken zwischen ehrenamtlichen (Vorstand) und hauptamtlichen Vertretern (Geschäftsführung und Heimleitung) und die strikte Trennung von Entscheidungs-, Leitungs- und Ausführungsorganen kann zu Macht-, Interessens- und Kompetenzkonflikten zwischen Träger- und Leitungsorganen führen – und so eine professionelle und effiziente Unternehmensführung verhindern.

Die Grundstruktur von *APE 2* ist ein Einliniensystem und bringt die bei *APE 1* beschriebenen Vorteile bzw. Schwächen mit sich[29]. In der Aufbauorganisation von *APE 2* sind sowohl die Zuordnungen der Fachbereiche als auch die Stellen „Pflegedienstleitung", „Wohnbereichsleitung" und „stellvertretende Wohnbereichsleitung" eindeutig geregelt und klar voneinander abgegrenzt. Die formale Gestaltung der Stellvertretung bietet abgestufte Möglichkeiten zur Übernahme von Leitungsverantwortung, zum kontinuierlichen Austausch und zur Delegation. Für die Pflegeakteure hat das den Vorteil, dass ihnen – vorausgesetzt die Dienstzeiten der Leitungskräfte variieren – während der Kernarbeitszeiten eine verantwortliche Leitungskraft zur Seite steht.

In *APE 2* existieren Stellenbeschreibungen, die vom hausinternen Arbeitskreis „Gesundheit" kontinuierlich auf ihre Aktualität hin überarbeitet werden[30], – nach Aussagen der Leitungskraft insbesondere im Hinblick auf die Merkmale Aufgabenbeschreibung, Entscheidungs- und Weisungsbefugnisse sowie Überschneidungen zu anderen Funktionsstellen und -bereichen.

---

27 Das Kennzeichen einer Stiftung ist, dass sie keine Mitglieder und keine Gesellschafter hat und dass die Zuwendung der Vermögenswerte ausschließlich gemeinnützigen und wohltätigen Zwecken vorbehalten ist.

28 Die der Heimleitung übergeordneten Organe – Stiftungsrat und Geschäftsführung – werden in ihrer Aufgabenbewältigung von einem geschäftsführenden Ausschuss, in dem ehrenamtliche und hauptamtliche Funktionsträger zusammen wirken, beratend unterstützt.

29 Vgl. *unveröffentlichte Organigramm APE 2 (2000)*

30 Vgl. *unveröffentlichte Stellenbeschreibungen APE 2 (Stand 1998).*

APE 3:

APE 3 ist als Verein konstituiert. Der Vorstand, als Vertretungsorgan, hat die interne Geschäftsführung an einen hauptamtlichen Funktionsträger abgetreten[31].

Das Führungs- und Leitungssystem von *APE 3* weist eine Besonderheit auf: In *APE 3* werden die Aufgaben der Heimleitung von einem interdisziplinären Leitungsteam kollektiv und gemeinsam getragen. Das Leitungsteam setzt sich aus den verantwortlichen Führungskräften der Fachbereiche Pflege, Sozialdienst und Verwaltung zusammen[32]. Da die Entscheidungen im Leitungsteam im Konsens getroffen werden sollen, sind lange Koordinierungs- und Entscheidungswege vorprogrammiert.

Die Leitungsstruktur hatte sich – nach Aussage der Pflegedienstleitung – über einen zehnjährigen Zeitraum bewährt. Da die Geschäftführung und Verwaltungsleitung „in einer Hand liegt", führte dies im Heimleitungsteam zunehmend zu Spannungen und Problemen. Deshalb wird im Rahmen eines Führungscoaching eine Erneuerung der Leitungsstruktur vorbereitet. Dieser Entwicklungsprozess war im Erhebungszeitraum noch nicht abgeschlossen.

Die Grundstruktur von *APE 3* ist ein Stab-Linien-System[33]. Die Vorteile des Stab-Linien-Systems sind darin zu sehen, dass die Linienstellen durch „die Stäbe" in der Bewältigung von Management- und Führungsaufgaben entlastet, unterstützt und beraten werden – in der Pflege vor allem im Bereich der Qualitätssicherung und -entwicklung. Die Qualität der Stäbe hängt jedoch entscheidend von der personellen Besetzung und den fachlichen Synergien zwischen Linien- und Stabstelleninhaber/innen ab.

---

31 Die Verwaltung der Stiftungsangelegenheiten hingegen obliegt dem Verwaltungsrat.

32 Die einzelnen Führungskräfte haben zwar geteilte und spezialisierte Verantwortungsbereiche. Entscheidungen, die die gesamte Einrichtung betreffen, müssen vom Leitungsteam gemeinsam getroffen und verantwortet werden. Dadurch soll eine einseitige – kaufmännische oder pflegerische – Ausrichtung des Management verhindert werden. Das Heimleitungsteam wird durch einen Leitungskreis unterstützt, der dem Heimleitungsteam im Hinblick auf Entscheidungen im Innenverhältnis beratend zur Seite steht (*vgl. Jubiläumszeitschrift 1992:4*).

33 *Vgl. unveröffentlichtes Organisationsdiagramm (Stand 2000).* Im Organigramm werden vier Stabstellen ausgewiesen, u. a. „Qualitätszirkel" und „Mitarbeitervertretung". An dieser Stelle ist darauf hinzuweisen, dass die Mitarbeitervertretung ein Organ der gesetzlich verankerten Mitbestimmung und der Qualitätszirkel eine Instrument der internen Qualitätssicherung ist. Stabstellen hingegen sind Einzelfunktionen, die mit entsprechenden Kompetenzen, aber ohne Weisungsbefugnisse ausgestattet sind (Anm. d. Verf.).

Die Stärken des Stab-Linien-System werden in *APE 3* – meines Erachtens – dadurch relativiert, dass einzelne Führungskräfte mit Entscheidungskompetenzen und Weisungsrechten in die Stabverantwortung eingebunden sind[34]. Generell führt die Personalunion von Stab- und Linienfunktionen zu unklaren Kompetenzregelungen und zu Macht- und Interessenskonflikten und zu einer Hierarchisierung der Stabstellen. Somit scheint es fraglich, dass die potenziellen Möglichkeiten der Stäbe zu strategischer Beratung, fachlichen Synergien und verbesserter Koordination der Bereiche adäquat genutzt werden können.

Seit sechs Jahren existieren Stellenbeschreibungen, die nach Einführung der Pflegeversicherung noch nicht aktualisiert wurden. In den Stellenbeschreibungen für die Wohnbereichsleitungen sind Entscheidungs- und Handlungsbefugnisse bezogen auf ihre Managementfunktion im Wohnbereich fixiert[35]. Die Zuständigkeiten der Stellen der „Pflegedienstleitung" und „Wohnbereichsleitung" sowie die Stellvertreterfrage sind eindeutig geregelt und abgegrenzt, weshalb ich zu einer ähnlich positiven Einschätzung komme wie bereits bei *APE 2*.

Vergleich und Analyse der Leitungssysteme:

Die Unterschiede bezogen auf die Träger- und Leitsysteme begründen sich durch die Rechtsformen. Dies ist besonders hinsichtlich der wirtschaftlichen Betriebsführung von Bedeutung. Obwohl *APE 1* als gGmbH konstituiert ist, verhindert ihre „Zwitterform" (privatrechtliche Struktur, städtische Träger- und Entscheidungsorgane und Administration) eine effiziente betriebswirtschaftliche Steuerung. Aus meiner Sicht zeigt die Praxis der Pflegeunternehmen, dass viele diakonische Einrichtungen – im erwerbswirtschaftlichen Sinne – effizienter geführt und organisiert werden als frei-gemeinnützige Betriebe, die noch in städtischer Tradition stehen. Doch in Bezug auf die erforderliche strategische Ausrichtung und Flexibilität der Unternehmensführung geraten sowohl der Verein als auch die Stiftung immer mehr in die Diskussion. Denn in Steuerungs- und Entscheidungsprozessen kommt es häufig zu aufwändigen Entscheidungsfindungen und nicht zuletzt aufgrund der unterschiedlichen Fach- und Managementkompetenzen zu vielfältigen Reibereien und Komplikationen, die an der Nahtstelle zwischen Haupt- und Ehrenamt entstehen. Dadurch wird die notwendige Anpassungsfähigkeit und Flexibilität verhindert. Die sich wandelnden

---

34 Diese Organisationsstrukturen (personelle Ausstattung der Stabstellen mit Mitarbeiter/innen und Leitungskräfte der Linien) wird i.d.R. von mittelgroßen Pflegeeinrichtung – aus Kostengründen – bevorzugt (Anm. der Verf.).

35 *Vgl. unveröffentlichte Stellenbeschreibungen APE 3 (Stand 1995).*

wirtschaftlichen Rahmenbedingungen und die stärkere Kunden- und Wettbewerbsorientierung zwingen deshalb die bislang traditionell geführten Einrichtungen, ihre Rechtsformen, Aufbauorganisationen und Führungskonzepte zu überdenken[36].

Die dominierenden Organisationsprinzipien sind den formalen Strukturdaten zufolge weitgehende Formalisierung, Koordinierung, Spezialisierung, Standardisierung und funktionale, vertikale Gliederung der Leitungsstrukturen, was den Schluss zulässt, dass sich alle Einrichtungen in der Differenzierungsphase befinden (vgl. Glasl/Lievegoed 1996:40). Dies manifestiert sich in den Organisationsstrukturen der Pflege: Die Gesamtverantwortung für das operative Handeln in der Pflege trägt die PDL; die Management- und Führungsaufgaben der Wohnbereichsleitungen beziehen sich auf die Wohnbereiche[37]. Fraglich erscheint, inwieweit es den Leitungskräften der unteren Managementebene gelingen kann, ihre Leitungsfunktion und -aufgaben wie Organisation, Planung, Ressourcenbereitstellung, Qualitätssicherung, Mitarbeiterführung/-anleitung ausreichend und adäquat wahrzunehmen, wenn sie noch überwiegend (APE 3:75 %) bzw. zu hundert Prozent (APE 1 und 2) in der Pflege tätig sind. Somit stellt sich die Frage, ob die formal geklärte Aufgabenabgrenzung zwischen PDL und Wohnbereichsleitungen im Leitungsalltag auch praktiziert und ob ein Teil des Wohnbereichsmanagements nicht doch von der PDL-Stelle wahrgenommen wird.

Um eine Einschätzung der Organisationsrealität bzw. -kultur vornehmen zu können (organisatorischer Eisberg – vgl. French/Bell 1994:33), müssen die Erkenntnisse über die informelle Strukturen und Beziehungen berücksichtigt werden: Die Ergebnisse meiner Experteninterviews[38] und die Diagnose der OE-Beratung[39] zeigen auf, dass es trotz scheinbar geklärter Entscheidungskompetenzen und Zuständigkeiten in allen Einrichtungen gravierende Konfliktpotenziale und Abgrenzungsprobleme zwischen den Hierarchieebenen und an den Schnittstellen gibt und so eine (interdisziplinäre) Kooperation und Kommunikation sowie ein funktionierendes, zielgerichtetes Pflegemanagement verhindert wird.

---

36 Siehe Kap. 2.2.1.2.
37 Die Wohnbereiche haben alle eine vergleichbare Größe: 30–35 Bewohner/innen.
38 Siehe Kap. 6.1.2.2.
39 Siehe Kap. 6.1.2.

6.1.1.4. Bewohnersysteme

In dieser Kategorie werden die Bewohnersituation und -struktur, die Leistungsangebote sowie die Fort- und Qualifizierungsangebote[40] untersucht.

APE 1:

Mit 188 Plätzen (Erhebungszeitpunkt) in der vollstationären Pflege und 3 integrierten Plätzen in der Kurzzeitpflege zählt *APE 1* zu den mittelgroßen Altenpflegeeinrichtungen[41]. Eine Versorgung durch eigene soziale Dienste und die in der Anlage angesiedelten therapeutischen Dienste ergänzen die Leistungsangebote der Pflege.

Das Durchschnittsalter der Bewohner/innen lag Ende 1999 bei zirka 85 Jahren, der multikulturelle Anteil der Bewohner/innen betrug – den mündlichen Angaben der Pflegedienstleitung zufolge – zwischen 3 und 4 %. Über die Einstufung der Pflegebedürftigen wurden – auch nach mehreren Anfragen – erstaunlicherweise keine vollständig systematisierten Angaben gemacht[42]. Der Heimleitung zufolge war die Mehrzahl der Bewohner/innen in Pflegestufe zwei eingestuft.

Die über die Mindestleistungen hinausgehenden Betreuungs- und Aktivierungsleistungen waren sinnvoll auf die im Qualitätshandbuch verankerten Versorgungsziele abstimmt[43]. Im Rahmen der Einzel- und Gruppenaktivitäten gab es eine Vielzahl an kontinuierlichen sozial-, beschäftigungs- und ergotherapeutischen Angeboten und darüber hinaus gemeindenahe Kulturangebote so-

---

40 Die Untersuchung der Qualifizierungsangebote wird in diese Kategorie integriert, um die Professionalisierungsbemühungen der Einrichtungen bezogen auf die Pflege zu dokumentieren. In diesem Zusammenhang weise ich jedoch darauf hin, dass ich die Qualifizierungsmaßnahmen als einen wichtigen Einfluss- und Bestimmungsfaktor der personellen Ressourcen bewerte.

41 Die Rahmendaten der Altenpflegeeinrichtung *APE 1* sind im Anhang E/1 dokumentiert.

42 Nach Aussagen der Heimleitung lagen ihr keine Statistiken vor. Das ist für mich nicht nachvollziehbar, da diese als Grundlage der MDK-Prüfungen dokumentiert sein müssen. Der Hinweis, dass die Stelle der Pflegedienstleitung nicht besetzt ist, kann als Erklärung für dieses Versäumnis nicht ausreichen. Hier liegt ein Defizit vor, das vor allem für eine bedarfsgerechte Planung und Versorgung, das Controlling und die Wirtschaftlichkeit schwerwiegende Folgen hat. An dieser Stelle ist darauf hinzuweisen, dass die Daten von *APE 1* zeitverzögert, erst im zweiten Projekthalbjahr erhoben werden konnten. Auch auf wiederholte Anfragen nach den Bewohnerdaten, konnten die Daten nicht ermittelt werden. Daher musste ich mich mit dem Hinweis „begnügen", dass nur die Daten für das Jahr 2000 zugänglich sind.

43 Vgl. *Qualitätsmanagement-Handbuch (2001:8)*

wie individuelle Angebote zur sozialen Betreuung[44]. Die Beschäftigungsangebote waren auf die Heimbewohner/innen der Stufen null bis zwei zugeschnitten. Die sozialen Betreuungsaufgaben wurden vornehmlich von freiwilligen Helfer/innen[45] übernommen. Für die multikulturellen Bewohner/innen gab es keine speziellen Angebote.

Die Pflegeplanung stützt sich auf das Pflegemodell von KROHWINKEL (AEDL) – die Wochenpläne der Einrichtung dokumentieren, dass der Integrations- und Biografiearbeit eine hoher Stellenwert beigemessen wird. Konzepte und Angebote der gerontopsychiatrischen Pflege und Betreuung waren hingegen noch nicht implementiert; diese sollten im Projektzeitraum jedoch schrittweise entwickelt werden.

Zur Professionalisierung und Qualifizierung der Pflegekräfte wurden einzelne interne Fortbildungsangebote zu pflegespezifischen Themen angeboten, wie Pflegeplanung, Pflegeprozess und Pflegedokumentation sowie externe Fortbildungen zum Umgang mit dementen oder psychisch erkrankten Bewohner/innen. Ein weiterer Schwerpunkt der Qualifizierungs- und Fortbildungsmaßnahmen für die Beschäftigten im Pflegebereich richtete sich in den letzten Monaten auf den Bereich der aktivierend-rehabilitativen und gerontopsychiatrischen Pflege, denn das aktivierend-rehabilitative Leistungsangebot sollte systematisch erweitert und ein gerontopsychiatrisches Betreuungskonzept entwickelt werden.

APE 2:

Mit 130 Plätzen in der vollstationären Pflege und einem Platz in der Kurzzeitpflege zählt auch *APE 2* zu den mittelgroßen Altenpflegeeinrichtungen[46].

Das Durchschnittsalter der Bewohner/innen war 84 Jahre (1999). Bis zum Erhebungszeitpunkt gab es noch keine Pflegebedürftigen anderer ethnischer Gruppen. Die Daten über die Bewohnerstruktur zeigen, dass sich die Hälfte der Bewohner/innen gleichmäßig auf die Pflegestufen eins und drei verteilte; die Mehrheit der Bewohnerschaft war in Pflegestufe zwei eingestuft. Nahezu 71 % der Bewohner/innen waren gerontopsychiatrisch erkrankt, beinahe zwei Drittel waren Rollstuhlfahrer/innen und über 85 % inkontinent.

Die Palette an Betreuungsangeboten beinhaltet Gruppen- und Einzelleistungen[47], deren Angebotsbreite und -häufigkeit den üblichen Standardleistungen

---

44 Siehe Anhang E/1.
45 Vgl. *Qualitätsmanagement-Handbuch* (2001:Vorwort).
46 Die Rahmendaten der Altenpflegeeinrichtung *APE 2* sind in Anhang F/1 dokumentiert.
47 Siehe Anhang F/1.

entspricht. Die Betreuungs- und Therapieangebote sind vornehmlich auf die Pflegebedürftigen der Stufen null und eins, teilweise auf die der Stufe zwei zugeschnitten. Bis zum Erhebungszeitpunkt war noch kein adäquates gerontopsychiatrisches Pflege- und Betreuungskonzept implementiert; dieses sollte bis Ende 2001 entwickelt bzw. umgesetzt werden und differenzierte und gezielte Leistungsangebote für die gerontopsychiatrischen Bewohner/innen beinhalten.

Für die Pflege-, Aktivierungs- und Betreuungsaufgaben sind alle Pflegekräfte zuständig, mit Ausnahme der Beschäftigungstherapie, für die der Sozialdienst verantwortlich ist. Die Tätigkeiten im Sozialdienst werden von zwei Honorarkräften (mit einem wöchentlichen Stundenbudget von zwölf Stunden) geleistet.

Über die Pflegeplanung und die Schwerpunkte des pflegerischen Handelns geben die Dokumente keine Auskunft – den mündlichen Informationen zufolge und aus dem Pflegeleitbild ist zu schließen, dass sich auch die Leistungen in *APE 2* an dem System der fördernden Prozesspflege (AEDL-Strukturmodell) orientieren.

Die Qualifizierungs- und Fortbildungsangebote für die Pflege- und Betreuungskräfte hatten sich in den vergangenen zwei Jahren auf folgende Schwerpunkte konzentriert: Pflegedokumentation, Pflegeplanung und aktivierend-rehabilitative Pflege. Angesichts der Zunahme von demenzkranken Bewohner/innen wurden im vergangenen Jahr (1999) die Fortbildungsangebote zur Förderung der gerontopsychiatrischen und gerontopsychosomatischen Kompetenzen der Pflegekräfte erhöht.

APE 3:

APE 3 verfügt über 140 Plätze; für die Tagespflege stehen vier und für die Kurzzeitpflege zwei Plätze zur Verfügung[48]. Auch *APE 3* zählt zu den mittelgroßen Altenpflegeeinrichtungen.

Das Durchschnittsalter der Bewohner/innen war 83,8 Jahre (1999). Der Anteil der multikulturellen Heimbewohner/innen betrug zwischen 2 und 3 %. Die Mehrzahl der Bewohner/innen war zum Erhebungszeitpunkt in die Pflegestufen zwei (45 %) und drei (22 %) eingestuft. Das Krankheitsbild der Pflegebedürftigen von *APE 3* weist ein für die heutige Bewohnerstruktur der Altenpflegeeinrichtungen typisches Verhältnis auf: Nahezu 60 % der Bewohner/innen waren gerontopsychiatrisch erkrankt, beinahe die Hälfte sog. Rollstuhlfahrer/innen und zwei Drittel inkontinent[49].

---

48 Die allgemeinen Rahmendaten der Altenpflegeeinrichtung *APE 3* sind in Anhang G/1 dokumentiert.
49 Siehe Kap. 2.1.1.

Für die Therapie- und Betreuungsleistungen und die Bewältigung der akti-vierend-rehabilitative Aufgaben ist seit 1992 eine gesonderte Abteilung „Akti-vierung" zuständig. Die Arbeit der „Aktivierung" orientiert sich an den Zielen des bereichsintern entwickelten Aktivierungs- und Betreuungskonzepts und konzentriert sich vornehmlich auf die alltagspraktische und kognitive Kom-petenzförderung, auf die Förderung und Pflege der sozialen Kontakte und die Integration der (neuen) Bewohner/innen. Grundsätzlich stehen die zahlreichen Gruppenangebote[50] allen Bewohner/innen offen, mit Ausnahme der demen-ten Bewohner/innen, die starke Verhaltensauffälligkeiten zeigen. Die Einzel-betreuungsangebote sind vor allem auf solche Pflegebedürftige zugeschnitten, die kaum Angehörige haben oder nicht mehr in der Lage sind, an den Grup-pen teilzunehmen; für die dementen Bewohner/innen gibt es darüber hinaus vereinzelte soziale Hilfs- und individuelle Betreuungsangebote[51]. Da im Be-reich der gerontopsychiatrische Pflege und Betreuung – einer Leitungskraft zufolge – ein weiterer Entwicklungsbedarf gesehen wird, wurde die Ausarbei-tung gezielter und spezieller Konzepte bereits zum Erhebungszeitpunkt forciert; darüber hinaus wurde während des Projekts das Aktivierungs- und Betreuungs-konzept neu entwickelt.

Vergleich und Analyse der Bewohnersysteme:

Der in Kap. 2.1.1. beschriebene gesellschaftliche Zuwachs an multimorbiden und gerontopsychiatrischen Pflegefällen spiegelt sich in den erhobenen Struk-turdaten der Heimbewohner/innen wider. In diesem Kontext sind die Zahlen der geringen Verweildauer in den Einrichtungen *APE 1* (18 Monate) und *APE 3* (126,33 Tage!) signifikant, da sie gravierend von den statistisch ermittelten Werten abweichen[52]. Bei der Heimbelegung zeigt sich darüber hinaus, dass ältere Migrantinnen und Migranten deutlich unterrepräsentiert sind.

Alle Einrichtungen orientieren sich bei der Umsetzung der Pflegeprozesse – den gesetzlichen Qualitätsbestimmungen entsprechend – an Instrumentarien wie Pflegekonzept, Pflegeplanung und Pflegedokumentation. Defizite zeigen sich im Hinblick auf eine notwendige bedarfs- und leistungsgerechte Pflege-und Personalbedarfsermittlung, denn allen Einrichtungen fehlt es an geeig-neten analytischen Verfahren, Methoden und Instrumenten; überwiegend ar-

---

50 Vgl. *Jubiläumszeitschrift (1992:13f)*.
51 Siehe Anhang G/1.
52 Das statistisch ermittelte Durchschnittsalter betrug 81 Jahre; der statistische Vergleichwert betrug 50 Monate Verweildauer (siehe Kap. 2.1.1.).

beiten sie noch mit herkömmlichen Vordrucken der Dokumentensysteme bzw. mit selbst entwickelten Formularen, die nur unzureichend mit dem Modell der fördernden Prozesspflege abgestimmt sind, auf das die Pflegeplanung aller Einrichtungen basiert.

Die Datenlage weist darauf hin, dass die Leistungskonzepte und Unterstützungs- und Betreuungsangebote noch nicht hinlänglich an die veränderte Bewohnerstruktur und damit an den gewandelten Versorgungsbedarf angepasst sind. Die Produktpalette an Leistungen und therapeutischen Angeboten, die die Leistungsanbieter über die Grund- und Behandlungspflege hinaus anbieten, zeichnen sich eher durch einen durchschnittlichen Standard als durch eine Produktdifferenzierung aus. Spezielle Angebote für die dementen Bewohner/innen und gerontosychiatrische Pflege- und Betreuungskonzepte sind noch nicht hinreichend entwickelt bzw. unsystematisch verwirklicht. Die Kluft zwischen Versorgungsansprüchen bzw. -notwendigkeiten und Versorgungsleistungen muss daher zwangläufig zu einem hohen Pflege- und Betreuungsaufwand und zu einer angespannten Belastungssituation für das Pflegepersonal führen.

Trotz dieser bestehenden Defizite, sind in allen Einrichtungen Ansätze einer positiven Entwicklung sichtbar. Die Absicht, die Pflege und Betreuung stärker den Kundenbedürfnissen anzupassen und die Effektivität ihrer Leistungsangebote zu erhöhen, manifestiert sich beispielsweise in den Bemühungen der Einrichtungen den Auf- bzw. Ausbau der erforderlichen gerontopsychiatrischen Leistungsangebote, die Entwicklung spezifischer Pflege- und Betreuungskonzepte für die demente Klientel und die Professionalisierung der Pflegekräfte zu forcieren.

Das Fehlen von integralen Versorgungs-, Pflege- und Betreuungskonzepten in allen Einrichtungen deutet meines Erachtens auf ein in vielen Einrichtungen noch vorherrschendes traditionelles Pflegeverständnis hin; die Bedeutung einer Gesamtkonzeption für eine strategische und operative Orientierung wird meines Erachtens immer noch unterschätzt. In der Entwicklung der Leistungsangebote spiegelt sich darüber hinaus ein Anpassungsproblem wider, das viele Alteneinrichtungen heute zu bewältigen haben: Zur Realisierung eines angemessenen bedarfs- und bedürfnisgerechten Leistungsspektrums müssen die Heime in die Weiterentwicklung der Pflege und Betreuung investieren. Der Wunsch nach höheren Investitionen und die Einsicht in die Notwendigkeiten der Professionalisierung, besonders in den Bereichen der Gerontopsychiatrie und Rehabilitation, stellt – aufgrund der ungeklärten Finanzierungsgrundlagen in diesen Bereichen – kleinere und mittlere Pflegeheime jedoch vor schwierige finanzielle Probleme. Deshalb können die notwendigen Anforderungen nur schrittweise verwirklicht werden – was sich auch in den untersuchten Einrichtungen zeigt[53].

6.1.1.5. Quantitative und qualitative Personalsituation

In dieser Kategorie werden die Stellenpläne, die Personalschlüssel[54], die Fachkraftquoten sowie die Krankheits-, Fehlzeiten- und Fluktuationsraten untersucht.

Die Daten der quantitativen Personalausstattung[55] geben Auskunft über die besetzten Stellen und die Planstellen der Einrichtungen. Bezogen auf die Beurteilung der Personalressourcen sind sie jedoch wenig aussagekräftig. Um tendenzielle Aussagen über die personellen Ressourcen, die Arbeits- und Belastungssituation sowie die Arbeitszufriedenheit der Beschäftigten machen zu können, werden die Daten der qualitativen Personalsituation und die krankheitsbedingten Fehlzeiten-[56] und Fluktuationsraten hinzugezogen[57].

APE 1:

Wie die Daten zur quantitativen Personalsituation dokumentieren, weisen die Ist- und Soll-Werte der Funktionsbereiche – bis auf den Pflegebereich – keine bzw. nur unerhebliche Abweichungen auf[58]. Die Daten des Pflegebereichs (1999) hingegen zeigen, dass zu Projektbeginn nicht alle Stellen besetzt waren. Da im Rahmen des Projekts eine Neueinstellung von drei Vollzeitkräfte erfolgte, deutet das meines Erachtens eher darauf hin, dass im Zuge von Rationalisierungsmaßnahmen Stellen eingespart wurden und weniger darauf, dass

---

53 Siehe Kap. 2.1.3.3.
54 Seit Einführung haben die Personal- bzw. Stellenschlüssel als Personalanhaltswerte ihre Funktion verloren, dennoch orientieren sich viele Pflegeeinrichtungen in ihrer Personalbedarfsermittlungen noch an diesem Schlüssel. Deshalb wurden sie im Rahmen der Dokumentenanalyse erhoben.
55 Die Personalangaben wurden jeweils in Vollzeitkräften erhoben.
56 Fehlzeiten umfassen alle Arten von Abwesenheit, bezogen auf rechtliche Anwesenheitspflichten wie beispielsweise rechtlich vorgesehene Freistellungen (Erholungs-/Schwangerschafts-/Mutterschutz-)Urlaub oder Weiterbildung als auch krankheits- und entscheidungsbedingte Abwesenheit vom Betrieb (*vgl. Richter 1999:339*). Im Unterschied dazu beziehen sich die krankheitsbedingten Fehlzeiten nur auf die Ausfallzeiten aufgrund von Krankheit.
57 Einschränkend ist in diesem Kontext zu vermerken, dass die Personalsituation nicht nur von internen Gegebenheiten, sondern auch von äußeren Einflüssen, maßgeblich von der regionalen Arbeitsmarktlage abhängig ist.
58 Siehe Anhang E/1.

diese fluktuations- und arbeitsmarktbedingt nicht besetzt werden konnten. Auffällig ist, dass die Stelle der Pflegedienstleitung von Ende 2000 bis Oktober 2001, somit über ein Jahr unbesetzt blieb. In diesem Zeitraum wurden die Leitungsaufgaben von der Heimleitung kommissarisch übernommen[59].

Die Stellen- und Personalschlüssel im Pflege- und Funktionsdienst sind in den Erhebungsjahren konstant geblieben und zeigen eine für die Altenpflegeeinrichtungen heute übliche Relation auf.

Die Daten zur qualitativen Personalausstattung[60] im Pflegedienst dokumentieren, dass die Fachkraftquote zu Projektbeginn (1999) mit 50, 68 % nur formal über der gesetzlich geforderten 50 % Marke lag. Werden Fluktuation, die nicht besetzten Planstellen und der Anteil an Teilzeitkräften berücksichtigt, dann ist daraus zu schließen, dass die erforderliche Fachkraftquote nicht durchgängig erfüllt wurde.

Über die Fluktuationsraten lagen keine Daten vor – nach Einschätzung der PDL – war die Fluktuationsrate wesentlich höher als die Fehlzeitenquote. Die Krankheitsquote wurde nicht bereichspezifisch, sondern für das ganze Haus errechnet: Sie lag im Jahr 1999 bei 9,9 % und somit bedeutend höher als die von der BGW und DAK in ihrer Studie ermittelten Durchschnittswerte von 5 % (*vgl. BGW/DAK 2001:62*).

Neben dem hauptamtlichen Pflegepersonal verfügt die Einrichtung über eine Gruppe von ungefähr dreißig ehrenamtlichen Mitarbeiter/innen, die dem Sozialdienst zugeordnet ist und pflegebegleitende Betreuungstätigkeiten wahrnimmt. Die Vorteile die Freiwilligenarbeit liegen einerseits u. a. darin, dass die Pflegekräfte entlastet werden; andererseits trägt das Engagement der Freiwilligen – in wirtschaftlicher Hinsicht – entscheidend zur Kompensation des durch die erweiterten Leistungsangebote resultierenden, nicht leistungsvergüteten Mehraufwands bei. Die Kompensationsleistungen können dann gesteigert und intensiviert werden, wenn ein funktionierendes Freiwilligenmanagement existiert. Ansätze eines notwendigen Freiwilligenmanagements sind in *APE 1* zu erkennen, beispielsweise in den regelmäßigen Treffen, die mit dem Ziel organisiert werden, die Begleitung, die Beratung und die Kooperation mit den hauptamtlichen Mitarbeiter/innen sicher zu stellen.

---

59 Da die Pflegedienstleitung zugleich Projektleitung war, hatte die Heimleitung zum Ende des ersten Projektjahrs gleich drei Funktionen inne: Heim-, Pflegedienst- und Projektleitung. Dadurch war für die Folgephase des Pilotprojektes – eine für jeden OE-Prozesse entscheidende Phase – eine Rollenkonklusion vorprogrammiert.

60 Siehe Anhang E/1.

APE 2:

Der Vergleich der Soll- und Ist-Daten zeigt, dass die Daten in den Funktionsbereichen von 1999 bis 2001 – außer im Pflegebereich – nur unerheblich
schwanken[61]. Der Stellenplan der „Pflege" dokumentiert hingegen, dass die
Personalausstattung von 1999 bis 2001 um zwei Stellen erhöht wurde. Auffällig ist, dass APE 2 mit einem hohen Anteil an Teilzeitkräften (1999:44 %) arbeitet. Einerseits wird die Einrichtung damit den heutigen Arbeitszeitpräferenzen vieler weiblicher Pflegekräfte gerecht, andererseits kann die hohe Anzahl
an Teilzeitkräften bei einer fehlenden qualifikationsbezogenen Personaleinsatzplanung zum latenten Unterschreiten der Fachkraftquote führen und darüber
hinaus bei mangelnder Dokumentation zu Informationsdefiziten.

Die Personalschlüssel des Pflege- und Funktionsdienstes, die nicht nach den
einzelnen Pflegestufen differenziert sind, deuten aus meiner Sicht auf eine
durchschnittlich (formale) Personalausstattung hin. Die Fachkraftquote, die im
Jahr 1999 bei 54 % lag[62], entspricht einer in den Altenheimen „üblichen"
Fachkraftquote, aber nicht den aktuellen Empfehlungen des KDA von zirka
60 % (vgl. Sowinski et al. 2000:98).

Die Höhe der krankheitsbedingten Fehlzeitenquote in der Pflege von 9,64
(1999) ist als Signal für eine angespannte Belastungs- und Arbeitssituation zu
betrachten; hingegen ist die Fehlzeitenquote in der Hauswirtschaft (4,45 %)
als relativ niedrig einzuschätzen.

Das Engagement ehrenamtlicher Mitarbeiter/innen hatte sich in den letzten
Jahren stark reduziert. Meines Erachtens kann das u. a. darauf zurückgeführt werden, dass ein Freiwilligenmanagement gänzlich fehlte. Um die Arbeitsbelastungen
der Pflegekräfte abzubauen, ein erweitertes Betreuungsangebot bereitzustellen,
den nicht leistungsvergüteten Mehraufwand zu kompensieren und darüber hinaus
den sozialen Kontakt zu den Gemeindemitgliedern (wieder) zu intensivieren, war
in APE 2 vorgesehen, einen festen Pool an Freiwilligen aufzubauen.

APE 3:

Zu den Plandaten wurden keine Angaben gemacht. Das Stellentableau hingegen zeigt, dass die Ist-Stellen im Pflegedienst von 1999 bis 2000 um 1,7
Stellen und in der Hauswirtschaft um fast eine Stelle erhöht wurden; in den anderen Funktionsbereichen gab es keine nennenswerte Differenzen[63]. In der Ab-

---

61 Siehe Anhang F/1.
62 Siehe Anhang F/1.
63 Siehe Anhang G/1. In APE 3 wurden die Soll-Werte erst ab 2001 angegeben.

teilung „Aktivierung" arbeiten fünf Mitarbeiter/innen[64]. Darüber hinaus wird der Aktivierungsbereich (Einzelangebote) von weiteren 10 bis 15 Arbeitskräften unterstützt; das Personal – überwiegend geringfügige Beschäftigte – wird von einer kooperierenden kirchlichen Stiftung bereitgestellt. Die Kooperation zwischen beiden Einrichtungen ist vertraglich geregelt.

Geringfügige Abweichungen zeigen die Personalschlüssel im Pflege- und Funktionsdienst[65], die aber als unerheblich einzuschätzen sind.

Die qualitative Personalausstattung wurde im Erhebungszeitraum kontinuierlich verbessert[66]: Vor Projektbeginn (1999) betrug die Fachkraftquote 50,21 %, nach dem Pilotprojekt 57,18 %[67] – und grenzt somit an den vom KDA empfohlenen Richtwert von ca. 60 %.

Sowohl Krankheitsquoten in der Pflege (13,57 %) und Hauswirtschaft (8,58 %) als auch die Fluktuationsrate in der Pflege (18 %) waren vor Projektbeginn (1999) signifikant hoch – die Arbeitsbedingungen und die Belastungssituation für die Pflegekräfte ist deshalb als problematisch einzustufen.

Vergleich und Analyse der Personalausstattung:

Die quantitative Personalausstattung im Pflegebereich und die Personalschlüssel der Einrichtungen weisen in Relation zu den Belegzahlen eine vergleichbare Höhe auf. Mit ihrer Anzahl an Vollzeitstellen im Pflegebereich liegen die Einrichtungen geringfügig über dem Bundesdurchschnitt, das zeigt der Vergleich mit den 1998 von Infratest erhobenen Daten (vgl. *Schneekloth/Müller 2000:63*). Als marginal hingegen ist die Ausstattung mit therapeutischem Personal bzw. Sozialarbeiter (Vollarbeitskräfte) in *APE 1* und *APE 2* zu bewerten – meines Erachtens spiegeln sich in diesen niedrigen Beschäftigungszahlen die unzureichend berücksichtigten bzw. finanzierten Leistungsangebote der therapeutischen und sozialen Versorgungsleistungen wider.

Formal ist die quantitative Personalausstattung aller Einrichtungen als ausreichend zu bewerten; werden jedoch die Fluktuations- und Fehlzeitenraten

---

64 Der Bereich „Aktivierung" ist mit einer Vollzeit-, drei Teilzeitstellen und einer Zivildienststelle ausgestattet.

65 Siehe Anhang G/1.

66 Siehe Anhang G/1.

67 Signifikant war, dass sich der Anteil der vollqualifizierten Pflegekräften im Zeitraum von 1999 zu 2001 somit um 13,9 % und der Anteil der teilqualifizierten Kräfte um 28,3 % erhöht hat, hingegen der prozentuale Anteil der Hilfskräfte ohne pflegerische Ausbildung im Vergleichzeitraum um 7,7 % verringert wurde. Hierin zeigten sich die ersten (ungeplanten) Projektergebnisse.

berücksichtigt, ist sie als gering bzw. als unzureichend einzuschätzen, denn bei einer durchschnittlichen 10 %igen Fluktuations- und Fehlzeitenquote können die „verfügbaren" Kräfte die personellen Engpässe nicht mehr ausgleichen.

Die Personalbedarfsermittlung basiert in allen drei Einrichtungen auf pflegezeitbezogenen Verfahren; darüber hinaus orientieren sie sich bei ihren Personalbemessungen noch herkömmlich an Stellen- bzw. Personalschlüsseln und an der Fachkraftquote.

In allen drei Einrichtungen liegt die Fachkraftquote über der gesetzlich vorgeschriebenen Marke von 50 %. Seit es keine offiziellen Pflegeschlüssel mehr gibt, offenbart sich die Problematik der sog. Fachkraftquote als Garant für eine qualitätsgerechte Pflege, da auch mit einer zu geringen Personalausstattung eine den gesetzlichen Ansprüchen genügende Fachkraftquote ausgewiesen werden kann; dies könnte bei APE 1 und APE 2 möglich sein, da sie mit einem hohen Anteil an Teilzeitkräften arbeiten.

Exemplarisch soll ausgeführt werden, dass quantitative Faktoren wie Stellenpläne oder Personalschlüssel für eine Bewertung des Personalbedarfs völlig ungeeignet sind: Dem durchschnittlichen Personalschlüssel (2,66), den Stellenplänen von 1999 und den Pflegestufen zufolge war APE 2 im Vergleich zu APE 1 und APE 3 personell besser ausgestattet. Vor dem Hintergrund, dass die Pflegekräfte von APE 2 neben den pflegebezogenen Aufgaben für alle pflegebegleitenden Aufgaben – und wie die Organisationsdiagnose der OE-Beratung zeigte – für einen überdurchschnittlichen (hohen) Umfang an pflegefremden Tätigkeiten zuständig waren, dass über 75 % der Bewohner/innen gerontopsychiatrische Veränderungen zeigten und über 60 % „Rollstuhlfahrer/innen" waren, ist diese Aussage zu relativieren bzw. die personelle Ausstattung als niedrig einzustufen.

An diesem Beispiel wird deutlich, dass eine qualifikationsbezogene Personalbedarfsermittlung unabdingbar ist. Konsens besteht in der Fachwelt darüber, dass eine qualitäts- und bedarfgerechte Personalausstattung ein Berechnungsverfahren erfordert, das auf einem differenziert ermittelten Versorgungsbedarf der Bewohner/innen und einer fundierten Arbeitszeit- und Tätigkeitsanalyse basiert[68].

Die analysierten Fluktuations- und krankheitsbedingte Fehlzeitendaten lieferte erste Anhaltspunkte dafür, dass die Arbeits- und Belastungssituation in den untersuchten Einrichtungen als angespannt bzw. problematisch einzuschätzen war: Erstens führt eine hohe Fluktuation zu einem permanenten Personalwechsel und

---

68 Siehe Kap. 2.1.3.3. und Kap. 2.1.3.4.

in Verbindung mit hohen Krankheitsraten zur chronischen Unterbesetzung und zu Diskontinuität in der Dienstplanung – und somit zur erheblichen Mehrbelastung des „zur Verfügung stehenden" Stammpersonals bzw. zur Überlastung der Personalreserven. Zweitens wird die Effizienz der Einrichtung durch die direkten Kosten[69] des Personalwechsels und durch sinkendes Leistungspotenzial und damit durch indirekte Kosten[70] stark beeinträchtigt. Damit lassen sich folgende generelle Aussagen treffen: Personelle Unterkapazitäten beeinträchtigen nachhaltig und folgenschwer die Gesundheit und die Arbeitszufriedenheit der Akteure, das Team- und Betriebsklima und nicht zuletzt die Versorgungs- und Leistungsqualität, die Rentabilität und langfristig das Image der Einrichtung. Hohe Fehlzeiten- und Fluktuationsraten sind Symptom für eine unzureichende Arbeitsorganisation, schlechtes Teamklima und inadäquate Führungskompetenzen aber auch Signal für das Management, gesundheitsförderliche Maßnahmen zu ergreifen sowie die Arbeitsorganisationen, institutionelle und soziale Einflussfaktoren zu verbessern *(vgl. u. a. BGW/DAK 2001; Zimber/Weyerer 1998; Bitzer 1995)*.

In Bezug auf die Professionalisierung der Pflegekräfte komme ich zu folgender Einschätzung: Die Fortbildungs- und Qualifizierungsmaßnahmen erfolgten weitgehend defizitorientiert und begrenzten sich auf pflegebezogene Wissenspotenziale bzw. die Erweiterung von Fachkompetenzen. Eine systematische Entwicklung von angemessenen leistungs- und bedarfsorientierten Handlungskompetenzen ist nur in Ansätzen zu erkennen.

6.1.1.6. Arbeitszeit- und Dienstplanmodelle

Die Arbeits- und Dienstzeiten in der Pflege bestimmen die Personaleinsatzplanung und die Effektivität der Pflege- und Betreuungsorganisation.

APE 1:

In *APE 1* wurde vor dem Pilotprojekt an Werktagen im Schichtdienst (ohne Nachtarbeit) gearbeitet, an Wochenenden und an Feiertagen dagegen im Geteilten Dienst. Als einzige Einrichtung arbeitet *APE 1* noch mit der Dienstplan-

---

69 Entgeltfortzahlungen, Personalreserven oder Einarbeitung zusätzlich beschäftigter Arbeitskräfte (Anm. d. Verf.).

70 Nachlassende Motivation, langfristiger Verschleiß der Humanressource, Belastung des Teamklimas und der sozialen Beziehung (Anm. d. Verf.).

grundform der 6-Tage-Woche[71]. Die etablierten Dienstzeiten bieten nur wenige Variationsmöglichkeiten; lediglich im Frühdienst können die Pflegeakteure zwischen zwei Dienstzeiten wählen[72].

Die Analyse der Dienstzeiten zeigt, dass sich der Dienstwechsel vom Früh- zum Spätdienst an das Ende der Mittagessenszeiten anschließt, einer Zeit in der es generell zu Arbeitsspitzen kommt. Für den Schichtwechsel zwischen Früh- und Spätdienst stehen der ersten Schicht lediglich 5 Minuten, der zweiten Schicht hingegen mit 25 Minuten ausreichend Zeit für die Dienstübergabe[73] zur Verfügung. Für den Schichtwechsel zwischen Spät- und Nachtdienst sind keine Zeitkorridore eingeplant, für die Dienstübergabe zwischen Nacht- und erster Frühschicht hingegen 15 Minuten. Damit sind die Pflegekräfte fast aller Dienste auf eine sorgfältig bearbeitete Pflegedokumentation angewiesen.

APE 2:

APE 2 arbeitet an Werktagen im Schichtdienst (ohne Nachtarbeit) und an Wochenenden sowie in Ausnahmefällen im Geteilten Dienst. Schon vor Beginn des Modellprojektes wurde die 5,5-Tage-Woche eingeführt. Für die Pflegekräfte gibt es einheitliche Früh- und Spätdienstzeiten, jedoch keinen Zwischendienst[74].

Auch in *APE 2* liegt der Dienstwechsel vom Früh- zum Spätdienst unmittelbar am Ende der Essenszeiten. Für den Schichtwechsel zwischen dem Früh- zum Spätdienst sind Zeiten von 40 Minuten eingeplant, für den Schichtwechsel zwischen dem Nacht- und Frühdienst steht den Akteuren mit 30 Minuten ausreichend Zeit für die Dienstübergabe zur Verfügung. Indessen sieht die Dienstplanung zwischen Spät- und Nachtdienst keine Zeitkorridore vor, somit sind die Beschäftigten des Nachtdienstes auf eine sorgfältig durchgeführte Pflegedokumentation angewiesen.

APE 3:

In *APE 3* wird an Werk-, Sonn und Feiertagen im Schichtdienst (ohne Nachtarbeit) gearbeitet. Die Dienstplanform des Geteilten Dienstes gibt es nur in Ausnahmenfällen oder auf besonderen Wunsch. Auch in *APE 3* war bereits

---

71 Siehe Anhang E/1.
72 Siehe Anhang E/1.
73 Für Dienstübergaben wird ein zeitlicher Richtwert von 15 Minuten empfohlen (*vgl. u. a. Müller 2001:115*).
74 Siehe Anhang F/1.

vor dem Projekt die 5,5-Tage-Woche eingeführt worden – die „alten" Dienstzeiten wurden hingegen beibehalten[75].

Für den Dienstwechsel im Tagesdienst ist in *APE 3* eine Stunde Zeit einkalkuliert. Einerseits lässt diese Zeit den Akteuren genügend Spielraum für Kommunikation, Information und die Dienstübergaben, andererseits sind diese „großzügigen" Zeitkorridore aufgrund ihrer Personal- und Kapitalbindung als unwirtschaftlich zu bewerten. Für den Schichtwechsel zwischen Tages- und Nachtdienst sind 30 bzw. 15 Minuten Dienstübergabezeiten eingeplant.

Vergleich und Analyse der Arbeitszeit- und Dienstplanmodelle:

Sowohl die 6-Tage-Woche als auch der Geteilte Dienst gelten nach arbeitswissenschaftlichen Erkenntnissen als nicht personalgerecht, da die atypischen Pausenzyklen nicht zur notwendigen Regeneration der Arbeitskraft beitragen (*vgl. Priester 1997:32*). Wenn – wie bei den untersuchten Einrichtungen – die Reproduktionsphase darüber hinaus durch Diskontinuitäten in der Dienstplanung (Nichteinhaltung von Dienstplänen oder permanente Urlaubs- und Krankheitsvertretungen) gestört wird, dann führt dies bei den Pflegekräften langfristig zu gesundheitlichen Schäden, zu Motivationsverlusten und zur Beeinträchtigung ihrer Leistungskraft (*vgl. Priester 1997:31*).

Die Nacharbeitszeiten[76] überschreiten in allen Einrichtungen das gesetzlich vorgeschriebene Zeitlimit von acht Stunden (§ 6 ArbZG). Eine Verlängerung auf zehn Stunden ist erlaubt, wenn die Nachtarbeitszeit innerhalb von vier Wochen im Durchschnitt acht Stunden pro Werktag beträgt. Das war in allen Einrichtungen gegeben. Jedoch überschreiten in *APE 1* die Nachtarbeitszeiten die mögliche zehn Stunden-Grenze um 45 Minuten[77]. Generell gelten die Nachtarbeitszeiten von mehr als acht Stunden als überaltert. Die Fachliteratur zeigt, dass viele Pflegeeinrichtungen derzeit ihre Nachtdienste verkürzen – auch mit dem Ziel, eine kundengerechte Versorgung zu bewerkstelligen.

Die Dienst- und Arbeitszeitmodelle der untersuchten Einrichtungen haben alle eine vergleichbar traditionelle Gestalt. Wenig Dienstzeitvarianten bieten Plan- und Organisationsvorteile u. a. bezogen auf die Planübersichtlichkeit, die Kontinuität der Diensteinteilung, der Vereinfachung der Dienstplanerstel-

---

75 Siehe Anhang G/1.

76 Siehe Anhang E/1, F/1 und G/1. Als Nachtzeiten gelten sie Zeiten zwischen 23h und 6h morgens.

77 Hierbei fragt sich, inwieweit diese Regelung von den staatlichen Ämter für Arbeitsschutz (Gewerbeaufsichtsamt) genehmigt ist (Anm. d. Verf.).

lung und der Informationsprozesse. Im Hinblick auf die gewandelten Arbeits-
zeit- und Wertepräferenzen sind die althergebrachten, starren Dienst- und Arbeitszeitmodelle unattraktiv und nicht personalgerecht[78]. Für den Pflegebetrieb
sind sie ineffizient und ineffektiv. Denn erstens verhindern sie eine individuelle,
flexible, bewohner- und bedürfnisorientierte Leistungserbringung und andererseits eine effektive Arbeitsablaufplanung sowie einen optimalen Personaleinsatz (vgl. *Görres/Luckey 1999:78*). Zweitens ist die Tagesstrukturierung der Be-
wohner/innen vordeterminiert, d. h. die Klienten müssen sich an den
Organisationsabläufen der starren Drei-Schichtsysteme orientieren. Eine dritte
Konsequenz ist, dass die aus den inflexiblen Dienstzeiten und Schichtabläufen
resultierenden Arbeitsverdichtungen zu Dienstbeginn und -ende dazu führen,
dass Dienstübergaben, die notwendige Information und Kommunikation zwischen den Mitarbeiter/innen und die Durchführung der Pflegedokumentation
vernachlässigt werden – alles Faktoren, denen im Hinblick auf eine funktionierende, qualitätsgerechte und personenorientierte Arbeitsorganisation eine zunehmende Bedeutung zukommt. Fehlen darüber hinaus (wie bei *APE 1*) ausreichende Zeitkorridore beim Schichtwechsel wird die Beeinträchtigung
funktionierender Kommunikations- und Informationsprozesse und ein quali-
tätsgerechtes Arbeiten noch zusätzlich verstärkt.

Wie die Analyse der OE-Beratung aufzeigte, führte die völlig unzureichende
Schichtplangestaltung der Einrichtungen entweder zu deutlichen Arbeitsspitzen
(Beginn der Frühschicht und Mittagszeit) oder zu Arbeitsüberhängen[79]. Der
permanente Wechsel an Über- und Unterforderung und die hochgradig ver-
dichteten Tätigkeiten in der Pflegearbeit gelten als wichtige Belastungsfaktoren
der Akteure in der Pflege.

Da die traditionellen Arbeits- und Dienstzeiten in der Pflege meines Erachtens eher auf Gewohnheiten, betrieblichen Sachzwängen und Organisationsdefiziten als auf ökonomischen Überlegungen beruhen, wird es Aufgabe der
OE-Beratung sein, das Bewusstsein der Organisationen und ihrer Akteure dahingehend zu schärfen, dass die Flexibilisierung der Arbeits- und Dienstzeitmodelle folgende potenzielle Möglichkeiten beinhalten: Entlastung des Personals[80], Berücksichtigung der Arbeitszeitpräferenzen der Beschäftigten,

---

78 2.1.3.4.
79 Siehe Kap. 5.2.2.
80 Dies ist nicht nur auf die physische und psychische Belastung der Pflegekräfte am Ar-
    beitsplatz bezogen. Da in der Pflege vor allem Frauen arbeiten, kann sich die Verände-
    rung nicht nur auf das Erwerbs-, sondern auch auf die Lebensgestaltung entlastend aus-
    wirken.

Erhöhung der Personalbindung, der Arbeitszufriedenheit und der Qualität der Arbeitsleistung, Verwirklichung eines an den Personalressourcen orientierten Prozessmanagements, personenorientierte, flexible, bedarfs- und bedürfnisgerechte Gestaltung der Dienstleistungsprozesse, Verbesserung der Prozess-, Struktur- und Ergebnisqualität, des Wertschöpfungsprozesses und der Effizienz der Einrichtung.

6.1.1.7. Zusammenfassung der Ergebnisse

Die Dokumentenanalyse lieferte erste zentrale Anhaltspunkte zur Beurteilung der Ausgangssituation und somit einen ersten Zugang zur Organisationsbewertung. Die Dokumente zeugen einerseits von den Bemühungen der Einrichtungen, den gesetzlichen Vorgaben und den Anforderungen an eine wirtschaftliche, qualitäts- und leistungsgerechte Versorgung zu entsprechen, andererseits spiegelt sich in den Rahmendaten eine markante Kluft zwischen den kommunizierten Unternehmens- und Leistungszielen und der Organisationsrealität wider. Das dysfunktionale Verhältnis von Unternehmenskultur und Unternehmensstruktur wird in den identifizierten Schwachstellen und in den Struktur- und Leistungsdefiziten der untersuchten Einrichtungen offensichtlich.

Auch wenn die formalen (sichtbaren) Organisationsmerkmale nur ein eingeschränktes Erfassen der Ausgangslage zulassen, haben sie folgenden Aussagewert: Alle Einrichtungen befinden sich noch in der Differenzierungsphase[81]. Die Indikatoren sind u. a. starke funktionale und hierarchische Gliederung der Träger-, Organisations- und Leitungsstrukturen, Konzentration auf die Systemsteuerung und -optimierung über Qualitätsstandards und -kriterien, Formalisierung und Bürokratisierung der Unternehmensprozesse sowie betriebsbedingte Strukturmerkmale.

In allen drei Einrichtungen manifestiert sich die Krise der Differenzierungsphase[82] in der Entfernung des Leistungsgeschehens von den Bedürfnissen, den gewandelten Interessen, Wertepräferenzen und Bedarfe der Kunden und Mitarbeiter/innen. Relevant sind in diesem Kontext die unangemessen entwickelten Leistungskonzepte, die fehlende strategisch ausgerichteten Personalentwicklungskonzepte und die ineffektiven, unflexiblen, starren und tradierten Dienst- und Arbeitsorganisationen, die darauf verweisen, dass die Ablauforganisation nur betriebsbedingten Sachzwängen folgt. In Übereinstimmung

---

81 Siehe Kap. 3.3.3.
82 Siehe Kap. 3.3.3.

mit der Beraterdiagnose komme ich zur Einschätzung, dass fehlende leistungsgerechte Instrumente zur Pflege- und Personalbedarfsermittlung – im Sinne von (quantitativer und qualifikationsgerechter) Kapazitätsplanung – eine kundennahe Ablauforganisation verhindern (vgl. BFOE 2001:12).

Die Krisenerscheinungen wie gravierende Reibungs- und Motivationsverluste verdeutlichen sich darüber hinaus in den hohen Fluktuations- und krankheitsbedingten Fehlzeitenquoten, die als Symptom für sinkende Arbeitszufriedenheit und hohe individuelle Arbeitsbelastungen und als Folge von institutionellen Stressoren wie inadäquate Organisationsstrukturen und Prozessabläufen, problematische Personal- und Arbeitsbedingungen sowie Führungs-, Kommunikations- und Koordinationsprobleme zu werten sind. Besonders im Hinblick auf die personellen Unterkapazitäten zeichnet sich in allen Einrichtungen ein gravierendes und folgenschweres Ungleichgewicht zwischen den Anforderungen an eine professionelle, qualitätsgerechte Pflege und den zur Verfügung stehenden personellen Ressourcen ab. Unbeeindruckt von der angespannten Personalsituation und den sich abzeichnenden gesundheitlichen Folgen für die Pflegekräfte und die Beeinträchtigung der Leistungsqualität wird auch die ökonomische Bedeutung der Humanressourcen meines Erachtens unterschätzt.

Die Auswirkungen der Systemkrisen sind evident: abnehmende soziale und wirtschaftliche Ertragsraten, aber auch verminderte flexible, situations- und leistungsgerechte Anpassungsfähigkeit an die veränderten internen und externen Rahmenbedingungen.

Eine Antwort auf die „überreife" Differenzierungsphase ist – nach GLASL – die Überleitung der Unternehmen in die Integrationsphase mit dem Ziel, kultur- und situationsadäquate Führungssysteme, flexible, prozessorientierte Organisationsstrukturen, weitreichende Mitarbeiterpartizipation durch teilautonome, dezentrale Verantwortungsbereiche und flache Hierarchien zu entwickeln (vgl. Glasl/Lievegoed 1996:70ff). Diese Gestaltungsaspekte sind mit Anforderungen an ein zeitgemäßes, modernes Pflegemanagement[83] und mit den Zielen moderner OE-Ansätze identisch[84].

Notwendig ist dabei die Integration des sozialen Subsystems in das technisch-instrumentelle und kulturelle Subsystem. Dies kann nur gelingen, wenn durch Reorganisations- und Umstrukturierungsmaßnahmen eine systematische Prozessorientierung und Ressourcenbereitstellung sichergestellt wird, sich die Primärprozesse konsequent an den internen und externen Kunden und an den

83 Siehe Kap. 2.1.3. und 2.2.
84 Siehe Kap. 3.1.5.

sinnstiftenden Unternehmenszielen ausrichten, die Prozessorganisation von engagierten, motivierten, kreativen Mitarbeiter/innen getragen wird und die Unternehmensleitung es leistet, über entsprechende Grundsätze, Leitlinien und Konzepte sowie durch die Einräumung weitgehender Handlungsbefugnisse adäquate institutionelle Rahmenbedingungen zu entwickeln (vgl. Glasl/Lievegoed 1996:75f).

Die Entwicklung einer wertschöpfenden Prozessorganisationen muss jedoch mit der Erfassung der Kundenbedürfnisse beginnen und im zweiten Schritt die horizontale Prozesssteuerung durch eine optimale Ressourcenbereitstellung gewährleisten. An beiden Entwicklungsschritten setzt das Präventionsmodell „Arbeitslogistik" an.

6.1.2. Ergebnisse der Experteninterviews: Interne Ausgangslage

6.1.2.1. Zur empirischen Datenerfassung und -auswertung

Das Erkenntnisinteresse dieses Untersuchungsabschnittes richtet sich auf die Erfassung der internen Ausgangssituation aus Sicht der Organisationsmitglieder sowie Sichtbarmachung ihres Problembewusstseins und ihrer Veränderungsbereitschaft. Ein Forschungsanliegen ist, die Ziele der OE-Akteure und deren Relevanzsysteme im Hinblick auf die geplante Organisationsveränderung mit der diagnostizierten Problemlage und den vordefinierten Projektzielen der beratenden Institutionen zu vergleichen (siehe Tabelle 14).

Tabelle 14: Erhebungs- und Auswertungssystematik im Kontext des Erkenntnisziels

Erkenntnisziel	Struktur des Leitfadens	Auswertungssystematik
Problemsichten, -bewusstsein und Veränderungsziele der Organisationsmitglieder	1. Allgemeine Einführung 2. Personenbezogener Fragebereich 3. Arbeits- und organisationsbezogener Fragebereich 4. Fragen zum OE-Projekt 5. Strukturierte Fragen zum OE-Prozess	1. Interne Ausgangssituation aus Sicht der Projektmitglieder 2. Zielvorstellungen und Veränderungsbedarfe der Akteure 3. Veränderungsbereitschaft und Akzeptanz der OE

Die Experteninterviews wurden als halb-strukturierte Leitfadeninterviews durchgeführt[85]. Die Interviews wurden unmittelbar nach dem ersten Workshop ge-

---

85 Siehe Kapitel 4.1.3.3.1.

führt. Die befragten Expertinnen und Experten waren zu dieser Zeit bereits über die übergeordneten Projektziele informiert. Deshalb war es wichtig, die Impulsfragen im dritten, dem arbeits- und organisationsbezogenen Frageteil des Interviews[86] zunächst sehr allgemein zu formulieren, um den Interviewten die Möglichkeit zu geben, ihre subjektiven Einschätzung der Ausgangssituation zu schildern und erst im Gesprächsverlauf gezielter und konkreter nach den Prozesszielen der Projektmitglieder zu fragen. Im Gegensatz dazu zielten die Fragen, die das Pilotprojekt betrafen, auf die Projektthemen, um Übereinstimmungen beziehungsweise Diskrepanzen zwischen den Aussagen der Befragten und den Organisationsdiagnosen sowie den OE-Akteuren der beratenden Organisationen zu ermitteln.

Die Auseinandersetzung mit den externen Rahmenbedingungen und die ersten Informationsgespräche mit Vertreter/innen der am Projekt beteiligten Institutionen bildeten die Grundlage zur Entwicklung der Leitfadenkomplexe. Die Fragestellungen in den Leitfadenkomplexen zielten auf folgende Themenbereiche:

- *Welche Problemsichten hatten die betroffenen OE-Akteure zur internen Ausgangslage? (Arbeitsorganisation, -strukturen, -beziehungen, Informationsprozesse, Versorgungssituation, Qualität der Pflege, informelle Organisationsstrukturen, Personalführung und -entwicklung, Problem- und Konfliktbereiche, wirtschaftliche Betriebsführung, Unternehmens- und Führungskultur)*
- *Welche Handlungs- und Veränderungsbedarfe erachteten die Befragten als bedeutsam?*
- *Welches waren ihre Motive, Ziele und Intentionen, am OE-Projekt mitzuwirken und wie hoch war ihre Veränderungsbereitschaft?*
- *Welchen Bedeutungsgehalt maßen die befragten Führungs- und Leitungskräfte der Erweiterung ihrer Kompetenzen, Entscheidungsspielräume sowie ihrer Lernfähigkeit und dem Lernen von sozialen Systemen und Organisationen bei?*
- *Welche Chancen räumten die Betroffenen der erfolgreichen Realisierung des OE-Projektes ein?*

Die Auswertung des erhobenen Datenmaterials orientierte sich an den Forschungszielen der Arbeit und ist deshalb nur teilweise mit der Struktur des Leitfadens identisch (siehe Tabelle 14). Die Auswertung basiert auf Themenmatrizes. Den Befragten wurden keine Bewertungstabellen vorgelegt. Die Bewertungskategorien in den Matrizes habe ich entweder als erhobene Aspekte den tran-

86 Interviewleitfaden, siehe Anhang A.

skribierten Interviews entnommen oder selbst entwickelt (Veränderungsbereit-schaft der internen Change Agents[87]).

Bei der Auswertung der Interviews gehe ich nicht betriebsspezifisch oder suk-zessiv vor, sondern ich werde die Ergebnisse aller Interviewten zusammenfas-sen. Denn bei diesem kleinen Sample bestünde ansonsten die Gefahr, dass die Anonymität nicht gewahrt werden kann.

Aus jeder Einrichtung wurden zwei Projektmitglieder, insgesamt sechs Per-sonen[88] interviewt. Als Probanden wurden (mehrheitlich) Funktionsträger des mittleren und unteren Managements gewählt, weil sie entsprechend ihrer Posi-tionen als verantwortliche Leitungskräfte und in der Rolle als Projektmitglieder (N=4) Einblicke in das gesamte Organisationsgeschehen und Projektvorhaben hatten. Mein Impuls war dabei, sie als Agenten der Lern- und Veränderungspro-zesse, als Expertinnen und Experten der betriebsspezifischen Probleme und als Schlüsselpersonen der OE-Prozesse sprechen zu lassen. Meine Entscheidung, auf die Befragung von Pflegeakteuren zu verzichten, begründete sich auch durch den Umstand, dass die Pflegeakteure unmittelbar vor Projektbeginn be-reits in zwei Mitarbeiterbefragungen und einer Tätigkeitsanalyse involviert wa-ren. Nach Aussagen der Führungskräfte waren diese sehr zeit- und arbeitsinten-siv gewesen, so dass die Beschäftigten für weitere Befragungen nicht zur Verfügung standen.

Die Ermittlung der internen Prozessbedingungen wurden ergänzend zu den von BFOE und IGES diagnostizierten Problemanalysen durchgeführt. Da meine explorative Studie vor allem der Überprüfung und Vergleichbarkeit diente, wurde nur ein kleines Sample gewählt.

Obwohl je zwei Personen aus einer Einrichtung zu Wort kamen, sind die je-weiligen Einschätzungen zu den Problemlagen unterschiedlich; bemerkenswert ist daran die Authentizität, mit der die Expertinnen und Experten die Inter-viewgespräche geführt haben. Ich messe dem – vor dem Hintergrund der Aus-sagekraft der Interviewbeiträge – eine hohe Bedeutung zu, zeigt es doch, dass die Befragten sich um eine persönliche und reale Bewertung der Situation be-müht haben.

Ich habe zwei Frauen und vier Männer befragt, die zwischen 20 und 29 Jahren (N=1), zwischen 30 und 39 Jahre (N=2), zwischen 40 und 49 Jahren (N=2) oder über 50 Jahre (N=1) waren. Meine Interviewpartner/innen waren alle Führungs- und Leitungskräfte (Heimleitung N=1, PDL N=2, WBL N=3)

87 Siehe Tab. 16
88 Siehe Kap. 4.1.3.2.

und verfügten alle über eine Grundausbildung in der Krankenpflege (N=3) oder Altenpflege (N=3). Die Befragten hatten entweder eine Weiterbildung zur Pflegedienstleitung (N=4) oder eine Weiterbildung zur Wohnbereichs- bzw. Stationsleitung (N=1) oder ein Studium in Betriebswirtschaft (N=1) absolviert. Zwei Befragte hatten vor ihrer beruflichen Tätigkeit in der Pflege eine technische Lehre abgeschlossen. Die Zeiträume der Betriebszugehörigkeiten meiner Gesprächspartner/innen waren – bis auf eine Ausnahme – mit denen ihrer Berufserfahrung als Führungs- und Leitungskraft fast identisch. Sie waren in den jeweiligen Häusern entweder zwischen drei und fünf Jahren (N=2) oder zwischen sechs und zehn Jahre (N=2) oder über zehn Jahre (N=2) tätig. Ihre Berufserfahrung als Leitungskräfte bewegte sich zwischen drei und fünf Jahren (N=3), zwischen sechs und zehn (N=1) oder über zehn Jahren (N=2).

6.1.2.2. Interne Ausgangssituation aus Sicht der OE-Akteure

Die Auswertung der erhobenen Daten zur internen Ausgangssituation gliedere ich – in Anlehnung GLASLs Organisationskonzept – in folgende Themenkomplexe[89]:

(1) *Ausgangssituation im technisch-instrumentellen Subsystem*
(2) *Ausgangssituation im sozialen Subsystem*
(3) *Ausgangssituation im Bewohnersystem*
(4) *Ausgangssituation im kulturellen Subsystem*

(1) *Ausgangssituation im technisch-instrumentellen Subsystem*

Die nachfolgende Tabelle 15 zeigt, dass die von den Befragten benannten Probleme im Bereich der technisch-instrumentellen Subsysteme in allen Einrichtungen ähnlich ausgeprägt waren.

---

89 Siehe Kap. 3.4.3.

Tabelle 15: Problemanalyse im technisch-instrumentellen Subsystem

	IP 1	IP 2	IP 3	IP 4	IP 5	IP 6
▨ *Unzureichende Informationsprozesse*		X	X	X		X
▨ *Pflegedokumentation defizitär*				X	X	X
▨ *Schnittstellenprobleme zwischen Pflege und Hauswirtschaft*	X	X		X	X	
▨ *Pflege- und Arbeitsabläufe von Hauswirtschaftsorganisation abhängig*	X			X		
▨ *Probleme in der Dienstplangestaltung*						
– krankheits- und fehlzeitenbedingte Diskontinuität		X	X	X	X	
– wird Zeitwünschen der Teilzeitkräften nicht gerecht				X	X	
– durch Diskontinuitäten wenig Mitbestimmung in der Dienstorganisation		X		X	X	
▨ *unflexible Dienstorganisation verursacht Arbeitsspitzen*	X					
▨ *Dienstorganisation wird Qualifikationen und Leistungsvermögen der Mitarbeiter/innen nicht gerecht*			X	X	X	
▨ *Fehlen von angemessenen Planinstrumenten*	X		X			
▨ *Bewohnerferne Arbeitsabläufe*	X			X		X
▨ *Hoch verdichtete Arbeitsprozesse*	X		X	X	X	X

In allen Einrichtungen gab es – trotz teilweise erfolgter Umstellung auf EDV (N=2) oder regelmäßigen Dienstbesprechungen (N=6) – unzulängliche Informationsprozesse (N=4). Alle Einrichtungen verfügten über die gesetzlich geforderten Qualitätsinstrumente Pflegekonzept, -planung und -dokumentation. Doch die Handhabung dieser Instrumente, vor allem die der Pflegedokumentation (N=3) und die Informationsverwertung (N=4) wurde als defizitär bezeichnet. In den Interviewbeiträgen wurde ein Sachverhalt diskutiert, der in der Altenpflege immer wieder thematisiert wird: Die Pflegeakteure messen der Pflegedokumentation in Bezug auf Transparenz und Steuerung der Pflegequalität zwar eine wichtige Bedeutung bei, doch der damit verbundene Zeitaufwand, wird als belastende Arbeit verstanden, verhindert eine präzise und nachvollziehbare Dokumentation. Teilweise ist sie weder eine geübte Praxis noch eine selbstverständliche Routine. Damit verliert die Pflegedokumentation an Aussagekraft – sowohl für die interne Informationsvermittlung als auch für die externe Dokumentation der Pflegequalität.

In zwei Einrichtungen wurde ein funktionierender Informationsfluss auch aufgrund widersprüchlicher Informationen und Weisungen der Hierarchieebenen –

bedingt durch Konflikte und Rivalitäten auf den übergeordneten Managementebene – blockiert (N=3).

*„Pflegedokumentation wird eigentlich nur überflogen, weil oft die Zeit nicht da ist, das
nochmals zu lesen" (IP 4).*

*„[...] dass der Mitarbeiter seine Information eben nicht da findet, wo sie hingehören, so
dass also zwei Wege parallel laufen müssen, erst einmal von der Leitung her – Informationen besser zu dokumentieren und vom Mitarbeiter her, die Möglichkeit, [...] noch Liegen-
gebliebenes oder Notwendiges zu erledigen und genau zu dokumentieren" (IP 6).*

*„Der Informationsfluss müsste besser sein, [es gibt] keine richtige Abstimmung zwischen
den Leitungsebenen, es funktioniert manchmal wie stille Post [oder] der Informationsfluss
geht oft nicht weiter" (IP 3).*

In allen drei Einrichtungen waren die Schnittstellenprobleme zwischen Pflege
und Hauswirtschaft durch die strikte funktionale Gliederung der Funktionsbereiche sehr ausgeprägt. In manchen Einrichtungen resultierten die Schwierigkeiten und Konflikte daraus, dass die Ablauforganisation vom Arbeitsrhyth-
mus der Hauswirtschaft bestimmt wurde (N=2).

*„Arbeitszeiten und Dienstpläne sind von der Hauswirtschaft abhängig [...]. Mittlerweile ist
es unerträglich. [...] Dem Pflegedienst ist ganz klar auferlegt worden, innerhalb von 50 Minuten Frühstück und Mittagessen zu verteilen, weil im Endeffekt der Spülrhythmus auf die
Arbeitszeiten der Küchenhilfen und Mitarbeiter ausgerichtet ist. [...] Im Laufe der Zeit hat
sich die Klientel verändert, wir haben vermehrt schwerstbedürftige Leute, denen sie das Essen geben müssen, d. h. sie brauchen eigentlich mindestens eineinhalb Stunden, wo das
Essen auf dem Wohnbereich zur Verfügung steht, das wird aber von der Küche momentan
nicht akzeptiert [und führt] von einer Spitzenbelastung zur anderen, das wiederum zu Unzufriedenheit und Stress" (IP 1)*

*„Unser Arbeitsablauf stimmt in manchen Bereichen überhaupt nicht. [...] die Verteilung hier
im Haus ist, was Pflege und Hauswirtschaft betrifft, so ganz komisch. Normalerweise [...]
sollte die Pflege einen höheren Stellenwert haben, aber im Moment [hat] gar die Hauswirtschaft mehr das Sagen als die Pflege. [...] es kann nicht sein, dass sich die Pflege danach
richtet, wann die da unten spülen wollen" (IP 4).*

Auf Fragen nach weiteren Ursachen der unzulänglichen Arbeitsprozesse machten die Interviewten erstaunlicherweise wenig Aussagen. Nur vereinzelt wurden
Aspekte genannt wie die erforderliche Trennung von pflegefremden und pflegerischen Tätigkeiten (N=2) oder dass die Arbeitsprozesse durch den hohen
Anteil an Teilzeitkräften schwer zu planen seien (N=2).

*„Wichtig ist, pflegefremde Tätigkeiten aus der Pflege zu nehmen, die dann von der Haus-
wirtschaft übernommen werden, beispielsweise Wäsche- und Getränkeversorgung" (IP 3).*

*„Durch die vielen Teilzeitkräfte haben wir wirklich Probleme, die Arbeitsabläufe gut zu organi-
sieren" (IP 4).*

Dass mit den implementierten klassischen Planungsinstrumenten keine bewohnerorientierte Prozesssteuerung erfolgen kann, wurde explizit nur zweimal erwähnt. Überwiegend abstrahierten die Interviewten die unzulängliche Bewohnerorientierung von eigenen (instrumentellen) Planungs- und Organisationsdefiziten und machten die engen Qualitätsvorgaben und die Stellenbudgets für die Probleme in der Arbeitsorganisation („Zeitkiller") verantwortlich.

> *„[...] letzten Endes ist es eine Zeitfrage, d. h. die Arbeitsinhalte sind durch die Vorgaben der Pflegeversicherung und der knappen Stellenbesetzung so intensiv, dass keine Freiräume bleiben, so dass man immer zu einem Ziel hetzt. [...] es ist sehr wenig Spielraum da" (IP 6).*

Die hohen Krankheits- und Fluktuationsquoten führten in allen Häusern zu unregelmäßigen Diensten und infolge zu Unzufriedenheit und hohen Belastungsfaktoren.

> *„Die immer wieder auftretenden vielen Erkrankungen bewirken, dass die Planung oftmals kurzfristig über den Haufen geschmissen werden muss, dass also doch jemand, der Frühdienst hatte, plötzlich dann den Spätdienst machen muss oder dass mal ein freier Tag dann verschoben werden muss. Das macht unzufrieden" (IP 5).*

> *„Manchmal hat man keinen freien Tag, so am Stück zwölf, vierzehn Tage, dann gleich zwei oder drei Wochenenden hintereinander, das kann schon passieren – und das macht unzufrieden" (IP 10).*

Die Erhebung zeigte, dass die Notwendigkeit erkannt wurde, die Dienstzeitmodelle zu modifizieren und die Arbeitszeitpräferenzen der Pflegekräfte oder die individuelle Leistungsfähigkeit und Belastbarkeit der älteren Beschäftigten in der Dienstplanung und Arbeitsorganisation zu berücksichtigen (N=4). Doch ließen die personellen Engpässe einen lebensphasengerechten und mitarbeiterfreundlichen Personaleinsatz kaum zu.

> *„Auf die Belastbarkeit älterer Mitarbeiter kann [in der Dienstplanung] wegen der personellen Engpässe wenig Rücksicht genommen werden. [...] aber ein stückweit wollen wir das angehen" (IP 3).*

Die potenziellen Möglichkeiten zur partizipativen Dienstplangestaltung waren zwar in allen Einrichtungen gegeben. Doch die Praxis sah anders aus (N=4):

> *„[Die Mitarbeiter] haben bereits Einfluss auf die Dienstpläne, auch wenn der Mitarbeiter nur bedingt Einfluss nehmen kann, weil seine Wünsche und Änderungsvorschläge aufgrund der vielen krankheitsbedingten Ausfälle oftmals nicht zu berücksichtigen sind" (IP 6).*

Ein Zusammenhang zwischen der inflexiblen Dienstorganisation und ihrem Anspruch an eine bewohnerorientierte Prozessplanung[90] wurde zunächst nicht hergestellt.

90 Siehe Kap. 6.1.1.4.

Insbesondere in den Einrichtungen, die teilweise noch im „Geteilten Dienst", mit der 6-Tage-Woche oder mit zuviel oder zu wenig Teilzeitkräften arbeiteten, gab es gravierende Probleme mit den Arbeitszeiten. Die Notwendigkeit einer Flexibilisierung der Dienst- und Arbeitzeiten wurde von Seiten des Managements zwar erkannt (N=4); als „Hemmschuh" der Veränderung wurde nicht nur die tradierte Arbeitsorganisation, sondern auch die Beschäftigten benannt (N=2).

„Was sie also nicht gerne machen, ist dieser geteilte Dienst vorwiegend am Wochenende" (IP 3).

„Es müsste für die Teilzeitkräfte andere Arbeitszeiten geben, manchmal bekomme ich von Teilzeitkräften zu hören, Du ich komme von dahinten, wenn ich jeden Tag drei Stunden komme, da lohnt sich ja der Sprit nicht" (IP 4).

„Vorrangigstes Problem ist, den Belastungsdruck der Mitarbeiter aufzuheben. Wichtig ist dabei auch, ein neues, flexibles Schichtarbeitssystem zu entwickeln, denn wir arbeiten mit relativ wenig Teilzeitkräften, und das geht nicht" (IP 5).

„Manche wollen, dass die Arbeitszeiten so bleiben, wie sie sind – [...] aus Gründen der Gewohnheit" (IP 3).

Im Gegensatz zu den Einrichtungen, die noch mit „älteren Arbeitszeitmodellen" arbeiteten, waren die Akteure, die bereits die 5,5 Tagewoche hatten, „im Großen und Ganzen mit dem System schon zufrieden".

Signifikant war, dass die Befragten die Probleme im technisch-instrumentellen Subsystem, insbesondere Arbeitsspitzen, Informationsdefizite, Diskrepanzen zwischen zeitlichen und personellen Ressourcen und dem erforderlichen Arbeitsvolumen klar erkannten, die Ursachen der unzureichenden Primärprozesse jedoch nicht als Schwachstellen „ihres" Pflegemanagements identifizierten. Widersprüche waren darin zu erkennen, dass sie die Organisationsdefizite einerseits als Folge der Pflegeversicherung und andererseits die Sekundärprozesse und insbesondere die existierenden Führungs- und Bereichskonflikte als die wichtigsten Störfaktoren der Ablaufprozesse bewerteten. Erstaunlicherweise wurde ein klarer Zusammenhang im weiteren Interviewverlauf bei den Fragen erkannt, die sich auf das Pilotprojekt bezogen. Denn als die „vertrauten" Stichworte wie „Arbeitslogistik" und „Dienstplangestaltung" fielen, waren sie durchaus in der Lage, die Probleme und die sich daraus abzuleitenden Veränderungsnotwendigkeiten in ihren Leitungsbereichen differenzierter zu erläutern.

Das eröffnet Spielräume für Interpretationsmöglichkeiten. Die naheliegendste Erklärung ist die, entweder hatten sie die Projektziele bereits adaptiert oder sie brauchten den geschützten Rahmen des Projektes, um die Gestaltungsmöglichkeiten und Zuständigkeitsbereiche im Rahmen ihrer Kompetenzbereiche eingehender reflektieren zu können.

(2) *Ausgangssituation im sozialen Subsystem*

Diesen Teil der Untersuchung habe ich in zwei weitere Teilabschnitte untergliedert:

– *Ausgangssituation bezogen auf das Pflegepersonal*
– *Ausgangssituation bezogen auf die Führungs- und Leitungskräfte*

Alle befragten Expertinnen und Experten entwickelten bei diesem Themenkomplex ein starkes gefühlsmäßiges Engagement. Das führte dazu, dass die Antworten und Thesen zu diesem Fragekomplex ausführlicher und auch persönlicher behandelt wurden.

(a) *Ausgangssituation bezogen auf das Pflegepersonal*

Um mich der Arbeitssituation der Beschäftigten zu nähern, eröffnete ich diese Kategorie mit Impulsfragen zur persönlichen Einschätzung der Interviewten in Bezug auf die Zufriedenheit der Pflegeakteure. Die ermittelten Probleme im Arbeitsfeld „Pflege" sind in Tabelle 16 dargestellt.

Tabelle 16: Problemanalyse zur Arbeitssituation des Pflegepersonals

	IP 1	IP 2	IP 3	IP 4	IP 5	IP 6
▥ *Steigende Arbeitsbelastungen und Überforderung*						
– *personelle Engpässe*	X	X	X	X	X	
– *veränderte Klientenstruktur*			X	X		X
▥ *Steigende krankheitsbedingte Fehlzeiten*	X	X	X	X	X	
▥ *Steigende Fluktuationsraten*			X	X		X
▥ *Gesundheitliche Probleme infolge gestiegener Anforderungen und Belastungen*	X		X	X	X	X
▥ *Steigende Unzufriedenheit*	X	X			X	
▥ *Beeinträchtigtes Team- und Arbeitsklima*	X	X	X		X	
▥ *Eingeschränkte Handlungs- und Gestaltungsspielräume*	X			X		X
▥ *Sinkende Motivation*			X	X	X	X
▥ *Erworbene Qualifikationen der Altenpflege lassen sich in der Praxis kaum mehr umsetzen*					X	

In allen Interviews spiegelte sich eine als problematisch zu betrachtende Arbeitssituation des Pflegepersonals wider. Übereinstimmend kamen die Interviewten zu dem Ergebnis, dass die Arbeitsbelastungen der Pflegekräfte und in

Konsequenz die Unzufriedenheit und der Arbeitsstress in den letzten Jahren stark gestiegen seien.

„Die Mitarbeiter leiden durch den Stress sehr unter psychischen und physischen Belastungen und hätten gerne mehr Kollegen […], doch das ist bei der derzeitigen Finanzsituation nicht möglich .[…] Wir müssen ein Stück weit auf Pflegekräfte verzichten, weil wir die einfach nicht bezahlt bekommen. Wünschenswert wären auch für mich drei bis fünf Vollzeitkräfte mehr" (IP 3).

„Der Mitarbeiter ist von seiner Aufgabenstellung – nicht einrichtungsspezifisch – her unzufrieden […], weil man das Gefühl hat, man kann sich noch so anstrengen, man kriegt halt nichts zu Ende oder erreicht nichts […] es ist alles eine Zeitfrage, […] es gibt keine Freiräume mehr […] alles wird negativ empfunden. […] Es ist jeden Tag intensiv hier und auf der anderen Seite immer gleichförmig. Und dann eben der Umgang mit Menschen, dieses Spannungsfeld zu ertragen, das eigene und das des Bewohners auszuloten und zu korrigieren, […] das ist keine einfache Sache, man hat keinen Bereich, in dem man sich zurückziehen kann" (IP 6).

Die Ursache für das gestiegene Arbeitsvolumen wurde vornehmlich in der veränderten Klientenstruktur (N=6) und den personellen Engpässen (N=5) – als Folge der Pflegeversicherung – gesehen. Eine Leitungskraft brachte es auf den Punkt: Für das Pflegepersonal sind diese Bedingungen ein *„Wettlauf mit der Stoppuhr"* (IP=6).

„Ich denke es sind die Vorgaben und Veränderungen durch die Pflegeversicherung […] Ich glaube nicht, dass es an der Heim- oder Geschäftsleitung liegt" (IP 4).

„[…] also, im Moment sind alle sehr unzufrieden. […] Wir haben zu wenig Personal und sehr viel Arbeit, die Bewohner haben sich verändert, schwere Pflegefälle; früher hatten wir viele in Pflegestufe eins, jetzt überwiegend in Stufe zwei und drei" (IP 2).

Im Gegensatz zu den Leitungskräften machen – aus Sicht der Befragten – die Pflegekräfte überwiegend die Personalpolitik der Heim- und Geschäftleitungen verantwortlich – weil sie ein Feindbild bräuchten (N=2).

„Mitarbeiter sehen keinen ursächlichen Zusammenhang zu der Pflegeversicherung, sondern sie brauchen ein Feindbild, das können sie angreifen […] sie sehen es auch deshalb nicht, weil da die Möglichkeiten, was zu ändern doch sehr gering sind (IP 3).

Die Diskrepanzen zwischen dem beruflichen Selbstverständnis und den realen Inhalten der Pflegearbeit verstärkt die Unzufriedenheit der Akteure: Neben den psychischen Belastungen leiden sie unter Motivations- und Werteverlust, weil sie ihre professionellen Kenntnisse und Kompetenzen nicht ausreichend anwenden können (N=2).

„Gestiegen ist die psychische Belastung. Dazu kommt, dass die Mitarbeiter die Arbeit nicht mehr so machen können wie sie wollen und wofür die ausgebildet worden sind. Wir haben

hier im Land eine gute dreijährige Ausbildung. Ein Schwerpunkt dieser Ausbildung ist Betreuung. Aber da wird den Altenpflegern etwas vorgegaukelt, was sie nachher, wenn sie mit der Ausbildung fertig sind, nicht mehr anwenden können. [...] der ganze Teil, den sie wertvoll finden, fällt weg; [...] sie können die Arbeit nicht so machen wie sie wollen und das frustriert" (IP 5).

Auf Fragen nach weiteren Ursachen der Unzufriedenheit und die angespannte Belastungssituation wurden dann doch einige Schwachstellen der Einrichtungen identifiziert. Von einigen Expertinnen und Experten wurde ein unmittelbarer Zusammenhang zwischen den finanziellen, personellen Engpässen (N=3) oder den existierenden Binnenstrukturen der Pflegeorganisation (Arbeitsspitzen (N=1), Dienstplanprobleme (N=5) und den gestiegenen Erwartungen an die Pflegearbeit und -qualität hergestellt. Nur eine Person individualisierte die Probleme und argumentierte in Form von einseitigen Schuldzuweisungen – insbesondere an die jüngeren Pflegekräfte gerichtet.

„Die Krankheitsrate ist sehr hoch, ich glaube sie liegt bei fast 10 oder 12 % und da entsteht ein Teufelskreislauf, dem zu entrinnen sehr schwierig ist, [...] da stecken die Arbeitsbelastungen, die Arbeitsspitzen dahinter, aber auch die Probleme, die wir im Schnittstellenbereich haben, [...] das führt zu Unzufriedenheit, Spitzenbelastung führen zu körperlicher Überanstrengung [...] und zu Stress, das wiederum zu Krankheiten. [...] Die Zufriedenheit mit der Betriebszugehörigkeit ist zwar hoch, aber das Arbeitsklima, ich will nicht sagen schlecht, aber da stoßen wir an bestimmte Grenzen, [...] bedingt durch die knappen finanziellen Ressourcen [...] zudem haben wir einen hohen Qualitätsstandard auferlegt, wir, die Einrichtung, aber auch die Mitarbeiter. Und den zu erbringen, fordert sehr viel ab – von den Mitarbeitern" (IP 1).

„Wir haben Probleme mit den jüngeren Kräften; es sind vor allem die Jüngeren, die sich oft krank melden. Und die auch den Druck nicht aushalten" (IP 2).

Anscheinend hatten nicht alle Einrichtungen Fluktuationsprobleme, obwohl die Rahmendaten ein anderes Ergebnis dokumentieren[91]. Gab es doch hohe Fluktuationsraten, wurden diese – den Befragten zufolge – insbesondere durch Auszubildende und die Neueinstellung von jüngeren Kräften hervorgerufen (N=3). Als Argument diente u. a., die Fluktuationsneigung nehme mit zunehmenden Jahren der Betriebszugehörigkeit ab, woraus sich hohe Identifikation mit den Einrichtungen ableiten ließe (N=2). In diesen Aussagen verdeutlicht sich der sich abzeichnende Werte- und Generationswandel bei den Pflegeakteuren und zugleich bewahrheiten sie ein in der Fachöffentlichkeit vieldiskutiertes Problem: Die zunehmende Tendenz der jüngeren Pflegekräfte zum Stellen- oder Berufswechsel, weil sie ihre alltagsweltlichen und beruflichen Werte im

---

91 Siehe Kap. 6.1.1.5.

pflegerischen Handeln nicht wieder finden[92]. Ältere Pflegeakteure hingegen halten durch – bis an die Grenzen der Berufsunfähigkeit. Darüber hinaus belegen die Interviews die Auswirkung des sog. Pflegenotstands, insbesondere die Schwierigkeiten, qualifiziertes Personal zu finden (N=3). Andererseits zeigen die Beträge, dass ein ursächlicher Zusammenhang mit den Problemen der Arbeitsorganisationen negiert wurde.

> *„Unsere Fluktuation ist niedrig, sie wird dadurch höher, weil wir oft Mitarbeiter haben, die nur kurz da sind, aber der Arbeitsmarkt ist im Moment leergefegt. Sie kriegen ja kaum gute Leute. [...] und dann machen sie einen faulen Kompromiss und der hat sich immer gerächt [...] und das denk ich, macht unsere hohe Fluktuation aus. Langjährige Mitarbeiter gehen eher nicht"* (IP 3).

> *„Fluktuation wird bei uns nur durch die Schüler verursacht, die wir nicht übernehmen; [...] die jungen Pflegekräfte gehen, die älteren halten durch"* (IP 2).

So komplex wie die Anforderungen und Arbeitsbedingungen im Arbeitsfeld der Pflege sind, so vielfältig und emotional waren die Antworten zu den gesundheitlichen Beeinträchtigungen. Als häufigste physische Beschwerden wurden Rückenprobleme, Schlaf- und Verdauungsstörungen genannt, gefolgt von psychischen Problemen wie Stress, Verspannungen und Reizbarkeit.

> *„Es ist beides. Die psychische und physische Belastung der Pflege. Viele haben Magenschmerzen, sind gereizt, haben Probleme mit dem Rücken, können nicht mehr gut schlafen oder sind immer angespannt"* (IP 5).

> *„Bei uns sind zwar die Rückenprobleme minimal, weil wir rückenschonend arbeiten und sehr, sehr viele Hilfsmittel einsetzen, [...] dennoch sind die Beschwerden aufgrund psychischer und physischer Anstrengungen enorm"* (IP 3).

Gesundheitsförderung wird als kontinuierliche Managementaufgabe verstanden (N=5). Zwei der Einrichtungen hatten darauf bereits reagiert und Gesundheitszirkel implementiert, die dritte erkannte darin einen notwendigen Handlungsbedarf.

Dass neben den physischen und psychischen Belastungsfaktoren auch „weiche Faktoren" für die Unzufriedenheit, das Wohlbefinden, die Motivation und die Belastungsfähigkeit des Pflegepersonals bestimmend sind, wurde nur von drei Befragten erörtert (N=3). In diesem Kontext wurden Defizite im Führungsverhalten, der Kommunikation und der Partizipation und wiederholt die Bereichskonflikte thematisiert.

> *„[...] es werden starke Unterschiede gemacht werden zwischen den Stationen [...], das führt zu Unzufriedenheit. [...] Die einen bekommen Aushilfen, die anderen müssen Überstunden machen"* (IP 2.)

---

92 Siehe Kap. 2.1.3.4.

„[...] durch diese Starre, die wir im organisatorischen Ablauf haben – gehen wir teilweise auf unsere Mitarbeiter zu wenig ein, da kann die Geschäftsleitung jetzt sagen, gut dafür haben wir unsere Wohnbereichsleitungen, nur, auch die brauchen ihr zwischenmenschliches Feedback und auch das kriegen sie nicht und je weniger sie kriegen, desto weniger geben sie auch weiter, und das ist meiner Meinung nach primär ein Leitungsproblem" (IP 1).

„[Mitarbeiter] werden nicht immer [in Entscheidungen] mit einbezogen, das mag auch ein Grund der Unzufriedenheit sein" (IP 3).

In allen Interviewbeiträgen spiegeln sich die aktuellen Probleme der Pflegekräfte in der Altenpflege wider. Zugleich verdeutlicht sich auch in diesem Themenkomplex wieder die weitgehende Abstraktion der Problemursachen von den eigenen Zuständigkeiten oder die Zuweisung der Verantwortlichkeiten insbesondere an die politischen Entscheidungsträgern oder an die höheren bzw. nachgeordneten Instanzen.

(b) *Ausgangssituation bezogen auf die Führungs- und Leitungskräfte*

Die Probleme, die die Interviewten auf den Managementebenen identifizierten, sind in Tabelle 17 zusammengefasst.

Tabelle 17: Problemanalyse im Tätigkeitsbereich der Führungs- und Leitungskräfte

	IP 1	IP 2	IP 3	IP 4	IP 5	IP 6
Gestiegene Anforderungen infolge der PV	X		X	X	X	X
Herrschende Führungskonflikte	X	X	X	X	X	
Fehlender Bewohnerkontakt				X		
Motivationsverlust	X		X		X	
Schwierigkeiten, tradierte Strukturen zu überwinden	X		X			
Überwiegend kooperative Führungsstile	X	X	X	X	X	X
Weitreichende Entscheidungs- und Gestaltungs-kompetenzen	X		X		X	X
Traditionell hierarchische Planung und Steuerung der Arbeitsorganisation in der Pflege über die Wohnbereichsleitungen	X		X			X
Entwicklung eigener Kompetenzen		X	X	X		
Probleme in der Wahrnehmung der Führungs- bzw. Leitungsrolle				X	X	X

Ein Großteil der Probleme im eigenen Tätigkeitsfeld wurde mehrheitlich ebenfalls auf die veränderten Rahmenbedingungen als Folgen der Pflegeversicherung zurückgeführt (N=5). Diese manifestieren sich einerseits im Zeitdruck bzw. in der Zunahme administrativer Aufgaben (N=2) und anderseits durch die Schwierigkeit, den Spagat zwischen sozialer Verantwortung und betriebswirtschaftlicher Effizienz zu leisten (N=4). Die Führungs- und Leitungskräfte stehen seit Einführung der Pflegeversicherung vor einem Dilemma: Eigenen ethischen Ansprüchen und Wertvorstellungen zu folgen, die Personal- und Kundenbedürfnisse zu erfüllen und gleichzeitig den restriktiven Rahmenbedingungen Rechnung zu tragen (N=3).

> „[...] durch die Pflegeversicherung verschlechtern sich die Rahmenbedingungen immer mehr. Der Druck von außen wird immer mehr auf die Heime, speziell auf die Leitungen abgeladen. [...] die Führungskräfte haben nicht mehr ausreichend Zeit [...], deshalb klappt vieles nicht mehr [...] vieles kommt zu kurz" (IP 5).

> „[...] das motiviert mich jetzt nicht mehr so arg, diese Gratwanderung zwischen Betriebswirtschaft und dem sozialen Engagement, [...] dass da fast nichts mehr zu verwirklichen ist, also das kostet unheimlich viel Kraft, zu sagen, hier muss eingespart werden und die Einnahmen müssen erhöht werden [...] und dann die Ansprüche, die man selber hat, was man unter einer guten Pflege und Betreuung versteht" (IP 3).

Als weiterer Hemmschuh des konsequenten Führungshandelns wurden darüber hinaus die Führungskonflikte zwischen den verschiedenen Managementebenen identifiziert (N=5). Die Befragten (N=5) lenkten das Gespräch sehr offen auf die existierenden Führungskonflikte zwischen den Hierarchieebenen, die teils sachlich skizziert, teilweise aber auch emotionsreich beschrieben wurden. Grund der problematischen Beziehungen sind unterschiedliche Interessen, Ziele, Kompetenzen, divergentes Pflege- und Führungsverständnis aber auch Generationskonflikte. In diesem Kontext wurden die Belastungsfolgen für die Pflegekräfte klar benannt.

> „Die PDL und ich, wir haben große Schwierigkeiten und das spiegelt sich auch auf den Wohnbereichen wider. [...] ich habe ganz andere Ansätze als die PDL [...] im Pflege- und Führungsverständnis. Sie ist seit langen Jahren da, ich erst seit wenigen Jahren. Auch das führt zu Unsicherheit und Unzufriedenheit bei den Mitarbeitern" (IP 3).

Die Frage, ob die Projektumsetzung mit einer Stärkung der unteren und mittleren Managementebenen durch erweiterte Handlungsspielräume einhergehen müsse, wurde übereinstimmend verneint. Aus Sicht der Interviewten waren diese bereits gegeben. Damit standen diese Aussagen im Widerspruch zu an anderer Stelle getätigten Äußerungen, dass Veränderungsprozesse auch mit einer Veränderung tradierter Führungs- und Organisationsstrukturen einhergehen müssten.

In den vergangenen Jahren waren anscheinend allen Wohnbereichsleitungen weitreichende Entscheidungs- und Gestaltungsautonomie eingeräumt worden. Teilweise waren die Stellenbeschreibungen jedoch seit Jahren nicht aktualisiert worden, in einer Einrichtung lagen sie den Leitungskräften nicht vor. Damit zeigt sich, dass den Stellenbeschreibungen als Organisationsinstrument immer noch ein untergeordneter Stellenwert beigemessen wird.

„Die Wohnbereichsleitungen haben bei uns bereits weitgehende Gestaltungs- und Entscheidungsfreiräume" (IP 5).

„[Stellenbeschreibungen], die gibt es bei uns noch nicht" (IP 2).

Generell umfassten die Aufgabenfelder der Wohnbereichsleitungen ein breites Spektrum an Planungs- und Gestaltungsaufgaben: Organisation des Stationsablaufs, Planung der Arbeitseinsätze, Erstellung der Dienst- und Urlaubspläne, Prozessstrukturierung, Teamleitung und Mitarbeiterführung etc. Zumindest die verantwortlichen Wohnbereichsleitungen scheinen mit den notwendigen Kompetenzen ausgestattet zu sein, um ihre operativen Managementaufgaben adäquat erfüllen zu können. Da die Leitungskräfte auf den Stationen häufig jedoch eine sog. Feuerwehrfunktion übernehmen mussten (N = 3) und teilweise noch voll in der Pflege mitarbeiteten (N = 2)[93], konnten sie im Alltag den Anforderungen und der Aufgabenvielfalt im Rahmen ihrer Management- und Leitungsfunktion nicht ausreichend gerecht werden oder nur unter erheblichem Mehraufwand nachkommen („Schriftliches nehme ich auch mit nach Hause", IP 4). Damit zeigt die Untersuchung, dass die Bedeutung der unteren Managementebenen für die Gestaltung des Arbeits- und Organisationsgeschehens von vielen Trägern und Heimleitungen immer noch unterschätzt wird. Zugleich zeugten die Interviewbeiträge von einer weitgehend hierarchisch-bürokratischen Steuerung und Planung der Arbeitsorganisation – vornehmlich über ein Formularwesen, teils über EDV – insbesondere über gewohnte Arbeitsabläufe.

Inwieweit die Entscheidungs- und Gestaltungsspielräume konsequent in den Führungsstrukturen und in der Organisationskultur verankert waren, variierte in Abhängigkeit der Trägerstruktur und den Entscheidungs- und Machtbefugnissen der obersten Führungsebene. Dies zeigte sich exemplarisch an der Frage der Leitbilderstellung[94].

„[...] an der Klausurtagung zur Leitbilderstellung waren alle Leitungskräfte und stellvertretende Leitungskräfte – der Pflege, Küche, Hauswirtschaft und Technik – dabei".

93 Siehe auch Kap. 6.1.1.3.
94 Aus Anonymitätsgründen wird auf einen Quellenverweis verzichtet, da unter Einbeziehung der Dokumentenanalyse eine Zuordnung der Probanden möglich wäre.

„[...] das Leitbild wurde vor einigen Jahren vom Träger und der Heimleitung sehr diktatorisch vorgegeben [...] es wurde von den Mitarbeitern gar nicht gelebt. [...] im Moment wird im Rahmen der Einführung eines neuen Qualitätsmanagementsystems die Leitbildfrage neu diskutiert".

Große Diskrepanzen gab es in der Wahrnehmung der Führungsrolle und im Führungs- und Leitungsverständnis. Die Führungsstile werden den Situationen entsprechend – entweder demokratisch, teilweise autoritär, überwiegend partnerschaftlich – ausgeübt. Mehrheitlich sind die Leitungskräfte – den Aussagen zufolge – bestrebt, den Mitarbeiter/innen eigene Handlungs- und Gestaltungsmöglichkeiten einzuräumen. Dennoch zeigen die Interviews signifikante Unterschiede in der Rollengestaltung. Einzelne Leitungskräfte haben Schwierigkeiten in der Ausübung ihrer Leitungsrolle – konkret im Hinblick auf ihr Durchsetzungs- und Delegationsvermögen (N=2), andere bezeugen es noch als Leitungsstärke, in der Pflege voll mitzuarbeiten (N=2).

„Ich versuche, nicht zu weisen, sondern immer gemeinsam zu planen und zu handeln [...] Manchmal bin ich zwar kiebig, wenn es nicht gemacht wird, aber mir fehlt es an Durchsetzungsvermögen" (IP 4).

„[...] dass ich schon mitarbeite und nicht sage, du machst das und du das [...] Ich arbeite hundert Prozent [...] mein Aufgabenschwerpunkt ist die Pflege" (IP 2).

„Mein Schwerpunkt liegt im Moment auf der Mitarbeiterführung, so dass ich versuche zu vermitteln, was mir wichtig ist [...]. Führungsprinzipien habe ich dahingehend, dass ich auch Freiräume gebe, [...].aber auch dass das, was ich sage auch umgesetzt wird" (IP 3).

Die Notwendigkeit und Bereitschaft ein neues Führungsdenken zu entwickeln, damit eine partizipative Führung auch realisiert werden kann, wurde zwar generell erkannt. Dennoch wurden nur von zwei Personen die eigenen Schwierigkeiten thematisiert, die mit dem Rollenwechsel von der traditionellen zum neuen Typ von Führungskraft und mit dem Wandel von der Planungs-, Lenkungs- und Kontrollfunktion zur Begleit- und Entwicklungsfunktion einhergehen. Hierbei wurde deutlich, dass die Führungspraxis als „moderner Führungskraft" noch von vielen Widersprüchlichkeiten begleitet war und Anspruch und Wirklichkeit noch weit auseinander drifteten – vor allem vor dem Hintergrund der enger werdenden finanziellen und zeitlichen Ressourcen.

„Ich übernehme auch einige Fortbildungen, [wie] Aspekte der Dokumentation, Anordnungs- und Durchführungsverantwortung, Leistungsplanung, Umstellung von der Funktionsauf die Bereichspflege [...] und natürlich viele pflegefachliche Themen. [...] Der Schwerpunkt meiner Tätigkeit liegt im Moment auf der Personalentwicklung und auf zwischenmenschlicher Ebene, den Mitarbeitern ein gewisses Feedback zu geben. [...] Aber ich verkörpere nicht die alte Führungskraft, die jeden Tag über den Wohnbereich rennt und Probleme abfragt, ich bin sehr selten auf den Wohnbereichen, [...] aber es wird oft so ge-

sehen, er distanziert sich, aber ich muss halt auch schauen, dass jeden Monat die Zahlen stimmen, denn die zeitlichen Ressourcen sind knapp und die müssen wir halt effektiv gestalten" (IP 1).

Die Fragen nach Wünschen und Möglichkeiten, eigene Führungskompetenzen zu verbessern, wurden überwiegend ausweichend beantwortet. Eigene Defizite in Konfliktmanagement und Personalführung sprachen nur zwei Probanden an, hingegen wurde die notwenige Entwicklung kommunikativer und sozialen Kompetenzen bei den Mitarbeiter/innen öfter genannt (N=4).

„[wo ich Defizite habe], das ist in der Mitarbeiterführung, da habe ich sehr viele Fehler gemacht [...] auch habe ich nicht gerade ausgeprägte Fähigkeiten in der Konfliktlösung [...] Lange wollte ich das nicht wahrhaben, aber als ich dann auch körperlich darunter gelitten habe, dann habe ich mir das eingestehen müssen [...] Und außerdem ist unsere Kommunikationskultur verbesserungsbedürftig und muss auch verbessert werden" (IP 3).

Interessanterweise intonierten fast alle Befragten (N=5) ihre Planungs- und Organisationsstärken – auch im Hinblick auf die Gestaltung der Arbeitsabläufe und Dienstpläne.

„[...] meine Stärken liegen in der Organisation – im Organisieren von Abläufen im Wohnbereich oder überhaupt in der Gestaltung der Arbeitsorganisation" (IP 5).

In Bezug auf die Erweiterung ihres Organisationswissens wurden Qualifikationswünsche bezogen auf EDV-Schulungen (N=3) genannt. Nur zwei Befragte thematisierten die für ein effizientes und modernes Pflegemanagement notwendige Implementierung neuer Verfahren zur Pflege- und Personalbedarfsplanung. Im Erwerb der instrumentellen, methodischen Kompetenzen sahen sie den Beitrag, den sie oder die Projektmitglieder als interne Change Agents zu den Projektbemühungen beisteuern müssen.

Insgesamt zeigte auch dieser Themenkomplex, dass ein Zusammenhang zwischen den Problemen der Arbeitslogistik und ihren eigenen Zuständigkeitsbereichen weitgehend negiert bzw. durch die mangelnde Selbstreflexion der Führungsebenen, sich selbst in der Verantwortung für die funktionierenden Primär- und Sekundärprozesse, insbesondere für die direkten Kommunikations- und Kooperationsbeziehungen im Arbeitsablauf zu sehen, beeinträchtigt wurde. Ihr Blick für die sozialen Ressourcen im eigenen Managementbereich war somit verstellt. Darüber hinaus wird deutlich, dass der Entwicklung der eigenen Organisations- und Managementkompetenzen – zu Projektbeginn – eine untergeordnete Rolle beigemessen wurde.

(3) *Ausgangssituation im Bewohnersystem*

Die Interviews dokumentierten, dass die Pflegeversicherung in allen Einrichtungen zu gravierenden Einschnitten in der Pflege- und vor allem in der Betreuungsqualität führte. Von den Expertinnen und Experten wurden bei diesem Themenbereich die bekannten Probleme der Altenpflege angeführt (siehe Tabelle 18).

Tabelle 18: Problemanalyse bezogen auf die Bewohner/innen

	IP 1	IP 2	IP 3	IP 4	IP 5	IP 6
Sinkende Pflege- und Betreuungsqualität	X	X	X	X	X	X
Unzureichende psycho-soziale Betreuung			X	X		X
Reduzierung der Pflege auf grundpflegerische Versorgung				X	X	X
Eingeschränkte individuelle Bezugspflege	X	X		X		X
Versorgung und Betreuung nicht bedürfnisorientiert	X		X	X	X	X
Zeitdruck		X	X	X	X	X
defizitäre geronto-psychiatrische Pflege und Betreuung				X		
Kompetenzdefizite hinsichtlich der Angehörigenarbeit			X			

Alle Einrichtungen deklarieren eine optimale Pflegequalität als oberstes Leitziel der Einrichtungen[95]. Die Sicherung ihrer Qualität gelingt den Einrichtungen – wenn überhaupt – nur unter hohem Engagement der Beteiligten, andererseits können sie die geforderte Bewohnerorientierung – unter den gegebenen Rahmenbedingungen – nicht hinreichend erfüllen (N=6).

„[...] am Herzen liegt mir, dass die Bedürfnisse der Bewohner ernst genommen werden, sie bekommen sie nicht erfüllt, aber es muss immer Zielsetzung sein, [...], aber ohne das Engagement der Mitarbeiter lässt sich in dieser Richtung nichts verändern, und so fährt man zweigleisig" (IP 6).

„Wir – die Leitung – legen die Qualitätsmerkmale fest und überlassen es den Mitarbeitern in der Pflegegruppe Verantwortung für die individuellen Bedürfnisse der Bewohner zu übernehmen. [...] Wir haben uns auf die Fahne geschrieben, trotz niedriger Pflegesätze, trotz geringer finanzieller Ressourcen, eine hohe und gute Qualität zu erzielen und eine vorbildliche Altenpflege zu leisten [...], dennoch können wir den Wünschen und Forderungen der Bewohner nicht in ausreichendem Maße nachkommen." (IP 1).

Die Diskrepanz zwischen Qualitätsanforderungen und -defiziten wurde von den Befragten fast einhellig als Folge der unzureichenden Einstufungskriterien und

---

95 Siehe auch Kap. 6.1.1.3.

Erlöse infolge niedriger Pflegesätze sowie der unzulänglichen Einstufungspraxis gewertet (N=5). Zeitmangel wurde als Hauptursache dafür angegeben, dass sich das pflegerische Handeln nur noch auf die Grundpflege beschränken könne, individuelle Bezugspflege und die sozialen Betreuungsaufgaben nicht ausreichend zu leisten seien. Aus Sicht der Interviewten wird diese Problematik von dem finanziellen Dilemma überlagert, dass viele Pflege- und insbesondere die Betreuungsleistungen vollkommen unterfinanziert seien – vor allem im psychosozialen Bereich und der Dementenbetreuung. In die gleiche Richtung zielte das häufig genannte Argument, dass die Erbringung bewohnergerechter Betreuung und Versorgung – aufgrund der Rahmenbedingungen und herrschenden Vergütungspraxis – kaum machbar seien (N=3). In diesen Aussagen zeigte sich einerseits exemplarisch der Druck der Vergütungsregelung und seine Folgen für die Pflegebedürftigen und Akteure, andererseits, dass die Befragten die internen Veränderungspotenziale nicht erkennen.

> *„Die Eingruppierungsrichtlinien für die Bewohner reduzieren die Betreuung auf die grundpflegerische Versorgung [...] Die Mitarbeiter können sich für die Bewohner keine Zeit mehr nehmen [...] Wir werden von der Pflegekasse mehr oder weniger dazu angehalten, eine „Satt-Sauber-Pflege" zu machen und für die psycho-soziale Betreuung kriegen wir kein Geld" (IP 5).*

> *„Früher war mehr Zeit da, in der Pflege. Heute bleibt keine Zeit mehr über für einen intensiven Kontakt zu den Bewohnern. Wir wollen nicht nur [schnell-sauber-satt], sondern auch ein bisschen Zeit, um sagen zu können, so Frau Schmidt, wie war es denn früher, erzählen sie doch mal, ich führ sie in den Garten oder so" (IP 4).*

Fast identisch argumentierten meine Gesprächspartner/innen im Hinblick auf die mangelnde Berücksichtigung der Bewohnerbedürfnisse: Neben der Anpassung der Pflegeleistungen an die „Satt-Sauber-Schnell"- Pflege (N=2) sind es vor allem die individuellen Bedürfnisse der Klienten (N=5), die nicht mehr zu befriedigen sind. Die Bewohner/innen seien gezwungen, auf langjährige Gewohnheiten zu verzichten und müssten den Verlust von Lebensqualität in Kauf nehmen. Dies mache die Bewohner/innen – neben den in der Pflege Tätigen – zu den eigentlichen Leidtragenden, so die Interviewten.

> *„[...] heute morgen, da musste im Wohnbereich geteilter Dienst gemacht werden, und dann sind ein paar Bewohner im Bett geblieben und das ist natürlich nicht schön, aber es lässt sich einfach nicht vermeiden" (IP 3).*

> *„[...] wir können den Bedürfnissen der Bewohner nicht mehr nachkommen, ein Beispiel: kein Bewohner ist früher vor 22.00 Uhr ins Bett gegangen und stellt daher auch an uns die Anforderungen, seinen Schlafrhythmus zu beachten, doch das ist kaum möglich" (IP 1).*

Die Pflegesituation hat sich durch die Zunahme multimorbider Pflegebedürftiger, Demenzkranker und Schwerstbedürftiger gravierend verschärft (N=3). Doch auch die gestiegenen und veränderten Wünsche und Ansprüche der Bewohner/innen, insbesondere die der Angehörigen erlebt das Pflegepersonal zunehmend als Überforderung.

„[...] die Bewohner und Angehörigen sind anspruchsvoller geworden. [...] Durch den Umgang mit den Angehörigen sind viele Kräfte überfordert. [...] Früher war das ja so, die Angehörigen mussten froh sein, einen Platz zu kriegen, jetzt ist es umgekehrt, wir müssen froh sein, wenn wir die alle belegt bekommen. [...] Die Angehörigen sind die eigentlichen Kunden. Die stellen mehr Anforderungen und denen werden wir kaum gerecht, auch die Arbeit mit den Angehörigen kann nur in beschränktem Umfang geleistet werden – damit ist die Altenpflege überfordert. Ebenso mit der psycho-sozialen Betreuung, wie vorher gesagt, die können wir nur mit Hilfe von unseren ehrenamtlichen Helfern abdecken“ (IP 3).

„Unsere Patienten sind auch sehr verwöhnt, früher hatten wir mehr Personal, aber die Leute waren auch nicht so pflegeintensiv. [...] Es kommen mehr Leute im Endstadium Krebs oder aber Demente“ (IP 4).

„[...] im Laufe der Zeit hat sich das Klientel verändert, wir haben vermehrt schwerstbedürftige Leute, vermehrt Leute, denen sie das Essen geben müssen, die bräuchten mindestens eineinhalb Stunden Zeit. [...] das kann in den momentanen Rahmenbedingungen nicht geleistet werden“ (IP 1).

Auch diese Aussagen machen deutlich, dass für die befragten Schlüsselpersonen der Leitgedanke tragend war, dass die Defizite der Versorgungsstrukturen und der Pflege- und Betreuungsqualität vor allem aus den veränderten externen Bedingungsfaktoren resultieren und es aufgrund der finanziellen Engpässe und engen Vorgaben der Pflegeversicherung an ausreichenden Spielräumen für das professionelle Pflegehandeln – im Sinne von Qualitäts- und Kundenorientierung – fehlt.

(4) Ausgangssituation im kulturellen Subsystem

In diesem Themenkomplex wurde neben den bereits analysierten Problemen vor allem Aspekte wie Professionalität, wirtschaftliche Betriebsführung, Unternehmenskonzepte und Wettbewerbssituation angesprochen (siehe Tabelle 19). Die bereits in den anderen Subsystemen skizzierten Probleme finden in diesem Abschnitt keine weitere Berücksichtigung.

Tabelle 19: Problemanalyse in Bezug auf das Gesamtsystem

	IP 1	IP 2	IP 3	IP 4	IP 5	IP 6
▣ Restriktive Personalpolitik in Form von Personalabbau	X	X		X		X
▣ Zielkonflikte zwischen Wirtschaftlichkeit und Humanität	X		X		X	
▣ Altenpflege zu unprofessionell			X			
▣ Hoher Kostendruck, enger Finanzrahmen	X		X	X	X	
▣ Gestiegener Wettbewerbs- und Konkurrenzdruck						
▣ Gestiegener Handlungsdruck	X	X	X	X	X	X
▣ Nicht zeitgemäße Führungs- und Organisationsstrukturen	X		X			X

Die in der Fachliteratur prognostizierte und für viele Einrichtungen existente, sich zuspitzende Wettbewerbssituation war für die Einrichtungen anscheinend noch kein aktuelles Problem[96]. Als diakonische bzw. frei-gemeinnützige Einrichtungen profitierten sie einerseits von ihrer historisch bedingten Vorrangstellung gegenüber privaten Einrichtungen andererseits von ihren günstigen Standorten[97]. Unbestritten war für einige befragte Schlüsselpersonen hingegen, dass die von den politischen Entscheidungsträgern avancierte Konkurrenz und marktwirtschaftliche Entwicklung in den Altenpflegeeinrichtungen ein verändertes Wettbewerbs-, Qualitäts- und Profilierungsdenken und -handeln erzwinge (N=3).

„Das diakonische Profil ist unser Wettbewerbsvorteil".

„Wir haben den Vorteil, dass wir in dieser Kreisstadt und auch in der unmittelbaren Umgebung das einzige Pflegeheim sind und dass wir zur Kirchengemeinde gehören und nicht nur mit der evangelischen, sondern auch mit der katholischen Kirchengemeine eng verbunden sind".

„Wir stehen in keinem richtigen Konkurrenzkampf. Wir sind zur Zeit in der glücklichen Lage, dass wir durch die Schließung der anderen Einrichtungen unseres Trägers eine Warteliste von ca. 60 bis 90 Bewohnern haben, natürlich auch die anderen in der Umgebung. Von daher stellt sich die Frage nach einem Konkurrenzkampf im Moment eigentlich nicht. Ansonsten würden wir in Konkurrenz stehen und müssten eine gute Qualität bieten".

Infolge der veränderten Rahmenbedingungen stehen alle Einrichtungen unter Anpassungsdruck, deshalb müssen die Führungs- und Leitungskräfte mit innovativen Veränderungen reagieren.

---

96 Siehe Kap. 2.1.3.2.
97 Bei diesen Zitaten wird – aus Anonymitätsgründen – auf den Datenverweis verzichtet, da ansonsten die Aussagen in Verbindung mit der Dokumentenanalyse Rückschlüsse auf die Identität der Befragten ermöglichen würden.

„Momentan haben wir einen großen Handlungsdruck, durch diese vielen Veränderungen, und das sehe ich als besondere Reife unserer Einrichtung an, die mit Innovationen die letzten vier Jahre groß geworden ist. Es vergeht kein Jahr, kein Monat, wo nicht irgendetwas, eine Entwicklung dazu kommt [...] das ist sehr positiv, d. h. in den letzten vier Jahren ist brutal viel abgegangen und der Erwartungsdruck ist groß, von den Mitarbeitern und der Geschäftsleitung. Ich bin jetzt an einem Punkt, wo ich sage Ruhe, jetzt erholen wir uns und ruhen uns auf den Lorbeeren aus" (IP 1).

Die in der Vergangenheit durchgeführten organisatorischen Veränderungsmaßnahmen beschränkten sich in den Einrichtungen – anscheinend mit einer Ausnahmen – vornehmlich auf notwendige Umstrukturierungsprozesse im Sinne von Anpassung an die veränderten Rahmenbedingungen oder die Erfüllung der politischen und gesetzlichen Vorgaben; die Qualifizierungsmaßnahmen hingegen auf die Erhöhung der fachlichen Kompetenzen.

Um auf die vielfältigen Herausforderungen adäquat reagieren zu können, so ein Proband, sei eine zunehmende Professionalisierung der Altenpflege(-organisationen) auf Grundlage neuester wissenschaftlicher Erkenntnisse notwendig, denn diese biete den Einrichtungen eine elementare Wissensbasis bei ihrer Neuorientierung.

„Also die Krankenpflege ist professioneller, die Altenpflege finde ich persönlich sehr unprofessionell, rückständig, nicht wissenschaftsorientiert, neue Erkenntnisse der Wissenschaft finden kaum Niederschlag. So auch bei uns, die alten Strukturen sind ganz schwer aufzubrechen. Das zu erkennen, finde ich schon ganz schön schwierig, aber dann noch zu verändern und versuchen, neue Strukturen zu schaffen, die eben an das Klientel angepasst sind, das ist problematisch, denn Mitarbeiter halten an Gewohnheiten fest" (IP 3).

Nur drei Personen thematisierten, dass die traditionellen Strukturen der Einrichtungen zu reformieren und neue Managementkonzepte zu entwickeln sind.

„Wir haben eine Organisationsstruktur, die nicht mehr zeitgemäß ist, neue Konzepte müssten her" (IP 1).

Interessanterweise begriffen sich diese als die „Motoren" und „Initiatoren" der Innovationsbemühungen. Als Hemmschuh ihrer Veränderungsbemühungen identifizierten sie vor allem das Aufbrechen tradierter Strukturen und Werte sowie Gewohnheitsmuster – insbesondere bei den Pflegekräften.

In dieser Argumentationslinie spiegeln sich für den Beratungsprozess wichtige Aussagen wider: Jede strukturelle Veränderung muss mit der Entwicklung der normativen Unternehmensdimension – auf allen Hierarchieebenen – einhergehen. Und: Das Management muss in Veränderungsprozessen die Kräfte orten, die bereit sind, diesen Wandel engagiert mitzutragen.

Die Aussagen verdeutlichen aber auch die Schwierigkeiten und Widersprüche ihres Führungshandeln: Die theoretische Erkenntnis, neue Konzepte in den Managementalltag zu integrieren, bspw. neue Führungskonzepte oder ein effizientes Kostenmanagement durch strategische Maßnahmen und strukturellen Veränderungen zu realisieren, wurden in der Praxis nicht konsequent bzw. angemessen verfolgt. Zwar sind Ansätze erkennbar. Doch die Effektivität der bereits umgesetzten Maßnahmen scheiterte häufig an den Vorgehensweisen – die meisten Veränderungsmaßnahmen wurden top-down implementiert – und, oder daran, dass sie nur reaktiv erfolgten. Das zeigt sich exemplarisch auch in der wirtschaftliche Betriebsführung, die sich bislang klassisch auf Kostenbegrenzung und -kontrolle reduzierte.

„Bei meiner Strategie der Einsparung arbeite ich in zwei Richtungen, das eine ist eben Kosten zu senken und dann nicht im Personalbereich, sondern um das ganze sozialverträglich zu gestalten, vor allem im Bereich der Sachkosten, da gehen wir Einkaufskooperationen ein, um eben viele Sachkosten zu minimieren [...] ein weiteres Strategieziel, das wir verfolgen, um Kosten zu minimieren und Einnahmen zu erhöhen ist, die Einstufungen der Bewohner zu überprüfen" (IP 3).

Um einen Ausweg aus dem finanziellen Dilemma zu finden, hatten alle drei Einrichtungen – nach Einführung der Pflegeversicherung – mit Personalabbau reagiert, auf Neueinstellungen verzichtet oder im Pflegebereich die Personalzusammensetzung – zu Lasten der examinierten Kräfte verändert. In zwei Einrichtungen sei das untere Limit erreicht, so die Befragten, die Personalausstattung wurde von ihnen als unzulänglich beurteilt (N=3). Die anderen Befragten bewerteten die personellen Kapazitäten als ausreichend, aber unbefriedigend.

Die Expertinnen und Experten hatten erkannt, dass der Handlungsdruck eine umfassendere Anpassung und Veränderung der Organisationen an die Kontextbedingungen notwendig macht (N=3), die Akteure generell zu Veränderungen bereit sind (N=6) – das Management aber bislang noch keine Wege gefunden hatte, diese angemessen zu gestalten (N=3).

Wenn die Einsicht und der Wille nach umfassenden Veränderungen vorhanden war, dann hatten die Führungskräfte – auch aufgrund der gestiegenen administrativen Aufgaben – keine Kapazitäten, um eigene Lösungskonzepte zu entwickeln.

„Die deutsche Regelungswut und Reglementierungen, die binden so viele Kräfte und soviel Energie, dass ich als Führungskraft gar keine großen Möglichkeiten habe, neue innovative Veränderungskonzepte zu entwickeln, das läuft alles neben her, weil man durch diese vielen Formulare, durch diesen bürokratischen Aufwand vollauf beschäftigt ist" (IP 3).

In diesen Aussagen bestätigt sich die These der BGW, die für das Konzept der „gepoolten Beratung" bestimmend war, dass die klein- und mittelstrukturierten Pflegeorganisationen derzeit nicht in der Lage sind, eigene Problemlösungs- und Innovationskonzepte zu entwerfen.

6.1.2.3. Zielvorstellungen und Veränderungsimpulse der OE-Akteure

Diesen Themenkomplex hatte ich mit der alternierenden Frage eingeleitet: War es Druck oder Wunsch, der für die Veränderungsmaßnahme handlungsleitend war?

Die Interviewten erklärten übereinstimmend, dass die Intention der Einrichtung am Projekt mitzuwirken aus beidem resultierte (N=5). Nur für eine Person, die dem Projekt skeptisch gegenüberstand, war der Marketingeffekt bestimmend[98].

„Zum einen war es der Wunsch nach Veränderung, Wunsch nach Innovation, zum anderen Handlungsdruck, wobei der Innovationswunsch größer war als der Druck" (IP 3).

„Es war Handlungsdruck als auch Wunsch nach Veränderung, denn Veränderungen sind in der Pflege ständig notwendig; der Handlungsdruck ist im Moment stärker" (IP 5).

„Soll ich ihnen ehrlich mal sagen was es ist, es ist ein gutes Marketing nach außen" (IP 2).

In diesem Frageteil interessierten mich vor allem die konkreten Ziele der Probanden, welche ihnen am dringlichsten erschienen und in welche Richtung die Veränderung aus ihrer Sicht zielen sollte.

Tabelle 20 veranschaulicht die unterschiedlichen Zielprioritäten der befragten Schlüsselpersonen.

Tabelle 20: Zielprioritäten der internen Change Agents

	IP 1	IP 2	IP 3	IP 4	IP 5	IP 6
1	Einführung der 5,5-Tage-Woche	Entzerrung der Arbeitsspitzen	Kunden- und Mitarbeiterzufriedenheit und -orientierung	Veränderung und Verbesserung der Arbeitsorganisation	Entlastung der Mitarbeiter und Erhöhung der Arbeitszufriedenheit	Veränderung der Bewusstseinshaltung aller Beteiligten

---

98 Im Gesprächsverlauf zeigte sich jedoch, dass diese Skepsis sich vielmehr gegen die Einrichtung bezog, da sie auf Erfahrungswerten basierte.

| 2 | Lösung der Schnittstellenproblematik | Stärkere Bewohnerorientierung | Modifizierung der Arbeits- und Dienstzeiten | Verbesserung der Schnittstellenorganisation und -problematik | Bewohnerorientiertes Arbeiten | Entwicklung der Fähigkeit zu eigenem Krisenmanagement |
| 3 | Verbesserung der informellen Organisationsstrukturen | Höhere Mitarbeiterzufriedenheit | Entlastung der Pflege von pflegefremden Tätigkeiten | Bessere Teamkooperation und -kommunikation | Verbesserung der Dienstzeitmodelle | Etablierung eines kontinuierlichen Verbesserungs- und Veränderungsprozesses |

Wie Tabelle 20 zeigt, zielten die häufigsten Nennungen auf die sozialen und strukturellen Aspekte der Ablauforganisation, weitere auf die Erhöhung der Bewohnerorientierung (N=3). Interessant sind hier die Zielangaben von Interviewperson 6; sie decken sich mit den Zielen der OE-Ansätze.

Die Identität der genannten Zielprioritäten mit den projektimmanenten Zielen zur Optimierung der Arbeitslogistik ist evident. Angesichts der Tatsache, dass die internen Change Agents bereits vor dem Interviewtermin über die Projektziele informiert worden waren, schließt sich die Frage an, ob die Projektmitglieder die Projektziele bezogen auf die strukturellen Aspekte nun adaptiert hatten oder ob sie sich mit diesen Projekt(teil)zielen bereits identifizierten und ob diese Projektziele auch „ihre Ziele" waren.

Bei drei Interviewten hatte ich den Eindruck, dass sie die Ziele lediglich adaptiert hatten.

„Wichtig ist für mich der Arbeitsablauf. Mit dem steht und fällt alles" (IP 4).

„Erstens mal eine Entzerrung der anfallenden Arbeiten, dass sich das besser auf einen Tag verteilen, und dass dadurch die Bewohner zufriedener werden, und dass sie Angehörigen zufriedener werden und dass wir alle damit zufriedener sind" (IP 2).

Die anderen befragten Schlüsselpersonen hingegen hatten die Optimierung der Pflegeprozesse und Arbeitsablaufprozesse als Ansatzpunkt bei der Verbesserung der Kunden- und Mitarbeiterorientierung und somit die wichtigsten Eckpunkte des OE-Geschehens bereits reflektiert, was sich darin verdeutlicht, dass sie die Projektziele – wie personenzentrierte Arbeitsstrukturen und -abläufe, Gesundheitsförderung Flexibilisierung der Arbeits- und Dienstzeitsysteme, Optimierung der Schnittstellenorganisation etc. – sehr differenziert in den Einrichtungskontext stellten.

Im Interviewverlauf hatten meine Interviewpartner/innen bereits vielfältige Veränderungsbedarfe erkannt und geäußert. Die häufigsten Angaben sind der Reihenfolge nach: Abbau der Stressfaktoren (N=5), Erhöhung der Mitarbeiterzufriedenheit und Motivation (N=6), Gesundheitsförderung (N=5), Verbesserung der Bewohnerkonzepte sowie Pflege- und Betreuungsqualität (N=4), Verbesserung der Kommunikation und Zusammenarbeit zwischen den Funktionsbereichen und Führungskräften (N=4), Selbständigkeit der Pflegekräfte fördern (N=4), Professionalisierung des Personals durch mehr Qualifizierung (N=3), neue Qualitätskonzepte (N=3) und neue Management- und Führungskonzepte (N=3).

Die Veränderungsimpulse zeigen, dass die Verbesserung der Arbeitsbedingungen für die Befragten im Zentrum ihrer Ziele stand, gefolgt von den Veränderungsnotwendigkeiten bezogen auf die Erhöhung der Ergebnisqualität. Im Laufe des Interviews hatte ich den Eindruck gewonnen, dass die humane Gestaltung der Arbeits- und Versorgungsbedingungen das Hauptanliegen meiner Probanden war.

Insgesamt zielten alle Äußerungen auf die Verbesserung der Leistungsfähigkeit, der Qualität und Humanität des Arbeitslebens als anzustrebende Veränderungsziele – und somit auf klassische OE-Ziele.

Nur wenigen Befragten war bewusst, dass über die Maßnahmenziele des Pilotprojekts hinaus, auch weitere Ziele von Bedeutung sind, nämlich die Befähigung der Organisationen und ihrer Akteure, notwendige und kontinuierliche Anpassungs- und Entwicklungsprozesse der Akteure selbstorganisiert zu initiieren und zu gestalten[99]. Einzelne Aspekte wurden zwar diskutiert, die den sozialen und organisationalen Lern- und Entwicklungsprozess unterstützen, wie Förderung der Selbständigkeit, Professionalisierung und Unterstützung durch die höheren Führungsebenen. Die Einsicht, dass das Lernen von sozialen Systemen und Organisationen als OE-Ziel zu betrachten ist, wurde nur von einer Person erkannt. Dieser Proband benannte den Emanzipationsprozess der Organisation und Akteure als sein oberstes Veränderungsziel.

„Also das Wichtigste, was sich ändern müsste, ist das Bewusstsein, dass sich etwas bewegt und dass es keine Eintagsfliege ist, sondern dass dies eine Sache ist, die über einen längeren Zeitraum geht und jetzt endlich zu einer Grundlage unseres Hauses werden soll, – ein eigenes Krisenmanagement zu betreiben, also selber zu reagieren auf Probleme und das auch umsetzen" (IP 6).

---

99 Siehe Kap. 5.2.3.1.

Abgesehen von den Projektzielen interessierten mich bei diesem Abschnitt auch die Fragestellungen: In welchen Bereichen die Veränderungsmaßnahmen am ehesten durchzuführen sind und wie sich die Befragten die Integration anderer Systembereiche vorstellen.

Hier überraschten die Antworten. Denn die Befragten (N=4) waren mehrheitlich der Ansicht, dass die Ziele nur in der Ablauforganisation angesiedelt waren.

> „An eine Strukturveränderung der Aufbauorganisation durch das Projekt, glaube ich eigentlich nicht. Hier geht es im wesentlichen um reine Ablauforganisation mit den Mitarbeitern." (IP 3).

Anzustrebende Veränderungen in den sozialen Systemdimensionen wurden in diesem Kontext nur von zwei Probanden explizit angesprochen. Das lag vermutlich daran, dass diese Aspekte bereits im arbeitsorganisationsbezogenen Frageteil thematisiert wurden. Denn häufig verwiesen die Interviewten doch darauf, dass die Entwicklungsbemühungen mit der Veränderung der Leitungs- und Führungssysteme einhergehen müssten. Diese Einsicht blieb aber lediglich auf metatheoretischer Ebene:

> „[...] es muss sich etwas verändern, es wird sich was verändern, aber um dieses zu ändern, müssen sich auch die Führungsstrukturen verändern" (IP 6).

Überzeugend wurde von drei Personen die Erkenntnis vertreten, dass nicht Druck, sondern nur die stärkere Eigensteuerung der Mitarbeiter/innen und Qualifizierung durch Personalentwicklung das adäquate Mittel sei, um sowohl eine größere Kunden- und Mitarbeiterzufriedenheit als auch Unternehmenserfolge zu erzielen.

> „Man muss versuchen mit den Mitarbeitern zusammen neue Strukturen zu schaffen, die eben dem Klientel angepasst sind. [...] Wenn wir neue Bedingungen schaffen können und auch neue Konzepte erstellen können, wo auch die Qualifizierung oder Qualifikation und Professionalität im Vordergrund steht, das motiviert die Leute anders. Ich denke, da hat man mehr Erfolg als wie jetzt durch den Handlungsdruck, durch den Gesetzgeber oder durch die Pflegekassen" (IP 3).

Positive Effekte und entscheidende Impulse für die Implementierung neuer Pflege- und Betreuungskonzepte und Leistungserfassungsverfahren als Beitrag zur Qualitätssicherung versprachen sich nur zwei Führungs- und Leitungskräfte.

> „[...] was ich noch ganz wichtig finde ist, durch die gemeinsamen Schulungen ist die gegenseitige Beratung, das gegenseitige Kennen lernen von neuen Konzepten und neuen Strukturen zur Verbesserung der Qualität insgesamt, wie beispielsweise die neue Pflegedokumentation, das in einer Einrichtungen bereits angewandt wird [...]" (IP 3).

Die Antworten auf die Frage nach den persönlichen Zielen im Veränderungsgeschehen boten erste Anhaltspunkte für die Identifikation der Schlüsselpersonen mit der OE und ihre Motivation, das Pilotprojekt mitzugestalten. Hier wurden überwiegend berufbezogene Ziele genannt, wie Arbeitszufriedenheit, Motivationssteigerung, Einbeziehung der Betroffenen und Betriebsklima. Darüber hinaus wünschten sich einige wenige OE-Akteure eine Unterstützung bei der Wahrnehmung ihrer Leitungsfunktion von Seiten der höheren Instanz bzw. vom Mitarbeiterteam (N=2) und/oder die Förderung eigener Führungs- und Leitungskompetenzen (N=2).

> *„Meine persönlichen Ziele dabei sind, die Arbeitszufriedenheit und die Motivation der Mitarbeiter zu erhöhen [...] und unnötige Wege und unstrukturiertes Arbeiten zu verhindern"* (IP 3).

> *„Ein bisschen mehr Durchsetzungsvermögen [...] aber auch Unterstützung bei der Dienstplanung, der Entwicklung von Personal, der Personalplanung etc. [...] und dann erhoffe ich mir noch mehr Zeit für die Beschäftigung mit den alten Leuten oder Ergotherapie oder so ähnliches [...] und ein bisschen mehr Unterstützung im Team, von einzelnen Leuten"* (IP 4).

> *„[...], dass man uns einfach von der oberen Leitung her mehr unterstützt, dass man uns auch in der Umsetzung mehr unterstützt"* (IP 2).

> *„[...] dass die Ergebnisse die Wünsche der Mitarbeiter widerspiegeln, [...] dass das der Mitarbeiter einfach sieht, denn es ist so, dass dieses Projekt von den Mitarbeitern initiiert wurde, sie wollen Ergebnisse sehen, dass ist mein primäres Ziel und oberster Wunsch"* (IP 1).

Als generelle Aussage bleibt festzuhalten: Die Identifikation mit dem OE-Projekt erfolgte vor allem über die soziale Zielebene des Projekts; die strukturelle Veränderungsziele zur Optimierung der Arbeitslogistik wurden dabei als notwendige Handlungsstrategien zur Verbesserung der Ablauforganisation gesehen. Beide Aussagen sind erste Indizien für die Veränderungsbereitschaft der OE-Akteure.

6.1.2.4. Veränderungsbereitschaft der OE-Akteure

In der letzten Phase meines Interviews kam ich zu einem weiteren, wichtigen Schwerpunkt, dem der Veränderungsbereitschaft der OE-Akteure. Eine erfolgreiche OE ist nicht nur von einer möglichst breiten Veränderungsbereitschaft und Akzeptanz der Träger- und Schlüsselpersonen abhängig, sondern diese beiden Aspekte zählen zu den konstituierenden Prinzipien der OE[100]. Der nachfolgende Untersuchungsabschnitt konzentriert sich deshalb auf die Faktoren, die diese Aspekte bedingen.

---

100 Siehe Kap. 3.4.6.

Darüber hinaus wollte ich die Einschätzung der Führungs- und Leitungs-kräfte zu den Verbesserungs- und Entwicklungschancen der zu implementie-renden Projektmaßnahmen ermitteln. Dieser Interviewteil wurde im Anschluss an das Interviewgespräch mittels eines strukturierten Fragebogens erhoben[101].

„Akzeptanz" und „Veränderungsbereitschaft" im OE-Prozess werden von vielfältigen Faktoren beeinflusst. Einige Einflussfaktoren konnten bereits in den vorhergehenden Fragekomplexen beleuchtet werden, wie beispielsweise Kon-gruenz der Ziele, existierender Handlungsdruck und der Wunsch nach innova-tiven Konzepten und Methoden.

Um möglichst vielen Einzelfaktoren gerecht zu werden, erschien es mir wich-tig, über die bereits ermittelten Aspekte hinaus gezielter nach weiteren Krite-rien zu fragen. Vor allem solche waren von Interesse, die der Fachliteratur zu-folge bedeutende Indikatoren für die Akzeptanz der OE und damit zugleich Indizien für die Veränderungsbereitschaft der OE-Akteure sind[102], wie Chancen auf individuelle Entwicklung, aber auch Chancen auf materielle und immate-rielle Verbesserungen. Weitere Faktoren, die für die Veränderungsbereitschaft der OE-Akteure eine entscheidende Rolle spielen, sind das berufliche Engage-ment, die Identifikation mit den Unternehmen oder ethische und berufliche Werte und Normen. Diese Kriterien habe ich dem Interviewverlauf entnom-men.

Für die Akzeptanz geplanter Veränderungen – insbesondere bei Pilotprojek-ten – sind darüber hinaus meines Erachtens weitere Fragen bedeutsam, wie: Von wem ging die Initiative aus? Waren die Akteure an der Projektentschei-dung, an der Auswahl der Modellstationen und Projektmitglieder beteiligt? Wurden sie über die OE-Maßnahmen ausreichend informiert und aufgeklärt? Konnten sie am Zielbildungsprozess partizipieren und wurden sie bereits in den OE-Prozess einbezogen?

Die ausgewerteten Daten zur Veränderungsbereitschaft und Akzeptanz der OE-Akteure sind folgender Tabelle 21 zu entnehmen.

---

101 Fünfter Teil des Interviewleitfadens: Strukturierte Fragen zum Veränderungsprozess, siehe Anhang A.
102 Siehe Kap. 3.4.6.

Tabelle 21: Veränderungsbereitschaft und Akzeptanz der OE-Akteure

	IP 1	IP 2	IP 3	IP 4	IP 5	IP 6
Veränderungsbereitschaft der betroffenen Akteure[103]						
▦ *Akteure wurden umfassend informiert und aufgeklärt*			N = 2			
▦ *Entscheidung erfolgte unter Einbeziehung der Akteure*			N = 2			
▦ Identifikation der Akteure mit der Einrichtung oder den Wohnbereichen			N = 3			
Veränderungsbereitschaft der befragten Change Agents						
▦ Ethische und pflegerische Ansprüche	X	X	X	X		X
▦ Chance auf individuelle Entwicklung und Förderung	X	X	X			X
▦ Chance auf materielle Verbesserungen	X	X				X
▦ Wunsch nach Förderung der Selbstorganisation						X
▦ Einrichtungen sind für die Veränderungen offen	X		X			
▦ Unterstützung durch externe Beratung	X		X	X		X
▦ Austausch mit anderen Einrichtungen			X			

Im Befragungsverlauf wurde deutlich, dass die eigenen ethischen Werte und pflegerischen Normen für die Interviewten eine tragende Basis ihres beruflichen Engagements sind (N=5). Für die Bewältigung des Pflegealltags spielen – aus Sicht der Befragten – die Verbundenheit der Akteure mit den Einrichtungen oder das Wir-Gefühl auf den Wohnbereichen eine elementare Rolle (N=5). Damit zeigt sich, dass eine für jeden OE-Prozess notwendige Voraussetzung vorhanden war, nämlich die, dass sich die Akteure mit ihren Organisationen oder Stationen identifizierten.

„Eine wichtige Motivation für mich war, dass der alte Mensch, der sehr viel für die Gesellschaft getan hat, auch ein Anrecht hat, ein Leben in Würde zu führen und ein Recht darauf hat, ein Leben zu verbringen, mit der notwendigen Hilfe, die er braucht und auf die Erfüllung seiner Wünsche, auch wenn er sie nicht immer erfüllt bekommt. Aber es muss immer meine Zielsetzung bleiben, also mein persönliches Leitbild, dieses zu ermöglichen, persönlich und auch in der Verantwortung als Leitungskraft" (IP 6).

„Die Zufriedenheit mit der Betriebszugehörigkeit und die Identifikation mit dem Unternehmen, die ist sehr hoch, die haben wir erst vor kurzem in einer Umfrageaktion ermittelt, aber beim Arbeitsklima, da stoßen wir an bestimmte Grenzen" (IP 1).

„Für mich ist das hier immer ein Zuhause gewesen, wir sind wie eine Familie, egal wie schwer man es hier manchmal hat. Zwar schimpfen wir alle viel, aber das ist unser Zuhause" (IP 4).

---

103 Alle Kategorien werden aus Anonymitätsgründen nicht betriebsspezifisch zugeordnet.

Den Interviewabschnitt zur OE hatte ich mit der Frage eingeleitet: Von wem ging die Projektinitiative aus?

Die Antworten machten deutlich, dass das Projekt entweder über die Akteure der Gesundheitszirkel initiiert (N=3) und somit im Kontext der Gesundheitsprävention stand und/oder als Impuls von der Führungsebene ausging und „top-down" (N=4) etabliert wurde[104].

> „Also, ich wurde von der BGW angesprochen, war gleich Feuer und Flamme, hab das mit der Geschäftsleitung und mit der PDL abgesprochen, beide waren auch dafür und dann haben wir die Wohnbereiche ausgesucht, die waren eigentlich auch nicht abgeneigt und so ist das dann entstanden."

> „Das ging von unserem Arbeitskreis Gesundheit aus. Der arbeitet viel mit der BGW zusammen und hatte davon gehört. Dann hatten wir eine Hauskonferenz und da wurde uns das Projekt von einem Projektleiter der BGW vorgestellt. Da wir alle davon angetan waren, haben wir es dann unseren Mitarbeitern vorgestellt, die wir da einbeziehen wollten."

> „Also die Idee kam von der Geschäftsleitung, da hieß es, sie machen mit, und das hat mich eigentlich gewundert, dass alle so positiv mitgemacht haben, ich meine, die einen hatten auch ein bisschen Angst gehabt, dass man da Zeiten aufschreibt, so in die Richtung, schaffen wir immer noch nicht genug, oder so, aber, die haben schön mit gemacht."

In allen Einrichtungen wurden die Entscheidung zur Projektteilnahme auf höchster Managementebene gefällt. In einer Einrichtung konnten die Akteure am Entscheidungsprozess zur Projektteilnahme partizipieren, in den anderen beiden Einrichtungen wurden die Pflegedienstleitungen einbezogen, die Wohnbereichsleitungen hingegen lediglich informiert. In zwei Häusern wurden die Modellstation und die Projektmitglieder von den übergeordneten Führungsebenen ausgewählt, in einer Einrichtung war der Gesundheitszirkel an der Auswahl beteiligt.

Werden OE-Prozesse „top-down" implementiert, dann muss die OE-Beratung und das Management besonders auf folgende Aspekte achten: Umfassende Information zu Prozessbeginn, Einbeziehung in das Prozessgeschehen, kontinuierliche Transparenz und Aufklärung über das laufende Prozessgeschehen sowie kontinuierliche Motivationsarbeit.

Bereits zu Projektbeginn konnte dies in zwei Häusern nicht ausreichend gewährleistet werden. Hier hatte die fehlende Transparenz über die Ziele und Intention des Projekts und die mit den umfangreichen Tätigkeits- und Zeitanalysen auftauchende/n Skepsis und Ängste (N=3) zu Schwierigkeiten und Widerständen geführt. Dadurch wurde Veränderungsbereitschaft und Akzeptanz der betroffenen Akteure einer Einrichtung gleich zu Projektbeginn beeinträchtigt.

---

104 Aus Anonymitätsgründen wird auf den Quellenverweis verzichtet.

„Die Leute richtig zu informieren, da scheinen wir auch Defizite zu haben, weil viele Angst gehabt haben, es werden Arbeitsplätze abgebaut, was ich überhaupt nicht verstehen konnte. Aber die Angst ist da und ein Stück weit war vielleicht schlecht, – aber es geht auch nicht ohne Mitarbeiterbefragung –, dass am Anfang eine Mitarbeiterbefragung[105] *stattgefunden hat und da hieß es, die ist ganz anonym, aber aufgrund der Angaben, die sie gemacht haben, haben sie schnell herausgefunden, wer was ausgefüllt hat. Das hat die Mitarbeiter sehr verunsichert. [...] Es gab anfangs einfach Kommunikationsschwierigkeiten und das war schlecht"* (IP 3).

Da die bisherigen Veränderungs- und Rationalisierungsbemühungen der Einrichtungen zu keinen einschneidenden Verbesserung und Entwicklungen geführt hatte, erhofften sich die Führungs- und Leitungskräfte vom Pilotprojekt eine entscheidende Wende. Die rückgemeldeten Diagnosen hatten die OE-Akteure, die Einsicht hatten, von den Projektzielen und -interventionen überzeugt. Sie bewerten die Optimierung der Arbeitslogistik als einen möglichen (N=3) oder als einen geeigneten Entwicklungs- und Veränderungsansatz zur Erreichung ihrer Ziele (N=2). So gesehen, fühlten sich fast alle Interviewten den konkreten Zielvorstellungen und Aufgabenstellungen des Projekts gegenüber verpflichtet.

Auf die Frage, welche reellen Chancen die Befragten der „Organisationsentwicklung" einräumen, machten meine Gesprächspartner/innen relativ wenig konkrete Aussagen. Ein Grund ist meines Erachtens in der Inkongruenz zwischen den Projektzielen der BGW und der Projektintention der Beraterfirma zu sehen[106], ein anderer darin, dass einige Projektmitglieder im Gesprächsverlauf bereits differenzierte Angaben zu ihren Projekterwartungen gemacht hatten. Insgesamt räumten nahezu alle Befragten der erfolgreichen Projektumsetzung unterschiedliche, tendenziell jedoch überwiegend gute Chancen ein. Interessant war die Aussage einer Interviewperson, die von den zu erreichenden Zielen losgelöst, es auch als Erfolg betrachten würde, wenn die Akteure – unabhängig von den Ergebnissen – in der Lage sind, den Entwicklungsprozess über den Projektzeitraum mitzutragen und mitzugestalten. Signifikant war in diesem Zusammenhang, dass die Befragten den erwarteten Projekterfolg mehrheitlich an die Begleitung und Unterstützung durch das externe Beratungssystem knüpften.

„Ganz am Anfang hätte ich dem Ganzen keine Chance gegeben, denn unsere Führungsebene hatte etwas Probleme, der eine sagte so, der andere so. Das war katastrophal. Jetzt hat eine Führungskraft alleine die Verantwortung übernommen und ich denke, wir sind auf dem richtigen Weg. [...] wir wollen ein bisschen weiterkommen, [...] wir sind ein bisschen

---

105 Hier wird die von IGES durchgeführte Mitarbeiterbefragung angesprochen.
106 Siehe Kap. 5.2.3.1.

idealistisch, immer noch – - eingefahrene Strukturen verändern, denn die Anforderungen sind höher geworden und da brauchen wir ein bisschen Hilfe von draußen, dann könnte uns das leichter fallen" (IP 4).

„Das ist eine große Chance für unsere Einrichtung, da kompetente Unterstützung von außen zu bekommen, Austausch stattfinden zu lassen mit anderen Einrichtungen. Das ist für mich noch ganz wichtig, das könnte man auch als Führungsprinzip nennen. Ein Vergleich mit anderen Einrichtungen, was dort besser läuft, auch bei uns zu versuchen umzusetzen" (IP 9).

„[...] es ist wenigstens die Erkenntnis da, dass ein Prozess läuft, laufen muss und laufen wird und dann nicht einfach verschwindet, weil er von außen begleitet wird. Im Moment kann ich keine Zielrichtung sagen, das muss jetzt sein, damit es gut geht, sondern allein der Prozess als solcher, wenn er über längere Zeit durchgehalten wird, das ist für mich schon ein Erfolg" (IP 6).

Die Antworten auf meine Frage nach den Chancen auf individuelle Lern- und Entwicklungsprozesse fielen erstaunlicherweise etwas verhalten aus. Nur zwei Befragte erhofften sich persönliche Gewinne bezogen auf die Erweiterung ihrer Leitungs-, Erfahrungs- und Erkenntnispotenziale.

„Ich denke, wenn man in so einem Projekt mitmacht – mitarbeitet, zieht man daraus eben auch Kenntnisse und Erfahrungen, die man im Prozess und Projekt gewonnen hat, in dem Sinne, man könnte da oder dort manches besser machen, ja ich erhoffe eine persönliche und berufliche Weiterentwicklung" (IP 2).

„Ich glaube zum Beispiel nicht, dass das Projekt meine Leitungsbefugnisse vergrößert, aber ich erhoffe mir, dass der Umgang mit der Veränderung – als normal angesehen wird, und dass man lernt, sich in anderer Form auseinander zu setzen, dass die Mitarbeiter es in die Hand nehmen, dass sie motiviert und engagiert sind, das steht außer Frage, es geht um Bereitschaft, die auch da ist. Konkret verspreche ich mir z. B. Übergaben zu lernen, oder etwas zu erkennen, zu besprechen, zu beschließen und durchzuführen, auch mit Konsequenzen" (IP 6).

Zwei andere Interviewte abstrahierten die Frage zunächst von ihren persönlichen Erwartungen. Ein Proband erhoffte durch die Förderung der Akteure zu mehr Selbstbestimmung und Eigenverantwortlichkeit eine Entlastung seiner eigenen Führungs- und Leitungsaufgaben. Für eine andere Person bildete der zu erwartende Erfahrungsaustausch mit anderen Einrichtungen einen wichtigen Ansatzpunkt seiner eigenen und organisationalen Lern- und Entwicklungsbestrebungen.

„Was ich für mich erhoffe, das ist schwierig auszudrücken, [...], dass die Mitarbeiter halt selbst Ideen entwickeln und ich das nicht für sie tun brauche. Dass die Veränderungen in dieser Hinsicht Entlastung bringen und ich nicht mehr das Zugpferd sein muss, sondern dass sie selber auch kommen und ich nicht alles mit Druck machen muss. Ich strebe eher an, dass die Bereitschaft der Mitarbeiter sich verstärkt, mehr eigene Verantwortung zu übernehmen, für ihre Prozesse, [...] dass sich die Basis mehr um die Arbeitsorganisation kümmert und dass

die Wohnbereichsleitungen nicht von oben kommt und sagen muss, hier brauch ich jemand, dass die Mitarbeiter das selbst sehen und auch Lust dazu haben" (IP 5).

Chancen auf materielle Verbesserungen in den Einrichtungen durch das Projekt erwarteten nur drei Befragte. Chancen auf finanzielle Anreize wurden kategorisch verneint. Auch veränderte Chancen bezüglich der Karriereplanung und -förderung sahen die Befragten im Projektkontext nicht gegeben, vor allem auch deshalb, weil diese anscheinend in zwei Einrichtungen bereits Bestandteil der Personalentwicklung sei.

„Ja, wenn das finanzierbar ist und das ganze auch seinen Zweck erfüllt, dann ja. Wenn wir bei der Überprüfung der Arbeitsprozesse feststellen, dass wir z. B. noch zwei Lifter brauchen, und das kostet dann 5.000,– DM, dann sehe ich da keine Probleme. Aber wenn es so sein soll, dass die Leute sagen, wir haben soviel Stress und jeder soll eine Gehaltsgruppe höher eingruppiert werden, dann muss ich nein sagen, das geht nicht. Aber Karriereförderung, da achten wir schon drauf" (IP 3).

Auf die Frage nach den Risiken antworteten die Befragten fast einmündig: Das einzige Risiko bestünde in der Verweigerung der Akteure, das Projektvorhaben zu unterstützen und/oder dass sich die Akteure gegen die Neuerungen stellen würden.

Für eine Person war die Unterstützung der OE-Akteure durch die höhere Führungs- und Managementebene eine wichtige Voraussetzung für das Gelingen oder Misslingen der OE. Damit wurde ein Aspekt angesprochen, der in der Fachliteratur hervorgehoben wird: Der Erfolg ist entscheidend davon abhängig, ob der Veränderungsprozess vom TOP-Management mitgetragen wird und ob die OE-Akteure von den Führungskräften Unterstützung erfahren.

„Risiken sehe ich nur dann, wenn die Mitarbeiter nicht mehr mitmachen" (IP 6).

„Gut, ich muss Ihnen ganz ehrlich sagen, wir führen ja ein offenes Gespräch, dass ich im Moment etwas resigniert bin und meine Erwartungen momentan etwas auf Halde liegen, weil ich die Einrichtung relativ schnell verlassen werde, [...] Mitarbeiter brauchen Rückhalt – von der Führungsspitze, besonders dann, wenn man ihnen Verantwortung überträgt und der ist nicht gegeben. Meine persönlichen Ziele motivieren mich, nochmals etwas zu bewegen, [...] bis eine Verbesserung für die Mitarbeiter da ist, denn ich sehe, sie werden arg ausgebeutet, [...] – sie bringen sich auch ein, aber man muss Hilfestellung geben und dazu müssen alle in einem Boot sitzen, alle Verantwortlichen an einem Tisch, das wünsch ich mir für die Zukunft, dass alle das lernen" (IP[107]).

Zum Abschluss des Interviews wurden den befragten Experten und Expertinnen acht strukturierte Fragen – verbunden mit einer Werteskala von eins bis zehn –

---

107 Aus Anonymitätsgründen wurde hier auf eine Codierung verzichtet.

vorgelegt, um die Einschätzung der Befragten hinsichtlich der Verbesserungs-
und Entwicklungschancen für Arbeits- und Gesundheitssituation für die Akteure
sowie für die Leitungskräfte und die strategische Bedeutung der Umstrukturierungsmaßnahmen gezielter zu ermitteln. Die isolierte Aussagekraft des Bewer-
tungsbogens ist gering, aber in Verbindung mit den aus den Interviews gezoge-
nen Daten können wichtige Rückschlüsse gezogen werden. In Abb. 32 sind die
Ergebnisse grafisch dargestellt:

Abbildung 32: Chancen des Veränderungsprozesses in Bezug auf ...

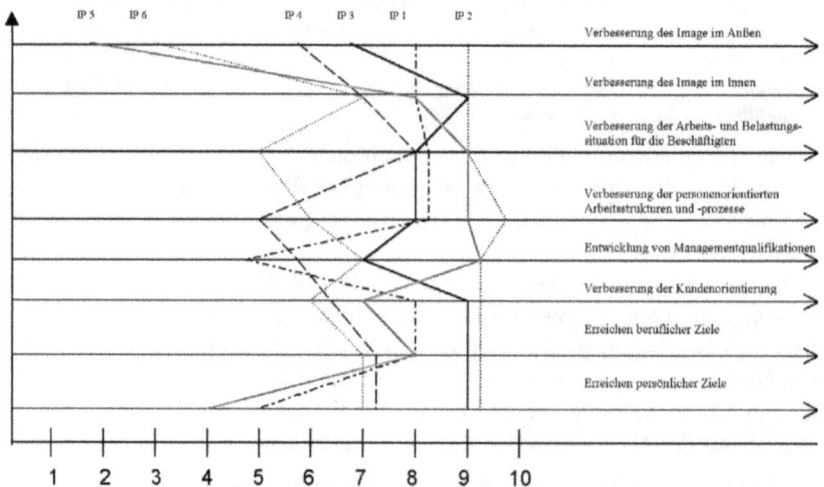

Quelle: Eigene Darstellung

Ein Resultat dieses Bewertungskomplexes ist: Die befragten Projektmitglieder
hatten an das Projekt überwiegend hohe Erwartungen, denn von den insgesamt 48 Bewertungsmöglichkeiten wurden 35 mal (rd. 73 %) Werte zwischen 7 und 10 Punkten vergeben.

Die ersten beiden Kategorien zielten auf die Frage, ob mit der Etablierung
der Projektmaßnahme marketingwirksame Effekte erzielt werden sollte. Auffallend war, dass die Bewertungen bezogen auf die Imagewirkung nach Außen
und Innen weit auseinander gingen. Wird „Imagebildung" als Teildimension
des Marketing definiert, dann erachten vier Probanden die durch das Projekt
zu erzielende externe Wirkung (Gewinnung potenzieller Kunden, Wettbewerbsvorteile) als wichtig. Nur für zwei Befragte spielt dieser Aspekt eine untergeordnete Rolle. Im Gegensatz dazu rechnen die Probanden übereinstimmend mit

positiven Auswirkungen auf das interne Marketing (Kunden- und Mitarbeiter-zufriedenheit und Personalbindung). Daraus lässt sich folgendes ableiten: Die Problemsichten haben gezeigt, dass angesichts der Problemlage der Handlungsdruck groß war. Die Projektteilnahme sollte den Zielgruppen beweisen, dass die Einrichtungen und Entscheidungsträger Verantwortung übernehmen, in dem Sinne „wir sehen eure Probleme, wir nehmen sie ernst und unternehmen alle Anstrengungen, um eure Situation zu verändern."

Bis auf eine Person räumten die Befragten den Kategorien „Verbesserung der Arbeits- und Belastungssituation" und „personenorientierte Arbeitsstrukturen und -prozesse" die meisten Realisierungschancen ein, was aufgrund der Projektziele naheliegend war.

Das Bewertungsergebnis bezogen auf den Erwerb von Managementqualifikationen verdeutlichte Diskrepanzen, die bereits während der Interviews offensichtlich wurden: Von dem Projekt versprachen sich die OE-Akteure zwar eine Entlastung, aber nur eine partielle Qualifizierung. Nur bei einzelnen Schlüsselpersonen hatte ich den Einruck gewonnen, dass sich diese darüber bewusst waren, welche Bedeutung die Entwicklung ihrer Managementkompetenzen im Rahmen des OE-Projekts hatte. Allen anderen fehlte noch die Einsicht, dass die Implementierung der Projektmaßnahmen maßgeblich durch ihre Beratungs-, Unterstützungs- und „Transformationsleistung" in den Organisationen erfolgen sollte. Denn als interne Change Agents standen sie im Zentrum der OE-Intervention (Hilfe zur Selbsthilfe).

Die generell positive Bewertung der Kategorie „Kundenorientierung" unterstrich die Erwartung der Befragten. Obwohl während des Interviews Bedenken geäußert wurden, wie eine qualitätsgerechte Pflege – angesichts des Zeit- und Personalmangels – zu bewältigen ist, zeigte sich in der Bewertungsskala die Dringlichkeit, die bewohnerorientierte Pflege wieder als zentrale Aufgabe in den Pflegealltag integrieren zu können.

Aus dem Bewertungsergebnis ist abzuleiten, dass die OE-Akteure dem Projekt generell gute Chancen zur erfolgreichen Realisierung der Projektziele beimaßen. Dies bestätigte den von mir im Gesprächsverlauf gewonnenen Eindruck, dass die Interviewten – bis auf eine Person[108] – dem Projekt sehr erwartungsvoll gegenüber standen.

---

108 Bei dieser Führungs- und Leitungskraft hatte ich während des ganzen Gesprächsverlauf den Eindruck, dass sie dem Projekt sehr zwiespältig gegenüber stand. Dies führe ich einerseits auf die in der Einrichtung herrschenden Konflikte zurück, andererseits darauf, dass die Station, die sie zu leiten hatte, massive Personalprobleme hatte und sie deshalb zur Projektteilnahme verpflichtet wurde. Beides wurde teilweise im und vor allem

6.1.2.5. Zusammenfassende Diskussion der Interviewergebnisse

Die ermittelten Problemsichten spiegeln zum einen – in exemplarischer Weise – die vielfältigen Probleme der Einrichtungen im Kontext externe Rahmenbedingungen wider, zum anderen zeugen sie davon, dass die Einrichtungen auf die komplexen Herausforderungen, die an ein modernes effizientes, mitarbeiter- und kundenorientiertes Pflegemanagement gestellt werden, noch nicht hinlänglich vorbereitet sind. Dies manifestiert sich in den nur unzureichend entwickelten Organisationsstrukturen, -konzepten und -methoden. Hinsichtlich der Versorgungs- und Arbeitsbedingungen konnten zahlreiche Defizite und Probleme dokumentiert werden, die im Zusammenhang mit den tradierten, starren, inflexiblen Dienst- und Arbeitsorganisationen, noch überwiegend hierarchisch-bürokratischen, personenfernen Steuerung und Planung der Arbeitsabläufe stehen. Es konnte aufgezeigt werden, dass die organisatorischen Schwachstellen durch soziale Einfluss- und Belastungsfaktoren wie Führungs- und Bereichskonflikte, gestörte Informationsprozesse und Kommunikationsbeziehungen überlagert wurden. Diese Defizite lassen – wie die Dokumentenanalyse bereits zeigte – auf eine Krise der Differenzierungsphase schließen[109].

Ein Erkenntnisziel der Experteninterviews[110] war, die Problemsichten der OE-Akteure mit denen der OE-Beratung zu vergleichen. Das Vergleichsergebnis wird in Tabelle 22 gegenüber gestellt:

nach dem Interview offensichtlich. Bei Themen, die ihre Zuständigkeiten betrafen, wurde ihr Veränderungswiderstand offenkundig. Auch erlebte ich diese Person überwiegend als verschlossen und zurückhaltend. Nur phasenweise konnte die Distanz überwunden werden. In diesen Phasen wurde der Informationsgehalt höher und teilweise konnte sie dann das Projektvorhaben positiver bewerten.

109 Siehe Kap. 6.1.1.7.

110 An dieser Stelle möchte ich nochmals darauf hinweisen, dass ich mit dem Bewusstsein in die Interviews gegangen bin, dass die Befragten bereits wussten, welche Ziele und Intentionen mit dem Projekt verfolgt werden sollte. Danach war mein Interviewleitfaden konzipiert und die empirische Untersuchung ausgerichtet.

Tabelle 22: Gegenüberstellung der vom Klienten- und Beratersystem identifizierten Ausgangssituation

in den Subsystemen	Identifizierte Einfluss- und Bedingungsfaktoren	
	OE-Akteure	OE-Beratung
Technisch- instrumentelles Subsystem	*Ineffektiver Arbeitsablauf, insbesondere durch Störungen im Informationsprozess, Schnittstellenprobleme und Diskontinuitäten in der Dienstplanung.*	*Ineffiziente und ineffektive Arbeitsorganisation und -prozesse durch traditionell-bürokratische Planung und Steuerung, tradierte Arbeits- und Dienstzeiten und unzureichende Instrumente.*
Soziales Subsystem	*Schwierige Personalsituation durch gestiegene Anforderungen, personelle Engpässe, Kommunikations- und Führungsprobleme.*	*Unzureichende Arbeitsbedingungen insbesondere durch nicht ausgeschöpfte soziale und institutionelle Ressourcen sowie gestiegene Anforderungen. Inadäquate Aufbauorganisation durch hierarchische Strukturen.*
Kulturelles Subsystem	*Zielkonflikte zwischen Humanität und Wirtschaftlichkeit als Folge der Pflegeversicherung.*	*Zielkonflikte zwischen Humanität und Wirtschaftlichkeit als Folge inadäquater Organisationsgestaltung und -konzepte.*
Ergebnis	*Unzureichende Versorgungs- und Arbeitssituation durch restriktive Finanzierungsbedingungen, veränderte Klientel, gestiegene Qualitätsanforderungen und Störungen im Organisationsablauf.*	*Inadäquate Versorgungs- und Arbeitsbedingungen infolge arbeitslogistischer Probleme und hierarchischer Strukturen, Problemverstärkung durch externe Rahmenbedingungen.*

Wie Tabelle 22 zeigt, waren die von den Expertinnen und Experten und den Beratungsinstitutionen identifizierten Problemfelder weitgehend identisch. Hingegen divergierten die Problemsichten bezogen auf die Relevanz der internen und externen Einfluss- und Bedingungsfaktoren. Auch wenn die Einschätzungen der Auswirkungen sich hinsichtlich verschiedener Einzelphänomene deckten, die Beurteilung der organisatorischen Kontexte zeigte bedeutende Unterschiede. Die Problematiken im Zusammenhang der konstitutiven Organisationsstrukturen wurde von den Expertinnen und Experten nur punktuell erkannt. Ich ziehe folgendes Fazit.

Die erste generelle Aussage lässt sich auf der Ebene des Problembewusstseins erkennen:

Die untere und mittlere Führungsebene war wesentlich stärker in die täglichen Arbeitsprozesse der Pflege involviert als die höhere Führungsebene. Dadurch zeigte sich bei den Betroffenen auch ein anderes Problemverständnis für den Arbeitsalltag der Mitarbeiter/innen: Je näher die Leitungskräfte am Pflegegeschehen beteiligt waren, desto ausgeprägter war ihr emotionales Verständnis für die Schwierigkeiten auf den Stationen. Je weiter die Führungskräfte von der Basis entfernt waren, desto mehr wurden die Probleme auf sachlicher Ebene diskutiert. Ihre Distanz führte dazu, dass sie in der Lage waren, einzelne Probleme der Arbeits- und Pflegesituation als strukturelle Organisationsdefizite zu erkennen.

Die zweite generelle Aussage der Experteninterviews betrifft ebenfalls die Ebene des Problembewusstseins, allerdings in anderer Konnotation:

Alle Expertinnen und Experten zeigten sich der einzelnen Probleme im täglichen Arbeitsablauf bewusst. Diejenigen, die sich aus der emotionalen „Betroffenheit" nicht lösen konnten, waren nicht in der Lage die Schwierigkeiten in die Zusammenhänge der Arbeitslogistik einzuordnen. Ihre Sichtweise blieb in dem Bewusstsein der Einzelproblematiken verhaftet. Die Führungskräfte der höheren Hierarchieebenen konnten diese Zusammenhänge zwar in Ansätzen erkennen, benannten auch vereinzelt strukturelle Probleme, doch auch hier blieb die Zuordnung in die gesamte Binnenstrukturen und Arbeitslogistik unzureichend. Somit konnte bisher keine Basis eines gemeinsamen Problembewusstseins und eine daraus resultierende Problemlösungsstrategie erarbeitet werden.

Eine Folge dieser einseitig fokussierten Sichtweise, so die dritte generelle Aussage, ist die Verlagerung der Verantwortlichkeit:

Die Expertinnen und Experten neigten dazu, die Ursachen von internen Bedingungen weitgehend zu abstrahieren: Die „Knebel der Pflegeversicherung", die Vergütungspraxis der Kostenträger, der Pflegenotstand wurden hier hauptverantwortlich für die „Misere" der Einrichtungen gesehen. Diese Zuschreibung verhinderte den Blick auf die metatheoretische Organisationsebene der Institution. Eine Art „Ratlosigkeit" setzte ein, den externen Faktoren mit Organisationsveränderungsmaßnahmen adäquat zu begegnen („Kaninchen-sitzt-hypnotisiert-vor-der-Schlange-Syndrom"). In den Einrichtungen gab es zwar verschiedene Veränderungs- und Anpassungsbemühungen – insbesondere auf der operativen Handlungsebene –, doch konnten diese keine einschneidenden Verbesserungen bewirken. Es fehlte an ausreichenden Kapazitäten und Know-how, diese in ein strategisches und systematisches Entwicklungskonzept zu integrieren.

Das vierte Resümee der Experteninterviews ist aus dieser verlagerten Verantwortlichkeit abzuleiten:

Aufgrund der „Schuldzuweisung" nach Außen wurden die sozialen Potenziale und strukturellen Ressourcen als mögliche Antwort auf den externen Handlungsdruck nur unzureichend erkannt. Die fehlende Zuordnung der Einzelproblematiken in den Organisationskontext, insbesondere in die bewohner- und mitarbeiterorientiert ausgerichtete Arbeitsorganisation, verhinderte die Auslotung der eigenen Potenziale und Ressourcen und somit adäquate Organisationsveränderungsmaßnahmen.

In Bezug auf die Veränderungsbereitschaft der OE-Akteure kann eine weitere generelle Aussage getroffen werden. Die Akzeptanz und Veränderungsbereitschaft der Akteure war teilweise beeinträchtigt. Die Managementebene hingegen zeigte eine große Akzeptanz und Veränderungs- und Entwicklungsbereitschaft.

Die Ausgangslage hinsichtlich der Belastungssituation für die Pflegeakteure und Bewohner/innen und der Defizite in der Pflegequalität werden als problematisch bis kritisch wahrgenommen. Der daraus resultierende Handlungsdruck ruft beim Management und den Akteuren den Wunsch nach tiefgreifenden Veränderungen hervor. Dies appellierte an das Verantwortungsgefühl der Führung- und Leitungskräfte, neue, andere als die gewohnten Wege zur Problemlösung zu beschreiten. Einzelnen Schlüsselpersonen war klar, dass die externen Rahmenbedingungen als objektive und fixe Größen nicht zu beeinflussen sind – durch die Auseinandersetzung mit den Projektzielen hatten sie die Projektmaßnahmen als geeignete Handlungsstrategien reflektiert.

Doch diese Einsicht führte nicht zu dem generellen Erkennen, dass die intendierten Veränderungsprozesse mit einer systematischen Personal- und Führungskräfteentwicklung zu verzahnen ist. Mehrheitlich bemaßen sie der Entwicklung sogenannter Schlüsselqualifikationen und der Erweiterung ihres Management- und Organisationswissens eine untergeordnete Bedeutung bei.

Die eigenen Spiel- und Handlungsräume glaubten die Führungs- und Leitungskräfte nahezu ausgeschöpft zu haben – sie sahen die Ressourcen nicht.

Hier gab das Pilotprojekt und die externe Beratung entscheidende Impulse. Und das zählt u. a. zu den Aufgaben der externen OE-Beratung: Schwachstellen identifizieren, Interventionsansätze aufzeigen und adäquate Handlungskonzepte anbieten. Die Intention des Pilotprojektes, an der Arbeitslogistik anzusetzen, überzeugte die verantwortlichen Führungs- und Leitungskräfte. Den zu erwartenden Projekterfolg knüpften sie maßgeblich an die professionelle, externe OE-Beratung.

Ein letztes Resümee ist: Nicht allen Expertinnen und Experten war bewusst, dass der durch das Pilotprojekt intendierte Veränderungsprozess Ausgangspunkt für einen OE-Prozess bildet.

Die Interviews dokumentieren eine Aufbruchstimmung. Sie bestätigen, dass die elementaren Voraussetzungen, die VAN DE VALL seinem Modell der sozialen Veränderungen[111] zugrunde legt, gegeben waren: Es muss für die beteiligten Akteure und Organisationen ein Handlungsdruck bestehen und dieser muss mit einem vorhandenen Problembewusstsein und einer Veränderungsbereitschaft einhergehen.

Und dies manifestiert sich auch in der Intention der BGW, das Projekt zu initiieren.

„Ich denke die BGW steht momentan im Zugzwang. Hinter der Projektidee stecken die stark anwachsenden Fehlzeiten in der Altenpflege, bedingt durch Krankheiten oder Berufsunfähigkeit. Da muss die Berufsgenossenschaft was tun, um dem ein Stück entgegen zu wirken" (IP 3).

6.2. Evaluation der OE-Prozesse

Das folgende Kapitel befasst sich mit der Evaluation der durch das Pilotprojekt initiierten OE-Prozesse. Grundlagen meiner empirischen Untersuchung sind die Ergebnisse der qualitativen Gruppenbefragung[112] und die Ergebnisse der Experteninterviews. Die Gruppenerhebung fand zwei Monate nach Ablauf der ersten Projektphase statt. Zu diesem Zeitpunkt waren alle drei Altenpflegeheime noch in der Umsetzungsphase. Nach Abschluss der ersten Projektphase wurde ein Folgeprozess (zweite Projektphase) initiiert, den ich auf der Basis von strukturierten Experteninterviews evaluiert habe.

In die zusammenfassende Diskussion der Gruppenergebnisse fließen die Auswertungsergebnisse anderer Institutionen mit ein: Evaluationsergebnisse von IGES[113] und Projektabschlussbericht von BFOE (*vgl. IGES 2001:35ff; BFOE 2001)*. Zur Vergleichbarkeit werden die Evaluationsergebnisse von IGES gesondert dargestellt.

---

111 Siehe Kap. 4.1.1.
112 Zum Datenerhebungsinstrument der Gruppenbefragung siehe Kap. 4.1.3.3.3.
113 Das Erhebungsdesign und die Ergebnisse der IGES-Evaluation waren mir zum Zeitpunkt der von mir durchgeführten Gruppenbefragungen nicht bekannt.

Für den Vergleich der Evaluationsergebnisse sind der Erhebungsfokus und die Zielgruppen der wissenschaftlichen Erhebungen von Interesse. Im Unterschied zur auftragsorientierten Evaluation von IGES[114], die auf die Ermittlung der umgesetzten projektimmanenten Ziele und die Bewertung der Routinefähigkeit[115] des Handlungs- und Beratungskonzepts zielte, konzentrierte sich meine Evaluation auf den wissenschaftlichen Erkenntnisgewinn der durch die „gepoolte Beratung" implementierten Organisationsentwicklungsprozesse (vgl. IGES 2001:35ff). Zielgruppe von IGES waren die Projektmitglieder; an meiner Gruppenerhebung waren Projektmitglieder und Nicht-Projektmitglieder (Führungskräfte, Akteure) der Pilotstationen und Leitungskräfte bzw. Akteure angrenzender Funktionsbereiche beteiligt.

6.2.1. Erhebungsziele und -verlauf

Die Gruppenerhebungen wurden von der Autorin in den einzelnen Einrichtungen getrennt durchgeführt. Das Untersuchungsziel[116] war, die implementierten Veränderungsprozesse, die Ergebnisse und den Erfolg der OE-Prozesse zu evaluieren.

Die Umsetzungsstrategie folgte den Ansätzen der Organisationsentwicklung[117]. Organisationsentwicklung ist ein geplanter, komplexer Veränderungs- und Entwicklungsprozess, der sich nicht auf die Erreichung vorbestimmter Ziele reduzieren lässt. Ein Pilotprojekt hingegen ist eine geplante Strategie, um eine organisatorische Veränderung durch Zielvorgabe unter zeitlicher, personeller und finanzieller Begrenzung zu bewirken. Daraus folgt:

▩ *Jede Forschung, die das Ziel hat, den Projekterfolg zu untersuchen, muss sich an den Beurteilungskriterien zur Messung des Projekterfolgs orientieren: Die Erreichung der angestrebten Ergebnisse, das Zusammenwirken der verschiedenen Einzelziele und die Transparenz der Rahmenbedingungen (vgl. Birker 1999:23).*

114 Die Evaluation von IGES fand am letzten Projektworkshop statt. Die Evaluation stützt sich auf die Daten, die durch eine Folienbefragung (qualitative Befragung) der Projektmitglieder und anschließenden Gruppendiskussion erhoben wurden.

115 Die maßgebenden Auswertungskriterien waren Effektivität (Zielerreichung „Prävention arbeitsbedingter Gesundheitsgefahren") sowie Routinefähigkeit (Übernahmen in das Leistungsangebot der BGW). Die Auswertung der Kostenziele (Effizienz) erfolgte durch die BGW intern und wurde nicht dokumentiert (vgl. IGES 2001:11).

116 Siehe Kap. 4.1.2.

117 Siehe Kap. 5.2.1.

▓ *Jede Forschung, die das Ziel hat, OE-Prozesse zu evaluieren, muss sich an den Paradigmen der OE ausrichten, wie Subjektivität, wechselseitige Beeinflussung der Phänomene, kontinuierliche Entwicklung, Selbstorganisation und Komplexität der organisatorischen Phänomene (vgl. Richter 1994:257).*

Diese Forschungsprämissen hat die Autorin berücksichtigt. Das heißt, einerseits musste der Evaluationscharakter subjektiv sein und zugleich der prozessorientierten Entwicklungsperspektive gerecht werden. Gefordert war deshalb eine Fragestellung, welche die subjektive und handlungsorientierte Seite der OE in die Erhebung integrierte. Andererseits musste sich die Untersuchung an den angestrebten Projektzielen bzw. implementierten Maßnahmen orientieren; ihr wurden objektive Kriterien zugrunde gelegt. Durch die Anerkennung der Subjektivität individueller und sozialer Phänomene rücken die subjektiven Einschätzungen der Akteure in den Mittelpunkt des Forschungsinteresses und bilden den Ausgangspunkt der empirischen Erhebung.

Die Untersuchung bzw. Analyse der umgesetzten Lern- und Entwicklungsprozesse[118] zielt erstens auf die Evaluation der Ergebnisse bzw. den Erfolg der Veränderungsprozesse– als summative Evaluaion – und zweitens auf die Evaluation der Qualität der Veränderungs- bzw. Implementierungsprozesse – als formative Evaluation – (vgl. Bortz/Döring 1995:106). Die Evaluation der OE-Prozesse erfolgte im Dreierschritt.[119]

Zur Erhebung bzw. Auswertung und zum Vergleich der Projektergebnisse hat die Autorin für die erste Untersuchungssequenz einen Bewertungsbogen entwickelt, dessen Erhebungskategorien und Items sich an den vordefinierten Projekt- und Maßnahmezielen orientieren. Die Prozess- und Erfolgsanalyse beinhaltet die Aufgabe, aus den alltagsweltlichen Aussagen und Situationsbeschreibungen wissenschaftliche Erkenntnisse zu gewinnen. Erreichte bzw. nicht realisierte Ziele, Implementierungsprozesse und OE-Erfolg bedingen sich gegenseitig. Um zu differenzierten Aussagen zu kommen, aber auch Widersprüchlichkeiten aufzudecken, wurden diese Aspekte getrennt erhoben.

Für die Implementierung von OE-Prozessen sind Transparenz, Partizipation, Motivation, Kommunikation und Prozessbewusstsein die zentralen Prämissen (vgl. u. a. French/Bell 1994; Trebesch 1994; Doppler/Lauterburg 1999). Die Frage, inwieweit diese konstitutiven OE-Prinzipien im Prozessgeschehen Berücksichtigung fanden, wurde über die Erhebung der prozessförderlichen und

---

118 An dieser Stelle ist nochmals darauf hinzuweisen, dass meine Evaluationsstudie nicht auftragsgebunden war.
119 Siehe Kap. 4.1.3.3.3.

-hinderlichen sowie die subjektiven, kollektiven Bewertungen des internen Projektmanagements bzw. die externe Beratung ermittelt. Die Frage, inwieweit die Organisationsmitglieder ein Prozessbewusstsein im Hinblick auf OE erworben haben, sollte darüber hinaus über die Reflexion weiterer Prozessziele und begünstigender Prozessbedingungen beantwortet werden.

Die Evaluation des OE-Erfolgs basierte auf folgenden Hypothesen, die mit den oben beschriebenen OE-Paradigmen korrespondieren[120]:

▨ *Der OE-Erfolg kann nicht an messbaren und quantifizierbaren Ergebnissen oder am Erwerb spezifischer Kenntnisse bewertet werden, sondern bemisst sich an den im Veränderungsprozess erworbenen Kompetenzerweiterungen und Verhaltens- und Einstellungsänderungen sowie an der Fähigkeit der Akteure, OE nicht nur als einmalige Problemlösung, sondern als kontinuierlichen Lern- und Entwicklungsprozess zu begreifen.*

▨ *Der OE-Erfolg kann nur durch die OE-Akteure selbst bemessen werden[121].*

Das Erkenntnisinteresse der Erfolgsanalyse zielt darauf ab, den Bedeutungsgehalt der Akteure zu ermitteln, den die Akteure den Wirkungen beimaßen, die durch die Veränderungsprozesse entfaltet wurden (Was hat sich bewegt?). Durch die erhobenen Daten wie Kompetenzerwerb, Handlungsspielräume, Beziehungen, Führungsverhalten, Selbständigkeit sollten Erkenntnisse über die erweiterten Wissenspotenziale, Problemlösungs- und Entwicklungsorientierung sowie über die erfolgten Lern- und Entwicklungsprozesse und Einstellungs- und Verhaltensveränderungen gewonnen werden.

Durch die Anerkennung des Prinzips der „Offenheit" kann sich die Fragestellung nicht an vordefinierten – aus der OE-Literatur abgeleiteten – Erfolgskriterien orientieren. Daher mussten Kategorien entwickelt werden, die den Prämissen „Subjektivität" und „Offenheit" gerecht werden und gleichzeitig mit den angestrebten OE-Zielen kompatibel sind. Das Pilotprojekt zielte auf Verbesserungen bzw. Veränderungen in folgenden Systemen: Bei den Mitarbeiter/innen, auf den Leitungsebenen, bei den Bewohner/innen, auf der Pilotstation und Fachbereichen sowie im Gesamtsystem. Deshalb ist es naheliegend, diese Systeme als Erhebungskategorien zu wählen.

Die Frage, die sich für den wissenschaftlichen Erkenntnisgewinn ergibt, ist: Wie sind die subjektiven Einschätzungen der Akteure zu verifizieren? Wie kön-

---

120 Siehe auch Kap. 4.1.3.3.3.
121 Die Bewertung des OE-Erfolgs kann nicht durch Fremdbewertung, sondern nur auf Basis der Selbstbewertung erfolgen, siehe Kap. 3.4.6.

nen aus dem vorhandenen Datenmaterial valide Ergebnisse[122] gewonnen werden? Die empirische Sozialforschung gibt vor, dass die Evaluation keinen linearen Kausalitäten[123] folgen kann. Aufgabe der Erfolgsevaluation war es deshalb, aus den Aussagen der Probanden, Erkenntnisse im Hinblick auf folgende erzielten Wirkungen zu gewinnen:

1. *Sichtbare Wirkungen (u. a. implementierte Verfahrensweisen, Struktur- und Prozessveränderungen, Qualifizierungsmaßnahmen, Informations- und Kommunikationsprozesse, Gesundheitsprävention, Handlungskompetenzen, Leitbilder, Konzepte, Ziele).*

2. *Latente Wirkungen (u. a. individuelle, soziale und organisationale Verhaltens- und Einstellungsentwicklungen, Beziehungen, Unternehmenswerte, Effektivität, Effizienz, Image).*

OE ist ein komplexer und kontinuierlicher Entwicklungs- und Veränderungsprozess der, über direkt beeinflussbare Größen und nicht beeinflussbaren Variablen zu beabsichtigten und nicht beabsichtigten Ergebnissen führt. Deshalb war bei der Evaluation des OE-Erfolgs zu erwarten, dass sich die intendierten Projektziele in den alltagsweltlichen Aussagen und Erfolgskriterien der Probanden widerspiegeln. Für den wissenschaftlichen Erkenntnisgewinn war es wichtig, die Gruppenaussagen bzw. signifikante Stichworte in solche Kriterien zu transformieren, die zur Situationsinterpretation beitragen. Um der Forderung nach Reflexion und Kontrolle des erhobenen Datenmaterials zu genügen, mussten die alltagsweltlichen Sinn- und Bedeutungszusammenhänge analysiert werden, d. h. sie wurden auf ihren symbolischen Bedeutungsgehalt (Einstellungen, Werte- und Normenwandel), auf die ihnen zugrundeliegenden Aktionssymbole (strukturelle und soziale Veränderungen) und im Hinblick auf antizipierende Handlungen und Veränderungen untersucht (*vgl. Lamnek 1995b:160f*). Die vorgenommene wissenschaftliche Sinndeutung und -interpretation wird dokumentiert und in ihren Kontextbezügen ausgewertet.

Die geplante und vorstrukturierte Gruppenbefragung zum Projektergebnis und -verlauf erfolgte auf Basis vordefinierter, aber weitgefasster Leitfragen bzw. Kategorien, die auf Moderationsplakaten[124] vorgegeben waren. Die visualisierten Gruppenergebnisse bildeten die Grundlage für die anschließen-

---

122 Nach Lamnek sind Güterkriterien auf Basis von Indikatorisierungen und Operationalisierungen für die qualitative Erhebung nicht relevant (*vgl. Lamnek 1995a:145*).

123 Das ist auch im Sinne der dieser Arbeit zugrundeliegenden Definitionen von Organisation und OE.

124 Die Moderationsplakate befinden sich im Anhang C/1 bis C/3.

den offenen Gruppendiskussionen. Das Forschungsvorgehen bei der Gruppenbefragung wird kurz skizziert[125]:

1. Evaluation erreichter Projektziele (Gruppenerhebung)

Jede Gruppe erhielt ein Moderationsplakat mit fünf Kategorien, die weitere Items enthielten. Die Items zielten auf die Realisierung der intendierten Projektziele. Die Items sollten bewertet und mit Beispielen unterlegt werden. Für die Bewertung war ein Skalierungsschema mit drei Kriterien (hoch/mittel/gering) vorgegeben. Der Übergang zur zweiten Untersuchungssequenz erfolgt über die Frage: Welche für die Akteure wichtigen Ziele wurden nicht erreicht?

2. Prozessanalyse (Gruppenerhebung)

Die Evaluation der Implementierungsprozesse sollte mit Hilfe folgender Fragen erfolgen: Welche Faktoren waren prozesshemmend, welche prozessförderlich? Was hätte anderes sein müssen? Welche Ziele sollen im weiteren Prozessverlauf erreicht werden? Welche Prozessbedingungen müssten gegeben sein? Wie beurteilen die Beteiligten das interne Projektmanagement bzw. die externe Beratung?

3. Erfolgsanalyse (Gruppenerhebung)

Der dritte Schritt zielte auf die Ermittlung des OE-Erfolges. Als Strukturierungshilfe waren fünf Systemkategorien Mitarbeiter-, Leitungsebene, Kunden, Pilotstation und Gesamtsystem vorgegeben.

Die forschungsleitenden Fragen waren: Was hat sich in einzelnen Systemen bewegt? Zu welchen Entwicklungen und Veränderungen führte der OE-Prozess? Wie können die erzielten Ergebnisse nachhaltig gesichert und weiterentwickelt werden?

4. Erfolgsanalyse (Individuelle Bewertung)

Im vierten Schritt sollte der OE-Erfolg individuell bewertet werden. Für die Bewertung wurde eine Skalierungsschema (1–10) vorgegeben. Die Beurteilung sollte mit Beispielen unterlegt werden.

Die gesamte Gruppenbefragung war auf 2,5 Stunden begrenzt. Damit wurde sichergestellt, dass die Gruppenerhebung in einem überschaubaren Umfang stattfand:

- Für die einzelnen Erhebungssequenzen war eine Zeit von 30 Minuten, für die sich daran anschließenden Gruppendiskussionen je 10 bis 15 Minuten vorgegeben[126].

---

125 Siehe Kap. 4.1.1. und 4.1.2.
126 Trotz der kurzen Diskussionssequenzen wurde bei der Gesprächsführung darauf geachtet, dass alle Teilnehmer/innen zu Wort kamen.

▓ *Die Gruppenbewertungen sollten in weitgehendem Konsens getroffen werden.*
▓ *Die Einzelbefragung war auf 5 Minuten begrenzt.*

6.2.2. Die Untersuchungsergebnisse von Altenpflegeheim APE 1

6.2.2.1. Evaluationsergebnisse der ersten Projektphase

In *APE 1* nahmen acht Personen an der Gruppenbefragung teil. Die Teilneh-
mer/innen wurden in zwei Gruppen aufgeteilt. Für die Gruppenbildung waren
folgende zwei Kriterien „Funktionsträger im Management"[127] und „Zugehörigkeit zum Projektteam bzw. zur Pilotstation" bestimmend[128]:

▓ *Zusammensetzung von Gruppe 1: Geschäftsleitung, Heimleitung (spätere
Projektleitung[129]), Verwaltungskraft und Sozialdienstleitung. Alle Gruppenmitglieder gehörten – bis auf eine Person – nicht zum Projektteam.*
▓ *Zusammensetzung von Gruppe 2: Kommissarische Stationsleitung, zwei Pflegekräfte und die Hauswirtschaftsleitung. Alle Gruppenmitglieder waren bis
auf eine Person Projektmitglieder.*

6.2.2.1.1. Ergebnisanalyse

Die Ergebnisse der Gruppenerhebung in *APE 1* sind in nachfolgender Abb. 33
gegenüber gestellt. Je weiter die Bewertung der Items vom Koordinatenkreuz
entfernt ist, desto höher wurde der Grad der Zielerreichung bewertet.

---

127 Die Probanden aus Gruppe 1 werden in nachfolgender Auswertung in Abgrenzung zu
den Leitungskräften aus Gruppe 2 mit „Führungskräfte" oder „Managementvertreter/in-
nen" bezeichnet.

128 Im Unterschied zu den Gruppenerhebungen in APE 2 und APE 3 wurden die Gruppen-
teilnehmer/innen nicht nur nach ihrer Funktion als „Projektmitglieder" und „Nicht-Projektmitglieder" zugeteilt. Die Tatsache, dass das höhere Management und die Verwaltung
stark vertreten waren, veranlasste mich, den Vorschlag zu machen, diese Probanden in
einer Gruppe zusammenzufassen. In Gegensatz zur Hauswirtschaftsleitung gehörte die
Sozialdienstleitung nicht zur Projektgruppe. Deshalb war es naheliegend, diese der
Gruppe 1 zuzuordnen. An dieser Stelle möchte ich betonen, dass die Gruppenbildungen
als Vorschlag erfolgte und von den Gruppenteilnehmer/innen angenommen wurde.

129 Durch das Ausscheiden der PDL und der krankheitsbedingten Abwesenheit der Wohnbereichsleitung der Pilotstation übernahm die Heimleitung nach Projekthalbzeit die Projektleitung.

Abbildung 33: Erreichte Projektziele in *APE 1*

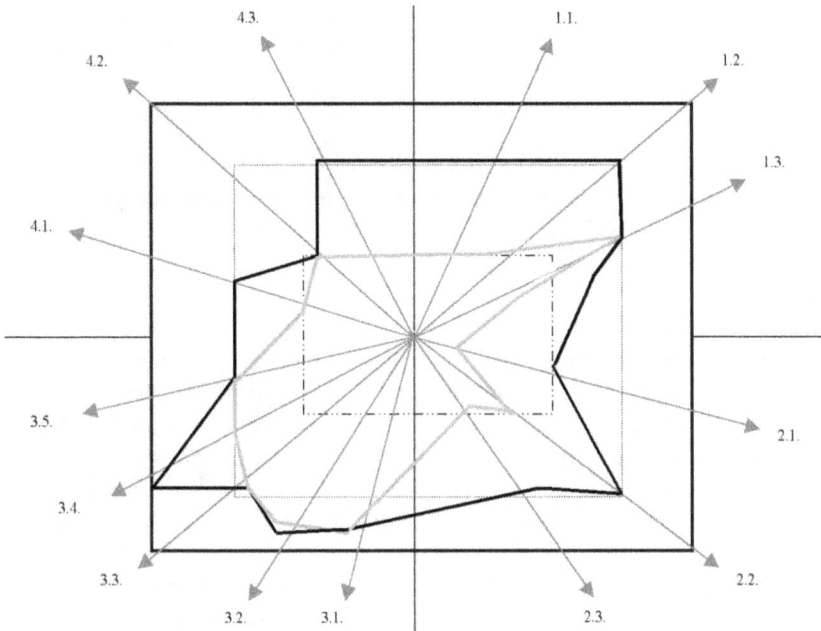

Legende:

1.1. Verbesserte mitarbeiterorientierte Arbeitseinsatzplanung

1.2. Verbesserte bewohnerorientierte Arbeitsprozesse

1.3. Verbesserte Informationsprozesse

2.1. Gesundheitsprävention und -förderung

2.2. Kompetenzentwicklung im Management- und Organisationswissen

2.3. Kompetenzentwicklung in Personalführung

3.1. Lösung der Schnittstellenproblematik

Gruppe 1 ▬▬

3.2. Verbesserte Kommunikation zwischen Personal und Leitungskräften

3.3. Verbesserte Kommunikation unter den Führungs- und Leitungskräften

3.4. Verbesserte Kommunikation und Kooperation unter den Mitarbeitern

3.5. Veränderte Strukturen der Aufbauorganisation

4.1. Verbesserte Pflegequalität

4.2. Verbesserte Betreuungsqualität

4.3. Erhöhte Kundenorientierung

Gruppe 2 ▬▬

Quelle: Eigene Darstellung

Das Skalierungsergebnis zeigt signifikante Diskrepanzen zwischen den Status-gruppen: Die Realisierung der Projektziele wurde von den Managementvertreter/innen (Gruppe 1) generell besser beurteilt als von den Leitungskräften und Akteuren[130] (Gruppe 2). Auffällig waren die niedrige Bewertung der projektimmanenten Ziele zur Prävention der Gesundheitsgefahren (Item 2.1.), der Kundenorientierung (Item 4.3.) und der Kompetenzentwicklung der OE-Akteure (Item 2.2.)[131].

Die nachfolgenden Ausführungen dokumentieren die Kriterien, die für die jeweiligen Gruppenbewertungen maßgebend waren.

(1) *Optimierung der Arbeitsprozesse (technisch-instrumentelles Subsystem)*
Die Zielerreichung in dieser Kategorie wurden überwiegend als durchschnittlich bis gering bewertet. Eine Verbesserung der Personaleinsatzplanung (1.1.) wurde durch die Gewährleistung von mehr Mitbestimmungs- und Gestaltungsmöglichkeiten bei der Dienstplanung erzielt (Gruppe 1/mittel). Da das formale Mitwirkungsrecht aufgrund krankheitsbedingter Dienstplandiskontinuitäten (faktisch) jedoch nicht wahrgenommen werden kann, können die Akteure davon nicht profitieren (Gruppe 2/gering). Die Gruppenbewertungen für die Verbesserung der bewohnerorientierten Arbeitsprozesse (1.2.) variierten zwischen den Einstufungen mittel und gering. Begründet wurde die jeweilige Einstufung damit, dass die längeren Übergabezeiten mehr Raum für Pflegedokumentation, Informationen und Kommunikation (Pflege/Bewohner/innen) bieten (Gruppe 1/mittel) oder dass die Weck-, Essen- und Schlafzeiten zwar flexibler sind und die individuelle Tagesstrukturierung der Bewohner/innen in der Pflegeplanung mehr Berücksichtung finden, dass dies jedoch noch nicht ausreichend sei (Gruppe 2/gering). Bezogen auf die Verbesserung der Informationsprozesse (1.3.) waren die Bewertung (mittel) und Kriterien identisch, die Begründungen variierten: Die transparenteren Informationsprozesse sind auf die regelmäßig stattfindenden, besser strukturierten Teamsitzungen sowie verbesserten Dienstübergaben (Gruppe1) und auf eine (seit Herbst[132]) verbesserte Teamarbeit (Gruppe 2) zurückzuführen.

---

130 Der Begriff „Akteure" umfasst nachfolgend nicht nur die Pflegekräfte, sondern auch die Beschäftigten der angrenzenden Fachbereiche. Aufgrund ihrer Nähe werden die Wohnbereichsleitungskräfte den Pflegeakteuren zugerechnet. Mit dem Begriff „OE-Akteure" werden nicht nur die Akteure, sondern alle in das OE-Projekt involvierten Organisationsmitglieder bezeichnet.

131 Die jeweiligen Items werden in der nachfolgenden Auswertung in Klammern aufgeführt.

132 Ab Herbst 2000 wurde die Stationsleitung des Pilotwohnbereichs von der Stationsleitung des benachbarten Wohnbereichs kommissarisch und die Projektleitung von der Heimleitung übernommen.

(2) *Qualifizierung und Personalentwicklung (soziales Subsystem)*
In dieser Kategorie wurde die Ergebniserzielung von den Führungskräfte nicht nur generell besser beurteilt, sondern auch – angesichts der subjektiven Begründungen – gravierend höher eingestuft.

Die Verwirklichung der Maßnahmen zur Gesundheitsprävention und -förderung im Hinblick auf den Abbau von physischen und psychischen Belastungen sowie von Stress (2.1.) wurde aufgrund ungünstiger interner Rahmenbedingungen, wie ständige Personalveränderungen, Wechsel der Projektleitung, fehlende Wohnbereichsleitung nur ansatzweise erreicht (Gruppe 1/mittel). Aus Sicht der Akteure gab es keine nennenswerte Veränderung: Die Unzufriedenheit des Personals bzw. die Belastungssituation seien infolge hoher Krankheitsraten, des Personalkräftemangels und des ständigen Personalwechsels unvermindert hoch (Gruppe 1/sehr gering).

Die Kompetenzentwicklung bezogen auf das Management- und Organisationswissen (2.2.) zeigt sich – den Managementvertreter/innen zufolge – einerseits darin, dass die erweiterten Gestaltungsmöglichkeiten der Wohnbereichsleitungen zu einer größeren Partizipation der Pflegekräfte an der Stationsorganisation geführt haben und andererseits im professionellen Umgang mit den Instrumenten zur Pflege- und Leistungsplanung (FEAS®) und RAP (Gruppe 1/mittel). Eine adäquate Kompetenzentwicklung der Beschäftigten wurde – aus Sicht der Akteure hingegen – durch fehlende Informationen seitens der Pflege- und Heimleitung und OE-Beratung verhindert (Gruppe 2/gering). Die verbesserte Kompetenzentwicklung in der Personalführung (2.3.) stand für die Führungskräfte in ursächlichem Zusammenhang mit den erweiterten Gestaltungs- und Handlungsspielräumen für die Wohnbereichsleitungen (Gruppe 1/mittel). Dagegen argumentierte Gruppe 2, dass die ständigen Veränderungen im Personalstamm und der Teamzusammensetzung für die Umsetzung der Projektmaßnahmen und damit auch für eine adäquate Kompetenzentwicklung der Leitungskräfte hinderlich gewesen seien (gering).

(3) *Optimierung der Organisationsstrukturen und Kommunikationsbeziehungen (soziales Subsystem)*
Die erzielten Ergebnisse hinsichtlich der Umstrukturierungsmaßnahmen und informellen Kommunikationsprozesse wurden mehrheitlich positiv bewertet. Die Lösung der Schnittstellenproblematik (3.1.) wurde im Konsens als sehr gelungen betrachtet (hoch). Zwischen den Bereichen Pflege und Hauswirtschaft wurden klare Regelungen vereinbart, wodurch sich die Kommunikation und Zusammenarbeit zwischen den Schnittstellenbereichen verbessert und intensiviert haben.

Einschränkend wurde eingeräumt, dass die Probleme der Schnittstelle „Pflege" und „Nachtdienst" noch nicht gelöst sind, weil der Nachtdienst die veränderten Dienstzeiten noch nicht akzeptiert habe. Auch bei den veränderten Kommunikationsprozessen (3.2. bis 3.4) und bei den Umstrukturierungsmaßnahmen in der Aufbau- und Ablauforganisation (3.5.) waren sich beide Gruppen einig: Die Kommunikation zwischen den Akteuren, den Fachbereichen und Hierarchieebenen hat sich gravierend verbessert (mittel/hoch). Als Indiz wurden ein offeneres sowie entspannteres Gesprächs- und Teamklima genannt. Die Einführung neuer Arbeits- und Dienstzeiten und die Abschaffung des geteilten Dienstes wurden von den Mitarbeiter/innen sehr positiv aufgenommen (Gruppe 1/mittel), in der Grundtendenz zustimmend argumentierte Gruppe 2, dass die neuen Arbeits- und Dienstzeiten von „der Pflege" nur zögerlich angenommen werden (mittel).

(4) Optimierung der Pflege und Betreuung (Klientensystem)
Eine Erhöhung der Pflegequalität (4.1.) konnte dadurch erzielt werden, dass die individuelle Tagesstrukturierung in den Pflegeprozessen berücksichtigt wird, aber eine verbesserte Betreuungsqualität (4.2.) bisher nur in Ansätzen verwirklicht worden sei, so Gruppe 1 (mittel/gering). Gruppe 2 erkannte bei beiden Aspekten nur geringe Veränderungen, denn ein positives Ergebnis wurde durch den Fachkräftemangel und den hohen Anteil an Praktikanten und Aushilfskräften verhindert (gering). Eine verbesserte Kundenorientierung (4.3.) sei dennoch durch die Erhebung biografischer Daten (Anwendung von RAP) erzielt worden, auf die auch die Angehörigen sehr positiv reagiert hätten, so Gruppe 1 (mittel). Die Bewohner/innen würden die Veränderungen nur zögerlich annehmen, hielt Gruppe 2 dagegen (mittel).

(5) Sonstige, ungeplante Ergebnisse
Die Antworten beider Gruppen zielten auf die kritische Leitungs- und Führungssituation, die sich während der ersten Projektphase (bis Herbst) gespitzt hatte und die Implementierungsprozesse gravierend behinderte.

In der anschließenden Diskussionsrunde wurden – trotz meines Hinweises, dass diese Probleme bei der Projektumsetzung Untersuchungsgegenstand des nächsten Untersuchungsabschnittes sind – die Gründe thematisiert, warum die geplanten Projektmaßnahmen nicht realisiert werden konnten. Da aber das Bedürfnis über die Projekthindernisse zu kommunizieren von Gruppe 2 so vehement bekundet wurde, habe ich diesem Raum gegeben – auch um den Prinzipien Offenheit und Authentizität gerecht zu werden[133].

---

133 Viele dieser Aussagen decken sich mit den Ergebnisse der Prozessanalyse. Da sie je-

Eine erfolgreiche Projektumsetzung, so die Akteure, hätte als Prämisse eine gute Zusammenarbeit auf der Pilotstation erfordert, die jedoch nicht Voraussetzung war: Einerseits konnten die Projektmaßnahmen aufgrund der sich ständig wechselnden Zusammensetzung des Stationspersonals (Einsatz von Aushilfen und Praktikanten) und des entstandenen Führungsvakuums[134] (Fehlen der Stationsleitung[135], Ausscheiden der Pflegedienstleitung) – nicht realisiert werden, andererseits wurde das Projekt bis „Projekthalbzeit" von der „alten" Stationsleitung blockiert. In der Argumentationslinie der kritischen Leitungssituation blieben auch die Diskussionsbeiträge aus Gruppe 1, die bestätigten, dass die geplanten Ziele nur in Ansätzen realisiert werden konnten.

In weitgehendem Konsens wurden auch die „Maßnahmen zur Gesundheitsprävention" diskutiert: Durch die „ungünstigen internen Rahmenbedingungen" unter denen die Akteure den OE-Prozess zu bewältigen hatten, sei die zielgerechte und kontinuierliche Umsetzung der Ziele zur Optimierung der Arbeitslogistik und der Gesundheitsprävention und -förderung verhindert worden (Gruppe 1). Die Akteure der Pilotstation konkretisierten die Probleme: Die ständige Personalveränderung, der Mangel an qualifizierten Pflegekräften, die problematische Leitungs- und Führungssituation und die fehlende Teamentwicklung wurden als wichtigster Hemmschuh bei der Implementierung der Projektmaßnahmen angeführt.

Die Diskussion um die Interventionen zur Optimierung der Pflege und Betreuung thematisierte wieder die personellen (Unter)Kapazitäten der Pilotstation. In diesem Kontext fühlten sich die Pflegekräfte nach wie vor von der Führungsebene viel zu wenig unterstützt; sie verwiesen auf den Mangel an qualifizierten Pflegekräften und das entstandene Führungsvakuum – der durch den OE-Prozess noch verstärkt wurde („Teufelskreislauf"). Kritisch betrachtet wurde darüber hinaus die fehlende Akzeptanz der initiierten Veränderungen bei den Heimbewohner/innen; vor allem die Schwerstpflegebedürftigen lehnen die Veränderungen ab. Dass diese Ablehnung im Kontext zur Hospitalisierung steht, wurde nur teilweise reflektiert.

doch im Kontext der Projektumsetzung genannt wurden, werden sie an dieser Stelle dokumentiert.

134 Ab Projekthalbzeit blieb die Stelle der PDL unbesetzt. Sie wurde von der Heimleitung in Doppelfunktion übernommen.

135 Die Stationsleitung (SL) fehlte krankheitsbedingt im Projektverlauf über einen Zeitraum von vier Monaten. Nach zwei Monaten wurde ihr Aufgabenbereich von der SL eines benachbarten Wohnbereichs kommissarisch übernommen. Die kommissarische SL der Pilotstation wurde auch Mitglied der Projektgruppe.

Im Gegensatz zur Bewertung der realisierten Ziele waren sich die Gruppen bei den nicht erreichten Prozessziele weitgehend einig. Die nachfolgenden Ziele, die sich fast ausschließlich auf die Erhöhung der Mitarbeiterzufriedenheit und die Optimierung der Arbeitsablaufgestaltung bezogen, wurden aus Sicht der befragten OE-Akteure nicht erreicht:

1. *Der Abbau von Arbeitsspitzen und elementarer Belastungsfaktoren (Gruppe 2).*
2. *Der Ausbau der Tagesstrukturierung (Gruppe 1).*
3. *Ein bewohnerorientiertes Arbeiten (Gruppe 2).*
4. *Eine mitarbeiterorientierte Personaleinsatzplanung (Gruppe 1), mitarbeiterorientiertes Arbeiten (Gruppe 2).*
5. *Die Akzeptanz der modifizierten Arbeitszeiten im Nachtdienst (Gruppe 1), mitarbeiterfreundliche Arbeitszeiten für Teilzeitkräfte (Gruppe 2).*
6. *Eine optimale Zufriedenheit der Mitarbeiter und Bewohner[15] (Gruppe 1).*

Auffallend ist, dass einige zuvor als erreichte Ergebnisse als nicht realisierte Ziele genannt wurden. Es entsteht die Frage, inwieweit hier Widersprüche vorliegen. Ich neige zu der Einschätzung, dass die Widersprüche darauf zurückzuführen sind, dass die Gruppenmitglieder über die Diskussionsbeiträge nach der ersten Sequenz reflektierten und ihre Aussagen in der Konkretisierung relativierten und dies bei ihren Nennungen berücksichtigten. Das zeigt sich am Beispiel der Kundenorientierung und Tagesstrukturierung. Denn eine Präzisierung wurde dahingehend vorgenommen, dass die Teilziele „umfassende Berücksichtigung der Tagesstrukturierung in den Prozessstrukturen" und „Schnittstellenlösung zwischen Pflege und Sozialdienst" noch nicht erreicht wurden.

Die Auswertung der Projektergebnisse zeigte, dass sich die befragten Akteure bei ihrer Bewertung vor allem am erkennbaren Nutzen der umgesetzten Projektmaßnahmen für ihren Arbeitsalltag und den sichtbaren Wirkungen im Hinblick auf die Belastungs- und Personalsituation orientierten. Die Vertreter/innen des Management bemaßen hingegen die Zielerreichung an der latenten Wirkung der implementierten Instrumente und an den erzielten strukturellen Veränderungen und Entwicklungsansätzen, die potenzielle Verbesserungen ermöglichen. Als vorläufiges Fazit der Ergebnisanalyse ist festzuhalten, dass die projektimmanenten Ziele in geplantem Umfang nicht erreicht werden konnten, in den technisch-instrumentellen Unternehmensdimensionen jedoch wichtige Teilziele erreicht und in den sozialen Dimensionen lediglich positive Ansätze verwirklicht wurden. Eine weitreichende Realisierung der OE-Ziele wurde durch die Krisensituation von *APE 1*, bedingt durch die angespannte Personalsituation und insbesondere die Führungskonflikte, gravierend behindert.

Zusammenfassend können folgende Ergebnisse festgehalten werden:

▦ *Im technisch-instrumentellen Subsystem:*
- Verbesserungsansätze bei den bewohnerorientierten Ablaufprozessen (durch flexiblere Dienstzeiten, Weck- und Essenszeiten und Implementierung von RAP)
- Transparenz der Planungsprozesse durch professionellen Umgang mit FEAS®
- Verbesserte Informationsprozesse durch die erhöhten Zeitkorridore für Übergaben, verbesserte Dokumentation und Leistungserfassung (RAP und FEAS®).

▦ *Im sozialen Subsystem:*
- Erweiterte Gestaltungs- und Handlungsspielräume für die Leitungskräfte
- Faktische Mitwirkungsmöglichkeiten bei der Arbeitseinsatzplanung
- Lösung der Schnittstellenproblematik (außer Nachtdienst)
- Verbesserte Kommunikationsprozesse
- Veränderte Arbeitszeiten auf der Pilotstation (5,5 Tagewoche, Abschaffung des Geteilten Dienstes)

▦ *Im Klientensystem:*
- Berücksichtigung der individuellen Tagesstrukturierung
- Verbesserte Pflegeplanung durch Erhebung biografischer Daten (RAP).

6.2.2.1.2. Prozessanalyse

Dieser Abschnitt zielt auf die Analyse der prozessförderlichen und -hemmenden Faktoren sowie auf die Auswertung der OE-Beratung im Implementierungsgeschehen. Darüber hinaus sollen Aussagen über das initialisierte Prozessbewusstsein der OE-Akteure gewonnen werden.

Welche Faktoren bzw. Maßnahmen haben die Zielerreichung gefördert? Aus Sicht der Führungs- und Leitungskräfte stand die – wenn auch eingeschränkte Zielrealisierung – in ursächlichem Zusammenhang mit den veränderten strukturellen Rahmenbedingungen, konkret mit den erweiterten Handlungs- und Gestaltungsräumen für die Pflegeakteure und dem professionelleren Umgang mit den Instrumenten (FEAS®) und (RAP). Denn erst durch die Anwendung dieser Instrumente konnten die Defizite in der Arbeitseinsatzplanung erkannt, die Arbeitsorganisation und -prozesse durch die Ermittlung der Tagesprofile des Pflegepersonals verbessert und ein bewohnerorientierter Prozessablauf bewirkt werden. Den Probanden aus Gruppe 2 zufolge war die (ab Herbst 2000 festzustellende) Mitarbeiterzufriedenheit und forcierte Teamentwicklung kein „Erfolg" des Projekts, sondern ein „Verdienst" der kommissarischen Stationsleitung.

Die Prozessanalyse zeigte, dass die Liste der projekthemmenden Faktoren länger war als die der projektförderlichen Faktoren. Folgende Faktoren hatten die Zielerreichung verhindert:

- *Unzureichende Tagesstrukturierung durch mangelnde qualitative Personalressourcen (zu viele Aushilfen) (Gruppe 2).*
- *Personalmangel im Sozialdienst (Gruppe 1).*
- *Mitarbeiterorientierte Personaleinsatzplanung (lebensphasengerechte, familienfreundlich) scheiterte an Fluktuation (Hilfskräfte) und an personellen Engpässen (Gruppe 1).*
- *Keine Akzeptanz der neuen Dienstzeiten (Nachtdienst, Frühdienstbeginn) (Gruppe 1).*
- *mitarbeiterorientierte Prozessgestaltung scheiterte an fehlender Teamentwicklung (Gruppe 2).*
- *Viele Pflegekräfte lehnten die Neuerungen ab (Gruppe 2).*
- *Defizitäre Leitungsfunktion der Wohnbereichsleitung (Gruppe 1).*
- *Unzureichende Einbeziehung und Information der Mitarbeiter/innen (Gruppe 2).*
- *Keine Zusammenarbeit zwischen Steuerungsgruppe und Mitarbeiter/innen (Gruppe 2).*

Ein Gruppenkonsens bestand somit darin, dass die zeit- und zielnahe Umsetzung der Projektmaßnahmen an den problematischen internen Ausgangs- und Projektbedingungen scheiterte. Für Gruppe 2 waren darüber hinaus die Unzulänglichkeiten im internen Projektmanagement wie defizitäre Informationspolitik, mangelnde Partizipation, fehlende Projektsteuerung sowie der Veränderungswiderstand der Akteure verantwortlich.

Die anschließende Diskussionsrunde verdeutlichte exemplarisch die Schwierigkeiten und Hindernisse der Projektumsetzung: Die Pilotstation wurde in der Absicht ausgewählt, für den konfliktbeladenen Wohnbereich eine adäquate Problemlösung zu finden. Dies wurde von den Beteiligten generell als Fehlentscheidung gewertet. Die akuten Leitungs- und Personalprobleme der Pilotstation identifizierten die Mehrzahl der Befragten als den wichtigsten Hindernisfaktor bei dem Bestreben, die Projektvorgaben zielgerecht umzusetzen und ein effektives Arbeiten der Steuerungsgruppe sowie den notwendigen Wissenstransfer zu gewährleisten. Von allen Diskussionsteilnehmer/innen wurde die Meinung vertreten, dass die Probleme der Pilotstation sowohl von der Geschäftsführung als auch von den Führungskräften erst zu spät als kritisch erkannt wurde:

„Die Wahl [fiel auf die Pilotstation], weil auf dieser Station die Stationsleitung sehr eng mit der Pflegedienstleitung kooperierte und heute weiß man da etwas mehr. [...] die Station hatte im Vorfeld schon relativ hohe Krankheitsausfälle und war immer wieder unterbesetzt und hatte mit bestimmten strukturellen Problemen – Autorität der Stationsleitung und dadurch bedingte Fluktuation – zu kämpfen." (Person 3).

Die Eindrücke, die ich schon zu Beginn des Projektes durch die Experteninterviews gewonnen hatte, spiegelten sich in der Gruppenerhebung wider: Die Personal- und Leitungssituation auf der Pilotstation wurde von der Pflegedienstleitung schon vor Beginn des Projektes als problematisch eingestuft. Dies wurde jedoch nach außen nicht transparent gemacht. Die betreffenden Leitungskräfte versuchten ihre Konflikt zunächst zu „kaschieren" und miteinander zu lösen. Die Wohnbereichsleitung blockierte die Projektinterventionen. Ein zwischen Heim- und Pflegedienstleitung schwelender Führungskonflikt verstärkte die Schwierigkeiten der Projektumsetzung und verhinderte so zum einen die notwendige Anpassung der organisationsinternen Rahmenbedingungen an die Projektanforderungen und zum anderen, die Akteure für das OE-Geschehen zu gewinnen, sie zu motivieren und die Akteure angemessen zu beteiligen.

Der Hinweis auf die blockierende Haltung der bis zur Projekthalbzeit zuständigen Leitungskraft kann hinsichtlich der Projektverantwortung kaum als Rechtfertigung dafür dienen, dass die Projektziele nur teilweise realisiert oder zeitversetzt umgesetzt werden konnten. Hier wäre es in der Verantwortung des Managements und des Beraterteams gelegen, die Krisensituation zu identifizieren und entsprechend zeitnah zu intervenieren.

Zur akuten Krisensituation auf der Pilotstation kam es in der Aktionsphase durch die Zuspitzung der Führungs- und Leitungssituation und durch die Entstehung eines Führungsvakuums[136]. In diesem Kontext fühlte sich das Stationsteam vom Management *„im Stich gelassen"* und *„mit ihren Problemen wenig wahrgenommen"* (Gruppe 2). Das Projektmanagement musste so zum Krisenmanagement werden – und das war meines Erachtens einer der wichtigsten projekthinderlichen Faktoren im OE-Prozess.

Die Anforderungen des Pilotprojekts verschärften die Personalsituation, da von den Akteuren und den Projektmitgliedern ein hohes Maß an Engagement und Einsatz gefordert wurde. Vor allem durch die zeit- und personalintensive Analyse „MZT" fühlten sich die Akteure in der Einstiegsphase überfordert,

---

136 Die PDL hatte die Einrichtung zur Projekthalbzeit verlassen, die Stationsleitung war über einen Zeitraum von vier Monaten krank. Die Pflegedienstleitung wurde kommissarisch von der Heimleitung übernommen, die Stationsleitung kommissarisch von der Wohnbereichsleitung einer benachbarten Station.

„dies führte zu einer wachsenden Unzufriedenheit, bis zur Projekthalbzeit" (Person 4). Die Pflegeakteure standen dem Projekt zunehmend kritisch gegenüber, teilweise sperrten sie sich gegen die Veränderungen.

„Die gesamte Pilotstation – die Mitarbeiter – hatten am Anfang erhofft, dass es leichter wird. Was die Mitarbeiter eigentlich nicht wussten, dass sie unter erschwerten Bedingungen arbeiten. [...] sie haben sich eigentlich aufgeopfert. [...] Dann fiel die Stationsleitung aus, die zweite Personalfachkraft später und die dritte durch Krankheit. [...] Der Funktionsstamm der Pflegekräfte war so ausgedünnt [...] da war nichts mehr machbar" (Person 3).

Auf Intervention der OE-Beratung reagierte die Heim- und Geschäftsleitung: Sie erhöhte die Fachkraftquote auf 50 % und verbesserte die personelle Ausstattung[137]. Dies war aus meiner Sicht auch eine unabdingbare Voraussetzung dafür, dass das Projekt weiter verfolgt werden konnte. Für Person 5 war die Personalerhöhung jedoch nur *„ein Tropfen auf dem heißen Stein; die personellen Engpässe wurden mit Aushilfen kompensiert"*.

Als prozessförderlich wurde das strukturierte Vorgehen, die Organisationsdiagnosen, die klaren Zielvorgaben der OE-Berater (Gruppe 1), der in der OE-Beratung erfolgte Wissenstransfer und die Qualifizierung der Projektmitglieder, die Projektvorgaben, der interaktive Austausch mit den Projektmitgliedern der anderen Einrichtungen sowie die Interventionen in der „gepoolten Beratung" (Gruppe 2) genannt.

Die positive Würdigung der OE-Beratung wurde durch die negative Kritik relativiert: Generell bemängelt wurde die späte Rückmeldung der MZT- Ergebnisse, die fehlende Integration der Mitarbeiter/innen, die fehlende Freistellung der Projektmitglieder, ein zu geringes Zeitbudget zur Umsetzung der Projektmaßnahmen (Gruppe 2), das geringe Verständnis für die Probleme der Praxis, ein zu geringes Angebot an geeigneten Instrumentarien zur Bewältigung der Projektvorgaben und die fehlende Begleitung bei pflegefachlichen Problemen auf Stationsebene (Gruppe 1) sowie das Fehlen einer transparenten, konkreten Zieldefinition für die beteiligten Akteure nach jedem Workshop (Gruppe 1/2).

Gewünscht hätten sich die Befragten: Ausreichend Zeit für die Bewältigung der Probleme und Umsetzung der Projektmaßnahmen auf den Wohnbereichen, die Integration aller Mitarbeiter/innen in die Beratung vor Ort, mehr Unterstützung durch die Schaffung adäquater Arbeitsbedingungen, mehr Beratung vor Ort und die zeitliche Freistellung der Projektmitglieder (Gruppe 2).

In der Gruppendiskussion wurden folgende Interventionen und Versäumnisse kritisiert: Die hohe zeitliche Inanspruchnahme der MZT- Analyse führte

---

137 Siehe Dokumentenanalyse, Kap. 6.1.1.5.

bei den Akteuren gleich zu Prozessbeginn zu Frustration. Das wurde als Hauptgrund dafür gesehen, warum das Datenmaterial nur unzureichend erhoben werden konnte (Gruppe 1). Die zu spät erfolgte Rückmeldung der Analyseergebnisse seitens der OE-Beratung verursachte bei den Führungskräften „Verärgerung", denn um notwendige organisatorische Korrekturen zu Beginn der Aktionsphase vorzunehmen, hätten die Analyseergebnisse unverzüglich rückgekoppelt werden müssen, so die generelle Haltung der Managementvertreter/innen. Der OE-Beratung wurde deshalb eine „Teilschuld" für die zeitliche Verzögerungen bei der Umsetzung der OE-Maßnahmen zugewiesen – meines Erachtens zu Recht.

> „Ich habe [die Ergebnisse der MZT] erst im Oktober oder Ende September bekommen, die Auswertungen haben sehr lange gedauert, auch der Datenfluss aus den Einrichtungen kam sehr schleppend und sehr spät [und] nur zur Hälfte [...] also 50 % der Daten wurden abgegeben, aus den 50 % kann man natürlich kein umfassendes Bild herausziehen" (Person 3).

Den Aussagen der Probanden aus Gruppe 2 zufolge, hatte während des gesamten Projekts keine ausreichende Information und Beteiligung stattgefunden. Darüber hinaus kritisierten sie, dass in der „Vor-Ort-Beratung" die Bedürfnisse und Probleme der Pflegeakteure nicht adäquat erfasst und die Projektziele den Akteuren nicht hinreichend vermittelt worden waren.

Im Rahmen der Prozessanalyse wurden die Gruppen gefragt, „was anders sein müsste, wenn das Projekt nochmals starten würde". Die Veränderungsimpulse der Befragten können für eine erfolgreiche entwicklungsorientierte Projektumsetzung richtungsweisend sein:

- *Stärkere Einbeziehung der Mitarbeiter/innen in die Projektumsetzung (Gruppe 1).*
- *Ermittlung der Ziele durch Mitarbeiterbefragung (Gruppe 1).*
- *Bereitstellung adäquater personeller Ressourcen (Gruppe 2).*
- *Ausreichende Zeit für Umsetzung, Beratung und Planung der Projektmaßnahmen (Gruppe 2).*
- *Die Wahl einer geeigneten und homogenen Pilotstation (Gruppe 1/Gruppe 2).*
- *Die frühzeitige Einbeziehung aller Schnittstellenverantwortlichen (Gruppe 2).*
- *Eine stundenbezogene Freistellung der Projektmitglieder (Gruppe 2).*

Diesen Gestaltempfehlungen kann ich nur zustimmen. Bezogen auf die einrichtungsinternen Prozessbedingungen ist es von entscheidender Bedeutung, dass die internen Organisationsbedingungen und Ressourcen in Bezug auf die „Projekttauglichkeit" kritisch geprüft und den Projektanforderungen angepasst werden. Hier liegt ein Versäumnis sowohl der OE-Beratung als auch des Managements vor, dies nicht rechtzeitig erkannt und infolge nicht adäquat interveniert zu haben. Hinsichtlich der OE-Beratung bezeugen die Beiträge darüber hinaus, dass die elementaren OE-Prämissen wie Information, Kommunikation und partizipative Prozessgestaltung bei der Implementierung der Projektmaßnahmen nicht ausreichend berücksichtigt wurden.

Auf die Frage, nach welchen Kriterien die Auswahl einer geeigneten Pilotstation aus heutiger Sicht erfolgen müsste, wurde von den Befragten der (wichtige) Vorschlag gemacht, sorgfältige Analysen durchzuführen, die in den Workshops diagnostizierten OE-Ziele mit den internen Zielen abzustimmen und die Entscheidung mit allen Leitungskräften (Pilotbereich und angrenzender Schnittstellen) öffentlich zu kommunizieren.

„Ich würde auf jeden Fall die Stationsleitungen alle an einem Tisch sitzen lassen [...] und die Meinungen hören und Analysen machen, d. h. es müssten ganz klare Analysen erfolgen, wie es in diesem Haus aussieht. [...] Die externen und internen Ziele müssten verglichen und mit den internen Möglichkeiten sorgfältiger vorbereitet werden" (Person 8).

Die Prozessanalyse zeigte eine weitere Schwierigkeit auf, die erfahrungsgemäß in allen OE-Prozessen auftaucht: Der Widerstand gegen den Wandel bzw. das nachlassende Interesse der betroffenen Akteure, mitbedingt durch Frustration über die Mehrarbeit, Distanz zu den Neuerungen oder nicht erfüllte Hoffnungen. Die Aussage der Akteure, dass die durch das Projekt initiierten Veränderungen von den betroffenen Mitarbeiter/innen und von den Bewohner/innen abgelehnt oder nur zögerlich angenommen wurden, zeugt von einer Schwierigkeit, die bei Prozess- und Strukturveränderung immer wieder auftaucht: Menschen lösen sich nur sehr schwer von „alten" Gewohnheiten und Handlungsmustern – besonders ältere Menschen. Die Mitarbeiter/innen brauchen Zeit, ihre gewohnten Arbeitsabläufe und -rhythmen den modifizierten Arbeitszeiten anzugleichen; die Bewohner/innen[138] brauchen Zeit, ihre eigenen Bedürfnisse wieder wahrzunehmen. Dies erklärt die (zeitverzögerte) Akzeptanz der modifizierten Dienstzeiten und Tagesstrukturierung.

In der Prozessanalyse wurde deutlich, dass durch die Kumulation situativer Faktoren (Führungskonflikt, hohe Belastungssituation) und die nur unzureichend erfolgte Partizipation der Akteure die prozesshinderlichen Faktoren wie Demoti-

---

138 Durch die Hospitalisierung im Heim verlieren viele der Bewohner/innen den Bezug zu ihren individuellen Gewohnheiten. Deshalb wäre es wichtig gewesen, die Bewohner/innen aufzuklären und in den Entwicklungsprozess zu integrieren. Diese Aufgabe hätte von den OE-Akteuren geleistet werden müssen. Doch damit erhebt sich die Frage, wie kann das von Pflegekräften geleistet werden, die selbst nicht umfassend in den Veränderungsprozess integriert sind.

vierung, partielle Verweigerung oder Veränderungswiderstand der Betroffenen verstärkt und der Implementierungsprozess erschwert wurde. Die zu Beginn entstandenen Befürchtungen der Akteure vor Personalabbau – die im Diskussionsverlauf vermehrt zum Ausdruck kam – sind meines Erachtens als ein Indiz für eine gestörte Vertrauenskultur und insbesondere dafür zu werten, dass die Akteure die Ziele nicht ausreichend kannten oder nicht akzeptierten. Unter diesem Aspekt haben die Teilnehmer/innen der Gruppendiskussion zu Recht die Versäumnisse der OE-Beratung und des internen Projektmanagements kritisiert.

Die Ziele, die es im weiteren OE-Prozess zu verfolgen gilt, waren für die Teilnehmer/innen bezogen auf das

- *technisch-instrumentelle Subsystem:*
  - *Mitarbeiterorientierte Personaleinsatzplanung (Gruppe 1)*
  - *Abbau der Arbeitsspitzen (Gruppe 2)*
- *soziale Subsystem:*
  - *Höhere Mitarbeiterzufriedenheit (Gruppe 2)*
  - *Verbesserung der personellen Ressourcen (Gruppe 2)*
  - *Teamentwicklung (Gruppe 2)*
  - *Klärung der Führungskonflikte (Gruppe 2)*
- *Bewohnersystem:*
  - *Verstärkung der betreuenden und aktivierenden Tätigkeiten (Gruppe 2)*
- *Gesamtunternehmen:*
  - *Zielformulierungen in Form einer Mitarbeiterbefragung (Gruppe 1)*
  - *Mitarbeiterfreundliche Personalpolitik (Gruppe 2)*
  - *Die Transformation der umgesetzten Projektmaßnahmen auf das gesamte Haus (Gruppe 2).*

Die Nennungen der OE-Akteure zeigen, dass wichtige projektimmanente Ziele der Arbeitslogistik noch zu realisieren sind. Und einige Beiträge machen deutlich, dass die Befragten „über den Tellerrand hinaus blickten". Sie hatten erkannt, dass für eine erfolgreiche Projektumsetzung weitere Zielgrößen notwendig sind, die sich nicht auf vorgegebene Ziele und Projekterwartungen begrenzen, sondern die sie modifizieren und ergänzen. Die genannten Veränderungsgrößen zielten sowohl auf die Personalführung und Unternehmenspolitik als auch auf die notwendige Beteiligung der Akteure an den Diagnose- und Planungsprozessen der externen OE-Beratung.

Abschließend ist die Frage zu klären, inwieweit die OE-Akteure im Prozessgeschehen ein adäquates Problem- und Entwicklungsbewusstsein erwerben konnten. Ausgehend von der Annahme, dass Menschen aus Erfahrung lernen, indem sie diese nicht nur erleben, sondern auch reflektieren[139], verdeutlicht dieser Untersuchungsabschnitt, dass die OE-Akteure in der Lage waren, die prozesshinderlichen und -förderlichen Faktoren klar zu identifizieren, die strukturellen Prozessbedingungen, die notwendigen Veränderungsschritte und Prozessprobleme zu reflektieren und ihre Verbesserungsvorschläge zu generalisieren. Ein Problem- und Entwicklungsbewusstsein hat eingesetzt.

Nachfolgend werden die ermittelten erfolgrelevanten, prozessförderlichen und prozesshemmenden Faktoren zusammengestellt:

▨ *Positive Voraussetzungen:*
  – *Akzeptanz des Pilotprojekts durch Geschäftsführung*
  – *Interner Handlungsdruck.*
  – *Veränderungsbereitschaft der Akteure zu Projektbeginn*
▨ *Negative Voraussetzungen:*
  – *Fehlende Klärung zur Verfügung stehenden Personalressourcen*
  – *Fehlende Anpassung der organisatorischen Rahmenbedingungen an die Projekterfordernisse*
▨ *Erfolgsrelevante und prozessförderliche Faktoren:*
  – *Das strukturierte Projektvorgehen*
  – *Der erfolgte Wissenstransfer und die Qualifizierungsmaßnahmen*
  – *Die implementierten Analyse-, Planungs- und Steuerungsinstrumente*
  – *Der Erfahrungs- und Informationsaustausch mit den anderen Einrichtungen*
  – *Das Engagement der (neuen) Projektleitung und Stationsleitung*
▨ *Prozesshemmende Faktoren:*
  – *Akute Krisensituation der Pilotstation*
  – *Führungskonflikte*
  – *Mangelnde Kompetenzen in Projektmanagement (fehlende Vertrauensbildung, Einbindung der Akteure in die Projektplanung und -umsetzung, Transparenz, Information und Kommunikation)*
  – *Sinkende bzw. fehlende Veränderungsbereitschaft der Akteure*
  – *Fehlende Freistellung der Projektleitungen*
  – *Fehlende Partizipation an den Vor-Ort-Beratungen*
  – *Fehlende zeitnahe Rückkopplung der Analyseergebnisse an die Einrichtungen.*

---

139 Siehe Kap. 3.4.5.2.

6.2.2.1.3. Erfolg des OE-Projektes

Die subjektiven Erfolgsfaktoren der OE-Akteure beinhalten theoretische Erfolgkriterien, die die Autorin nachfolgend herausarbeitet. Dieser Evaluationsschritt richtet sein Erkenntnisinteresse auf die individuellen und organisationalen Entwicklungen in den nachfolgenden Kategorien:

(1) *Für die Mitarbeiter/innen*
Generell wurde festgestellt, dass der Veränderungsprozess das Bewusstsein, die Fähigkeit und Bereitschaft der Mitarbeiter/innen fördern konnte, Probleme zu reflektieren und sich an der Organisation des Pflegealltags und an den Problemlösungen stärker zu beteiligen. Aus Sicht der Führungskräfte hatte die Einräumung erweiterter Handlungs- und Gestaltungsmöglichkeiten zu dieser Entwicklung entscheidend beigetragen.

An dieser Stelle ist bereits zu betonen, dass die positive Erfolgsbewertung in jeder Kategorie von den Probanden aus Gruppe 2 um negative Indizien ergänzt wurden. Ein Aspekt zielte wiederholt auf die Verunsicherung der Akteure. Darüber hinaus wurden die flexiblen Dienstzeiten kritisiert, mit der Begründung, dass sie für die familiengebundenen Teilzeitkräfte grundsätzliche Nachteile brächten, weil diese ihre Familieninteressen mit den veränderten Arbeitszeiten kaum mehr vereinbaren könnten.

(2) *Auf der Leitungsebene*
Der Erfolg auf der Handlungsebene zeichnet sich Gruppe 1 zufolge durch die erzielte Transparenz in den Entscheidungs-, Planungs- und Steuerungsprozessen und auf der Organisationsebene durch die stärkere Einbindung der Führungskräfte in den OE-Prozess und der Leitungskräfte in den organisatorischen Gestaltungsprozess aus. Dagegen wurden von den Akteuren aus Gruppe 2 – außer der bereits erwähnten verbesserten Kommunikationskultur – kaum positive Entwicklungsansätze identifiziert; ihre Nennungen bezogen sich auf die Anforderungen im Projektmanagement, die von den Schlüsselpersonen (Stations- und Projektleitung) nur durch Mehrarbeit bewältigt werden konnten.

(3) *Für die Kunden*
Die umgesetzten organisatorischen Veränderungsmaßnahmen wie flexible Essenszeiten, individuelle Betreuung, wurden von Gruppe 1 als wichtiger Entwicklungsschritt hin zu einer bedürfnisgerechten Versorgung und Pflege gesehen. Als ein weiterer Erfolg wurde es betrachtet, dass durch die bewohnerorientierte Ausrichtung der Pflegeorganisation der Prozessqualität ein stärkeres Gewicht verliehen wird. Die Pflege- und Leitungskräfte aus Gruppe 2 sahen eine zunehmende

Kundenorientierung im Sinne einer bedürfnisgerechteren Pflege und Versorgung zwar gegeben, einschränkend thematisierten sie, dass sich der Erfolg dadurch begrenzen würde, dass die Heimbewohner/innen den alten Essensrhythmus internalisiert hätten und eine modifizierte Tagestrukturierung noch nicht hinreichend realisiert werden konnte.

(4) *Auf der Pilotstation*
Von beiden Gruppen wurde die bessere Zusammenarbeit, Kommunikation und Transparenz im Team der Pilotstation, zwischen den Hierarchieebenen und Bereichen als Erfolg bilanziert. In der anschließenden Diskussion wurde deutlich, dass es einen Konsens dahingehend gab, dass die veränderten Kommunikations- und Kooperationsbeziehungen zu einer Stärkung des Gruppen- und Verantwortungsbewusstseins und zur Vernetzung der interdisziplinären Bereiche zu effektiveren Arbeitsabläufen beitragen konnten.

(5) *Im Unternehmen*
Im Gesamtsystem hatte der Veränderungsprozess – aus Sicht von Gruppe 1 – zu einer neuen Qualität der Verbindlichkeiten sowie zu Einstellungsveränderungen bezogen auf die Kundenorientierung, die Personalführung und personalgerechte Leitungs- und Organisationsstruktur geführt.

Die Daten dokumentieren, dass die positiven Erfolgskriterien vornehmlich von den Managementvertreter/innen genannt wurden und dass die Bilanz, die die Akteure und Leitungskräften zogen, überwiegend kritisch und teilweise negativ war. Die Ergebnisse machen auch in diesem Untersuchungsabschnitt deutlich, dass beide Gruppen den OE-Erfolg aus unterschiedlicher Perspektive beurteilten. Während sich die Beiträge aus Gruppe 1 auf die erzielten strukturellen und sozialen Entwicklungen und auf den normativen Einstellungswandel bezogen, maßen die Akteure aus Gruppe 2 den Projekterfolg an den Prozessbedingungen sowie an den sichtbaren Folgen und Auswirkungen im Alltags- und Organisationsgeschehen.

Aus wissenschaftlicher Sicht haben die Beiträge folgenden Erkenntniswert: Sie implizieren potenzielle Entwicklungstendenzen und können als ein Zeichen sowohl für ein bei den Trägerpersonen vorhandenes Verantwortungs- und Entwicklungspotenzial betrachtet werden als auch für die Bereitschaft der Führungskräfte nicht nur „im System", sondern auch „am System zu arbeiten" außerdem für die Bereitschaft der Akteure, Veränderungen mitzutragen, wenn die Rahmenbedingungen und das Prozessgeschehen entwicklungs- und ressourcenorientiert gestaltet werden.

Die anschließende Gruppendiskussion zeigte, dass das Pilotprojekt von Gruppe 1 als ein wichtiger Meilenstein für weitere Organisationsveränderungen betrachtet wurde. Aus Sicht der Führungskräfte enthält das Pilotprojekt wichtige Interventionsansätze für weitere Entwicklungsvorhaben bspw. für veränderte Organisationsstrukturen bereit. Dementsprechend stehe die Einrichtung erst am Beginn eines langfristigen Umstrukturierungsprozesses, bei dem jedoch bereits wichtige „Errungenschaften" wie die Erweiterung der Gestaltungs- und Mitwirkungsspielräume, ein gewachsenes Problembewusstsein, eine Einstellungsveränderung bezogen auf ein erhöhtes Kunden- und Qualitätsbewusstein und eine zunehmende Mitarbeiterorientierung erzielt worden sind (Person 1).

Die Förderung von Selbständigkeit und Eigenverantwortung der Akteure wurde von den Führungskräften als ein Beitrag zur Arbeitszufriedenheit, Motivation und stärkeren Professionalisierung der Pflegekräfte und als eine Ausgangsbasis für eine humane Arbeitsgestaltung bewertet. Die „neue Qualität" der erhöhten Transparenz und Verbindlichkeiten wurde als ein Ausdruck einer neuen Führungs- und Unternehmenskultur betrachtet (Person 1). Die Managementvertreter/innen konnten in der Diskussion jedoch nicht belegen, wie die erweiterten Gestaltungs- und Handlungskompetenzen – über die Partizipationsmöglichkeiten an der Dienstplangestaltung hinaus – institutionell verankert wurden.

Eine Ursache für die überwiegend kritische Haltung der OE-Akteure aus Gruppe 2 sehe ich in den – von den Akteuren im Diskussionsverlauf immer wieder beklagten – unzureichend bereitgestellten Ressourcen und Kapazitäten bezogen auf die Bewältigung der Projekt- und alltäglichen Arbeitsanforderungen. Der erhöhte Arbeitsdruck durch die Projektanforderungen verminderte nicht nur die ohnehin schon strapazierten Ressourcen, sondern wirkte sich – Gruppe 2 zufolge – auch negativ auf die Qualität der Pflegeleistung aus. Darüber hinaus ist die negative Erfolgsbilanz der Akteure auf die große Diskrepanz zwischen den Projekterwartungen und den Projektergebnissen zurückzuführen: Sie hatten sich vom Pilotprojekt eine wesentliche Verbesserung der Pflege- und Arbeitssituation erhofft; da keine Entlastung, sondern eine zusätzliche Belastung erfolgte, wurden sie enttäuscht und demotiviert (Person 2).

Aus den Diskussionsbeiträgen können noch weitere Faktoren für die kritische Haltung der Akteure abgeleitet werden: Die Akteure konnten am Beratungsprozess nur ungenügend partizipieren, ihre Probleme wurden zu wenig berücksichtigt, in der externen OE-Beratung und in ihren direkten Vorgesetzten hatten sie über „weite Projektstrecken" keine unterstützende Prozessbegleitung. Infolge der fehlenden Unterstützungsangebote und Partizipation am OE-Prozess konnten die Pflegeakteure die erweiterten Handlungs- und Gestaltungs-spielräume und die darin enthaltenen Chancen zur individuellen Weiterent-wicklung nicht ausreichend wahrnehmen. Die verbesserten Kommunikations-beziehungen und Arbeitsbezüge zum Ende der ersten Umsetzungsphase waren für sie hingegen ein erstes Anzeichen für die Überwindung der gestörten Ver-trauenskultur.

Die Handlungs- und Gestaltungsempfehlungen, die zur Sicherstellung der erreichten Erfolge und für die Weiterentwicklung des OE-Prozesses erarbeitet wurden, sind:

1. *Ziele definieren und strukturiert umsetzen, bspw. in AGs (Gruppe 1).*
2. *Eine erhöhte Transparenz durch einen kontinuierlichen Informationsfluss zwischen den Bereichen und Ebenen gewährleisten (Gruppe 1).*
3. *Die Notwendigkeit, den Prozess durch externe und interne Institutionen oder Personen auszuwerten. Die Ergebnisse zeitnah rückkoppeln und in den Pro-zessverlauf integrieren (Gruppe 1).*
4. *Abstimmung der Pflegeorganisation mit der Hauswirtschaft und zudem die Umorganisation des gesamten Hauswirtschaftsbetriebes (Gruppe 2).*
5. *Prozentuale Freistellung von Projektmitgliedern für Projektarbeit (Gruppe 2).*
6. *Förderung von Kommunikation und Zusammenarbeit im Gesamtbetrieb (Gruppe 2).*

Werden die genannten Gestaltempfehlungen vor dem Hintergrund der erfolg-ten Veränderungs- und Entwicklungsansätze interpretiert, so zeigen sie, dass die OE-Akteure und das Management erkannt haben, dass eine gemeinsame Diagnose und Zieldefinition, Transparenz, Information und Kommunikation grundlegende Voraussetzungen sind sowohl für die Steuerung und Organisa-tion des Veränderungsprozesses als auch für die Verbesserung des Betriebskli-mas. Darüber hinaus bezeugen sie die generelle Einsicht der Diskussionsteil-nehmer/innen, dass auch der „Normalbetrieb" ohne funktionierende Kommunikations- und Informationsprozesse und ohne die Beteiligung der Ak-teure an der Gesamtorganisation weder effektiv noch effizient sein kann. So-mit verweisen diese Auswertungsergebnisse auf einen wichtigen Projekterfolg: Eine mit dem Projekt einhergehende Einstellungs- und Verhaltenveränderung.

Trotz bestehender Polarisierungen und Differenzen erklärten in der Ab-schlussrunde alle Gruppenteilnehmer/innen, dass es wichtig und lehrreich war, am Pilotprojekt der BGW teilgenommen zu haben und darüber hinaus ihre Bereitschaft, den weiteren Veränderungs- und Entwicklungsprozess aktiv mitzutragen und mitzugestalten. Generell wurde angeregt, dass die bisher angestrebten Ziele in allen Dimensionen auszubauen und langfristig durch entsprechende soziale Maßnahmen untermauert werden müssten. Nicht zuletzt war dabei die Einsicht einzelner Probanden maßgebend, dass Veränderungen immer nur im Rahmen auszulotender Prozessbedingungen machbar sind, von allen Beteiligten getragen werden müssen, und dass ein qualifiziertes Personal als ein bedeutender Faktor für eine erfolgreiche und effiziente Pflegeorganisation zu betrachten ist.

6.2.2.1.4. Individuelle Ergebnis- und Erfolgsbewertung

Der Projekterfolg wurde von den Teilnehmer/innen der Gruppendiskussion im letzten Evaluationsschritt individuell bewertet. Für die Bewertung war ein Skalierungsschema (1–10) vorgegeben. Die individuelle Bewertung zeigt folgendes Ergebnis (siehe Abb. 34):

Abbildung 34: Individuelle Erfolgsskalierung der Befragten von *APE 1*

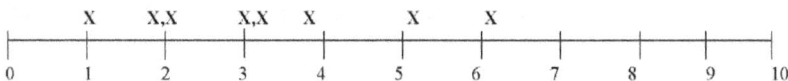

Quelle: Eigene Darstellung

Wie Abb. 34 dokumentiert, lag das Bewertungsergebnis im Durchschnitt bei 3,25. Das Skalierungsergebnis verdeutlicht, was sich bereits in der Gruppendiskussion abgezeichnet hatte, jedoch durch die kollektive Bewertung in der Gruppe verdeckt blieb[140]: Die individuelle Skalierung des OE-Erfolgs korrigierte das Bewertungsergebnis nach unten. Hier bieten sich zwei Deutungs- bzw. Erklärungsmöglichkeiten an: Die vorher geäußerten positiven Einschätzungen – insbesondere von Gruppe 1 – wurden durch die kritischen Äußerungen von Gruppe 2 nach unten relativiert – oder unter der Maßgabe der Anonymität konnten einige Befragungsteilnehmer/innen ehrlicher antworten. Dieser Aspekt könnte insofern eine Rolle spielen, als sich die in das Projektmanagement involvierten Führungskräfte vor anderen Führungskräften keine „Blöße" geben wollten.

Aufschlussreich wäre auch der „Vorher-Nachher-Vergleich" mit der im Rahmen der Experteninterviews vorgenommen ersten Skalierung. Da die betreffen-

---

140 Wie im Forschungsdesign beschrieben, können durch die individuelle Befragung Erfolgskriterien sichtbar werden, die in Rahmen der Gruppenerhebung verdeckt bleiben. Siehe Kap. 4.1.3.3.3.

den Expertinnen und Experten an der Gruppenbefragung nicht teilnahmen, konnten die Daten nicht erhoben werden.

Durch die Einzelbefragung konnten die individuell erworbenen Erfahrungen und Kompetenzen gezielt ermittelt werden. Die genannten Aspekte waren:

- *Eine vertiefte Einsicht in die organisatorischen und betrieblichen Arbeitsabläufe (N=3)*
- *Ein umfassenderes Verständnis für die Probleme der Pflege (N=2)*
- *Ein erweitertes Blickfeld für die Schwierigkeiten und Probleme anderer Bereiche und Einrichtungen (N=2)*
- *Die Einsicht, dass Veränderungen von allen Organisationsmitglieder zu tragen sind (N=1)*
- *Die Erkenntnis, dass qualifiziertes Personal der wichtigste Faktor einer effizienten Pflegeorganisation ist (N=1)*
- *„Heute gelernt mehr zu kommunizieren" (N=1)*
- *Wichtige Denkanstöße und Impulse für Veränderungen (N=1)*
- *Einen größeren Einblick in die Entwicklungsmöglichkeiten von Organisationen (N=1).*

Die weiteren Angaben der Befragten deckten sich weitgehend mit den bereits erhobenen Daten, wie Erwerb erweiterter Handlungs- und Gestaltungskompetenzen, besseres Kommunikations- und Kooperationsvermögen und ein erhöhtes Problembewusstsein.

Die Aussagen machen deutlich, dass der OE-Prozess für die einzelnen OE-Akteure bzw. Schlüsselpersonen weniger ein Lernen von Inhalten, sondern vor allem ein Lernen über Prozesse und notwendige Entwicklungs- und Rahmenbedingungen bewirkte. Die OE-Akteure konnten im OE-Projekt wichtige Erfahrungen und Erkenntnisse bezogen auf die Entwicklungs- und Veränderungsfähigkeit von Organisationen gewinnen.

An dieser Stelle ist darauf hinzuweisen, dass die meisten – abstrahierten – Angaben von den Managementvertreter/innen gemacht wurden. Werden diese Nennungen nicht als „Lippenbekenntnisse", sondern als Einsichten bzw. Absichtserklärungen interpretiert, dann könnte daraus der Schluss gezogen werden, dass das Projekt dazu geführt hat, dass sich die Führungskräfte ihrer Rolle „Antriebsfeder" für die zukünftige Entwicklungsvorhaben bewusst geworden sind.

6.2.2.1.5. Evaluationsergebnisse von IGES

Die von IGES evaluierten Ergebnisse für *APE 1* werden in folgender Tabelle 23 tabellarisch dargestellt.

Tabelle 23: Übersicht der im Rahmen der Abschlussevaluation erhobenen Projektergebnisse durch IGES

Folgende Maßnahmen[141] galten – BFOE zufolge – als umgesetzt:	... waren noch nicht abgeschlossen
1. 5,5 Tage Woche und flexiblere Arbeitszeiten*	– Nachtdienst verkürzt Organisation Hol-Bringdienst an Wochenende
2. Geteilter Dienst abgeschafft*	– Zielgespräche zwischen GL, HL, HWL und PDL
3. Verkürzte Arbeitszeiten am Wochenende wie Besetzung wie in der Woche. Teilzeitkräfte und Aushilfe werden am Wochenende eingesetzt	– Einrichtung eines Springerpools
4. Erhöhung der Fachmitarbeiterquote auf 50%	
5. Entzerrung der Arbeitsspitzen	
6. Flexiblere Tagestrukturierung*	
7. Erhebung der biografischen Daten der Bewohner bei der Aufnahme*	
8. FEAS® ist eingeführt und wird akzeptiert*	
9. Schnittstellen-Analyse*	
10. Regelmäßige Informationen*	

Was haben die verschiedene Entwicklungsansätze gebracht, im Hinblick auf ...[142]

... die körperliche Belastung der Beschäftigten:	*Die wenig genützten Hilfsmittel (vorhanden oder bislang nicht einsatzbereit) werden nun eingesetzt.*
... Belastungen wie Hektik, Stress und Zeitdruck:	*Dieses Problem kann aus Sicht der Projektbeteiligten nur durch eine optimale Stellenbesetzung und durch eine Einstellungsveränderung ("Zeitdruck findet auch im Kopf statt") gelöst werden.*
... der Informationsfluss und die Kommunikation	*wurde innerhalb der Pilotstation und zwischen den Bereichen verbessert.*

141 Die Ergebnisse wurden auf Basis einer Folienbefragung erhoben. Die Projektmitglieder der einzelnen Einrichtungen bekamen bei diesem Frageabschnitt eine Liste der Projektmaßnahmen vorgelegt, die von ihnen als umgesetzt bzw. noch nicht abgeschlossen zu bewerten waren. Die Liste orientierte sich an den Angaben von BFOE.

142 Verschiedene Entwicklungsaspekte wurden unter der Leitfrage „Was haben die durch die bisher umgesetzten Maßnahmen erreicht im Hinblick auf ..." in den einrichtungsspezifischen Projektgruppen diskutiert. Die Gruppendiskussion führte zu den genannten Ergebnissen.

... Anpassung der Schichtpläne an die
Mitarbeiterwünsche:

Die Mitarbeiterwünsche werden in der Dienstplanung berücksichtigt.

... Abbau von Konflikten an Schnittstellen:

Die Schnittstellenproblematik Pflege/Sozialdienst sowie Pflege /Waschküche gilt im Gegensatz zur Schnittstelleproblematik Pflege/Reinigungsdienst sowie Pflege/Nachtdienst als gelöst.

Quelle: Zusammenfassende Darstellung nach IGES (vgl. *IGES 2001:35ff*)

Die in Tab. 23 dokumentierten Auswertungsergebnisse machen deutlich, dass BFOE im Vergleich zu den Projektmitgliedern (die Angaben der Projektmitglieder sind mit Sternchen versehen) zehn Projektmaßnahmen als faktisch abgeschlossen betrachtete; sie zog eine positive Ergebnisbilanz. Im Gegensatz dazu wurden von den Projektmitgliedern nur sieben als umgesetzt und damit als realisiert betrachtet.

Nach IGES ist diese Bewertungsdiskrepanz darauf zurückzuführen, dass den Projektmitgliedern am Ende des Projektes keine Übersicht über die implementierten Projektmaßnahmen vorlag, weil sie es versäumt hätten, die einrichtungsspezifische Zielbestimmung und die implementierten Projektmaßnahmen zu systematisieren (vgl. *IGES 2001:24*).

Im Vergleich zu meinen Forschungsergebnissen zeigt die IGES- Evaluation – bezogen auf die Ergebnisziele – nur wenige Abweichungen. Interessanterweise deckten sich diese Bewertungen der Projektmitglieder weitgehend mit den Angaben aus Gruppe 1.

Das lässt folgende Interpretationsmöglichkeiten zu: Entweder veranlasste die gemeinsame Bewertung zusammen mit der Heimleitung (Projektleitung) die Projektmitglieder in der IGES- Evaluation dazu, ihr „wahres" Urteil zurückzuhalten oder in Anwesenheit der anderen Projektmitglieder und OE-Beratung stellten sie die Ergebnisse „ihres Projektmanagement" positiver dar. Die erste Interpretationsmöglichkeit wird durch ein Evaluationsergebnis von IGES gestützt, dass die interhierarchische Besetzung der Projektgruppe von einzelnen Projektmitgliedern als „problematisch" erachtet wurde (vgl. *IGES 2001:25*). Dennoch bleibt eine endgültige Antwort spekulativ. Insgesamt zeigt der Ergebnisvergleich, dass das unterschiedliche „Untersuchungssetting" – im Hinblick auf die realisierten projektimmanenten Ziele – zu keinen signifikanten Unterschieden führte.

6.2.2.2. Zusammenfassende Diskussion der Ergebnisse der Gruppendiskussion – unter Berücksichtigung anderer Evaluationsergebnisse

Die Auswertung der Untersuchungsergebnisse gestaltet sich aufgrund der divergierenden Gruppenbewertungen schwierig. Dennoch zeigen die Evaluationsergebnisse tendenziell, dass die geplanten Projektziele in *APE 1* nur in Ansätzen erreicht werden konnten.

Im technisch-instrumentellen Subsystem wurde durch die Implementierung der neuen Verfahrensinstrumente und die veränderten Dienst- und Essenszeiten eine Verbesserung der bewohnerorientierten Arbeitsabläufe sowie der Planungs- und Informationsprozesse erzielt. Da die Optimierung der Arbeitseinsatzplanung nicht verwirklicht werden konnte, blieb ein wichtiges Teilziel zur Optimierung der Arbeitslogistik unrealisiert.

Im sozialen Subsystem wurden die Projektergebnisse überwiegend positiv gewertet. Die positive Bewertung zielte vor allem auf die modifizierten Arbeits- und Dienstzeiten (Vollzeitkräfte), die Lösung der Schnittstellenorganisation, die verbesserten Kommunikationsprozesse und Kooperationsbeziehungen sowie die Einstellungsveränderungen bezogen auf eine notwendige Entwicklungs- und Personenorientierung. Die ersten drei Einschätzungen korrespondieren auch mit den vom Beraterteam skizzierten Projektergebnissen[143] (vgl. BFOE 2001:35).

Im Klientensystem wurde das projektimmanente Ziel „Steigerung der Kundenzufriedenheit durch verbesserte Bewohnerorientierung" als noch nicht realisiert betrachtet, auch wenn die neuen Analyse- und Steuerungsinstrumente zu einer effektiveren Pflegeplanung und -organisation geführt haben.

Ich stimme mit IGES darin überein, dass gemessen an der Projektintention und den vordefinierten Projektzielen zur Prävention arbeitsbedingter Gesundheitsgefahren und zur Förderung und Steigerung der Mitarbeitzufriedenheit Entwicklungsfortschritte erzielt wurden, die jedoch nicht als zufriedenstellend einzustufen sind (vgl. IGES 2001:38). Bezogen auf den Abbau von subjektiven Belastungen und der Gesamtzufriedenheit des Personals zeigen meine Forschungsergebnisse, dass die Projektergebnisse zu keinen sichtbaren Erfolgen im Hinblick auf die Reduzierung des Arbeitsvolumens führen konnten. Beide Aspekte gelten als wichtige Bestimmungsfaktoren der Gesundheitsprävention der Pflegekräfte.

Im Gegensatz dazu dokumentiert der Evaluationsbericht von IGES, dass – den Projektmitgliedern zufolge – der „Zeitdruck" nur „im Kopf" stattfindet, weil

---

143 Siehe auch Kap. 5.2.2.

sich die Pflegekräfte an alten „Stellenschlüsseln" und Arbeitsrhythmen orientieren würden (vgl. IGES 2001:38). Diese Aussage steht jedoch in krassem Widerspruch zu den von mir erzielten Erkenntnissen und der Folgerung von IGES, dass die konsequente Implementierung der Projektmaßnahmen dadurch verhindert wurde, dass eine angemessene Stellenbesetzung nicht erfolgte (vgl. IGES 2001:38).

Über die Gründe, warum die Ergebnisse hinter den anfänglichen Projekterwartungen zurückblieben, gab die Prozessanalyse Auskunft:

Die Gruppenerhebung machte deutlich, dass die ziel- und zeitgerechte Implementierung der Projektmaßnahmen durch die kritische Personal- und Führungssituation, fehlende Projektssteuerung sowie mangelnde Team- und Personalentwicklung über einen langen Zeitraum hinweg stagnierte. Obwohl die personellen Kapazitäten während der Projektphase verbessert wurden, war das Management den Projektempfehlungen für eine optimale Stellenbesetzung nicht gefolgt (vgl. IGES 2001:38).

Zu dieser Einschätzung kommt auch BFOE:

> „Die [Führungs- und Leitungs-] Problematik spitzte sich im Laufe des Projektes zu ... [Zudem wurde] im weiteren Verlauf deutlich, dass durch die Leitung des Pilotbereichs viele Veränderungen unterdrückt wurden und somit das Projekt erst nach Veränderung der Führungs- und Leitungsstruktur unter Einbezug der Mitarbeiter/innen mit hoher Motivation weitergeführt werden konnte. Hierdurch ist eine Verzögerung des Projekts entstanden" (BFOE 2001:34).

Ich stimme mit dieser Einschätzung nur teilweise überein. Aus meiner Sicht wurde die Projektdurchführung durch die Auswahl des problembeladenen Wohnbereichs als Pilotstation und durch die Kumulation der Personal- und Führungskonflikte zum Krisenmanagement. Wird ein OE-Projekt jedoch als Krisenmanagement verstanden, dann ist diese Fehlinterpretation – meines Ermessens – nicht nur ein prozesshemmender Faktor, sondern ein prozesshinderlicher Faktor. Fallen Projekt- und Krisenmanagement zusammen, müssen gezielte Kriseninterventionen erfolgen. Diese sind zwar im weiteren Prozessverlauf erfolgt, jedoch zu einem zu späten Zeitpunkt und in nicht ausreichendem Maße. Darin liegt ein eklatantes Versäumnis der OE-Beratung und der Unternehmensleitung.

Dem Beraterteam zufolge wurden die OE-Akteure auf einer Mitgliederversammlung über die Ziele und Projektmaßnahmen informiert und zeigten sich dem Projekt gegenüber sehr aufgeschlossen (vgl. BFOE 2001:34). Ich teile die Einschätzung von BFOE insofern, dass das OE-Projekt von den Projektmitglie-

---

144 Siehe auch Experteninterviews Kap. 6.1.2.3. und 6.1.2.4.

dern und Entscheidungsträgern als geeignetes Steuerungs- und Handlungsmodell zur Problemlösung akzeptiert[144] und zu Beginn der Einstiegsphase noch von einer breiten Mehrheit der OE-Akteure vor Projektbeginn unterstützt wurde.

Doch während der Einstiegsphase wurden Zweifel an der Projektgestaltung und -umsetzung geäußert und in Form von Verunsicherung, Abwehr und Widerstand gegenüber strukturellen Veränderungen sichtbar. Das lag meinen Forschungsergebnissen zufolge an der mangelnden Aufklärung über Inhalte und Ziele der Ist-Analyse (MZT), unzureichende Transparenz, fehlenden detaillierten Informationen sowohl über die erhöhten Arbeitsanforderungen als auch über die intendierten Projektziele und -maßnahmen sowie an den unzureichenden Partizipationsmöglichkeiten.

Da Veränderungs- und Entwicklungsprozesse immer nur in Abhängigkeit der Lernprozesse der in den OE-Prozess involvierten Akteure stattfinden können, muss der Widerstand der Akteure möglichst niedrig gehalten werden. Das Wissen um die Probleme der Einrichtung bzw. Station hätte aus meiner Sicht zu entsprechenden Krisen- und Konfliktinterventionen im Beratungssystem führen müssen. Denn die Bereitwilligkeit der Akteure, sich neue Werte und Ziele anzueignen, ist eine entscheidende Voraussetzung für ein gemeinsames Vorgehen und die Unterstützung des OE-Prozesses (vgl. u. a. French/Bell 1994; Trebesch 1994; Doppler/Lauterburg 1999)[145].

Hier zeigte sich ein Versäumnis des internen und externen Projektmanagements, notwendige OE-Interventionen in der beginnenden Aktionsphase nicht initiiert zu haben, wie Abgleichung der Projektziele mit den stationsspezifischen Zielen, kontinuierliche Aufklärung und Einbeziehung der Beteiligten bei der Zielbildung und die Reduktion der umzusetzenden Maßnahmen auf „verkraftbare" Prozessschritte.

Die Versäumnisse des Managements bestanden darin, die organisatorischen Bedingungen nicht an die OE-Erfordernisse angeglichen zu haben, beispielsweise durch ein frühzeitiges Aufstocken des Personals und die Bereitstellung ausreichender Unterstützungsangebote. Aufgrund dieser Versäumnisse im Transfer gelang es weder der OE-Beratung noch dem Management „die Basis ins Boot" zu holen.

Vieles deutet in APE 1 darauf hin, dass eine elementare Projektvoraussetzung nicht gegeben war: Adäquate Kompetenzen in Projektmanagement und eine bestehende Projektkultur. Die Projektkompetenzen wurden erst im Zuge des Projekts entwickelt, aber nur unzureichend. Dies zeigt sich u. a. in der feh-

145 Siehe Kap.3.4.3.2.

lenden Katalogisierung der einrichtungsspezifischen Projektziele und -maßnahmen, welche nicht nur für das zielgerichtete Projektmanagement sondern auch für die kontinuierliche Evaluation der Prozesse eine bedeutende Rolle spielen – ein weiteres Indiz für die Versäumnisse der externen Projektberatung; zumal auch die anderen Evaluationen zeigen, dass keine Projektgruppe über ein internes Projektcontrolling verfügte.

Trotz dieser gravierenden Probleme konnten das interne Projektmanagement und die OE-Akteure in der zweiten Projekthälfte einige wichtige Ansätze realisieren. Denn mit Unterstützung der „neuen" Projektleitung und kommissarischen Wohnbereichsleitung konnte die Steuerungsgruppe die Projektvorgaben gezielt und konsequent verfolgen. Die Akteure wurden motiviert und stärker einbezogen.

> *„[Die Personalbesetzung] lag an der untersten Schwelle der Möglichkeit und es hat uns Mitarbeiter dermaßen in die Arbeit gezwungen, [...] dass wir uns nachher erst Luft verschaffen mussten [...] und die Zeit, die wir hatten, haben wir sehr stark nützen müssen, um erst mal die Pilotziele [...] auf der Station auch umzusetzen" (Person 4).*

Die prozesshemmenden Faktoren erklären die überwiegend negative Erfolgsbilanz der Pflegeakteure. In Bezug auf ihre kritische Haltung hatte ich bei der Datenerhebung oftmals den Eindruck, dass die Gruppendiskussion von den Akteuren als Plattform gesehen wurde, die – aus ihrer Sicht – nicht gelösten Personalprobleme in Anwesenheit einer neutralen Beobachterin gegenüber der Geschäftsleitung in ihrer Dringlichkeit und ihrem Ausmaß zu verdeutlichen. Phasenweise war eine spannungsgeladene Atmosphäre gegenüber der Heimleitung wahrzunehmen, und dennoch war der Dialog im Diskussionsverlauf überwiegend offen, kritisch und konstruktiv. Die Akteure bewiesen ihre kommunikativen Fähigkeiten, problemlösende Dialoge zu führen, gleichzeitig sorgten sie für eine „kreative Unruhe".

In den Diskussionen zeigten sich die Managementvertreter/innen den Akteuren und ihren Problemen gegenüber sehr aufgeschlossen. Im Diskussionsverlauf wurden Versäumnisse eingeräumt (vor allem dahingehend, die Problemtiefe nicht erkannt zu haben) und weitere personelle und organisatorische Veränderungen in Aussicht gestellt – „[...] das ist aber nicht von heute auf morgen zu machen, sondern muss in vielen kleinen Zwischenschritten verwirklicht werden" (Person 3).

Das Pilotprojekt hatte dazu beigetragen, einen größeren Einblick in die Organisation und ihre Lern- und Entwicklungsmöglichkeiten zu gewinnen. Hilfreich und unterstützend war dabei auch der Austausch zwischen den beteiligten Einrichtungen und Projektmitgliedern, „der vielfältige Impulse für die unterschiedlichen Bereiche und Aufgaben als auch Veränderungsmöglichkeiten bot" (Person 4). Der Austausch mit anderen Einrichtungen führte aber auch zu einem unerwartet positiven Nebeneffekt: Der angestaute Erfolgsdruck unter dem die OE-Akteure standen, fand ein Ventil in der Erkenntnis, *„andere kochen auch nur mit Wasser"* *(Person 8)*. Ein Effekt, der für die psychische Situation der Beteiligten nicht unbedeutend ist und für den Erfahrungsaustausch in der „gepoolten Beratung" spricht. Darüber hinaus entstand durch den OE-Prozess ein Reflexionsprozess, der sich auf das ganze Haus ausdehnte, wobei die folgenden Fragen handlungsleitend sind: *„Wo wollen wir hin?"*, *„Was können wir noch verändern?"* und *„Was ist in der momentanen Situation überhaupt machbar?"* *(vgl. Person 3)*.

Ich ziehe folgendes Zwischenfazit. Das OE-Projekt war unter problematischen und kritischen Rahmenbedingungen gestartet. Trotz der unzureichenden Prozessbedingungen wurden die Projektanforderungen nach der Überwindung der Leitungsprobleme bestmöglich bewältigt, dennoch mussten die Projektergebnisse weit hinter den Erwartungen zurückbleiben. Die Gründe sind aus Forschungssicht sowohl in der Einrichtung (restriktive Personalpolitik, Führungskonflikte) zu suchen als auch bei der OE-Beratung, welche die deutlichen Anzeichen des Krisenmanagements zu spät erkannt hatte.

6.2.2.3. Evaluationsergebnisse der zweiten Projektphase

In *APE 1* wurden zwei Leitungskräfte[146] befragt: Ein Projektmitglied (E 1) und eine Leitungsperson (E 2), die nicht zur Projektgruppe gehörte.

Die Interviews wurden als Expertenbefragung mit Hilfe eines strukturierten Fragebogen[147] durchgeführt und zielten auf Evaluation der umgesetzten Projektmaßnahmen, auf eventuelle Weiterentwicklungen und die Ergebnissicherung in der zweiten Projektphase.

1. Veränderungen für die Mitarbeiter/innen im Hinblick auf die Prävention arbeitsbedingter Gesundheitsgefahren
In der Ergebnisbewertung dieser Kategorie kamen die Expertinnen übereinstimmend zu folgender Einschätzung: Die Projektaktivitäten haben zu verbesserten Arbeitsbedingungen und zur Reduzierung der objektiven Arbeitsbelastung (bspw. Abbau von Arbeitsspitzen) geführt, doch (noch) keine entscheidende Wende bezogen auf die Arbeitszufriedenheit bewirken können. Mit ihrer Argumentation bewegten sich die Befragten auf zwei Ebenen. Sie erklärten, dass die strukturellen

---

146 Beide Expertinnen (w) waren zwischen 39 und 50 Jahren, examinierte Pflegefachkräfte, in der Einrichtung (mit Unterbrechungen) zwischen 3 und 10 Jahren und seit über 2 Jahren in der Pflege bzw. Management tätig.
147 Siehe Kap. 4.1.3.3.1.

und sozialen Veränderungsmaßnahmen einerseits zu einem Stressabbau führen konnten, anderseits war die (erhoffte) Reduzierung der Belastungsfaktoren – bedingt durch die Personalsituation – noch nicht in gewünschtem Umfang erreicht. Da sich die Veränderungen erst „einspielen" müssten, erwarteten beide Befragten langfristig weitere Arbeitsentlastungen sowie eine Steigerung der Arbeitszufriedenheit. Eine stressmindernde Wirkung versprachen sich beide Expertinnen von den entwickelten Konzepten zur Gesundheitsförderung (klassische Präventionsmaßnahmen, Fortbildungsprogramme). In diesem Kontext verwiesen sie auf die positive Impulse der – vom Gesundheitszirkel – durchgeführten Gesundheitstage.

Wie bereits in der ersten Projektphase scheiterte das Ziel, die Arbeitszufriedenheit zu erhöhen, auch in der zweiten Projektphase an der Personalsituation, die von den Expertinnen als unbefriedigend bewertet wurde – jedoch mit unterschiedlicher Begründung. In der Einschätzung, dass das Pilotprojekt die bereits angespannten personellen Ressourcen zusätzlich erschöpft habe und die Fluktuations- und Ausfallzeiten[148] immer noch zu hoch seien, waren sich beide Befragten einig. Bezogen auf das betriebliche Handeln gingen die Einschätzungen hingegen auseinander: Expertin 2 betrachtete die Erhöhung der personellen Kapazitäten und Ressourcen (Anhebung der Fachkraftquote auf 53,42 % und des Stellenschlüssels um 1,25 Stellen[149]) als angemessen und als einen wichtigen Schritt zur Verbesserung der Arbeitsbedingungen. Hingegen erachtete Expertin 1 die personellen Ressourcen durch den Mangel an Vollzeitkräften[150] und die fehlende Qualifikation der Pflegehilfskräfte als unzureichend; beide Aspekte wurden von ihr als die wichtigsten, sich noch immer negativ auswirkenden Belastungsfaktoren identifiziert.

2. Veränderungen im technisch – instrumentellen Subsystem der involvierten Fachbereiche
Die Veränderungen im technisch-instrumentellen Subsystem wurden von beiden Befragten unisono als positiv beurteilt: Durch die – inzwischen auf allen Wohnbereichen – implementierten Instrumente konnten bedeutende Fortschritte im

---

148 Zur Datenlage der Fluktuationsraten hatte APE 1 keine Angaben gemacht. Bei den krankheitsbedingten Fehlzeitenquoten zeigte die Dokumentenanalyse, dass sich die Quote im Jahr 2000 geringfügig verbessert hatte. Für das Jahr 2001 lagen noch keine statischen Werte vor. Siehe Kap. 6.1.1.5. sowie Anhang E/1.

149 Wie die Dokumentenanalyse zeigt, war die Fachkraftquote bereits im Jahr 2001 auf 51,30 % erhöht worden. Siehe Kap. 6.1.1.5. sowie Anhang E/1.

150 Während der Projektphase war der Anteil an Teilzeitkräfte von 21,4 % auf 31,3 % gestiegen (siehe Anhang E/1).

Hinblick auf die Steuerung der Arbeitsablaufprozesse, die Arbeitseinsatzplanung, die Informationsprozesse, die Schnittstellen sowie die Arbeitszeitakzeptanz erzielt werden; insbesondere die EDV-Vernetzung der Wohnbereiche und die EDV-gestützte Pflegeplanung haben zu einer besseren Transparenz und Planbarkeit der Pflegeprozesse und Arbeitsorganisation geführt. Ausführlicher wurden folgende Instrumente thematisiert:

- *Das (einfach zu „handhabende") Instrument „RAP" hat die Leistungs- und Ressourcenplanung verbessert.*

- *Durch die MZT-Analyse konnten viele Defizite im Stationsablauf und an den Schnittstellen aufgedeckt und wichtige Veränderungen zur Prozessoptimierung vorgenommen werden. Eine Wiederholung der MZT-Analyse wurde – aufgrund der Arbeits- und Zeitintensität der Analyse – in einem Zeitraum von zwei oder drei Jahre zur Disposition gestellt.*

- *FEAS® wurde abgesetzt, weil es sich als zu wenig prozessorientiert erwiesen hatte. Als neues Instrument wurde das Leistungs- und Planungsinstrument (LPS) implementiert, durch das – im Gegensatz zu FEAS® – Soll-Zeiten ermittelt werden könnten. Bei der Dienstplanung wurde mit einem neuen EDV-Dienstplanprogramm gearbeitet.*

Darüber hinaus hatte die Einrichtung begonnen, zur besseren Kapazitäts-, Ressourcen- und Personalnutzung ein Personalcontrolling aufzubauen, bisher beschränke sich die Verfahrensweise auf das operative Controlling (Daten zur Ermittlung von Kennzahlen), geeignete Instrumente für eine strategische Planung sind noch nicht entwickelt, so Expertin 2.

Auf die Frage, warum die Prozessoptimierung nicht zum Stressabbau führen konnte, erklärte Expertin 2, die Projektaktivitäten haben die personellen Ressourcen erschöpft; *„es braucht Zeit, bis sich die Mitarbeiter erholen".*

3. Veränderungen im sozialen Subsystem

In der zweiten Projektphase wurden folgende Projektmaßnahmen erprobt bzw. realisiert:

- *Erprobung der 5-Tage-Woche (Akteure des Pilotbereichs, alle Wohnbereichsleitungen)*

- *Einführung der 5,5-Tage-Woche und der flexiblen Schichtzeitmodelle (alle Wohnbereiche)*

- *Abbau der „Geteilten Dienste"*[151]

---

151 Obwohl der „Geteilte Dienst" formal bereits in der ersten Projektphase abgeschafft war, wurde bei personellen Engpässen diese Dienstform dennoch angewandt (Anm. d. Verf.)

▓ *Aufbau eines Springerpools*
▓ *veränderte Zuständigkeiten für die Führungs- und Leitungskräfte*
▓ *Etablierung von Trainingsgruppen für die Pflegekräfte*
▓ *Bereichsübergreifende Leitungssitzungen und*
▓ *Vernetzung der innerbetrieblichen Arbeitsgruppen (Qualitäts-, Gesundheitszirkel und Steuerungsgruppe).*

Aus Sicht beider Expertinnen akzeptierten – die Vollzeitkräfte im Gegensatz zu den Teilzeitkräften und den Mitarbeiter/innen des Nachtdienstes[152] – die veränderten Schichtzeiten, da sie deren Vorteile für ihre Lebens- und Familiengestaltung erkannt hätten. In diesem Zusammenhang zeigte sich die Einschätzung von Expertin 1 als interessant: Die hohe Fluktuation würde vor allem durch die Teilzeitkräfte verursacht; sie akzeptieren die modifizierten (verlängerten) Dienstzeiten nicht, denn sie sind für diese Beschäftigungsgruppe mit mehr Nachteilen verbunden.

Die zur Entlastung der Pflegenden von der OE-Beratung vorgeschlagene Lösung, an Wochenenden vermehrt Aushilfen statt Teilzeitkräfte einzusetzen, hatte sich als ineffektiv erwiesen (E 1). Dies sei, so die Befragte, auch ein Grund, warum die Einrichtung nicht (ganz) auf den „Geteilten Dienst" verzichten könne. Im Hinblick auf die Abschaffung des „Geteilten Dienstes" und die generelle Einführung der 5-Tage-Woche für die Pflegekräfte vertrat sie die Haltung, dass beide Veränderungen vor dem Hintergrund des akuten „Pflegenotstands" nicht zukunftsfähig sind. Dieses Argument wirft die grundsätzliche Frage auf, ob der „Pflegenotstand" tatsächlich ein Hemmschuh bei der Flexibilisierung der Arbeitszeiten ist oder ob die externen Rahmenbedingungen als Vorwand fungieren, um zu verschleiern, dass der nur zögerlich angehobene Personalschlüssel zu keiner wesentlichen Entspannung der Personalsituation führen konnte.

Von beiden Befragten wurden die Strukturveränderungen in den Führungs- und Leitungssystemen als bedeutender Erfolg der zweiten Projektphase bilanziert. Die strukturellen Veränderungen zielten auf die Neukonzeption der Leitungsfunktionen Pflegedienst-, Wohnbereichs- und Schichtleitung; die Stellenbeschreibungen wurden entsprechend aktualisiert. Die Neugestaltung der Leitungsstrukturen war einerseits das Ergebnis des im Rahmen des Pilotprojekts stattfindenden Coachings und andererseits der zusätzlich eingekauften Beratungsleistungen. Folgende Veränderungen wurden erzielt:

---

152 Die modifizierten Arbeits- und Dienstzeitmodelle wurden von Mitarbeiter/innen des Nachtdienstes auch nach der zweiten Projektphase abgelehnt.

▓ Die Zuständigkeiten der Pflegedienstleitung wurden über die Fachaufsicht über die Pflege hinaus auf die Unterstützung und Beratung der Wohnbereichsleitungen ausgedehnt.

▓ Die Verantwortlichkeiten der Fach- und Dienstaufsicht in den Wohnbereichen wurden neu geregelt. Die Wohnbereichsleitungen übernehmen zu 100 % Leitungsaufgaben.

▓ Die Funktion der (stellvertretenden) Schichtleitung wurde näher definiert. Examinierte Pflegekräfte übernehmen die Schichtleitung.

▓ Die Nachtwache wurde neu organisiert: Es wurden leitende Mitarbeiter/innen berufen.

Durch die Neudefinition und Erweiterung der Verantwortungsbereiche wurde die Schlüsselposition der Wohnbereichsleitungen entschieden gestärkt und die untere Managementebene formal angemessen gestaltet. Damit wurde das „Dilemma" gelöst, dass die Wohnbereichsleitungen bisher zwar eine Leitungsfunktion inne hatten, sich aber nicht mit dem Vorgesetztenstatus identifizieren konnten und faktisch in der Rolle der Pflegekräfte verblieben. In diesem Kontext erläuterten die Befragten, dass auch die erworbenen Methoden- und Organisationskompetenzen dazu geführt hatten, dass die Wohnbereichsleitungen ihre „neue" Leitungsfunktion und Rolle selbstbewusster ausüben und wahrnehmen würden.

Im Zuge der Umstrukturierungen auf der Leitungsebene wurden den Akteuren erweiterte Handlungs- und Entscheidungsspielräume eingeräumt. Die Akteure könnten nun die Pflegeabläufe und Schichteinteilungen eigenverantwortlich(er) gestalten, so die Expertinnen. Zur Professionalisierung wurden den Pflegekräften interne, fachbezogene Trainingsmaßnahmen (Dienstgestaltung, Pflegeplanung, -dokumentation) angeboten. Insgesamt hätte das Projekt in der zweiten Phase wesentlich dazu beigetragen, das Problembewusstsein der Akteure zu erhöhen und deren Einsicht zu verstärken, dass eine gute Teamarbeit und funktionierende Pflegedokumentation, eine wichtige Voraussetzung nicht nur für die Qualität der Leistungserstellung, sondern für das Wohlbefinden aller Beteiligten ist, so Expertin 1. Der höherer Einfluss auf die Planungsmöglichkeiten führte – nach Aussagen der Interviewten – auch bei den Akteuren zu neuen Erfolgserlebnissen und zu einem neuen Selbstwertgefühl.

Die Geschäfts- und Heimleitung sei – aus Sicht von Expertin 2 – bestrebt, diese Projekterfolge und Professionalisierungstendenzen durch Fortbildungs- und Unterstützungsangebote weiter zu fördern. Geplant ist, dass der Professionalisierungsprozess der Wohnbereichsleitungen und der Akteure durch Coaching- und Supervisionsangebote weiter unterstützt werden soll.

Weitere Erfolge wurden bei der Personal-, Team- und Bereichsentwicklung erzielt: Die interdisziplinären Informations- und Kommunikationsprozesse konnten verbessert werden und führten zu einer konstruktiven Kooperations- und Konfliktkultur, betonten die Befragten. Zu diesem Fortschritt hatten auch die eingeführten Mitarbeiterrundbriefe beigetragen, durch welche die Mitarbeiter/innen über wichtige Unternehmensprozesse und anstehende (Projekt-) Veränderung informiert wurden (E 2).

Bezogen auf die Frage, ob eine angemessene Partizipation der Akteure in der zweiten Projektphase gewährleistet war, haben sich die Aussagen der Befragten widersprochen. Expertin 2 zufolge konnten die Akteure am Prozessgeschehen der zweiten Projektphase ausreichend partizipieren, denn das Beraterteam und die Steuerungsgruppe haben mit den Akteuren der Pilotstation intensiver zusammengearbeitet, Dialoge geführt und ihre Ziele berücksichtigt; der anderen Leitungskraft zufolge waren die Akteure nicht ausreichend beteiligt worden. Sie begründete dies damit, dass die Ziele allein durch die Projekt- und Steuerungsgruppe definiert wurden und die Akteure der anderen Wohnbereiche nur unzureichend involviert waren (E 1).

4. Veränderungen im Klientensystem
Die Projektaktivitäten zur Verbesserung der Bewohner- und Kundenorientierung wurden von beiden Befragten generell positiv beurteilt: Durch den Abbau der Arbeitsspitzen stand den Pflegekräften im Pflegeprozess wieder mehr Zeit für die kommunikative, motivierende und emotionale Beziehungspflege zur Verfügung, was sowohl zu einer erhöhten Zufriedenheit der Bewohner/innen und deren Angehörigen als auch der Mitarbeiter/innen beitragen konnte. Diese Aussage stand jedoch im Widerspruch zu den Aussagen in der ersten Kategorie, bei der beide Befragten angegeben hatten, dass sich die Arbeitszufriedenheit verschlechtert hätte.

In der Bilanz konstatierten die Expertinnen eine höhere Pflege- und Betreuungsqualität: Durch den Einsatz von RAP konnte die Pflegediagnostik und die Pflegeprozessplanung verbessert werden (E 1); das wachsende Interesse und Engagement an den individuellen Bedürfnissen der Bewohner/innen habe zu einem allgemeinen Bewusstseins- und Einstellungswandel zugunsten von mehr Bewohnerorientierung geführt, wodurch sich die Konflikte und Schwierigkeiten im Kontakt mit den Bewohner/innen und ihren Angehörigen reduziert haben (E 2).

5. Auswirkungen auf das Gesamtsystem
Die Realisierung des intendierten Projektziels „Erhöhung der Wirtschaftlichkeit"

wurden unterschiedlich eingeschätzt. Ihre positive Bewertung führte Expertin 1 darauf zurück, dass der Umdenkungsprozess der Akteure zu einem wirtschaftlicheren Umgang mit materiellen Ressourcen geführt habe und dass die Erhöhung der Prozess- und Strukturqualität langfristig eine Erhöhung der Effektivität und damit der Wirtschaftlichkeit erwarten lässt. Expertin 2 begründete ihre negative Bewertung mit den hohen (direkten) Personalkosten durch die eingesetzten Aushilfen; diese hätten das Betriebsergebnis „verschlechtert".

In Bezug auf die Beurteilung die Effektivität hingegen waren sich meine Gesprächspartnerinnen einig: Durch die umgesetzten Projektmaßnahmen wurde eine höhere Effektivität im Leistungsbereich erzielt.

Die Frage, ob die OE-Akteure ein adäquates „Rüstzeug" erwerben konnten, um „dauerhaft einen kontinuierlichen Verbesserungsprozess durchzuführen"[153], bejahten beide Expertinnen:

▦ *Durch die Anwendung der implementierten Dokumentations-, Erfassungs-, Analyse- und Planungsinstrumente konnten alle Prozessbeteiligten die notwendige Methodenkompetenz erwerben, um die Prozesse effektiver zu gestalten.*
▦ *In vielen Bereichen hatte das Projekt das Entwicklungs- und Veränderungsbewusstsein der Akteure geweckt und deren Problem- und Selbstbewusstsein gestärkt.*
▦ *Das Projekt hatte zu Veränderungsimpulsen geführt, sich strategisch zu orientieren (Personalcontrolling, Kennzahlenermittlung) für das angestrebte Benchmarking.*

Die abschließende Frage, ob das Projekt die Selbstorganisation gefördert habe, wurde – bezogen auf die Bewältigung der Arbeitsablaufprozesse – bejaht, im Hinblick auf organisationale Entwicklungsprozesse verneint. Den Befragten zufolge hatte das Pilotprojekt zu einer Erhöhung des Problem- und Veränderungsbewusstseins geführt, für weitreichende Entwicklungs- und Veränderungsprozesse sei jedoch noch eine externe OE-Beratung notwendig.

6. Beurteilung der externen OE-Beratung und des internen Projektmanagements
Bei der Beurteilung der OE-Beratung wurde von beiden Expertinnen nochmals die Bedeutung der MZT-Analyse und der RAP positiv hervorgehoben: Durch die MZT-Ergebnisse hätten die OE-Akteure einen vertieften Einblick in die Prozessstrukturen gewonnen, was – neben dem Engagement der Projektmitglieder – dazu beigetragen habe, dass die Veränderungsbereitschaft (wieder) geweckt

---

153 Von der BFOE definiertes Projektziel, siehe Kap. 5.2.3.1.
154 Siehe Kap. 6.2.2.1.2.

werden konnte. Den Gewinn von RAP erkannten die Befragten nicht nur in den Anwendungsvorteilen für die bewohnerorientierte Ausrichtung der Leistungsprozesse, sondern darin, dass das Instrument vielfältigen Impulse für die veränderte Bewusstseinshaltung der Akteure geboten hatte und das Selbstverständnis der Pflegekräfte stärken konnte, die Pflegeprozesse kundenorientierter zu gestalten.

Als verbesserungswürdig wurde unisono – wie bereits bei der ersten Evaluation – die Rückmeldung der MZT-Ergebnisse genannt[154].

Folgende Faktoren wurden von den Expertinnen als prozessförderlich genannt: Die hausinterne Versetzung von einzelnen Akteuren, die Klärung und Lösung der Führungskonflikte, die interaktive Zusammenarbeit der Projektsteuerungsgruppe mit den Leitungskräften (E 2); der engagierte Einsatz der kommissarischen Wohnbereichsleitung und das verbesserte soziale Wohnbereichs- und Teamklima (E 1). Die Coachingsitzungen und die zusätzlich eingekauften Beratungsleistungen wurden im Hinblick auf die erfolgreichen Umstrukturierungsprozesse von beiden Expertinnen als zentral hervorgehoben.

Als die wichtigsten projekthemmenden Faktoren nannten beide Befragte die personellen Engpässe, den Führungskonflikt der höheren Instanzen und das Festhalten der Betroffenen an alten Gewohnheiten. Darüber hinaus bemängelten sie, dass die angebotenen EDV-Programme nicht kompatibel (E 2) und dass die Kommunikation zwischen den Projektmitgliedern und den Nicht-Projektmitgliedern auch zu Beginn der zweiten Projektphase noch unzureichend war, aber durch die neue Wohnbereichsleitung und die Steuerungsgruppe intensiviert werden konnte (E 1).

7. Zusammenfassung

Zusammenfassend werden die Ergebnisse und Veränderungen skizziert, die durch die zweite Projektphase erzielt bzw. weiterentwickelt worden sind:

▦ Prävention arbeitsbedingter Gesundheitsgefahren:
Verbesserung der Arbeitsbedingungen durch Abbau institutioneller Stressoren, Entwicklung von gesundheitsförderlichen Präventionsmaßnahmen und -programmen.

▦ im technisch – instrumentellen Subsystem:
Organisationsweite Prozessoptimierung durch EDV-Vernetzung und implementierte Verfahrensinstrumente.

▦ im sozialen Subsystem:
Einführung flexibler Arbeits- und Dienstzeiten, Aufbau eines Springerpools, erweiterte Handlungsspielräume für die Akteure, Fortbildungsprogramme und Unterstützungsangebote (Supervision, Coaching), erworbene Methodenkom-

petenzen, Verbesserung der personellen Ressourcen sowie der Kommunikation und Arbeitsbeziehungen, veränderte Leitungsstrukturen.

▨ im Klientensystem:
Verbesserung der Pflegediagnostik, Pflegeplanung und psychosozialen Betreuung, Steigerung der Bewohnerzufriedenheit.

▨ Auswirkungen auf das Gesamtsystem:
Effektivitätssteigerung.

Meine Erhebung zeigt auf, dass die Ziel- und Ergebnisgrößen bezogen auf die Steigerung der Arbeitszufriedenheit insofern divergierten, dass die implementierten Projektmaßnahmen zum Abbau der betrieblichen Stressoren führten, aber das subjektive Belastungsempfinden sich bedingt durch die angespannten und erschöpften Personalressourcen nur unwesentlich verbesserte.

Die Evaluation, die von IGES mit den Mitarbeiter/innen des Pilotbereichs und den Leitungskräften der übrigen Wohnbereiche durchgeführt wurde, führte zu folgendem Ergebnis (siehe Abb. 35):

Abbildung 35: Bewertung der Projektergebnisse durch die Mitarbeiter/innen des Pilotbereichs und die Leiter/innen der übrigen Wohnbereiche von APE 1

Quelle: IGES 2002:68

Abb. 35 dokumentiert, dass die umgesetzten Projektmaßnahmen zu einer Reduzierung der körperliche Belastungen, Abbau von Stress, Hektik und Zeitdruck sowie Erhöhung der Arbeitszufriedenheit und Motivation der Akteure geführt haben. In der Evaluation von IGES gab es gruppenvariierende Bewertungen dahingehend, dass die Akteure des Pilotbereichs die Auswirkungen der umgesetzten Veränderungsmaßnahmen auf die genannten Größen generell besser beurteilten als die Befragten der anderen Wohnbereiche. Auffallend sind die Bewertungen einiger Leiter/innen der anderen Wohnbereiche, denen zufolge keine Veränderung erzielt wurde. Dieses Bewertungsergebnis lässt meines Erachtens einerseits auf eine abwartende und unsichere Haltung der Befragten schließen – und darauf – wie meine Erhebung zeigte, – dass Veränderungsprozesse Zeit brauchen, bis sie zu sichtbaren Ergebnissen führen[155].

Im Rahmen meiner Gruppenerhebungen hatten die Diskussionsteilnehmer/innen angeregt, die angestrebten Projektziele in allen Dimensionen auszubauen und durch flankierende Maßnahmen abzusichern. Die Interviewergebnisse zeigen, dass die von den Akteuren aufgestellten Ziele im Folgeprozess weitgehend realisiert wurden und dass die Umsetzung und Weiterentwicklung der Projektmaßnahmen unter stärkerer Einbeziehung der Akteure erfolgte.

Ich ziehe folgendes vorläufiges Fazit: In der zweiten Projekthase wurde in den technisch-sozialen Subsystemen umfassende Entwicklungsfortschritte erzielt, die sich zum einen in der Übertragung der im Pilotbereich erfolgreich umgesetzten Prozess- und Strukturmaßnahmen[156] in die anderen Wohnbereiche und zum anderen in der Professionalisierung der unteren Managementebene und der Akteure sowie in der verbesserten Kommunikations- und Betriebskultur manifestierten. Somit konnten die Projektaktivitäten der zweiten Projektphase dazu beitragen, die Maßnahmenziele zur Optimierung der Arbeitslogistik und damit zur Gesundheitsförderung zu realisieren. Dies ist als Projekterfolg zu werten. Die Ergebnisse lassen darüber hinaus erwarten, dass die Projektmaßnahmen ihre zu erzielende Wirkung auf die erhöhte Arbeitszufriedenheit im Gesamtsystem und die Steigerung der Effizienz entfalten werden.

Die Ergebnisse dokumentieren, dass die Implementierung der Veränderungsprozesse unter stärkerer Berücksichtigung der OE-Prinzipien Transparenz, Kommunikation und Einbeziehung der betroffenen Akteure des Pilotbereichs

---

155 Die weiteren Evaluationsergebnisse von IGES stimmen mit meinen Forschungsergebnisse im Hinblick auf die realisierten projektimmanente Ziele weitgehend überein (vgl. IGES 2002:68f).

156 Flexibilisierung der Arbeits- und Dienstzeiten, Abbau des Geteilten Dienstes, Implementierung der Prozess- und Verfahrensinstrumente RAP, LPS und All4one, verlängerte Essens- und Weckzeiten, Erhöhung der Zeitkorridore für die Übergabezeiten, Flexibilisierung der Arbeitseinsatzplanung, Umstrukturierung der Schnittstellen.

erfolgte und die OE-Akteure zur Problemlösung und Selbstorganisation auf der operativen Handlungsebene befähigen konnte.

6.2.2.4. Resümee

APE 1 befand sich zu Projektbeginn in einer akuten Systemkrise. Durch die Untersuchung der Ausgangssituation wurden strukturelle und prozessuale Schwachstellen identifiziert wie: streng hierarchisch gegliederte Organisations- und Leistungsstrukturen, personelle Unterkapazitäten, Trennung der Leistungsbereiche, überalterte, starre Arbeits- und Dienstzeitmodelle, zentrale Steuerung der Prozessabläufe, defizitäre formale Regelungen des Wohnbereichsmanagements und begrenzte Handlungs- und Gestaltungsspielräume für die Akteure sowie betriebsbezogene Arbeitsstrukturierung und fehlende adäquate Plan-, Prozess- und Steuerungsinstrumente. Die Krise des Systems manifestierte sich auf der Führungs- und Personalebene in institutionell bedingten hohen Belastungsfaktoren, hohen Fluktuations- und Ausfallzeiten, personellen Unterkapazitäten, Führungs- und Bereichskonflikten, nicht funktionierenden Informations- und Kommunikationsnetzen sowie Schnittstellenproblematiken – und mündete nach Projektbeginn in eine eklatante Führungskrise. Die Führungskrise ist aus meiner Sicht nicht nur eine Folge der divergierenden Ziele und Werte der Führungskräfte, sondern eine Konsequenz daraus, dass es *APE 1* nicht gelungen war, die deklarierten Unternehmensziele in geeignete Management-, Personal- und Leistungskonzepte und in handlungsleitende Ziele zu transformieren.

Es gab im Pflegemanagement zwar zahlreiche einzelne Bemühungen, eine qualitäts- und leistungsgerechte Pflege zu verwirklichen. Da diese nicht in ein integriertes Versorgungskonzept und bewohnerorientiertes Prozessmanagement sowie in eine leistungs- und personenorientierte Ressourcenbereitstellung verankert waren, führten sie in ihrem Ergebnis weder zu qualitätsgerechten Leistungsprozessen noch zu kunden- und mitarbeitergerechten Pflege- und Arbeitsbedingungen.

In der Gesamtbetrachtung der Ausgangssituation lassen die identifizierten Organisationselemente – wie bereits in der Dokumentenanalyse erwähnt – auf eine Krise der Differenzierungsphase schließen. Vor dem Hintergrund der aus den Einzel- und Gruppeninterviews erhobenen Daten kann eine Konkretisierung dahingehend vorgenommen werden, dass die Krisenerscheinungen in *APE 1* auf eine Krise der frühen Reifephase hinweisen.

Die Forschungsergebnisse zeigen, dass es *APE 1* gelungen war, die Krise der Differenzierungsphase im Rahmen des Pilotprojektes zu überwinden und einen umfassenden Umstrukturierungs- und Anpassungsprozess durchzuführen. In der Projektverlängerung konnten – wie Tabelle 24 zeigt – in allen drei Subsystemen weitreichende Entwicklungen verwirklicht werden.

Tabelle 24: Übersicht über die in APE 1 erzielten Veränderungs- und Entwicklungsprozesse

Innensystem	Zum Umfeld
Technisch – instrumentelles Subsystem	
Verbesserung der Ablaufprozesse durch transparente Informations- und Steuerungsprozesse, EDV-Vernetzung, Implementierung prozess-, kunden- und mitarbeiterorientierter Verfahrensinstrumente sowie ressourcenorientierter Arbeitseinsatz, Einführung eines Kennzahlensystems zum Personalcontrolling.	
Soziales Subsystem	
Einführung flexibler Arbeits- und Dienstzeiten, Erhöhung der Personalressourcen, Professionalisierung der Leitungsebene und Akteure, verbesserte Kommunikations-, Interaktions- und Arbeitsbeziehungen, Einstellungs- und Verhaltensänderung hinsichtlich der Kunden- und Mitarbeiterorientierung.	Pflege der Beziehungen zu anderen Einrichtungen durch Aufbau eines Netzwerkes, Anwerben von Freiwilligen.
Kulturelles Subsystem	
Bewusstseinsänderung im Hinblick auf die Notwendigkeit permanenter Organisationsentwicklung, Gesundheitsförderung und Personenorientierung,.	Verstärkte Öffentlichkeitsarbeit durch Durchführung von Gesundheitstagen.

Vor dem Hintergrund der in Tab. 24 skizzierten Projektergebnisse komme ich zu folgendem Schluss: Die geplanten, projektimmanenten Ziele zur Verbesserung der Arbeitslogistik wurden erreicht. Durch die instrumentellen, strukturellen und sozialen Entwicklungen wurde eine zentrale Basis für gesundheitsförderliche Arbeitsbedingungen und die personen- und leistungsgerechte Arbeitsstrukturierung und Arbeitsorganisation geschaffen. Dies ist als ein wichtiger Projekterfolg zu werten. Bezogen auf das Ziel „Effizienzsteigerung" lassen die Forschungsergebnisse nur vage Aussagen über positive Tendenzen zu.

Als ungeplante Ergebnisse des Veränderungs- und Entwicklungsprozesses sind die Erhöhung der Personalausstattung, die Fortbildungsprogramme und die Unterstützungsangebote zur Professionalisierung der Pflege- und Leitungskräfte in Form von Supervision und Coaching zu werten. Ein unbeabsichtigte Nebeneffekt zeigt sich auf der Führungs- und Leitungsebene, denn am Ende des Projekts fand ein Führungswechsel auf der oberen und unteren Managementebene statt: sowohl im Pilotbereich als auch in der Heimleitung[157].

Enttäuschungen zeichneten sich sowohl bei den Mitarbeiter/innen ab, die ihre hohen Projekterwartungen und ihr Bedürfnis nach umfassender Entlastung und Partizipation nicht erfüllt sahen, als auch bei den Projektmitgliedern und Führungskräften, weil die MZT- Ergebnisse nicht zeitnah zurückgemeldet wurden.

Als positive Voraussetzung wurden Faktoren identifiziert wie Unterstützung des Pilotprojekts durch die Geschäftsleitung, der interne Handlungsdruck und die Veränderungsbereitschaft in der Einstiegsphase. Die prozessförderlichen Faktoren waren u. a. das Engagement der internen Change Agents, das strukturierte Vorgehen der externen Beratung, der Kompetenzerwerb und der interaktive Erfahrungsaustausch in der „gepoolten Beratung". Hingegen erwiesen sich Faktoren wie akute Krisensituation, Führungsvakuum, unzureichender Dialog zwischen Akteuren und Projekt- und Steuerungsgruppe, defizitäre Projektverantwortlichkeiten und -kompetenzen auf der Pilotstation, personelle und strukturelle Prozessbedingungen und die unzulängliche Berücksichtigung der OE-Postulate als prozesshinderlich.

Zur forschungsleitenden Frage, ob das Pilotprojekt einen kontinuierlichen und komplexen OE-Prozess initiieren konnte, sind die Veränderungsprozesse differenzierter zu betrachten:

Werden die inhaltlichen Ergebnisse in den Betrachtungsmittelpunkt gerückt, dann ist festzustellen, dass in den technischen, strukturellen und sozialen Dimensionen gezielte Veränderungen und Entwicklungen erfolgten, die in ihrer interdependenten Wirkung die Funktions- und Leistungsfähigkeit und die Humanisierung der Arbeitsbedingungen erhöhten (*vgl. French/Bell 1994:82*)[158].

Organisationsentwicklungsprozesse im Sinne moderner OE-Ansätze zielen – über diese klassischen OE-Ziele hinaus – auf die Förderung der Entwicklungs- und Problemlösungsfähigkeit der Organisation und ihrer Mitglieder sowie auf die Befähigung der Systeme zu Selbstorganisation und -erneuerung[159].

---

157 Inwiefern der Führungswechsel im Zusammenhang des Pilotprojekts stand, bleibt im Spekulativen; denn dazu waren meine Informationen zu uneindeutig. Mein Eindruck war, dass durch das Pilotprojekt der Wechsel in der Wohnbereichsleitung beschleunigt und in der Heimleitung verursacht wurde. Der Führungswechsel in der Pflegedienstleitung stand nicht im Zusammenhang mit dem Pilotprojekt.

158 Siehe Kap. 3.1.5.

159 Siehe Kap. 3.1.5.

Die Frage, inwieweit die individuelle und organisationale Problemlösungsfähigkeit gefördert wurde, ist vor dem Hintergrund der initiierten Lernprozesse und der Entwicklung einer gemeinsamen Wissensbasis zu beantworten. Diese Aussagen begrenzen sich jedoch auf den Pilotbereich und die involvierten Hierarchieebenen.

Aus den Aussagen der Expertenbeiträgen konnte abgeleitet werden, dass das Pflegemanagement und die Akteure durch den erfolgten Wissens- und Methodentransfer befähigt wurden, die Steuerungs- und Planungsprozesse im Alltagsgeschehen zu effektivieren sowie Problemlösungen auf der operativen Handlungsebene selbstorganisiert durchzuführen. Hingegen wurden sie – nach eigenen Aussagen – nicht in die Lage versetzt, strategisch orientierte bzw. weitreichende Entwicklungs- und Innovationsprozesse durchzuführen.

Der Implementierungsprozess erfolgte als Keilstrategie. Der Wissenstransfer in der „gepoolten Beratung" und die selbstorganisierte Umsetzung der Projektmaßnahmen ermöglichte den internen Change Agents ein erfahrungsorientiertes Lernen über Inhalte und Prozesse (*vgl. French/Bell 126ff*). Durch die „Hilfe zur Selbsthilfe" erfolgte eine Adaption an die projektimmanenten Ziele, bei der die betrieblichen Handlungskonzepte, Strukturen und Prozesse (Arbeitszeitmodelle, Instrumente, Arbeits- und Pflegeprozesse) kritisch hinterfragt und korrigiert wurden (*vgl. Probst/Büchel 1998:35f*). Anpassungslernen hat stattgefunden[160]. Hingegen bot das interne Projektmanagement den Akteuren, die nicht zur Projektsteuerungsgruppe zählten, keinen adäquaten institutionellen Rahmen zur kritischen Auseinandersetzung über die bestehenden Konzepte, Strukturen und Prozesse. Das erworbene individuelle und kollektive Wissen wurde der „Basis" in der ersten Projektphase nicht zugänglich gemacht; erst in der zweiten Projektphase konnte ein angemessener Wissenstransfer erfolgen.

Die negativen Projekterfahrungen und die kritische Auseinandersetzung mit den projekthinderlichen Faktoren führte jedoch zu Veränderungslernen[161], denn die OE-Akteure begannen über die organisationsinternen Zusammenhänge zu reflektieren und bestehende Normen und Werte – (Führungsprozesse, Mitarbeiter- und Kundenorientierung, Partizipations- und Kommunikationskultur) – kritisch zu hinterfragen (*vgl. Probst/Büchel 1998:36f*).

Insbesondere in der zweiten Phase des ersten Projektsjahrs und in der Folgephase wurden umfassende Restrukturierungsprozesse durchgeführt, die von einem entsprechenden sozialen und kulturellen Wandel begleitet wurden, bei

160 Siehe Kap. 3.4.4. und Kap. 3.4.5.2.
161 Siehe Kap. 3.4.4. und Kap. 3.4.5.2.

dem die Kommunikation und Kooperation, die Leitungsrollen und Werthaltungen verändert, sowie die Eigenverantwortlichkeit der Akteure durch erweiterte Handlungsspielräume gefördert und neue Qualitäten der Verbindlichkeit und Ansätze zur Entwicklungs- und Prozessorientierung erzielt wurden. Dies ist als eine wichtige Ausgangsbasis zu betrachten, um tiefgreifende organisationale Veränderungen – im Sinne von OE – nachhaltig wirksam werden zu lassen (vgl. Trebesch 1994:5).

Ein Forschungsinteresse war, Erkenntnisse darüber zu gewinnen, ob sich die Einrichtungen zu Lernenden Organisationen entwickeln. Organisationales Lernen als Entwicklung einer gemeinsamen Wirklichkeit und Wissensbasis setzt voraus, dass die erfolgten individuellen und kollektiven Lern- und Entwicklungsprozesse gemeinsam reflektiert und öffentlich kommuniziert und somit institutionalisiert werden und durch die interaktiven Prozesse aller Beteiligten zu einer Restrukturierung von Organisationsnormen und -strategien führen (vgl. u. a. Argyris/Schön 1978; Ducan/Weiss 1978; Sackmann 1993). Unter Berücksichtigung dieser theoretischen Implikationen komme ich zum Ergebnis, dass ein organisationaler Lernprozess in diesem Sinne nicht vollzogen wurde. Denn im Gesamtsystem hatte weder eine umfassende Integration der Beteiligten in das Change Design, noch eine kollektive Auseinandersetzung und Reflexion über die Lern- und Entwicklungsprozesse und Handlungs-Ergebnis-Beziehungen noch entsprechende Feedbackprozesse im Gesamtsystem stattgefunden (vgl. Sackmann 1993:229). Diese erfolgten nur in Einzelsystemen und mit den internen Change Agents – in der „gepoolten Beratung" und in den „Vor-Ort-Beratungen".

Ich ziehe folgendes Fazit:

Bei der Beantwortung der Forschungsfrage „Wurde OE realisiert?‹ folge ich den Implikationen der ganzheitlichen OE-Ansätze. Das Bestreben der OE ist nach GLASL, die Aufgaben, die sich in den einzelnen Entwicklungsphasen stellen, zu lösen und einen weitreichenden Evolutionsprozess zu fördern (vgl. Glasl/Lievegoed 1996:65f). Dem ganzheitlich-evolutionären Ansatz folgend, konnte das Pilotprojekt in APE 1 somit einen Organisationsentwicklungsprozess initiieren, da die Organisationsprobleme und Strukturdefizite der Differenzierungsphase durch eine umfassende Restrukturierung gelöst wurden und gleichzeitig der Übergang in die Integrationsphase vorbereitet wurde. Nach DOPPLER/LAUTERBURG ist OE dann erfolgreich, wenn ein kontinuierlicher, mehrdimensionaler, partizipativer Entwicklungsprozess verwirklicht wurde, der hard und soft facts integriert. Im Sinne des Change Managemants wurde ein

OE-Prozess initiiert, aber nicht verankert. Im Sinne der ganzheitlich-systemischen OE-Modelle sind lediglich Ansätze zur OE zu erkennen (*vgl. u. a. Senge 1990; Wimmer 1995a*). Es konnten zwar tragfähige soziale, strukturelle und kulturelle Entwicklungen erzielt und notwendige Umstrukturierungen und umfassende Anpassungsveränderungen an die Kontextbedingungen durchgeführt, aber kein kontinuierlicher, systematischer, kohärenter Entwicklungs- und Restrukturierungsprozess realisiert werden. Um diesen „qualitativen" Sprung zu leisten, müssten im Rahmen einer unternehmensweiten Gesamtkonzeption neue Wege beschritten werden – in Richtung situationsadäquates Führungssystem, Kulturwandel, flache, flexible Organisationsstrukturen, teilautonome Leistungseinheiten sowie integrative und strategische Management- und Personalkonzepte. Erst dann können die erzielten Organisationsveränderungen zu einer zukunftsfähigen Ausgangsbasis für eine selbstorganisierte, dynamische Unternehmensentwicklung werden.

6.2.3. Die Untersuchungsergebnisse von Altenpflegeheim APE 2

6.2.3.1. Evaluationsergebnisse der ersten Projektphase

In *APE 2* nahmen sieben Personen an der Gruppenbefragung teil, die in zwei Gruppen aufgeteilt wurden. Für die Gruppenbildung waren die folgenden zwei Zuordnungskriterien maßgebend: Projektmitgliedschaft (Gruppe 1) bzw. keine Zugehörigkeit zur Projektgruppe (Gruppe 2).

- *Zusammensetzung von Gruppe 1: Wohnbereichsleitung, stellvertretende Wohnbereichsleitung (Projektleitung), eine Pflegekraft und Hauswirtschaftsleitung (Haus).*
- *Zusammensetzung von Gruppe 2: Heimleitung, Hauswirtschaftsleitung (Küche) und eine Pflegekraft.*

6.2.3.1.1. Ergebnisanalyse

Die grafische Darstellung der Untersuchungsergebnisse in *APE 2* sieht folgendermaßen aus (siehe Abb. 36):

Abbildung 36: Erreichte Projektziele in APE 2

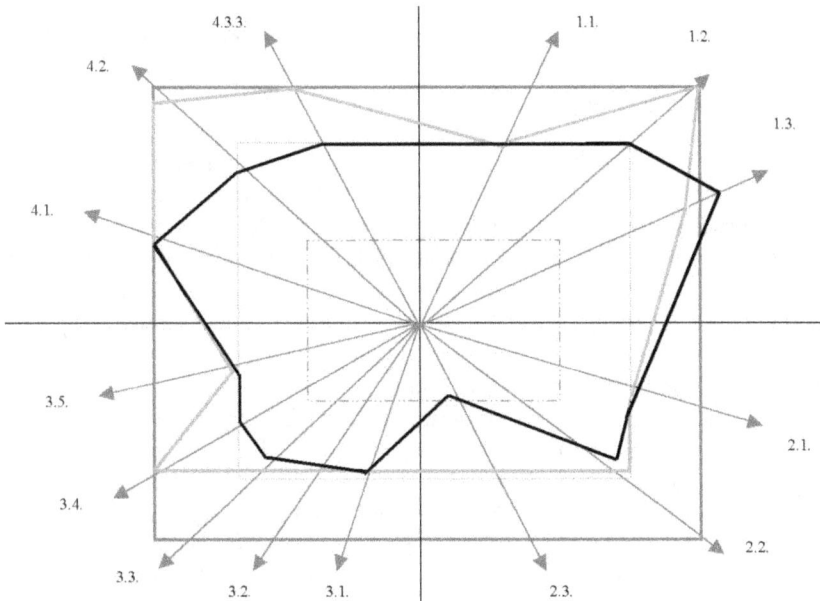

Legende:

1.1. Verbesserte mitarbeiterorientierte Arbeitseinsatzplanung

1.2. Verbesserte bewohnerorientierte Arbeitsprozesse

1.3. Verbesserte Informationsprozesse

2.1. Gesundheitsprävention und -förderung

2.2. Kompetenzentwicklung im Management- und Organisationswissen

2.3. Kompetenzentwicklung in Personalführung

3.1. Lösung der Schnittstellenproblematik

Gruppe 1 ━━

3.2. Verbesserte Kommunikation zwischen Personal und Leitungskräften

3.3. Verbesserte Kommunikation unter den Führungs- und Leitungskräften

3.4. Verbesserte Kommunikation und Kooperation unter den Mitarbeitern

3.5. Veränderte Strukturen der Aufbauorganisation

4.1. Verbesserte Pflegequalität

4.2. Verbesserte Betreuungsqualität

4.3. Erhöhte Kundenorientierung

Gruppe 2 ▰▰▰

Quelle: Eigene Darstellung

Wie Abb. 36 zeigt, wurde der Zielerreichungsgrad der realisierten Projektziele von den beiden Gruppen erfolgreich bilanziert. Auffallend ist, dass die Teilnehmer/innen aus Gruppe 2 die Ergebnisse generell besser beurteilten als die Projektmitglieder (Gruppe 1). Gruppenvariierende Diskrepanzen gab es insbesondere bei folgenden Items: Bewohnerorientierte Ablaufprozesse, Verbesserung der Betreuungsqualität, erhöhte Kundenorientierung, Kompetenzentwicklung bezogen auf die Personalführung und die Kommunikationsbeziehungen zwischen den Führungskräften.

(1) Optimierung der Arbeitsprozesse (technisch- instrumentelles System)
Beide Gruppen schätzten die Erreichung der Ziele der Kategorie „Optimierung der Arbeitsprozesse" überwiegend als gelungen ein. Die Verbesserung der mitarbeiterorientierten Arbeitseinsatzplanung (1.1) wurde von beiden Gruppen mit mittleren Werten eingestuft. Einen Grund für die Verbesserung sieht Gruppe 1 in der Implementierung flexibler Arbeits- und Dienstzeiten: Die veränderten Dienstzeiten erlaubten eine stärkere Berücksichtigung der familiären Situation, der langen Anfahrtswege und individueller Wünsche. Gruppe 2 betonte dagegen, dass erst die Auswertung der MZT- Ergebnisse zur Verbesserung der Arbeitseinsatzplanung beitragen konnte; die veränderte Dienstzeitregelung wurde von den Pflegeakteure jedoch nur zögerlich angenommen (mittel). Die bewohnerorientierten Arbeitsprozesse (1.2.) könne durch den Einsatz der Instrumente RAP und FEAS® effektiver gestaltet werden, jedoch erfolge FEAS® noch nicht EDV-gestützt, so Gruppe 1 (mittel). Gruppe 2 beurteilte die Verbesserung unabhängig von den neu eingeführten Verfahren. Sie benannte die Modifizierung der Essenszeiten als Ursache: Die neuen Zeiten sind den Bedürfnissen der Bewohner/innen angepasst (hoch). Einstimmig hoch wurde die Verbesserung der Informationsprozesse (1.3.) bewertet. Beide Gruppen erklärten, dass der Informationsfluss bspw. durch die hausinternen Mitteilungen transparenter wurde.

(2) Qualifizierung und Personalentwicklung (soziales Subsystem)
Die Kategorie Qualifizierung und Personalentwicklung wurde insgesamt mit „mittleren" Einstufungen bewertet. Nur ein Item wurde als „gering" skaliert.
Das Ziel „Maßnahmen zur Verhütung arbeitsbedingter Gesundheitsgefahren" wurde im Konsens mit „mittel" bewertet. Als Projekterfolg wurde der zur Prävention von physischen und psychischen Belastungen gegründete Gesundheitszirkel und der erste Entwurf des neuen Gesundheitskonzepts betrachtet (Gruppe 1/2). Die Kompetenzentwicklung in Management- und Organisationswissen (2.2.) skalierten beide Gruppen mit „mittel". Gruppe 1 benannte die beginnende EDV-Umstellung als wichtiges Arbeitsmedium des Managements. In der Partizipation der Akteure an der Dienstplangestaltung und Ar-

beitsorganisation sehen sie Lernfelder für Organisationswissen. Hingegen argumentierte Gruppe 2 praxisbezogen: Die Akteure konnten im Projekt Anwendungswissen und Methodenkompetenzen im Umgang mit der Dienstplanerstellung, FEAS® und RAP erwerben. Das Leistungserfassungssystem FEAS® wird erfolgreich angewendet. Bezogen auf die Kompetenzentwicklung in Personalführung (2.3.) variierten die Aussagen: Gruppe 1 sieht im Projektrahmen nur eingeschränkte Möglichkeiten zum Erwerb von Personalführungskompetenzen: Die Kompetenzentwicklung zielte nur auf die Förderung der Kommunikationsfähigkeit (gering). Gruppe 2 stufte die erworbenen Personalführungskompetenzen als „mittel" ein, da das Projekt die Leitungskräfte zum Nachdenken über den eigenen Führungsstil angeregt habe.

(3) Optimierung der Organisationsstrukturen und Kommunikationsbeziehungen (soziales Subsystem)
Die Maßnahmenziele „Verbesserung der Kommunikationsbeziehungen" und „Lösung der Schnittstellenprobleme" wurden von beiden Kohorten mit „mittleren" bis „hohen" Werten bilanziert. Die Interventionen zur Lösung der Schnittstelle „Pflege" und „Hauswirtschaft" (3.1.) betrachteten beide Gruppen als erfolgreich. Sie begründeten dies damit, dass sich die Arbeits- und Kommunikationsbeziehungen zwischen den Fachbereichen verbessert haben (Gruppe 1/2 /mittel). Auch die verbesserte Kommunikation und Kooperation zwischen Personal und Führungskräften (3.2.) bewerteten beide Gruppen als mittleren Wert. Zum einen wurde die Verbesserung mit der intensiveren Kommunikation zwischen Personal und Führungskräften begründet (Gruppe 1). Zum anderen sei – trotz dem bereits vorhandenen guten Arbeitsklimas auf der Station auch vor Projektbeginn – das Zusammengehörigkeitsgefühl gestiegen. Einschränkend wurde allerdings eingeräumt, dass sich die Akteure der Küche von der Heimleitung vernachlässigt fühlen („zu wenig Beachtung, zu wenig Lob, zu wenig Schulungen"), Gruppe 2. Eine ähnliche Bewertung wurde dem Item 3.3. „verbesserte Kommunikation und Kooperation" unter den Führungs- und Leitungskräften zugemessen, allerdings mit unterschiedlicher Begründung. Gruppe 1 stellt pauschal eine intensivere Kommunikation unter den Führungs- und Leitungskräften fest (mittel), wogegen Gruppe 2 anfänglich eine Verstärkung des unterschwelligen Konflikts zwischen den Führungskräfte ausmachte. Erst durch das Projekt wurde dieser Konflikt transparent und endete mit der Kündigung der PDL (mittel).

Die Kommunikation und Kooperation unter den Mitarbeiter/innen (3.4.) hat sich Gruppe 1 zufolge, insbesondere durch den interaktiven Austausch zwischen den Fachbereichen, wesentlich verbessert (mittel). Von Gruppe 2 wurde die Kommunikation zwischen Pflege und Hauswirtschaft (Reinigung) sogar als optimal erachtet. Die Situation hat sich aufgrund der neuen Aufgabenvertei-lung entspannt und grundsätzlich verbessert (hoch). Eine positive Veränderung innerhalb der Strukturen der Aufbauorganisation (3.5.) wurde von beiden Gruppen den neuen flexiblen Arbeitszeiten zugemessen, vor allem hinsichtlich der Einführung von Zwischenzeiten (Gruppe1/2 /mittel).

(4) Optimierung der Pflege und Betreuung (Klientensystem)
Die Kategorie Optimierung der Pflege und Betreuung wurde mit drei Bewer-tungen für „hoch" am erfolgreichsten eingestuft. Insbesondere die Optimie-rung der Pflege (4.1.) erhielt von beiden Gruppen sehr gute Werte: Auf der Station wurde eine Stelle „hauswirtschaftlicher Dienst" neu eingerichtet. Die modifizierten Strukturen hatten zu einem optimaleren Prozessablauf geführt; die Pflegekräfte wurden von pflegefremden Tätigkeiten entlastet und können sich voll „auf die Pflege" konzentrieren (Gruppe 1). Gruppe 2 beurteilt die grundsätzlichen Verbesserungen für das Pflegehandeln ebenfalls als „hoch", betont jedoch, dass für die Rollstuhlfahrer immer noch zu wenig getan würde („zu wenig BDL-Träger"). Auch die Optimierung der Betreuung (4.2.) wurde als gelungen betrachtet: Im Zuge des Projekts wurden mehr freiwillige Helfer/ innen akquiriert und mit einer Hospizgruppe kooperiert (Gruppe 1/hoch). Von Gruppe 2 wurden die neuen Betreuungsangebote, beispielsweise auch am Abend, hervorgehoben (mittel). Eine ähnliche Einschätzung erhielt die erhöhte Kundenorientierung (4.3.), die sich in den vielfältiger gewordenen Betreuungs-angeboten manifestiert (Gruppe 1/hoch). In der Berücksichtigung von Sonder-wünschen der Bewohner/innen bei der Speisenplanung sah Gruppe 2 eine verbesserte Kundenorientierung (mittel).

(5) Sonstige, ungeplante Ergebnisse
Als überraschendes Ergebnis wurde von Gruppe 1 die Kündigung der PDL ge-nannt, jedoch ohne weitere Begründung. Bei 3.3. wurde der unterschwellige Führungskonflikt von Gruppe 2 als für (Mit-)Ursache das Scheitern des Projekt-steuerung in der Einstiegsphase und der beginnenden Aktionsphase aus-gemacht und das Ausscheiden der PDL als Problemlösung betrachtet.

Gruppe 2 benannte als unbeabsichtigten Effekt erstaunlicherweise die Zen-trierung der Aufgabenfelder ausschließlich auf pflegebezogene Tätigkeiten, die für einige Pflegekräfte keine Entlastung, sondern teilweise zu mehr Stress und Belastung führte.

In der anschließenden Diskussion wurde von beiden Gruppen vor allem die stärkere Flexibilisierung der Arbeits- und Dienstzeiten und die mitarbeiterfreundliche Gestaltung der Dienstpläne hervorgehoben. Ausschlaggebend für ihre positive Bewertung war einerseits das Argument, dass sich durch die neuen Schichtzeiten in Verbindung mit der freien Wahlmöglichkeit die Arbeitszeiten und die persönlichen Lebenslagen der Pflegeakteure besser vereinbaren ließen und andererseits, dass durch die modifizierten Dienstzeiten ein ressourcen- und kundenorientiertes Zeitmanagement und eine Prozessoptimierung erzielt werden konnte.

Die neue Arbeitsstrukturierung wurde hingegen kontrovers diskutiert. Mehrheitlich sahen die Gruppenteilnehmer/innen in der Trennung von pflegebezogenen und pflegefremden Tätigkeiten eine geeignete Maßnahme zur Entzerrung des Arbeitsaufkommens und zur Entlastung der Pflegekräfte. Von einer Person wurde betont, dass die Zentrierung der pflegefremden Tätigkeiten zwar darin mündete, dass die Arbeit im hauswirtschaftlichen Bereich zugenommen habe, dies von den Beschäftigten des Reinigungsbereichs im Gegensatz zum Küchenpersonal, die sich gegen die Neuerungen zunächst sperrten, aber als Aufwertung ihres Tätigkeitsfeldes betrachtet wurde (Person 7).

Nur von wenigen Akteuren würden die Veränderungen ihrer Arbeitsinhalte nicht als Entlastung betrachtet, ganz im Gegenteil. Die Übernahme von pflegefremde Tätigkeiten bot den Pflegeakteuren bisher eine notwendige Rückzugsfunktion von überfordernden, belastenden Pflegetätigkeiten, so ein Proband.

> *„[...] durch die Konzentration ihres Alltags auf die Pflege werden die Pflegekräfte ihrer Möglichkeit beraubt, sich durch die Ausübung pflegefremder, hauswirtschaftlicher Tätigkeit psychisch zu entlasten" (Person 5).*

Die Einrichtung einer hauswirtschaftlichen Stelle auf der Pilotstation, als Ergebnis der durchgeführten Arbeitsplatzanalyse im Hauswirtschaftsbereich, wurde unisono als eine optimale Veränderung bewertet: Die neu geschaffene Stelle, die als Nahtstelle zwischen Pflege und Hauswirtschaft fungiere, übernehme pflegefremde Tätigkeiten und koordiniere die hauswirtschaftlichen Abläufe im Wohnbereich und zwischen den Fachbereichen, somit sei eine deutliche Entlastung und ein Abbau des Arbeitsumfangs wahrzunehmen (Gruppe 1/2).

In diesem Kontext wurde die Bedeutung der MZT- Analyse hervorgehoben: Erstens wurden durch die MZT- Analyse die Ursachen der Arbeitbelastung im Pflegeablauf aufgedeckt, zweitens bekamen die Akteure eine tiefere Einsicht in die zeitliche Verteilung ihrer Tätigkeiten und gleichzeitig geeignete Daten für die Prozessplanung und drittens konnten die Akteure durch den gemeinsam

Dialog über die Analyseergebnisse in der „Vor-Ort-Beratung" für die anstehenden Veränderungsmaßnahmen gewonnen werden. Einschränkend wurde vermerkt, dass die MZT- Ergebnisse – wie in APE 1 – erst zeitverzögert an die Einrichtung und die Akteure zurückgeflossen sind[162].

> „Wenn wir MZT nicht gemacht hätten, wäre uns nicht bewusst geworden, was wir zusätzlich zu unserer Pflegearbeit leisten und dass wir die Pflege so gar nicht erledigen können, weil wir so viele andere Sachen machen" (Person 2).

Im weiteren Diskurs wurden nicht nur die Ergebnisse thematisiert, sondern nahtlos die Faktoren angeführt, die eine erfolgreiche Implementierung der OE-Maßnahmen verhindert hatten. Der Dialog zeigte – wie bereits bei APE 1 – wie dringend die Akteure Raum und Möglichkeit benötigten, um über ihre Probleme bei der Projektumsetzung gemeinsamen und bereichsübergreifend kommunizieren zu können. Auf die Diskussionsergebnisse wird im nachfolgenden Abschnitt eingegangen.

Folgende angestrebte Ziele wurden aus Sicht der befragten OE-Akteure nicht erreicht:

1. Die Realisierung aller Projektziele im geplanten Projektzeitraum (Gruppe 1).
2. Eine niedrigere Krankheitsquote – insbesondere bei den älteren Beschäftigten (Gruppe 2).
3. Die Arbeitszufriedenheit der Akteure (Gruppe 2).
4. Eine umfassende Gesundheitsförderung.
5. Die Lösung der Schnittstellenproblematik zwischen Pflege und Küche (Gruppe 2).

Die Nennungen der befragten Gruppen zielten auf zentrale Projekt(sub)ziele, wie die Erhöhung der Arbeitszufriedenheit und die Senkung der Krankheitsrate. Somit konnten die Ziele, die für die OE-Akteure handlungsleitend waren und für ihre Motivation und Projektakzeptanz bestimmend gewesen waren[163], bis zum Evaluationszeitpunkt (geplanter Endtermin des Projekts) noch nicht zufriedenstellend realisiert werden. Das ist insofern ein erstaunliches Ergebnis, als alle Probanden die OE-Maßnahmen zur Verbesserung ihres Berufsalltag zuvor mit mittel bis hoch skaliert hatten.

---

162 Aus Sicht der BFOE lag die spät erfolgte Rückmeldung einerseits am aufwendigen Rücklauf, der durch die vielen Teilzeitkräfte verursacht wurde und andererseits an den EDV-Schwierigkeiten bei der Erfassung der MZT. Dadurch waren die Ergebnisse sehr lückenhaft und mussten neu aufbereitet werden (vgl. BFOE 2001:35).
163 Siehe Experteninterviews Kap. 4.2.3.2.3.

Zusammenfassend ist festzustellen, dass die umgesetzten Pilotmaßnahmen überwiegend als erfolgreich bewertet wurden. Sie zeigten den OE-Akteuren, dass die Interventionen in viele Verbesserungen der Pflege- und Arbeitsorganisation aber auch ihres Sozialgefüges mündeten. Die erreichten Maßnahme- und Teilziele zur Optimierung der Arbeitslogistik sind:

▨ *Im technisch-instrumentellen Subsystem*
  − *Verbesserung der mitarbeiterorientierten Personaleinsatzplanung durch flexible Dienstzeiten*[164]
  − *Implementierung von FEAS®*
  − *Bewohnerorientierte Arbeitsprozesse durch RAP*
  − *Entzerrung des Arbeitsvolumens*
  − *Transparente Informationsprozesse*
  Die EDV-Umstellung der Leistungsdokumentation war noch in Planung.
▨ *Im sozialen Subsystem:*
  − *Etablierung eines Gesundheitszirkels, erste Konzeptentwurf zur Gesundheitsförderung*
  − *Erwerb von Methoden- und Projektkompetenzen*
  − *Ansätze eines neuen Führungsklimas*
  − *Verbesserte interdisziplinäre Kooperations- und Kommunikationsbeziehungen*
  − *Umstrukturierungen in der Schnittstelle „Pflege und Hauswirtschaft"*
  Die Umstrukturierung der Hauswirtschaft waren noch in Planung.
▨ *Im Klientensystem:*
  − *Verbesserte Pflegequalität durch bewohnerorientierte Pflegeprozesse*
  − *Verbesserte Versorgungsqualität*
  − *Erweitere Betreuungsangebote durch Einbeziehung freiwilliger Helfer/innen*
▨ *Unbeabsichtigte Effekte:*
  − *Die Lösung der Führungsproblematik (Kündigung der POL)*

Als unbeabsichtigtes Ergebnis wurden von den Akteuren die Lösung der Führungsproblematik gewertet. Aus Forschungssicht ist darüber hinaus die Einbeziehung einer größeren Personanzahl an freiwilligen Mitarbeiter/innen und der Hospizgruppe im Betreuungsprozess als ungeplantes Projektergebnis zu betrachten.

---

164 Siehe Dokumentenanalyse, Anhang F/1.

6.2.3.1.2. Prozessanalyse

In diesem Abschnitt werden der Prozessverlauf sowie die projektförderlichen und -hinderlichen Faktoren des OE-Prozesses untersucht.

Den Gruppenteilnehmer/innen zufolge waren für die Schwierigkeiten und Defizite bei der Projektumsetzung folgende Faktoren maßgebend:

In der Einstiegsphase fehlte den Akteuren der Pilotstation und der Hauswirtschaft eine klare und eindeutige Zieldefinition und ausreichende Informationen über die Implementierung der Projektmaßnahmen (Gruppe 1). Diese Kritik richtete sich sowohl an die OE-Beratung, als auch an das interne (Projekt)Management. Darüber hinaus gab es auf der Pilotstation keine verantwortliche Projektleitung.

In der Aktionsphase wurde eine zielgerichtete Projektsteuerung durch den unzureichenden Informationsfluss zwischen den Hierarchieebenen und Fachbereichen verhindert (Gruppe 1/2). Aus Sicht beider Gruppen waren dafür vornehmlich soziale Faktoren verantwortlich: Für die Gruppe der Projektmitglieder insbesondere der herrschende Führungskonflikt („Kompetenzgerangel" und „Wichtigtuerei", Person 2), die geringe Wertschätzung seitens der Vorgesetzten, für Gruppe 2 hingegen die personellen Engpässe – verursacht durch hohe Fehlzeiten (Schwangerschaften und ältere Beschäftigten) und die unzulängliche Informationspolitik. Bemängelt wurde von den Projektmitgliedern, dass eine effektive Arbeit der Projektgruppe und der Projektleitung immer wieder daran scheiterte, dass der späteren Projektleitung von der Heimleitung keine eindeutigen Handlungs- und Entscheidungskompetenzen übertragen wurden. Darüber hinaus erwies sich der Veränderungswiderstand vor allem der älteren, langjährige Mitarbeiter/innen als wichtiger Hemmschuh: „Sie halten an „eingefahrenen" Strukturen fest und akzeptieren die Neuerungen nicht" (Gruppe 1/2). Zum Beispiel hatte die Ablehnung der modifizierten Arbeits- und Dienstzeiten anfänglich zu massiven Schwierigkeiten bei der Personaleinsatzplanung geführt – trotz implementierter Instrumente (Gruppe 1).

Die anschließende Diskussionsrunde kreiste – wie bereits in *APE 1* – vor allem um die mangelnde Zieltransparenz und Informationspolitik, um die nur teilweise erfolgte Einbeziehung der Akteure in die Erstellung der Soll-Entwürfe und Planphase, um den Führungskonflikt sowie um die Rolle der Projektleitung.

Die Prozessanalyse zeigte exemplarisch auf, dass grundlegende OE-Prämissen von der OE-Beratung und vom Management in der Einstiegsphase und beginnenden Aktionsphase vernachlässigt wurden[165]. Da keine Information und Klarheit über die Ziele des Projekts existierte, verlor das Projekt zunächst

---

165 Siehe Kap. 3.4.5.1. und 3.4.5.2.

an Glaubhaftigkeit und bot Raum für Spekulationen, so dass sich die betroffenen Akteure zunächst gegen die Neuerungen des Projektes sperrten.

„Im Grunde wusste keiner, worum es ging" (Person 2).

„ Es war einfach zu wenig Information da [...] und wenn ich keine Information habe, kann ich keine weitergeben. [...] wenn ich dann gefragt wurde, bin ich dagestanden wie der Ochs vorm Berg" (Person 3).

„[...] ich würde die Beratungsfirma und die BGW mehr in die Pflicht nehmen, mit Aufklärungsarbeit vor Ort [z. B.] durch einen Mitarbeiternachmittag, [auf] dem auch die Projektleitung über die Ergebnisse des Projekts berichtet." (Person[166]).

Die Akteure wurden in der Einstiegsphase durch die Argumentationslinie der Heimleitung verunsichert: Die Heimleitung hatte die Projektteilnahme mit „Kosteneinsparung" und „Rationalisierungsmaßnahmen" begründet. Die dadurch ausgelöste Verunsicherung mündete in Abwehr, Skepsis und Angst:

„Als Argument benutzt man immer diesen Kostenfaktor. Der reicht uns nicht" (Person 5).

„Am Anfang [...] hat man sogar Angst gehabt, dass viel Personal entlassen wird – wegen des Projektes" (Person 6).

„Es wurde mit Rationalisierungsmaßnahmen begonnen, ohne dass wir überhaupt wussten warum" (Person 2).

Die Heimleitung zeigte sich überrascht – „diese Ziele waren nie Anliegen des Managements gewesen" –, räumte aber ein, dass die Informationsdefizite zu Projektbeginn, diese Fehlinterpretationen begünstigt hätten.

Die Verunsicherung und Abwehrhaltung der Akteure wurden durch die „missglückten" Interventionen der Heimleitung zu Beginn der Umsetzungsprozesse verstärkt. Die Heim-/Projektleitung hatte autokratisch „vorschnelle Entscheidungen" getroffen, die mit den einzelnen Abteilungen nicht abgesprochen waren. Die Konsequenz war, dass die Küche auf die Umstellung weder personell noch materiell (zusätzliche Transport- und Abstellmöglichkeiten) hinreichend vorbereitet war. Infolgedessen führten die Veränderungsmaßnahmen für die Küchenakteure zu erheblicher Mehrarbeit und zu Spannungen – zwischen den Akteuren und der Heimleitung.

Hier wurde ein Problem deutlich, das sich aus der Doppelrolle „Heimleitung" und „Projektleitung" ergeben kann: Der Blick des Managements fokussiert sich einseitig auf die Projektmaßnahmen, die sich aus Sicht der Unternehmensführung als effizient erweisen; diese werden „aktivistisch" umgesetzt, ohne dass eine Auslotung zwischen Zielen der Trägerpersonen und den be-

---

166 Aus Anonymitätsgründen wird auf einen Datenverweis verzichtet

trieblichen Ressourcen erfolgt. Andererseits wurde dadurch die Keilstrategie autokratisch durch die „top-down-Strategie" ersetzt.

In Bezug auf die Übernahme der Projektleitung vertraten beide Gruppen die Einschätzung, dass die Doppelfunktion von Heim- und Projektleitung problematisch war und infolgedessen zu neuen Konfliktpotenzialen sowie Interessenskollisionen führten. Aus Sicht der OE-Akteure konnten die Projektmaßnahmen nicht adäquat umgesetzt werden, weil sich die Führungsspitze verpflichtet sah, den Zielen der Linie gegenüber den Projektinteressen oberste Priorität einzuräumen. Das führte zu Misstrauen und Skepsis gegenüber der Heim- und Projektleitung (in Doppelfunktion): Ihr wurde die Verfolgung eigener Ziele und Machtinteressen unterstellt. Dieser Eindruck wurde dadurch verstärkt, dass die Heim-/Projektleitung zu wenig Zeit investierte, um das Projekt ausreichend zu begleiten:

> „[...] das hat man ja bei uns gesehen, wie es schief gegangen ist. Das sind Gewissens- und Interessenskonflikte, [denn] die Zeit ist einfach nicht da, das so zu betreuen, damit es voran geht. [...] seit Person X Projektleitung ist, hat es eine ganz andere Dimension, wenn etwas gesagt wird, kann man es eher annehmen und [der Projektleitung] keine Hintergedanken andichten" (Person 7).

Im Vorgehen der Heimleitung bestätigt sich eine weitere Erkenntnis der OE- und Managementpraxis: Werden Maßnahmen „top-down" implementiert und werden die Interessen der Akteure (meist) außer Acht gelassen dann ist die Folge, dass sich die Beschäftigten den Veränderungen entgegenstellen[167].

Im Pilotprojekt führte der Veränderungswiderstand der Akteure dazu, dass die externe Beratung „vor-Ort" konsequent intervenierte und den entstandenen Konflikt zwischen OE-Akteuren und Management moderierte. Das Ergebnis des Konfliktmanagements war, dass die internen Rahmenbedingungen den Projekterfordernissen angepasst und die Projektleitung neu besetzt wurde.

Weitere Kritik an dem Führungsverhalten der Heimleitung in der beginnenden Aktionsphase ergab sich aus der Diskussion: Die hauswirtschaftliche Leitung und Beschäftigten (Küche) fühlten sich (nicht nur) in Bezug auf das Projekt von der Heimleitung vernachlässigt: „Ideen und Veränderungen, die die Akteure der Hauswirtschaft entwickelt und umgesetzt hatten, wurden von der Führung nicht entsprechend gewürdigt und anerkannt". Deshalb forderte die Hauswirtschaftsleitung auch für die Beschäftigten im Küchenbereich eine Anerkennung in Form von Schulungen und Fortbildungen – einen Anspruch auf Wissens- und Kompetenzerweiterung.

---

167 Siehe Kap. 3.4.4.1.

Der Konflikt zwischen den Führungskräften war für alle Beteiligten belastend. Zeitweilig wurde das Personal in Loyalitätskonflikte involviert, wodurch der Implementierungsprozess verzögert wurde. Erst mit Kündigung der Pflegedienstleitung normalisierte sich die Führungssituation, so dass eine zielgerichtete Umsetzung der Projektmaßnahmen vorangetrieben werden konnte.

Beide Gruppen waren sich darin einig, dass sich mit der Übernahme der Projektleitung durch die stellvertretende Wohnbereichsleitung und der Bildung der Arbeitsgruppe „Gesundheit" ein neues, wirkungsvolles Projektmanagement etablieren konnte: Die neue Projektleitung gewann das Vertrauen der Akteure und dadurch deren Unterstützung. Der Gesundheitszirkel übernahm die Projektsteuerung. Beide Faktoren wurden als projektförderlich und maßgebende Erfolgsfaktoren betrachtet.

An dieser Stelle möchte ich auf mein mit einem Berater geführtes Informationsgespräch verweisen: Von Beratungsseite wurde im Projektverlauf die Einschätzung vertreten, dass die Führungsdefizite die Projektumsetzung verhindert hätten. Dem kann ich bezogen auf die erste Hälfte der Umsetzungsphase nur zustimmen. Die Ergebnisse zeigen auf, dass die Führungskonflikte und das Führungsverhalten zu Projektbeginn ein konsequentes Projektmanagement verhinderten. Doch mit der erfolgten personellen Neubesetzung der Projektleitung und veränderten Zusammensetzung der Projektsteuerungsgruppe (Mitarbeiter/innen des Sozialdienst) wurde die Projektumsetzung forciert. In den Gesprächen mit den Managementvertreter/innen gewann ich jedoch den Eindruck, dass sich die Führungs- und Leitungskräfte zunehmend den eigenen Ambivalenzen stellten, die durch ihren Führungsstil ausgelösten Schwierigkeiten reflektierten und korrigierten und sich für neue Organisations- und Führungskonzepte öffneten – was auch in der Gruppendiskussion zum Ausdruck kam. Dies ist aus Foschungssicht als prozessförderlicher Faktor und als OE-Erfolg zu werten.

Bezogen auf den Beratungs- und Qualifizierungsprozess überwog die positive Einschätzung von Gruppe 1: Prozessförderlich waren die Interventionen in der Vor-Ort-Beratung. Für die Implementierung der Projektmaßnahmen hatte sich die Beratungsarbeit in der Einrichtungen als sehr unterstützend erwiesen. Dies zeigte sich zum einen in den einrichtungsspezifischen Interventionen und in der Vermittlungsrolle der Berater/innen bei der Konfliktlösung mit der Heimleitung. Als wirkungsvoll und geeignet wurde darüber hinaus der verbindliche Projektstrukturplan, der erfolgte Wissenstransfer sowie die Qualifizierungsmaßnahmen in der „gepoolten Beratung" hervorgehoben.

Kritisiert wurde, dass die Zusammenarbeit mit der Beraterfirma phasenweise dadurch gestört war, dass das Beratungsteam Absprachen und Termine (zu späte Rückmeldung der MZT- Ergebnisse) nicht konsequent eingehalten hatte. Dadurch sei es zu Informationsdefiziten und Zeitverzögerungen gekommen – dies habe die Zufriedenheit der Akteure und den Implementierungsprozess beeinträchtigt.

Die Gruppe 2 machte zum Beratungsprozess – bis auf die erfolgten Konfliktinterventionen – keine Angaben, mit der Begründung, dass sie – mehrheitlich – weder an den Schulungen noch an den Beratungen teilgenommen hatten[168]. In dieser Aussage verdeutlichte sich wiederholt, dass die Akteure nicht ausreichend in den Beratungsprozess involviert waren.

Die Ziele, die es im weiteren OE-Prozess zu verfolgen galt, bezogen auf das:

1) technisch-instrumentelle Subsystem:
   - *FEAS® und Dienstpläne auf EDV umstellen (Gruppe 1/2).*
   - *Einführung von FEAS® im ganzen Haus (Gruppe 2).*

2) soziale Subsystem:
   - *Die Kommunikation zwischen Küche und Pflege verbessern (Gruppe 1).*

3) Gesamtsystem:
   - *Den Hauswirtschaftsdienst auf allen Wohnbereichen einrichten (Gruppe 1).*
   - *Pflegefremde Tätigkeiten sollen für alle Stationen wegfallen (Gruppe 2).*
   - *Die Veränderungen sollen für alle Stationen gelten (Gruppe 2).*
   - *Aufbau eines „Springerpool" (Gruppe 1).*

Die Nennungen beider Gruppenteilnehmer/innen zielten überwiegend auf die unternehmensweite Umsetzung der erfolgreich implementierten Maßnahmen und Verfahrens- und Planungsinstrumente. Mit „ihren Zielen" blieben beide Gruppen im Rahmen der projektimmanenten Ziele zur Optimierung der Arbeitslogistik. Projektübergreifende Ziele wurden von den Probanden in diesem Kontext nicht aufgestellt.

Die Vorschläge, die die Diskussionsteilnehmer/innen in Bezug auf eine erfolgreiche Prozessgestaltung definierten, waren:

▨ *Mehr Information, Aufklärung und Transparenz über Prozessziele für alle Beteiligten – sowohl durch die Einrichtung selbst als auch durch die externe OE-Beratung (Gruppe 1/2).*
▨ *Keine Doppelfunktion von Heim- und Projektleitung (Gruppe 1/2).*

---

168 Auch die Heimleitung machte aus Anonymitätsgründen keine Angaben (Anm. d. Verf.).

▣ *Bessere und gezieltere Auswahl der Projektleitungen und -mitglieder (Gruppe 1).*

▣ *Alle Akteure und Bereiche am Projektgeschehen mehr beteiligen (Gruppe 1).*

▣ *Einbeziehung auch der ungelernten Pflegehilfskräfte in den OE-Prozess, da diese sich ansonsten benachteiligt und nicht akzeptiert fühlen und infolgedessen ihre Mitarbeit bei der Umsetzung und ihre Projektunterstützung verweigern (Gruppe 2).*

▣ *Mehr Zeit zur Umsetzung; Akteure, Projektleitung und Projektmitglieder nicht überfordern (Gruppe 2).*

Die Gestaltungsvorschläge der Akteure machen – wie bereits bei *APE 1* – deutlich, dass die OE-Akteure die Schwachstellen im OE-Prozess klar zu identifizieren und wichtige Erfolgindikatoren abzuleiten verstanden. Dies zeigte, dass die OE-Akteure ein Problem- und Veränderungsbewustein entwickelt hatten, denn viele ihrer Vorschläge stimmen mit den Erfolgsgaranten überein, die von der Fachliteratur genannt werden[169]: Die Gestaltung einer notwendigen Informations- und Kommunikationskultur, die Führungskräfte sollten sich in ihre Fach-, Methoden und Sozialkompetenz und nicht in ihrer Führungsfunktion am OE-Prozess teilnehmen, eine zeitliche Freistellung der Projektleitung bei gleichzeitiger Entbindung von Tätigkeiten in begrenztem Umfang und die Gewährleistung von umfassender Partizipation. Die Nennungen sind als Indizien für eine gewandelte Projekt- und Veränderungskultur zu werten und deuten sowohl auf das Engagement und den Willen der Akteure hin, den weiteren Organisationsentwicklungsprozess verantwortlich mitzugestalten als auch auf das entwickelte Selbstverständnis, dass ihnen im OE-Prozess eine wichtige Schlüsselrolle zukommen muss. Die Angaben dokumentieren darüber hinaus in exemplarischer Weise, dass die Befragten einzelne persönliche Werte als unsichtbare Richtgröße verwendet hatten, wie Motivation, Verantwortung, ein positives Selbstwertgefühl und sie verdeutlichten die gewonnene Einsicht, dass die Beschäftigten eigenständiges Handeln nur dann entwickeln können, wenn interpersonales Vertrauen und die Kommunikationskultur gefördert und wenn die Akteure mit ihren Entwicklungs- und Lernpotenzialen auch wahrgenommen und integriert werden. Es hatte sich in der Auswertung gezeigt, dass die OE-Akteure durch die Beratungsinterventionen in ihrem Selbstbewusstsein gestärkt wurden und sich fortan als OE-Träger in den Veränderungsprozess involvierten.

Die ermittelten erfolgrelevanten, prozessförderlichen und prozesshemmenden Faktoren werden nachfolgend stichwortartig zusammengefasst:

---

169 Siehe Kap. 3.4.6.

▓ Positive Voraussetzungskriterien:
  – Interner und externer Handlungsdruck
  – Projektunterstützung durch die Heim- und Geschäftsleitung
▓ Negative Voraussetzungskriterien:
  – Unzureichende Klärung der Ressourcen in der Einstiegsphase
▓ Prozessförderliche Faktoren (bezogen auf die spätere Aktionsphase*):
  – Teamklima und Gruppenkohäsion
  – Verantwortungs- und Entwicklungspotenzial der Führungskräfte*
  – Einbeziehung der Akteure und Repräsentanten der Funktionsbereiche*
  – Berücksichtigung der OE-Prämissen*
▓ Prozesshemmende Faktoren (Einstiegsphase und beginnende Aktionsphase*):
  – Mangelnde Kompetenzen in Projektmanagement (fehlende Einbeziehung
    der Akteure in die Zieldefinition und Maßnahmenplanung, Transparenz,
    Information und Kommunikation)
  – Fehlende Partizipation an den Vor-Ort-Beratungen
  – Fehlende Freistellungen für die Projektleitungen
  – Führungskonflikte*
  – Fehlende zeitnahe Rückkopplung der Analyseergebnisse an die Einrichtun-
    gen*
  – Fehlende Beachtung des „step by step-Prinzips"
  – Zentrierung der Entscheidungsmacht in die Linie*
  – Doppelrolle Führungskraft und Projektleitung*
  – Veränderungswiderstand einzelner Beschäftigten*.
▓ Erfolgsrelevante Faktoren:
  – Projektstrukturplan
  – Wissenstransfer und Kompetenzerwerb in der „gepoolten Beratung"
  – Konfliktinterventionen
  – Unterstützende Prozessbegleitung in der „Vor-Ort-Beratung" (für die Pro-
    jektmitglieder)

6.2.3.1.3. Erfolg des OE-Projektes

Für den wissenschaftlichen Erkenntnisgewinn werden nachfolgend die in den
alltagsweltlichen Aussagen implizierten Entwicklungstendenzen herausgearbei-
tet. Im Unterschied zu den Evaluationsergebnissen in APE 1, die sich ausschließlich auf die sozialen, individuellen Veränderungen bezogen, zielen die
Kernaussagen der in APE 2 befragten Gruppen auf die nachfolgend skizzierten
strukturellen, sozialen und kulturellen Entwicklungen.

(1) Für die Mitarbeiter/innen

Der Erfolg für die Akteure manifestierte sich aus Sicht beider Gruppen in den strukturellen und sozialen, projektzielbezogenen Entwicklungen wie modifizierte Arbeits- und Dienstzeiten, Umstrukturierung der Pflege und Hauswirtschaft (Gruppe 1/2), Entzerrung und Optimierung der Arbeitsprozesse (Gruppe 2) und Verbesserung der bereichsübergreifenden Kommunikation und Kooperation (Gruppe 1) und dass die Mitverantwortlichkeit, die Kompetenzen und die Eigenständigkeit der Beschäftigten gefördert wurde (Gruppe 2).

Die in den subjektiven Erfolgsbewertungen enthaltenen Kernaussagen lassen darauf schließen, dass die Projektmaßnahmen zu wirkungsvollen Effekten für die Gestaltung motivierender, arbeitsentlastender und personalgerechter Arbeitsbedingungen und ein entspanntes Betriebs- und Arbeitsklima führten, und dass sich die Chancen der Mitarbeiter/innen auf ein selbstbestimmtes und selbstorganisiertes Arbeiten erhöht haben.

Ein bedeutender Entwicklungserfolg war den Projektmitglieder zufolge, dass den Mitarbeiter/innen im Projektgeschehen generell die Angst vor Stellenabbau genommen wurde und dadurch die Veränderungsbereitschaft und die Veränderungspotenziale geweckt wurden. Auf der Beziehungsebene ist dies als Zeichen dafür zu werten, dass die Akteure durch ihre positiven Erfahrungen einerseits zunehmend Vertrauen in den Entwicklungsprozess und anderseits in die Unternehmensführung und Personalpolitik gewinnen konnten.

(2) Auf der Leitungsebene

Den Erfolg im Handlungsfeld der Führungs- und Leitungskräfte sahen die Projektmitglieder in den verbesserten hierarchieübergreifenden Kommunikations- und Informationsstrukturen begründet; für die Gruppe der Nichtprojektmitglieder hingegen manifestierte er sich in einer größeren Transparenz der Führungsziele, den erweiterten Gestaltungs- und Handlungsspielräumen und die Beteiligung der Betroffenen an der Bestimmung der Veränderungsziele und -richtung.

Somit lassen die Weiterentwicklungen auf der Mitarbeiter- und Leitungsebene erste Ansätze einer mitarbeiterorientierten Führung und einer erhöhten Partizipation an den den Entscheidungs-, Planungs- und Führungsprozesse erkennen, die von einem beginnenden Wandel in der Führungs-, Informations- und Kommunikationskultur zeugen.

(3) Für die Kunden

Eine erhöhte Bewohnerzufriedenheit wurde von beiden Gruppen konstatiert. Sichtbar würde dies einerseits in den Prozessergebnissen, konkret in der positiven Rückmeldung der Angehörigen und andererseits auf der Handlungsebene, denn den Pflegekräften stehe vor dem Hintergrund der erfolgten Umstrukturierungen mehr Zeit für die individuelle und soziale Beziehungsarbeit zur Verfügung – so Gruppe 1. Darüber hinaus hatte die Analyse der Leistungsprozesse und Bewohnerbedürfnisse bei den Akteuren auf der Handlungs- und Organisationsebene zur Einsicht geführt, die Prozessabläufe stärker an den Kunden auszurichten und neue Aktivierungs-, Betreuungs- und Versorgungskonzepte zu entwickeln (Gruppe 2). Somit spiegeln die Erfolgsfaktoren wider, dass der bewohner- und bedarfsgerechten Leistungserbringung eine höhere Bedeutung beigemessen wird.

(4) Auf der Pilotstation
Als die wichtigsten Erfolgsfaktoren wurden die Optimierung der Arbeits- und Pflegeorganisation (Gruppe 1) und die Lösung der Schnittstellenorganisation (Gruppe 1/2) genannt. Die Kernaussagen zielten somit zum einen auf die erhöhte Mitarbeiter- und Kundenorientierung und zum anderen auf die Optimierung der Nahtstellen als wichtige Ausgangsbasis für die Vernetzung der interdisziplinären Bereiche. Sie dokumentieren darüber hinaus, dass der Implementierungsprozess dazu geführt hatte, dass die Akteure gelernt hatten, den Fokus von der starren betriebsbezogenen Arbeitsorganisation hin zur personen- und prozessorientierten Ablauforganisation zu richten und neue, wirksame Formen der bereichsübergreifenden Zusammenarbeit zu realisieren.

(5) Im Unternehmen
In der erzielten Wirkung auf das Gesamtsystem wurde von beiden Gruppen einvernehmlich die Leitbildentwicklung und die verbesserten Arbeits- und Kommunikationsbeziehungen genannt. Aus Sicht der OE-Akteure in Gruppe 2 stehen beide Erfolgsaspekte für den Beginn einer neuen Unternehmenskultur, für ein neues Verständnis im Hinblick auf zielorientierte Unternehmensführung und Leistungserstellung, aber auch für die erhöhte Bereitschaft der Einrichtung, die geforderten Qualitätskriterien einzulösen.

Darüber hinaus sehen beide Gruppen in dem Führungswechsel eine Chance auf ein neues Führungsteam und Führungsklima.
Im Gegensatz zu APE 1 wurde der Erfolg in APE 2 generell positiv konnotiert. In der Gruppendiskussion zielten die Beiträge auf zwei Aussagenkomplexe: Auf die erzielten Entwicklungen und auf die zu erwartenden Wirkungen.

Die Beiträge thematisierten, dass nicht nur die Projektmitglieder, sondern auch die Akteure zu der Einsicht gelangt sind, die Projektmaßnahmen, somit das Projektdesign als geeigneten Handlungs- und Problemlösungsansatz zu akzeptieren, um langfristig die Arbeits- und Versorgungsbedingungen mitarbeiter- und kundenfreundlicher zu gestalten (Gruppe 1). Darüber hinaus hatte das Projekt und der interaktive Austausch in der „gepoolten Beratung" wichtige Impulse auslösen können, um die Entwicklung neuer Pflege- und Betreuungskonzepte voranzutreiben. Langfristig erwarteten die Projektmitglieder von den organisatorischen Veränderungen, insbesondere durch den Abbau der arbeitsbelastenden institutionellen Bedingungen, eine erhöhte Mitarbeiterzufriedenheit im Gesamtunternehmen. Positive Entwicklungsansätze sind – Gruppe 2 zufolge – in den bereits erzielten Arbeitserleichterungen durch die Umstrukturierungen im Pflegebereich und verbesserten Führungs- und Kommunikationsprozessen erkennbar. Betont wurde in diesem Kontext, dass das Projekt die Erkenntnis verstärken konnte, die Arbeitsabläufe prozesshaft zu gestalten und dass die Mitarbeiter/innen als Expertinnen und Experten im Zentrum der Veränderungsprozess stehen.

> „[...] dass der Flussgedanke bzw. das „Prozesshafte" auch im Vordergrund steht. Wir haben das ja alles aufgeschrieben und die Arbeitsorganisation immer wieder in Frage gestellt. D. h. jetzt nicht, dass wir alle Monate die Strukturen und Prozesse, bspw. die Essenszeiten umstellen müssen. Aber wir haben begriffen, dass jeder Mitarbeiter sein bester Berater ist, weil er seine Arbeit am besten kennt. Auf jeden Fall wollen wir vermeiden, dass wir in den Routinetrott zurückfallen und immer wieder neu gucken, wo ich was verbessern kann und wo der Arbeitsprozess erneut optimiert werden kann" (Person 2).

Für die Befragten aus Gruppe 2 manifestierte sich der Projekterfolg auf mehreren organisatorischen Handlungs- und Bezugsebenen. Die Aussagen zielten wiederholt auf die verbesserten Prozess- und Systembedingungen und auf die Entwicklungen im sozialen Subsystem und in der Führungskultur.

Einzelne kritischen Stimmen aus beiden Gruppen bezogen sich auf die durch das Projekt resultierende Mehrarbeit, die die Veränderungsbereitschaft der Beschäftigten – insbesondere des Küchenpersonals – künftig beeinträchtigen könnte und dass es im Alltagsprozess schwierig sei, „die Zeit zum Reden darüber, freizuschaufeln" (Person 5). Im Hinblick auf die notwendige Überzeugungsarbeit im Hauswirtschaftsbereich wurde ein hoher Entwicklungsbedarf gesehen (Person 7).

In ihren Beiträgen erklärten die Akteure aus Gruppe 1, dass sie im Pilotprojekt wertvolle soziale, organisationale Veränderungserfahrungen und Veränderungswissen erwerben konnten und zur Überzeugung gelangten, dass sich die Prozessgestaltung an den Kunden und den Mitarbeiter/innen ausrichten muss:

> *„Im Pilotprojekt konnten wir viel lernen, über uns, über die Zusammenhänge zwischen Pflegearbeit und Organisation, wie eine gute Zusammenarbeit funktioniert und dass der Mitarbeiter und der Bewohner im Mittelpunkt der Prozesse stehen"* (Person 3).

> *„Ich hoffe, wenn das Projekt endet, dass das keinen Stillstand bedeutet. Wir haben ja viel Erfahrungen machen können in Bezug auf Projekt und Organisationsentwicklung, zum Beispiel in Moderationstechnik, Projektsteuerung und dergleichen. Jetzt, wo wir mehr Professionalität und Wissen haben …, wollen wir nicht stehen bleiben"* (Person 2).

Die Untersuchungsergebnisse zeigen, dass die Erfolgsbewertung der Akteure über die geplante Realisierung der projektimmanenten Ziele hinausreichte. Sie machte deutlich, dass das Pilotprojekt weitreichende, beabsichtigte und unbeabsichtigte Effekte bewirken konnte, die wichtige Bezugs- und Ansatzpunkte für eine integrierte und komplexe Organisationsentwicklung darstellen können. Der von den Akteuren bewertete Erfolg orientierte sich nicht nur an den Maßnahmen zur Verbesserung der Leistungserstellung und strukturellen Arbeits- und Pflegebedingungen, sondern die Akteure bemaßen der Entwicklung und Veränderung der sozialen (über die Verbesserung der Kommunikations- und Kooperationsprozesse hinaus) Dimensionen, den erworbenen Kompetenzen, den Professionalisierungstendenzen und teilweise der normativen Unternehmensdimension einen wichtigen Stellenwert bei. Die Einzelbeiträge machen deutlich, dass den OE-Akteuren bewusst geworden ist, dass komplexes Wissen und Sozialkompetenz für die Führungs- und Pflegekräfte heute unerlässlich ist.

Zur Sicherung der Projekterfolge und Weiterentwicklung des OE-Prozesses unterbreiteten die OE-Akteure folgende Handlungs- und Gestaltungsempfehlungen:

1) *FEAS® als Dokumentationssystem im ganzen Haus einführen (Gruppe 1).*

2) *Die Projektergebnisse in schriftlicher Form für das ganze Haus transparent machen und die Projektmaßnahmen auf alle Wohnbereiche übertragen (Gruppe 1).*

3) *Strukturelle Veränderungen müssen mit den Akteuren und allen Verantwortlichen abgesprochen werden; diese müssen an den Problemlösungen beteiligt werden (Gruppe 2).*

4) *Der gesamte Hauswirtschaftsbereich muss neu entwickelt und verändert werden (Gruppe 2).*

5) *Die Projektmitglieder (Pflege) müssen für den weiteren Projektverlauf eine prozentuale Freistellung erhalten (Gruppe 2).*

6) *Die Kontakte und Zusammenarbeit zwischen den verschiedenen Hierarchie-*
ebenen und Bereichen sind weiter zu intensivieren und zu fördern (Gruppe 2).

Die Vorschläge weisen erstens darauf hin, dass die Pflegeakteure FEAS® als
geeignetes Verfahrensinstrument erachteten, um es auf allen Wohnbereichen
zu implementieren. Zweitens zeigen die Empfehlungen, die aus den Projekterfahrungen resultierende Einsicht, die angestrebten Veränderungsmaßnahmen nicht nur auf den Pflegebereich und die Reorganisation der angrenzenden Schnittstellen zu begrenzen, sondern auf die Neuorganisation des
hauswirtschaftlichen Bereichs auszudehnen. Dahinter steht die Einsicht, dass
ein Problem nicht nur partiell zu lösen ist, sondern immer mehrere Bereiche
tangiert und die Erkenntnis, dass jede Systemveränderung eine impulsgebende
Veränderungswirkung auf weitere Bereiche entfaltet. Und die Vorschläge dokumentieren, dass es aus der Sicht der Befragten für jede Organisationsveränderung unabdingbar ist, dass die betroffenen Akteure aktiv mitwirken.

Die Ergebnisse dieses Untersuchungsabschnittes machen deutlich, dass die
Befragten ihre im Projekt geleistete Entwicklungsarbeit positiv beurteilten und
aus der Projektarbeit lernten, den Veränderungsprozess zu akzeptieren, weiter zu
verfolgen und zu unterstützen. Darüber hinaus zeigten die Befragungsergebnis-
se, dass die Akteure fähig und bereit waren, das eigene Handeln, die strukturellen und sozialen Hindernisse im Arbeitsverlauf und die notwendigen Arbeitsanforderungen zu reflektieren und ihre Handlungsmuster und -konzepte sowie ihr
Prozess- und Organisationsverständnis zu korrigieren. Mit ihren Gestaltungsempfehlungen zu Aufgaben- und Bereichsveränderungen und zur Sicherung des
Projekterfolge bewiesen die Akteure, dass sie über das notwendige Entwick-
lungs- und Veränderungsbewusstsein verfügen, um den weiteren OE-Prozess
selbstbewusst und eigenverantwortlich mitzugestalten – und dass Prozessdenken
initiiert werden konnte.

6.2.3.1.4. Individuelle Ergebnis- und Erfolgsbewertung

Im Anschluss an die Gruppenerhebung wurde der Projekterfolg von den Teil-
nehmer/innen verdeckt und individuell bewertet.

Die Einzelbefragung zeigt folgendes Ergebnis (siehe Abb. 37):

Abbildung 37: Individuelle Erfolgsskalierung der Befragten von *APE 2*

```
                                                    X
                                                   X,X
                                    X      X       X,X
├──────┼──────┼──────┼──────┼──────┼──────┼──────┼──────┼──────┼──────┤
0      1      2      3      4      5      6      7      8      9      10
```

Quelle: Eigene Darstellung

Die in Abb. 37 dargestellten Skalierungen zeigen, dass der Projekterfolg von den einzelnen Probanden sehr hoch bewertet wurde. Die Ergebnisse der individuellen Erfolgsbewertung stützen damit die kollektive Bewertung des Projekterfolgs.

In der Skalierung[170], die von der Autorin im Rahmen der Experteninterviews vor Projektbeginn vorgenommen wurde, hatten die beiden befragten Expertinnen und Experten aus *APE 2* die Chancen des intendierten Veränderungsprozesses im oberen Messbereich zwischen 7 und 9 bewertet. Der Vergleich der Bewertungsergebnisse der Expertenbefragung mit den Skalierungsergebnisse der individuellen Erfolgsbewertung zeigt, dass die Einschätzung in *APE 2* nur geringfügig nach unten korrigiert wurde.

Darüber hinaus sollten die Probanden beispielhaft belegen, welche individuellen Kompetenzen und/oder Erfahrungen sie durch das Pilotprojekt erwerben bzw. machen konnten. Wie im Forschungsdesign beschrieben, können durch die individuelle Befragung unsichtbare Attribute, die durch Gruppenerhebung verdeckt bleiben, ermittelt werden. Folgende persönliche Erfahrungen und Kompetenzen konnten die Akteure im Pilotprojekt erwerben:

- *Kompetenzerwerb im Bereich der Projektarbeit (N=4).*
- *Ein vertiefter Einblick in alle Bereiche und mehr Verständnis für Veränderungen (N=3).*
- *Die Erfahrung, sich auch auf neuen Gebieten beweisen zu können (N=2).*
- *Die Fähigkeit, Mitarbeitergespräche zu führen und zu motivieren (N=2).*
- *Die Einsicht, dass die vielen kreativen und innovativen Ideen der Mitarbeiter/innen ein Ausdruck von Motivation und Engagement und wertvolle Impulse zu Veränderungen sind (N=2).*
- *Die Einsicht, eigene Grenzen zu sehen und zu respektieren, wenn Dinge nicht umgesetzt werden können (N=1).*

170 Siehe Experteninterviews Kap. 6.1.2.4.

Die Angaben dokumentieren, dass einzelne Befragte im Projekt wichtige Schlüsselqualifikationen erwerben konnten, wie soziale Kompetenzen und erweiterte Kenntnisse, Fähigkeiten und Erfahrungen vornehmlich in Organisationswissen und im Projektmanagement.

Die weiteren Angaben der Befragten decken sich weitgehend mit den bereits erhobenen Daten, wie erworbene Führungs- und Sozialkompetenzen, die Einsicht, dass ohne Information und Integration der Akteure jede Veränderungsmaßnahme zum Scheitern verurteilt ist, und dass die Kommunikations- und Arbeitsbeziehungen für die subjektiv wahrgenommenen Belastungsfaktoren und Arbeitsbedingungen bedeutend sind.

Der folgende Abschnitt wendet sich nun den Ergebnissen der von IGES durchgeführten Evaluation zu und zielt auf den Vergleich meiner Untersuchungsergebnisse mit denen von IGES.

6.2.3.1.5. Evaluationsergebnisse von IGES

Die tabellarische Übersicht (Tab. 25) der Evaluationsergebnisse von IGES weist bei *APE 2* die folgenden Maßnahmen als umgesetzt aus *(vgl. IGES 2001:52ff)*:

Tabelle 25: Übersicht der im Rahmen der Abschlussevaluation erhobenen Projektergebnisse durch IGES

Folgende Maßnahmen galten – BFOE zufolge – als umgesetzt:	… waren noch nicht abgeschlossen
1. Auf der Pilotstation wurden pflegefremde Tätigkeit abgebaut, eine zusätzliche Hauswirtschaftskraft integriert und zwei neue Mitarbeiter (Geringfügige Beschäftigung) eingestellt*.	– Stundenzahl der Pflegefachkraft kürzen.
	– Einrichtung von Hol- und Bringdiensten (Zivi).
	– Abbau von Arbeitsspitzen.
	– Zentrale Geschirrorganisation*.
2. Wäscheversorgung wurde auf Paketdienst umgestellt*.	– Individuelle Nachtwachenrundgänge*.
3. Arbeitsplatzanalyse der Hauswirtschaft wurde durchgeführt.	– Aufbau eines Mitarbeiterpools.
4. Arbeitszeiten sind flexibler und bewohnerorientiert*.	– Umstellung der Halbjahrespläne auf Jahresplanung.
5. Essenszeiten wurden entzerrt*.	– Erweitertes Bewohnerangebot.
6. Ergotherapeuten kommen einmal wöchentlich*.	– Verbesserte Kommunikation mit der Küche*.
7. Dokumentation mit FEAS® eingeführt und wird angewandt*.	
8. Beteiligung der Küche an den Workshops*.	

Was haben die verschiedenen Entwicklungsansätze gebracht, im Hinblick auf ...

... die körperliche Belastung der Beschäftigten:	*Ein Abbau der körperliche Belastungen konnte durch das Projekt nicht realisiert werden.*
... Belastungen wie Hektik, Stress und Zeitdruck:	*Hektik und Stress in der Pflege wurden durch die Verlagerung pflegefremder Tätigkeiten in den hauswirtschaftlichen Bereich weniger.*
... Informationsfluss, Kommunikation	*wurde verbessert.*
... Anpassung der Schichtpläne an die Mitarbeiterwünsche:	*Die Mitarbeiter/innen haben in Bezug auf die Berücksichtigung ihrer Wünsche positiv reagiert.*
... Abbau von Konflikten an Schnittstellen:	*In der Schnittstelle Pflege/Küche ist durch das Projekt ein Konflikt erst entstanden, denn die Akteure der Küche wollten zunächst an ihren starren und flexiblen Essenszeiten und -plänen festhalten.*
	Auch die Konflikte in der Schnittstelle Nachtdienst/Pflege haben zugenommen, da der Nachtdienst sich weigerte, bewohnerorientiert zu arbeiten.

Quelle: Zusammenfassende Darstellung nach IGES (vgl. *IGES 2001:52ff*)

Wie Tab. 25 zeigt, wurden von den befragten Projektmitgliedern sieben der acht von BFOE als umgesetzt angegebenen Maßnahmen und darüber hinaus drei der von BFOE noch in der Umsetzung deklarierten Interventionen als realisiert betrachtet (*vgl. IGES 2001:52ff*). Damit zeigt sich in *APE 2* im Gegensatz zu *APE 1*, dass die Projektergebnisse von Projektmitgliedern besser bewertet wurden als von der Beraterfirma.

Damit stellt sich die selbe Frage, wie bei *APE 1*, ob die Befragten in *APE 2* die Projektergebnisse in Anwesenheit der anderen externen Institutionen positiver darstellten.

Der Ergebnisvergleich mit meinen Forschungsergebnissen zeigt, dass sich die Evaluationsergebnisse von IGES weitgehend mit meinen evaluierten Projektergebnissen decken, mit Ausnahme der Angaben, die sich auf die Umstrukturierung in den Fachbereichen „Wäscheversorgung" und „Nachtdienst" bezogen. Hierzu hatten die von mir befragten Akteure keine Angaben gemacht.

6.2.3.2. Zusammenfassende Diskussion der Ergebnisse der Gruppendiskussion – unter Berücksichtigung anderer Evaluationsergebnisse

Die Evaluationsergebnisse zeigen, dass im ersten Projektjahr wichtige Teilziele zur Prävention arbeitsbedingter Gesundheitsgefahren realisiert und in einigen Dimensionen gute Ansätze zur Optimierung der Arbeitslogistik erzielt wurden.

Die wichtigsten Veränderungen im Hinblick auf die Prävention arbeitsbedingter Gesundheitsgefahren sind: Der Entlastungseffekt für die Pflege durch die Auslagerung pflegefremder Tätigkeiten, die Ansätze zu einer mitarbeiterorientierten Personaleinsatzplanung, die Modifizierung der Arbeits- und Dienstzeiten für die Pflegekräfte im Tagdienst und die Verbesserung der informellen Organisationsstrukturen. Bezogen auf die Optimierung der Arbeitslogistik zeigen die Ergebnisse, dass die Implementierung der Analyse- und Verfahrensinstrumente ansatzweise zur bedarfs- und bedürfnisorientierten Leistungsplanung und -dokumentation, die neuen Schichtzeiten zur Flexibilisierung der Arbeitsabläufe und damit zu einer verbesserten Versorgungsqualität beitragen konnten, und dass die Projektinterventionen zu einer neuen Arbeitsstrukturierung in den Bereichen Pflege, Hauswirtschaft und Küche (noch in Umsetzung) führten.

Gemessen an der Projektintention hinsichtlich des Abbaus körperlicher Belastungen, Stress und des Zeitdrucks konnten die erhofften Entwicklungsfortschritte nicht erzielt werden. IGES und BFOE konstatierten dennoch eine durch das Projekt gestiegene Gesamtzufriedenheit der Pflegeakteure (vgl. IGES 2001:52ff; BFOE 2001:35). Dieses Ergebnis steht im Widerspruch zu den von mir ermittelten Untersuchungsergebnissen, bei der die Erhöhung der Arbeitszufriedenheit explizit als nicht erreichtes Projektziel deklariert wurde.

Der Lösungsansatz des Pilotprojekts implizierte ein einrichtungsspezifisches Vorgehen und die Entwicklung betriebsindividueller Lösungsansätze. Auf Basis der Analyseergebnisse wurden in APE 2 die einrichtungsspezifischen Probleme festgestellt und der Interventionsverlauf gemäß den internen Problemlagen modifiziert. Das Spezifische des Veränderungsprozesses in APE 2 ist in der Neustrukturierung des Pflege- und Hauswirtschaftsbereichs – durch die Zuweisung einer hauswirtschaftlichen Stelle für die einzelnen Wohnbereiche – und in der Vernetzung der interdisziplinären Bereiche zu sehen. In APE 2 zeigte sich, dass die Lösung der Schnittstellenfrage zu einer Aufhebung der scharfen Trennung der Arbeitsbereiche führte und die Optimierung einer reibungslosen, verzahnten kunden- und mitarbeitergerechte Prozessgestaltung intendierte. In diesem Kon-

text kamen im OE-Projekt den interdisziplinären Kommunikations-, Koopera-
tions-, Koordinations- und Gruppenprozessen, aber auch den kurzen Dienst-
wegen eine entscheidende Funktion und Bedeutung zu. In Bezug auf den letzten
Aspekt ließ die Gruppenbefragung jedoch offen, inwieweit die Stellenbefugnisse
den Strukturveränderungen gemäß modifiziert wurden.

Mit BFOE stimme ich überein, dass erst der Wechsel der Projektleitung die
Wende brachte und die geleistete Unterstützungs- und Beratungsarbeit vor Ort
eine wichtige Voraussetzung dafür war, dass die Akteure einen Lernprozess vollziehen und ein Prozess- und Veränderungsbewusstsein erwerben konnten (vgl.
BFOE 2001:35). Die „neue" Projektleitung genoss das Vertrauen der Akteure
und konnte so die Mitarbeiter/innen motivieren, sich für die Veränderungen zu
engagieren. Der Verdienst der „neuen" Projektleitung spiegelt sich auch darin,
dass sie die Pflegeakteure an ihrem Aufgabenfeld partizipieren ließ und in die
Verantwortung für die umzusetzenden Maßnahmen nahm.

Projektförderlich war außerdem, dass der neugegründete Arbeitskreis Gesundheit die Projektlenkung übernommen hatte. Durch die neu etablierte Projektleitung begannen die Akteure sich mit den Projektmaßnahmen zu identifizieren: Sie machten es zu ihrem Projekt und trugen damit wesentlich zum
OE-Erfolg bei.

In der Gruppenerhebung konnten nur in eingeschränktem Maße Erkenntnisse
darüber gewonnen werden, in welchem Ausmaß die betroffenen Akteure an der
Projektumsetzung und an der Definition der betriebsspezifischen Veränderungsziele beteiligt waren. Die Gruppendiskussion zeigte zwar, dass die Probleme
durch die MZT- und Schnittstellenanalysen aufgedeckt wurden, an deren Erhebungen die Akteure beteiligt waren und dass eine Projektsteuerungsgruppe
etabliert wurde, die die zielgerichtete Projektlenkung gewährleisten konnte. Die
Frage, in welcher Weise die Akteure des Wohnbereichs in die Zielbildung und
Maßnahmenableitung involviert wurden, blieb ungeklärt.

Als die wichtigsten projekthemmenden Faktoren wurden zu Prozessbeginn die
mangelnde Berücksichtigung der OE-Prämissen, die Verunsicherung der Akteure, die Doppelfunktion von Heim- und Projektleitung, die defizitären Projektma-
nagementkompetenzen, die fehlende Projektkultur, die herrschenden Führungskonflikte, die unzureichende Klärung der Ressourcen und die fehlende
Beachtung der prozessorientierten, partizipativen Umsetzung der Projektmaßnahmen identifiziert.

Die Untersuchungsergebnisse dokumentieren, dass die OE-Akteure durch
das Prozessgeschehen vor Ort und die Projektmitglieder darüber hinaus durch
die „gepoolte Beratung" ein ausgeprägtes Entwicklungsbewusstsein und weit-

reichende Veränderungserfahrungen erwerben konnten. Sie hatten im Prozessverlauf erkannt, dass sie die eigentlichen Träger der Organisationsveränderung und -entwicklung sind. Sie adaptierten diese Aufgabe in ihrem neuen Selbstverständnis, die Bedingungen und Auswirkungen der OE-Interventionen auf der Station transparent zu gestalten, darüber kommunizieren zu lernen und konstruktive Veränderungsimpulse zu geben. Sie hatten auch erkannt, dass sie ihre Handlungssicherheit nur dann gewinnen, wenn sie sich ihre Interessenlage bewusst machen und diese auch gegenüber dem Einrichtungs- und Projektmanagement thematisieren bzw. vertreten und lernen, ihre Veränderungsvorschläge und Ideen in das Prozessgeschehen einzubringen. Im Prozessgeschehen konnten die Akteure somit wichtige Kernkompetenzen entwickeln, die notwendig sein werden, um die an sie gestellten Anforderungen im Pflege- und Organisationsalltag zu bewältigen und die geplanten Projektmaßnahmen im weiteren Prozessgeschehen umzusetzen: Fähigkeiten zu Reflexion, Kommunikation, Kooperation, Innovation und Problemlösung.

Das Management lernte durch das Projekt seine Rolle und Funktion kritisch zu überdenken. Die Einsicht in die Notwendigkeit, Vertrauen in die Kompetenz der Projektmitglieder und der Akteure zu entwickeln, mündete in die Bereitschaft, notwendige strukturelle Rahmenbedingungen sowie Gestaltungs- und Handlungsspielräume zu schaffen, die es den Akteuren ermöglicht, eigenständig und selbstverantwortlich zu arbeiten, eigene Ideen, Veränderungsvorschläge und das Gespür für das Machbare zu entwickeln sowie die praktische Umsetzung der Prozessoptimierung zu gewährleisten. Darüber hinaus führten die Prozesserfahrungen zur Erkenntnis, dass die etablierten Organisations- und Führungsstrukturen den Anforderungen einer modernen Arbeitsorganisation nicht mehr entsprechen.

Die Diskussionsbeiträge zeigten, dass die OE-Akteure den OE-Erfolg nicht nur an realisierten Zielen, sondern an den im Prozessgeschehen bereits wahrgenommenen und im weiteren Prozessverlauf (Folgeprozess) implizierten Möglichkeiten bemaßen und den OE-Prozess als das identifizierten, was er ist: Eine Systementwicklung und ein Wandlungsprozess der Organisation und ihrer Akteure, der den Organisationsmitgliedern die Chance gibt, Kompetenzen und Schlüsselqualifikationen zu erwerben, die ihnen die Möglichkeit eröffnet, die Pflege- und Arbeitsprozesse selbst zu gestalten, neue kunden- und prozessorientierte Methoden und Verfahren (RAP, FEAS®) anzuwenden, ihren Arbeitsalltag besser zu strukturieren und die Arbeitseinsatzplanung mitarbeiterfreundlich zu gestalten.

Die Gruppenerhebung dokumentierte, dass die OE-Akteure durch die Auseinandersetzung mit den auftauchenden Problemen und Konflikten befähigt wurden, prozessorientierter zu denken, organisatorische Rahmenbedingungen zu reflektieren und am Entwicklungsprozess zu partizipieren: „Reflexion ist [...] eine Form der Partizipation" (*Probst/Büchel 1998:38*). Die Reflexion der betrieblichen Rahmenbedingungen, der Wertorientierungen und Handlungsmuster bezogen auf den Führungs- und Pflegealltag offenbarte, dass die Akteure in der Lage waren, auf Basis ihrer subjektiven Erfahrungen und ihres Wissens um organisatorische Zusammenhänge, soziale und normative Organisations- und Führungsdefizite zu erkennen und notwendige Verhaltens- und Einstellungsveränderungen bspw. im Hinblick auf die Personalführung und Bewohnerorientierung einzufordern.

Daher kommt die Verfasserin zum Schluss, dass ein Veränderungslernen stattgefunden hat und dass die Akteure ein Veränderungs- und Entwicklungsbewusstsein ausbildeten, das es ihnen ermöglichte, die initiierten Lern- und Entwicklungsprozesse zu kommunizieren und erste Schritte zu einem gemeinsamen Reflexionsprozess und entwicklungsorientierten Veränderungsprozess zu realisieren – eine Prämisse jedes Organisationsentwicklungsprozesses.

Zum Abschluss der Gruppendiskussion machte Proband 7 den Vorschlag, den „Organisationsentwicklungsansatz" des Pilotprojektes stärker hervorzuheben und die Ziele und Aufgaben von OE-Prozessen darzulegen.

„Ich würde das Wort Organisationsentwicklung eher in den Vordergrund stellen als Arbeitslogistik oder krankheitsbedingte Ausfallzeiten zu minimieren [...] dann kriegt das Ganze auch einen anderen Charakter und da denk ich, ist auch ein Informationsdefizit vorhanden, dass einfach mal bestimmte Begrifflichkeiten aus der Organisationsentwicklung auch erklärt werden".

6.2.3.3. Evaluationsergebnisse der zweiten Projektphase

In *APE 2* wurden zwei Leitungskräfte befragt: Ein Projektmitglied (E 3) und eine Leitungskraft (E 4), die nicht zur Projektgruppe gehörte. Beide Befragten hatten sowohl an den Experteninterviews als auch an der Gruppenbefragung teilgenommen. Die Interviewpartner/innen (w/m) waren zwischen 30 und 39 Jahre, examinierte Pflegefachkräfte, in der Einrichtung zwischen 3 und 10 Jahre und seit über 2 Jahren im Management tätig. Damit konnte eine Kompatibilität in der Expertenbefragung gewährleistet werden.

1. Veränderungen für die Mitarbeiter/innen im Hinblick auf die Prävention arbeitsbedingter Gesundheitsgefahren

Die Projektaktivitäten und -ergebnisse im Hinblick auf die Prävention arbeitsbedingter Gesundheitsgefahren wurden von den Interviewten überwiegend positiv bewertet: Die Projektmaßnahmen hatten dazu beigetragen, die Arbeitsbedingungen der Beschäftigten in der Pflege zu verbessern. In diesem Kontext hoben beide Befragten hervor, dass alle Beteiligten im ersten Projektjahr wichtige Einsichten in den ursächlichen Zusammenhang zwischen gesundheitsförderlichen, mitarbeiterorientierten Arbeitsbedingungen und arbeitsbedingten Belastungsfaktoren bzw. Arbeitsstrukturen als auch in die betrieblichen Verbesserungspotenziale gewonnen hatten und dass die Bedeutung der Arbeitslogistik für die Gesundheitsförderung in ihrer gesamten Tragweite erst in der Umsetzung der Projektmaßnahmen erkannt wurde.

Als eine wirkungsvolle Intervention zur Reduzierung organisationsbedingter Belastungsfaktoren wurden die auf der Pilotstation erprobten Erneuerungen im Schnittstellenbereich „Pflege" und „Hauswirtschaft" bewertet. Diese hatten zur Reduzierung des hohen Arbeitsvolumens in der Pflege geführt, so dass die Neustrukturierung in allen Wohnbereichen vorgenommen wurde. Eine negative Auswirkung ist hingegen, dass sich die Schnittstellenproblematik zwischen Pflege und Hauswirtschaft – aufgrund des erhöhten Arbeitsvolumens für die hauswirtschaftlichen Kräfte – wieder verschärft hatte und deshalb eine Neuorganisation des hauswirtschaftlichen Bereichs anstehe (E 3).

Ein Indikator der wirksam gewordenen Entlastungseffekte sei die Reduzierung der krankheitsbedingten Fehlzeiten[171], so Expertin 3. Im diesem Kontext verwies Experte 4 – nicht ohne Stolz – auf die betrieblichen Maßnahme zur Verbesserung der Personalkapazitäten und -ressourcen: Die Fachkraftquote wurde auf 64 % erhöht, die Pflege um 2 Planstellen (von 47,0 [2000] auf 49,0 [2001]) aufgestockt und 1,5 Planstellen im Therapiebereich neu eingerichtet[172]. Hier wurde von betrieblicher Seite ein Handlungsbedarf gesehen, obwohl die Projektvorgabe war, dass die Umsetzung der Projektmaßnahmen „personalneutral" erfolgen sollte.

---

171 Siehe auch Kap. 6.1.1.5. Wie die Dokumentenanalyse zeigt, war die krankheitsbedingte Fehlzeitenquote im Pflegebereich um 27 % (von 9,6 % im Jahr 1999 auf 6,74 % im Jahr 2001) gesunken, die Ausfallzeiten der Hauswirtschaft hatten sich wieder normalisiert (1999: 4,45 %; 2000: 6,87 % und 2001: 4,41 %), Anhang F/1.

172 Siehe auch Dokumentenanalyse 6.1.1.5. und Anhang F/1.

Trotz verbesserter Personalausstattung konnten keine einschneidenden Veränderungen im Hinblick auf das subjektive Belastungsempfinden bewirkt werden, weil die unvermindert hohe Arbeitsintensität – durch die Projektaktivitäten – die personellen Ressourcen übermäßig beansprucht hatten, stellten beide Befragten erstaunt fest.

Auch die Fluktuationsrate konnte nicht gesenkt werden[173]. Experte 4 zufolge war das Fluktuationsverhalten in beiden Bereichen auf eine „natürliche" Fluktuation (Mutterschutz und Pensionierung) zurückzuführen. Hingegen erklärte Expertin 3, dass für einige Teilzeitkräfte – die im weiteren Einzugsbereich von APE 2 wohnten – die modifizierten Dienstzeiten nicht mehr attraktiv gewesen seien und sie deshalb die Einrichtung verlassen hätten. Die Kündigung der Teilzeitkräfte hatte sich für die Personalausstattung letztendlich positiv ausgewirkt, weil so neue Vollzeitkräfte eingestellt werden konnten[174], so die Befragten.

Als ein Projekterfolg wurde dagegen die personalwirtschaftliche Entscheidung betrachtet, die Kennzahlen der Personalfluktuation und Fehlzeiten zukünftig differenzierter zu erheben, um eine zuverlässige und aussagekräftige Datenbasis zur Identifizierung der Arbeitszufriedenheit, für die Personalentwicklung und das Controlling zu erhalten (E 3). Das Personalcontrolling ist jedoch noch nicht ausgereift (E 4).

Die sich bereits zum Ende der ersten Projektphase abzeichnende Tendenz, die eine Gesamtzufriedenheit der Mitarbeiter/innen erwarten ließ, konnte sich in der zweiten Projektphase nach Aussage der Befragten verfestigten: Die erhöhte Arbeitszufriedenheit wurde unisono auf die erzielten Entlastungseffekte, auf die positive Entwicklung der Führungs- und Teamstrukturen, die modifizierte Dienstgestaltung, die inzwischen von allen Vollzeitkräften akzeptiert wird, und die Supervisionsangebote zurückgeführt.

Die Arbeit des Gesundheitszirkels[175] und die (2001 erfolgte) Einstellung einer Gesundheitspädagogin (0,5 Stelle) wurde als eine wichtige Maßnahme im Hinblick auf die Gesundheitsförderung beurteilt. Im zweiten Projektjahr war bereits ein umfassendes Gesundheitskonzept entworfen worden. Darüber hinaus wurde den Mitarbeiter/innen im zweiten Projektjahr die Möglichkeit zur Super-

---

173 Für das Jahr 2001 wurde in der Pflege eine Fluktuationsrate von 16,32 % und für die Hauswirtschaft ein Wert von 9,75 ermittelt, siehe Dokumentenanalyse Anhang F/1.

174 Siehe Dokumentenanalyse Anhang F/1: der Anteil der Teilzeitkräfte war im Jahr 2001 von 45 % auf 39 % gesunken.

175 Wie in der Dokumentenanalyse beschrieben, setzt sich dieser interdisziplinär und hierarchieübergreifend zusammen und wurde im Erhebungszeitraum noch von einem externen Moderator begleitet (siehe Kap. 6.1.1.2.).

vision angeboten. Ziel der Supervision sollte es sein, die Selbstkompetenz der Akteure im Hinblick auf die Maßnahmen zur Gesundheitsförderung zu fördern. Der neu gebildete Gesundheitszirkel soll im Rahmen der Gesundheits- und Personalförderung eine Schlüsselfunktion einnehmen: Er soll dazu beitragen, die Beteiligung und Eigeninitiative der Beschäftigten an der Entwicklung gesundheitsförderlicher Arbeitsstrukturen zu gewährleisten und in seiner Funktion als Projektsteuerungsgruppe neue Entwicklungsvorhaben initiieren. Von daher wurde das Projekt im Hinblick auf die neue Funktion des Gesundheitszirkels als „Übungsfeld" betrachtet (E 4).

2. *Veränderungen im technisch – instrumentellen Subsystem der involvierten Fachbereiche*

Die Veränderungen im technisch – instrumentellen Subsystem wurden von den Befragten überwiegend positiv bewertet: Die auf der Pilotstation implementierten Projektmaßnahmen hatten zur besseren Planungs- und Steuerungssicherheit und infolgedessen zu einer optimierten Arbeitsprozessgestaltung geführt. Diejenigen Maßnahmen und Instrumente, die sich bewährt hatten und auch bei den Beschäftigten große Akzeptanz fanden, wurden auf allen Wohnbereichen implementiert; die Instrumente und Verfahrensweisen, die sich als ungeeignet erwiesen hatten, wurden entweder durch neue ersetzt oder es wurden Übergangslösungen geschaffen:

- *Flexibilisierung der Arbeitszeiten und Dienstplangestaltung in allen Wohnbereichen*
- *Neuorganisation der Schnittstelle Pflege und Hauswirtschaft im gesamten Pflegebereich.*
- *Implementierung von RAP auf allen Wohnbereichen.*
- *Geplant ist, die mitarbeiterbezogene Zeit- und Tätigkeitserfassung (MZT) turnusmäßig in zweijährigen Abständen durchzuführen, um auch zukünftig Eckdaten für eine fundierte Prozessoptimierung und Arbeitsstrukturierung zu erhalten.*
- *FEAS® hatte sich aufgrund der fehlenden Prozessorientierung nicht bewährt. Nach einer Ersatzlösung wurde zum Erhebungszeitpunkt noch gesucht.*
- *Das EDV-gestützten Programme „All4one" wurde eingeführt, für das nächste Jahr ist geplant, „OPTIPLAN" zu implementieren.*

Die Umsetzung der projektimmanenten Maßnahmen und die räumlichen Veränderungen mündeten in das Ergebnis, dass Zeit und Wege eingespart werden, die der Pflege und Betreuung zugute kommen und zu einem rationelleren

Arbeitsablaufprozesse führten, so Expertin 3. Darüber hinaus hatte die Anwendung der neuen Verfahrensinstrumente zu einem vertieften und analytischen Verständnis der Pflegeablaufprozesse geführt und so zu einer höheren Einsicht in die interdependenten Zusammenhänge des Organisationsgefüges beigetragen (E 4). Zukünftig erhoffen sich die Leitungskräfte von den implementierten Instrumenten weitere Effekte für die Identifizierung arbeitsorganisatorischer Belastungsfaktoren, um den Abbau der Arbeitsbelastung zu forcieren.

Im Unterschied zu den positiven Beurteilungen der Ergebnisse im Hinblick auf eine effektive und mitarbeiterorientierte Gestaltung der Arbeitseinsatzplanung und Arbeitsorganisation wurden die Interventionen zur Verbesserung der Informationsprozesse zurückhaltend bewertet. Im Vergleich zu den Informationsprozessen vor Projektbeginn wären zwar bereits in der ersten Projektphase wichtige Fortschritte dahingehend erzielt worden, den Informationsfluss transparenter zu gestalten (E 4). Da die Einrichtung in der zweiten Projektphase begonnen hatte, ein neues Konzept für die organisationsinternen Informationswege und -prozesse zu entwickeln, konnte eine abschließende Bewertung von Expertin 3 nicht vorgenommen werden.

3. Veränderungen im sozialen Subsystem
Wie bereits bei der Gruppenbewertung wurden die Interventionen im sozialen Subsystem generell positiv bewertet. Denn durch die mehrdimensionalen Veränderungsprozesse konnten in der zweiten Projektphase umfassende Weiterentwicklungen erzielt werden.

Folgende Projektmaßnahmen wurden auf den gesamten Pflegebereich übertragen:
- *Einführung der 5,5 Tage – Woche.*
- *Flexibilisierung der Dienstzeiten[176]. Im Geteilten Dienst wird nur noch in „Notsituationen" gearbeitet.*
- *Einführung der 5-Tage-Woche für die Wohnbereichsleitungen.*

Die wichtigsten personalen und sozialen Entwicklungen waren für die Befragten:
- *Die Stärkung der Leitungsrolle durch die erworbenen Delegations-, Organisations- und Methodenkompetenzen.*
- *Das angebotene Leitungscoaching.*
- *Die Übertragung von eigenverantwortlichen Aufgaben und erweiterte Handlungsspielräumen für die Akteure.*

---

176 Siehe Dokumentenanalyse Anhang F/1: Wahlmöglichkeiten zwischen fünf Frühdienst-, zwei Zwischendienst- und drei Spätdienstzeiten.

- *Angebote zur Teamsupervision für die Akteure.*
- *Die Kommunikations- und Kooperationsprozesse wurden intensiver und offener. Das soziale Betriebs- und Organisationsklima ist gut.*
- *Qualifizierungsangebote und Trainingsprogramme für Pflege- und Leitungskräfte.*

In diesen zum Teil ungeplanten Projektergebnissen zeigen sich erste Ansätze einer systematischen, strategischen Personalentwicklung. Es kommt zum Ausdruck, dass dem Erwerb von Fachwissen und Schlüsselqualifikationen ein hoher Stellenwert eingeräumt wird.

Im zweiten Projektjahr wurde die Aufbauorganisation verändert und eine neue Leitungsstruktur etabliert, die auch nach Beendigung des Projekts kontinuierlich weiter entwickelt werden soll. Die Strukturveränderungen sind das Resultat der von der externen OE-Beratung begleiteten OE-Prozesse, für die von der Geschäfts- und Heimleitung zusätzliche Beratungsleistungen „eingekauft" wurden.

Die Neuregelungen zielten auf die klare Definition, Abgrenzung und Erweiterung der Leitungsbereiche bzw. Weisungsbefugnisse für die Funktionen Pflegedienst-, Wohnbereichs- und Schichtleitungen sowie auf die Etablierung einer Stelle „Qualitätsmanagement":

- *Die PDL behält die Fachaufsicht über die Pflege und übernimmt Aufgaben der Personalführung und Personalentwicklung. Sie nimmt in beratender Funktion an den geschäftsführenden Teamsitzungen teil und erhält Einsicht in den Finanzrahmen der Unternehmen und Mitspracherecht bei Unternehmensentscheidungen.*
- *Erweiterter Zuständigkeitsbereich für die Wohnbereichsleitungen (WBL): Sie übernehmen zu 100 % Leitungsfunktion und erhalten die Fachaufsicht über die Wohnbereiche.*
- *Examinierte Pflegekräfte übernehmen die Funktion der Schichtleitungen und damit eine formal geregelte Unterstützungsfunktion für die Wohnbereichsleitungen.*
- *Erweiterte Handlungs- und Gestaltungsspielraume für die Pflegekräften.*
- *Einrichtung einer Stabstelle „Qualitätsmanagement" (0,5 Stelle)[177] und Einrichtung einer Stelle „Gesundheitsförderung" (0,5 Stelle), die beide der Heimleitung unterstellt sind.*

---

177 Ab August 2002.

Noch vor Projektbeginn wurde von beiden Befragten eine umfassende Veränderung der Aufbauorganisation als nicht erforderlich angesehen. Somit zeigt sich, dass das Management – angesichts der vielfältigen Probleme im Bereich des Pflege- und Personalmanagements – jedoch die Notwendigkeit erkannt hatte, die Führungs- und Leitungskräfte der mittleren Managementebene und die Pflegekräfte stärker zu professionalisieren, sie in die Steuerungs- und Organisationsprozesse stärker einzubinden und ihnen deshalb abgestufte Möglichkeiten des selbstorganisierten und eigenverantwortlichen Handelns einzuräumen. Die Positionen der Leitungskräfte wurden gestärkt, die Stellenbeschreibungen aktualisiert und die Organisations- und Leitungsstrukturen den veränderten Prozess- und Rahmenbedingungen angepasst.

Im Ergebnis sollte die Strukturentwicklung einerseits zu einer Entlastung der Pflegedienstleitung und andererseits dazu führen, diese „Schritt für Schritt" in die Unternehmensführung zu integrieren. Langfristig ist vorgesehen, der Pflegedienstleitung Budgetverantwortung und damit strategische Pflegemanagementaufgaben (über die Personalentwicklung hinaus) zu übertragen und die Verantwortungsbereiche der Wohnbereichsleitungen zu erweitern (E 4).

Auf eine für den OE-Prozess bedeutende Entwicklung ist in diesem Kontext hinzuweisen: Die Umstrukturierungen erfolgten unter Einbeziehung der Beteiligten. Das Prinzip der Partizipation der Akteure, – noch in der ersten Pilotphase vernachlässigt – wurde in der zweiten Projektphase berücksichtigt.

Mit der Einrichtung einer halben Stelle „Gesundheitsförderung" wurde auf der institutionellen Ebene eine weitere Maßnahme ergriffen, um den Ansprüchen einer erfolgreichen Gesundheitsprävention gerecht zu werden. Neben der Aufgabe, die Arbeitsbedingungen kontinuierlich auf psychische und physische Belastungsfaktoren zu überprüfen, umfasst diese Stelle folgende Tätigkeitsfelder: Entwicklung und Durchführung gezielter Präventions-, und Fortbildungsmaßnahmen, beratende Unterstützung der einzelnen Akteure bei der Entwicklung von Stressbewältigungsmaßnahmen und Leitung des Gesundheitszirkels.

4. Veränderungen im Klientensystem
Die Projektinterventionen zur Erhöhung der Bewohner- bzw. Kundenorientierung bekamen von beiden Interviewten durchweg positive Werte. Wie bereits in der Gruppenerhebung hoben die Befragten die verbesserten Pflegeprozesse und das veränderte Kundenverhalten der Mitarbeiter/innen besonders hervor. In diesem Kontext wurde wiederholt die Bedeutung des Instruments RAP für die gewandelten Einstellungen betont.

In der Folgephase wurde ein differenziertes Angebot für die Bewohner/innen, vor allem für das demente Klientel konzipiert. Dieses reicht von Ansätzen der Biografiearbeit, über die auf allen Wohnbereichen berücksichtigte Tagesstrukturierung bis hin zur psychosozialen Betreuung dementer Bewohner/innen und Palliativpflege. Trotz erzielter Fortschritte im Hinblick auf die Anpassung der Konzepte an die veränderten Pflege- und Betreuungsbedarfe sieht Experte 4 in diesem Bereich – vor allem bezogen auf das gerontopsychiatrisch erkrankte Klientel – noch Entwicklungsbedarf, um die Lebens- und Betreuungsqualität der Bewohner/innen kontinuierlich zu verbessern.

5. Auswirkungen auf das Gesamtsystem
Im Hinblick auf die „Erhöhung der Wirtschaftlichkeit" waren in APE 2 noch keine einschneidenden Erfolge zu verzeichnen. Diese Aussage basierte auf der subjektiven Einschätzung meiner Interviewpartner/innen, da eine Feststellung und Überprüfung der Wirtschaftlichkeit aufgrund von validen Werten (wie Kennzahlen und Vergleichswerte) nicht möglich war. Die operativen – auf Basis der Gewinn- und Verlustrechnung ermittelten – Erfolgsgrößen (Betriebsergebnis) zeigten lediglich an, dass die Wirtschaftlichkeit durch den Bettenabbau infolge der Umstellung auf Einbettzimmer beeinträchtigt war; hingegen sei die Effektivität infolge der erfolgreich umgesetzten Projektmaßnahmen gestiegen, weshalb langfristig eine höhere Effizienz erwartet werde, so Experte 4.

Bezogen auf die Frage, durch welches „Rüstzeug" die Einrichtung und ihre Organisationsmitglieder befähigt wurden, „dauerhaft einen kontinuierlichen Verbesserungsprozess durchzuführen", blieben die Antworten vornehmlich auf die Bewältigung des Alltagsgeschehens konzentriert: Die erworbenen Methodenkenntnisse wurden den Akteuren der anderen Wohnbereichen vermittelt. Die Pflege- und Arbeitsprozesse können systematischer, rationeller und effektiver geplant und gestaltet werden. Alle Projektmitglieder hatten eine erhöhte Methoden- und Sozialkompetenz, die Führungs- und Leitungskräfte darüber hinaus eine höhere Organisations- und Leitungskompetenz entwickelt. Im Gesamtsystem konnte das Projekt zu Reflexion, Denkanstößen und vielfältigen Veränderungsimpulsen führen (E 3).

Meine abschließende Frage, ob das Projekt die Selbstorganisation der Akteure fördern konnte, wurde mit „jein" beantwortet. Aus Sicht der Befragten hatte das Pilotprojekt zu vielen Entwicklungsansätzen und zu einer Verbesserung der Problemlösungs- und Handlungskompetenzen geführt, wodurch vor allem „die Pflege", aber teilweise auch „die Hauswirtschaft" befähigt wurde, Anpassungsprozesse und Problemlösungen selbständig durchzuführen.

Doch der bereits begonnene komplexe Entwicklungs- und Restrukturierungsprozess, müsse noch durch eine externe OE-Beratung begleitet werden, so die Befragten.

6. Beurteilung der externen OE-Beratung und des internen Projektmanagements
Bei der Beurteilung der OE-Beratung bezogen auf die zweite Projektphase wurde der Erfahrungsgewinn durch die gemeinsamen Betriebsbesichtigungen und der erfolgte Austausch unter den Projekteinrichtungen und Projektmitgliedern positiv hervorgehoben. Die Betriebsbesichtigungen und die als Betriebsvergleiche angelegten Analysen und Auswertungen hatten – aus Sicht der Befragten – nicht nur zu einem differenzierten und erhöhten Einblick in die einrichtungsspezifischen Probleme bei der Umsetzung der Projektmaßnahmen in die verschiedenen Veränderungs- und Entwicklungsprozesse geführt, sondern auch zu einem vertieften Verständnis für die eigenen Implementierungsprozesse. Bezogen auf die Reflexion der eigenen Lern- und Entwicklungsprozesse hatte sich der „Blick von außen" durch die externen Beratungspersonen bzw. durch die anderen Projektteilnehmer/innen als fruchtbar erwiesen, denn er hatte zu vielen Entwicklungsimpulsen wie Gestaltung von Dienstbesprechungen und Personalcontrolling geführt. Als projektförderlich für die Verbesserung des internen Projektmanagements wurden die konsequent eingeforderten Projektberichte und gemeinsame Zielbildung in den Steuerungsgruppen betrachtet, denn dadurch wurde eine erhöhte Beteiligung der Pflegekräfte und die zielgerichtete Umsetzung der Projektmaßnahmen gefördert (E 3).

Als verbesserungswürdig wurde der knapp bemessene Zeitfaktor, die Klärung der Aufgaben und Kompetenzen der Projektmitglieder und der Projektleitungen sowie der hohe Belastungsfaktor für die Pflegeakteure genannt. Einschränkend wurde angemerkt, dass diese Faktoren durch das große Engagement der Projektmitglieder und die soziale Unterstützung der Projektleitung kompensiert werden konnten und damit wesentlich dazu beitrugen, dass die Mitarbeiter/innen am Veränderungs- und Entwicklungsprozess motivierter und aktiver mitwirkten.

7. Zusammenfassung
Zusammenfassend werden die Ergebnisse und Entwicklungen skizziert, die durch die zweite Projektphase erreicht oder gesichert wurden:

▪ Prävention arbeitsbedingter Gesundheitsgefahren:
Abbau von institutionellen Stressoren, Entwicklung von gesundheitsförderlichen Maßnahmen und Programmen.

▨ im technisch – instrumentellen Subsystem:
Optimierung der Arbeitseinsatzplanung und Arbeitsabläufe, Anwendung der neuen Verfahrensinstrumente im gesamten Pflegebereich.

▨ im sozialen Subsystem:
Einführung der neuen Arbeits- und Dienstzeiten im gesamten Pflegebereich, Neuorganisation der Schnittstelle Pflege und Hauswirtschaft, Umstrukturierung der Hauwirtschaft in Planung, Professionalisierung der Pflege- und Leitungskräfte, die Einräumung erweiterter Gestaltungs- und Handlungsspielräume für die Führungs-, Leitungs- und Pflegekräfte, gezielte Fortbildungs-, Trainings-, Supervisions- und Coachingangebote, Verbesserung der Personalausstattung, verbesserte Kommunikation- und Arbeitsbeziehung, Einrichtung neuer Stabstellen und Etablierung einer neuen Leitungsstruktur.

▨ Auswirkungen auf das Gesamtsystem:
Erhöhung der Mitarbeiter- und Bewohnerorientierung, Verbesserung der Effektivität, Etablierung einer Stab-Linien-Organisation, Erhöhung der Fähigkeit zu Problemlösung und Durchführung notwendiger Anpassungsprozesse.

Der Folgeprozess wurde initiiert, um die während der ersten Projektphase noch nicht erreichten Maßnahmen oder noch nicht befriedigend gelösten Entwicklungen und Prozesse zu vollenden. Dies ist dem Beratungssystem gelungen, weshalb das Pilotprojekt als erfolgreich zu bewerten ist. Die Erhebungsergebnisse dokumentieren einerseits, dass die nach der ersten Projektphase genannten nicht erreichten Ziele[178] und die von den Diskussionsteilnehmer/innen für den Folgeprozess definierten Ziele[179] in der zweiten Projektphase fast vollständig realisiert wurden, und dass die Handlungs- und Gestaltungsempfehlungen[180], welche die OE-Akteure in der Gruppenerhebung zur Sicherung der Projekterfolge und Weiterentwicklung des OE-Prozesse erarbeitet hatten, in der zweiten Projektphase weitgehend berücksichtigt wurden. Andererseits zeigen sie, dass der Veränderungsprozess in Verbindung mit dem „eingekauften" Beratungsprozess in *APE 2* zu einer umfassenden Restrukturierung des gesamten Pflege- und Hauswirtschaftssystems führte, die über die angestrebten Projektziele hinausreichte.

---

178 Siehe Kap. 6.2.3.1.1.
179 Siehe Kap. 6.2.3.1.2.
180 Siehe Kap. 6.2.3.1.3.

Die signifikant positive Bewertung der Projektmaßnahmen wurde durch die Evaluation von IGES, die am Ende des Pilotprojektes in der Einrichtung durchgeführt wurde, bestätigt[181]. Die Evaluationsergebnisse von IGES werden in nachfolgender Abbildung 38 dargestellt:

Abbildung 38: Bewertung der Projektergebnisse durch die Mitarbeiter/innen des Pilotbereichs und die Leiter/innen der übrigen Wohnbereiche von APE 2

Was hat sich durch das Projekt für Sie verändert?   (MAB)

	schlechter	wenig besser →	besser →	viel besser
Körperliche Belastungen				
Hektik, Stress, Zeitdruck				
Dienstpläne, Arbeitszeiten				
Konflikte zwischen Bereichen				
Kommunikation				
Arbeitszufriedenheit, Motivation insgesamt				

● Pilotbereich   ○ Übrige Bereiche

Quelle: IGES 2002:100

In Bezug auf die Realisierung der durch das Pilotprojekt angestrebten Projekt- und Maßnahmenziele ziehe ich ein vorläufiges Fazit: Die durch das Projekt initiierten Maßnahmen und Ziele konnten – bis auf die Verminderung von Stress- und Belastungserleben – durch den Folgeprozess umgesetzt und realisiert werden. Die Implementierung und Institutionalisierung der OE-Maßnahmen mündeten in *APE 2* in eine kontinuierliche Verbesserung der Arbeitslogistik und Prävention arbeitsbedingter Gesundheitsgefahren und leitete einen umfassenden Professionalisierungs- und Entwicklungsprozess ein, der in seiner erzielten Wirkung zu einer Erhöhung der Arbeitszufriedenheit und zum Abbau der betrieblichen Belastungsfaktoren und gleichzeitig zur Prozess-, Struktur- und Ergebnisqualität entscheidend beitragen konnte.

---

181 Zum Zeitpunkt meiner Erhebung lag den Befragten des Evaluationsergebnis von IGES nicht vor (Anm. d. Verf.).

Die durch das Projekt initiierten Veränderungs- und Qualifizierungsmaßnahmen zeigen erstens, dass die Leitungs- und Pflegekräfte wichtige Kompetenzen und teilweise Schlüsselqualifikationen erwerben konnten, zweitens, dass die vertikale und horizontale Kommunikation und Kooperation (mit Ausnahme der Schnittstelle Pflege und Hauswirtschaft) gefördert wurde und zur Verbesserung des sozialen Team- und Arbeitsklimas führten und drittens, dass die Führungsebene die Notwendigkeit erkannt hatte, die bisher eher sporadisch entwickelten Fortbildungsangebote durch ein gezieltes und systematisches Konzept der Personalentwicklung zu ersetzen.

Gelingt es dem Management die Personalentwicklungsmaßnahmen in eine gesamtbetriebliche Gesundheitsförderungsstrategie zu verankern, dann ist zu erwarten, dass diese ihre kompensatorische Wirkung auf das Stress- und Belastungserleben entfalten, zur Aktivierung von Stressbewältigung im Sinne der „Selbstpflege" und über den reflexiven Umgang mit den Arbeitsbeziehungen und -prozessen zur Kompetenzsteigerung, zur Arbeitszufriedenheit, zur Verbesserung der gesundheitsförderlicher Potenziale und zur Professionalisierung beitragen werden.

Die Einräumung erweiterter Handlungsspielräume für die Leitungs- und Pflegekräfte bildet eine wichtige strukturelle Voraussetzung sowohl dafür, dass die Maßnahmen zur betrieblichen Gesundheitsförderung, Professionalisierung und Partizipation der Pflegekräfte greifen können als auch dafür, die Stationsorganisation zu dezentralisieren, die Prozesssteuerung und die Ressourcenbereitstellung im Pflegemanagement zu optimieren und eine kundeorientierte Prozessorganisation zu gewährleisten.

Die meisten OE-Ansätze gehen davon aus, dass die OE-Akteure durch den erfolgten OE-Prozess bis zum Ende der Evaluationsphase bzw. der Projektphase gelernt haben, selbstorganisiert Entwicklungen und Veränderungen zu planen und umzusetzen[182]. In APE 2 wurde am Ende der ersten Projektphase erkannt, dass die Organisation und ihre Akteure durch die im Pilotprojekt initiierten Lern- und Entwicklungsprozesse noch nicht ausreichend befähigt wurden, Erneuerungen aus eigener Kraft vorzubereiten, einzuleiten und weiter zu entwickeln. Durch die in der Evaluationsphase reflektierten Projektergebnisse erkannten Projekt- und Heimleitung die Notwendigkeit, die eingeleiteten Projektinterventionen mit umfassenderen Veränderungsstrategien zu vernetzen und den angestrebten Entwicklungsprozess durch eine externe OE-Beratung außerhalb des Pilotprojekts begleiten zu lassen. Die Entscheidung, für diese

---

182 Siehe Kap. 3.4.5.4.

Prozessentwicklung die BFOE als OE-Beratung zu engagieren, bewerte ich als eine notwendige Unternehmensstrategie, um in *APE 2* den Übergang in die Integrationsphase gezielter vorzubereiten und zu gestalten.

6.2.3.4. Resümee

Die Dokumentenanalyse zeigte, dass *APE 2* in der Leitungsstruktur des Einliniensystems traditionell-hierarchisch geführt wurde. Die Einrichtung verfügte weder über zeitgemäße Führungs- bzw. Unternehmenskonzepte noch waren Leitbilder oder ein umfassendes Qualitätsmanagementsystem etabliert. Handlungsleitend waren die tradierten Normen und Werte diakonischer Einrichtungen, an denen sich sowohl die Unternehmensführung als auch die Pflege ausrichtete.

Die Gestaltung der Arbeitsstrukturen und Ablaufprozesse folgte tradierten betriebsbedingten Prinzipien und Strukturelementen und war daher wenig bewohnernah, qualitäts- und leistungsgerecht: Die Stationsorganisation wurde noch traditionell – auf Basis eines Formular- und Belegwesens – verwaltet. Die Stationsleitungen arbeiteten noch zu 100 % in der Pflege, das Pflegemanagement erfolgte zentralistisch durch die PDL. Weitere Schwachstellen, die durch die Organisationsdiagnose der OE-Beratung aufgezeigt wurden, waren fehlende leistungs- und prozessorientierte Verfahrensinstrumente, der inadäquate personelle und materieller Ressourceneinsatz, die defizitäre Schnittstellenorganisation und die räumlichen Unzulänglichkeiten der Wohnbereiche (*vgl. BFOE 2001:34*).

Wie in der Dokumentenanalyse kann die traditionelle Organisationsstruktur des Einliniensystems im Organisationsalltag zu Bereichs- und Hierarchiekonflikten sowie zu gestörten Kommunikations- und Informationsprozessen führen und so einen effizienten und effektiven Leistungserstellungsprozess verhindern. Die Untersuchungsergebnisse bezogen auf die Ausgangslage hatten gezeigt, dass es in *APE 2* ausgeprägte Führungs- und Schnittstellenkonflikte gab, die das Betriebsklima und die Kommunikationsbeziehungen eklatant beeinträchtigten. Die Ursachen der Kommunikationsstörungen lagen in divergierenden Führungszielen, Werten und Normen begründet, die Bereichskonflikte hingegen resultierten aus der strikten Abgrenzung der Funktionsbereiche und den defizitären Informationsprozessen.

Die Systemkrise in *APE 2* ist als eine Krise der Differenzierungsphase zu identifizieren, obwohl die tradierten Werte- und Führungssysteme noch auf verkrustete Elemente der Pionierphase verweisen. Von daher komme ich zu der Einschätzung, dass die Krisenerscheinungen im sozialen Subsystem, die sich wie bei den anderen beiden Einrichtungen in hohen Ausfall- und Fluktuationsraten, institutionellen Belastungsfaktoren, inadäquaten Ressourcenbereitstellung sowie Arbeits- und Pflegebedingungen, horizontalen und vertikalen Kommunikations- und Kooperationsprobleme manifestieren, auf eine Krise der frühen Reifephase der Differenzierung schließen lassen[183]. Von daher boten die Systemdefizite und Restrukturierungsbedarfe zentrale Ansatzpunkte der Unternehmensentwicklung in allen Systemdimensionen.

Die Ziele, die Einrichtung *APE 2* vor der Durchführung des Pilotprojekts anstrebte, waren vornehmlich auf die Verbesserung der Arbeits- und Pflegebedingungen sowie auf eine effiziente, qualitäts- und leistungsgerechte Leistungserstellung ausgerichtet.

Die in Tab. 26 skizzierten Forschungsergebnisse zeigen, dass es *APE 2* gelungen war diese Ziele im Projektrahmen zu realisieren.

Tabelle 26: Übersicht über die in APE 2 implementierten Veränderungs- und Entwicklungsprozesse

Innensystem	Zum Umfeld
Technisch – instrumentelles Subsystem	
Verbesserung der Ablaufprozesse durch effektive, ressourcenorientierte Planung und Steuerung, Implementierung neuer, EDV-gestützter Verfahrensinstrumente und Methoden, Einführung neuer Instrumente zum Personalcontrolling, Aufbau eines neuen Informationsnetzes.	
Soziales Subsystem	
Einführung flexibler Arbeits- und Dienstzeiten, Synergieeffekte zwischen Pflege und Hauswirtschaft, Verbesserung der personellen Ressourcen, Erweiterung der Wissenspotenziale, Professionalisierung der Pflege- und Leitungskräfte, verbesserte Kommunikations- und Konfliktkultur, Interaktions- und Arbeitsbeziehungen, Etablierung einer neuen Leitungsstruktur, Entwicklung interaktiver Führungsstrukturen, Aktualisierung der Stellenbeschreibungen, Einrichtung von Stabstellen, Etablierung eines Gesundheitszirkels sowie Einstellungs- und Verhaltensänderung bezogen auf Kunden- und Mitarbeiterorientierung und die Gesundheitsförderung.	Pflege der Beziehungen zu anderen Einrichtungen durch Aufbau eines Netzwerkes, Zusammenarbeit mit Freiwilligen und einer externen Hospizgruppe, langfristig wird ein Benchmarking angestrebt.

---

183 Siehe Kap. 3.3.3.

Kulturelles Subsystem

Leitbildentwicklung, Personalentwicklung, Prozess- und Zielorientierung, Entwicklungsansätze bezogen auf neue Versorgungs- und Betreuungskonzepte. Umdenkungsprozess im Hinblick auf die Notwendigkeit kontinuierlicher Organisationsentwicklung.

Imagebildung durch gezieltes Marketing: Kommunikationspolitik (Pressearbeit, Gesundheitstag)

Die in Tab. 26 dargestellten Ergebnisse dokumentieren, dass die geplanten Projektziele eine Optimierung der Arbeitslogistik bewirken konnten, die Umsetzung der technisch-instrumentellen und strukturellen Projektmaßnahmen zu einem umfassenden Anpassungs- und Restrukturierungsprozess der Ablauf- und Aufbauorganisation geführt hatte und darüber hinaus wichtige Meilensteine im Hinblick auf die Anforderungen an eine prozess- und personenorientierte Arbeitsorganisation erreicht wurden.

Als „ungeplante" Ergebnisse der Veränderungs- und Entwicklungsprozesse sind – wie bei APE 1 – die Erhöhung der Personalausstattung, die Unterstützungsangebote zur Professionalisierung der Pflege- und Leitungskräfte in Form von Supervision und Coaching und darüber hinaus die Ansätze einer strategischen Personalentwicklung, die Leitbildentwicklung, die Entwicklung neuer Konzepte der Versorgung und Dementenbetreuung, die Einführung modifizierter Personalcontrollinginstrumente und die Etablierung neuer Leitungsstrukturen im mittleren Pflegemanagement zu betrachten.

Wie bereits bei APE 1 führte die Projektdurchführung zu einem unbesichtigten Nebeneffekt auf der Führungsebene: Aufgrund der sich im Prozessverlauf verschärfenden Führungskonflikte kündigte die Pflegedienstleitung; in der zweiten Projektphase wurden die Leitungsstrukturen in der Pflege neu definiert und erfuhren eine deutliche Aufwertung.

Die Enttäuschung der Prozessbeteiligten konzentrierte sich vornehmlich auf das interne Projektmanagement der „alten" Projektleitung und einzelne Projektergebnisse nach dem ersten Projektjahr: Fehlende Vertrauensbildung, defizitäre Informationsprozesse, „top-down" umgesetzte Projektmaßnahmen und Durchsetzung von Machtinteressen der Linie in der Einstiegs- und beginnenden Umsetzungsphase sowie auf die (unveränderte) Unzufriedenheit der Pflegekräfte. Bezogen auf die externe Beratung gab es Enttäuschungen über die nicht eingehaltenen Termine und Absprachen (MZT- Ergebnisse).

Als prozessbegünstigend wirkten sich der interne und externe Handlungsdruck sowie die Unterstützung des Projekt durch das Top-Management aus. Die wichtigsten prozessförderlichen Faktoren waren in der ersten Projektphase das ziel- und entwicklungsorientierte Vorgehen der „neuen" Projektleitung, die

Veränderungsbereitschaft und die Einbeziehung der OE-Akteure, die Interventionen und das strukturierte Prozessvorgehen der OE-Beratung, der erfolgte Wissenstransfer und der interaktive Erfahrungsaustausch mit und in den anderen Einrichtungen. Die unzureichende Berücksichtigung der OE-Postulate, die defizitären Kenntnisse und Kompetenzen in Projektmanagement, die Führungskonflikte und die mangelnde Beachtung des „step-by-step-Prinzips" wurden hingegen als prozesshemmende Faktoren identifiziert.

Die konstituierende Strukturelemente des Change Managements[184] sind u. a. Prozess-, Personen- und Ressourcenorientierung, adäquate Handlungs- und Gestaltungsspielräume, Entwicklung von Kernkompetenzen, Gestaltung der internen Kommunkation, Verflachung der Strukturen, partizipative Führungsstrukturen und strategische Personalentwicklung (vgl. Doppler/Lauterburg 1999:47ff). Diese Faktoren zählen gleichzeitig zu den wichtigsten sozialen und organisatorischen Ressourcen bezogen auf die betriebliche Gesundheitsförderung und eine qualitäts-, kunden-, mitarbeitergerechten und effizienten Leistungserbringung (vgl. DAK-BWG 2001:53f; Zimber et al. 1999:104ff; Görres/Luckey 1999:75ff). Somit sind die erzielten sozialen und strukturelle Entwicklungen in APE 2 als ein wichtiger Projekterfolg hinsichtlich der Erhöhung der gesundheits- und leistungsförderlichen Potenziale zu betrachten (siehe Tab. 26).

Zur Beantwortung der forschungsleitenden Frage, ob durch das Pilotprojekt ein OE-Prozess initiiert werden konnte, verweise ich – bezogen auf die inhaltlichen Ergebnisse – auf das abschließende Resümee von APE 1[185]. Gemäß den klassischen OE-Ansätzen hat der Lern- und Veränderungsprozess in APE 2 zu einer Vitalisierung und Aktualisierung, zu Wachstum und Erneuerung der Organisation durch technische und menschliche Ressourcen geführt (vgl. French/Bell 1994:32)[186]. Funktionalistisch-instrumentell betrachtet wurde mit den Entwicklungen im sozialen Subsystem wie Verbesserung zwischenmenschlicher Fähigkeiten, wirksame Teamkultur, offene Konfliktlösung, Förderung der Veränderungs- und Entwicklungsbereitschaft des Systems bzw. seiner Akteure und der veränderten Kundenorientierungen ein Kulturwandel vollzogen, der zugleich einen normativen Wandel im Verständnis von „Organisation" und „Management" bewirkte: Die Interaktion der Systemmitglieder und Teams, die Vernetzung und Integration der interdisziplinären Bereiche, die interne Beziehungspflege gewinnen an Bedeutung – somit wurden klassische OE-Ziele realisiert.

---

184 Siehe Kap. 3.3.2.
185 Siehe Kap. 6.2.2.4.
186 Siehe auch Kap. 3.1.5.

Wird die forschungsleitende Frage vor dem Hintergrund des evolutionären-ganzheitlichen OE-Ansatzes betrachtet, so komme ich zu dem Resultat, dass in *APE 2* ein mehrdimensionaler Unternehmensentwicklungsprozess stattgefunden hat, der zu einer Renaissance der Organisationsdifferenzierung führte, was sich beispielsweise in der Etablierung einer Stab-Linienorganisation und der (Neu)Definition der Entscheidungs- und Handlungsbefugnisse zeigt (*vgl. Glasl/Lievegoed 1996:170*). Die Restrukturierung und Differenzierung der Leit- und Organisationssysteme in der Pflege und Hauswirtschaft sollten nur vorübergehend wirksam sein und in den nächsten Jahren in die „Verschlankung" der Strukturen münden. Diese Entwicklung sowie die veränderte Managementkultur, der Werte- und Verhaltenswandel der Akteure und die initiierten Lern- und Professionalisierungsprozesse verweisen darauf, dass der Übergang in die Integrationsphase stufenweise vorbereitet wurde.

Im Verständnis der dynamischen Unternehmensentwicklung lassen sich Lern- und Entwicklungsprozesse, die auf den modernen OE-Ansätzen basieren, nur in der Integrationsphase verwirklichen (*vgl. Glasl/Lievegoed 1996:76ff*). Die Lern- und Entwicklungsprozesse im Sinne dieser Ansätze determinieren sich durch die Postulate wie Partizipation, Prozess- und Entwicklungsorientierung und Selbstorganisation. Wie die Prozessanalyse zeigte, folgte der Implementierungsprozess nicht durchgängig diesen Prämissen. Dennoch wurde in *APE 2* eine Selbstorganisation im strukturalen Sinne gefördert, da Organisationsstrukturen implementiert wurden, die eine Selbstorganisation im Sinne von Eigenverantwortung, Partizipation und (Teil-)Autonomie bei der Aufgabenerfüllung zulassen (*vgl. Beisel 1994:265*). Somit war das „Neue" nicht Resultat eines kollektiven, partizipativen Gestaltungsprozesses (Selbstorganisation im evolutionären Sinne), sondern wurde inhaltlich (funktionales Organisationsverständnis) vorgegeben[187].

Bezogen auf die prozessorientierte Leistungserstellung zeichnete sich im Pflegemanagement folgende Entwicklung ab: Die Akteure und das Management beginnen in Prozessen zu denken. Die Prozesssteuerung und -optimierung rückt in den Vordergrund bei der Gestaltung der Ablauforganisation. Die Schwerpunktsverlagerung zeigte sich darin, dass sich die Leistungserstellung an neuen Prinzipien orientiert: an den Bedürfnissen der Bewohner/innen und der Mitarbeiter/innen und nicht mehr an betriebsbedingten Strukturelementen. Dieser Einstellungswandel verdeutlicht sich in folgender Aussage:

---

187 Im Vergleich zu *APE 2* führte das Prozessgeschehen in *APE 3* zu einer Selbstorganisation im evolutionären Sinne. Siehe Kap. 6.2.4.4.

„Wir wollen das Beste für unsere Bewohner und für unsere Beschäftigten, für beide haben wir als christliches Haus eine hohe Verantwortung. Denn wer großen Belastungen ausgesetzt ist und nicht mit Stress umgehen kann, wird irgendwann die Bewohner schlecht pflegen. Gesunde und motivierte Mitarbeiter machen hingegen gute Arbeit und betreuen die alte Menschen mit Sorgfalt. Vom wirtschaftlichen Aspekt ganz abgesehen" (E 3).*

Der entwicklungsorientierten, strategischen Personalentwicklung wird ein neuer Stellenwert beigemessen. In diesem Kontext sind auch die veränderten Organisationsstrukturen bzw. Führungs- und Leitsysteme zu betrachten, die den Akteuren und Leitungskräften Freiräume eröffnen, um Partizipation bzw. Selbstbestimmung zu fördern und um Problemlösungs-, Handlungs- und Gestaltungskompetenzen und damit die Fähigkeiten zu Selbstorganisation zu entwickeln.

Ein Forschungsinteresse war, Erkenntnisse darüber zu gewinnen, inwieweit sich die Einrichtungen zur Lernenden Organisation entwickeln konnten. Bezogen auf die Frage, ob durch den OE-Prozess Anpassungs- oder Veränderungslernen initiiert wurde, komme ich zur selben Einschätzung wie bei *APE 1*, dass durch die Adaption der Ziele und Verhaltensmodifikationen zunächst ein Anpassungslernen (single-loop-learning) erfolgte. Die kritische Auseinandersetzung mit dem Prozessgeschehen führte jedoch zu einer Reflexion der Ziele, der Unternehmenswerte und der Implementierungs- und Leistungsprozesse und in Verbindung mit dem erfolgten Wissenstransfer zu Veränderungslernen (double-loop-learning) und ansatzweise zu Prozesslernen (vgl. *Probst/Büchel 1998:37f*).

Systeme können sich nur dann zu Lernenden Organisationen entwickeln, wenn das Wissen über die Lern- und Entwicklungsprozesse gemeinsam reflektiert und öffentlich kommuniziert wird und in die Entwicklung einer gemeinsamen Wissensbasis mündet (vgl. *Sackmann 1993:229*). Diese Prämissen wurden partiell in der zweiten Projektphase und in dem „zugekauften" Beratungsprozess verwirklicht; hier hatte eine öffentliche Kommunikation und kollektive Reflexion der Prozesse mit der Steuerungsgruppe, den Akteuren der Pilotstation und den Repräsentanten der angrenzenden Schnittstellenbereiche stattgefunden. Unter Berücksichtigung dieser theoretischen Definitionen kommt die Autorin zu dem Ergebnis, dass organisationales Lernen im Sinne von Anpassungs-, Veränderungs- und Prozesslernen stufenweise und in unterschiedlicher Qualität realisiert wurde – jedoch nur originär in den Teilsystemen Projektgruppe, Führungskräfte und Pilotstationen.

Ich ziehe folgendes Fazit: Der durch das Pilotprojekt initiierte Organisations-entwicklungsprozess ist in seiner Gesamtwirkung als erfolgreich zu bewerten und als „Türöffner" zur Integrationsphase und zur Lernenden Organisation ein-zustufen.

6.2.4. Die Untersuchungsergebnisse von Altenpflegeheim APE 3

6.2.4.1. Evaluationsergebnisse der ersten Projektphase

In *APE 3* nahmen sechs Personen an der Gruppenbefragung teil. Die Grup-penteilnehmer/innen wurden in zwei Gruppen aufgeteilt. Für die Gruppenbil-dung waren die Zuordnungskriterien „Projektmitglieder" (Gruppe 1) bzw. „Nicht-Projektmitglieder" (Gruppe 2) bestimmend:

Zusammensetzung von Gruppe 1: Pflegedienstleitung, stellvertretende PDL (WBL einer anderen Station, Projektleitung) und Wohnbereichsleitung der Pilot-station.

Zusammensetzung von Gruppe 2: Sozialdienstleitung, zwei Pflegekräfte.

6.2.4.1.1. Ergebnisanalyse

Die Ergebnisse der Gruppenbefragung für *APE 3* sind in Abb. 39 dargestellt.

  Abb. 39 zeigt die gruppenvariierenden Bewertungsunterschiede: Die Pro-jektergebnisse wurden von Gruppe 1 (Projektmitglieder) generell besser beur-teilt als von Gruppe 2 (Nicht-Projektmitglieder). Auffallend waren die hohen Diskrepanzen zwischen den Bewertungen bezogen auf die Kompetenzentwick-lung in der Personalführung, die verbesserten Kommunikationsprozesse zwi-schen Personal und Leitungskräften und die Optimierung der Betreuungs-arbeit.

Abbildung 39: Erreichte Projektziele in APE 3

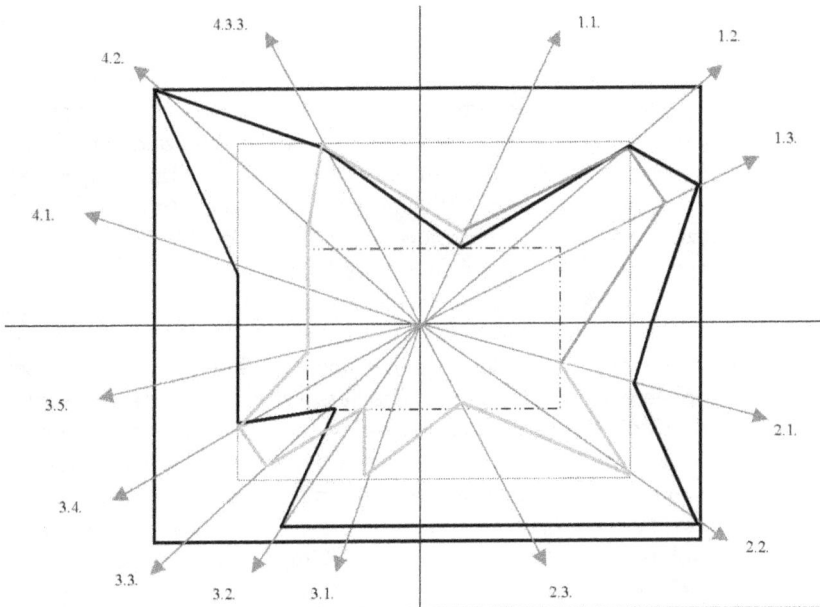

Legende:

1.1. Verbesserte mitarbeiterorientierte Arbeitseinsatzplanung

1.2. Verbesserte bewohnerorientierte Arbeitsprozesse

1.3. Verbesserte Informationsprozesse

2.1. Gesundheitsprävention und -förderung

2.2. Kompetenzentwicklung im Management-
und Organisationswissen

2.3. Kompetenzentwicklung in Personalführung

3.1. Lösung der Schnittstellenproblematik

Gruppe 1 ▬

3.2. Verbesserte Kommunikation zwischen Pflege-
und Leitungskräften

3.3. Verbesserte Kommunikation unter den
Führungs- und Leitungskräften

3.4. Verbesserte Kommunikation und Kooperation unter den Mitarbeitern

3.5. Veränderte Strukturen der Aufbauorganisation

4.1. Verbesserte Pflegequalität

4.2. Verbesserte Betreuungsqualität

4.3. Erhöhte Kundenorientierung

Gruppe 2

Quelle: Eigene Darstellung

Für die Bewertungen der einzelnen Kategorien waren folgende Kriterien maßgebend.

(1) Optimierung der Arbeitsprozesse (technisch-instrumentelles Subsystem)
Die Kategorie „Optimierung der Arbeitsprozesse" wurde sehr unterschiedlich beurteilt. Insbesondere der mitarbeiterorientierten Arbeitseinsatzplanung (1.1.) wurde eine geringe Verbesserung zugemessen. Die Arbeitseinsatzplanung wurde durch die Implementierung neuer Verfahrensinstrumente und Modifizierung der Dienstzeiten zwar effektiver, die Entlastungen für das Personal kämen – im Gegensatz zu den Beschäftigten des Frühdienstes – bisher nur den Mitarbeiter/innen im Spätdienst und teilweise dem Nachtdienst zu gute, so Gruppe 1 (gering). Auch Gruppe 2 bewertet die Verbesserung als „gering": Die während der Projektphase auftretenden personellen Engpässe und der ständige Personalwechsel auf Station haben eine mitarbeiterorientierte Ressourcenplanung beeinträchtigt. Dagegen wurden die Verbesserungen der bewohnerorientierten Arbeitsprozesse (1.2.) von beiden Gruppen als gelungen betrachtet (mittel): Die RAP-Erfassung führte zu einem bewohnerorientierten Prozessablauf (Gruppe 1). In den Arbeits- und Pflegeprozessen werden die Wünsche und die individuelle Tagesstrukturierung der Bewohner/innen stärker berücksichtigt (Gruppe 2). Erfolgreiche Verbesserungen wurden dem Item 1.3. beigemessen. Hier betonte Gruppe 1, dass die Informationsprozesse durch den EDV-gestützten Einsatz von FEAS® deutlich transparenter und effektiver geworden sind. Die Einführung verkürzter Übergabezeiten wurde wieder zurückgenommen und auf 30 Minuten erweitert; die straffen, aber effektiven Dienstübergaben zeigen, dass sich dies bewährt hat (hoch). Interessanterweise bewertet Gruppe 2 diese Einschätzung völlig anders (mittel): Diese Verbesserungen zeigen sich nur auf der Leitungsebene.

(2) Qualifizierung und Personalentwicklung (soziales Subsystem)
Wie bereits in den anderen Pflegeeinrichtungen wurde diese Zielkategorie auch in *APE 3* sehr unterschiedlich bewertet. Die Gruppe der Projektmitglieder (Gruppe 1) bilanzierte die umgesetzten Subziele dieser Kategorie überwiegend erfolgreicher als die Gruppe der „Nicht-Projektmitglieder". Die Maßnahmen zur Gesundheitsprävention und -förderung (2.1.) wurden von Gruppe 1 mit „mittleren" Werten eingestuft: Betriebliche Konzepte und Ansätze zur Gesundheitsförderung werden vom „Arbeitskreis Gesundheit" – zugleich Projektsteuerungsgruppe – entwickelt (mittel). Gruppe 2 bewertete diesen Punkt mit „gering" – fügte aber keine Begründung hinzu. Bei der Bewertung der Kompetenzentwicklung in Management- und Organisationswissen (2.2.) gab es völlig gegensätzli-

che Einschätzungen: Erhöhte Methodenkompetenz in der Anwendung der implementierten Erfassungs- und Planungsinstrumente bewirkten eine bessere Planung der Ablauforganisation (Gruppe 1/hoch). Die erhöhten Kompetenzen konnten aufgrund der noch existierenden personellen Engpässe kaum etwas bewirken (Gruppe 2/gering). Die gleiche divergierende Einschätzung wurde auch der Kompetenzentwicklung in Personalführung (2.3.) zugemessen: Die Leitungskräfte konnten ihre beruflichen Handlungskompetenzen und -fähigkeiten erweitern, um Probleme komplexer zu erfasse,n sowie Problemlösungen gezielter anzugehen. Sie haben eine höhere Bereitschaft und Sicherheit entwickelt, Entscheidungen zu treffen und die jeweiligen Konsequenzen auch zu verantworten (Gruppe 1/hoch). Aufgrund der noch nicht gelösten Personalprobleme (Fehlzeiten und ständiger Personalwechsel) sind keine bedeutenden Veränderungen wahrzunehmen (Gruppe 2/gering).

(3) Optimierung der Organisationsstrukturen und Kommunikationsbeziehungen (soziales Subsystem)
Auch bezogen auf die Realisierung der Subziele dieser Kategorie waren die Bewertungen unterschiedlich. Da der Entwicklungsprozess hinsichtlich der Optimierung der Organisationsstrukturen zum Erhebungszeitpunkt noch nicht abgeschlossen war, zögerten beide Gruppen mit einer Bewertung.
    Die Lösung der Schnittstellenproblematik (3.1.) wurde von Gruppe 1 sehr positiv eingestuft: Die Konflikte und Probleme werden von den beteiligten Systemen (Pflege, Küche, Sozialdienst) offen kommuniziert. Die beteiligten Bereiche und Personalkräfte werden in den derzeitigen Problemlösungsprozess miteinbezogen, ihre Lösungsvorschläge berücksichtigt (Gruppe 1/hoch). Gruppe 2 argumentierte, dass die Wünsche der betroffenen Akteure noch nicht genügend berücksichtigt würden. Die Schnittstellenprobleme zwischen dem Pflege- und Küchenbereich sowie zum Sozialdienst (Aktivierung) seien nur in Ansätzen, aber noch nicht optimal gelöst (mittel).
    Sehr kontrovers wurde die verbesserte Kommunikation zwischen Personal und Führungskräften (3.2.) bewertet. Gruppe 1 begründete die Verbesserung mit dem verstärkten Austausch über die Projektinhalte und Personalprobleme. Dadurch sei die Kommunikation intensiver geworden (hoch). Gruppe 2 räumte ein, dass sich die Gesprächs- und Kommunikationskultur grundsätzlich verbessert habe, kommt aber dennoch zu der Skalierung „gering".[188]

---

188 Diese Bewertung erstaunt, da die Akteure auch in der Gruppendiskussion mehrfach da-

Umgekehrtes gilt bei dem Item 3.3.: Gruppe 1 beklagt die immer noch nicht ausreichende Kommunikation zwischen Geschäftsleitung und Projektgruppe (gering). Wogegen Gruppe 2 – ohne Erläuterung – die Einstufung „mittel" vornimmt. Bei der Bewertung der Fortschritte in der Kommunikation und Kooperation unter den Mitarbeiter/innen (3.4.) herrscht Konsens (mittel): Die verbesserte Teamarbeit zwischen den Leitungspersonen führte bei den Beschäftigten zu einer größeren Bereitschaft, Verantwortung zu übernehmen (Gruppe 1). Das verbesserte Team- und Arbeitsklima ist Gruppe 2 zufolge, auf einen offeneren und freundlicheren Umgang unter den Beschäftigten zurückzuführen. Gleiches gilt für die Einschätzung der Organisationsstrukturen (3.5.): Gruppe 1 benennt Bestrebungen, eine neue Leitungsstruktur zu entwickeln (mittel). Gruppe 2 betont die konkreten Verbesserungen durch die positive Wirkung der probeweise eingeführten „5-Tage-Woche" (mittel).

(4) Optimierung der Pflege, Betreuung und Versorgung (Klientensystem)
Die Einschätzung der Akteure zur Optimierung der Pflege, Betreuung und Versorgung ist sehr divergierend verlaufen, zwischen „hoch" und „gering". Gruppe 1 sieht eine grundsätzlich verbesserte Pflegequalität folgendermaßen begründet: Durch die Anwendung von RAP hat sich das Bewusstsein und die Einstellung der Pflegekräfte hinsichtlich der Bewohner- und Kundenorientierung verändert (mittel). Wogegen Gruppe 2 nur geringe Fortentwicklung ausmachen kann: Ein Projekthindernis war vor allem der viel zu geringe Anteil an qualifizierten Pflegekräften und der ständige Personalwechsel (gering). Bei der Bewertung einer verbesserten Betreuungsqualität (4.2.) erkennt Gruppe 1 durch die Einbeziehung anderer Dienste in die Betreuungsarbeit und die Konzeptentwicklung im Funktionsbereich „Aktivierung" einen großen Erfolg (hoch). Gruppe 2 war in ihrer Einschätzung vorsichtiger: Das neu entwickelte Aktivierungsprogramm wird noch erprobt (gering). Bei der Bewertung des Items 4.2. zur erhöhten Kundenorientierung herrschte Konsens: Die Bedürfnisse und Wünsche der Bewohner/innen werden stärker berücksichtigt, schon allein durch die neue Tagesstrukturierung und die veränderten Essenszeiten (Gruppe 1/2 /mittel).

(5) Sonstige, ungeplante Ergebnisse
Bei der Einschätzung ungeplanter Ergebnisse benannte Gruppe 1 die positiven Veränderungen bei der Schnittstellenproblematik: In den von der Schnittstel-

---

rauf hinwiesen, dass sich die Gesprächskultur zwischen den Hierarchieebenen verbessert hätte.

lenproblematik tangierten Systemen (Pflege, Küche und Sozialdienst) hat sich ein weitreichender Umdenkungsprozess vollzogen. In allen Bereichen ist ein positiver Entwicklungsprozess festzustellen, denn das Projekt hat sehr viele Organisationsbereiche beeinflusst, wie Fortbildung, Schulung, Aktivierung und die im Leitungsteam und Vorstand entstandene Diskussion um die Veränderung der Führungsstruktur (Gruppe 2).

Als Ergebnis der Gruppendiskussion ist zusammenfassend festzuhalten:

Die Projektmaßnahmenziele im technisch-instrumentellen Subsystem konnten – mit Ausnahme der Arbeitseinsatzplanung – weitgehend realisiert werden. Einschränkend wurde von Gruppe 2 hinzugefügt, dass die umgesetzten Projektmaßnahmen das subjektiv empfundene Belastungsempfinden nicht wesentlich reduzieren konnten – die Belastungen der Pflegenden seien aufgrund der personellen Engpässe unvermindert hoch.

Die erzielten Veränderungen im sozialen Subsystem wurden von den Projektmitgliedern erfolgreich bilanziert. Als zukunftsweisend und strategisch bedeutsam wurden – insbesondere von den Projektmitgliedern – die Konzepte zur Gesundheitsprävention und -förderung, die verbesserte Kommunikations- und Teamkultur (mehr Selbständigkeit und Eigenverantwortung), die veränderte Werteorientierung (Kundenbewusstsein) sowie die Entwicklung einer neuen Leitungskultur erachtet.

Das Ziel „Qualifizierung und Personalentwicklung" hingegen wurde sehr kontrovers diskutiert. In der Diskussionsrunde betonten die Managementvertreter/innen, dass die Führungskräfte durch das Projekt befähigt wurden, ihre Aufgaben gezielter, kompetenter und selbstbewusster auszuüben. In der konkreten Umsetzung wird dies von den Pflegekräften jedoch nicht wahrgenommen, so die „Nicht-Projektmitglieder".

Die „Nicht-Projektmitglieder" reflektierten auch die weiteren Ergebnisse generell kritischer als die Projektmitglieder. Sie erkannten zwar, dass das Projekt zu positiven strukturellen und sozialen Veränderungen (Simulation der 5-Tage-Woche, Modifizierung der Dienstzeiten, Gesprächs- und Kommunikationskultur) geführt hatte, doch immer wieder kreiste die Gruppendiskussion – wie bei APE 1 – um zwei Aspekte, die von Gruppe 2 als „Projekthindernis" bei der Realisierung der Projektziele identifiziert wurden: Die angespannte Personalsituation und der fehlende kontinuierliche Austausch zwischen Projektmitgliedern und Prozessakteuren hatten die Implementierungsprozess beeinträchtigt. Die einzelnen Diskussionsbeiträge zu den prozesshinderlichen Faktoren werden im nächsten Abschnitt eingehender beleuchtet.

Bezogen auf die Projektergebnisse im Klientensystem waren sich beide Gruppen einig: Durch das Projekt wurden erste Teilziele – jedoch in unterschiedlicher Ausprägung – verwirklicht: Eine verbesserte Bewohner- und Qualitätsorientierung wurde durch den Einsatz von RAP und FEAS®, das verbesserte Dokumentationssystem und dadurch erreicht, dass die Akteure die Bewohnerbedürfnisse stärker in den Mittelpunkt der Pflegeorganisation und -prozesse stellen. Als Teilerfolg wurde auch die Entwicklung eines neuen Aktivierungskonzepts diskutiert, im Rahmen dessen eine 7-Tage-Woche mit zentraler und dezentraler Abdeckung geplant ist.

Im weiteren Dialog stellten die OE-Akteure – mit Erstaunen – fest, dass das OE-Projekt bedeutende Auswirkungen nicht nur auf die Pilotstation, sondern auch auf andere Unternehmensbereiche hatte: In der Organisation und bei den Akteuren sei ein Umdenkungsprozess wahrzunehmen, der weitreichende Entwicklungen in Gang setzt. Das war für alle ein überraschendes Ergebnis.

Die folgenden Ziele wurden nicht erreicht:

1. *Rechtzeitiges Aufdecken zentraler Schwachstellen durch die verspätet rückgemeldeten MZT- Analyse (Gruppe 1).*
2. *Optimale Lösung der Schnittstellenproblematik zwischen Pflege und Sozialdienst (Gruppe 2).*
3. *Eine gemeinsame Zieldefinition zu Projektbeginn (Gruppe 1).*
4. *Ein besseres Zeitmanagement auf der Pilotstation (Gruppe 1).*
5. *Interesse der externen Beratung an den Strukturen des Wohnbereichs (Gruppe 1).*
6. *Veränderte Nachtdienstzeiten (Gruppe 2).*
7. *Bewohner- und mitarbeiterorientiertes Arbeiten (Gruppe 2).*

Die Nennungen von Gruppe 1 zielten insbesondere auf die nicht realisierten Ergebnisse zur zeitlichen Optimierung und Koordinierung der primären Prozessabläufe. Die angeführten Gründe, welche eine ziel- und zeitgerechte Identifizierung der Schwachstellen beim Ressourceneinsatz, der Ressourcenintensität und in den Teilprozessen verhindert hatten, decken sich teilweise mit den prozesshinderlichen Faktoren, die in nachfolgendem Abschnitt untersucht werden. In den noch nicht gelösten und bereichsübergreifenden Querprozessen zwischen den Schnittstellen und in den personellen Engpässen sah Gruppe 2 die Hauptursachen, warum ein umfassenderes bewohner- und mitarbeiterorientiertes Arbeiten noch nicht möglich ist. Teilweise standen diese Aussagen im Widerspruch zu den Skalierungen bezogen auf die Kategorie „Optimierung der Arbeitsprozesse". Doch – wie bereits bei den anderen Einrichtungen – wurden die Widersprüche durch die Konkretisierung der noch nicht erreichten Subziele relativiert.

In *APE 3* hatte ich den Eindruck, dass die erzielten Ergebnisse von den befragten OE-Akteuren differenzierter ausgewertet wurden als von den befragten Gruppenteilnehmer/innen der anderen Einrichtungen. Das zeigte sich daran, dass die Bewertung der einzelnen Items und die genannten Kriterien in den einzelnen Gruppen intensiv ausgelotet, die Ergebnisse in Vergleich zu den Projektzielen gestellt wurden und erst die dialogisch ermittelte Synthese zu den einzelnen Skalierungsergebnissen führte. Dieses Vorgehen war sehr zeitintensiv, weshalb für die Gruppendiskussion relativ wenig Zeit verblieb.

Die aus Sicht der OE-Akteure erzielten Projektergebnisse zur „Verbesserung und Optimierung der Arbeitslogistik" werden nachfolgend stichwortartig zusammengefasst:

- *Im technisch-instrumentellen Subsystem:*
  - Verbesserung der mitarbeiterorientierten Personaleinsatzplanung (Spätdienst[189])
  - Implementierung von RAP und FEAS® (EDV-gestützt)
  - Entzerrung von Arbeitsspitzen im Spätdienst
  - Effektive Informationsprozesse
  - Verlängerte Essenszeiten.
- *Im sozialen Subsystem:*
  - Entwicklung betrieblicher Konzepte zur Gesundheitsförderung
  - Kompetenzerweiterungen hinsichtlich des Umgangs mit Organisations- und Managementwissen (Leitungskräfte)
  - Verbesserung der Team-, Kooperations- und Kommunikationsbeziehungen
  - Lösungsansätze zur Schnittstellenorganisation (Pflege/Küche sowie Pflege/Aktivierung)
  - Simulation der 5-Tage-Woche
  - Befähigung der Pflegekräfte zu mehr Selbstgestaltung und Eigenverantwortung
  - Die Einrichtung eines Springerpools war zum Zeitpunkt der Evaluation noch in Planung.
- *Im Klientensystem:*
  - Verbesserung der Bewohnerorientierung (individuelle Tagesstrukturierung, Einstellungswandel)
  - Verbesserung der Betreuungsqualität (Einbeziehung anderer Dienste)

---

189 Siehe auch Dokumentenanalyse, Anhang G/1.

- effektivere Pflegeprozesse durch verbesserte Dokumentationsvorlagen und die implementierten Verfahrensweisen
- Konzipierung eines neuen Aktivierungsprogramms.

■ *Ungeplante Ergebnisse bzw. Effekte:*
- Diskussion über die Struktur und Zusammensetzung des Heimleitungsteams
- Impulse für die Personalentwicklung.

6.2.4.1.2. Prozessanalyse

Im Gegensatz zu den anderen Einrichtungen, bei denen die prozesshemmenden und -hinderlichen Einflussfaktoren gleichermaßen auf das interne und externe Projektmanagement fokussiert wurden, bezogen sich die Beiträge der Befragten aus *APE 3* zunächst ausschließlich auf die Versäumnisse der OE-Beratung in der Einstiegs- und Planungsphase. Die projekthinderlichen Faktoren wie mangelnde Projekt- und Zieltransparenz bzw. Einbeziehung der Akteure sowie spät erfolgte Rückmeldung der MZT-Ergebnisse zog sich wie „ein roter Faden" durch alle Gruppenevaluationen.

Die Folgen für den Umsetzungsprozess waren: Die anfängliche Euphorie und der Veränderungswille der Akteure wurde durch die für sie sehr zeitaufwendige MZT- Analyse gedämpft, die nicht erfolgte zeitnahe Rückmeldung mündete in Enttäuschung, die Enttäuschung in Rückzug der Akteure und die Schwachstellen in den Ablaufprozessen konnten erst spät aufgedeckt werden (Gruppe 1). Die von der OE-Beratung vorgenommene Schwerpunktverlagerung der Interventionen zur Lösung der Schnittstellenproblematik wurde von einem Projektmitglied als nicht eingehaltene Absprache gewertet: Dadurch blieb das Ziel des Wohnbereichs „besseres Zeitmanagement" ungelöst (Person 4). Generell vermissten alle Akteure – wie bereits in den anderen Einrichtungen – eine für die Einrichtung verwertbare Auswertung der MZT- Ergebnisse.

> „Da keine rechtzeitige Rückmeldung erfolgte, zogen sich die Akteure enttäuscht, demotiviert und frustriert zurück. Immer wieder tauchte auf Station die berechtigte Frage auf: Für wen oder was haben wir diese Arbeit getan?" (vgl. Person 4).

Darüber hinaus wurde kritisiert, dass die betroffenen Akteure an der Bestimmung der Ziele und Planungsschritte, die aus der MZT- Analyse resultierten, nicht beteiligt wurden und dass sie ihre Interessen und Ziele im Prozessverlauf auch nicht im vollen Umfang wieder fanden. So mussten die Pflegekräfte zusätzlich zur Alltagsbewältigung ihre Tätigkeiten auf Ziele ausrichten, die für sie nicht konkret waren. Die Stressbelastungen stiegen und führten zu Unzufriedenheit, Motivationsverlust und teilweise zu Widerstand. Da die Mitarbeiter/innen der Funktionsbereiche (Sozialdienst) zuwenig am Projekt partizipieren konnten, obwohl sie immer wieder ihre Bereitschaft artikulierten, entzogen sie dem Projekt ihre breite Unterstützung (Gruppe 2).

Auf meine Nachfrage, weshalb die Ziele und Interessen auch im internen Prozessgeschehen zu wenig Berücksichtigung fanden, wurden dann doch einige Defizite im internen Projektmanagement eingeräumt: So erklärten die Befragten aus Gruppe 2, dass der Austausch weder zwischen dem Projekt- und Stationsteam noch zwischen Steuerungsgruppe und Stationsteam – vor allem in der Einstiegsphase – funktioniert hatte („es wurden viel zu wenig Informationen an Pflegekräfte und Sozialdienst weitergereicht und viel zu wenig nachgefragt" (Person 5). Damit begründeten die Gruppenteilnehmer/innen aus Gruppe 2 auch die fehlende, für das Pilotprojekt aber notwenige Personal- und Teamentwicklung. Diese Kritik endete in einem kurzen Disput: Die Projektmitglieder erklärten, dass alle involvierten Mitarbeiter/innen in der ersten „Vor-Ort-Beratung" über die Projektziele und -intentionen aufgeklärt worden seien und die Akteure der Steuerungsgruppe bei der Zielbestimmung mitgewirkt hätten. Die Pflegeakteure der Pilotstation wurden im späteren Prozessverlauf im Gegensatz zu den Akteuren der angrenzenden Bereiche zwar mehr beteiligt, wurde von den Pflegekräften eingeräumt, doch in der Einstiegsphase wurden die Leitungskräfte der Funktionsbereiche und die Beschäftigten erst beim Beginn des Umstrukturierungsprozesses – und somit zu spät – informiert (Gruppe 2).

So zeigte sich auch in APE 3 exemplarisch, dass es unabdingbar ist, die OE-Postulate wie gemeinsame Problemerhebung und Zielbestimmung, Beteiligung und aktive Mitwirkung der Betroffenen, Ziel- und Planungstransparenz sowie offene Kommunikations- und Informationsprozesse in allen Prozessphasen konsequent zu berücksichtigen. Als die Berater/innen die Widerstände wahrnahmen, intervenierten sie. Konfliktgespräche wurden geführt, die Akteure in die Sitzungen der Projekt- und Steuerungsgruppe und Vor-Ort-Beratungen involviert, die Probleme der Schnittstellen erörtert und gemeinsame Ziele aus der Diagnose abgeleitet (Person 3). Das Resultat war, dass die Beschäftigten der Schnittstellen „Nachtdienst" und „Sozialdienst" kooperierten, sich in ihren Interessen und Bedürfnisse wahrgenommen sahen, ihre Ziele formulierten, einzelne Veränderungsschritte akzeptierten und somit Lösungsansätze zur Schnittstellenfrage Pflege/Küche und Pflege/Nachtdienst gemeinsam entwickelt wurden – die Schnittstelle Pflege/Sozialdienst hingegen wurde als noch nicht gelöst betrachtet (Person 1). Für das Pflegemanagement und die externe Beratung hatte dieses Vorgehen den Vorteil, dass die personellen und organisatorischen Ressourcen und Potenziale transparenter wurden und so in die Planung und Problemlösung besser integriert werden konnten (Gruppe 1). Warum die Vorschläge der Akteure jedoch nicht vollständig bei der Planung der Veränderungsmaßnahmen berücksichtigt wurden, konnte in der Diskussion nicht geklärt werden.

Die Interventionen der OE-Beratung zu diesem Zeitpunkt (Projekthalbzeit) waren „überfällig". Denn dadurch, dass das Beraterteam kurzfristig die Projektsteuerung und -koordination übernahm, setzte sie wichtige Akzente.

Ein anderes Ergebnis der Diskussion war, dass die Rollen der Akteure nicht klar definiert und die Aufgabenverteilung nicht eindeutig geklärt waren; was von einzelnen Probanden wiederholt kritisiert wurde. Person 5 kommentierte dies folgendermaßen:

> „[...] und plötzlich wird man geholt und wird gefragt. Dann bin ich wieder wichtig und dann wieder nicht. Aber so ganz klar ist einem nicht wozu. Erst die Bearbeitung hat einem klar gemacht, was das Projekt ist, wo es steht, was will es und wo meine Rolle ist".

Von daher forderten beide Gruppen für die Folgeprozessphase zu recht eine klare Definition ihrer Rollen und Aufgaben sowie eine stärkere Projektbeteiligung.

Welche waren nun die projektförderlichen Faktoren?

Thematisiert wurde, dass es den Projektmitgliedern und insbesondere der Projektleitung gelang, wiederholt auftretende Schwierigkeiten mit den Akteuren und den Beschäftigten der angrenzenden Bereichen in der weiteren Aktionsphase zu bewältigen. Das war aus Sicht der Projektmitglieder eine wichtige Voraussetzung, dass die Projektvorgaben zeit- und zielgerichtet verfolgt werden konnten. Eine wichtige Unterstützung erhielt die Projektleitung vom Arbeitskreis „Gesundheit", der die Projektsteuerung übernommen hatte. Die Geschäftsführung hatte den Vorsitz der Steuerungsgruppe inne, die Prozessverantwortlichkeiten wurden der Projektleitung bzw. der Projektgruppe übertragen – ohne diese aber mit entsprechende Kompetenzen auszustatten. Projektförderlich war die sorgfältige Auswahl der Projektleitung. Die Tatsache, dass die Projektleitung auf der Pilotstation keine Linienfunktion hatte, erwies sich bei der Umsetzung der Projektmaßnahmen von Vorteil, so die generelle Sicht der Befragten. Bezogen auf die Präsenz vor Ort und den Informationsfluss zwischen Projektleitung und Akteuren zeigte sich dies – Gruppe 2 zufolge – manchmal als Nachteil.

Trotz kritischer Reflexion der OE-Beratung zogen die Projektmitglieder (Gruppe 1) eine durchweg positive Bilanz der Beratungsarbeit. Die Projektmitglieder bewerteten insbesondere die inhaltlich und zeitlich gut strukturierten Vorgaben, den Wissens- und Methodentransfer und die Planungs- und Beratungstermine vor Ort als projektförderlich. Als wertvoll und wirkungsvoll schätzten sie die Beratungs-Hotline, die ihnen die Möglichkeit eröffnete, sich mit den Implementierungsproblemen direkt an die zuständigen Berater zu wenden und umgehend Unterstützung zu erhalten.

Über die Beratungsarbeit, den Beratungsprozess sowie ihre Wünsche an die zukünftige OE-Beratung machten die Befragten von Gruppe 2 kaum Angaben. Sie sahen sich nicht in der Lage, diese Fragen umfassend zu beantworten, da sie weder an den Schulungen noch an den Beratungen vor Ort ausreichend partizipieren konnten. Als positiv wurde von Gruppe 2 jedoch das Konfliktmanagement der OE-Beratung hervorgehoben, denn dieses hätte gezeigt, *„dass es doch möglich ist, die Beschäftigten zu integrieren und dass mehr dabei rüber kommt"* (Person 6).

Eine weitere Erkenntnis konnte aus der Gruppendiskussion gewonnen werden. Das Projektteam war ausschließlich mit Führungs- und Leitungskräften besetzt. Das war aus meiner Sicht eine weitere Ursache dafür, dass sich die Mitarbeiter/innen phasenweise ihrer Rolle verweigerten, Träger des Prozessgeschehens zu sein. Im Gegensatz zu *APE 2* hatte ich aber in *APE 3* nicht den Eindruck, dass die Doppelrolle die Führungskräfte zu ausgeprägten Interessens- und Machtkollisionen führte. Gruppe 2 zufolge wäre es notwendig gewesen, außer den Leitungskräften der Pflege noch weitere Akteure in das Projektteam und in die Projektvorbereitung bzw. -planung zu integrieren. Dem kann ich nur zustimmen.

Während der Diskussion hatte ich den Eindruck gewonnen, dass zwei Teilnehmer/innen aus Gruppe 2 sich bei dieser Argumentation nicht nur als Sprecher/innen der (berechtigten) Interessen der Akteure, sondern teilweise „übergangen" fühlten und dass „Konkurrenzen" ausgetragen wurden. Die Anliegen, die sie stellvertretend für die Pflegekräfte äußerten, waren auch ihre eigenen Interessen.

„[Es bestand] der Wunsch, viel mehr in das Projekt involviert zu sein. Als das Projekt gestartet wurde, wusste man gar nicht, worum es geht. Das hat sich erst im Laufe des Projektes entwickelt. Und jetzt müssen mehr an der Projektgruppe teilnehmen, nicht nur die Leitungskräfte der Pflege, sondern auch die Mitarbeiter der Küche, des Sozialdienstes und die Pflegekräfte selbst" (Person 2).

Die Öffnung der Projektgruppe für weitere Akteure hätte nicht nur zu mehr Nähe zur „Basis" oder den anderen Fachbereichen geführt, sondern auch die während des Projekts entstandene Kluft zwischen Pflegeleitungskräfte respektive Projektmitgliedern und Akteuren respektive Nicht-Projektmitgliedern – die in der Diskussionsrunde offensichtlich wurde – vermindert und den Wissenstransfer und den Implementierungsprozess gefördert. Und dennoch erachte

ich es als sinnvoll, dass die Führungs- und Leitungskräfte zum Projektteam gehören, da den Führungspersonen in Veränderungsprozessen und im Change
Management eine Vorbilds- und Schlüsselrolle zu kommt, für die sie ausreichend professionalisiert sein müssen.

Die Faktoren, die eine erfolgreiche Prozessgestaltung begünstigen, sind den
Befragten zufolge:

- *Entsprechendes Handwerkzeug für die Akteure vor Projektbeginn (EDV)
  (Gruppe 1).*
- *Eine klare Zieldefinition bereits in der Einstiegsphase (Gruppe 1).*
- *Sorgfältigere Auswahl der Projektteilnehmer/innen (Gruppe 2).*
- *Einbeziehung der Schnittstellen (Gruppe 1).*
- *Planung neuer Strukturen – unter Einbeziehung der Akteure (Gruppe 2).*
- *Klare Rollen- und Aufgabendefinition der Beteiligten (Gruppe 2).*
- *Zusammenarbeit von Projektgruppe und Steuerungsgruppe (Gruppe 1/2).*

Die Ziele, die für den weiteren OE-Prozess bzw. die Ergebnissicherung definiert wurden, waren:

1.) im technisch-instrumentellen Subsystem:
  - *Die Neuregelung des Nachtdienstes (Gruppe 1).*
  - *Die Verlängerung der Essenszeiten (Gruppe 1).*
  - *Eine 5-Tage-Woche für Pflege und Küche (Gruppe 1/2).*

2.) im Klientensystem:
  - *Eine Angebotsänderung bei der Aktivierung (Gruppe 1).*

3.) im Gesamtunternehmen:
  - *Die Auswertungsergebnisse der MZT transparent machen (Gruppe 2).*
  - *Pflegeakteure und den Sozialdienst in den weiteren Prozessverlauf mit ein-
    beziehen (Gruppe 2).*

Auffallend an der Zieldefinition sind meines Erachtens drei Aspekte: Erstens, dass
die Ziele für die neue Arbeitsstrukturierung fast ausschließlich von Gruppe 1 formuliert wurden. Zweitens, dass sich diese vornehmlich auf vorformulierte Teilziele
des OE-Projektes bezogen und drittens, dass sich Gruppe 2 (immer noch) an den
Diagnose- und Umsetzungsprozessen orientierte. Der letzte Aspekt beinhaltet eine
gewisse Brisanz: Einerseits zeigt er, dass es nicht gelungen war, die Akteure an
dem OE-Prozess umfassend zu beteiligen. Und andererseits, dass die OE-Akteure
inhaltlich noch mitten in der Umsetzungsphase stehen.

Am Ende des Gesprächsablaufs waren sich die Führungs- und Leitungskräfte darin einig, worin ihre zukünftige Projekt- und Führungsarbeit bestehen

soll: In einer klaren Zieldefinition, die durch einen gemeinsamen Willensbildungs- und Kommunikationsprozess formuliert und damit zu einer gemeinsamen Basis für den weiteren Entwicklungs- und Prozessverlauf werden soll. In diesem Zusammenhang war es für die Führungs- und Leitungskräfte wichtig, gemeinsam mit den Akteuren zu klären, welche Bereiche und Personen in die weitere OE-Projektplanung und -umsetzung involviert und integriert werden müssen. Eine Person brachte dies auf den Punkt:

> *„[...] die Zielsetzung für das gesamte Haus ist die Zukunftsarbeit und dafür ist die Mitwirkung der Mitarbeiter erforderlich" (Person 4).*

Diese Einsicht zeugt von der Absicht der Führungs- und Leitungskräfte, die Akteure stärker in die Verantwortung sowohl für die Organisation des Pflegealltags als auch für notwendige Veränderungs- und Entwicklungsprozesse zu nehmen. Ich hatte in der Gruppendiskussion den Eindruck gewonnen, dass sich das Führungsverständnis der Leitungskräfte durch den OE-Prozess verändert hatte. Die Pflegemanager/innen hatten erkannt, dass die Organisation und ihre Mitglieder ihre Tätigkeiten auf erreichbare, bewusste und realistische Ziele ausrichten müssen, dass „Zielsetzen" und „Planen" nicht länger als Privileg oder als Aufgabe des Managements zu betrachten ist und dass eine umfassendere Beteiligung der Akteure die Zielerreichung realistischer und effektiver macht, nicht nur weil sie die Ressourcen besser kennen, sondern weil sie sich mit den Zielen mehr identifizieren können und deshalb engagierter mitarbeiten.

Allen Beteiligten der Diskussion wurde deutlich, dass sie durch das OE-Projekt wertvolle Erfahrungen machen und ein erweitertes Veränderungs-, Problem- und Prozessbewusstsein erwerben konnten. Und dies ist als ein Erfolg des Projektes zu werten.

Die Untersuchungserkenntnisse im Hinblick auf die erfolgrelevanten Voraussetzungen bzw. projektförderlichen und projekthinderlichen Faktoren werden nachfolgend stichwortartig zusammengefasst.

▨ *Positive Voraussetzungskriterien:*
- *Interner Handlungsdruck*
- *Aktive Einbeziehung des mittleren Managements in die Prozessgestaltung*
- *Die grundsätzliche Veränderungsbereitschaft der OE-Akteure zu Projektbeginn.*

▨ *prozessförderliche Faktoren (bezogen auf die spätere Aktionsphase*):*
- *Ein bei den Schlüsselpersonen vorhandenes Verantwortungs- und Entwicklungspotenzial*
- *Projektleitung hatte keine Linienfunktion im Pilotbereich*

- *Die Etablierung einer Projektsteuerungsgruppe*
- *Ein stringentes internes Projektmanagement*
- *Kooperative Zusammenarbeit zwischen Projektgruppe und Steuerkreis**
- *Einbeziehung der Repräsentanten der Funktionsbereiche**
- *Berücksichtigung der OE-Prämissen*.*

▨ *prozesshemmende Faktoren (bezogen auf die Anfangsphase*):*
- *Unzureichende Einbeziehung der Akteure in die Zieldefinition**
- *Mangelnde Transparenz, Information und Kommunikation**
- *Fehlende Rollen- und Aufgabenklärung*
- *Mangelnder Dialog zwischen OE-Beratung und den betroffenen Akteuren*
- *Fehlende zeitnahe Rückkopplung der MZT-Ergebnisse*
- *„Veränderungsmüdigkeit" und Enttäuschung der Akteure.*

▨ *Erfolgsrelevante Faktoren:*
- *Die Konfliktinterventionen*
- *Prozessbegleitung vor Ort*
- *Die Beratungs-Hotline*
- *Methoden- und Wissenstransfer der „gepoolten Beratung"*
- *Das Problem- und Reflexionsbewusstsein der OE-Akteure.*

6.2.4.1.3. Erfolg des OE-Projektes

Auch in APE 3 liegen den subjektiven Erfolgsfaktoren theoretische Erfolgskriterien zugrunde. Für den Erkenntnisgewinn dieser Arbeit werden die wichtigsten implizierten Entwicklungstendenzen skizziert. Die Auswertung der Erhebungsergebnisse führte zu folgenden Erkenntnissen:

(1) Für die Mitarbeiter/innen
Der signifikanteste Erfolg für die Beschäftigten manifestierte sich in der Adaption des OE-Prozesses als „eigenem" Veränderungsprozess. Die Einsicht und Akzeptanz, dass Organisationsveränderung nicht ein einmaliger Prozess ist, sondern ein notwendiger und ständiger Veränderungs- und Entwicklungsprozess, zeigt einerseits die Bereitschaft der Akteure, sich auf langfristiges Lernen und permanente Reflexion des Status Quo einzulassen, andererseits wird von den Akteuren explizit ihr Partizipationsrecht eingefordert und die Bereitschaft signalisiert, Veränderungen mit zu tragen und mit zu gestalten. Die Trägerrolle wird akzeptiert und Verantwortung als Chance zur Mitgestaltung übernommen. An dieser Stelle ist zu betonen, dass diese positive Erfolgsbewertung von beiden Gruppen vorgenommen wurde, so dass ein verändertes Leitungsbewusstsein der Führungskräfte zu vermuten ist.

(2) Auf der Leitungsebene
Zum Erfolg im Handlungsfeld der Führungs- und Leitungskräfte äußerte sich lediglich Gruppe 1. Die Projektmitglieder erkannten in der Abkehr von tradierten Rollenzuschreibungen neue Aufgaben und Potenziale zur Problemlösung auf Teamebene und Tendenzen zur interaktiven Führung. In den verbesserten Kommunikations- und Informationsstrukturen und in einer größeren Transparenz der Führungsziele definierten sie ein neues Führungsverständnis; in der mitarbeiterorientierten und kooperativen Führung eine neue Führungsaufgabe. Die Leitungskräfte betrachten sich nicht mehr als Alleinverantwortliche im Unternehmensgeschehen – eine Weiterentwicklung auf der Mitarbeiter- und Leitungsebene wird als notwendig erachtet. Beide Einsichten zeugen von einem beginnenden Wandel im Führungsverständnis im Sinne des Change Managements.

(3) Für die Kunden
Beide Gruppen deklarieren es als Erfolg, dass der bewohner- und bedarfsgerechten Leistungserbringung nun eine höhere Bedeutung beigemessen wird. Die Bewohner/innen werden in den Mittelpunkt der Pflege- und Betreuungsorganisation gestellt. Dadurch ist eine Erhöhung der Versorgungs- und Pflegequalität festzustellen und eine neue Konnotation der Kunden- und Qualitätsorientierung als Leitziel für das Pflegemanagement erkennbar.

Konkret äußere sich dieser Erfolg, so beide Gruppen, in der positiven Rückmeldung der Angehörigen und in den erweiterten Handlungsspielräumen für die Pflegekräfte: Aufgrund der Umstrukturierungen stehe mehr Zeit für die individuelle und soziale Beziehungsarbeit zur Verfügung. Ein neues Aktivierungskonzept wird entwickelt.

(4) Auf der Pilotstation
Die Installation des Modellprojekts auf der Pilotstation ermöglichte neue Denk- und Handlungsorientierungen und führte zur Überprüfung der handlungsleitenden Unternehmenswerte und der eigenen Werte (Gruppe 2). Die „neue" Mitarbeiterorientierung in der Arbeitsorganisation – die Beschäftigten als Träger des Prozesses zu betrachten – führte zu einer grundlegenden Einstellungsveränderung gegenüber den Personalkräften und deren Bedeutung im Leistungsprozess: Das Personal wird als wichtiger „Erfolgsfaktor" begriffen, so Gruppe (1). Die Humanisierung der Arbeitsbedingungen wird als Führungsaufgabe betrachtet. Ein kultureller Wertewandel und ein neues Führungsverständnis deuten sich an.

(5) Im Unternehmen
Die Wirkung auf das Gesamtsystem wurde von beiden Gruppen einvernehmlich als „Aufbruchstimmung" benannt, die sich somit auf das Gesamtunternehmen ausdehnt. Die Entwicklung eines neuen Veränderungs- und Problem-
lösungsbewusstseins, so Gruppe 2, führe insgesamt zu einem höheren und
sensibleren Problembewusstsein. Erst die Transparenz dieser Konflikte und die
explizite Beteilung der Akteure an der Konflikt- unf Problemlösung verstärke
die Motivation mit „ihrem" Entwicklungsprozess (Gruppe 1).

Generell bewertete Gruppe 2 den Prozesserfolg in der anschließenden Gruppendiskussion – wie bereits in den anderen Erhebungssequenzen – kritischer
als die Gruppe der Projektmitglieder. Wiederholt thematisierten sie die Versäumnisse des Projektmanagements bezogen auf die Berücksichtigung der
OE-Prämissen. Dies lag meines Erachtens einerseits daran, dass die Gruppe 2
mehr aus der Perspektive der Akteure argumentierte und den Blick stärker auf
die Bedürfnisse und Anliegen der Beschäftigten richtete, andererseits daran,
dass sie sich eine schnelle Verbesserung der Arbeitsbedingungen insbesondere
die Reduzierung der Arbeitsbelastungen erhofft hatten. Da diese aber nicht
eintrat, wurden sie in ihren Erwartungen enttäuscht.
　　Dennoch präsentierten sich die Befragten aus Gruppe 2 weder demotiviert
noch enttäuscht, ganz im Gegenteil: Sie bestimmten die Diskussionsrunde nicht
nur aktiv und reflektiert mit, sondern bereicherten diese auch mit klaren Einsichten und Impulsen. So gesehen, bezeugten sie ihre Bereitschaft und Fähigkeit,
sich auch im weiteren Prozess engagiert, selbstbestimmt und kreativ einzubringen. Die Dialoge machten deutlich, dass bei den OE-Akteuren aus Gruppe 2
nicht nur ein Umdenkungsprozess stattgefunden hatte, sondern dass ihr Entwicklungsbewusstsein, Veränderungswillen und -bereitschaft geweckt wurde.
Darüber hinaus haben sie eine mentale Leistung erbracht, die für den OE-Prozess von unschätzbarer Bedeutung ist: Sie haben den OE-Prozess als eigenen
Prozess adaptiert. Trotz der fehlender Partizipationsmöglichkeiten zu Prozessbeginn – aufgrund dessen –, haben die OE-Akteure ihre Rechte auf Mitsprache
und Beteiligung vehement eingefordert. Kurioserweise ist es ihnen dadurch gelungen, einen Einstieg in den Prozess zu vollziehen – sie wurden zu Trägern des
OE-Prozesses.
　　Gruppe 1 bewertete den OE-Erfolg durchweg positiv, was meines Erachtens
einerseits daran lag, dass sie als Projektmitglieder ihre eigene Projektarbeit zu
schätzen wussten, andererseits maßen sie den Projekterfolg – im Unterschied zu
den Akteuren – nicht an den erreichten Zielen und Ergebnissen, sondern an den

gewandelten normativen und sozialen Wertorientierungen sowie an erworbenen Kompetenzen und Einsichten und potenziellen Entwicklungsmöglichkeiten.

Die Handlungs- und Gestaltungsempfehlungen, die von den Gruppenteilnehmer/innen zur Erfolgssicherung und Weiterentwicklung der bisher erzielten OE-Erfolge erarbeitet wurden, sind:

1. *Erweiterung der Projektgruppe (Gruppe 1) versus Beibehalt der Projektgruppe (Gruppe 2).*
2. *Kontinuierliche Information und Einbeziehung der Akteure – seitens der OE-Beratung und der Projektgruppe (Gruppe 1/2).*
3. *Transparenz aller Projektaktivitäten (Gruppe 2).*
4. *Realistische Ziele, ein übersichtliches Projektmanagement und detaillierte Projektstrukturpläne – seitens der externen Beratung – als Instrumente zur Projektumsetzung (Gruppe 1).*
5. *Mehr Unterstützung durch die höheren Managementebenen – vor allem seitens der Geschäftsleitung (Gruppe 2).*
6. *Mehr Problemoffenheit und -transparenz auf allen Hierarchieebenen (Gruppe 2).*

Für den Folgeprozess entwickelten einzelne Personen bereits klare und konkrete Vorstellungen, wie die OE-Erfolge zu sichern und weiter zu entwickeln sind:

> *„Erst mal den Wohnbereich entwickeln, dann den Prozess auf den Sozialdienst ausweiten, dann die Ziele und Ursachen definieren, warum der angrenzende Bereich integriert werden soll" (Person 1).*

Wie bereits erwähnt, wird es für den Folgeprozess wichtig sein, dass sich die Projektgruppe für die Akteure öffnet, um den Informations- und den Kommunikationsprozess zwischen Projektmitgliedern und Akteuren zu gewährleisten und impulsgebend zu nutzen. Deshalb kann ich dem Vorschlag von Person 3 nur zustimmen:

> *„[...] nach und nach sollen mehr Mitarbeiter der Pflege und des Sozialdienstes nicht nur in die Projektorganisation sondern auch in die Projektgruppe integriert werden."*

Über diesen Vorschlag herrschte in der Projektgruppe jedoch Dissens, denn die übrigen Projektmitglieder wollten die Projektgruppe beibehalten wie sie war. Zum Teil stand diese Haltung im Widerspruch zu dem „neuen" Rollenbewusstsein der Leitungskräfte *„[...] sich nicht mehr als Alleinverantwortliche zu betrachten"* und *„[...] Problemlösungen als Teamaufgabe zu betrachten"* (Person 1). Bezogen auf die Reflexion ihres Führungsverhaltens konnten die Führungspersonen in der Diskussion überzeugen, nicht aber in ihrem Führungshandeln. Durch die Beibehaltung der „alten Zusammensetzung der Projekt-gruppe" wollten einzelne sich meines Erachtens ein Privileg erhalten, ohne sich bewusst zu machen, dass sie damit die Aufrechterhaltung des Status quo bewirken und die Partizipation der OE-Akteure begrenzen würden. In der Dis-kussion war auffallend, dass sich die Bereitschaft, Verantwortung abzugeben, auf potenzielle Problembereiche bezog. Problemlösungen sind nun Teamauf-gabe. Eine Umverteilung der Verantwortung, die den Verdacht weckt, dass sich die Leitung ihrer ureigensten Problemverantwortung entziehen möchte. Deshalb stellt sich hier die abschließende Frage, ob ein wirklicher Wandel ih-res Führungsverhaltens bereits stattgefunden hat oder die Veränderung der Führungsrollen noch als Entwicklungsziel zu betrachten ist.

6.2.4.1.4. Individuelle Ergebnis- und Erfolgsbewertung

Die individuelle Erfolgsbewertung führte zu folgendem Ergebnis (Siehe Abb. 40):

Abbildung 40: Individuelle Projektbewertung der Befragten aus *APE 3*

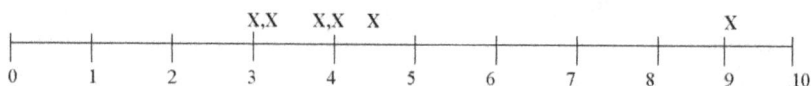

Quelle: Eigene Darstellung

Bei der Skalierung in Abb. 40 erstaunt die „eine" Bewertung mit neun Punkten, denn im Gegensatz zu dieser Einschätzung haben alle anderen Probanden den Projekterfolg sehr zurückhaltend bilanziert. Damit spiegeln die individuellen Ska-lierungen der Probanden nicht die Gruppenbewertungen wider; ganz im Gegen-teil sie relativieren sie. Da sich an dieser Untersuchungsabschnitt keine Diskussi-onsrunde anschloss, lässt dieses Ergebnis nur Interpretationen zu. Hier bietet sich in Verbindung mit der Auswertung der Experteninterviews und den Diskussions-beiträgen folgende Erklärung an: Die befragten OE-Akteure – insbesondere von Gruppe 2 – haben den Projekterfolg an persönlichen Erwartungen und eigenen Zielen gemessen, andere reflektierten das Gesamtergebnis sehr kritisch und die „eine" Person hingegen an den initiierten, aber noch nicht umgesetzten Projekt-maßnahmen und an den erfolgten Einstellungs- und Wertorientierungen als Aus-gangsbasis für zukünftige Entwicklungen. Dies geht auch mit den Skalierungen[190] einher, die im Rahmen der Experteninterviews vorgenommen wurden. Hier hatten die befragten Schlüsselpersonen aus *APE 3* die Chancen einer erfolgreichen OE

190 Siehe Experteninterviews Kap. 6.1.2.4.

noch im oberen Messbereich zwischen 7 und 9 bewertet. Der Vergleich der beiden Skalierungsergebnisse zeigt, dass die Einschätzungen nach der ersten Projektphase nach unten korrigiert wurden.

Im Anschluss an die individuelle Erfolgsbewertung sollten die Befragten beispielhaft unterlegen, welche Qualifikationen, Kompetenzen bzw. Erfahrungen sie persönlich durch das Pilotprojekt erwerben bzw. machen konnten.

Folgende persönlichen Erfahrungen und Kompetenzen konnten die Akteure im Pilotprojekt erwerben:

- *Ein offenerer und intensiver Kontakt unter den Pflege- und Leitungskräften (N=3)*
- *Bewohnerorientiertes Handeln (N=3)*
- *Die Einsicht, dass jeder OE-Prozess zu mehr Motivation und zu neuen Denkanstößen führt (N=2)*
- *Ein besser Umgang mit den Problemen im Arbeitsbereich und Umfeld (N=2)*
- *Intensivere Auseinandersetzung mit der Situation im Wohnbereich (N=2)*
- *Oranisations- und Managementwissen (N=2)*
- *Stärkung des Verantwortungs- und Entwicklungsbewusstseins (N=2)*
- *Mehr Einbindung in ein arbeitsorientiertes Team (N=1)*
- *Stärkung der Corporate Identity (N=1)*
- *Die Einsicht, dass erst dann etwas geändert werden kann, wenn ein Handlungsdruck vorhanden ist und wenn Vorgaben von außen kommen (N=1)*
- *Die Fähigkeit, Mitarbeitergespräche führen zu können, zu motivieren und eigene Grenzen zu sehen und zu respektieren, wenn geplante Maßnahmen nicht umgesetzt werden können (N=1)*
- *Die Erkenntnis, wie schwierig sich die Umsetzung (selbst) kleinster Schritte gestalten kann und dass jeder OE-Prozess eine größerer Belastung mit sich bringt und Zeit braucht (N=1).*

6.2.4.1.5. Evaluationsergebnisse von IGES

Die Ergebnisse der Evaluation von IGES sind in folgender tabellarischen Übersicht (Tab. 27) zusammengestellt:

Tabelle 27: Übersicht der im Rahmen der Abschlussevaluation erhobenen Projektergebnisse durch IGES

Folgende Maßnahmen galten – BFOE zufolge – als umgesetzt:	… waren noch nicht abgeschlossen
1. „Simulation" der 5,0 Tage Woche. 2. Verkürzung der Stundenzahl für Pflegehilfskräfte 3. *Verlängerung des Spätdienstes und Abbau der Arbeitsspitzen im Spätdienst** 4. *Verkürzung der Übergabezeiten von 45 auf 15 Minuten*.* 5. Einrichtung eines Aushilfe-Pools (2 Vollzeitkräfte pro Haus). 6. *Verbesserung des Formularwesens (Grund- und Behandlungspflege, Pflegeplanung)*.* 7. *Verbesserte Kommunikation mit Schnittstellen, verbesserte Teamkultur*.* 8. Verlängerung der Essenszeiten für Pilotstation.	– 5,0-Tage-Woche (1–2 Tage mehr Freizeit). – Stundenzahl der Pflegefachkraft aufstocken. – Nachtdienst um eine Stunde kürzen (1–2 Arbeitstage mehr). – Verlängerung der Essenszeiten (ganzes Haus). – Neues AKT-Konzept für 7-Tage-Woche mit dezentraler und zentraler Abdeckung erarbeiten.

Was haben die verschiedene Entwicklungsansätze gebracht, im Hinblick auf …

… die körperliche Belastung der Beschäftigten:	*Die körperliche Belastungen konnten durch das Projekt nicht reduziert werden.*
… Belastungen wie Hektik, Stress und Zeitdruck:	*Hektik und Stress sind zunächst gestiegen. Aber auch längerfristig wird nicht mit einer Entlastung, sondern durch die Verdichtung der Arbeitsinhalte und durch den Einsatz von FEAS® gestiegenen Qualitätsansprüche eher noch mit einer Zunahme der Belastung gerechnet.*
… Informationsfluss, Kommunikation innerhalb des Bereichs wurde verbessert.	*Die Kommunikation innerhalb der Pilotstation wurde deutlich verbessert. In Bezug auf den Informationsfluss wurde die verkürzte Übergabezeit wieder verlängert, denn es hatte sich gezeigt, dass eine intensivere Übergabe nicht nur sinnvoll, sondern auch notwendig ist.*
… Anpassung der Schichtpläne an die Mitarbeiterwünsche:	*Die Mitarbeiterwünsche wurden auch vor Projektumsetzung bereits berücksichtigt.*
… Abbau von Konflikten an Schnittstellen:	*Die Konflikte zwischen den Schnittstellen Pflege/Küche wurden gelöst. Die Konflikte der Schnittstelle Nachtdienst/Sozialer Dienst wurden im Rahmen einer Krisenintervention durch die Beraterfirma bearbeitet.*

Quelle: Zusammenfassende Darstellung nach IGES (vgl. IGES 2001:47ff)

Wie Tab. 27 zeigt, bewerteten die befragten Projektmitgliedern nur vier von BFOE als umgesetzt angegebenen acht Projektzielen als abgeschlossen bzw. realisiert. Und das erstaunt, vor allem weil bspw. die Simulation der 5-Tage-Woche in meiner Gruppenerhebung als realisiert genannt wurde. Werden jedoch die Diskussionsbeiträge in der von mir durchgeführten Gruppenerhebung zur Interpretation herangezogen, kann folgender Schluss gezogen werden: Die Projektmitglieder betrachteten nur die Maßnahmen als umgesetzt, die von den Akteuren im Feld vollständig akzeptiert wurden.

Der Vergleich der IGES- Ergebnisse mit den von mir erhobenen Daten zeigt einerseits eine weitgehende Übereinstimmung andererseits gingen die Angaben zu den realisierten Ergebnissen in der Gruppenerhebung über diese hinaus. In der von mir durchgeführten Evaluation wurden darüber hinaus noch folgende Projektziele als realisiert betrachtet: verbesserte bewohnerorientierte Ablaufprozesse, Entwicklung von Methoden-, Organisations- und Führungskompetenzen, verbesserte Pflege- und Betreuungsqualität sowie die Entwicklung eines neuen Aktivierungsangebotes.

Die Evaluation von IGES machte außerdem deutlich, dass es auch in *APE 3* (wie in APE 2) Angst vor möglichem Stellenabbau gegeben hatte. Hinsichtlich dieser Befürchtungen äußerten sich die Projektmitglieder dahingehend, dass es nur in der Küche, nicht aber in der Pflege diese Bedenken gegeben hätte; die Beschäftigten der Pflege hingegen hätten „nur" die zunehmende Arbeitsbelastungen befürchtet, was sich dann auch bestätigte. Beides habe sich inzwischen gelegt, so die Befragten, denn insgesamt sei eine höhere Mitarbeiterzufriedenheit, ein größeres Engagement und eine verbesserte Teamentwicklung wahrzunehmen *(vgl. IGES 2001:51).*

6.2.4.2. Zusammenfassende Diskussion der Ergebnisse der Gruppendiskussion– unter Berücksichtigung anderer Evaluationsergebnisse

Die Untersuchungsergebnisse dokumentieren, dass die Projektziele zur Optimierung der Arbeitslogistik im Hinblick auf die Prävention arbeitsbedingter Gesundheitsgefahren und die Verbesserung der Bewohnerorientierung und Kundenzufriedenheit in großem Umfang erreicht wurden. Die implementierten Verfahrensinstrumente führten zur effektiven Steuerung und Planung der bewohner- und bedarfsorientierten Ablaufprozesse, zur ressourcenorientierten Arbeitseinsatzplanung und zur Identifizierung und Abbau der organisationsbedingten Stressoren. Durch die Projektinterventionen im sozialen Subsystem konnte die Kompetenzentwicklung der Leitungskräfte und Akteure gefördert, mitarbeitergerechte Arbeitszeitmodelle erprobt, Ansätze zur Schnittstellenfrage entwickelt, die interdisziplinären Kommunikations-, Informationsstrukturen und Arbeitsbeziehungen intensiviert und ein selbständigeres Arbeiten aller Beteiligten bewirkt werden. Und dennoch zeigt die Auswertung der Gruppenerhebung und der individuellen Erfolgsfaktoren wie auch die Evaluationsergebnisse von IGES, dass die Projektmitglieder von *APE 3*, im Gegensatz zu den anderen Einrichtungen, die Projektergebnisse – trotz sichtbarer Projekterfolge – „zurückhaltender", jedoch differenzierter bewertet haben.

Die erzielten Effekte bezogen auf die Arbeitszufriedenheit und Arbeitsbelastungen wurden von den in das Pilotprojekt involvierten Systemen unterschiedlich interpretiert: Aus Sicht der Beraterfirma führte das Pilotprojekt zu einer deutlichen Entlastung für die Akteure: *„Die Erfassung von RAP wurde entsprechend um eigene Ideen erweitert und zügig erfasst. Die hieraus resultierenden Erkenntnisse wurden selbständig umgesetzt und führten sehr früh zu einer deutlichen Entzerrung der Arbeitsspitzen und entsprechenden Entlastungen"* (BFOE 2001:36).

Den Projektmitgliedern zufolge hatte das Projekt keine signifikanten Entlastungseffekte bewirken können, denn durch die gestiegenen Pflege- und Betreuungsansprüche und die Projektarbeiten war der Arbeitsumfang noch gestiegen (vgl. *IGES 2001:50*). Auch wenn die Projektmitglieder und die Beraterfirma schlussfolgerten, dass sich die Gesamtzufriedenheit der Pflegekräfte grundsätzlich verbessert hätte, so standen die in meiner Evaluation erhobenen Aussagen der „Nicht-Projektmitglieder" (*„Die Stimmung ist bei vielen Pflegenden in Bezug auf das Projekt derzeit wieder am Kippen"*, Person 4.) zu diesen Einschätzungen in erkennbarem Widerspruch.

Die Beiträge zur Gruppendiskussion verdeutlichen, dass die Unzufriedenheit sowohl aus den enttäuschten Erwartungen resultierte als auch aus der unzureichenden Partizipation und der mangelnden Unterstützung seitens des Managements. Eine ausreichende Unterstützung durch die Geschäftsleitung wurde auch von den Leitungskräften vermisst. *„[Die Akteure hätten sich] eine größere Unterstützung des Projekts von den Leitungs- und Führungsebenen – vor allem auch von der Geschäftsleitung – gewünscht"* (Person 1).

Die Beraterfirma sah dies anders, da die Geschäftsleitung die Sicherstellung der materiellen Ressourcen gewährleistet hätte: *„Es war eine sehr hohe Motivation sichtbar, die durch die Unterstützung der Heimleitung und Bereitstellung entsprechender Ressourcen positiv gestützt wurde"* (BFOE 2001:35).

Die Gründe, warum die Maßnahmen nicht in geplantem Umfang umgesetzt werden konnten, lagen aus Leitungsperspektive insbesondere an der zeitverzögerten Schwachstellenanalyse infolge der verspäteten MZT- Rückmeldung. Doch auch hier hatte BFOE eine kurze und knappe Begründung: *„Der Einsatz und die Erfassung vom MZT bereitete auch in dieser Einrichtung einen hohen Nachbearbeitungsaufwand"* (BFOE 2001:36).

Weitere Projekthemmnisse waren: Die nicht erfüllten Absprachen seitens der OE-Beratung, die unzureichende Informationspolitik, die fehlende Rollen- und Aufgabenklärung und der mangelnde Dialog zwischen OE-Beratung und den betroffenen Akteuren.

Im Hinblick auf den erzielten Projekterfolg zog die Beraterfirma folgendes Resümee: *„[APE 3] zeigte auf Grund einer stringenten Projektleitung und der Umsetzung eines internen Projektmanagements die größten Fortschritte gegenüber den anderen Einrichtungen"* (BFOE 2001:35).

Dem kann ich nur teilweise zustimmen. Die Evaluationsergebnisse zeigen, dass die Projektmaßnahmen durch die Projektgruppe zwar konsequent, in der Anfangsphase jedoch „top-down" implementiert wurden und daher Unmut oder Widerstand hervorriefen. Erst im weiteren Projektverlauf konnte der Implementierungsprozess erfolgreich durchgeführt werden, was einerseits auf das strukturierte und gut organisierte Projektmanagement und die kooperative Zusammenarbeit zwischen Projektleitung, Wohnbereichsleitung und Steuerkreis zurückzuführen war, andererseits darauf, dass die Akteure in die Veränderungsprozesse involviert wurden. Aus meiner Sicht wurde die erfolgreiche Projektumsetzung darüber hinaus – dies zeigte auch die Dokumentenanalyse[191] – dadurch begünstigt, dass wichtige interne arbeitslogistische Rahmenbedingungen im Vorfeld des Projektes bereits reformiert worden waren und damit eine gute Ausgangsbasis für die geplanten Projektmaßnahmen boten: APE 3 arbeitete bereits in der 5,5-Tage-Woche und ein EDV-Dienstplan-Programm (für die Leitungskräfte) war implementiert. Wie die Evaluation von IGES und die Experteninterviews zur Erhebung der internen Ausgangslage zeigten, hatten die Pflegekräfte bereits vor der Projektteilnahme bei der Dienstplanung weitgehende Mitgestaltungsrechte (vgl. IGES 2001:47ff).

Meine Untersuchungsergebnisse hatten gezeigt, dass das Projekt zu einer umfassenden Entwicklung im sozialen Subsystem geführt hatte. Die Führungs- und Leitungskräfte konnten durch das Pilotprojekt elementare Schlüsselqualifikationen sowie Organisations- und Methodenkompetenzen erwerben, was dazu führ-

---

191 Siehe Kap. 6.1.1.6.

te, dass sie in ihrem Selbstverständnis bestärkt wurden. Die Akteure wurden durch das Prozessgeschehen und die erweiterten Handlungskompetenzen und Gestaltungsspielräume befähigt, eigenständiger und selbstverantwortlicher zu handeln. Darüber hinaus konnten folgende Erkenntnisse darüber gewonnen werden, dass sich die gewohnten Denkmuster und Verhaltensweisen verändert hatten: Die Leitungskräfte gelangten zu einem veränderten Führungs- und Entwicklungsbewusstsein, die Akteure hingegen zu einem neuen Veränderungs-, Problem- und Kundenbewusstsein und die Betroffenen wurden zur besseren Kommunikation und Kooperation befähigt.

Durch ihre Erfahrungen im OE-Prozess bestärkt, präsentierten sich Diskussionsteilnehmer/innen selbst- und entwicklungsbewusst. Die Akteure forderten mehr Partizipationsrechte und Transparenz im Unternehmens- und Prozessgeschehen. Die Vertreter/innen des Managements bekräftigten ihre Absicht, ihr Führungsverhalten zu verändern. Allen Beteiligten wurde durch den Veränderungsprozess bewusst, dass die Akteure nur dann in der Lage sind, sich selbstverantwortlich den Problemen zu stellen und entsprechende Lösungskonzepte zu entwickeln, wenn ihr berechtigtes Interesse an Entfaltung und Selbständigkeit befriedigt wird und der entsprechende Handlungsrahmen zur Verfügung steht.

Eines wurde im Verlauf der Befragung noch deutlich: Die Reflexionen und Veränderungsvorschläge wurden nicht von einzelnen Akteuren getätigt und als Gruppenergebnis präsentiert, sondern auf der Basis einer kollektiven Entscheidung entwickelt, auch wenn einzelne Befragten aktiver mitwirkten als andere. So konnte ich die Einschätzung gewinnen, dass das Gruppenbewusstsein nicht nur vom Bewustein einzelner Individuen geprägt war, die die Gruppenmeinung besonders dominierten, sondern Ausdruck einer im gruppendynamischen Prozess erworbenen kollektiven Erfahrung und Wissensbasis war. Dieser Aspekt ist für mich als ein Resultat und Erfolgsergebnis des OE-Prozesses zu werten.

Und so komme ich zu folgender Einschätzung: Das Pilotprojekt hatte neue Handlungs- und Denkmuster gefördert und zwar dahingehend, die Lösung bestehender Defizite, anstehender Probleme und Veränderungen nicht länger als „einsame" Führungsaufgabe zu begreifen („im System arbeiten"), sondern diese zusammen mit den Betroffenen zu gestalten („am System arbeiten") (vgl. Doppler/Lauterburg 1999:114). Im Projekt und im konkreten Führungsalltag wurde dies jedoch (noch) nicht adäquat berücksichtigt. Die Einsicht, dass es dazu einer unternehmensweiten Entwicklung der Managementkonzepte bedarf, wurde in der Gruppenerhebung nicht thematisiert. Hier besteht ein Reflexionsbedarf.

Aus den Beiträgen der Akteure kann abgeleitet werden, dass die Akteure die vorgegebenen Ziele zuerst nur adaptierten (single-loop-learning) und erst im Prozessgeschehen begonnen hatten, bisher akzeptierte Handlungsweisen und Werte in ihrem Arbeitsfeld kritisch zu hinterfragen. Die Ansätze zu Veränderungslernen (double-loop-learning) sind erkennbar und münden darüber hinaus in die Erkenntnis, dass Veränderungen nicht als einmaliges Geschehen, sondern als kontinuierlicher Entwicklungsprozess zu begreifen sind.

Am Schluss der Gruppenerhebung betonten alle Beteiligten, dass die Projektteilnahme ein wichtiger und notwendiger Meilenstein war, um wichtige Veränderungen und Entwicklungen zu initiieren, auch im Hinblick auf die Verbesserung der Arbeits- und Pflegebedingungen. Und Konsens herrschte in der Einsicht, dass die Einrichtung erst am Beginn eines länger währenden Entwicklungsprozesses stehe. Ein/e Teilnehmer/in formulierte dies am Ende der Diskussion sehr treffend: *„[Es war] positiv heute dabei zu sein, weil das Gespräch nochmals ganz neue Perspektiven eröffnet hat [und zwar] die Einsicht, es hat sich was getan: Vor allem zu sehen, dass das Projekt viel Veränderung und Bewegung ausgelöst hat"* (Person 6). So wertschätzend diese Rückmeldung für die Autorin auch ist, sie belegt, dass im OE-Prozess nicht ausreichend Raum und Möglichkeit vorhanden war, die Veränderungen und notwendigen Entwicklungen und die damit verbundenen Einstellungen und Probleme mit allen Betroffenen in regelmäßigen Zeitabständen gemeinsam zu reflektieren.

6.2.4.3. Evaluationsergebnisse der zweiten Projektphase

In *APE 3* wurden zwei Expertinnen befragt[192]: Eine Leitungskraft (E 5) und eine Pflegekraft (E 6). Eine Gesprächspartnerin, die zur Projektgruppe gehörte, hatte bereits an der Gruppenbefragung teilgenommen[193].

1. Veränderungen für die Mitarbeiter/innen im Hinblick auf die Prävention arbeitsbedingter Gesundheitsgefahren
Die Projektergebnisse bezogen auf die Prävention arbeitsbedingter Gesundheitsgefahren wurden von beiden Interviewpartnerinnen positiv bewertet, da die Projektmaßnahmen zu einer Erhöhung der Arbeitszufriedenheit und zur Verbesserung der Konzepte der Gesundheitsförderung geführt haben.

---

192 Im Unterschied zu den anderen Interviews erfolgte die Evaluation der zweiten Projektphasen ein halbes Jahr nach Endes des Pilotprojektes.
193 Die befragten Expertinnen waren zwischen 30 und 39 Jahre, examinierte Pflegefachkräfte, in der Einrichtung zwischen 5 und 10 Jahren tätig; eine Probandin war seit über 3 Jahren als Leitungskraft tätig.

Im Hinblick auf die Arbeitszufriedenheit wurde hervorgehoben, dass das Gesamtprojekt wesentlich zur Motivationssteigerung der Akteure und zu einem guten Arbeitsklima im gesamten Pflegebereich beigetragen hatten (*„die Mitarbeiter/innen sind stolz auf die Veränderungsleistungen, trotz Mehrarbeit"*, E 5). In weitgehendem Konsens nannten sie dafür folgende Kriterien: Einbeziehung der Mitarbeiter/innen in die Gestaltung der Arbeitsorganisation und Prozessabläufe, Verbesserung der Kommunikation, Kooperation und des Informationsflusses sowohl im Pflegebereich als auch an den Schnittstellen, Auflösen des „Schichtdenkens" sowie das Wachsen des Zusammengehörigkeitsgefühls über den Schichtbetrieb hinaus. Einschränkend fügte eine Person hinzu, dass die veränderten Dienstzeiten aber zu Kommunikationsproblemen zwischen den Teilzeitkräften geführt hätten (*„man sieht sich weniger"*, E 6).

Werden diese positiven Bewertungen in Kontext zu den Personalkennzahlen gestellt, dann ist das Sinken der krankheitsbedingten Ausfallzeiten und die Rückgang der Fluktuationsraten – aus Forschungssicht – als ein Indiz[194] für die erhöhte Arbeitszufriedenheit und Motivation der Akteure von Pflege und Hauswirtschaft zu betrachten.

Im Bereich der Gesundheitsförderung wiesen beide Befragten auf die erfolgreiche Arbeit des Gesundheitszirkels hin. Die vom Gesundheitzirkel angebotenen Gesundheitsprogramme wurden von den Beschäftigten gut angenommen. Mit der Implementierung klassischer Präventionsmaßnahmen wurde ein wichtiger Beitrag zur Erschließung und Unterstützung persönlicher und sozialer Gesundheitspotenziale geleistet. Im Hinblick auf die Erarbeitung von Lösungsvorschlägen zur Veränderung der Arbeitsorganisation und des Arbeitsablaufs wurde die Zirkelarbeit positiv von beiden Expertinnen bewertet. Dem

---

194 Wie bei den anderen Einrichtungen und in der Dokumentenanalyse betont, können aus dem Fehlzeiten- und Fluktuationsverhalten Rückschlüsse auf die Arbeitszufriedenheit und die Arbeitsbelastungen gezogen werden, dennoch können daraus keine eindeutigen Aussagen abgeleitet werden, sondern immer nur Tendenzen. Da in APE 3 beide Quoten in beiden Bereichen erheblich gesunken sind, ist daraus eine klare Tendenz zu ersehen. Die krankheitsbedingte Fehlzeitenquote in der Pflege, die im Jahr 1999 noch bei 13,57 und im Jahr 2000 noch bei 11,02 % lag, war bereits ein Jahr nach Durchführung des Projekts auf 5,8 % (2001) gesunken. Ein ähnliches Bild zeigte die Ausfallstatistik der Hauswirtschaft; dort war die krankheitsbedingte Fehlzeitenquote von 8,58 (1999) bzw. 8,08 % (2000) auf 5,96 (2001) zurückgegangen. Auch das Fluktuationsverhalten der Pflegeakteure hatte sich verändert: Die Fluktuationsrate sank von 28 % (1999) bzw. 30,3 % (2000) signifikant auf 13,83 (2001). Die Fluktuationsrate in der Hauswirtschaft wurde zum ersten Mal ermittelt und lag bei 10,13 %. Siehe Dokumentenanalyse, Anhang G/1.

Gesundheitszirkel war die Aufgabe übertragen worden, Arbeits- und Fehlzeitenanalysen durchzuführen, zentrale Schwachstellen und Belastungsschwerpunkte aufzudecken und die Ergebnisse den einzelnen Systemen rückzumelden. Dies hätte zu einer größeren Transparenz in die Strukturen und Abläufe der einzelnen Systeme geführt, so die Interviewten.

Positiv, im Hinblick auf das betriebliche Handeln zur Verbesserung der Arbeitsbedingungen, wurde die Verbesserung der personellen Kapazitäten thematisiert: Die Stellen in der Pflege wurden um 3,2 Stellen[195] (Soll-Werte) aufgestockt.

Wie in den anderen beiden Einrichtungen konnten die Projektmaßnahmen – aus Sicht der Expertinnen – auch in der zweiten Projektphase keine einschneidenden Verbesserungen im Hinblick auf die Reduzierung der Arbeitsbelastungen bewirken. Als Grund wurde im Interviewverlauf – wie bereits bei *APE 1* und *APE 2* – die Arbeitsintensität der Projektaktivitäten genannt. Ein Abbau der Arbeitsspitzen war zwar erreicht worden, aber der Entlastungseffekt wurde – den Befragten zufolge – dadurch relativiert, dass das Personal in den letzten Monaten durch die vielen Sterbefälle und Neuzugänge sehr stark belastet worden ist (E 5).

2. Veränderungen im technisch – instrumentellen Subsystem der involvierten Fachbereiche

Die Veränderungen im technisch – instrumentellen Subsystem bewerteten die Befragten generell positiv. Die in der ersten Projektphase erfolgreich umgesetzten Projektmaßnahmen wurden auf allen Wohnbereichen implementiert und durch weitere technische Interventionen ergänzt:

- *Die neuen Dienst-, Weck- und Essenszeiten wurden auf allen Wohnbereichen eingeführt.*
- *Implementierung von RAP auf allen Wohnbereichen.*
- *Alle Wohnbereiche wurden untereinander und mit der Verwaltung vernetzt. Die Terminverwaltung sowie die Pflegeplanung erfolgen EDV-gestützt.*
- *Die Pflegeplanung orientiert sich noch an FEAS®; die EDV-Version hatte sich als ungeeignet erwiesen, weshalb die Pflegedokumentation wieder auf Formularbasis erfolgt. Zur Leistungserfassung wurde LPS auf allen Wohnbereichen implementiert („in der „Handhabung" sind die Akteure der anderen Wohnbereiche (noch) unsicher" (E 6).*
- *Die Dienstplanung erfolgt EDV-gestützt*
- *Die Personalbemessung erfolgt nach Pflegeschlüsseln. Nach einem geeigneten Verfahrensinstrument wird gesucht.*

195 Siehe Dokumentenanalyse, Anhang G/1.

Zusammenfassend wurde von den Expertinnen betont, dass sich durch die Implementierung der projektimmanenten Maßnahmen und angebotenen Verfahrensinstrumente die Gestaltung der ressourcen- und mitarbeiterorientierten Arbeitsablaufprozesse – insbesondere die Arbeits- und Pflegeplanung durch RAP – qualitativ verbessert hätten. Bezogen auf die Effekte für den Abbau der Arbeitsspitzen hoben die Befragten hervor, dass die geänderten Weck-, Essens- und Dienstzeiten sowie die Umstrukturierungen in der Pflege und Hauswirtschaft zu einer Entzerrung der „Stoßzeiten" beigetragen hatten. Im Hinblick auf die transparentere und effektivere Gestaltung der Pflege- und Arbeitsprozesse wurde die „Nützlichkeit" der MZT bei der Identifizierung der wichtigsten Schwachstellen hervorgehoben. Aber eine kontinuierliche Anwendung „kommt nicht in Frage", denn die mitarbeiterbezogene Zeit- und Tätigkeitserfassung (MZT) hatte sich als zu umfangreich erwiesen (E 5). Dennoch wird der Arbeitsablauf noch immer durch personelle Engpässe beeinträchtigt (E 6).

Positiv hervorgehoben wurde von den Interviewten die Verbesserung der Informationsprozesse. Auch hier hatte der Folgeprozess – trotz bereits in der ersten Projektphase erzielter Fortschritte – zu einer umfangreichen Weiterentwicklung geführt: Das Informationssystem wurde modifiziert und der Informationsfluss im Gesamtsystem transparenter. Auf allen Wohnbereichen erfolgte eine Umstellung auf das „Mail-System", infolgedessen haben alle Akteure einen schnellen Zugang zu den Informationen (E 5). Bezogen auf die verbesserten Informations- und Kommunikationsprozesse betonten die Befragten, dass auf den Wohnbereichen mehr Dienstbesprechungen stattfinden, dass die Übergaben „intensiver" und „informationsreicher" gestaltet werden und sich die informelle Kommunikation wesentlich verbessert hatte.

Als „ein Projektnachläufer" wurde von Expertin 5 die Tatsache beurteilt, dass von den Mitarbeiter/innen der Pilotstation ein „eigenes Informationssystem" entwickelt wurde. Das Ergebnis wurde – übereinstimmend – als ein großer Erfolg bewertet, denn das neue System hatte für alle anderen Wohnbereiche eine Vorreiterfunktion. Es sieht vor, dass die wichtigsten Informationen von einer verantwortliche Pflegekraft täglich gesammelt und an alle Mitarbeiter/innen (per Mail oder per Ausdruck) weitergeleitet werden.

In diesem Ergebnis zeigt sich deutlich: Wenn die Akteure gefördert und ihnen eigene Freiräume gewährt werden, dann haben die Beschäftigten Raum, Kreativität und Motivation, eigene Vorschläge und Ideen zur Systemgestaltung zu entwerfen.

Zusammenfassend kann festgestellt werden, dass die Projektinterventionen und die Aktivitäten der Akteure zu einer Weiterentwicklung der Organisations- und Funktionsabläufe geführt haben.

3. Veränderungen im sozialen Subsystem

Die Auswertung der Projektergebnisse zeigen, dass die Prozessoptimierung im Gesamtsystem „Pflege" gefördert wurde. Folgende strukturellen Veränderungen wurden implementiert:

- *Das Arbeitszeitmodell der 5,0-Tage-Woche wird auf einzelnen Wohnbereichen erprobt. Geplant ist das Modell innerhalb der nächsten 2 Jahren einzuführen.*
- *Die modifizierten Dienstzeiten[196] gelten für alle Wohnbereiche. Im Geteilten Dienst wird nicht mehr gearbeitet.*
- *Generelle Einführung modifizierter Essens- und Weckzeiten[197].*
- *Die neuen Arbeits- und Dienstzeiten werden inzwischen von allen Vollzeitkräften und Teilzeitkräften akzeptiert.*

Bezogen auf die flexiblen Arbeits- und Dienstzeiten betonten die Interviewten, dass diese erst nach „anfänglichen Widerständen" eingeführt werden konnten. Wie bereits auf dem Pilotbereich hätten sich auch die Akteure der anderen Wohnbereiche zuerst gegen die Neuerungen gestellt, doch „nach anfänglicher Skepsis, Ängsten und Klammern an Gewohnheiten will niemand mehr die alten Arbeitszeiten", P6.

Die nachfolgend skizzierten Auswertungsergebnisse dokumentieren die Entwicklungen, die – über die projektimmanenten Ziele hinaus – realisiert worden sind:

- *Die Leitungskräfte konnten die erworbenen Organisationskompetenzen und Schlüsselqualifikationen verfestigen. Der Professionalisierungsprozess der Leitungskräfte wurde durch Coaching unterstützt.*
- *Die Akteure konnten eine größere Selbständigkeit und Eigenverantwortlichkeit entwickeln, was sich darin zeigt, dass die Pflegekräfte mehr Informationen abrufen, die Dokumentation sorgfältiger bearbeiten, kooperations- und kommunikationsfähiger sind und eigene Verbesserungsvorschläge entwickeln.*
- *Die bereichs- und hierarchieübergreifenden Kommunikations- und Kooperationsprozesse wurden intensiver (mehr Offenheit, Verständnis, Einsicht und Akzeptanz für die Probleme und Anliegen der anderen Bereiche).*

---

196 Siehe Dokumentenanalyse Anhang G/1.
197 Siehe Dokumentenanalyse Anhang G/1.

■ *Das soziale Betriebs- und Organisationsklima hat sich verbessert.*

■ *Entwicklung einer systematischen Personalentwicklung: Fortbildungsangebote zur Gesundheitsförderung und Förderung von Schlüsselqualifikationen und Einführung eines wöchentlich stattfindenden, stationsübergreifenden, moderierten „Personalmeetings".*

Die Ergebnisse machen deutlich, dass in *APE 3* verstärkte Aktivitäten entwickelt wurden, um die unteren Managementebenen und die Pflegeakteure zu professionalisieren und das soziale Arbeitsklima zu fördern.

Ziel des neu entwickelten Fortbildungskonzeptes ist, auf die veränderten Qualifizierungsbedarfe zu reagieren und die Motivation der Pflegekräfte zu fördern *(„Wir wollen ein auf die Klienten zugeschnittenes Fortbildungsprogramm und noch mehr für die Qualifikation und Gesundheit unserer Mitarbeiter/innen tun – und die Motivation und das Engagement fördern", E 5)*.

Das „Personalmeeting" wurde etabliert, damit aktuelle pflege-, team- und organisationsspezifische Themen und Problemlösungsansätze bearbeitet werden und die Pflege- und Leitungskräfte ihre Kompetenzen themenzentriert weiterentwickeln können. Darüber hinaus ist es Ziel, den Dialog unter den Pflege- und Leitungskräften zu fördern (E 5). Somit ist die Institution „Personalmeetings" als eine Art „Lernstatt-Modell" zu identifizieren, denn die Gruppenteilnehmer/innen arbeiten außerhalb ihrer Funktion, freiwillig und autonom zusammen *(vgl. Richter 1999:210)*. Vorausgesetzt die „Lernstatt" wird es zukünftig leisten, das Kreativitäts- und Innovationsvermögen, die Kompetenzen, das Engagement der Beteiligten zu erhöhen, eine organisationale Wissensbasis zu entwickeln und die gemeinsam erarbeiten Wissenspotenziale in praktisches und organisationales Handeln umzusetzen, dann kann das „Lernstatt-Modell" zu einem tragfähigen Baustein der Personalentwicklung werden. In diesem Zusammenhang ist darauf zu hinzuweisen, dass Personalentwicklungsmaßnahmen generell auch das Stress- und Belastungserleben kompensieren und wesentlich zur Arbeitszufriedenheit beitragen.

Im Gegensatz zu den anderen Einrichtungen wurden in *APE 3* keine umfassenden Strukturveränderungen vollzogen, das „alte" Leitungssystem in der Pflege wurde weitgehend aufrechterhalten. Die Neuregelungen in der Aufbauorganisation zielten auf eine klare Definition, Abgrenzung und Modifikation folgender Schlüsselpositionen: Pflegedienstleitung (PDL), Wohnbereichsleitungen (WBL), Schichtleitungen und Pflegefachkraft – lediglich die Position und Aktionsräume der Pflegekräfte erfuhren eine deutliche Aufwertung:

■ *Die PDL behält die Fachaufsicht über die Pflege und die Wohnbereiche und übernimmt die Verantwortung für die Personalführung und -entwicklung.*

▦ *Die Zuständigkeitsbereich der Wohnbereichsleitungen (WBL) wurden erweitert: Die WBL übernehmen mehr Leitungs- und Verwaltungsaufgaben und erhalten die Fachaufsicht über die Stationsorganisation, aber verbleiben noch zu ca. 60 % in der Pflege.*

▦ *Die Zuständigkeiten der Stellvertretung und Schichtleitung wurden nur geringfügig modifiziert. Sie übernehmen eine formal geregelte Unterstützungsfunktion für die Wohnbereichsleitungen.*

▦ *Den examinierten Pflegekräften wurden größere Handlungs- und Gestaltungsspielraume eingeräumt.*

Im Hinblick auf die Beurteilung der erhöhten Freiheitsgrade und erweiterten Partizipationsmöglichkeiten für die examinierten Pflegekräfte komme ich zu einer ähnlichen Einschätzung wie bei *APE 1*[198] und *APE 2*[199]. Durch die Erweiterung der Aktions- und Gestaltungsspielräume (Job Enlargement) und Erhöhung der Aufgabenvielfalt (Job Enrichement) wurden die Fremdbestimmung begrenzt und die Möglichkeiten zu Eigengestaltung des Arbeitsplatzes vergrößert. Dies ist als ein wichtiger Beitrag zur Verbesserung der Arbeitsbedingungen und zur Professionalisierung der Pflegekräfte zu betrachten – beide Aspekte gelten im Kontext der betrieblichen Gesundheitsförderung, Qualitäts- und Personalentwicklung als elementar.

4. Veränderungen im Klientensystem

Die Projektinterventionen zur Erhöhung der Bewohner- bzw. Kundenorientierung wurden von den Befragten generell als erfolgreich bewertet: Die Pflegekräfte nehmen die individuellen Bedürfnisse der Bewohner/innen mehr wahr, der Kontakt zu den Angehörigen wurde intensiver und insgesamt verbleibt mehr Zeit für die Kontakt- und Beziehungspflege (E 6), dennoch ist das Ziel „Bezugspflege" noch nicht erreicht (P5). Positiv wurde bilanziert, dass sich die Kundenorientierung der Pflegekräfte auf allen Stationen mehrheitlich gewandelt hat. Dieser Wandlungsprozess wurde von den Befragten insbesondere auf die Einsichten zurückgeführt, die die Akteure in der Anwendung von RAP gewonnen hatten, aber auch auf die verbesserten informellen Kommunikationsprozesse und Besprechungen im Stationsteam.

Indizien der gestiegenen Bewohner- und Kundenzufriedenheit war Expertin 6 zufolge, dass die Bewohner/innen durch die Veränderungen weniger aggressiv sind (*„weil sie nicht mehr vertröstet werden"*) und dass der Kontakt zwischen

---

198 Siehe Kap. 6.2.2.3.
199 Siehe Kap. 6.2.3.3.

Pflegekräften und Bewohner/innen besser, intensiver und ruhiger, geworden ist (*nicht mehr so hektisch*").

Ergänzend zu den erzielten Ergebnissen der ersten Projektphase konnten in der Folgephase erste Maßnahmen des neu konzipierten Aktivierungskonzepts umgesetzt werden. Erste Erfolge verzeichnen sich – den Befragten zufolge – darin, dass nun eine stärkere Abstimmung zwischen den Bereichen „Aktivierung" und „Pflege" erfolgt, die Kommunikation und Kooperation verbessert wurde und dass zur Umsetzung der (dezentralen) Aktivierung in den Wohnbereichen auch Zivildienstleistende eingesetzt wurden. Darüber hinaus wurden die „Aktivierungsangebote" auf die Wochenenden ausgedehnt.

Mit gezielten und spezifischen Fortbildungen zur psychosozialen Betreuung dementer und alkoholabhängiger Bewohner/innen sowie zur Pflege an multiple Sklerose erkrankten Bewohner/innen und Bewohner/innen im Finalstadium wird auf die veränderten Pflege- und Betreuungsbedarfe reagiert (E 5). Bezogen auf die fachspezifische Qualifizierung der Pflegekräfte gebe es noch Entwicklungsbedarf, einerseits um die Lebens- und Betreuungsqualität der Bewohner/innen kontinuierlich weiter zu verbessern, andererseits um ein spezifisches – nach außen kommuniziertes – Angebots- und Konkurrenzprofil zu formen – auch mit dem Ziel, die Wettbewerbsfähigkeit zu erhöhen, so Expertin 5.

Zusammenfassend kann festgestellt werden, dass die initiierten Veränderungen zu einer deutlichen Erhöhung der Versorgungs-, Pflege- und Betreuungsqualität geführt haben.

5. Auswirkungen auf das Gesamtsystem

Im Hinblick auf die „Erhöhung der Wirtschaftlichkeit" waren – aus Sicht der Befragten – noch keine einschneidenden Erfolge zu verzeichnen. Genannt wurde hier lediglich, dass die Mitarbeiter/innen gelernt hatten, mit den materiellen Ressourcen wirtschaftlicher umzugehen. Expertin 5 verwies darauf, dass bei den Wohnbereichsleitungen ein Umdenkungsprozess stattgefunden hat: Das Projekt hatte deren Verständnis und Einsicht in die interdependenten Zusammenhänge zwischen „Arbeitslogistik", „wirtschaftlicher Auslastung der Ressourcen" und „Zufriedenheit des Personals" gefördert (E 5).

In Bezug auf die Verbesserung der Effektivität kamen meine Gesprächspartnerinnen zur gleichen Bewertung wie die Befragten der beiden anderen Einrichtungen: Durch die Verbesserung der Arbeitsprozesse und -strukturen wurde eine höhere Effektivität erzielt.

Die Frage, welches „Rüstzeug" die Einrichtung und ihre Organisationsmitglieder erworben haben, um „dauerhaft einen kontinuierlichen Verbesserungsprozess durchzuführen", führte zu unterschiedlichen Bewertungen. Expertin 5 schlussfolgerte: Durch die Anwendung der neuen Verfahrensinstrumente kann der Ist-Zustand systematisch erfasst und der Soll-Zustand der Pflege- und Arbeitsprozesse diagnostiziert werden. In der systematischen Gestaltung der Arbeitsorganisation und Arbeitsabläufe, die unter Einbeziehung der Pflegekräfte erfolgt, haben die Betroffenen gelernt, eigene Handlungsstrategien zu entwickeln. Entscheidend ist, dass die Prozesse und Ergebnisse in den Teamsitzungen nun gemeinsam reflektiert und kommuniziert werden. Da die anderen Wohnbereiche noch in der Umsetzungsphase sind, ist eine abschließende Beurteilung nicht möglich (E 5). Die andere Probandin verwies darauf, dass alle Pflegekräfte durch die EDV-Vernetzung Zugang zu den wichtigsten Informationen haben (E 6).

Die abschließende Frage, ob das Projekt die Selbstorganisation gefördert hatte, führte zu einem ähnlichen Ergebnis wie in *APE 1*. Aus Sicht der Befragten hatte das Pilotprojekt zu vielen Entwicklungsansätzen und zu einer Verbesserung der Handlungskompetenzen der OE-Akteure geführt, dabei hatten die Prozess- und Strukturveränderungen in der Stationsorganisation eindeutig Priorität. Nach Aussage der Befragten hatte *„die Bereitschaft der Mitarbeiter/innen von anderen zu lernen"*, *„die erhöhte Selbständigkeit der Teams"* (E 6) und *„die Aufgeschlossenheit des Personals gegenüber Veränderungen"* (E 5) wesentlich dazu beigetragen, die Akteure zu Selbstorganisation zu befähigen; sie hätten gelernt, die Stationsorganisation und die Nahtstellen zu den benachbarten Fachbereichen professioneller zu gestalten und Verbesserungs- und Anpassungsprozesse und Problemlösungen in ihrem Arbeitsfeld zu initiieren und selbständig durchzuführen. Ein umfassender Entwicklungs- und Umstrukturierungsprozess, der weitere Dimensionen umschließt, muss – nach den Aussagen der Befragten – noch durch eine externe OE-Beratung unterstützt werden, aber durch ein internes Projektmanagement intensiv begleitet werden.

6. Beurteilung der externen OE-Beratung und des internen Projektmanagements

Positiv, im Hinblick auf die externe Prozessberatung in der zweiten Projektphase wurde von einer Befragten (Projektmitglied) der Erfahrungsgewinn durch die gemeinsamen „Vor-Ort-Begehungen" in den anderen Einrichtungen und der erfolgte Austausch unter den Projekteinrichtungen und den Projektmitgliedern hervorgehoben. Die Einschätzung der Beratungsarbeit gleicht dem Evaluationsergebnis von *APE 1* und *APE 2*: Der Erfahrungsaustausch und der „Blick von außen" hatten zu einem tieferen Einblick und Verständnis in die Veränderungs- und Entwicklungsprozesse der anderen Einrichtungen, aber auch zu Reflexionsprozessen über die eigenen Lern- und Entwicklungsprozesse geführt. Wie bereits in der ersten Gruppenevaluation wurden die Vorteile der Verbundqualifizierung und der „gepoolten Beratung" sehr positiv hervorgehoben. In dieser Einschätzung kommt zum Ausdruck, dass der Austausch und die gemeinsame Reflexion über die Implementierungsprozesse von nicht zu unterschätzenden Bedeutung für das Verständnis, aber auch die Entlastung der Change Agents ist. Der „Blick über den Tellerrand" eröffnet eigene Distanzierungsmöglichkeiten und bereichert die Impulsgebung von OE-Akteuren, was für den Ansatz der „gepoolten Beratung" spricht.

Als verbesserungswürdig wurde die Anzahl an Vor-Ort-Beratungen genannt; für eine wirkungsvolle Prozessbegleitung sind – nach dem Ermessen der Befragten – drei bis fünf Beratungstermine in der geplanten einjährigen Projektphase viel zu knapp kalkuliert. Darüber hinaus stellte die Expertin 5 fest, dass die Informations- und Kommunikationsprozesse seitens der BFOE zwar verbessert wurden, aber dass es auch im zweiten Projektjahr noch immer Defizite gab („Es gab keine Protokolle und die Ansprechpartner waren oft nicht erreichbar"). Kritisiert wurde von ihr darüber hinaus, dass der Übergang von der Pilotphase (strukturierte Prozessgestaltung) in die Folgephase (weitgehend selbstgestaltete Entwicklungsphase) nicht ausreichend begleitet wurde; so hatte die Projektgruppe aus APE 3 in der zweiten Phase den Eindruck gewonnen, „nicht mehr so wichtig zu sein". Diese Aussagen bezogen sich vornehmlich auf die erste Projektphase und bestätigten die Erkenntnisse, die bereits durch die Gruppenevaluation gewonnen wurden: „Zu wenig Besprechungen mit allen Stationsmitgliedern", „Mitarbeiter/innen wussten nie, was auf sie zukommt, da Ziele unklar waren", „viel Skepsis ist entstanden durch fehlende Information".

Als die wichtigsten projekthemmenden Faktoren des internen Projektmanagements benannten beide Befragten den hohen Belastungsfaktor für die Leitungs- und Pflegekräfte und dass sich die PDL zu wenig engagierte („die PDL stand abseits", E 6).

Prozessförderlich war hingegen das engagierte Mitwirken der Mitarbeiter/innen, die Unterstützung einzelner Akteure des Pilotbereichs bei der Implementierung der Projektmaßnahmen auf den anderen Wohnbereichen und „dass alle an einem Strang zogen und durch die Projektleitung und -gruppe immer wieder motiviert und sehr gut unterstützt wurde", E 5.

7. Zusammenfassung

Zusammenfassend werden die Ergebnisse und Entwicklungen skizziert, die im zweiten Projektjahr realisiert wurden:

▓ Verbesserungen und Entwicklungen im Hinblick auf die Prävention arbeitsbedingter Gesundheitsgefahren:

Abbau von Arbeitsspitzen, Erhöhung der Motivation und Arbeitszufriedenheit, Reduzierung krankheitsbedingter Fehlzeiten und Fluktuationsraten, Entwicklung von gesundheitsförderlichen Programmen.

▓ Verbesserungen und Entwicklungen im technisch – instrumentellen Subsystem:

Verbesserung der Arbeitseinsatzplanung hinsichtlich Ressourcen- und Mitarbeiterorientierung, Flexibilisierung der Dienst- und Essenszeiten und Implementierung der Verfahrensinstrumente im gesamten Pflegebereich, Verbesserung des Informationssystems.

▓ Verbesserungen und Entwicklungen im sozialen Subsystem:

Erprobung der 5-Tage-Woche auf einigen Wohnbereichen, Professionalisierung der Leitungs- und Pflegekräfte durch Entwicklung von Schlüsselqualifikationen, erweiterte Gestaltungs- und Handlungsspielräume für Leitungs- und Pflegekräfte, gezielte Fortbildungs- und Trainingsangebote für die Akteure, Coaching, Verbesserung der Personalausstattung, verbesserte Kommunikations- und Arbeitsbeziehungen und Gründung einer Lernstatt.

▓ Verbesserungen und Entwicklungen im Klientensystem:

Verbesserung der Pflegeplanung, Verbesserung der Pflege- und Betreuungskonzepte, Erhöhung der Bewohnerorientierung und Implementierung eines neuen Aktivierungskonzepts.

▓ Auswirkungen auf das Gesamtsystem:

Verbesserung der Effektivität, Befähigung zur Problemlösung und zur Durchführung notwendiger Anpassungsprozesse.

Die Evaluationsergebnisse verdeutlichen, dass die Projektziele zur Optimierung der Arbeitslogistik im zweiten Projektjahr umfassend realisiert werden konnten.

Die Auswertung der zweiten Projektphase hat gezeigt, dass die „Skeptiker" (Gruppe 2 bei der Gruppenevaluation) mit ihrer Befürchtung „die Stimmung ist am Kippen und es herrscht große Unzufriedenheit" nicht Recht behielten. Der Projektgruppe und den Mitarbeiter/innen gelang es durch die Projektaktivitäten die Entwicklungen zur Prävention arbeitsbedingter Gesundheitsgefahren voranzutreiben und – bis auf die Verminderung des Stress- und Belastungserlebens – wichtige Erfolge zur Verbesserung der Arbeitszufriedenheit und der Entwicklung der informellen und formellen Organisationsstrukturen zu erzielen.

Bezogen auf das Stress- und Belastungserleben hatte die von mir durchgeführte Erhebung in differenzierter Weise gezeigt, dass die organisationsbedingten Belastungsfaktoren abgebaut werden konnten, dass jedoch das subjektive Belastungsempfinden unvermindert hoch geblieben ist.

Meine Untersuchungsergebnisse werden durch die Bewertungsergebnisse in der von IGES durchgeführten Befragung weitgehend gestützt (siehe Abb. 41).

Abbildung 41: Bewertung der Projektergebnisse durch die Mitarbeiter/innen des Pilotbereichs und die Leiter/innen der übrigen Wohnbereiche von APE 3

Was hat sich durch das Projekt für Sie verändert? (MAB)

Quelle: IGES 2002:85

Abb. 41 dokumentiert, dass durch das Pilotprojekt die Ziel- und Ergebnisgrößen wie Reduzierung der körperliche Belastungen und Abbau von Stress, Hektik und Zeitdruck nur tendenziell realisiert werden konnten. In der Evaluation von IGES gab es gruppenvariierende Bewertungen dahingehend, dass die OE-Akteure aus dem Pilotbereich die Projektauswirkungen auf die genannten Größen generell schlechter beurteilten als die Leitungskräfte der anderen Wohnbereiche[200]. Die Bewertungsunterschiede bezogen auf Stress, Hektik und

---

200 Diese Auswertungsergebnisse wurden von IGES nicht interpretiert.

Zeitdruck erklären sich aus meiner Sicht durch die Belastung der Akteure der Pilotstation durch die Projektaktivitäten.

Ein Projekterfolg ist – wie Abb. 41 zeigt –, dass die Arbeitszufriedenheit und die Motivation der Akteure im gesamten Pflegebereich erheblich gesteigert werden konnte. Aus meinen Evaluationsergebnissen konnte abgeleitet werden, dass dieses Ergebnis vornehmlich auf die erzielten Entwicklungen in den sozialen Dimensionen zurückzuführen war, denn aus Sicht der OE-Akteure hatten die Projektinterventionen entscheidend zu diesem Prozesserfolg beigetragen (*„Die Verbesserung der informellen Strukturen und Beziehungen war ein großer Pluspunkt des Projekts"*, E 5).

Die Gestaltung der Veränderungsprozesse erfolgte im Folgeprozess unter systematischer Einbeziehung der betroffenen Akteure. Das zeigte sich auch darin, dass viele der Ziele[201] und Handlungs- und Gestaltungsempfehlungen[202], die von den befragten OE-Akteuren in der Gruppenerhebung erarbeitet wurden, in der zweiten Projektphase berücksichtigt wurden.

Das lässt den Schluss zu, dass der in der ersten Projektphase begonnene Reflexionsprozess sowie der Einstellungs- und Wertewandel der Leitungskräfte zu einer veränderten Führungspraxis geführt hatte, aber auch dass die Beteiligung der OE-Akteure im Prozessgeschehen entscheidend dazu beitrugen, die Akzeptanz, die Werthaltungen und die Eigeninitiative der Akteure zu erhöhen. Somit hatte nicht nur Anpassungs-, sondern auch Veränderungslernen stattgefunden.

Die Tragfähigkeit der erfolgten Lern- und Entwicklungsprozesse spiegeln sich darüber hinaus in den Konzepten zu einer strategischen und systematischen Personalentwicklung wider: Als systematisch sind die Personalentwicklungskonzepte deshalb zu charakterisieren, weil sie die individuelle und kollektive Förderung und Entwicklung von Kompetenzen und Qualifikationen im Kontext individueller und organisationsbezogener Ziele anstreben; als Ansatz einer strategieorientierten Personalentwicklung, weil die Qualifizierungs- und Entwicklungsbemühungen in Wechselwirkung zu den organisatorischen und individuellen Entwicklungsanforderungen gestellt werden (*vgl. Olfert 1997:712; Heeg/Münch 1993:321; Sattelberger 1995b:23*)[203].

Somit zeigen sich im Pflegemanagement erste Ansätze einer veränderten Führungs- und Unternehmenskultur. Diese manifestiert sich auch darin, dass

---

201 Siehe Kap. 6.2.4.1.2.
202 Siehe Kap. 6.2.4.1.2.
203 Siehe auch Kap. 3.4.5.1.

die Verantwortung für die Durchführung der Arbeits- und Fehlzeitenanalyse dem Gesundheitszirkel übertragen wurde. Aus Forschungssicht ist dies als ein Zeichen dafür zu werten, dass der Gesundheitszirkel in die gesundheitsförderliche Arbeits- und Organisationsgestaltung integriert wurde. Der Gesundheitszirkel erhielt als Gestaltungs- und Beteiligungsinstrument eine stärkere Gewichtung und wurde somit in modifizierter Form als Instrument der Arbeits- und Organisationsgestaltung verfestigt.

Aus den Untersuchungsergebnissen ist abzuleiten, dass die Akteure gelernt hatten, arbeitsfeldbezogene Probleme, Planungs-, Steuerungs- und Verbesserungsprozesse selbständig und eigenverantwortlich zu bewältigen. Darüber hinaus zeigen sich erste Ansätze, dass die Akteure des Pilotbereichs in der Lage sind, tragfähige Entwicklungs- und Veränderungsprozesse, welche die Arbeitsorganisation der Pflege betreffen, selbstorganisiert zu initiieren und durchzuführen.

Der Lernerfolg manifestiert sich für die Akteure somit auf einer individuellen und kollektiven Ebene, die für die zukünftige Unternehmensentwicklung und deren strategische Ausrichtung ebenso notwendig wie nützlich sein wird:

> „Im Projekt haben wir gelernt, auch die positiven Aspekte unserer Tätigkeit, die Entwicklungsfortschritte zu sehen und zu erkennen und transparent zu machen. Das war das Schöne an der Arbeit, auch wenn die zusätzliche Arbeit mit viel Stress und Mehrarbeit verbunden war. Aber es war befriedigend zu sehen, was alles erreicht wurde und das war positiv für die Motivation – für einen selbst und die Arbeit im Team. Außerdem war es wichtig zu lernen, nicht nur an morgen, sondern auch an übermorgen zu denken" (E 5).

In diesem Beitrag bestätigt sich einerseits, die wichtige Entscheidung, das Projekt um ein Jahr zu verlängern und andererseits bewahrheitet sich darin, dass – wenn OE-Ziele erreicht werden –, „[...] fühlen sich die betroffenen Menschen fähiger und erfolgreicher. Dies bewirkt wiederum eine Steigerung des Anspruchsniveaus, der Selbstwertgefühle und des Gruppenbewusstseins" (French/Bell 1994:128).

6.2.4.4. Resümee

Die Bewertung der Ausgangs- und Problemlage von *APE 3* gestaltet sich schwieriger als die von *APE 1* und *APE 2*. Die Analyse der internen Ausgangs- und Rahmenbedingungen[204] zeigte, dass die technisch-instrumentellen und strukturellen Dimensionen von *APE 3* bereits vor Projektbeginn den veränderten externen An-

---

204 Siehe Kap. 6.1.1.

forderungen stufenweise angepasst worden waren, eine adäquate synchrone Entwicklung der normativen Unternehmenswerte war hingegen nicht erfolgt. Die Organisationskonfiguration verweist auf eine ausdifferenzierte Aufbau- und Arbeitsorganisation: Die Organisations- und Leitungsstruktur war demokratisiert, ein Stab-Linien-System etabliert, die Instrumente zur Prozessgestaltung modernisiert, Gremien und Zirkelgruppen in die Organisationsgestaltung eingebunden und die 5,5-Tage-Woche eingeführt. Andererseits zeigen die Strukturelemente und die normative Unternehmensdimension diverse Schwachstellen: Die Personalunion von Geschäftsführung und Verwaltungsleitung stand im Widerspruch zu dem kollektiven Führungsanspruch; die Führungskräfte der höheren Managementebenen waren – als Verantwortliche und somit in ihrer Führungsfunktion – in die Zirkelarbeit eingebunden, dadurch wurde eine hierarchiebetonte Ausrichtung der Organisations- und Führungsstrukturen aufrechterhalten, die Arbeitszeiten und Verfahrensinstrumente waren in kein prozess- und ressourcenorientiertes Konzept zur Dienst- und Ablaufgestaltung eingebunden und im Leitsystem waren weder strategische Ziele noch ein Pflegeleitbild noch ein umfassendes Qualitätsmanagementkonzept verankert. Beim Fehlen entsprechender Handlungsleitlinien und -ziele besteht die Gefahr, dass sich Leitungskräfte wie Akteure eigene Ziel- und Wertmaßstäbe setzen, die Führungs- und Koordinationsprobleme zunehmen und die Leistungsfähigkeit sowie die Wertschöpfung vermindert wird (*vgl. Glasl/Lievegoed 1996:66ff*). Die Leitungskräfte waren in den Erhebungen sehr bemüht, die Organisationsdefizite und -probleme in den ursächlichen Zusammenhang zu den externen Rahmenbedingungen zu stellen. Doch die Folgen für das Pflegehandeln wie Führungs-, Informations-, Kommunikations-, Schnittstellen- und Steuerungsprobleme, die durch die Gruppeninterviews offensichtlich wurden und die angespannte personelle Ressourcen aufgrund der hohen Fehlzeiten- und Fluktuationsraten sind als Zeichen dafür zu werten, dass sich *APE 3* in einer Krise der späten Differenzierungsphase befindet – jedoch an der Schwelle zur Integrationsphase steht.

Die abschließende Betrachtung der implementierten Veränderungs- und Entwicklungsprozesse konzentriert sich nun auf folgende Fragestellungen:

- *Was hat sich verändert?*
- *In welcher Ausprägung wurde ein OE-Prozess implementiert?*
- *Wenn ja, wurden organisationale Lern- und Entwicklungsprozesse initiiert?*

Die Ergebnisse der erfolgten Organisationsveränderung sind in nachfolgender Tabelle 28 dargestellt:

Tabelle 28: Übersicht über die in APE 3 implementierten Veränderungs- und Entwicklungsprozesse

Innensystem	Zum Umfeld
Technisch – instrumentelles Subsystem	
Optimierung der primären und sekundären Prozesse durch ressourcenorientierte Arbeitsablaufplanung, Verbesserung der Informationsprozesse und Implementierung neuer Verfahrensinstrumente, Einführung neuer Dienstzeiten	
Soziales Subsystem	
Einführung der 5-Tage-Woche (einzelne Bereiche), Synergieeffekte zwischen Pflege und Aktivierung, Verbesserung der personellen Ressourcen, Erweiterung der Wissenspotenziale, Professionalisierung der Pflege- und Leitungskräfte, Verbesserung der Kommunikations- und Gesprächskultur, des Team- und Arbeitsklimas, Modifizierung der Leitungsstrukturen im unteren Management, Institutionalisierung des Gesundheitszirkels als Instrument der Arbeits- und Organisationsgestaltung sowie Einstellungs- und Verhaltensänderung bezogen auf Kunden- und Mitarbeiterorientierung, strategische Personalentwicklung.	Pflege der Beziehungen zu anderen Einrichtungen: Aufbau eines Netzwerkes.
Kulturelles Subsystem	
Entwicklung neuer Pflege- und Aktivierungskonzepte und eines Pflegeleitbilds, Steigerung der Bewohner- und Mitarbeiterorientierung, Umdenkungsprozess bezogen auf die Notwendigkeit systematischer und kontinuierlicher Veränderungs- und Entwicklungsprozesse.	Entwicklung eines Konkurrenzprofils.

Vor dem Hintergrund der Ergebnisse – vgl. Tab. 28 – ist das durchgeführte Pilotprojekt als erfolgreich zu bewerten. Die Projektmaßnahmen hatten in der Pflege einen umfassenden Anpassungs- und Entwicklungsprozess eingeleitet. Die Arbeitslogistik und Prozessabläufe wurden optimiert, die Arbeitszufriedenheit tendenziell erhöht, die organisationsbedingten Stressoren abgebaut und die sozialen und strukturellen Arbeitsbedingungen verbessert. In ihren Auswirkungen auf den Leistungsprozess trugen die Veränderungsmaßnahmen nicht nur zu einer erhöhten Bewohnerorientierung bei, sondern bewirkten eine Verbesserung der Prozess-, Struktur- und Ergebnisqualität. Die initiierten Veränderungen führten zu einer gesundheitsförderlichen Arbeits- und Organisationsgestaltung, darüber hinaus wurden im Pflegemanagement elementare Bezugspunkte und Ansätze für ein „Change Management" entwickelt. Wie bereits im Resümee von APE 2 skizziert, sind die angestrebten Ziele der betrieblichen Gesundheitsförderung und des Change Managements im Hinblick auf die Entwicklung folgender Ressourcenfaktoren identisch: Mitarbeiter- und kundenorientierte Prozessgestaltung, stabiles soziales Gefüge, Sicherstellung der informellen und formellen Kommunikation, Selbststeuerung, Professionalisierung der Leitungs- und Pflegekräfte sowie interaktive System- und Führungsstrukturen.

Die Erhöhung der Personalausstattung, die entstandene Diskussion über die Struktur der Heimleitung, die Pflegeleitbildentwicklung und die Einrichtung einer Lernstatt sind als ungeplante Ergebnisse zu bewerten. Einen unbeabsichtigter Effekt war der Führungswechsel im mittleren Management am Ende der Folgephase[205].

Prozessförderlich waren u. a. Faktoren wie externer und interner Handlungsdruck, ein bei den Führungskräften vorhandenes Lern- und Entwicklungspotenzial, zielgerichtete Projektimplementierung durch das interne Projektmanagement, die Konfliktmoderation vor Ort, die Beratungshotline und der Wissenstransfer in der „gepoolten Beratung". Hingegen erwiesen sich – wie bereits bei den anderen Einrichtungen – Faktoren wie die unzureichende Berücksichtigung der OE-Prämissen und fehlende Rückmeldung der MZT – Ergebnisse, Enttäuschungen, sinkender Veränderungswillen im ersten Projekthalbjahr und mangelnde Unterstützung durch die Geschäftleitung als prozesshinderlich.

Auch die Auswertung des OE-Prozesses gestaltet sich schwieriger als die von APE 1 und APE 2, denn durch den OE-Prozess wurden widersprüchliche Ergebnisse und Reaktionen bewirkt, die in wissenschaftlicher Exaktheit schwer zu erfassen sind. Deshalb werden die initiierten Veränderungs- und Entwicklungsprozesse nachfolgend unter Maßgabe der die OE konstituierenden Ziele, Zielebenen und Prämissen bei der Gestaltung und Steuerung der Veränderungsprozesse differenzierter betrachtet.

Die Datenerhebung hatte gezeigt, dass im ersten Projektjahr eine sukzessive Verbesserung der technisch-instrumentellen und sozialen Subsysteme, verzahnt mit partiellen Strukturveränderungen erfolgte. Erst im zweiten Projektjahr

---

205 Inwiefern das Pilotprojekt den Führungswechsel in *APE 3* verursachte oder beschleunigte, bleibt auch bei *APE 3* im Spekulativen. Wie bereits in *APE 1* hatten sich die Einrichtungsvertreter/innen sehr bedeckt gehalten. Mein Eindruck war, dass der Führungswechsel im Kontext der erfolgten Veränderungsprozesse stand.

wurde eine interdependente Veränderung technisch-instrumenteller, sozialer, struktureller und teilweise kultureller Organisationsdimensionen erzielt. Somit wurde in *APE 3* ein vieldimensionaler bzw. integrierter OE-Prozess auf der Pilotstation implementiert (Insellösung), der stufenweise auf andere Wohnbereiche und Funktionsbereiche übertragen wurde (vgl. *Doppler/Lauterburg 1999: 156ff; Franke 1993:53*).

Aus den Untersuchungsergebnissen ist abzuleiten, dass die klassischen OE-Ziele wie Erhöhung der Effektivität, Verbesserung der Humanität und die individuelle und kollektive Lern-, Veränderungs- und Entwicklungsbereitschaft partiell in den involvierten Bereichen gefördert wurden.

Der Implementierungsfokus in *APE 3* richtete sich im ersten Projektjahr auf die zielgerechte Umsetzung der Projektmaßnahmen; zunächst erfolgte eine Adaption an die vordefinierten Ziele. Ihrer Aufgabe und Verantwortung, für Transparenz, Information und Partizipation zu sorgen und Lernprozesse zu initiieren, konnten die internen Change Agents in der ersten Projektphase nicht ausreichend nachkommen. Die Projekt- bzw. Steuerungsgruppe hatte die Projektmaßnahmen in der beginnenden Aktionsphase – im „top-down-Verfahren" – implementiert. Damit Vertrauen, Veränderungsmotivation, Problemlösungskompetenzen sowie Ziel- und Umsetzungsakzeptanz wachsen kann, hätten die Akteure im Feld intensiver am OE-Geschehen partizipieren müssen, denn „[...] die aktiv-verantwortliche Beteiligung der System-Mitglieder ist eine wesentliche Grundlage für das Lernen im OE-Prozess" (*Gairing 1999:204*).

Über diese Defizite der Prozessgestaltung hinaus kam erschwerend hinzu, dass die Projektgruppe ausschließlich mit Leitungskräften besetzt war und dass sich die externe OE-Beratung in der beginnenden Aktionsphase nahezu einseitig auf den Wissens- und Methodentransfer ausrichtete.

Die von den Akteuren zum Ende der ersten Projektphase eingeforderte Transparenz und Partizipation an der Unternehmensentwicklung zeugt jedoch von einem gewandelten Lern-, Entwicklungs- und Problembewusstsein bei den OE-Trägern und belegt, dass bestehende Normen (wie hierarchisches Denken) und Handlungsmuster (wie betriebsbezogene Organisation der Leistungserstellung und Adaption vordefinierter Projektziele) reflektiert und kritisch hinterfragt wurden. Durch ihre negativen Erfahrungen im Umsetzungsprozess konnten sie Veränderungslernen entwickeln (vgl. *Probst/Büchel 1998:36ff*).[206] In dem Lern- und Entwicklungsprozess zeigt sich jedoch ein elementarer Unterschied zu den OE-Prozessen in *APE 1* und *APE 2*. In *APE 3* wurden zwar einige Pflegekräfte

206 Siehe Kap. 3.3.4.

in den Prozess der Zielbestimmung (Steuerungsgruppe) einbezogen, doch an der Projektgruppe (Projektverantwortung) wurden sie nicht beteiligt. Erst als die Pflegekräfte ihre Partizipationsrechte vehement einforderten – ihr Veränderungslernen so weit verankert war, sich selbst als Träger der OE zu definierten – wurden sie aktiv in den OE-Prozess miteinbezogen. Erst zu diesem Zeitpunkt hat in *APE 3* die eigentliche OE begonnen.

Der Widerstand und die Forderungen einzelner OE-Akteure führte bei den internen Change Agents zu einem Umdenkungsprozess; die Dichotomie zwischen Formulierung/Planung und Implementation wurde aufgehoben. Im weiteren Prozessgeschehen erfolgte eine Einbindung der Akteure und ihrer Interessens- und Aktionspotenziale – die individuellen und kollektiven Lern- und Entwicklungsprozesse der Beteiligten wurden gefördert. Begünstigt wurde diese Entwicklung durch die verbesserten Kommunikations- und Informationsstrukturen und die kooperative Zusammenarbeit zwischen Projekt- und Steuerungsgruppe. Motor dieser Entwicklung jedoch waren die Akteure: Der kulturelle Wertewandel – bezogen auf die partizipative Führung im Pflegemanagement – wurde durch die Basis initiiert. Somit komme ich zu folgender Erkenntnis: Der OE-Prozess begann am Ende der ersten Pilotphase und wurde von der Basis kollektiv und evolutionär stufenweise entwickelt.

Die ganzheitlich-systemischen OE-Konzepte verwenden in der Übertragung ihrer Ansätze auf soziale System den Begriff „Selbstorganisation" im prozessualen Sinne und orientieren sich an einem evolutionären Organisationsverständnis: „Das Konzept der Selbstorganisation ist nun keine Strukturlösung (Inhaltstheorie), sondern eine Strukturierungslösung (Prozesstheorie). Beim funktionalen Organisationsbegriff wird das Neue dem System vorgegeben, beim evolutionären Organisationsbegriff bringt das System [...] das Neue selbst hervor" (*Beisel 1994:265*). Aus den Aussagen der OE-Akteure konnte abgeleitet werden, dass die Prozessbeteiligten in der zweiten Projektphase durch die „Hilfe zur Selbsthilfe" befähigt wurden, notwendige Entwicklungsprozesse innerhalb der Pflege- und Stationsorganisation und an den Nahtstellen zu den Funktionsbereichen selbstorganisiert durchzuführen, und die jeweiligen Anpassungsprozesse in ihren Systemen selbst zu steuern. Das Ergebnis war: Erstens hatten sie gelernt, ihre Handlungsroutinen und Handlungsweisen zu reflektieren, zu kommunizieren und zu korrigieren und zweitens wurde von ihnen neue Strukturen (Informationssystem, bereichsübergreifende Synergieeffekte) und ein neues Konzept zur Personalentwicklung (Lernstatt) generiert. Ein gestufter Prozess der Organisationsentwicklung hat stattgefunden, allerdings blieb er auf die Pilotstation und die involvierten Funktionsbereiche begrenzt – auch wenn einzelne Ansätze einer weitreichenden Unternehmens-entwicklung (Heimleitung, Produktpolitik) erkennbar sind.

In Sinne der Definitionsmerkmale der Lernenden Organisation konnte somit lediglich die Pilotstation zu organisationalem Lernen befähigt werden: Die erfolgten individuellen und kollektiven Lern- und Entwicklungsprozesse zur Wissenserweiterung und Verhaltensmodifikation wurden von den Akteuren als eigener Prozess adaptiert und führten nicht nur zu Anpassungslernen (single-loop-learning), sondern auch zu Veränderungslernen (double-loop-learning) und darüber hinaus zu Prozesslernen (*vgl. Probst/Büchel 1998:37f*). Wie bereits in *APE 2* erwähnt, können sich Systeme nur dann zu Lernenden Organisationen entwickeln, wenn das Wissen über die Lern- und Entwicklungsprozesse gemeinsam und öffentlich reflektiert, unternehmensweit kommuniziert wird und zur Entwicklung einer gemeinsamen Wissensbasis führt (*vgl. Sackmann 1993:229*)[207]. Diese Prämissen wurden in der Folgephase teilweise dadurch erfüllt, dass es auf der Pilotstation eine öffentliche Kommunikation und Reflexion gegeben hat, eine kollektive Umsetzung durch die betroffenen Akteure erfolgte und die Partizipation, Information und Autonomie der Akteure bei der Prozessgestaltung, bei der Gesundheitsförderung und bei partiellen Problemlösungen durch die Etablierung der Lernstatt sichergestellt wurde (*vgl. Grossmann 1995:58ff*).

Ich ziehe folgendes Fazit: Die durch das Pilotprojekt initiierte „Organisations-Entwicklung" ist als erfolgreich zu betrachten. Denn im Gesamtsystem wurden abgestufte Entwicklungen – in allen Unternehmensdimensionen bzw. Wesenselementen – erzielt und damit ein wichtiges OE-Paradigma „mehr dimensionale Entwicklung" erfüllt. Ein weitreichender Evolutions- und Emanzipationsprozess wurde insofern gefördert, dass der Prozess zum Türöffner in die Integrationsphase wurde und in den involvierten Bereichen erste Schritte zur lernenden Organisation verwirklicht wurden. Die dynamische Unternehmens-entwicklung als Überleitung in die Integrationsphase fand jedoch dort ihre Grenzen, wo das Top-Management nicht als Antriebsfeder für den Strategie- und Kulturwandel agierte und es versäumte, entsprechende Strukturveränderungen zu verankern. Der OE-Prozess blieb somit auf die mittlere und untere Management- und Ausführungsebene und die Funktionsbereiche begrenzt; die latente Wirkung auf die Gesamtorganisation bleibt abzuwarten.

Dass der OE-Prozess auf der Pilotstation als erfolgreich zu bewerten ist, ist eher als ein „dennoch" zu bewerten – und dem Veränderungswillen und Enga-

---

207 Siehe Kap. 3.3.4.

gement der Basis und der Fähigkeit der unteren Managementebene zu Selbstreflexion und der kollektiven Fähigkeit zu Selbstorganisation, Prozess- und Veränderungslernen zuzuschreiben. Ein OE-Erfolg – voller Widersprüche.

6.3. Zusammenfassende Diskussion der Forschungsergebnisse

Was aber möglich ist, in der Tat, ist Veränderung.
Und die verändernde Wirkung, die von neuen „Konzepten" ausgeht,
erzieht uns zu neuer Wahrnehmung und neuem Bewusstein"
(Ingeborg Bachmann).

Einen wirksamen Ansatzpunkt zur betrieblichen Gesundheitsprävention sieht die BGW in der Organisationsentwicklung, den geeigneten Lösungsansatz in der „Optimierung der Arbeitslogistik". Mit ihrem als „gepoolte Organisationsberatung" konzipierten Handlungsmodell betritt die BGW im stationären Altenpflegebereich Neu- und Entwicklungsland.

Da zu diesem Handlungs- und Beratungsmodell noch keine vergleichbaren Forschungsergebnisse vorliegen, werden abschließend die implementierten Veränderungs- und Entwicklungsprozesse zusammenfassend diskutiert und die typologischen Merkmale der „gepoolten Beratung" reflektiert.

1. Zur Bewertung des Organisations- und Handlungsmodells

Die aus dem übergeordneten Projektziel abgeleiteten projektimmanenten Ziele des Projektauftrags richteten sich auf die Restrukturierungs- und Anpassungsprozesse zur mitarbeiter- und kundenorientierten System- und Prozessgestaltung im Bereich der Arbeitsorganisation der Pflege. Die mit der inhaltlichen Gestaltung und Durchführung der Beratungsprozesse beauftragte Beratungsfirma BFOE fokussierte den Lösungsansatz auf die Optimierung der Arbeitslogistik und – abweichend von der Projektintention der BGW – das Veränderungsziel auf die Befähigung der Organisationen und ihrer Akteure zur dauerhaften, selbstorganisierten Problemlösung und somit auf die lern- und entwicklungsfähige Organisation. Die projektimmanenten Ziele der beteiligten Institutionen waren – mit Ausnahme der sozial-kommunikativen Ziele, die weder identisch noch operationalisiert waren – weitgehend kompatibel; der Beratungsprozess hingegen wurde anders konnotiert und damit zur Voraussetzung für die Implementierung der OE-Prozesse. Die Divergenz in der Zielrichtung der intendierten Lern- und Entwicklungsprozesse wurde im Prozessgeschehen für BFOE zum Balanceakt, bei dem es galt, die Interventionen zwischen den Projektvorgaben und den Zielen der OE-Beratung auszuloten; infolge führte dies zu Irritation bei den Projektteilnehmern (*„Ich würde das Wort „Organisationsentwicklung" eher in den Vordergrund stellen als „Arbeitslogistik", dann kriegt das Ganze einen anderen Charakter"*, Person 7, APE 2).

In meiner (deskriptiven) Erfassung des Systemkontexts, die der Analyse und Sichtung relevanter externer Rahmenbedingungen diente, habe ich die These aufgestellt, dass im Spannungsfeld der komplexen Anforderungen an die stationären Altenpflegeeinrichtungen und ihrer Akteure und der zentralen Problemfelder der Altenpflegeorganisationen, die notwendigen Umstrukturierungsprozesse auf eine qualitätsgerechte, personenorientierte, effiziente und effektive Prozess- und Organisationsgestaltung auszurichten sind und dass die Dienstleister gleichzeitig gezwungen sind, wertschöpfend zu operieren. Wie die Forschungsergebnisse zeigen, hält der Lösungsansatz „Arbeitslogistik" sowohl zur gesundheitsförderlichen Organisationsgestaltung als auch zur Verbesserung der Wertschöpfungsprozesse geeignete Strategien und Instrumente bereit.

Der Theorieteil machte deutlich, dass eine umfassende Organisationsgestaltung nur durch die Ansätze der OE adäquat unterstützt werden kann. Die System- und Problemkomplexität zwingt die Pflegeeinrichtungen – meiner These zufolge – Innovations- und Veränderungsprozesse in einem Systembereich anzusetzen und die anderen Bereiche bzw. Dimensionen sukzessiv einzubeziehen. Dass sich diese Strategie, die mit dem Handlungs- und Veränderungskonzept der BGW bzw. BFOE verfolgt wurde, mit den theoretischen OE-Ansätzen verbinden lässt, zeigt sich im Modell der „Dynamischen Unternehmensentwicklung"[208].

Eck- und Ausgangspunkt der Anpassungs- und Umstrukturierungsprozesse waren die Interventionen in den technisch-instrumentellen Subsystemen der Modellstationen, die schrittweise um strukturelle und soziale Interventionen ergänzt wurden. Im ersten Projektjahr wurden auf den Pilotstationen Insellösungen entwickelt, die mit weiteren Restrukturierungsmaßnahmen im zweiten Projektjahr vernetzt wurden.

Meine theoretischen Ausführungen zu den Anforderungen an zeitgemäße Organisationsstrukturen[209] verweisen darauf, dass die Intention, an den tech-

208 Siehe Kap. 3.3.3.
209 Siehe Kap. 2.1.3.2.

nisch-strukturellen Bedingungen anzusetzen, die Gefahr in sich birgt, dass die Veränderungsmaßnahmen rational-tayloristischen Prinzipien folgen, wenn die Interventionen nicht in einen ressourcen-, mitarbeiter- und kundenorientierten Ansatz der Organisationsgestaltung eingebunden werden und keine Vernetzung aller in die Pflege involvierten Funktionsbereiche erfolgt[210]. Wie die Forschungsergebnisse zeigen, wurde dies im Beratungsansatz berücksichtigt; für den Kerngedanken bei der Arbeitslogistik anzusetzen, war es dabei entscheidend und sinnvoll, die Prozesssteuerung, die Ressourcenbereitstellung und die strukturellen Bedingungen der Pflege- und Funktionsbereiche aufeinander abzustimmen und durch die Verbesserung sozialer Faktoren zu optimieren. Dieser Ansatz erweist sich dann als richtig, wenn sich Organisationen – wie die Untersuchungsobjekte – noch in der Differenzierungsphase befinden bzw. an der Schwelle zur Integrationsphase stehen[211] (vgl. *Glasl/Lievegoed 1996:55ff*). Durch die Ausrichtung der Interventionen auf die „hard und soft facts" – wurde eine interdependente Entwicklung der betriebswirtschaftlichen, technisch-instrumentellen und sozialen Dimensionen verfolgt – dieser Interventionsstrategie wird sowohl im Ansatz des Change Managements als auch im Ansatz der dynamischen Unternehmensentwicklung eine zentrale Bedeutung beigemessen[212].

Die Experteninterviews dokumentieren, dass die Projektintentionen und die Zielprioritäten der OE-Akteure weitgehend übereinstimmten. Ausgehend von ihren Problemsichten schätzten sie die Veränderungs- und Handlungsbedarfe in den Arbeitsorganisationen und Ablaufprozessen am dringlichsten ein. Da sie aber die Problemursachen überwiegend in Kontext zu externen Einflussfaktoren stellten, war ihnen der Blick auf die eigenen Ressourcen und Veränderungspotenziale verstellt. Das Pilotprojekt bewerteten sie als ein adäquates Handlungsmodell, um ihre Probleme zu lösen; teils adaptierten sie die Projektziele, teils identifizierten sie sich mit den Zielen. Damit waren wichtige „Startbedingungen" gegeben, denn die Aspekte „Zielkongruenz" und „Akzeptanz des Handlungsmodells" gelten u. a. als Erfolgsparameter für Veränderungsprozesse bzw. für das Gelingen von OE[213].

Neue Konzepte des geplanten Wandels können durch neue Methoden und Verfahren implementiert werden. „Neu" ist das Handlungs- und Beratungsmodell zur Gesundheitsprävention nicht nur durch seinen Ansatz an der „Ar-

210 Siehe Kap. 2.1.3.2.
211 Siehe Kap. 6.1.1.7.
212 Siehe Kap. 3.3.2. und 3.3.3.
213 Siehe Kap. 3.4.6.

beitslogistik", einem in diesem Kontext bislang wenig beachteten Problemaspekt bzw. vernachlässigter Interventionsansatz im Kontext von Gesundheitsförderung, sondern auch durch sein Modell der „gepoolten Organisationsberatung".

Ausgehend von dem Ziel, die Projektmitglieder zur „Hilfe zur Selbsthilfe" zu befähigen, fokussierte das Beratersystem die Lernprozesse der „gepoolten Beratung" auf den Methoden- und Wissenstransfer und auf die Förderung der Problemlösungs- und Entwicklungskompetenzen. An die Kompetenzen der Schlüsselpersonen werden bei diesem Vorgehen hohe Anforderungen gestellt. Deshalb sind die in den Workshops individuell und kollektiv erworbenen Verfahrens-, Handlungs-, Reflexions- und Problemlösungskompetenzen als eine elementare Voraussetzung nicht nur für das Gelingen der Implementierungsprozesse, sondern auch für die intendierte Wissenstransformation ins Handlungsfeld der Akteure (Lernen im System) und damit für die Verknüpfung der personenzentrierten und organisationalen Lernprozesse (Lernen des Systems) zu werten (vgl. Sackmann 1993:231f). Durch die „gepoolte Beratung" wurde der Veränderungsprozess mit der Führungskräfte- und Personalentwicklung (Förderung von Know-how-Trägern) verzahnt. Diese Strategie zum Transfer von Organisations- und Veränderungswissen erweist sich nicht nur im Hinblick auf die Befähigung der Klientensysteme zur selbstorganisierten Projektumsetzung, sondern auch für eine zukunftsfähige Organisations- und Managementwicklung als notwendig[214] (vgl. Grossmann/Scala 2002c:197; Stäbler 1999:131ff).

Um die Projektmitglieder bei der Implementierung der Projektmaßnahmen zu beraten und die Institutionalisierung der angestrebten Veränderungsprozesse zu begleiten, bildete die „Vor-Ort-Beratung" eine unabdingbare Voraussetzung und die eingerichtete Beratungs-Hotline eine sinnvolle Unterstützungsmaßnahme. Das Interventionsmodell als Experten- und Entwicklungsberatung anzulegen, diese in der OE-Beratung zu variieren und mit der Keil- bzw. der Ölfleck-Strategie zu kombinieren, ist als eine adäquate Veränderungsstrategie zu bewerten[215]. Aus meiner Sicht kann die „gepoolte Beratung" keiner Idealform, sondern nur dieser varianten Strategieform folgen.

Wirkungsvoll ist diese Strategie nur dann, wenn die Organisationsstrukturen es zulassen und die Schlüsselpersonen – im Zusammenspiel mit den externen Experten – es leisten, in den Entwicklungs- und Lernprozessen die Rolle der internen Change Agents zu übernehmen, d. h. für die übergeordneten Ebenen als Initiatoren zu wirken und die betroffenen Akteure verantwortlich und partizipativ in

---

214 Siehe Kap. 3.1.4. und 3.3.4.
215 Siehe Kap. 3.4.4.1.

das Prozessgeschehen einzubeziehen. Dass dies nicht umfassend erfolgte, zeigte sich vor allem zu Projektbeginn. Entscheidend für eine tragfähige Organisationsentwicklung ist jedoch, dass ein kollektiver und organisationaler Reflexions- und ein kultureller Wandlungsprozess stattfindet, bei dem im Implementierungsprozess eine Machbarkeits- zugunsten einer Entwicklungsorientierung aufgegeben wird (vgl. u. a. *Doppler/Lauterburg 1999; Sattelberger 1996a; Schein 1995)*[216]. Das bedeutet für den Veränderungsprozess, dass bereits in der Einstiegs- und Diagnosephase grundlegende OE-Prämissen, wie Beteiligung der Betroffenen, Prozess- und Handlungsorientierung und maßgerechter Zuschnitt der Veränderungsmaßnahmen und bei der Zielbestimmung strategische und kulturelle Zielaspekte Berücksichtigung finden müssen.

2. Zur Bewertung der Implementierungsprozesse

Den OE-Prämissen folgend, wurden im Projektvorfeld sorgfältige Bestandsaufnahmen erstellt, an denen die Akteure beteiligt und für den Prozess sensibilisiert wurden. Die Ist-Analysen legten Organisationsdefizite und Handlungsfelder offen, die – wie bereits erwähnt – von den Entscheidungsträgern und Beteiligten nicht allein identifiziert werden konnten. Da die Kontextabhängigkeit der Organisationssysteme berücksichtigt wurde, steigerten die rückgemeldeten Ergebnisse die Einsicht der Führungskräfte bzw. Schlüsselpersonen, dass die internen Rahmenbedingungen, im Gegensatz zu den externen Faktoren, variable Größen sind, auf die adäquate Handlungs- und Organisationskonzepte gestaltend Einfluss nehmen können. Die Aufgaben, Schwachstellen aufzeigen und geeignete Soll-Entwürfe und Problemlösungsstrategien anbieten, wurde von der externen Beratung geleistet, jedoch nicht in professioneller Form und nicht als ein systematisch aufbereitetes und für den weiteren Gesamtprozess handlungsleitendes Schwachstellen- bzw. Potenzialtableau.

Die eingesetzten Diagnose- und Verfahrensinstrumente erwiesen sich für die Problem- und Organisationsanalyse und für den spiralförmig verlaufenden Analyse-Planungs-Evaluationsprozess als grundsätzlich geeignet. Wie die Forschungsergebnisse zeigen, wurden die Verfahrensinstrumente FEAS® mehrheitlich und die MZT – bezogen auf den Zeit- und Arbeitsaufwand – vereinzelt für die Anwendung im Pflegealltag jedoch kritisch in Frage gestellt[217].

---

216 Siehe Kap. 3.1.4. und 3.4.4.1.
217 In zwei Einrichtungen wurde zum Ende des Projekts „LPS" eingesetzt, teilweise wurden Überlegungen angestellt, „PLAISIR" zu implementieren.

Die Stärken der OE-Beratung wurden – wie die Beispiele zeigen – immer wieder durch immanente Schwächen relativiert: Durch die Vernachlässigung der OE-Prinzipien – Transparenz, offene Kommunikation und konsequente Partizipation – in der Einstiegsphase und beginnenden Aktionsphase gelang es dem Beratersystem nicht, die „kritischen Akteure ins Boot zu holen". Eine notwendige Vertrauensbildung und Integration der Akteure (OE-Erfolgskriterien) wurde so verhindert – und führte (vor allem nach Projektbeginn) zu Misstrauen, Widerständen und Blockierungen seitens der Akteure und beeinträchtigte deren anfängliche Akzeptanz und Unterstützungs- und Veränderungsbereitschaft (bedingt durch Erwartungen, Belastungsdruck, Stresserleben). Hierbei „rächte" sich ein weiteres Versäumnis, die Eigendynamik der Klientensysteme und die Analyse der projektfördernden und -hemmenden Faktoren in der Diagnose- und Planungsphase (zunächst) außer Acht gelassen zu haben.

Typisch für die als „gepoolte Beratung" organisierten Pilotprojekte ist, dass projektimmanente Ziele vordefiniert werden und die Projektstruktur weitgehend vorgegeben ist. Eine Umsetzungsstrategie, die dem OE-Ansatz gerecht werden und der Keilstrategie folgen will, muss die Schlüsselpersonen an der kontinuierlichen Aktionsplanung und Zielbildung beteiligen und gewährleisten, dass diese intern kommuniziert werden. Konzeptionell wurde dies zwar berücksichtigt, doch im Projektverlauf nicht konsequent verfolgt. Zum einen wurde dies durch die im Transfer (erstes Projekthalbjahr) dominierende Expertenstrategie verhindert bzw. versäumt, zum anderen waren nicht alle Projekt- und Steuerungsgruppen in der Lage, die Akteure ausreichend aufzuklären, Diagnosen und spezifische Handlungsentwürfe termingerecht (Meilensteine) zu erstellen und Teilziele zu entwickeln. Den Forschungsergebnissen zufolge waren dafür mehrere Gründe maßgebend:

- *Die Rollen und Handlungsspielräume der Akteure waren nicht eindeutig geklärt.*
- *Für die vordefinierten Projektziele wurden keine Erfolgs- bzw. Kann-Kriterien als Orientierungsrahmen formuliert.*
- *Die Rückkopplung der MTZ- Datenbasis erfolgte nicht zeitgerecht.*
- *Dem Klientensystem mangelte es aufgrund des Zeitkontingents der „Vor-Ort-Beratungen" an einer ausreichenden Prozessbegleitung bzw. Einzelberatung[218].*

---

218 Bei der Kalkulation der Anzahl der Vor-Ort-Beratungen, die moderat auf 5 Beratungstage je Einrichtung begrenzt bleiben sollten, richtete sich das Beratungsmodell der BGW nach den Empfehlungen von IGES, wonach sich die „Hilfe zur Selbsthilfe" auf

Diese Faktoren zählen – neben einem angemessenen zeitlichen Projektrahmen – jedoch zu den elementaren Voraussetzungen für die Selbstorganisation und Selbststeuerung von Systemen bei der OE wie auch beim Projektmanagement.

Folgende Rahmenbedingungen erwiesen sich zu Beginn des Transformationsprozesses als weitere Hemmfaktoren:

- *Die fehlende oder nur marginal entwickelte Projektkultur in den drei Einrichtungen.*
- *Die zeitverzögerte bzw. nicht adäquat erfolgte Etablierung notwendiger Projektstrukturen und Anpassung der organisatorischen Rahmenbedingungen an die Projektbedingungen.*
- *Die defizitären Informationsstrukturen und Kommunikationsprozesse.*
- *Einzelne Führungskräfte nahmen aufgrund der latent wirkenden Führungskonflikte ihre Vorbilds- und Unterstützungsfunktion (formaler und ideeller Rückhalt) nicht ausreichend wahr.*
- *In APE 1 die Auswahl einer „problematischen" Pilotstation.*

Zu Projektbeginn richtete die BFOE den Beratungsfokus zunächst auf die Expertenstrategie, den Interventionsfokus auf die technisch-instrumentellen und strukturellen Interventionen und damit auf lenkbare Veränderungsgrößen[219]. Dass sich diese Umsetzungsstrategie (zunächst) als geeignet erwies, zeigte sich darin, dass durch die erfolgten Interventionen elementare organisatorische Voraussetzungen für die Entwicklung und Verbesserung der nicht lenkbaren aber beeinflussbaren Größen[220] – insbesondere institutioneller und sozialer Ressourcen – geschaffen wurden. Problematisch war jedoch, dass durch die Vorgaben sich kein Handlungs- und Entwicklungsfreiraum etablieren konnte und die Entwicklung von Selbstorganisation und Gestaltungskompetenz (zunächst) „im Keim erstickt" wurde.

das Erlernen definierter Arbeitsschritte (klassische Schulungsmaßnahmen) beschränken sollte; siehe Kap. 5.2.1.

219 Personal- und Pflegebedarfsplanung, Etablierung flexibler, kunden- und mitarbeiterorientierter Arbeits- und Dienstzeitmodelle, Methoden- und Wissenstransfer, Erweiterung der formellen Handlungs- und Gestaltungsspielräume, Vernetzung der formellen Kommunikations- und Informationsstrukturen sowie Verfahrensinstrumente.

220 Verminderung von Zeit- und Arbeitshektik, Erhöhung der Zufriedenheit, Reduzierung von Fehlzeiten, Verbesserung der informellen Strukturen und Beziehungen, der ressourcen- und kundenorientierten Leistungserstellung, der mitarbeiterorientierten Organisations- und Arbeitsstrukturen, des Stations- und Betriebsklimas sowie der Einstellungs- und Verhaltenänderungen.

Dieses Beratungsvorgehen wurde im weiteren Projektverlauf zur „Gratwanderung" zwischen Experten- und Entwicklungsstrategie. Denn die auftretenden zeitlichen, inhaltlichen und institutionellen Implementierungsprobleme „verführten" das Beratersystem, die Schulungsakzente und die strukturellen Aktionsschwerpunkte „über zu betonen" – und führten infolge zur Übersteuerung der Projekte. Trotz methodisch angelegter Feedback- und Planungsprozesse wurden die Umsetzungsprobleme in der „gepoolten Beratung" weitgehend technokratisch gelöst und eine klientenzentrierte Prozessberatung nur punktuell geleistet. Die BFOE wurde ihrem Anspruch der Prozessberatung und ihrer Rolle des „Katalysators" – in dieser Projektphase – nicht gerecht.

Die Folgen waren: Auch die Schlüsselpersonen agierten im Transformationsprozess vornehmlich in der Expertenrolle (Modelllernen), so dass wichtige OE-Postulate, wie Partizipation, Integration (der Interessen und Werte) und Lernen der Betroffenen, nicht adäquat berücksichtigt wurden. Der gut strukturierte Projektplan – konzeptionell als Strukturierungs- und Orientierungshilfe angelegt – verleitete das Klientensystem zur Planungsrigidität; im Implementierungsprozess war die Ergebnis- und nicht die Entwicklungsorientierung bestimmend. Mit der Wissensvermittlung und den sozialen Interventionen, vor allem der Konfliktbewältigung, waren die Projekt- und Steuerungsgruppen – im ersten Projekthalbjahr – überfordert; ihre Rolle und Aufgaben als interne Change Agents konnten sie zunächst kaum wahrnehmen.

Dennoch wurden durch das Pilotprojekt systemverändernde Impulse ausgelöst und stufenweise erste Schritte zur systematischen OE – in spezifischer Ausprägung und Qualität – verwirklicht.

Damit stellt sich abschließend die Frage, „welcher Anstoß bzw. welche Interventionen den Stein ins Rollen brachten?". Die Forschungsergebnisse lassen hier folgende Erkenntnisse zu: Der Projekterfolg in den drei Einrichtungen ist eine Kumulation aus mehreren Faktoren und Entwicklungen. Zum einen ist er ein Ergebnis der – in der späteren Aktionsphase – forcierten Interventionen im sozialen Subsystem und der sukzessiv erfolgten Einbeziehung der Akteure und zum anderen der im Folgeprozess (zweiten Projektphase) realisierten Sicherung, Differenzierung und Weiterentwicklung der Prozesse und verwirklichten Ölfleckstrategie – und darüber hinaus ein Resultat „ungeplanter" sowie situativ entstandener Prozessereignisse. Maßgeblich für die sich – in den Einrichtungen in unterschiedlicher Weise – konstituierenden Veränderungs- bzw. OE-Prozesse war jedoch der „Dominoeffekt" durch die im Projektverlauf etablierten Verbesserungen lenkbarer und nicht lenkbarer Veränderungsgrößen bzw. die erzielten Erfolge und Entwicklungen im sozialen Subsystem, wie die verbesserten for-

mellen und informellen Strukturen, die erworbenen Projekt- und Schlüsselkom-
petenzen, die gewandelten Verhaltens- und Werteeinstellungen, die Lösung
der Führungsproblematiken (z. T. Führungswechsel auf allen Ebenen) – und
nicht zuletzt durch die entstandene kreative Unruhe im Klientensystem.

Die in ihrer Professionalität und in ihrem Selbstverständnis gestärkten Akteure
forderten einen partizipativen Zielbildungs- und Umsetzungsprozess und begannen, sich kritisch mit den Handlungs- und Organisationskonzepten auseinander
zu setzen sowie nach betriebsspezifischen Lösungen, Instrumenten und Anpas-
sungsprozessen zu suchen und diese zu implementieren. Dadurch, dass sie sich
im Prozessgeschehen selbstbewusst und selbstbestimmt positionierten, machten
sie den Prozess zu „ihrem" OE-Prozess. Ein überraschender bzw. positiver Effekt,
mit dem so nicht zu rechnen war. Jedenfalls bestätigten sich hier die Grundannahmen der ganzheitlich-evolutionären und systemischen OE, dass die Eigendynamik der Systeme nur ein eingeschränktes Entwerfen (Machbarkeit) erlaubt, denn Menschen und Organisationen sind zwar bereit, Impulse
aufzunehmen und in ihr System zu integrieren, aber als selbsterzeugende und
selbstreferentielle Systeme gestalten sie die Entwicklung nach eigenen Zielen
und Vorstellungen *(vgl. u. a. Glas/Lievegoed 1996; Wimmer 1995a)*.

Im Pilotprojekt zeigte sich in exemplarischer Weise, dass informelle Strukturen, soziale Verhaltensweisen und Normen schwerfällig sind und ausreichend
Zeit für Veränderungen brauchen, und dass der sog. Dominoeffekt typisch für
Veränderungsprozesse ist, die auf nicht lenkbare, überwiegend soziale Größen
zielen. Anderseits stützen meine Forschungsergebnisse die Erkenntnisse des Tavistock-Instituts, dass erst die zeitlich angeglichene Entwicklung der technisch-
instrumentellen **und** sozialen Systeme nachhaltige Veränderungen der (Ar-
beits-)Organisation und Impulse für die Organisationsentwicklung bewirken
können *(vgl. Gairing 1999:70f)*.

3. Erfolge des Pilotprojekts

Die Ergebnisse zeigen auf der Mikroebene, dass in allen Einrichtungen die projektimmanenten Ziele realisiert wurden und auf der Makroebene, dass spezifische Aktivitäten zur Entwicklung von Marketingstrategien und überbetrieblichen
Kooperationen sowie zur Vernetzung der projektteilnehmenden Einrichtungen
erfolgten. Das Pilotprojekt setzte in allen drei Einrichtungen einen Prozess in
Gang, der grundlegende Veränderungen der personenorientierten Prozess- und
Organisationsstrukturen und – bezogen auf Bedarfs-, Ressourcen-, Kunden-
und Mitarbeiterorientierung – einen sozialen und normativen Einstellungs- und

Verhaltenswandel der Akteure und des Managements bewirken konnte. Dies wurde durch die Integration der pflegerischen mit der strukturell-betriebswirtschaftlichen Perspektive gefördert – und somit implizierte dieser Lösungsansatz eine wichtige Prämisse der ganzheitlichen OE-Konzepte: Die Systemöffnung als ersten Schritt des Unternehmenswandels zu betrachten und die wechselseitige Durchdringung der Unternehmensdimensionen zu berücksichtigen (vgl. u. a. Doppler/Lauterburg 1999; Glasl/Lievegoed 1996; Trebesch 1994).

Die Forschungsergebnisse dokumentieren, dass die Projektinterventionen wirkungsvoll zum Abbau institutioneller Stressoren und Arbeitsbelastungen, zur Erschließung gesundheitsfördernder Ressourcen beitrugen und hinsichtlich der Arbeits- und Versorgungsbedingungen eine erhöhte Struktur-, Prozess- und Ergebnisqualität erzielt werden konnte. Mit den umgesetzten Verbesserungsmaßnahmen zur Flexibilisierung der Ablaufprozesse und Prozessoptimierung sind die Einrichtungen ihrem Ziel einer besseren Wertschöpfung und damit Effizienz der Dienstleistungsprozesse näher gekommen. Die (realisierten) Qualifizierungs- und Professionalisierungsmaßnahmen sind hierbei als ein zentrales Instrument und ein wichtiges Erfolgspotenzial für die (zukunftsfähigen) Anpassungs- und Veränderungsprozesse der Einrichtungen zu werten, denn sie haben das Wahrnehmungs-, Denk- und Handlungsspektrum der Akteure erweitert – auch wenn an dieser Stelle darauf hinzuweisen ist, dass es im ersten Projektjahr versäumt wurde, die Wissensübertragung an die Akteure an ein entsprechendes Personalentwicklungskonzept anzukoppeln, was jedoch bei der Sicherstellung der Ergebnisse im Folgeprozess (partiell) geleistet wurde.

Die Ergebniserzielung in den einzelnen Einrichtungen war jedoch unterschiedlich. APE 3 zeigte den größten Projekterfolg im Hinblick auf die Realisierung der projektimmanenten Ziele. Dafür waren folgende Faktoren ausschlaggebend: Die günstigen Ausgangs- und Rahmenbedingungen von APE 3, die effektive Zusammenarbeit der Projektgruppe mit der Steuerungsgruppe und die stringente Umsetzung der Projektmaßnahmen. Dagegen zeigte sich im Projektverlauf, dass die Implementierung der Projektmaßnahmen in APE 1 und APE 2 zunächst durch problematische weiche Faktoren wie Werte- und Generationskonflikte in der Führung, Führungsverhalten bzw. -vakuum, defizitäre personelle Ressourcen beeinträchtigt und erst durch den Leitungswechsel (unbeabsichtigter Effekt), den Wandel im Führungsverständnis (beabsichtigter Effekt) und die Verbesserung der personellen Ausstattung (ungeplantes Ergebnis) beschleunigt wurde.

Eine vergleichende Bewertung der spezifischen „OE-Erfolge" erfährt hingegen eine andere Konnotation. Denn: „Erfolg" bemisst sich nicht nur an den erzielten Projektergebnissen, sondern an der Befähigung der beteiligten Personen und

Systeme, das interne Problemlösungs- und Selbststeuerungspotenzial (der Organisation oder von Teilsystemen) zu erkennen und zu verstärken bzw. den Veränderungsprozess als kontinuierlichen Entwicklungsprozess zu begreifen[221]. Wie die Gruppenerhebungen zeigten, hatte die Durchführung und Reflexion der Prozesse in allen Einrichtungen zu einer veränderten Sichtweise der Ablauf- und Aufbauorganisation und zu einem größeren Einblick in die Organisation und ihrer Lern- und Entwicklungsmöglichkeiten geführt und mündete in die Einsicht, dass der Veränderungsprozess nicht als abgeschlossen, sondern als ein Prozess der kontinuierlichen Weiterentwicklung betrachtet wurde (*„Wo wollen wir hin, was können wir noch verändern?"* Person 3, APE 1). Für einzelne Spitzenfunktionen hatte der ganze Prozess deutlichen Einfluss auf die Policy-Bildung. Ein Einstieg in eine neue Organisationskultur wurde möglich und mit der Implementierung von Personalentwicklungskonzepten und Restrukturierungsmaßnahmen erste Schritte in Richtung „zukunftsfähige Organisation(sentwicklung)" vollzogen.

Die Evaluationsergebnisse zeigten, dass sich dies in den Einrichtungen jedoch in unterschiedlicher Abstufung gestaltete: In *APE 1* wurde ein umfassender Restrukturierungsprozess durchgeführt und in *APE 2* ein systematischer, kontinuierlicher OE-Prozess begonnen. In *APE 3* begrenzte sich der stufenweise implementierte OE-Prozess auf die involvierten Systembereiche, darüber hinaus wurden durch die Etablierung der Lernstatt und des digitalen Informationssystems wichtige Instrumente der Lernenden Organisation institutionalisiert. In *APE 1* und *APE 3* war am Ende des Projekts jedoch noch unklar, in welche organisatorischen Entwicklungen die initiierten Prozesse münden werden.

Auslösendes Moment für die erfolgreichen Lern- und Entwicklungsprozesse war – wie bereits erwähnt – das erworbene Problemlösungs- und Veränderungsbewusstein der OE-Akteure. Zur Implementierung der OE-Prozesse in *APE 1* und *APE 2* trug jedoch ein wichtiger und entscheidender Effekt bei: Beide Einrichtungen investierten in zusätzliche Beratungsleistungen. Bei dieser Entscheidung spielte die Einsicht und Bereitschaft des TOP-Managements, die durch das Projekt initiierten OE-Prozesse in einen kontinuierlichen, umfassenden Organisationsentwicklungsprozess zu verankern und diesen von einer externen OE-Beratung begleiten zu lassen, eine zentrale Rolle.

Somit komme ich erstens zur Erkenntnis: Das Pilotprojekt konnte die Problemlösungsfähigkeit der Organisationen und ihrer Akteure im Bereich der Arbeitsorganisation der Pflege erhöhen, sie jedoch nicht hinreichend dazu befähigen, umfassendere Restrukturierungsprozesse selbstorganisiert durchzufüh-

---

221 Siehe Kap. 3.4.6.

ren. Dennoch wurden entscheidende Impulse dahingehend ausgelöst, dass das Management und die Akteure mehrheitlich zur Einsicht gelangten, dass zur Bewältigung der komplexen Anforderungen weitreichendere organisatorische Entwicklungen notwendig sind (als die durch das Pilotprojekt initiierten Veränderungen), die jedoch einer zeitweiligen Unterstützung einer externen Beratung bedürfen.

Und zweitens: Bei der Auswertung des Pilotprojektes in seiner erzielten Wirkung auf das Gesamtsystem, komme ich zu dem Ergebnis, dass auch partiell angelegte Veränderungsprozesse in eine Organisationsentwicklung münden (können), vorausgesetzt sie folgen einem Steuerungs- und Handlungsansatz, der eine mehrdimensionale Interventionsstrategie verfolgt und werden durch eine externe Beratung professionell begleitet.

Eine dritte Erkenntnis ist: Meine Untersuchungsergebnisse spiegeln die meinem Forschungsansatz zugrundeliegenden Annahmen wider, dass erst der Druck der externen und internen Einfluss- und Bedingungsfaktoren (Handlungsdruck) und die Wahrnehmung der Spannung zwischen Realität und Anforderungen (Innovationsdruck), den Wunsch nach Organisationsveränderungen auslösen und der Erfolg der Veränderung maßgeblich davon beeinflusst wird, inwieweit die Akteure den OE-Prozess akzeptieren und durch ihr verändertes Problembewusstsein und ihre entwickelte Veränderungsverantwortung zu Trägern der OE werden.

Viertens: Veränderungsprozesse nehmen aufgrund von typischen Emotionslagen der Akteure einen konjunkturähnlichen Verlauf (auf ein kurzes „Hoch" folgt oft ein „Tief"), der von Anfangseuphorie und Erwartungen über Abwehr und Widerstand bis hin von zuerst rationaler, dann emotionaler Akzeptanz (aufsteigende Phase) reicht, in Neuorientierung und Neupositionierung mündet und schließlich über die Veränderungs- und Lernerfolge zu Integration, Selbstbewusstsein und Wandlungsbereitschaft führt.

Fünftens: Zu erwarten war, dass die in Kap. 3.4.6. skizzierten theoretischen Erfolgsfaktoren des organisatorischen Wandels auch für die durch das Pilotprojekt implementierten Veränderungsprozesse gelten, wie ein klar definierter Kontrakt zwischen Beratersystem und auftraggebenden Institutionen bzw. Dachorganisation, dokumentierte Ergebnisse der Organisationsdiagnose, präzise und operationalisierte Projektziele als Handlungs- und Orientierungsrahmen, klientenzentrierte und prozessorientierte Beratung im Klientensystem, die Berücksichtigung der Eigendynamik und Interessen der Klientensysteme in allen Prozessphasen und vor allem die konsequente Berücksichtigung der OE-Postulate Transparenz, Partizipation und Information. Wie die Forschungsergebnisse

zeigen, muss bei der „gepoolten Beratung" darüber hinaus folgenden Erfolg-
faktoren eine besondere Bedeutung zukommen: Weitgehende „Homogenität"
der Ausgangs- und Problemsituation der Einrichtungen, Klärung der Handlungskompetenzen und Gestaltungsspielräume für die Beteiligten zu Prozessbeginn, Prüfung der vorhandenen Schlüsselqualifikationen und Projektkultur,
die Einbeziehung des TOP-Managements in den Beratungsprozess, flexible
Handhabung der Rollen der Berater/innen (Modelllernen), ausreichende Zeit-
kontingente und Handlungsspielräume für Beratungsspezifika und das Vorhandensein finanzieller Ressourcen zum Einkauf zusätzlicher Beratungsleistungen.

6.4. Fazit

Die technisch-instrumentellen, strukturellen und sozialen Dimensionen der Arbeitsorganisation als zentrale Dimensionen des personenbezogenen Dienstleis-
tungserstellungsprozesses und als konstitutive, gleichrangige und interdependente Elemente der gesundheitsförderlichen Organisationsgestaltung zu
betrachten, darin liegt der besondere Beitrag des Handlungskonzepts „Arbeitslogistik in der Altenpflege" als Gesundheitsförderungsprojekt. Bei der Erprobung
des Pilotprojekts als Gesundheitsförderungsmodell bestätigte sich die Relevanz
der projektimmanenten Ziele, des Interventionsansatzes, der Beratungsmethoden und der angebotenen Verfahrensinstrumente. Bezogen auf den notwendigen Zeitrahmen war es notwendig, die Pilotphase um ein Jahr zu verlängern.

Die Forschungsergebnisse zeigen, dass das Pilotprojekt „Optimierung der
Arbeitslogistik" generell geeignet ist, die Aufbau- und Ablauforganisation, das
betriebswirtschaftliche Instrumentarium für die Verbesserung der Arbeitsorganisation der Pflege, die kunden- und mitarbeiterorientierte Unternehmensstrategie und die Wissensentwicklung der Schlüsselpersonen kurz- und mittelfristig
den externen Anforderungen anzugleichen und den Veränderungswillen der
Organisationen und ihrer Akteure zur kontinuierlichen OE zu wecken und deren Entwicklungsbewusstsein zu schärfen. In seiner Ausrichtung auf die Projektintentionen zur Gesundheitsprävention ist das Pilotprojekt – mit einigen Modifikationen – als positiv und übertragbar auf andere Altenpflegeeinrichtungen
zu werten.[222]

---

222 Aufgrund des Erfolgs des Pilotprojekts kam es im Anschluss in fünf weiteren Altenheim-
einrichtungen zur Anwendung.

Vor dem Hintergrund der Kontextbedingungen und der diagnostizierten Organisationsdefizite und Ressourcenpotenziale, die alle am Projekt teilnehmenden Einrichtungen gleichermaßen betrafen, haben sich folgende Interventionsziele als tragfähig erwiesen:

▨ *Die mitarbeiter- und kundenorientierte Gestaltung der Arbeitsorganisation, die bedarfs- und leistungsgerechte Verteilung der knappen Personalressourcen und die bedarfs- und bedürfnisgerechte Planung und Steuerung der Leistungsprozesse.*

▨ *Die Entwicklung der Ablauf- und Aufbauorganisation im Hinblick auf gesundheitsförderliche Arbeitsbedingungen und bedarfsgerechte, bewohnerorientierte Leistungsstrukturen und -prozesse – insbesondere durch die Modifizierung der Arbeitszeit- und Dienstplanmodelle, die Schnittstellenoptimierung (Synergieeffekte) und die Erweiterung der Handlungs- und Gestaltungsräume für die Akteure.*

▨ *Die Verbesserung der Kommunikations-, Kooperations- und Informationsstrukturen.*

▨ *Die Entwicklung spezifischer Methoden-, Organisations- und Problemlösungskompetenzen.*

Dies korrespondierte mit den wichtigsten Projektergebnissen insofern, als auf Grundlage dieser Interventionen – in den drei Einrichtungen je nach abgestufter Form und in unterschiedlicher Ausprägung – die Projektziele erreicht wurden und die – zunächst auf den Pilotstationen und angrenzenden Funktionsbreichen (Insellösungen) – erfolgreich umgesetzten Projektmaßnahmen eine Streuwirkung auf andere Systembereiche ausübten. Die erzielten Lern- und Entwicklungsprozesse trugen zur Veränderung revisionsbedürftiger, betriebsbezogener Strukturen und Handlungsabläufe bei; darüber hinaus konnten sie eine impulsgebende Wirkung auf die Überwindung tradierter Werte, Ziele und Denkansätze im Pflegemanagement entfalten. Dieser Veränderungserfolg wurde durch die Interventionen im sozialen Subsystem gesichert, denn diese stärkten die Veränderungsbereitschaft und das Selbstvertrauen der Akteure und schufen den Nährboden für ihre erhöhte Veränderungs- und Lernbereitschaft und ihr erweitertes Wahrnehmungs-, Denk- und Handlungsspektrum im Alltagshandeln. Damit bestätigen meine Evaluationsergebnisse die Annahmen der ganzheitlichen OE-Ansätze bzw. integrativen Management-Konzepte, die die interdependente Entwicklung der technisch-strukturellen und sozialen Dimensionen als notwendige Voraussetzung der erfolgreichen Systemgestaltung betrachten (vgl. u. a. *Trist 1990; Bleicher 1979*).

Da die formellen und informellen Strukturen des sozialen Subsystems zu den zentralen Ressourcen einer gesundheitsförderlichen Organisationsgestaltung bzw. effektiven und effizienten Leistungserbringung zählen und die Akteure – als Träger/innen und Anwender/innen der Veränderungsmaßnahmen – im Zentrum der Veränderungsprozesse stehen, ist daraus der Schluss zu ziehen, dass die Veränderungsenergien zukünftig darauf zu kanalisieren sind, den intendierten sozial-kommunikativen und strukturellen Zielen, vor allem der Partizipation, dem Wissenszuwachs und der Kompetenzentwicklung der Akteure bereits zu Prozessbeginn eine besondere Priorität einzuräumen.

Im Hinblick auf die Ziele „Steigerung der Effizienz und Wirtschaftlichkeit", liefern meine Untersuchungsergebnisse kein empirisch gesichertes Datenmaterial, sondern nur Aussagen dahingehend, dass die Einrichtungen zukünftig mit positiven Effekten für die Systemleistungen rechnen. Um objektive Beurteilungskriterien zu erhalten, müssten die Heimleitungen perspektivisch angeregt werden, betriebswirtschaftliche Daten sowohl für ein gezieltes Personalcontrolling als auch für Wirtschaftlichkeitsberechnungen zu erheben. Das Zusammenwirken beider Instrumente erhöht die Chance, die Prozessergebnisse und damit eine hohe Effizienz langfristig zu sichern.

Wie meine Forschungsergebnisse dokumentieren, konnte das Handlungskonzept – trotz sorgfältiger Bestandsaufnahmen und Ist-Analysen – die Komplexität der Veränderungen – im Vorfeld nicht erfassen. Dass theoretische Konzepte immer Idealsituation folgen und die Realsituation – aufgrund der Eigendynamik der Systeme – selten adäquat abbilden können, offenbarte sich exemplarisch im Veränderungsprozess. Problematisch war jedoch, dass der geplante, knappe Projektzeitrahmen (von einem Jahr) wenig Spielraum ließ – weder dem Beratungsteam noch den Schlüsselpersonen – entsprechende Unterstützungsmaßnahmen und Change-Request-Maßnahmen[223] zu ergreifen. Das Fehlen von entsprechenden zeitlichen Ressourcen, die ein flexibles und situatives Interventionsvorgehen erlauben, ist als eindeutiger Mangel des Handlungsmodells zu werten. Denn die realisierten Ergebnisse und Entwicklungen hängen in der „gepoolten Organisationsberatung" maßgeblich davon ab, inwieweit es der externen Beratung gelingt, die Projektmitglieder gemeinsam zu beraten, dabei die Unterschiedlichkeiten aufzugreifen, diese in das Prozess-

---

223 Als Change-Request-Maßnahmen definiere ich alle Maßnahmen, die ergriffen werden müssen, wenn die OE-Akteure andere als die geplanten OE-Ziele entwickeln und die ungeplanten Maßnahmen von den geplanten OE-Maßnahmen abweichen.

geschehen zu integrieren, die geplanten Projektschritte und -maßnahmen zu modifizieren und eine prozesssensitive Beratungsleistung zu erbringen.

Aus dem Ergebnis, dass in allen Einrichtungen erste Potenziale von OE verwirklicht wurden – obwohl das im vorgegebenen Ziel- und Organisationsrahmen nur schwer zu leisten war und einige zentrale Grundprämissen der OE vernachlässigt wurden – ist zu schlussfolgern:

▨ *Das Gesundheitsförderungsprojekt „Optimierung der Arbeitslogistik" ist als Initialmodell für OE-Prozesse zu betrachten. Denn die aus dem vorhandenen Spektrum der OE-Ansätze ausgewählten und umgesetzten Strategien und Methoden der „gepoolten Beratung" eröffnen Handlungs- und Gestaltungsspielräume, um OE-Prozesse zu initiieren.*

Bezogen auf das Forschungsziel, die Anwendungsmöglichkeiten und -grenzen des Handlungs- und Organisationsmodells der „gepoolten Organisationsberatung" zur Gestaltung und Implementierung von OE-Prozessen zu ermitteln, führten die Forschungsergebnisse zu folgender Erkenntnis: Die Möglichkeiten implizieren zugleich die Grenzen – was sich insbesondere in den Widersprüchlichkeiten der Prozesse und unbeabsichtigten Ergebnissen manifestierte:

▨ *Einerseits ermöglicht die kombinierte Experten- und Entwicklungsstrategie den noch überwiegend traditionell-hierarchischen Organisationen ein zielorientiertes Vorgehen und erleichtert, den geplanten Veränderungsprozess in ihren Systemen zu implementieren und erste Schritte für einen OE-Prozess zu verwirklichen. Beim Fehlen notwendiger Projektkulturen und -strukturen, besteht andererseits durch die Expertenberatung die Gefahr, dass die Machbarkeitsorientierung dominiert und so ein notwendig entwicklungsorientiertes Vorgehen und zyklisch-interaktiv gestalteter Diagnose- Zielbestimmungs-Aktionsplanungsprozess begrenzt – wenn nicht gar verhindert – wird.*

▨ *Einerseits eröffnet die Keil- und Inselstrategie ideale Möglichkeiten, neue bzw. innovative Handlungskonzepte zu erproben und die Führungs- bzw. Schlüsselpersonen auf ihre Rolle der internen Change Agents vorzubreiten. Andererseits sind dem Entwicklungs- und Transformationsprozess dann Grenzen gesetzt, wenn ausreichende Zeitkorridore, Prozessbegleitung, ein klar definierter Handlungsrahmen für die OE-Akteure fehlen und das TOP-Management und die Akteure nicht hinreichend in den Veränderungsprozess integriert werden.*

▨ *Einerseits ermöglicht das Instrument „Hilfe zur Selbsthilfe" den internen Change Agents, die Implementierungsprozesse selbstorganisiert und maß-*

gerecht zu initiieren und voranzutreiben. Andererseits kann der Transfer nur gelingen, wenn die Fähigkeit der Schlüsselpersonen zu Sozialkompetenz, Selbstorganisation und zur kollektiven Wissensentwicklung gefördert und die Kluft zwischen den Lernorten überbrückt wird, d. h. die Prinzipien „Transparenz", „Information" und „Partizipation der Akteure im Feld" müssen gewährleistet sein.

Auf Basis der Forschungsergebnisse sind folgende Vorteile der „gepoolten Organisationsberatung" zu erkennen:

- Die Möglichkeit zum kostensparenden und ressourcenschonenden Qualifizierungsprozess.
- Erweiterte Lern- und Reflexionsprozesse durch kollektive Wissensentwicklung und Feedbackprozesse sowie interkollegiale Unterstützung, Erfahrungsaustausch und Prozessberatung („Blick über den Tellerrand") in einem Netzwerk mit anderen Einrichtungen.
- Herrschaftsfreier Raum für die Wissenserweiterung sowie kritische Überprüfung der Denk- und Handlungskonzepte durch die zentralen Lernorte.
- Entwicklung überbetrieblicher Kooperationen und Aufbau eines überregionalen Netzwerks.
- Sicherung und Weiterentwicklung der erreichten Ergebnisse durch kontinuierlichen Reflexionsaustausch innerhalb des Netzwerks.

Das Modell der „gepoolten Beratung" hat somit einen Vorteil, den kein „klassisches" OE-Modell vorzuweisen hat: Das erworbene OE-Wissen verankert sich in kooperativ ausgerichteten lernenden Netzwerken und gleichzeitig wird die Sicherung und Weiterentwicklung der OE-Ergebnisse – als Option – gewährleistet.

Jedes Konzept kann nur eine theoretische Perspektive für die Realisierung der Ziele und die Umsetzungsstrategien sein; die Ergebnisse sind immer ein Resultat des Transfers (vgl. Doppler/Lauterburg 1999:151). Im Kontext der OE-Erfolgsfaktoren verweisen die Forschungsergebnisse auf folgende Erfolgsparameter sowie Fallen bzw. Hürden der „gepoolten Beratung" (siehe Tabelle 29):

Tabelle 29: Erfolgsparameter der „gepoolten Organisationsberatung" und Fallen bzw. Hürden beim Transfer

Erfolgsparameter der OE	Erfolgsparameter der „gepoolten Organisations- beratung"	Fallen bzw. Hürden beim Transfer
Abstimmung der Bedürfnisse und Ziele mit den Kontext- bedingungen	Ausloten vordefinierter Ziel- setzung und strukturierter Ak- tionsschwerpunkte mit den Zielen der beteiligten Orga- nisationen und Akteure	Mangelnde Partizipation der Prozessbeteiligten bei der Zielbestimmung und Pla- nung
Partizipation der Akteure	Sicherung der Partizipation durch Handlungsempfehlun- gen an Steuerungs- und Pro- jektgruppen, Prozessbera- tung „Vor-Ort"	Mangelnde Orientierung an der Veränderungsenergie der Akteure
Information und Transparenz	Verbindliches Informations- system	Ausschließliche Delegation an interne Change Agents
Einzigartigkeit und maß- gerechter Zuschnitt der Inter- ventionsstrategien	Ausloten von potenziellen (gemeinsamen) Strategien mit prozessorientiertem Vor- gehen	Programmatisch festgelegte Veränderungsmaßnahmen, Überdosierung der Vor- gaben, Tendenz zur Über- steuerung
Klare, verbindliche Projekt- struktur	Einplanung von Zeitreserven für Change-Request-Inter- ventionen	Starr kalkulierter Zeit- und Projektrahmen
Förderung der Selbstorgani- sation durch Kompetenzent- wicklung	Hilfe zur Selbsthilfe, Grup- pencoaching und nach Be- darf Einzelcoaching	Zu starke Akzentuierung der Schulungsinhalte, Vernach- lässigung der kollektiven und organisationalen Lern- und Entwicklungsprozesse
Entwicklung von Prozessori- entierung	Förderung und Training von Prozessdenken, ausrei- chende Prozessbegleitung und Unterstützung vor Ort	Planungsrigidität und man- gelnde Verankerung der Pro- zessorientierung (Feedback- schleifen) im Organisations- und Lernkontext
Vorhandensein von Schlüs- selqualifikationen, Projekt- kompetenzen und Projekt- kultur	Sorgfältige/r Auswahl der Schlüsselpersonen und Pilot- bereiche, Überprüfung der Kompetenzprofile und Pro- jektkultur	Defizitäre Diagnose und Sys- temanalyse

| Abgleich der organisatorischen Rahmenbedingungen mit den strukturellen und personellen OE-Bedarf | Einbeziehung und Beratung des TOP-Managements | TOP-Management „bleibt außen vor" |

Zusammenfassend ist festzuhalten, dass bei der „gepoolten Organisationsberatung" die in Tabelle 29 skizzierten „Gefahren" nur dann vermieden bzw. in spezifische Chancen zur Gestaltung und Steuerung systematischer OE-Prozesse umgesetzt werden können, wenn die aufgeführten Erfolgsparameter im Transfer berücksichtigt werden.

Ausblick: Ist die „gepoolte Organisationsberatung" ein zukunftsweisendes Instrument der OE?

Ja. Für die Initiierung erster Prozessschritte und die Verankerung des Wissens über die Steuerung und Entwicklung von Organisationen in lernenden Netzwerken zeigt sich die „gepoolte Beratung" geradezu prädestiniert. Im Beratungsprozess sollten jedoch – so meine Forschungsergebnisse – folgende Modifikationen berücksichtigt werden: Die frühe Einbeziehung der Akteure in das Prozessgeschehen und ausreichende Zeit- und Beratungsreserven für Change-Request-Interventionen, Vor-Ort-Beratungen und für das prozessbegleitende Coaching, und eine stärkere Gewichtung der Prozess- und Entwicklungsberatung. Mit diesen Modifikationen kann die „gepoolte Beratung" den stationären Einrichtungen der Altenpflege vor dem Hintergrund knapper finanzieller und personeller Ressourcen ein geeignetes kostensparendes und ressourcenschonendes Handlungs- und Beratungsmodell bieten.

Kapitel 7

Schlussfolgerungen und Gestaltungsempfehlungen für zukünftige OE-Prozesse – abstrahiert von den konkreten Untersuchungsergebnissen

In den Strukturen von gestern
mit den Menschen von heute
sind die Probleme von morgen zu lösen
(W. Bleicher)

Widersprüchliche und komplexe Anforderungen kennzeichnen die Situation der stationären Altenpflegeeinrichtungen und ihrer Akteure. Ein Paradigmenwechsel vom hierarchischen zum mitarbeiter- und kundenorientierten, flexiblen und reflexiven Handeln ist dringend geboten: Von den betrieblichen Entscheidungsträgern wird erwartet, dass sie ihre Organisationen so rasch wie möglich in die Integrationsphase überleiten. Gleichzeitig verlangen die gesetzlichen Bestimmungen der Qualitätssicherung nach inhärenten Elementen der Differenzierungsphase wie linear-analytische Rationalität, Bürokratisierung, Standardisierung und Zeitoptimierung.

Auf den ersten Blick scheint dies unvereinbar zu sein. Wie die Theorie zeigte, sind die Ansätze der Organisationsentwicklung eine mögliche, wenn nicht gar die einzige Antwort, den Anforderungen wirksam zu begegnen. Die ganzheitlich-evolutionären bzw. systemischen OE-Ansätze legen die Prämisse auf und bieten den Problemzugang: Der initiierte Entwicklungsprozess muss in einer angemessenen Balance zwischen stabilisierenden und dynamischen Kräften erfolgen und die Dichotomie von „Radikalisierung der Autonomie der Funktionssysteme" und „Primat der funktionalen Differenzierung" zum Ausgangspunkt von Veränderungsprozessen machen (vgl. *Glasl/Lievegoed* 1996:26; *Wilke* 1995:18). Allen modernen OE-Ansätzen ist gemeinsam, dass es zur Strukturierung und Steuerung von OE-Prozessen eines inhaltlichen Konzepts bedarf, das alle konstituierenden Dimensionen einer Organisation ausgewogen berücksichtigt und gezielte Impulse zur Erarbeitung kultureller und strategischer Leitlinien und Entwicklungsperspektiven gibt.

Für soziale Dienstleistungsunternehmen, die so engmaschig geknüpft sind wie die Einrichtungen der Altenpflege, lässt sich einerseits der notwendige Systemwandel – aus Forschungssicht – nur durch einzeln umsetzbare Teil-

oder Insellösungen realisieren. Denn zuviel Wandel in zu vielen Bereichen kann sich auch ins Gegenteil verkehren: Aufgrund der engen Ressourcen könnte die Stabilität der Altenpflegeorganisationen gefährdet werden, die durch die externen und internen Realitäten ohnehin schon ins Wanken geraten ist. Andererseits sind tief greifendere Organisationsveränderungsprozesse in Pflegeeinrichtungen nur im Zuge von Projekten zu verwirklichen (*vgl. Grossmann/Scala 2002c:31*).

Viele Entscheidungsträger stehen – aufgrund der Vielfalt an Veränderungskonzepten und der komplexen Anforderungen – ratlos vor der Frage: Was ist zu tun?

Ein elementares Hindernis bei der Umstrukturierung und Neuorientierung von Altenpflegeorganisationen liegt darin – und hier teile ich die Einschätzung der BGW –, dass die Mehrzahl der (mittelständigen und kleinbetrieblichen) Altenpflegeorganisationen angesichts der eingeschränkten finanziellen und personellen Ressourcen nicht in der Lage sind, eine externe Beratung zur Unterstützung und Begleitung von umfassenden Veränderungs- und Entwicklungsprozessen zu beauftragen. Eine weitere Ursache für den zögerlichen organisatorischen Wandel begründet sich aus der Verunsicherung der Entscheidungsträger, die Restrukturierungsmaßnahmen an dynamischen, komplexen Umweltfaktoren ausrichten zu müssen, die nicht wirklich durchschaubar sind. Die externen Faktoren geben die Bedingungen vor. Das lenkt den Blick auf die internen Ressourcen: Welche Veränderungsprozesse können die Organisationen befähigen, den externen und internen Anforderungen in adäquater Form zu begegnen?[1]

Die „gepoolte Organisationsberatung" i.w.S. mit den Instrumenten „Hilfe zur Selbsthilfe" und „Vor-Ort-Beratung" erweist sich – wie die Forschungsergebnisse zeigen – als ein praxistaugliches, ressourcenorientiertes und ressourcenschonendes Beratungsmodell, einen geplanten Entwicklungs- und Restrukturierungsprozess zu gestalten. Als zukunftsfähiges OE-Modell bedarf es jedoch grundsätzlicher Modifikationen, die nachfolgend als Gestaltungsempfehlungen ausgesprochen werden.

Die Gestaltungsempfehlungen folgen den Aspekten: Interventionsziele und -ansatz (Was soll verändert werden?) und Interventionsstrategie, Methoden bzw. Instrumente (Wie kann der Weg aussehen?).

---

1 Die Suche der Einrichtungen nach internen Problemlösungen entbindet die politischen Entscheidungsinstanzen und Kostenträger jedoch nicht von der Verantwortung, einen adäquaten Handlungs- und Kostenrahmen für den notwendigen Unternehmenswandel zu gewährleisten. Inwiefern sich dabei das PQsG als ein erster Schritt in die richtige Richtung erweist, wird die Zukunft noch zu zeigen haben.

Bezogen auf diese Fragen sind zwei grundsätzliche Entscheidungen zu treffen: Erstens, soll sich der Interventionsschwerpunkt auf strukturell-technologische Veränderungen konzentrieren oder soll ein mehrdimensionaler Entwicklungs- und Veränderungsprozess implementiert werden, der seinen Ausgangspunkt im sozio-technischen Subsystem hat und die anderen Unternehmensdimensionen erschließt? Das bedeutet: Anpassungsorientierte Reorganisation versus Organisationsentwicklung bzw. Change Management. Zweitens, soll sich der Fokus der „gepoolten Beratung" auf den Wissens- und Methodentransfer zur Übernahme definierter Arbeits- und Prozessschritte richten oder auf den Methoden- und Wissenstransfer im Sinne von „Hilfe zur Selbsthilfe" mit dem Ziel, die kollektiven und organisationalen Problemlösungs-, Handlungs- und Veränderungskompetenzen zu erweitern? Konkret: Stärkere Akzentuierung der Expertenberatung versus kombinierte Entwicklungs- und Expertenberatung. Eine externe, professionelle Beratung ist in beiden Umsetzungsstrategien unabdingbar.

Die Frage nach dem „Was" impliziert eine grundlegende Standortbestimmung, die Auseinandersetzung mit der Ausgangs- und Bedürfnislage des Klientensystems und die Wahl des Interventionsansatzes (Wo stehen wir? Wo wollen wir hin?).

Folgende zentrale Problembereiche der stationären Altenpflege sind ins Blickfeld des Interesses von Wissenschaft und Praxis gerückt, die die Mehrheit der Altenpflegeheime gleichermaßen tangieren: Die unzureichenden Arbeits- und Versorgungsbedingungen und Wertschöpfungsprozesse sowie das mangelnde Wissen und Know-how über die Steuerung und Entwicklung von Organisationen.

Die Forschungsergebnisse haben gezeigt, dass die Arbeitslogistik ein geeigneter Ansatzpunkt ist, die Arbeits- und Versorgungsbedingungen bzw. die Potenziale der betrieblichen Gesundheitsförderung und die Wertschöpfungsprozesse zu verbessern. Die besondere Eignung liegt in der Verbindung von Mitarbeiter-, Kunden- und Prozessorientierung. Wobei der Interventionsansatz „Arbeitslogistik" – vor dem Hintergrund der Bestimmungen des PQsG – die grundsätzliche Frage aufwirft, wie Synergieeffekte zum Qualitätsmanagement wirksam genutzt werden können.

Das ganzheitlich-evolutionäre OE-Verständnis impliziert, dass jeder OE-Prozess an einem Subsystem ansetzen kann, jedoch in einer Gesamtkonzeption der Organisationsentwicklung verankert sein muss. Setzen die Interventionen – wie bei den Untersuchungsobjekten – am technischen- instrumentellen Subsystem an, dann muss die Dominanz der rationalen tayloristischen Sachlogik einem Lern- und Entwicklungsprozess weichen, der simultan oder sukzessiv die strukturellen, sozialen, personalen und kulturellen Veränderungsdimensionen integriert. Ansonsten sind Bedenken dahingehend berechtigt, dass die Selbstausbeutung der „Human Resource" erhöht wird. Eine Unterscheidung zu herkömmlichen Rationalisierungsprozessen ist darüber hinaus dann nicht mehr gegeben.

In den drei untersuchten Pflegeheimen konnten neue Organisationsstrukturen generiert werden. Auch wenn die neu etablierten Organisationsstrukturen keine Selbstorganisation im strukturalen Sinne (bspw. autonome Leistungszentren) waren, kann die Frage nicht lauten, hätten die Strukturen, gemessen an den theoretischen Konstrukten der ganzheitlichen OE-Konzepte, noch optimaler gestaltet werden können oder stellt das „Neue" nicht gar eine Renaissance der „alten" Strukturen dar (anpassungsorientierte Reorganisation)? Ein Ziel von Organisationen, die in der Differenzierungsphase sind bzw. an der Schwelle zur Integrationsphase stehen, muss sein, das soziale Subsystem zu integrieren, d.h. die sozialen Beziehungen zwischen den Organisationsmitgliedern, die Kommunikations- und Koordinationsprozesse und die Organisations- und Managementkompetenzen von Führungs- und Schlüsselpersonen zu verbessern, kollektives und organisationales Lernen zu fördern und die Fähigkeiten bzw. potenziellen Möglichkeiten der Einzelsysteme zu Eigenverantwortung, Flexibilität und Selbststeuerung durch entsprechende Strukturveränderungen und geeignete Steuerungs- und Verfahrensinstrumente zu gewährleisten. Ein Ziel der OE muss – dem ganzheitlich-evolutionären OE-Konzept folgend – sein, die Einrichtungen darin zu unterstützen und zu begleiten, die Aufgaben, die sich in den einzelnen Entwicklungsphasen stellen, optimal zu lösen. Und das ist – wie die Forschungsergebnisse zeigen – im Rahmen des Pilotprojekts gelungen.

Bezogen auf die Frage nach dem „Wie?" hat die „gepoolte Organisationsberatung" im Hinblick auf die Implementierung von OE-Prozessen dort Grenzen, wo sie sich technokratisch und interventionstechnisch auf den Wissens- und Methodentransfer in den Workshops (Expertenberatung) konzentriert und eine (reflexive) Entwicklungsberatung in den Workshops und eine adäquate Prozessbegleitung in den Einrichtungen vernachlässigt. Deshalb besteht die Aufgabe des Beratersystems in der „gepoolten Beratung" zum einen im Methoden- und Wissenstransfer und zum anderen in einer angemessenen Prozessberatung, d. h. „der Berater liefert ‚nur' das methodische Arrangement, innerhalb dessen eine Entwicklung stattfinden kann und bringt seine ‚Außensicht' als Rückmeldung und für mögliche hilfreiche Impulse in den Prozess ein" (Gairing 1999:204).

Aus Forschungssicht kann ein OE-Prozess im Modell der „gepoolten Beratung" nur durch eine kombinierte Expertenberatung und Prozess- bzw. Entwicklungsberatung initiiert und institutionalisiert werden. In diesem Vorgehen können die Vorzüge der „gepoolten OE-Beratung" zu Geltung kommen – dann werden die Workshops „zu operativen Herzstücken des OE-Prozesses" (Gairing 1999:204). Alles andere bleibt Illusion des Machbaren oder frönt der technokratischen-mechanistischen Interventionsphilosophie oder präsentiert sich als Ergebnis situativ entstandener Veränderungsprozesse.

Ausgehend von der These, dass sich die meisten Einrichtungen noch in der Differenzierungsphase befinden und über eine wenig ausgeprägte Projektkultur verfügen, bedarf es im Modell der „gepoolten OE-Beratung" der Berücksichtigung grundlegender Prämissen. Als Ergebnis meiner empirischen Untersuchung konstatiere ich die in Tabelle 29 skizzierten Fallen bzw. Hürden bei der Implementierung von OE, die durch eine ausgewogene Experten- und Entwicklungs- bzw. Prozessberatung vermieden bzw. in Chancen zur Gestaltung und Steuerung von OE-Prozessen umgewandelt werden, wenn folgende Postulate berücksichtigt werden bzw. zur Anwendung kommen: Aufbau und Integration einer Projektkultur, Partizipation der betroffenen Akteure durch innovative Kommunikations- und Informationssysteme, Aktivierung des TOP-Managements zur Unterstützung der Veränderungsprozesse, prozesssensitive Begleitung durch „Social Agents" und ausreichend kalkulierte Zeit- und Beratungskorridore für Change-Request-Interventionen.

1. Aufbau und Integration einer Projektkultur

Beim Aufbau und bei der Integration der Projektkultur in die bestehenden Organisationsstrukturen und der Etablierung einer angemessenen Projektinfrastruktur gilt es folgende Erfolgsparameter (siehe auch Tabelle 29) zu berücksichtigen: Die Klärung von Rollen, Aufgaben und Entscheidungskompetenzen von Projekt- und Steuerungsgruppen, die sorgfältige Auswahl der Projektmitglieder, ein ausgewogenes Verhältnis von Führungskräften und Akteuren als Know-how-Träger/innen (Projekt- und Steuerungsgruppen), den Transfer von Schlüsselqualifikationen, die Vernetzung mit bestehenden Qualitäts- und Gesundheitszirkeln und die Sicherstellung von Information, Kommunikation bzw. Transparenz.

Wesentliches Medium von OE-Prozessen ist die Information und Kommunikation. Da in traditionellen Systemen organisationale Lern- und Entwicklungsprozesse durch strukturelle Informationspathologie verhindert werden, spielt beim Aufbau und bei der Integration der Projektkultur in die Alltagsorganisation die

Herstellung einer internen Öffentlichkeit durch einen kontinuierlichen Dialog und ein verbindliches Kommunikations- und Informationssystem eine bedeutende Rolle (*vgl. Probst/Büchel 1998:74*). Alle Beteiligten von der Hilfs- bis zur Führungskraft und alle interagierenden Gruppen müssen sich über Ziele, Interventionen, Haltungen und Sinn der Veränderung verständigen können, damit organisationale Reflexions- und Lernprozesse – im Sinne von Anpassungs- und Veränderungslernen – stattfinden können. Dies ist in der „gepoolten Beratung" insofern von evidenter Bedeutung, da durch die Trennung der Lern- und Beratungsorte und durch die Keilstrategie latent die Gefahr besteht, dass die Akteure im Feld nicht ausreichend an den Lern- und Beratungsprozessen partizipieren und die Führungsspitze sich ihrer „übergreifenden" Veränderungsverantwortung entzieht.

2. Partizipation der Akteure durch innovative Kommunikations- und Informationssysteme

Im OE-Prozess muss den Organisationsmitgliedern in ihrem Gestaltungspotenzial und -vermögen, in ihrer Lernbereitschaft sowie in ihrem interaktiven Wirken eine zentrale Bedeutung zukommen. Denn die OE-Akteure sind Träger und Medium der Art und Weise, wie der Implementierungsprozess erfolgt. Um dem Emanzipationsgedanken von Organisationsentwicklung Rechnung zu tragen, kann sich die Beteiligung der betroffenen Akteure nicht auf eine Informationsveranstaltung, die Bestandsaufnahme und die Umsetzung der intendierten Projektmaßnahmen begrenzen, sondern die Akteure müssen als Experten und Expertinnen in den Entwicklungs- und Problemlösungsprozess stärker involviert werden.

Dies kann durch eine von der externen Beratung in der Einstiegs- bzw. Diagnosephase durchgeführte moderierte Zukunftswerkstatt geschehen, auf der – neben gezielten Projektinformationen und vorläufigen Diagnoseergebnissen – Ziele, Interessen und Bedenken gesammelt und zusammen mit den Akteuren ausgewertet werden. Denk- und Reflexionsprozesse werden so angeregt. Für das weitere Prozessgeschehen bietet sich eine Ideen- bzw. Stimmungsbörse an[2] und zwar dergestalt, dass die Akteure Veränderungsvorschläge, Gestaltungswünsche, Prozessprobleme und Stolpersteine usw. über ein digitales Netzwerk[3] – anonym, für alle sichtbar und zugänglich – jederzeit eingeben können. Das

---

2 In modifizierter Form nach „nextpractice" von Peter Kruse (*vgl. Uni-Press der Universität Bremen, Nr. 267, 18.12.2002*).
3 Erweiterung und Institutionalisierung des in APE 3 entwickelten Informationssystems als OE-Instrument, siehe Kap. 6.2.4.4.

Kommunikationssystem muss per Internet zwischen Modellstation und OE-Beratung vernetzt werden. Der OE-Beratung kommt dabei die Aufgabe zu, die Daten auszuwerten (zu bündeln, nach Dringlichkeit, Wichtigkeit und Nachhaltigkeit zu gruppieren), diese katalogisiert an das Klientensystem – in festgelegten Zeitintervallen – rückzumelden und die priorisierten Maßnahmen und Gestaltungsvorschläge in den Interventionsprozess zu integrieren.

Qualitative Verbesserung hängt maßgeblich davon ab, dass für das Ganze – auch gegen partikulare Interessen – geplant und entwickelt wird. Durch das digitale Informations- und Kommunikationssystem werden der Prozess und die Interventionen transparent; ein möglicher Veränderungswiderstand kann gering gehalten werden.

Die Vorteile dieser „Börse" für das Steuerungs-, Projekt- und Beraterteam sind, differenzierte Informationen zu folgenden Aspekten zu erhalten: Kontinuierliche Diagnose, spezifische Prozesssteuerung und -beratung, Projektcontrolling und projektfördernde bzw. -hemmende Faktoren. Darüber hinaus eignet sich das digitale Netzwerk als Instrument zum Sichtbarmachen (blockierter) betrieblicher Ressourcen, als Stimmungsbarometer und – im Gegenzug – gewährleistet es eine hohe Transparenz und elementare Basis für die motivierte, kreative Beteiligung der Akteure.

Damit ist die Beteiligung der Akteure in der „gepoolten Beratung", der Vernetzungsgedanke und die Vorbild- und Katalysatorfunktion der externen Beratung gewährleistet, gleichzeitig kann eine (selbstorganisierte) Veränderungsdynamik so zur Entfaltung kommen.

3. Aktivierung des TOP-Managements zur Unterstützung
   der Veränderungsprozesse

OE ist ein gemeinsamer und gegenseitiger Lernprozess, der die Führungskräfte einschließt. Der Beratungsfokus konzentriert sich in der Keilstrategie, die sich als Umsetzungsstrategie der „gepoolten Beratung" grundsätzlich als geeignet erweist, auf die Professionalisierung der Führungskräfte des mittleren und unteren Managements sowie einzelner Akteure als interne Change Agents. Da die kontinuierliche Unternehmensentwicklung Führungsaufgabe ist und die Führungsspitze in Veränderungsprozessen eine „übergreifende" Veränderungsverantwortung übernehmen muss, muss sich der Beratungsfokus auch auf das TOP-Management richten. Der OE-Beratung kommt deshalb die Aufgabe zu, in einem prozessbegleitenden Dialog mit der Unternehmensführung die strukturellen und personellen Prozessbedarfe abzustimmen und die strukturelle Verankerung der Veränderungen in die Alltagsorganisation (bspw. Leitungssysteme, Projektkultur) und in strategische und normative Unternehmenskonzeptionen (bspw. Leitlinien, Personalentwicklungs- und Führungskonzepte) zu aktivieren.

4. Prozesssensitive Begleitung durch „Social Agents"

Das größte Erfolgspotenzial im organisatorischen Lern- und Veränderungsprozess bildet die Aktivierung der Akteure. Die Organisationsmitglieder haben ihre eigene Entwicklungsdynamik und -logik, deshalb erweisen sich die Ambivalenzen der Akteure im Feld oft als schwierige Barrieren im OE-Geschehen. Im Prozessgeschehen muss – auch vor dem Hintergrund der angespannten Situation in der Pflege – ein Freiraum für soziale Entwicklungsprozesse und für Wertediskussionen gegeben sein. Dies induziert eine prozesssensitive und -reflexive Prozessbegleitung und die Anwendung eines spezifischen Instrumentariums, bei der die emotionalen Veränderungsenergien kanalisiert werden (vgl. Roth 2000:14).

Ob die externen Berater/innen in ihrer Funktion als Trainer/innen, Navigatoren und Gruppencoach – angesichts der begrenzten Anzahl an Vor-Ort-Beratungen – eine angemessene prozesssensitive und -reflexive Begleitung von Veränderungsprozessen in den Einrichtungen leisten können, erscheint fraglich.

Für die erfolgreiche, professionelle Unterstützung der Akteure ist das Wirken eines „Social Agent" in einer getrennten Funktion empfehlenswert. Die Funktion sollte von einem Mitglied des Beraterteams wahrgenommen werden. Wichtig ist, dass die „Social Agents" weitgehend losgelöst von der interventionstechnischen Konstellation agieren. Mit mediatorischen und supervisorischen Kompetenzen ausgestattet, übernehmen die „Social Agents" Brückenfunktion: Ihr Aufgabenschwerpunkt liegt neben der emotionalen und reflexiven Prozessbegleitung in der Vermittlung bei divergierenden Interessen und in der Unterstützung des Klientensystems bei der Suche nach unbürokratischen, unkonventionellen Lösungswegen in Krisensituationen. Eine wichtige Voraussetzung dabei ist, eine enge Kooperation mit externen und internen Change Agents sowie die Einbeziehung der „Social Agents" bei wichtigen Entscheidungen in beratender Funktion.

Darüber hinaus sollten die „Social Agents" am Ende der OE-Beratungsprozesse, wenn sich das Klientensystem vom Beratersystem in „alter" Form verabschiedet, in einem begrenzten Zeitraum die Funktion der Umsetzungsbegleitung (im Sinne der systemischen OE-Beratung)[4] übernehmen und die Einrichtungen auf ihrem Weg zur Lernenden Organisation unterstützen.

---

4 Siehe Kap. 3.4.5.4.

5. Zeit- und Beratungskorridore für Change-Request-Interventionen

Auch Organisationale Prozesse unterliegen ihrer eigenen Entwicklungsdynamik und legen damit einer intentionalen OE-Beratung Grenzen auf *(vgl. Glasl/Lievegoed 1996:18)*. Es gibt keine Patentrezepte für institutionelle Problemkonfigurationen. OE kann nie einem festen, detaillierten Projektstrukturplan folgen.

„Fragen nach der Autopoiese des Systems und den Wirklichkeitskonstruktionen, die (...) eine große praktische Relevanz in Veränderungsprozessen besitzen, werden (...) in Veränderungsprojekten weitgehend ignoriert *(Gairing 1999:186)*. Da ein System immer eigenen Gesetzmäßigkeiten folgt und Veränderungsprozesse in Eigenregie entwickelt, erachte ich es für die „gepoolte Beratung" als unabdingbar, generell ausreichende Zeitreserven für Change-Request-Maßnahmen einzukalkulieren, die ein maßgerechtes, einrichtungsspezifisches Vorgehen, ein flexibles und situationsadäquates Ausloten der Strategien sowie eine breite Palette an Interventionsmaßnahmen und Methoden erlauben. Um den notwendigen Handlungsspielraum von Change-Request-Interventionen adäquat zu berücksichtigen, bedarf es erstens eines angemessenen Angebots an „Vor-Ort-Beratung" und bei Bedarf der Bereitschaft des TOP-Managements zur Investition in eine prozessbegleitende, zusätzliche OE-Beratung und zweitens der Verankerung spiralförmig verlaufender, kontinuierlicher Reflexions- und Rückkopplungsschleifen in den Workshops.

In welcher Ausprägung diese praxisorientierten Postulate in einem Beratungskonzept der „gepoolten Beratung" zu vereinen sind und inwieweit sie die Qualität, die Wirkung und den Erfolg der Organisationsentwicklungsprozesse erhöhen – diese Fragen können nur aus der Praxis heraus beantwortet werden und sind somit Gegenstand weiterer empirischer Untersuchungen.

Literaturverzeichnis

Argyris, C./Schön, D. (1978): Organizational learning. A theory of actin perspectives, Reading/MA 1978.

Atteslander, P. (1975): Methoden der empirischen Sozialforschung, Berlin.

Badura, B./Feuerstein/G., Schott, T. (Hrsg.) (1993): System Krankenhaus. Arbeit, Technik und Patientenorientierung, Weinheim/München.

Badura, B./Feuerstein, G. (1991): Patientenorientierung durch Gesundheitsförderung im Krankenhaus. Zur Technisierung, Organisationsentwicklung, Arbeitsbelastung und Humanität im modernen Medizinbetrieb. Gutachten im Auftrag der Hans-Böckler-Stiftung, Bd. 39, Düsseldorf.

Badura, B./Feuerstein, G. (1994): Systemgestaltung im Gesundheitswesen. Zur Versorgungskrise der hochtechnisierten Medizin und den Möglichkeiten der Bewältigung, Weinheim

Bandura, A. (1979): Sozial-kognitive Lerntheorie, Stuttgart.

Bartholomeyczik, S./Abt-Zeglin, A./Hunstein, D. (2002): Kann PLAISIR halten, was es verspricht. In: Altenheim 4/2002, S. 20–25.

Bateson, G. (1988): Ökologie des Geistes, Frankfurt a.M.

Baumgartner, I./Häfele, W./Schwarz, M./Sohm, K. (1996): OE-Prozesse. Die Prinzipien systemischer Organisationsentwicklung, Bern/Stuttgart/Wien.

Becker, F. (2002): Ringen um faire Entgelte. Durchschnittspreise auf Basis des externen Vergleichs sind zunehmend Messlatte bei Pflegesatzverhandlungen. In: Altenheim 5/2002, S. 20–25.

Becker, H./Langosch, I. (1984): Produktivität und Menschlichkeit, Stuttgart.

Beisel, R. (1994): Synergetik und Organisationsentwicklung: Eine Synthese auf der Basis einer Fallstudie aus der Automobilindustrie, München/Mering.

Behrens, J./Braun, B./Morone, J./Stone, D. (Hrsg.) (1996): Gesundheitssystementwicklung in den USA und Deutschland. Wettbewerb und Markt als Ordnungselemente im Gesundheitswesen auf dem Prüfstand des Systemvergleichs, Baden-Baden.

Bellabaraba, J./Schnappauf, D. (Hrsg.) (1996): Organisationsentwicklung im Krankenhaus, Göttingen.

Berkel, I. (1998): Die Rolle der Qualitätsentwicklung im Dienstleistungsqualitätsmanagement. Dargestellt am Beispiel einer Kundenbefragung im Privatkundengeschäft, München/Mering.

Berufsgenossenschaft für Gesundheitsdienst und Wohlfahrtspflege (BGW)/Deutsche Angestellten Krankenkasse (DAK) (2001): BGW-DAK Gesundheitsreport 2001 Altenpflege. Arbeitsbedingungen und Gesundheit von Pflegekräften in der stationären Altenpflege, Hamburg.

Besselmann, K./Sowinski, C./Rückert, W. (1998): Qualitätshandbuch Wohnen im Heim – Wege zu einem selbstbestimmten und selbständigen Leben. Ein Instrument zur internen Qualitätsentwicklung in den AEDL-Bereichen, Köln.

Birker, K. (1998): Managementtechniken und Organisation, Berlin.

Birker, K. (1999): Projektmanagement, Berlin.

Bitzer, B. (1995): Fehlzeiten als Chance, Renningen-Malmsheim.

Bleicher, K. (1979): Organisationsentwicklung und organisatorische Gestaltung, Stuttgart.

Bleicher, K. (1991): Das Konzept Integriertes Management, Frankfurt a.M.

Blumer, H. (1979): Methodologische Prinzipien empirischer Wissenschaft. In: Gerdes, K. (Hrsg.), Explorative Sozialforschung. Einführende Beiträge aus „Natural Soziology" und Feldforschung in den USA, Stuttgart, S. 41–62.

BMAS, Bundesministerium für Arbeit und Sozialordnung (Hrsg.) (1998): Bericht über die Entwicklung der Pflegeversicherung, Bonn.

BMFSFJ, Bundesministerium für Familie, Senioren, Frauen und Jugend (Hrsg.) (2001): Dritter Bericht zur Lage der älteren Generation, Berlin.

BMFSFJ, Bundesministerium für Familie, Senioren, Frauen und Jugend (Hrsg.) (2002): Vierter Bericht zur Lage der älteren Generation, Berlin.

BMFSFJ, Bundesministerium für Familie, Senioren, Frauen und Jugend (Hrsg.) (1995): Heime nach § 1 HeimG (Stand: 30.06.1995), Bonn.

BMG, Bundesministerium für Gesundheit (Hrsg.) (2002a): Informationen zu Leistungsempfänger der sozialen Pflegeversicherung nach Altersgruppen, Berlin. In: http://www.bmgesundheit.de/bmg-text/themen/pflegeversicherung/dokumente/finanz/altersgruppen.htm (Stand Oktober 2002).

BMG, Bundesministerium für Gesundheit (Hrsg.) (2002b): Informationen zu Zahlen und Fakten zur Pflegeversicherung, Berlin. In: http://www.bmgesundheit.de/bmg-text/themen/pflegeversicherung/zahlen/zahkenfakten.pdf (Stand Oktober 2002).

BMG, Bundesministerium für Gesundheit (Hrsg.) (2002c): Informationen zu Leistungsempfänger der sozialen Pflegeversicherung nach Pflegestufen, Berlin. In: http://www.bmgesundheit.de/bmg-text/themen/pflegeversicherung/dokumente/finanz/pflegestufen.htm (Stand Oktober 2002).

BMG, Bundesministerium für Gesundheit (Hrsg.) (2002d): Informationen zum Pflege-Qualitätssicherungsgesetz, Berlin. In: http://www.bmgesundheit.de/bmg-text/themen/pflegeversicherung/dokumente/qualität/info-pqsg.htm (Stand Oktober 2002).

BMG, Bundesministerium für Gesundheit (Hrsg.) (2001a): Zweiter Bericht über die Entwicklung der Pflegeversicherung, Berlin.

BMG, Bundesministerium für Gesundheit (Hrsg.) (2001b): Pressemitteilung 2001/Nr.18.In: http://www. bmgesundheit.de/bmg-text/presse/2001ministerium/018.htm (Stand Mai 2002).

Bock, M. (1992): „Das halbstrukturierte-leitfadenorientierte Tiefeninterview". Theorie und Praxis der Methode am Beispiel von Paarinterviews. In: Hoffmeyer-Zlotnik, J.H.P. (Hrsg.), Analyse verbaler Daten. Über den Umgang mit qualitativen Daten, Opladen, S. 90–109.

Böhm, J. (1981): Einführung in die Organisationsentwicklung, Heidelberg.

Borsi, G.M. (1997a): Das Krankenhaus als lernende Organisation – Ein neues Leitbild für die Gestaltung der Krankenhausarbeit? In: Zwierlein, E. (Hrsg.), Klinikmanagement. Erfolgsstrategien für die Zukunft, München/Wien/Baltimore, S. 57–68.

Borsi, G.M./Klein, R. (1997b): *Pflegemanagement als Gestaltungsauftrag*, Frankfurt a.M./ Berlin/Bern/New York/Paris/Wien.

Borsi, G.M. (1995): *Das Krankenhaus als lernende Organisation. Zum Management von individuellen, teambezogenen und organisatorischen Lernprozessen*, Heidelberg.

Borsi, G.M./Schröck, R. (1995): *Pflegemanagement im Wandel. Perspektiven und Kontroversen*, Berlin/Heidelberg/New York/Budapest/Hongkong/London/Mailand/Paris/Santa Clara/Singapur/Tokio.

Bortz, J./Döring, N. (1995): *Forschungsmethoden und Evaluation*, Berlin/Heidelberg/New York/Budapest/Hongkong/London/Mailand/Paris/Santa Clara/Singapur/Tokio.

Braun, B. (1996): *Realität und Mythen in der Debatte um Reformzwänge und wettbewerbliche sowie marktorientierte Reformstrategien im deutschen Gesundheitswesen*. In: Behrens, J/Braun, B./Morone, J./Stone, D. (Hrsg.), Gesundheitssystementwicklung in den USA und Deutschland. Wettbewerb und Markt als Ordnungselemente im Gesundheitswesen auf dem Prüfstand des Systemvergleichs, Baden-Baden, S. 23–33.

Breyer, F./Zweifel, P. (1997): *Gesundheitsökonomie*, Berlin/Heidelberg/New York/Budapest/ Hongkong/London/Mailand/Paris/Santa Clara/Singapur/Tokio.

Breyer, F. (1990): *Ökonomische Sicht der Alterssicherung*, München.

Broome, A. (1997): *Change-Management in der Pflege*, Wiesbaden.

Büssing, A./Glaser, J. (1999): *Methoden der Arbeits- und Tätigkeitsanalysen im Pflegebereich*, In: Zimber, A./Weyer, S. (Hrsg.), Arbeitsbelastungen in der Altenpflege, Göttingen/Bern/Toronto/Seattle, S. 113–124.

Büssing, A./Barkhausen, M./Glaser, J. (1998): *Modernisierung der Pflege durch ganzheitliche Pflegesysteme? Ergebnisse einer formativen Evaluation*. In: Pflege 4/1998, S. 183–191.

Comelli, G. (1999): *Organisationsentwicklung*. In: Rosenstiel, L.v./Regnet, E./Domsch, M. (Hrsg.), Führung von Mitarbeitern, Handbuch für erfolgreiches Personalmanagement, Stuttgart, S. 631–651.

Comelli, G./Rosenstiel, L. v. (1995): *Führung durch Motivation. Mitarbeiter für Organisationsziele gewinnen*. In: Rosenstiel, L. v. (Hrsg.), Innovatives Personalmanagement, Bd. 5, München.

Dahlgaard, K./Schiemann, D. (1996): *Voraussetzungen und Darstellung der Methode der Stationsgebundenen Qualitätssicherung*. In: Qualitätsentwicklung in der Pflege, (Abschlussbericht), Schriftenreihe des Bundesministeriums für Gesundheit, Bd. 79, Baden-Baden.

Damkowski, W. et al. (1997): *Ambulante Pflegedienste. Veränderungen wahrnehmen, Ideen umsetzen*, Hannover.

Dehnbostel, P. (1998): *Lernorte, Lernprozesse und Lernkonzepte im lernenden Unternehmen aus berufspädagogischer Sicht*. In: Dehnbostel, P. Erbe, H.-H., Novak, H. (Hrsg.), Berufliche Bildung in lernenden Unternehmen. Zum Zusammenhang von betrieblichen Reorganisation, neuen Lernkonzepten und Persönlichkeitsentwicklung, Berlin, S. 175–193.

Dehnbostel, P./Walter-Lezius, H.J. (Hrsg.) (1995): *Didaktik moderner Berufsbildung: Standorte, Entwicklungen, Perspektiven*, Bielefeld.

Deming, W.E. (1982): *Quality, Productivity and Competetive Position, Massachussets Institute of Technology,* Cambridge.

Doppler, K. (1994): *Es muss im Leben noch mehr als Profit geben. Was steuert Verhalten und Strukturen im Non-Profit-Dienstleistungsunternehmen.* In: Organisationsentwicklung, Spezial 2/1994: Veränderungsstrategien im Non- Profit- Bereich, S. 128–139.

Doppler, K./Lauterburg, C. (1999): *Change Management,* Frankfurt a.M./New York.

Ducan, R./Weiss, A. (1978): Organisatonal Learning: Implications for Organisazational Design, In: Research in Organisational Behavior, Vol. 1, S. 75–123.

Dürr, U. (1993): *Der Beitrag des Psychodramas zu einer didaktischen Neuorientierung in der beruflich kaufmännischen Bildung,* unveröffentlichte Diplomarbeit, Freiburg i.B.

Dzulko, S./Schulz, M. (2002): *Der Qualitäts-TÜV.* In: Altenheim 5/2002, S. 26–32.

Eck, C.D. (1991b): *Rollencoaching als Supervision.* In: Fatzer, G. (Hrsg.), Supervision und Beratung. Ein Handbuch, Köln, S. 209–247.

Engelhardt, H.D./Graf, P./Schwarz, G. (1996): *Organisationsentwicklung,* Alling.

Engelhardt, H.D. (1995): *Organisationsmodelle. Ihre Stärken – ihre Schwächen,* Alling.

Fach, C. (1999): „Wer kümmert sich um mich, wenn ich alt bin?" *Erfahrungen mit der Umsetzung einer Informationsreihe für Senioren türkischer Herkunft in Deutschland.* In: Pflegemanagement, 2/1999, S. 11–17.

Fatzer, G. (Hrsg.) (1993): *Organisationsentwicklung für die Zukunft,* Köln.

Fatzer, G. (1993a): *Organisationsentwicklung und ihre Herausforderung.* In: Fatzer, G. (Hrsg.) (1993), Organisationsentwicklung für die Zukunft. Ein Handbuch, Köln, S. 17–34.

Fatzer, G. (Hrsg.) (1991): *Supervision und Beratung. Ein Handbuch,* Köln.

Fatzer, G. (1991a): *Teamsupervision als Organisationsentwicklung.* In: Fatzer, G. (Hrsg.) (1991), Supervision und Beratung, Köln, S. 257–276.

Faulstich, P. (1998): *Strategien betrieblicher Weiterbildung,* München.

Fenchel, V./Brandenburg, H. (1999): *Hilfe- und Pflegebedarf älterer Menschen,* In: Zimber, A./Weyerer, S. (Hrsg.), Arbeitsbelastungen in der Altenpflege, Göttingen, S. 24–40.

Ferenszkiewicz, D.Ch. (1997): *Fragen zur Mitarbeiterpartizipation.* In: Borsi, G.M., Klein, R. (Hrsg.) (1997b): Pflegemanagement als Gestaltungsauftrag, Frankfurt a.M./Berlin/Bern/ New York/Paris/Wien, S. 187–194.

Fickl, S. (Hrsg.) (1991): *Bevölkerungsentwicklung und öffentliche Haushalte,* Frankfurt a.M./ New York.

Franke, J. (1993): *Organisationsentwicklung und Organisationsentwicklungsberatung. Eine wirtschaftspädagogische Perspektive.* In: Twardy,M. (Hrsg.), Wirtschafts-, Berufs- und Sozialpädagogische Texte, Bd. 20, Köln.

French, W.L./Bell, C.H. (1994): *Organisationsentwicklung,* Stuttgart/Bern.

Friedrichs, J. (1980): *Methoden empirischer Sozialforschung,* Opladen.

Gäfgen, G. (1990): *Gesundheitsökonomie. Grundlagen und Anwendungen.* In: Gäfgen, G./ Oberender, P. (Hrsg.), Gesundheitsökonomische Beiträge, Bd. 8, Baden-Baden.

Gairing, F. (1996): *Organisationsentwicklung als Lernprozess von Menschen und Systemen. Zur Rekonstruktion eines Forschungs- und Beratungsansatzes und seiner metadidaktischen Relevanz,* Weinheim.

Gebert, D. (1974): *Organisationsentwicklung, Probleme des geplanten organisatorischen Wandels*, Stuttgart.

Gennrich, R. (1997): *Kurzzeitpflege nach Einführung der Pflegeversicherung*. In: Kuratorium Deutscher Altenhilfe (Hrsg.), Sozialwirtschaft, http://www.kda.de/sowi/Kupf/kupfpfvg.htm, 21.04.99, S. 1–10.

Giebing, H./François-Kettner, H./Roes, M./Mar, H. (1996): *Pflegerische Qualitätssicherung*, Bocholt.

Glasl (1999): *Basisprozesse der Organisationsentwicklung*, In: Trigon-Basiskonzept, unveröffentliche Seminarunterlagen (Trigon Graz), Graz.

Glasl, F./Lievegoed, B. (1996): *Dynamische Organisationsentwicklung*, Bern/Stuttgart.

Glasl, F. (1993): *Konfliktmanagement, Diagnose und Behandlung von Konflikten in Organisationen*, Bern/Stuttgart.

Glasl, Fr. (1975a): *Situatives Anpassen der Strategie*, In: Organisationsentwicklung. Das Modell des Niederländischen Instituts für Organisationsentwicklung und seine praktische Bewährung, Bern/Stuttgart, S. 145–158.

Glasl, F. (1975b): *Das NPI-Modell im Vergleich zu anderen Modellen*, In: Organisationsentwicklung. Das Modell des Niederländischen Instituts für Organisationsentwicklung und seine praktische Bewährung, S. 65–76, Bern/Stuttgart.

Glasl, F./de la Houssaye, L. (1975): *Organisationsentwicklung. Das Modell des Niederländischen Instituts für Organisationsentwicklung und seine praktische Bewährung*, Bern/Stuttgart.

Göbel, E. (1998): *Theorie und Gestaltung der Selbstorganisation*, Berlin.

Görres, S. (1998): *Qualitätssicherung in Pflege und Medizin. Bestandsaufnahme, Theorieansätze, Perspektiven am Beispiel des Krankenhauses*. In: Robert Bosch Stiftung (Hrsg.), Reihe Pflegewissenschaft, Bern/Göttingen/Toronto/Seattle.

Görres, S. (1992): *Qualitätszirkel in der Alten- und Krankenpflege. Ein partizipativer Ansatz für die Organisations- und Personalentwicklung in Einrichtungen der Gesundheitsförderung*. Deutsche Krankenpflege-Zeitschrift, 5/1992, S. 337–342.

Görres, S./Luckey, K. (1998): *Arbeitsbedingungen in der Altenpflege und die Einführung der Pflegeversicherung*. In: Institut für Pflegewissenschaft der Universität Witten/Herdecke, Hochschulforum Pflege, Jg. 2/2, S. 8–14.

Görres, S./Luckey, K. (1999): *Einführung der Pflegeversicherung: Auswirkung auf die stationäre Altenpflege*. In: Zimber, A./Weyerer, S. (Hrsg.), Arbeitsbelastung in der Altenpflege, Göttingen, S. 66–80.

Görres, S./Luckey, K./Stappenbeck, J. (1997): *Qualitätszirkel in der Alten- und Krankenpflege. Evaluationsstudie*. In: Robert Bosch Stiftung (Hrsg.), Reihe Pflegewissenschaft, Bern/Göttingen/Toronto/Seattle.

Gomez, P. (1981): *Modelle und Methoden des systemorientierten Managements*, Bern.

Gomez, P./Zimmermann, T. (1993): *Unternehmensorganisation*, Frankfurt a.M./New York.

Grinell, Sh. (1991): *Rollenverhalten in der Supervisions-/Beratungsbeziehung*. In: Fatzer, G. (Hrsg.), Supervision und Beratung. Ein Handbuch, Köln, S. 109–120.

Grossmann, R. (1993): *Leitungsfunktionen und Organisationsentwicklung im Krankenhaus.* In: Badura, B./Feuerstein, G./Schott, T. (Hrsg.), System Krankenhaus, Weinheim/München, S. 301–321.

Grossmann, R. (1995a): *Die Selbstorganisation der Krankenhäuser. Ein Schlüssel für die Organisationsentwicklung im „Gesundheitswesen".* Grossmann, R./Krainz, O. (Hrsg.) (1995): Veränderungen in Organisationen, Wiesbaden, S. 55–78.

Grossmann, R. (1995b): *Das Krankenhaus auf dem Weg zur „lernenden Organisation". Zum Verhältnis von Qualifizierung und Organisationsentwicklung.* In: Gruppendynamik, 26 (1995) 2, S. 203–222.

Grossmann, R. (2002): *Leistungsprozesse optimieren – Personal- und Organisationsentwicklung verknüpfen. Ein Qualitätsprojekt in Alters- und Pflegeheimen der Stadt Zürich.* In: Grossmann, R./Scala, K. (Hrsg.), Intelligentes Krankenhaus. Innovative Beispiele der Organisationsentwicklung in Krankenhäusern und Pflegeheimen, Wien/New York, S. 61–83.

Grossmann, R./Scala, K. (2002a): *Intelligentes Krankenhaus. Innovative Beispiele der Organisationsentwicklung in Krankenhäusern und Pflegeheimen, Wien/New York*

Grossmann, R./Scala, K. (2002b): *Krankenhäuser als Organisationen steuern und entwickeln.* In: Grossmann, R./Scala, K. (Hrsg.), Intelligentes Krankenhaus. Innovative Beispiele der Organisationsentwicklung in Krankenhäusern und Pflegeheimen, Wien/New York, S. 12–31.

Grossmann, R./Scala, K. (2002c): *Veränderungsfähigkeit macht die Intelligenz einer Organisation aus.* In: Grossmann, R./Scala, K. (Hrsg.), Intelligentes Krankenhaus. Innovative Beispiele der Organisationsentwicklung in Krankenhäusern und Pflegeheimen, Wien/New York, S. 179–199.

Grossmann, R./Scala, K. (1994): *Gesundheit durch Projekte fördern. Ein Konzept zur Gesundheitsförderung durch Organisationsentwicklung und Projektmanagement, Weinheim/ München.*

Grünheid, E./Schulz, R. (1996): *Bericht 1996 über die demographische Lage in Deutschland.* In: Zeitschrift für Bevölkerungswissenschaft, 21(1996) 4, S. 245–440.

Güntert, B./Orendi, B./Weyermann, U. (1989): *Die Arbeitssituation des Pflegepersonals – Strategien zu Verbesserung. Bern/Stuttgart/Toronto.*

Haag, G. (1995): *Entwicklungsperspektiven stationärer Altenhilfe in der Bundesrepublik Deutschland.* In: Junkers, G./Moldenauer, B./Reuter, U. (Hrsg.), Stationäre Altenpflege. Entwicklung und Praxis: Praxis der Altenpflege, Bd. 1, Stuttgart/New York, S. 3–24.

Harris, R./Klie, T./Ramin, E. (1995): *Heime zum Leben. Wege zur bewohnerorientierten Qualitätssicherung, Hannover.*

Haubrock, M. (1997): *Makro- und mikroökonomische Aspekte des Krankenhauses.* In: Zwierlein, E. (Hrsg.), Klinikmanagement. Erfolgsstrategien für die Zukunft, München/Wien/Baltimore, S. 26–40.

Haubrock, M./Peters, S.H.F./Schwär, W. (1997): *Betriebswirtschaft und Management im Krankenhaus, Berlin/Wiesbaden.*

Hauser, E. (1993): *Coaching von Mitarbeitern.* In: v. Rosenstiel, L./Regnet, E./Domsch, M. (Hrsg.), Führung von Mitarbeitern – Handbuch für erfolgreiches Management, S. 198–206.

Heeg, F./Münch, J. (Hrsg.) (1993): *Handbuch Personal- und Organisationsentwicklung,* Stuttgart/Dresden.

Heimerl-Wagner, P./C.M. (Hrsg.) (1996): *Management in Gesundheitsorganisationen,* Wien.

Heiner, M. (Hrsg.) (1998): *Experimentierende Evaluation. Ansätze zur Entwicklung lernender Organisationen,* Weinheim/München.

Hesse-Schiller, W. (1996): *Das Pflegeversicherungsgesetz. Pflegebedürftige – Pflegekassen – Pflegeeinrichtungen.* In: Junkers, G./Moldenhauer, B./Reuter, U. (Hrsg.), Pflegeversicherung. Konsequenzen für die Reorganisation, Finanzierung und Qualitätssicherung: Management der Altenpflege, Bd. 1, Stuttgart/New York, S. 2–17.

Hopf, C. (1978): Die Pseudo-Exploration- Überlegungen zur Technik qualitativer Sozialforschung. Zeitschrift für Soziologie, 7/1978, S. 97–115.

IGES, Institut für Gesundheits- und Sozialforschung (Hrsg.) (2002): *Unveröffentlichter Forschungsbericht des Projekts "Prävention arbeitsbedingter Gesundheitsgefahren. Modul "Arbeitslogistik in der Altenpflege". Evaluation des Pilotprojekts mit zehn Altenpflegeheimen in Baden-Württemberg. Abschluss der ersten Pilotgruppe (BW1), Zwischenstand der zweiten Pilotgruppe (BW2),* Berlin.

IGES, Institut für Gesundheits- und Sozialforschung (Hrsg.) (2001): *Unveröffentlichter Forschungsbericht des Projekts "Prävention arbeitsbedingter Gesundheitsgefahren. Modul "Arbeitslogistik in der Altenpflege". Zwischen-Evaluation des Pilotprojektes mit fünf Altenpflegeheimen in Baden-Württemberg,* Berlin.

IGES, Institut für Gesundheits- und Sozialforschung (Hrsg.) (1999a): *Unveröffentlichtes Konzept für ein Pilotprojekt in Baden-Württemberg,* Berlin.

IGES, Institut für Gesundheits- und Sozialforschung (Hrsg.) (1999b): *Unveröffentlichte Projektbeschreibung für die Durchführung der Beratungen,* Berlin.

Junkers, G. (1995): *Gerontopsychiatrische Betreuung alter Menschen im Heim.* In: Junkers,G./Moldenauer, B./Reuter,U. (Hrsg.), Stationäre Altenpflege. Entwicklung und Praxis: Praxis der Altenpflege, Bd. 1, Stuttgart/New York, S. 59–76.

Junkers, G./Moldenauer, B./Reuter, U. (Hrsg.) (1996): *Pflegeversicherung. Konsequenzen für die Reorganisation, Finanzierung und Qualitätssicherung: Management der Altenpflege,* Bd. 1, Stuttgart/New York.

Junkers, G./Moldenauer, B./Reuter, U. (Hrsg.) (1995): *Stationäre Altenpflege. Entwicklung und Praxis: Praxis der Altenpflege,* Bd. 1, Stuttgart/New York.

Kämmer, K./Schröder, B. (1998): *Pflegemanagement in Alteneinrichtungen. Grundlagen für Konzeptionsentwicklung und Organisation,* Hannover.

Kieser, A. (1998): Immer mehr Geld für Unternehmensberatung – und wofür? In: Organisationsentwicklung 2/98, S. 62–69.

Kieser, A. (Hrsg.) (1993): *Organisationstheorien,* Stuttgart/Berlin/Köln.

Kieser, A./Kubicek, H. (1978a): *Organisationstheorien Band I,* Stuttgart.

Kieser, A./Kubicek, H. (1978b): *Organisationstheorien Band II,* Stuttgart.

Kipp, J. (1989): *Qualitätsanforderungen in der Gerontopsychiatrie.* In: Hoffman, A./Klie, T. (Hrsg.), Geronto-psychiatrische Qualifikation in der Altenpflege: Schriftenreihe der Hamburger Arbeitsgemeinschaft für Fortbildung in der Altenhilfe, Bd. 2, Hamburg.

Kleiber, C. (1994): *Plädoyer für eine Reform des Gesundheitswesens*, Bern/Göttingen/Toronto/Seattle.

Klie, T. (2000): *Qualitätssicherung im Streit. Das Konzept, seine Umsetzung und Ansätze einer Reform.* In: Altenheim 6/2000, S. 16–21.

Klie, T. (1996): *Qualität und Qualitätssicherung.* In: Pflegeversicherung und Qualitätssicherung in der Pflege (Hrsg.), Schriftenreihe der Internationalen Homecare-Stiftung, Bd. 12, Melsungen, S. 1–15.

Klie, T. (1995a): *Die Pflegeversicherung*, Hannover.

Klie, T. (1995b): *Qualitätssicherung in der Altenhilfe.* In: Klie, T./Lörcher, U., Qualitätssicherung in der ambulanten und stationären Altenpflege, Freiburg i. Br., S. 9–27.

Knäpple, A. (1993): *Organisationsentwicklungen in Alteneinrichtungen. Sechs Erfahrungsberichte – Beratungsansätze, Themen, Ergebnisse.* In: Ministerium für Arbeit, Gesundheit und Sozialordnung Baden-Württemberg (Hrsg.), Abschlussbericht, Stuttgart.

Knappe, E. (Hrsg.) (1997): *Reformstrategie „Managed Care".* In: Gäfgen, G./Oberender, P. (Hrsg.), Gesundheitsökonomische Beiträge, Bd. 28, S. Baden-Baden.

Köder, W. (1998): *Arbeitszeiten im Gesundheitswesen. Beiträge zum Arbeitsschutz in Nordrhein-Westfalen (EDITA 5)*, Landesanstalt für Arbeitsschutz NRW (Hrsg.), Düsseldorf.

Kösel, E./Dürr, U. (1995): *Neuorientierung in der Didaktik der beruflichen Bildung.* In: Bundesinstitut für Berufsbildung. Der Generalsekretär. Dehnbostel, P./Walter-Lezuis, H.J. (Hrsg.): Didaktik moderner Berufsbildung: Standorte, Entwicklungen, Perspektiven, Bielefeld, S. 241–265.

Kösel, E. (1993): *Die Modellierung von Lernwelten. Ein Handbuch zur Subjektiven Didaktik*, Elstal-Dallau.

Korečic, J. (1996): *Pflegestandards in der Altenpflege*, Berlin/Heidelberg/New York/Budapest/Hongkong/London/Mailand/Paris/Santa Clara/Singapur/Tokio.

Kosiol, E., (1966): *Die Unternehmung als wirtschaftliches Aktionszentrum*, Reinbek bei Hamburg.

Kotler, P./Bliemel, F.W. (1992): *Marketing – Management: Analyse, Planung, Umsetzung und Steuerung*, Stuttgart.

Kromrey, H. (1986): *Empirische Sozialforschung: Modelle und Methoden der Datenehebung und Datenauswertung*, Opladen.

Krohwinkel, M. (1993): *Pflege braucht Pflegemodelle.* In: Forum Sozialstation, Sonderausgabe 1/1993, S. 28–35.

Krüger, H. (1983): *Überlegungen zur Rekonstruktion sozialer Wirklichkeit aus der Sicht der Betroffenen.* In: Soziale Welt, 34 Jg. 1983, S. 90–109.

Krüger, H. (1996): *Pflegeberufe in der Dienstleistungsgesellschaft – Zwang zur bildungspolitischen Gestaltung.* In: Kiesel, P. et al (Hrsg.), Pflege lehren – Pflege managen. Eine Bilanzierung innovativer Ansätze, Frankfurt a.M., S. 21–42.

Krug, W./Reh, G. (1992): *Pflegebedürftige in Heimen. Statistische Erhebungen und Ergebnisse.* Studie im Auftrag des Bundesministeriums für Familie und Senioren. Bd. 4 der Schriftenreihe des Bundesministeriums für Familie und Senioren, Stuttgart.

Kruse, A./Schmitt, E. (1999): *Konfliktsituationen in Alten- und Altenpflegeheimen.* In: Zimber, A./Weyerer, S. (Hrsg.), Arbeitsbelastung in der Altenpflege, Göttingen, S. 155–169.

Kruse, A./Wahl. H.W. (Hrsg.) (1994): *Altern und Wohnen im Heim: Endstation oder Lebensort?* In: Oswald, W.D. et al. (Hrsg.), Angewandte Alterskunde, Bd. 12, Bern/Göttingen/Toronto/Seattle.

Kühnert, S. (1999): *Strategien zur Qualifizierung und Qualitätssicherung in der Altenpflege.* In: Zimber, A./Weyerer, S. (Hrsg.), Arbeitsbelastung in der Altenpflege, Göttingen, S. 249 –261.

Laaser, U./Liepmann-Röttger, B./Breckenkamp, J. Herwig-Stenzel, E. (2000): *Auswirkungen der 2. Stufe des Pflegeversicherungsgesetzes auf die Versorgung im stationären Bereich der Altenhilfe,* In: Pflege 13, S. 4–8.

Lamnek, S. (1995a): *Qualitative Sozialforschung,* Bd. 1, Methodologie, Weinheim.

Lamnek, S. (1995b): *Qualitative Sozialforschung,* Bd. 2, Methoden und Techniken, Weinheim.

Lippitt, R./Lippitt Gordon (1977): *Der Beratungsprozess in der Praxis. Untersuchung zur Dynamik der Arbeitsbeziehung zwischen Klient und Berater.* In: Sievers, B. (Hrsg.), Organisationsentwicklung als Problem, Stuttgart, S. 92–115.

Lotmar, P./Tondeur,E. (1993): *Führen in sozialen Organisationen,* Bern/Stuttgart/Wien.

Luckey, K./Basekow, A. (2001): *Konzepte der Organisationsentwicklung in ambulanten Pflegeeinrichtungen?* In: Landberger, M./Münch, M. (Hrsg.), Innovationen in der Pflege, Bern/Göttingen/Toronto/Seattle, S. 43–50.

Luckey, K./Görres, S. (2001): *Organisationsentwicklung im Bereich der Pflege,* In: Kriesel, P. et al. (Hrsg.), Pflege lehren – Pflege managen. Eine Bilanzierung innovativer Ansätze, S. 59–79.

Lüttig, A./Herwig-Stenzel, E. (1999): *Flache Hierarchien, hohe Flexibilität. Zukünftige Anforderungen an die Organisationsentwicklung in der stationären Altenarbeit.* In: Altenheim 7/1999, S. 10–15.

Lumma, K./Wilms, D. (1981): *Organisationsentwicklung als Folge kommunikationsfördernder Weiterbildung. Mitarbeiterführung im Kinderheim.* In: Treude, B. (Hrsg.), Organisationsentwicklung, Hamburg, S. 42–58.

Lutter, I. (1996): *Die Pflegeversicherung aus sozialpolitischer Sicht.* In: Farny, D./Bornefeld, P./Zellenberg, G. (Hrsg.), Lebenssituation älterer Menschen. Beschreibung und Prognose aus interdisziplinärer Sicht, Berlin, S. 347–358.

Malik, F. (1984): *Strategie des Managements komplexer Systeme. Ein Beitrag zur Management-Kybernetik evolutionärer Systeme,* Bern.

Marré, R. (1996): *Die Bedeutung der Unternehmenskultur für die Persönlichkeitsentwicklung,* Frankfurt a.M./Berlin/New York/Paris/Wien.

Maurus, A. (2001): *Können moderne Managementansätze in der Pflege mitarbeiterorientiert und wirtschaftlich sein?* In: Landberger, M./Münch, M. (Hrsg.), Innovationen in der Pflege, Bern/Göttingen/Toronto/Seattle, S. 51–59.

Maturana, H. (1982): *Erkennen: Die Organisation und Verkörperung von Wirklichkeit,* Braunschweig.

Meuser, M. und Nagel, U. (1989): *Experteninterview? – viel erprobt, wenig bedacht. Ein Beitrag zur qualitativen Methodendiskussion.* Arbeitspapier Nr. 6 aus dem Sonderforschungsbereich 186 der Universität Bremen.

Mintzberg, H./Ahlstrand, B./Lampel. J. (1999): *Strategy Safari. Eine Reise durch die Wildnis des strategischen Managements,* Wien.

Mintzberg, H. (1979): *The structuring of organization.* Englewood Cliff, N.J.

Mintzberg, H. (1991): *Mintzberg über Management. Führung und Organisation, Mythos und Realität,* Wiesbaden.

Moers, M. (1998): *Die Entwicklung professioneller Pflegepraxis als Aufgabe der Pflegewissenschaft.* In: Pflege & Gesellschaft, 4/1998, S. 1–5.

Moldenhauer, B. (1996): *Die Reorganisation von Altenhilfeeinrichtungen nach PflegeVG. Aufgaben der Träger und Leitungskräfte.* In: Junkers, G./Moldenauer, B./Reuter, U. (Hrsg.), Pflegeversicherung. Konsequenzen für die Reorganisation, Finanzierung und Qualitätssicherung: Management der Altenpflege, Bd. 1, Stuttgart/New York, S. 18–30.

Moldenhauer, B. (1995): *Stationäre Altenpflege. Entwicklung und Praxis.* In: Junkers, G./Moldenhauer, B./Reuter, U. (Hrsg.), Stationäre Altenpflege: Praxis der Altenpflege, Bd. 1, Stuttgart/New York, S. 153–157.

Müller, B./Münch, E./Badura, B. (1997): *Gesundheitsförderliche Organisationsgestaltung im Krankenhaus. Entwicklungen und Evaluation von Gesundheitszirkeln als Beteiligungs- und Interventionsmodell,* Weinheim/München.

Müller, H. (2001): *Arbeitsorganisation in der Altenpflege.* Ein Beitrag zur Qualitätsentwicklung und Qualitätssicherung, Hannover.

Nevis, E. (1993): *Organisationsentwicklung im Wandel der Zeit.* In: Fatzer, G., (Hrsg.), Organisationsentwicklung für die Zukunft, Köln, S. 381–403.

Neubauer, G. (1996): *Staatlicher Interventionismus versus wettbewerblicher Selbststeuerung. Ein neuer Ansatz zur Steuerung der Gesundheitsversorgung in Deutschland.* In: Behrens, J./Braun, B./Morone, J./Stone, D. (Hrsg.), Gesundheitssystementwicklung in den USA und Deutschland. Wettbewerb und Markt als Ordnungselemente im Gesundheitswesen auf dem Prüfstand des Systemvergleichs, Baden-Baden, S. 89–99.

Neuberger, O. (1989): *Organisationstheorien.* In: Roth, E./Schuler, H./Weinert, A.B. (Hrsg.), Organisationspsychologie, Enzyklopädie der Psychologie D, III, Bd. 3, Göttingen, S. 205–250.

Niebler-Fischer, M. (1998): *Kosten senken und Erlöse steigern in stationären Altenhilfeeinrichtungen.* Projektabschlußbericht, C&S Institut (Hrsg.), Augsburg.

Nießen, M. (1977): *Gruppendiskussion: Interpretative Methodologie. Methodenbegründung. Anwendung,* München.

Pantenburg, St. (1996): *Marketingstrategien freigemeinnütziger Unternehmen im Altenhilfesektor,* Baden-Baden.

Pelikan, J.M./Demmer, H./Demmer, H./Hurrelmann, K. (1993): *Gesundheitsförderung durch Qualitätsentwicklung. Konzepte, Strategien und Projekte für Betriebe, Krankenhäuser und Schulen,* Weinheim/München.

Peters, Th. J./Watermann, R.H. (1983): *Auf der Suche nach Spitzenleistungen: Was man von den bestgeführten US-Unternehmungen lernen kann,* München.

Philipp, A. (2000): *Noch mehr Reglementierung? Pläne für die Erweiterung und Änderung des SGB XI.* In: Altenheim 3/2000, S. 26–29.

Pieper, J. (1995): *Schlüsselpersonen erwerben Schlüsselqualifikationen.* In: Sattelberger, T. (Hrsg.) (1995a), Innovative Personalentwicklung. Grundlagen, Konzepte, Erfahrungen, Wiesbaden, S. 70–79.

Priester, K. (1997): *Neue Arbeitszeitmodelle in Krankenhäusern. Entstehungsbedingungen, -umsetzungsprobleme – Vorschläge zur Optimierung,* Frankfurt a.M.

Probst, G.J.B./Büchel, B. (1998): *Organisationales Lernen. Wettbewerbsvorteil der Zukunft,* Wiesbaden.

Pfaff, M./Wassener, D. (1995): *Das Krankenhaus im Gefolge des Gesundheits-Struktur-Gesetzes 1993: Finanzierung, Leistungsgeschehen, Vernetzung,* Baden-Baden.

Rauen, C. (1999): *Coaching. Innovative Konzepte im Vergleich.* In: Greif, S./Kurtz, H.J. (Hrsg.), Schriftenreihe Psychologie und innovatives Management, Göttingen/Bern/Toronto/Seattle.

Recktenwald, H.C. (Hrsg.) (1989): *Der Rückgang der Geburten – Folgen auf längere Sicht.* Ein Symposium der Akademie der Wissenschaften und der Literatur, Mainz.

Reiß, M. (1999): *Change Management.* In: Rosenstiel, L.v./Regnet, E./Domsch, M. (Hrsg.), Führung von Mitarbeitern, Handbuch für erfolgreiches Personalmanagement, Stuttgart, S. 653–657.

Reuter, U. (Hrsg.) (1998): *Qualitätszirkel. Leitfaden für die Erfüllung der Qualitätsanforderungen nach PflegeVG.* In: Management der Altenpflege, Bd. 2, Stuttgart/New York.

Richter, M. (1999): *Personalführung. Grundlagen und betriebliche Praxis,* Stuttgart.

Richter, M. (1994): *Organisationsentwicklung. Entwicklungsgeschichtliche Rekonstruktion und Zukunftsperspektiven eines normativen Ansatzes.* In: Wirtschaftswissenschaftliches Zentrum der Universität Basel (Hrsg.), Schriftenreihe des Instituts für Betriebswirtschaft, Bd. 29, Basel.

Richter, R./Wipp, M. (2002a): *Die Zeit läuft. Teil 1 zur Umsetzung des PQsG: Die Leistungs- und Qualitätsvereinbarung.* In: Altenheim 1/2000, S. 16–25.

Richter, R./Wipp, M. (2002b): *Der Leistungs- und Qualitätsnachweis. Teil 2 zur Umsetzung des PQsG.* In: Altenheim 2/2000, S. 25–33.

Rinderspacher, J.P. (1996): *Zur Einführung: Gestaltung der Zukunft ohne Utopien.* In: Klein, R./Borsi, G.M. (Hrsg.), Pflegemanagement als Gestaltungsauftrag, Frankfurt a.M., S. 9–27.

Ristok, B. (1995): *Leistungsgerechte Entgelte. Betriebswirtschaftliche Aspekte eines neuen Vergütungsprinzips im BSHG und SGB XI,* Freiburg i.Br.

Röber, M. (2002): *Chancen und Hürden. Die Erwartungen der Pflegekassen an die Leistungs- und Qualitätsvereinbarungen sind hoch – und realistisch.* In: Altenheim 5/2002, S. 39–47.

Rosenstiel, L. v. (1989): *Innovation und Veränderung in Organisationen.* In: Roth, E./Schuler, H./Weinert, A.B. (Hrsg.): Organisationspsychologie, Enzyklopädie der Psychologie, D, III, Bd. 3, Göttingen, S. 652–684.

Rosenstiel, L. v. (1983): *Grundlagen der Organisationspsychologie,* München.

Roth, S. (2000): *Emotionen im Visier. Neue Wege des Change Management.* In: OE, Zeitschrift der GOE 2/2000, S. 14–21.

Roth, G./Rothgang, H. (2000): „Angleichung nach oben": Die Entwicklung der Heimentgelte nach Einführung der Pflegeversicherung, In: NDV 3/2000, S. 85–90.

Rothgang, H. (1997): Ziele und Wirkungen der Pflegeversicherung. Eine ökonomische Analyse. In: Zentrum für Sozialpolitik Universität Bremen (Hrsg.), Schriften des Zentrums für Sozialpolitik, Bd. 7, Frankfurt a. M./New York.

Rothgang, H./Vogler, A. (1997a): Die zukünftige Entwicklung der Zahl der Pflegebedürftigen bis zum Jahre 2040 und ihre Einflußgrößen. In: Zentrum für Sozialpolitik Universität Bremen (Hrsg.), Schriften des Zentrums für Sozialpolitik, ZeS – Arbeitspapier Nr. 6/97, Bremen.

Rothgang, H./Vogler, A. (1997b): Der Einfluß demographischer Faktoren auf die Finanzentwicklung der gesetzlichen Pflegeversicherung. In: Zentrum für Sozialpolitik Universität Bremen (Hrsg.), Schriften des Zentrums für Sozialpolitik, ZeS – Arbeitspapier Nr. 18/97, Bremen.

Schein, E.H. (1995): Unternehmenskultur – Ein Handbuch für Führungskräfte, Frankfurt a.M.

Schein, E.H. (1993): Organisationsberatung für die neunziger Jahre. In: Fatzer, G. (Hrsg.), Organisationsentwicklung für die Zukunft, Köln, S. 405–420.

Schein, E.H. (1985): Organizational Culture and Leadership, San Fransisco.

Schlüter, W. (1999): „Was wollen wir erreichen?" Altenpflegeeinrichtungen auf dem Weg zu lernenden Organisationen. In: Altenheim 5/1999, S. 16–20.

Schneekloth, U./Müller, U. (2000): Wirkungen der Pflegeversicherung. Forschungsprojekt im Auftrag des Bundesministeriums für Gesundheit von I+G Gesundheit. In: Schriftenreihe des Bundesministeriums für Gesundheit, Bd. 12, Baden-Baden.

Schreyögg, A. (1995): Coaching. Eine Einführung für Praxis und Ausbildung, Frankfurt a.M.

Schütz, R.-M. (1995): Geriatrisch-rehabilative Versorgung in Dauerpflegeeinrichtungen der Altenhilfe unter besonderer Berücksichtigung des Gesundheitsreformgesetzes. In: Junkers,G./Moldenauer,B./Reuter,U. (Hrsg.), Stationäre Altenpflege. Entwicklung und Praxis: Praxis der Altenpflege, Bd. 1, Stuttgart/New York, S. 45–57.

Schuhen, A. (1997): Marketing der stationären Altenhilfe. Ein kundenorientiertes Freiburger Konzept. In: Eichhorn, P. (Hrsg.), Zeitschrift für öffentliche und gemeinwirtschaftliche Unternehmen, Beiheft 22, Baden-Baden.

Schulenburg, J.M. Graf von der (1989): Gesundheitswesen (Krankenversicherung) und demographische Evolution. In: Recktenwald, H.C. (Hrsg.), Der Rückgang der Geburten – Folgen auf längere Sicht, Düsseldorf, S. 279–297.

Schwartz, F.W. (1991): Gewonnene Lebensjahre – biologische Betrachtungen und Fragen zur Nutzen- und Kostendiskussion in der Medizin aus sozialmedizinischer Sicht. In: Robert Bosch Stiftung (Hrsg.), Entwicklungstechniken im Gesundheitswesen und ihre ökonomische Bedeutung: Beiträge zur Gesundheitsökonomie, Bd. 2, Gerlingen, S. 113–153.

Schwitalla, J. (1997): Gesprochenes Deutsch, Berlin.

Sackmann, S.A. (1993): Die lernfähige Organisation: Theoretische Überlegungen, gelebte und reflektierte Praxis. In: Fatzer, G., (Hrsg.), Organisationsentwicklung für die Zukunft, Köln, S. 227–255.

Sattelberger, T. (Hrsg.) (1995a): Innovative Personalentwicklung. Grundlagen, Konzepte, Erfahrungen, Wiesbaden.

Sattelberger, T. (1995b): *Personalentwicklung als strategischer Erfolgsfaktor.* In: Sattelberger, T. (Hrsg.) (1995a), Innovative Personalentwicklung. Grundlagen, Konzepte, Erfahrungen, Wiesbaden, S. 5–37.

Sattelberger, T. (Hrsg.) (1996a): *Die lernende Organisation. Konzepte für eine neue Qualität der Unternehmensentwicklung,* Wiesbaden.

Sattelberger, T. (1996b): *Die lernende Organisation im Spannungsfeld von Strategie, Struktur und Kultur.* In: Sattelberger, T. (Hrsg.) (1996a), Die lernende Organisation. Konzepte für eine neue Qualität der Unternehmensentwicklung, Wiesbaden, S. 11–55.

Sattelberger, T. (1996c): *Führungskräfteentwicklung: Eine grundsätzliche Positionierung im Rahmen der Unternehmensentwicklung.* In: Sattelberger, T. (Hrsg.), Human Resource Management im Umbruch. Positionierung, Potentiale, Perspektiven, Wiesbaden, S. 21–42.

Sattelberger, T. (1996d): *Führungskräfteentwicklung: Ausgewählte Perspektiven einer Standortbestimmung.* In: Sattelberger, T. (Hrsg.), Human Resource Management im Umbruch. Positionierung, Potentiale, Perspektiven, Wiesbaden, S. 13–20.

Scott, W.R. (1986): *Grundlagen der Organisationstheorie,* Frankfurt/New York.

Schneekloth, U./Müller, U. (1999): *Wirkungen der Pflegeversicherung. Forschungsprojekt im Auftrag des BMG.* In: In: Bundesministerium für Gesundheit (Hrsg.), Schriften des Bundesministeriums für Gesundheit, Band 127, Baden-Baden.

Senge, P.M. (1998): *Die fünfte Disziplin. Kunst und Praxis der lernenden Organisation,* Stuttgart.

Senge, P.M. (1993): *Die fünfte Disziplin – die lernfähige Organisation.* In: Fatzer, G., (Hrsg.), Organisationsentwicklung für die Zukunft, Köln, S. 145–178.

Senge, P.M. (1990): *The Fifth Discipline: The art and practice of learning organization,* New York 1990.

Senge, P.M. (1998): *Die Fünfte Disziplin. Kunst und Praxis der lernenden Organisation,* Stuttgart.

Senge, P.M. et al (1996): *Das Fieldbook zur fünften Disziplin,* Stuttgart.

Sieber, H. /Weh, B. (1995): *Pflegequalität,* München/Wien.

Siegrist, J. (1978): *Arbeit und Interaktion im Krankenhaus,* Stuttgart.

Sießegger, T. (1997): *Handbuch Betriebswirtschaftslehre. Wirtschaftliches Handeln in ambulanten Pflegediensten,* Hannover.

Sievers, B. (1977): *Organisationsentwicklung als Problem.* In: Sievers, B. (Hrsg.), Organisationsentwicklung als Problem, Stuttgart, S. 10–31.

Sowinski, C./Gennrich, R./Schmitt, B. et al. (2000): *Organisation und Stellenbeschreibungen in der Altenpflege. Planungshilfen für ambulante Dienste, Hausgemeinschaften, teilstationäre und stationäre Einrichtungen,* In: KDA (Hrsg.), Forum, Heft 36, Köln.

Spiess, C.K. (1993): *Angebot und Nachfrage stationärer Altenhilfeeinrichtungen – Analyse eines regulierten Marktes,* Köln.

Statistisches Bundesamt (Hrsg.) (2002a): *Gesundheitsausgabenrechnung 2000.* Wiesbaden. In: http://www.destatis.de/presse/deutsch/pm2002/p1840095.htm (02.10.02).

Statistisches Bundesamt (Hrsg.) (2002b): *Gesundheitspersonalrechnung 2000.* Wiesbaden. In: http://www.destatis.de/presse/deutsch/pm2002/p1840095.htm (02.10.02).

Statistisches Bundesamt (Hrsg.) (2001a): *Bevölkerungszahlen 1990–1999 nach Altergruppen und Geburtsjahren,* Wiesbaden.

Statistisches Bundesamt (Hrsg.) (2001b): *Kurzbericht Pflegestatistik 1999. Pflege im Rahmen der Pflegeversicherung, Deutschlandergebnisse,* Bonn.

Statistisches Bundesamt (Hrsg.) (2001c): *Kurzbericht Pflegestatistik 1999. Pflege im Rahmen der Pflegeversicherung, Ländervergleich: Pflegeheime,* Bonn.

Statistisches Bundesamt (Hrsg.) (2000a): *Statistisches Jahrbuch,* Wiesbaden.

Statistisches Bundesamt (Hrsg.) (2000b): *Bevölkerungsentwicklung in Deutschland bis 2050, Ergebnisse der 9. koordinierten Bevölkerungsvorausberechnung,* Wiesbaden.

Stäbler, S. (1999): *Die Personalentwicklung der „Lernenden Organisation". Konzeptionelle Untersuchung zur Initiierung und Förderung von Lernprozessen.* In: Betriebswirtschaftliche Studien, Heft 147, Berlin.

Staehle, W. (1973): *Organisation und Führung sozio-technischer Systeme. Grundlagen einer Situationstheorie,* Stuttgart.

Stünzer, L. (1996): *Systemtheorie und betriebswirtschaftliche Organisationsforschung. Eine Nutzenanalyse der Theorien autopoietischer und selbstreferentieller Systeme.* In: Betriebswirtschaftliche Studien, Heft 143, Berlin.

Stutz, H.-R. (1988): *Management-Consulting,* Bern/Stuttgart.

Tinnefeldt, G. (1999): *Nachgefragt: Über die Bedeutung interkultureller Angebote in der Pflege.* In: Pflegemanagement, 2/1999, S. 21–22.

Thiele, G./Koch, V. (1998): *Betriebswirtschaftslehre. Eine Einführung für Pflegeberufe,* Freiburg i.Br.

Trebesch, K. (1980): *Organisationsentwicklung in der Praxis. Beispiele zum 1. Europäischen Forum über Organisationsentwicklung in Aachen 1978, Band 1A und 1B,* Bern/Stuttgart.

Trebesch, K. (1982): *50 Definitionen der Organisationsentwicklung – und kein Ende. Oder: Würde Einigkeit stark machen?* In: Zeitschrift für Organisationsentwicklung, Jg.1/2, S. 37–62.

Trebesch, K. (1982a): *Ethische Leitlinien für Organisationsentwickler? Anregungen für eine Diskussion.* In: Zeitschrift für Organisationsentwicklung, Jg. 1/4, S. 11–25.

Trebesch, K. (1994): *Unternehmensentwicklung – Ein Konzept für die Praxis.* In: Zeitschrift für Organisationsentwicklung, Jg. 13/2, S. 51–64.

Trist, E. (1990): *Sozio-technische Systeme: Ursprung und Konzepte.* In: Organisationsentwicklung, 1990/4, S. 6–9.

Ulrich, H./Probst, G. (1988): *Anleitung zum ganzheitlichen Denken und Handeln,* Bern.

Ulrich, H. (1968): *Die Unternehmung als produktives soziales System. Grundlagen der Unternehmungslehre,* Bern/Stuttgart.

Wahl, H.W./Kruse, A. (1994): *Sensible Bereiche der pflegerischen Arbeit.* In: Kruse, A./Wahl. H.W. (Hrsg.), Altern und Wohnen im Heim: Endstation oder Lebensort? Angewandte Alterskunde, Bd. 12, Bern/Göttingen/Toronto/Seattle, S. 83–112.

Watzlawick, P. (1984): *Wie wirklich ist die Wirklichkeit?* München /Zürich.

Weiss, M. (1997): *Gesundheitsmanagement. Konzepte und Werkzeuge für Gestalter und Manager,* London/Glasgow/Weinheim/New York.

Weiss, T. (2002): *Mehr Rechte, mehr Pflichten.* In: Altenpflege 1/2002, S. 34–35.

Weyerer, S./Schäufele, M. (1999): *Epidemiologie körperlicher und psychischer Beeinträchtigungen im Alter,* In: Zimber, A./Weyerer, S. (Hrsg.), Arbeitsbelastungen in der Altenpflege, Göttingen, S. 3–23.

Wilke, Rudolf (1995): *Beobachtung, Beratung und Steuerung von Organisationen aus systemischer Sicht.* In: Wimmer, R., (Hrsg.) (1995), Organisationsberatung. Neue Wege und Konzepte, Wiesbaden, S. 17–42.

Wimmer, R. (Hrsg.) (1995): *Organisationsberatung. Neue Wege und Konzepte,* Wiesbaden.

Wimmer, R. (1995a): *Was kann Organisationsberatung leisten? Zum Interventionsrepertoire und Interventionsverständnis der systemischen Organisationsberatung.* In: Wimmer, R., (Hrsg.), Organisationsberatung. Neue Wege und Konzepte, Wiesbaden, S. 59–112.

Wimmer, R. (1992): *Der Systemische Ansatz – mehr als eine Modeerscheinung. Zur professionellen Orientierung von internen Experten für Organisations- und Personalentwicklung.* In: Schmitz, C/Gester, W./Heitger, B. (Hrsg.): Managerie. Systemisches Denken und Handeln im Management, Heidelberg 1992, S. 70–104.

Wipp, M. (2001): *Vergleichen statt Weichen. Methoden zur Ermittlung des Pflegezeitbedarfs,* Teil 2. In: Altenheim Jg. 2001/1, S. 22–25.

Witzel, A. (1989 a): *Verfahren der qualitativen Sozialforschung. Überblick und Alternativen,* Frankfurt a.M.

Wohlgemuth, A.C. (1991): *Das Beratungskonzept der Organisationsentwicklung.* Bern.

Wunderer, R. (1993): *Unternehmerisches Personalmanagement,* Frankfurt a.M./New York.

Wunderer, R./Gering, V./Hauser, R.: *Qualitätsmanagement durch und im Personalmanagement – Konzeptionelle Grundlagen und Folgerungen für die Personalabteilung.* In: Wunderer, R./Gering, V./Hauser, R. (Hrsg.), Qualitätsorientiertes Personalmanagement. Das Europäische Qualitätsmodell als unternehmerische Herausforderung, München/Wien, S. 1–104.

Zimber, A./Weyerer, S. (1998): *Stress in der stationären Altenpflege. Arbeitsbedingungen und Arbeitsbelastungen in Heimen – Ergebnisse einer Verlaufstudie,* Köln.

Zwierlein, E. (1997): *Das Krankenhaus der Zukunft – die Zukunft des Krankenhauses. Auf dem Weg zum „Magnet-Krankenhaus".* In: Zwierlein, E. (Hrsg.), Klinikmanagement. Erfolgsstrategien für die Zukunft, München/Wien/Baltimore, S. 3–13.

484

Anhang

Anhang A   Der Fragebogen zur Exploration der internen Ausgangslage

Anhang B   Der Erhebungsbogen zur Erfassung der Rahmen- und Strukturdaten der Altenpflegeheime APE 1, APE 2 und APE 3

Anhang C   Die Fragebögen zur Evaluation der OE-Prozesse nach dem ersten Projektjahr

Anhang C/1: Fragebogen zur Evaluation der realisierten Projektziele (Erster Befragungsschritt/Plakat)

Anhang C/2: Fragebogen zur Evaluation des Prozesses der Veränderung (Zweiter Befragungsschritt/Plakat)

Anhang C/3: Fragebogen zur Evaluation des Erfolgs des OE-Projekts (Dritter Befragungsschritt/Plakat)

Anhang C/4: Fragebogen zur individuellen Bewertung des Projekterfolgs (Vierter Befragungsschritt)

Anhang D   Der Fragebogen zur Evaluation der Prozessergebnisse nach dem zweiten Projektjahr

Anhang E   Rahmendaten von APE 1

Anhang E/0: Träger- und Leitungsorganigramm von APE 1

Anhang E/1: Strukturdaten von APE 1

Anhang F   Rahmendaten von APE 2

Anhang F/0: Träger- und Leitungsorganigramm von APE 2

Anhang F/1: Strukturdaten von APE 2

Anhang G   Rahmendaten von APE 3

Anhang G/0: Träger- und Leitungsorganigramm von APE 3

Anhang G/1: Strukturdaten von APE 3

Anhang A

Der Fragebogen zur Exploration der internen Ausgangslage

Erster Teil: Allgemeine Einführung

1. Einführung
1.1. Vorstellung der Studie im Rahmen der Dissertation
1.2. Hinweis auf die Anonymität der Daten (Unternehmen, Namen, Aussagen)
1.3. Aufzeichnung mit Tonband (Zweck, Einverständnis)

Zweiter Teil: Personenbezogener Fragebereich

2. Fragen zur Person, Berufsweg, Aufgabenbereich
2.1. Fragen zur Person
2.1.1. Alter
    20–29 ❏   30–39 ❏   40–49 ❏   über 50 ❏
2.1.2. Geschlecht
    weiblich ❏   männlich ❏
2.1.3. Berufliche Qualifikation
    Examinierte Krankenpfleger/in ❏
    Examinierte Altenpfleger/in ❏
    Weiterbildungsqualifikation zur Pflegeleitkraft ❏
    Fachhoch-/Universitätsstudium ❏
    kaufmännische Ausbildung ❏
    sonstiges ❏
    (Mehrfachnennungen möglich)
2.1.4. Betriebszugehörigkeit
    Bis zu 2 Jahren ❏ 2–5 Jahre ❏ 6–10 Jahre ❏ über 10 Jahre ❏
2.1.5. Berufserfahrung als Führungs- bzw. Leitungskraft
    Bis zu 2 Jahren ❏ 2–5 Jahre ❏ 6–10 Jahre ❏ über 10 Jahre ❏
2.1.6. Führungsaufgaben mit Personalverantwortung
    Ja ❏   teilweise ❏   nein ❏
2.2. Aufgrund welcher Motivation haben Sie in Ihrem jetzigen Unternehmen angefangen zu arbeiten?
2.3. In welcher Funktion/Position und in welchem Bereich sind Sie derzeit tätig?

2.3.1. Welche Aufgaben- bzw. Verantwortungsbereiche haben Sie im Rahmen Ihrer Stelle zu erfüllen?

2.3.2. Haben Sie besondere Schwerpunkte bei der Aufgabenerfüllung? Wenn ja, welche?

2.4. Haben Sie persönliche Ziele, die Sie in Ihrem Berufsalltag anstreben?

Dritter Teil: Arbeits- und organisationsbezogener Fragebereich

3. Arbeits- und organisationsbezogener Fragebereich

3.1. Welchen Auftrag hat Ihre Einrichtung? Durch welches Profil unterscheidet sich Ihre Einrichtung von anderen stationären Altenpflegeeinrichtungen?
Inwieweit können Sie sich mit den Zielen der Einrichtung identifizieren? Wie stark fühlen sich – Ihrer Meinung nach – die Mitarbeiter/innen der Einrichtung gegenüber verbunden?

3.1.1. Gibt es ein Leitbild, gemeinsame Visionen oder Ziele? Können Sie sich damit identifizieren?

3.1.2. Wie beurteilen Sie die Marktposition/das externe Image Ihrer Einrichtung in der örtlichen Pflegelandschaft? Wie beurteilen Sie das interne Image des Betriebes bei den Mitarbeiter/innen, Bewohner/innen und den Angehörigen?

3.1.3. Gibt es Bestrebungen einer stärkeren Kundenorientierung? (Wenn ja, wie wird diese gefördert? Wenn nein, was verhindert ein verstärktes kundenorientiertes Arbeiten?)

3.1.4. In welcher Form werden die Bedürfnisse und Wünsche der Bewohner/innen im Arbeitsablauf berücksichtigt? (Gibt es Einzelfallentscheidungen oder führt dies zu einer Veränderung innerhalb der Arbeitsorganisation oder der Pflege- und Betreuungskonzepte?)

3.2. Wie zufrieden sind Sie mit Ihrer Arbeitssituation: Arbeitsbedingungen, Betriebsklima etc.?
Was missfällt Ihnen? Welche Faktoren belasten Sie?
Wie schätzen die Zufriedenheit der Beschäftigten mit der Arbeitssituation ein?
Was missfällt ihnen? Was belastet sie?
Auf welche Gründe bzw. Ursachen führen Sie dies zurück?
Inwieweit wird dadurch das Leistungsvermögen beeinträchtigt?
Fluktuation – Fehlzeiten? Inwieweit werden Klima, Arbeitsbelastung, Arbeitszufriedenheit etc. davon beeinflusst?

3.2.1. Wie funktioniert in ihrem Haus die Arbeits(ablauf)organisation?
Werden die geplanten Arbeits-/Dienstzeiten normalerweise eingehalten?
Sind die Pflegekräfte mit ihren Arbeitszeiten zufrieden?
Können die Pflegekräfte auf den Dienst- bzw. Schichtplan Einfluss neh-
men?
Wird die Leistungsfähigkeit der einzelnen Mitarbeiter/innen individuell
berücksichtigt?
Welche Instrumente werden zur Planung und Organisation der Arbeits-
organisation bzw. der Pflegeprozesse angewandt?

3.2.2. Wie gestaltet sich die Zusammenarbeit auf der Station, in Ihrem Team,
mit (anderen) Führungskräften oder mit anderen Bereichen?

3.2.3. Wie funktioniert der Informationsfluss in Ihrem Betrieb? (Sind Sie mit dem
Informationsfluss zufrieden? Wie erhalten Sie Informationen, die für Ihre
Arbeit wichtig ist?)

3.2.4. Wie empfinden Sie die Kommunikation im Betrieb. (Ist sie im Team, auf
der Station und unter den Vorgesetzten stimmig?)

3.3.   Welche fachlichen und persönlichen Qualifikationen und Kompetenzen
(Fach-, Führungs-, Methoden-, Sozialkompetenzen) werden an Sie von
Seiten der Einrichtung gestellt?
Sind die Kompetenzen schriftlich fixiert? Sind die Zuständigkeiten klar
geregelt? War das schon immer so?
Welche Handlungs- und Entscheidungsspielräume haben Sie?
Fühlen Sie sich durch irgendwelche Vorschriften bzw. Personen einge-
engt? Ma-chen Sie Arbeiten, für die sie nicht entsprechend geschult sind?

3.3.1. Wie schätzen Sie Ihre eigenen Qualifikationen und Kompetenzen ein?
Zu welcher Einschätzung würden Ihre Mitarbeiter/innen bzw. Ihre Kolle-
ginnen und Kollegen kommen.

3.3.2. In welcher Art und Weise werden Sie in Ihrem Unternehmen gefördert?
(Gibt es Möglichkeiten der individuellen und beruflichen Förderung
werden in Form von Unterstützungs- und Qualifizierungsangebote von
Seiten der Einrichtung angeboten? Wenn ja, welche?)

3.4.   Gibt es in Ihrer Einrichtung klar definierte Führungsprinzipien?
Was würden Sie an Ihrem eigenen Führungsverhalten ändern wollen?
Wie sehr motiviert Sie der Führungsstil Ihrer Vorgesetzten? Glauben
Sie, dass die Mitarbeiter/innen von Ihrem Führungsstil motiviert sind?
Werden die Anliegen der Beschäftigten auf allen Ebenen wahrgenom-
men und wird darauf reagiert?
Gibt es irgendwelche Tabus; irgendwelche besondere Spielregeln?

Vierter Teil: Fragen zum Veränderungsprozess

4.1.   Am Anfang steht immer die Idee! Wer hatte die Idee, das Projekt „Arbeitslogistik in der Altenpflege" durchzuführen?

4.1.1. Waren Sie an der Entscheidung beteiligt?
        Wenn ja, was hat Sie bewogen bzw. überzeugt, sich für dieses Pilotprojekt zu entscheiden? Wenn nein, fühlen Sie sich dadurch übergangen? Hat dies Auswirkungen auf Ihre Motivation, am Veränderungsprozess aktiv mitzuwirken?

4.1.2. Welcher Handlungsdruck (konkrete betriebliche Probleme) führte zur Entscheidung, das Projekt durchzuführen? (Würden die Mitarbeiter/innen, Ihre Kollegen/Kolleginnen zur gleichen Einschätzung kommen?) Welche Probleme sollten Ihrer Meinung nach vordringlich geändert werden: im Betrieb, auf Station, auf den verschiedenen Führungsebenen, in der Pflege etc.?

4.2.   Art und Ausmaß der Prozessziele

4.2.1. Welche Erwartungen und Wünsche haben Sie an den Veränderungsprozess?

4.2.2. Was sollte sich Ihrer Meinung nach verändern? Ziele, Teilziele und Prioritäten? Haben Sie konkrete
        individuelle Ziele
        betrieblichen Ziele
        Welche Ziele sind am wichtigsten?

4.2.3. Wie wurde das Projekt in Ihrer Einrichtung eingeführt? Wie wurden Sie über die Projektziele und -maßnahmen informiert? Konnten Sie bei der Bestimmung der Projektziele mitwirken? Welche Projektziele sind Ihrer Meinung nach vordringlich anzustreben?

4.2.4. Erhoffen Sie sich von dem geplanten Veränderungsprozess andere Möglichkeiten der Einflussnahme, andere Verantwortungsbereiche bzw. Entscheidungskompetenzen, erweiterte Handlungs- und Gestaltungsspielräume? Wenn ja, welche?

4.2.5. Erhoffen Sie sich von dem geplanten Veränderungsprozess auch eine persönliche und berufliche Weiterentwicklung?
        Qualifikationsverbesserungen?
        Jede Führungs- und Leitungskraft hat Stärken und Schwäche. Worin liegen Ihre besonderen Stärken? Wenn ich Ihre Kollegen/Kolleginnen bzw. Mitarbeiter/innen fragen würde, würden diese das Gleiche antworten?

Gibt es Fähigkeiten und Kompetenzen, die Sie noch gerne dazu lernen bzw. weiterentwickeln würden?

4.2.6. Erhoffen Sie sich nach Projektdurchführung materielle Verbesserungen. Wenn ja, welche? Wenn nein, warum nicht?

4.2.7. Welche Unterstützung erhoffen Sie sich bei der Projektdurchführung von der Geschäftsführung/der Heimleitung?

4.3. Gelingen der Veränderungsprozesse

4.3.1. Was muss sich verändern (für Sie, auf Station, im Betrieb), damit Sie sagen können, dass das Pilotprojekt/der Veränderungsprozess erfolgreich gewesen ist?

4.3.2. Was muss passieren, damit Sie sagen, dass es/er gescheitert ist?

4.3.3. Welche reellen Chancen räumen Sie dem Pilotprojekt/dem Veränderungsprozess ein?

4.3.4. Welche Risiken birgt Ihrer Meinung nach die Durchführung der Projektmaßnahmen, der Veränderungsprozess? Was würde Ihr Team dazu sagen?

4.4. Gibt es etwas in Ihrem Arbeitsbereich, was Sie selber kritisch betrachten und das wir noch nicht besprochen haben?

Fünfter Teil: Strukturierte Fragen zum Veränderungsprozess

Im folgenden Teil bitte ich Sie – vor dem Hintergrund Ihrer bisherigen Projekterfahrungen und der Informationen über das Pilotprojekt –, die Chancen des Veränderungsprozesses in bezug auf die Realisierung, Verbesserung bzw. Entwicklung der nachfolgend aufgeführten acht Aspekte einzuschätzen.

Die Werteskala reicht von 0 bis 10, wobei der Skalenwert 0 = keine Veränderung und der Skalenwert 10 = die größtmögliche Veränderung bedeutet.

5. Fragen zu den Chancen des initiierten Veränderungsprozesses bezogen auf ...

5.1. die Verbesserung des Image der Einrichtung im Außen:

0	1	2	3	4	5	6	7	8	9	10

die Verbesserung des Image der Einrichtung intern:

0	1	2	3	4	5	6	7	8	9	10

5.2. die Verbesserung der Arbeits- und Belastungssituation für die
      Pflegekräfte:

0	1	2	3	4	5	6	7	8	9	10

die Verbesserung der Arbeitsstrukturen und -prozesse:

0	1	2	3	4	5	6	7	8	9	10

5.3. die Entwicklung von Managementqualifikation:

0	1	2	3	4	5	6	7	8	9	10

5.4. die Verbesserung der Kundenorientierung:

0	1	2	3	4	5	6	7	8	9	10

5.5. die Erreichung Ihrer beruflichen Ziele:

0	1	2	3	4	5	6	7	8	9	10

die Erreichung Ihrer persönlichen Ziele:

0	1	2	3	4	5	6	7	8	9	10

Anhang B

Der Erhebungsbogen zur Erfassung der Rahmen- und Strukturdaten
der Altenpflegeheime APE 1, APE 2 und APE 3

Erhebungskategorien

1. Regionale Lage der Altenpflegeeinrichtungen
   Standort
   Einfluss auf Bewohnerstruktur, Personalgewinnung, Wettbewerbs- und Konkur-
   renzsituation
2. Leitungs-, Ziel- und Qualitätsmanagementsysteme
   Trägerstruktur- und Leitungsstruktur: Existiert ein offizielles Organigramm?
   Existieren aktuelle Stellenbeschreibungen?
   Welche Leitbilder gibt es? In welchen Dokumenten sind der Unternehmens-
   auftrag, die Unternehmensziele und das Führungs- und Pflegeverständnis
   schriftlich fixiert?
   Nach welchem Qualitätssicherungs- bzw. Qualitätsmanagementsystem wird
   gearbeitet?
3. Betriebsgröße, Bewohnerstruktur und Leistungsangebote
   Bewohnerstruktur (1999): Alter der Bewohner/innen, Grad der Pflegebedürf-
   tigkeit, Einstufung in die Pflegestufen, Besonderheiten der Bewohner/innen
   Gesamtplatzzahl (Belegungssituation 1999 – differenziert nach Altenpfle-
   geheim, Altenheim, Kurzzeitpflege, eventl. Tagespflege, Betreutes Wohnen)
   Kapazitätsauslastung und Belegungssituation (1999)
   Leistungsangebote und -konzepte
   Inanspruchnahme von Fremdleistungen
4. Strukturdaten der Personalsituation
   Quantitative Personalausstattung (1999–2001): Erhebung der Soll/Ist- Da-
   ten nach den Haupttätigkeitsfeldern Heimleitung, Verwaltung, Pflege, Thera-
   peutischer Dienst, Sozialdienst, Hauswirtschaft, Technischer Dienst – Stellen-
   schlüssel. Personalangaben werden nach Vollzeitkräften erfasst, dies gilt
   auch für Teilzeitbeschäftigte und stundenweise beschäftigtes Personal. Hilfs-
   kräfte, Zivis, Praktikanten etc. werden gemäß ihrer Anerkennung im Stellen-
   schlüssel erfasst.
   Personalschlüssel im Pflege- und Funktionsdienst (1999–2001)
   Qualitative Personalausstattung im Pflegedienst (1999–2001): Qualifikati-
   onsgrad des Personals; Anteil der Hilfskräfte – nach Vollzeitkräften
   Personalfluktuation und Fehlzeiten (1999–2001)

5. Strukturdaten der Arbeits- und Betreuungsorganisation
   Dienstplangrundform (1999–2001)
   Dienstarten und -zeiten (1999–2001)
   Pflegeprozess in der Ablauforganisation (Tagesstrukturierung)
   Pflegemodelle und Betreuungskonzepte
   Essen im Versorgungskonzept (1999–2001)
   Aktivierung im Betreuungskonzept

Anhang C/1

Erster Befragungsschritt: *Welche Ziele wurden erreicht?*

Ziele des Pilotprojekts „Optimierung der Arbeitslogistik"	Zielerreichungsgrad			Woran machten Sie das fest?
	hoch	mittel	gering	
1. Optimierung der Arbeitsprozesse				
1.1. *Verbesserte mitarbeiterorientierte Arbeitseinsatzplanung*				
1.2. *Verbesserte bewohnerorientierte Ablaufprozesse*				
1.3. *Verbesserte Informationsprozesse*				
2. Qualifizierung und Personalentwicklung				
2.1. *Gesundheitsprävention und -förderung*				
2.2. *Kompetenzentwicklung in Management- und Organisationswissen*				
2.3. *Kompetenzentwicklung in Personalführung*				
3. Optimierung der Organisationsstrukturen und Kommunikationskultur				
3.1. *Lösung der Schnittstellenproblematik*				
3.2. *Verbesserte Kommunikation zwischen Personal und Leitungskräften*				
3.3. *Verbesserte Kommunikation unter den Führungs- und Leitungskräften*				
3.4. *Verbesserte Kommunikation und Kooperation unter den Mitarbeiterinnen*				
3.7. *Veränderte Strukturen der Aufbauorganisation*				
4. Optimierung der Pflege, Betreuung und Versorgung				
4.1. *Verbesserte Pflegequalität*				
4.2. *Verbesserte Betreuungsqualität*				
4.3. *Erhöhte Kundenorientierung*				
5. Sonstiges				
5.1. *Sonstige ungeplante Ergebnisse*				

Anhang C/2

Zweiter Befragungsschritt: Prozess der Veränderung

▽ Welche Ziele wurden nicht erreicht? ⟹ Welche Faktoren haben die Zielerreichung gehemmt oder gar verhindert?

▽ Welche Ziele sollten im weiteren Projektverlauf noch erreicht werden? (geordnet nach Dringlichkeit)

▽ Wie beurteilen Sie die externe Beratung und das interne Projektmanagement? Was war gut? ⟹ Welche Faktoren waren für die Durchführung der Projektmaßnahmen förderlich?

▽ Was sollte anders sein, wenn das Pilotprojekt nochmals starten würde? Welche Prozessbedingungen müssten dann gegeben sein?

Anhang C/3

Dritter Befragungsschritt: Erfolg des OE-Projekts

Was hat das Projekt gebracht?

Was hat sich in den unten aufgeführten Bereichen bewegt/ Zu welchen Entwicklungen und Veränderungen führte das Projekt? Was ist anders als vorher?

1. Mitarbeiter/innen

2. Leitungsebene

3. Kunden

4. Pilotstation (Schnittstelle Hauswirtschaft)

5. Gesamtes Unternehmen

Benennen Sie zu jedem Punkt mindestens 3 Faktoren, die für Sie am wichtigsten waren

Ergebnissicherung

Wie können die erzielten Ergebnisse nachhaltig gesichert und weiterentwickelt werden? Wie sollen die Veränderungen auf die andere Wohnbereiche übertragen werden?

Plakat für Gruppe 1/2

Anhang C/4

Vierter Befragungsschritt: Persönliche Bewertung des Projekterfolgs (anonym)

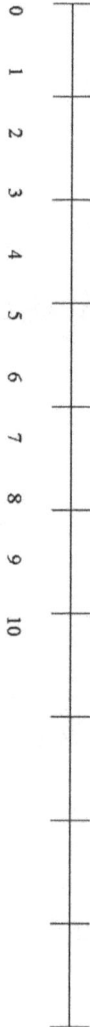

| 0 | 1 | 2 | 3 | 4 | 5 | 6 | 7 | 8 | 9 | 10 |

1. Wie bewerten Sie persönlich den Projekterfolg (Gesamtergebnis aller Veränderungsmaßnahmen und Entwicklungen)? *Die Bewertungsskala reicht von 0 bis 10, wobei der Skalenwert 0 = keine Veränderung und der Skalenwert 10 = größtmögliche Veränderung bedeutet.*

2. Welche Erfahrungen und Kompetenzen konnten Sie erwerben? Was hat das Projekt/ der Veränderungsprozess Ihnen persönlich gebracht?

Anhang D

Der Fragebogen zur Evaluation der Prozessergebnisse nach dem zweiten Projektjahr

Durch das Projekt wurden eine Reihe von Veränderungszielen angestrebt und Entwicklungen initiiert (Punkte 1. bis 6.). Bitte bewerten Sie deren Realisierung mit + (Verbesserung), 0 (keine Entwicklung) oder − (Verschlechterung) und nennen Sie Kriterien für Ihre Bewertung. Bei Punkt 7 geht es um die projektförderlichen und projekthinderlichen Faktoren zum einen in Bezug auf die externe Beratung und zum anderen bezogen auf das interne Projektmanagement. Abschließend sind Ihre Veränderungsvorschläge gefragt: Was sollte aus Ihrer Sicht anders sein?

	+	0	-	*Woran machen Sie Ihre Bewertung fest?*
1. Verbesserung im Hinblick auf die Prävention arbeitsbedingter Gesundheitsgefahren				
1.1. Verminderung von Stressoren, Arbeitsbelastungen, Fehlzeiten, Fluktuation				
1.2. Abbau von Arbeitsspitzen				
1.3. Erhöhung der Arbeitszufriedenheit				
1.4. Konzepte zur Gesundheitsförderung				
2. Verbesserung der Arbeitsprozesse				
2.1. Verbesserte Arbeitseinsatzplanung				
2.2. Akzeptanz der modifizierten Arbeits- und Dienstzeiten				
2.3. Verbesserte Arbeitsorganisation				
2.4. Verbesserte Informationswege				
2.5. Eingesetzte Analyse-, Dokumentations- und Planungsinstrumente				
3. Strukturveränderungen (Aufbauorganisation)				
3.1. Erweiterte Gestaltungs- und Handlungsräume für Wohnbereichsleitungen				
3.2. Erweiterte Gestaltungs- und Handlungsräume für Pflegekräfte				
3.3. Was hat sich noch verändert?				
4. Personalförderung und -entwicklung, Optimierung der internen Kommunikationsprozesse				
4.1. Leitungskräfte				
4.2. Pflegekräfte				
4.3. Verbesserte Kommunikation und Kooperation				
5. Verbesserte Bewohner- bzw. Kundenorientierung				
5.1. Verbesserte Bewohner- bzw. Kundenorientierung				
5.2. Erhöhung der Bewohnerzufriedenheit				
6. Auswirkungen auf das Gesamtsystem				
6.1. Erhöhte Wirtschaftlichkeit				
6.2. Erhöhte Effektivität				
6.3. Rüstzeug, um dauerhaft einen kontinuierlichen Veränderungs- bzw. Entwicklungsprozess durchzuführen				
6.4. Befähigung zur selbstorganisierten Durchführung von Veränderungs- und Entwicklungsprozessen				
7. Externe Beratung/ internes Projektmanagement	Prozessförderliche bzw. prozesshinderliche Faktoren - Veränderungsvorschläge			
7.1. Prozessförderliche Faktoren (externe Beratung)				
7.2. Prozesshinderliche Faktoren (externe Beratung)				
7.3. Verbesserungswürdig (externe Beratung)				
7.4. Prozesshinderliche Faktoren (im Haus)				
7.5. Prozessförderliche Faktoren (im Haus)				
7.6. Verbesserungswürdig (internes Projektmanagement)				
8. Sonstiges				

Anhang E/0

Abbildung E: Träger- und Leitungsorganigramm von *APE 1*

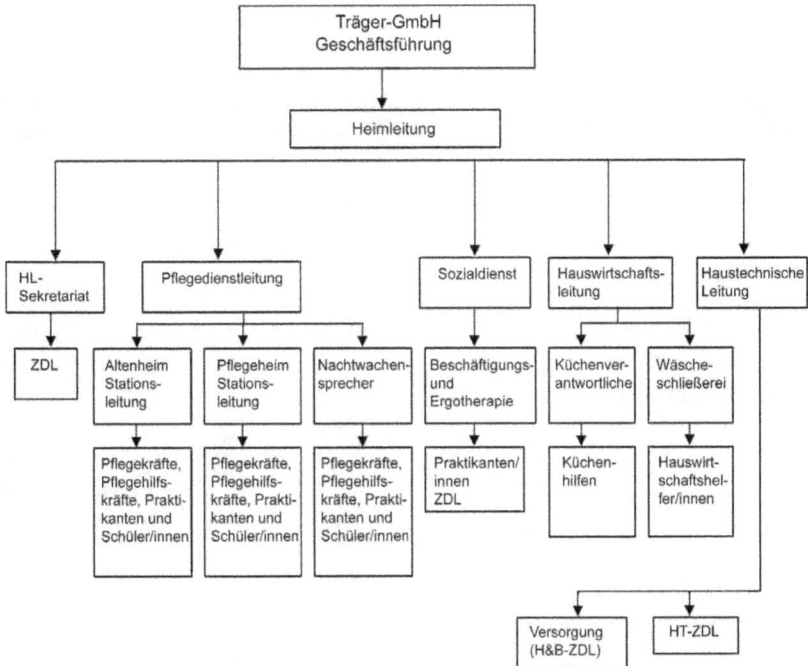

```
                    ┌─────────────────────┐
                    │    Träger-GmbH      │
                    │   Geschäftsführung  │
                    └─────────────────────┘
                              │
                    ┌─────────────────────┐
                    │    Heimleitung      │
                    └─────────────────────┘
```

| HL-Sekretariat | Pflegedienstleitung | | | Sozialdienst | Hauswirtschafts-leitung | Haustechnische Leitung |

| ZDL | Altenheim Stations-leitung | Pflegeheim Stations-leitung | Nachtwachen-sprecher | Beschäftigungs- und Ergotherapie | Küchenver-antwortliche | Wäsche-schließerei |

| | Pflegekräfte, Pflegehilfs-kräfte, Prakti-kanten und Schüler/innen | Pflegekräfte, Pflegehilfs-kräfte, Prakti-kanten und Schüler/innen | Pflegekräfte, Pflegehilfs-kräfte, Prakti-kanten und Schüler/innen | Praktikanten/innen ZDL | Küchen-hilfen | Hauswirt-schaftshel-fer/innen |

| | | | | Versorgung (H&B-ZDL) | HT-ZDL | |

Quelle: Eigene Darstellung, in Anlehnung an das Qualitätshandbuch *APE 1*, Abb. 4 (1998)

Anhang E/1

Strukturdaten von *APE 1*

Daten zur Personalsituation

1. Quantitative Personalausstattung

Die Angaben sind Vollzeitkräften erhoben, wobei Zivildienstleistende, Praktikanten sowie Mitarbeiter der Fort- und Weiterbildung gemäß ihrer Anerkennung im Stellenschlüssel des Pflegeantrages erfasst werden.

Dienstart	1999		2000		2001	
	Ist	Soll	Ist	Soll	Ist	Soll
Heimleitung	1,0	1,0	1,0	1,0	1,0	1,0
PDL	1,0	1,0	1,0	1,0	0^x	1,0
Verwaltung	5,11	5,23	5,07	5,2	5,07	5,2
Pflege	59,69[*1]	62,44	61,24[*2]	61,84	62,49[*3]	61,87
Therapeutischer Dienst	–	–	–	–	–	–
Sozialdienst	2,70	2,70	2,55	2,3	2,55	2,6
Hauswirtschaft	17,43	16,98	17,83	16,83	18,48	16,98
Technischer Dienst	1,60	1,45	1,45	1,45	1,45	1,45
Insgesamt	88,53	90,80	90,14	89,42	91,04	90,27

*1 = Anteil der Teilzeitkräfte bei den Pflegekräften beträgt 17,3 %
*2 = Anteil der Teilzeitkräfte bei den Pflegekräften beträgt 21,4 %
*3 = Anteil der Teilzeitkräfte bei den Pflegekräften beträgt 31,3 %
*0 = ab 01.10.2001 besetzt

Fremdleistungen werden in den folgenden Bereichen in Anspruch genommen:

▨ Hauswirtschaft: *Fremdreinigung, Fremdwäscherei*
▨ Technischer Dienst: *Wartungsdienste*

2. Personalschlüssel im Pflege- und Funktionsdienst

1999 (Ist)				2000 (Ist)				2001 (Soll)			
Stufe 0	Stufe 1	Stufe 2	Stufe 3	Stufe 0	Stufe 1	Stufe 2	Stufe 3	Stufe 0	Stufe 1	Stufe 2	Stufe 3
Keine Angaben				1: 12,74	1: 5,54	1: 2,24	1: 1,21	1: 12,74	1: 5,54	1: 2,24	1: 1,21

3. Qualifikationsgrad des Pflegepersonals im Pflegedienst der Einrichtungen

Qualifikation (Angaben in %)	1999	2000	2001
Vollqualifizierte Kräfte (mehrjährige Kranken-/Altenpflegeausbildung)	50,68	50,74	51,30
Teilqualifizierte Kräfte (einjährige Ausbildung)	16,22	15,57	15,18
Nichtqualifizierte Kräfte (mehrwöchige/keine pflegerische Ausbildung)	33,10	33,79	33,52
Insgesamt	100	100	100

4. Anteil der Hilfskräfte im pflegerischen Bereich

Angaben in Vollzeitkräften	1999	2000	2001
Zivildienstleistende	0,72	0,71	0,69
Freiwille im Sozialen Jahr	1,2	1,56	1,54
Praktikanten/innen	3,2	2,36	2,30
Geringfügig Beschäftigte	–	–	–
Honorarkräfte	–	–	–
Altenpflegeschüler/innen	5,77	4,71	4,61

5. Fluktuation und Fehlzeiten

Fluktuation und Fehlzeiten[1] (Angaben in %)	1999	2000	2001
Fluktuation			
Pflege			
Hauswirtschaft	Keine Angaben	Keine Angaben	Keine Angaben
Krankheitsbedingte Fehlzeiten			
Pflege			
Hauswirtschaft	9,9 %	8,6 %	Keine Angaben

[1] Fehlzeiten beziehen sich nur auf krankheitsbedingte Ausfallzeiten

Daten zur Personalsituation

Pflege	1999	ab 2000 – Pilotstation	2001
Dienstplangrundform	6 Tagewoche	5,5 Tagewoche	5,5 Tagewoche
Dienstarten:			
Schichtdienst	WE	WE und WoE	WE und WoE
Geteilter Dienst	WoE	–	–

Dienstzeiten (von – bis):

Frühdienst:	06.05 h – 12.55 h	06.30 h – 14.00 h	06.30 h – 14.00 h
	06.30 h – 13.25 h	07.00 h – 14.30 h	07.00 h – 14.30 h
Spätdienst:	13.00 h – 19.35 h	12.30 h – 20.00 h	12.30 h – 20.00 h
		13.00 h – 20.30 h	13.00 h – 20.30 h
Nachtdienst:	19.35 h – 06.20 h	19.35 h – 06.20 h	19.35 h – 06.20 h
Geteilter Dienst*:	06.30 h – 10.30 h	–	06.30 h – 10.30 h
	16.00 h – 20.00 h		16.00 h – 20.00 h

WE = Werktage   Neue Dienstzeiten
WoE = Wochenend- und Feiertage   gelten ab 2001 für
                                                          das ganze Haus.

Daten zur Bewohnersituation

1. Bewohnerstruktur

Daten der Bewohner/innen Ende 1999

Alter	Anzahl	Verweildauer		Stufe	Anzahl	m (männlich)/w (weiblich)
< 60		< 6 Mo		0		m = 34
60–64	5	6–12 Mo		I		w = 157
65–69	7	13–18 Mo		II	keine Angaben	
70–74	10	19–24 Mo	keine Angaben	III		
75–79	13	2–3 Jahre		III Härte		
80–84	33	3–4 Jahre				
85–89	69	4–5 Jahre				
>	54	> 5 Jahre				
Summe	191				191	

Ø Alter = 85 Jahre   Ø Verweildauer = 18 Mon.

Über die Daten der Bewohner/innen wie Alter, besonderer Hilfebedarf der Be-
wohner/innen mit spezifischen Erkrankungen und Behinderungen wurden keine
Angaben gemacht.

2. Pflege- und Betreuungsorganisation

2.1. Pflegeprozess:

System der fördernden Prozesspflege (AEDL) nach Krohwinkel

2.2. Essen im Betreuungskonzept

Essenzeiten	Bis 2000	2000 – Pilotstation	2001 (aufs Haus übertragen)
Frühstück	Von 07.00 h bis 8.30 h	Von 08.00 h bis 10.00 h	Von 08.00 h bis 10.00 h
Zwischenmahlzeit	10.00 h bis 11.00 h	11.00 h	11.00 h
Mittagessen	Von 11.30 h bis 12.15 h	Von 12.00 h bis 14.00 h	Von 12.00 h bis 14.00 h
Zwischenmahlzeit	Von 14.00 h bis 14.30 h	Von 15.00 h bis 16.00 h	Von 15.00 h bis 16.00 h
Abendessen	Von 16.45 h bis 17.30 h	Von 17.00 h bis 19.00 h	Von 17.00 h bis 19.00 h
Zwischenmahlzeit	Von 0 h bis 1.00	22.00 h	22.00 h

2.3. Sozial- und therapeutischer Dienst

Die Einrichtung verfügt über einen eigenen sozialtherapeutischen Dienst. Ihre Arbeit richten sie nach einem Handbuch aus, das die wichtigsten Standards für ihre Bereiche enthält: Standards für die Integration neuer Bewohner/inner, Anlaufstelle für Heimbewohner/innen und Angehörige. Die Arbeit der Betreuung wird von einer 30 Personen starken Gruppe von freiwilligen Helfer/innen unterstützt.

2.4. Aktivitäten im Betreuungskonzept

Wöchentliche Leitungsangebote:

Gruppenangebote: Aktivierung auf den Wohnbereichen, Bastel-, Mal- und Handarbeitsgruppen, Gymnastik, Gedächtnistraining, Spielnachmittage, Lesekreis, Mal- und Werkgruppen, Bibelstunden

Einzelangebote: Krankengymnastik und Ergotherapie

Monatliche Leitungsangebote:
Konzerte, Chor, Theaterveranstaltungen

Unregelmäßige Angebote:
Film- und Diavorführungen, Ausflüge, Museumsbesuche, Einkaufsnachmittage

Anhang F/0

Abbildung F: Träger- und Leitungsorganigramm von *APE 2*

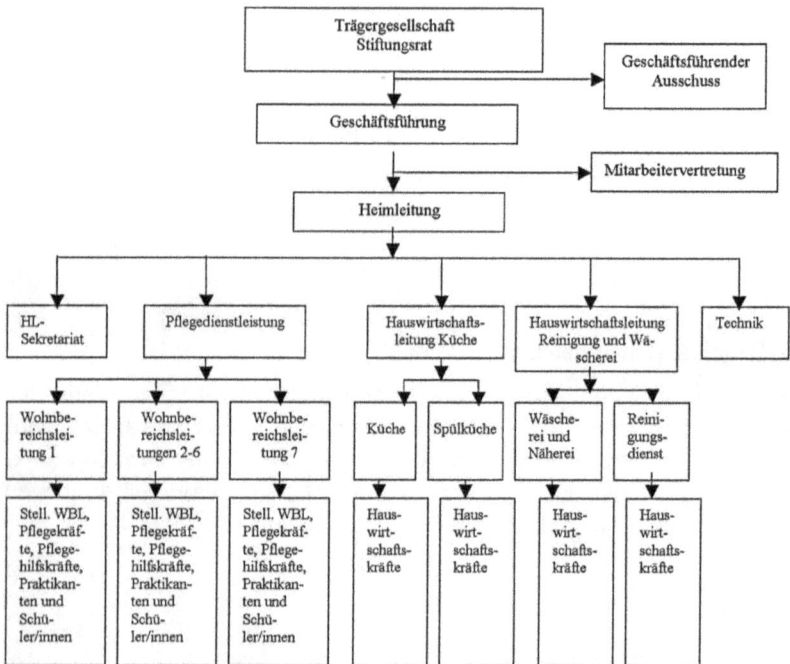

```
        ┌─────────────────────┐
        │  Trägergesellschaft │
        │    Stiftungsrat     │          ┌──────────────────┐
        └─────────────────────┘─────────▶│ Geschäftsführender│
                   │                      │    Ausschuss      │
                   ▼                      └──────────────────┘
        ┌─────────────────────┐
        │   Geschäftsführung  │
        └─────────────────────┘          ┌──────────────────┐
                   │          ──────────▶│Mitarbeitervertretung│
                   ▼                      └──────────────────┘
        ┌─────────────────────┐
        │     Heimleitung     │
        └─────────────────────┘
```

HL-Sekretariat	Pflegedienstleistung	Hauswirtschaftsleitung Küche	Hauswirtschaftsleitung Reinigung und Wäscherei	Technik

Wohnbereichsleitung 1	Wohnbereichsleitungen 2-6	Wohnbereichsleitung 7	Küche	Spülküche	Wäscherei und Näherei	Reinigungsdienst

Stell. WBL, Pflegekräfte, Pflegehilfskräfte, Praktikanten und Schüler/innen	Stell. WBL, Pflegekräfte, Pflegehilfskräfte, Praktikanten und Schüler/innen	Stell. WBL, Pflegekräfte, Pflegehilfskräfte, Praktikanten und Schüler/innen	Hauswirtschaftskräfte	Hauswirtschaftskräfte	Hauswirtschaftskräfte	Hauswirtschaftskräfte

Quelle: Eigene Darstellung in Anlehnung an das unveröffentlichte Organigramm *APE 2* (2000)

Anhang F/1

Strukturdaten von *APE 2*

Daten zur Personalsituation

1. Quantitative Personalausstattung

Die Angaben sind in Vollzeitkräften erhoben, wobei Zivildienstleistende, Praktikanten sowie Mitarbeiter der Fort- und Weiterbildung gemäß ihrer Anerkennung im Stellenschlüssel des Pflegeantrages erfasst werden.

Dienstart	1999		2000		2001	
	Ist	Soll	Ist	Soll	Ist	Soll
Heimleitung	1,0	1,0	1,0	1,0	1,0	1,0
PDL	1,0	1,0	1,0	1,0	1,0	1,0
Verwaltung	2,20	2,26	2,10	2,06	2,1	2,1
Pflege	47,00[*1]	48,05	47,00[*2]	48,04	49,0[*3]	48,0
Therapeutischer Dienst	Honorar-	Honorar-	Honorar-	Honorar-	1,5[4]	1,5
Sozialdienst	kräfte*	kräfte*	kräfte*	kräfte*		
Hauswirtschaft	20,5	20,32	20,5	20,5	20,5	19,5
Technischer Dienst	1,0	1,0	1,0	0,5	0,5	0,5[5]
Insgesamt	72,7	73,63	72,6	73,1	75,6	74,6

* Honorarkräfte 1999 und 2000 je 12 Std. wöchentlich, 2001 auf 14 Std. wöchentlich erhöht.
*1 = Anteil der Teilzeitkräfte bei den Pflegekräften beträgt 44 %
*2 = Anteil der Teilzeitkräfte bei den Pflegekräften beträgt 45 %
*3 = Anteil der Teilzeitkräfte bei den Pflegekräften beträgt 39 %
4 = ab Oktober 2001, 0,5 % davon eine Gesundheitspädagogin
5 = Altersteilzeit

Fremdleistungen werden in den folgenden Bereichen in Anspruch genommen:

- Hauswirtschaft: *Glasreinigung, Wäschereinigung*
- Verwaltung: *Buchhaltung und EDV*

2. Personalschlüssel im Pflege- und Funktionsdienst

1999				2000 (Ist)				2001 (Soll)			
Stufe 0	Stufe 1	Stufe 2	Stufe 3	Stufe 0	Stufe 1	Stufe 2	Stufe 3	Stufe 0	Stufe 1	Stufe 2	Stufe 3
1: 2,66				1: 2,68				1: 2,65			

3. Qualifikationsgrad des Pflegepersonals im Pflegedienst der Einrichtungen

Qualifikation (Angaben in %)	1999	2000	2001
Vollqualifizierte Kräfte (mehrjährige Kranken-/Altenpflegeausbildung)	54	53	55
Teilqualifizierte Kräfte (einjährige Ausbildung)	2	2	2
Nichtqualifizierte Kräfte (mehrwöchige/keine pflegerische Ausbildung)	44	45	43
Insgesamt	100 %	100 %	100 %

4. Anteil der Hilfskräfte im pflegerischen Bereich

Angaben in Vollzeitkräften	1999	2000	2001
Hilfskräfte	21,03	21,62	19,35
Zivildienstleistende	–	0,13	0,26
Freiwillige im Sozialen Jahr	0,4	0,8	0,80
Praktikanten/innen	–	–	0
Geringfügig Beschäftigte	1,41	0,68	0,34
Honorarkräfte	–	–	0,4
Altenpflegeschüler/innen	2,0	1,6	1,60

5. Fluktuation und Fehlzeiten

Fluktuation und Fehlzeiten[1] (Angaben in %)	1999	2000	2001
Fluktuation			
Pflege		Keine Angaben	16,32
Hauswirtschaft		Keine Angaben	9,75
Krankheitsbedingte Fehlzeiten			
Pflege + Betreuung	9,64	6,74	7,01
Hauswirtschaft	4,45	6,87	4,41

[1] Fehlzeiten beziehen sich nur auf krankheitsbedingte Ausfallzeiten

Daten zur Personalsituation

Pflege	1999	ab 2000 – Pilotstation	2001
Dienstplangrundform	5,5 Tagewoche	5,5 Tagewoche	5,5 Tagewoche
Dienstarten:			
Schichtdienst	WE, WoE	WE	WE
Geteilter Dienst	WE, WoE (wenn Engpässe)	WoE	WoE
Dienstzeiten (von – bis):			
Frühdienst:	6.00 h – 13.40 h	6.30 h – 14.10 h oder	6.30 h – 14.10 h oder
		6.30 h – 10.00 h oder	6.30 h – 10.00 h oder
		6.30 h – 11.00 h oder	6.30 h – 11.00 h oder
Zwischendienst:	Noch nicht eingeführt	6.30 h – 13.00 h	6.30 h – 13.00 h
Spätdienst:	13.00h – 20.30h	09.00 h – 16.30 h	09.00 h – 16.30 h
		10.00 h – 17.00 h	10.00 h – 17.00 h
Nachtdienst:	20.30 h – 6.30 h	13.00 h – 20.30 h oder	13.00 h – 20.30 h oder
		17.00 h – 20.00 h oder	17.00 h – 20.00 h oder
		16.30 h – 20.00 h oder	16.30 h – 20.00 h oder
		20.30 h – 6.30 h	20.30 h – 6.30 h
Geteilter Dienst*:	Nur in Ausnahmenfällen	Nur in Ausnahmenfällen	Nur in Ausnahmenfällen

WE = Werktage

WoE = Wochenend- und Feiertage

Neue Dienstzeiten gelten ab 2001 für das ganze Haus.

* Geteilter Dienst: Auch nach Beendigung der ersten Projektphase (2001) wird in Ausnahmefällen, d. h. bei personellen Engpässen, noch Geteilten Dienst gearbeitet.

Daten zur Bewohnersituation

1. Bewohnerstruktur

Daten der Bewohner/innen Ende 1999

Alter	Verweildauer		Stufe		m (männlich)/w (weiblich)
Anzahl				Anzahl	
< 60	< 6 Mo		0	2	m = 25
60–64	6–12 Mo		I	29	w = 102
65–69	13–18 Mo		II	68	
70–74	19–24 Mo	Keine	III	28	
75–79	2–3 Jahre	Angaben	III Härte	2	
80–84	3–4 Jahre				
85–89	4–5 Jahre				
>	> 5 Jahre				

Summe   127   127

Ø Alter = 83,8 Jahre   Ø Verweildauer = 31 Mon.

- Grad der gerontopsychiatrischen Pflegebedürftigkeit: 71,31 %
- Appaliker: 0,77 %
- Rollstuhlfahrer: 62,01 %
- Inkontinente: 85,27 %

2. Pflege- und Betreuungsorganisation

2.1. Pflegeprozess

System der fördernden Prozesspflege (AEDL) nach Krohwinkel

2.2. Essenszeiten im Versorgungskonzept

Essenzeiten	2000	2000 – Pilotstation	2000 – Pilotstation
Frühstück	Von 08.00 h bis 10.00 h	Von 08.00 h bis 10.00 h	Von 08.00 h bis 10.00 h
Zwischenmahlzeit	10.00 h bis 11.00 h	11.00 h	11.00 h
Mittagessen	Von 12.00 h bis 13.00 h	Von 12.00 h bis 14.00 h	Von 12.00 h bis 14.00 h
Zwischenmahlzeit	Von 14.00 h bis 15.00 h	Von 15.00 h bis 16.00 h	Von 15.00 h bis 16.00 h
Abendessen	Von 17.00 h bis 18.30 h	Von 17.00 h bis 19.00 h	Von 17.00 h bis 19.00 h
Zwischenmahlzeit	Von 20.00 h bis 21.30 h	22.00 h	22.00 h

2.3. Sozial- und therapeutischer Dienst

Für die sozial- und therapeutischen Dienst beschäftigt die Einrichtung zwei Honorarkräfte.

2.4. Aktivitäten im Betreuungskonzept

Wöchentliche Leistungsangebote

- Gruppenangebote: Gymnastik. Gedächtnistraining, Sing- und Spielgruppen, Bibelstunde, Candle-Light-Dinner, Gottesdienste, Dia-Vorträge
- Einzelangebote: z. B. Krankengymnastik, Mal- und Ergotherapie

Monatliche Leitungsangebote:

Bastel-, Mal- und Handarbeitsgruppen, Ausflüge und Museumsbesuche (ein- bis zweimal pro Jahr).

Unregelmäßige Angebote:

Keine Angaben

Anhang G/0

Abbildung G: Träger und Leitungsorganigramm von *APE 3*

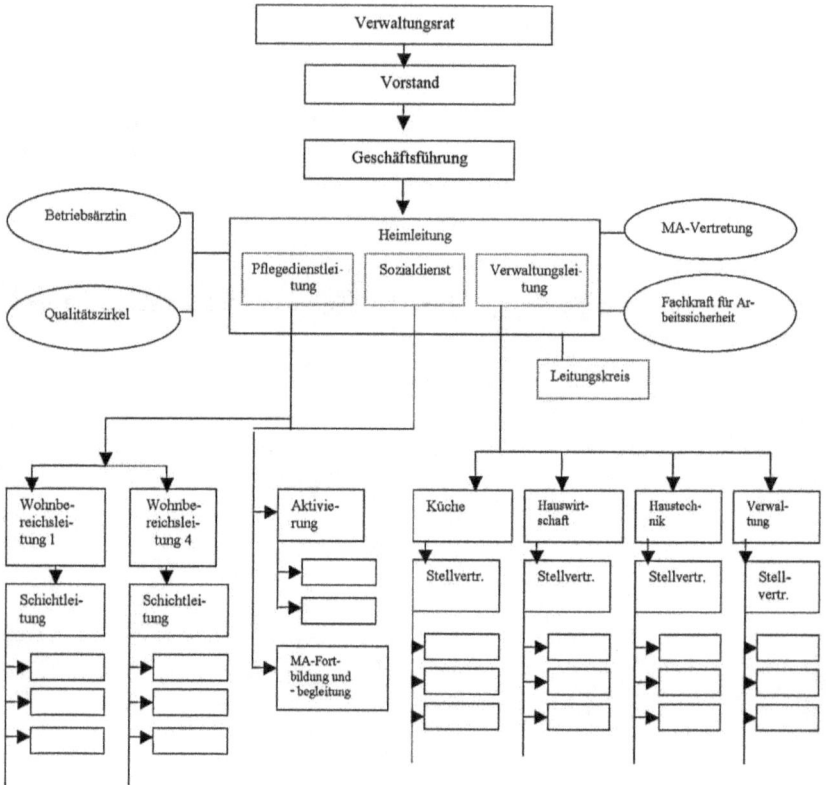

Verwaltungsrat

Vorstand

Geschäftsführung

Betriebsärztin

Qualitätszirkel

Heimleitung

Pflegedienstleitung | Sozialdienst | Verwaltungsleitung

MA-Vertretung

Fachkraft für Arbeitssicherheit

Leitungskreis

Wohnbereichsleitung 1

Wohnbereichsleitung 4

Schichtleitung

Schichtleitung

Aktivierung

MA-Fortbildung und -begleitung

Küche

Stellvertr.

Hauswirtschaft

Stellvertr.

Haustechnik

Stellvertr.

Verwaltung

Stellvertr.

Quelle: Unveröttentlichtes Organisationsdiagramm von *APE 3* (2000)

Anhang G/1

Strukturdaten von *APE 3*

Daten zur Personalsituation

1. Quantitative Personalausstattung

Die Angaben sind in Vollzeitkräften erhoben, wobei Zivildienstleistende, Praktikanten sowie Mitarbeiter der Fort- und Weiterbildung gemäß ihrer Anerkennung im Stellenschlüssel des Pflegeantrages erfasst werden.

Dienstart	1999		2000		2001	
	Ist	Soll	Ist	Soll	Ist	Soll
Heimleitung (Verwaltung)	1,0		1,0		1,0	1,0
Heimleitung (PDL)	1,0		1,0		1,0	1,0
Heimleitung (Sozialdienst)	1,0		1,0		1,0	1,0
Pflege	41,70[*1]		43,40[*2]		43,08[*3]	44,90
Aktivierung	2,44		2,44		1,54	2,44
Verwaltung	5,3		5,3		6,4	5,3
Hauswirtschaft	13,92		13,92		14,81	13,92
Technischer Dienst	3,33		3,33		3,59	3,33
Insgesamt	69,69		71,39		72,42	72,89

*1 = Anteil der Teilzeitkräfte bei den Pflegekräften beträgt – %
*2 = Anteil der Teilzeitkräfte bei den Pflegekräften beträgt – % } keine Angaben
*3 = Anteil der Teilzeitkräfte bei den Pflegekräften beträgt – %

Fremdleistungen werden in den folgenden Bereichen in Anspruch genommen:

▨ Hauswirtschaft: *Fremdreinigung, Fremdwäscherei*
▨ Technischer Dienst: *Wartungsdienste (z. B. Aufzug)*

2. Personalschlüssel im Pflege- und Funktionsdienst

1999 (Ist)				2000 (Ist)				2001 (Soll)			
Stufe 0	Stufe 1	Stufe 2	Stufe 3	Stufe 0	Stufe 1	Stufe 2	Stufe 3	Stufe 0	Stufe 1	Stufe 2	Stufe 3
1: 12,77	1: 4,33	1: 3,18	1: 2,28	1: 11,30	1: 4,01	1: 2,95	1: 2,11	1: 11,36	1: 4,01	1: 2,95	1: 2,11

3. Qualifikationsgrad des Pflegepersonals im Pflegedienst der Einrichtungen

Qualifikation (Angaben in %)	1999	2000	2001
Vollqualifizierte Kräfte (mehrjährige Kranken-/Altenpflegeausbildung)	50,21	54,45	57,18
Teilqualifizierte Kräfte (einjährige Ausbildung)	2,54	2,54	6,35
Nichtqualifizierte Kräfte (mehrwöchige/keine pflegerische Ausbildung)	47,25	43,01	36,47
Insgesamt	100 %	100 %	100 %

4. Anteil der Hilfskräfte im pflegerischen Bereich

Angaben in Vollzeitkräften	1999	2000	2001
Zivildienstleistende	0,13	0,13	0,13
Freiwille im Sozialen Jahr	1,60	1,60	0,80
Praktikanten/innen	0,65	0,65	0,39
Geringfügig Beschäftigte	2,00	2,00	5,58
Honorarkräfte	–	–	–
Altenpflegeschüler/innen	1,80	1,80	1,80
Hauswirtschaftliche Kräfte	0	0	1,77

5. Fluktuation und Fehlzeiten

Fluktuation und Fehlzeiten[1] (Angaben in %)	1999	2000	2001
Fluktuation			
Pflege	18,0	20,3	13,82
Hauswirtschaft	–	–	10,13
Krankheitsbedingte Fehlzeiten			
Pflege	13,57	11,02	5,8
Hauswirtschaft	8,58	8,08	5,96

[1] Fehlzeiten beziehen sich nur auf krankheitsbedingte Ausfallzeiten

Daten zur Personalsituation

Pflege	1999/2000	ab 2000 – Pilotstation	2001– ganze Haus
Dienstplangrundform	5,5 Tagewoche	5 Tagewoche	5,5 Tage
Dienstarten:			
Schichtdienst	WE WoE	WE WoE	WE WoE
Dienstzeiten (von – bis):			
Frühdienst:	06.30 h – 14.00 h	06.30 h – 14.42 h	06.30 h – 14.00 h
Spätdienst:	13.00 h – 20.30 h	12.48 h – 21.00 h	13.00 h – 20.30 h 13.30 h – 21.00 h
Nachtdienst:	20.00 h – 06.45 h	20.00 h – 06.45 h	20.00 h – 06.45 h
Geteilter Dienst*:	Nur in Notfällen – individuell gestaltet	–	–

WE = Werktage
WoE = Wochenend- und Feiertage

Bewährt sich dieses Modell, wird es auf die gesamte Einrichtung übertragen.

Eine schrittweise Umsetzung der neuen Arbeits- und Dienstzeiten ist ab 2002 geplant. Bis 2004 sollen die neuen Dienstzeiten im ganzen Haus eingeführt sein.

Daten zur Bewohnersituation

1. Bewohnerstruktur

Daten der Bewohner/innen Ende 1999

Alter	Anzahl	Verweildauer		Stufe	Anzahl	m (männlich)/w (weiblich)
< 60	0	< 6 Mo		0	16	m = 19
60–64	12	6–12 Mo		I	27	w = 118
65–69	6	13–18 Mo		II	63	
70–74	13	19–24 Mo	keine Angaben	III	31	
75–79	21	2–3 Jahre				
80–84	25	3–4 Jahre				
85–89	26	4–5 Jahre				
>	34	> 5 Jahre				

Summe	137				137
Ø Alter = 81,37 Jahre				Ø Verweildauer = 126,33 Tage	

– Grad der gerontopsychiatrischen Pflegebedürftigkeit: *59,15 %*
– Psychisch Kranke: *15,49 %*
– Rollstuhlfahrer: *43,66 %*
– Inkontinente: *66,20 %*

2. Pflege- und Betreuungsorganisation

2.1. Pflegeprozess

System der fördernden Prozesspflege (AEDL) nach Krohwinkel

2.2. Essenszeiten im Versorgungskonzept

Essenzeiten	2000	2000 – Pilotstation	2001
Frühstück	Von 8.00 h bis 10.00 h	Von 08.00 h bis 10.00 h	Von 08.00 h bis 10.00 h
Zwischenmahlzeit	11.00 h	11.00 h	11.00 h
Mittagessen	Von 11.30 h bis 12.00 h	Von 11.30 h bis 12.30 h	Von 11.30 h bis 12.30 h
Zwischenmahlzeit	Von 14.30 h bis 15.00 h	Von 14.30 h bis 15.00 h	Von 14.30 h bis 15.00 h
Abendessen	Von 17.30 h bis 18.00 h	Von 17.15 h bis 19.00 h	Von 17.15 h bis 19.00 h
Zwischenmahlzeit	–	–	–

2.3. Sozialdienst

Die Einrichtung hat einen eigenen Sozialdienst. Zu den wesentlichen Aufgaben des Sozialdienstes gehören Aufgaben wie Vorbereitung, Aufnahmen und Integration neuer Bewohner/inner, Betreuungs- und Beratungsstelle für Heimbewohner/innen und Angehörige. Darüber hinaus ist die Aktivierungsstelle mit 2,5 Stellen dem Sozialdienst untergeordnet.

2.4. Aktivitäten im Betreuungskonzept

Wöchentliche Leitungsangebote:

▪ Gruppenangebote: Bastel- und Handarbeitsgruppen, Gruppengymnastik, Gedächtnis- und Orientierungstraining, Spielgruppen, Chor, Film/Dia-Vorführungen
▪ Einzelangebote: Gespräche, Spaziergänge, Einzelbetreuung (Vorlesen, Begleitung bei Arztbesuchen, Einkäufe oder Amtsgänge)

Monatliche Leitungsangebote:
Verschiedene Angebote und Veranstaltungen werden regional und jahreszeitli-

chen von der anderen Stiftung angeboten (Ausflugsfahrten, gemeinsame Nach-
mittage, Museumsfahrten ...)

Unregelmäßige Angebote:

Konzerte und Theaterveranstaltungen

Abbildungsverzeichnis

Abbildung   1: Vollstationäre Pflegeplätze nach Art der Einrichtungen   26
Abbildung   2: Qualität und Qualitätsmanagement im Kontext externer
              und interner Bestimmungsfaktoren   38
Abbildung   3: Einschätzung der Einrichtungen zu den Auswirkungen der
              Pflegeversicherung auf die Rahmenbedingungen für die
              pflegerische Versorgung und die Arbeitsbedingungen der
              Mitarbeiter   52
Abbildung   4: Integratives Stressmodell für den Bereich der Altenpflege
              (nach Cohen-Mansfield 1995)   54
Abbildung   5: Ziele der OE   79
Abbildung   6: Zusammensetzung der angewandten Sozialwissenschaft .   81
Abbildung   7: Variablenzusammenhänge der Kontingenztheorie und
              konstitutive Elemente   86
Abbildung   8: Geplante Organisationsveränderungen   90
Abbildung   9: Hierarchische Organisationen und Netzwerk-
              organisationen   95
Abbildung 10: Schritte im Veränderungsprozess und ihre Tücken   97
Abbildung 11: Ganzheitliches Systemkonzept der Organisation:
              Die sieben Wesenselemente   99
Abbildung 12: Die sieben Wesensmerkmale der Organisation
              im systemischen Organisationsmodell 100
Abbildung 13: Die Verschiebung von Kernaufgaben und Randprobleme .. 103
Abbildung 14: Die sieben Wesensmerkmale und die drei Subsysteme 105
Abbildung 15: Umwelt und organisationaler Kontext als Determinanten
              der Lernfähigkeit einer Organisation 110
Abbildung 16: Die Lernende Organisation (Wege des organisatorischen
              Lernens) 114
Abbildung 17: Integration der Entwicklung von Individuen, Gruppen und
              Organisation 120
Abbildung 18: Verzahnung von PE und OE-Aufgaben der PE 120
Abbildung 19: Pflege im Spannungsfeld ihrer Wissenssysteme 123
Abbildung 20: Stufen zum organisationalen Lernen 125
Abbildung 21: Rollenkategorien des Beraters unter dem Gesichtspunkt:
              direktiv und non-direktiv 136

Abbildung 22: Zusammenhang zwischen den Prozesszielen, Veränderungsstrategien, Interventionsebenen und -formen 138

Abbildung 23: Geplante und realisierte Veränderungsstrategien 143

Abbildung 24: Coaching im OE-Prozess 151

Abbildung 25: Die OE-Phasen im Prozessverlauf 154

Abbildung 26: Ganzheitliche Betrachtungsweise komplexer Veränderungsprozesse 161

Abbildung 27: Verschiedene OE-Konzepte im Kontext ihrer zugrundeliegenden System- und Menschenbilder 168

Abbildung 28: Angewandte Sozialforschung innerhalb des Systems geplanter sozialer Veränderung 174

Abbildung 29: Darstellung des Forschungsverlaufs 178

Abbildung 30: Problemanalyse, Lösungsstrategien und Zieldefinition von IGES 202

Abbildung 31: Instrumente und Strategien des Handlungs- und Beratungsmodells 218

Abbildung 32: Chancen des Veränderungsprozesses in Bezug auf 298

Abbildung 33: Erreichte Projektziele in *APE 1* 311

Abbildung 34: Individuelle Erfolgsskalierung der Befragten von *APE 1* 329

Abbildung 35: Bewertung der Projektergebnisse durch die Mitarbeiter/innen des Pilotbereichs und die Leiter/innen der übrigen Wohnbereiche von APE 1 345

Abbildung 36: Erreichte Projektziele in APE 2 353

Abbildung 37: Individuelle Erfolgsskalierung der Befragten von *APE 2* 372

Abbildung 38: Bewertung der Projektergebnisse durch die Mitarbeiter/innen des Pilotbereichs und die Leiter/innen der übrigen Wohnbereiche von APE 2 388

Abbildung 39: Erreichte Projektziele in APE 3 397

Abbildung 40: Individuelle Projektbewertung der Befragten aus *APE 3* 414

Abbildung 41: Bewertung der Projektergebnisse durch die Mitarbeiter/innen des Pilotbereichs und die Leiter/innen der übrigen Wohnbereiche von APE 3 432

Tabellenverzeichnis

Tabelle 1: Leistungsempfänger der sozialen Pflegeversicherung in der stationären Pflege 46

Tabelle 2: Ansätze der OE 74

Tabelle 3: Die sieben Basisprozesse der OE 106

Tabelle 4: Lernwege bei den Typen des organisatorischen Lernens 115

Tabelle 5: Klassifikation der OE-Interventionen nach Inhalten 146

Tabelle 6: Klassifikation der OE-Interventionen im ganzheitlichen Systemkonzept der Organisation 147

Tabelle 7: Ausgewählte Phasenmodelle 153

Tabelle 8: Indikatoren erfolgreicher OE 166

Tabelle 9: Struktur des Interviewleitfadens zur Identifikation der Ausgangslage 186

Tabelle 10: Struktur des Fragebogens zur Evaluation des Folgeprozesses 188

Tabelle 11: Kategorienschema zur Auswertung der Dokumente 189

Tabelle 12: Ziele des Pilotprojekts 198

Tabelle 13: Interventionsformen in Abhängigkeit der Projektphasen und -themen 215

Tabelle 14: Erhebungs- und Auswertungssystematik im Kontext des Erkenntnisziels 264

Tabelle 15: Problemanalyse im technisch-instrumentellen Subsystem 268

Tabelle 16: Problemanalyse zur Arbeitssituation des Pflegepersonals 272

Tabelle 17: Problemanalyse im Tätigkeitsbereich der Führungs- und Leitungskräfte 276

Tabelle 18: Problemanalyse bezogen auf die Bewohner/innen 281

Tabelle 19: Problemanalyse in Bezug auf das Gesamtsystem 284

Tabelle 20: Zielprioritäten der internen Change Agents 287

Tabelle 21: Veränderungsbereitschaft und Akzeptanz der OE-Akteure 293

Tabelle 22: Gegenüberstellung der vom Klienten- und Beratersystem identifizierten Ausgangssituation 301

Tabelle 23: Übersicht der im Rahmen der Abschlussevaluation erhobenen Projektergebnisse durch IGES 331

Tabelle 24: Übersicht über die in APE 1 erzielten Veränderungs- und Entwicklungsprozesse 347

Tabelle 25: Übersicht der im Rahmen der Abschlussevaluation
erhobenen Projektergebnisse durch IGES 373

Tabelle 26: Übersicht über die in APE 2 implementierten Veränderungs-
und Entwicklungsprozesse 391

Tabelle 27: Übersicht der im Rahmen der Abschlussevaluation
erhobenen Projektergebnisse durch IGES 416

Tabelle 28: Übersicht über die in APE 3 implementierten Veränderungs-
und Entwicklungsprozesse 436

Tabelle 29: Erfolgsparameter der „gepoolten Organisationsberatung"
und Fallen bzw. Hürden beim Transfer 458

www.ingramcontent.com/pod-product-compliance
Lightning Source LLC
Chambersburg PA
CBHW030728280326
41926CB00086B/514